옮긴이 배동근

영어 전문 번역가. 영화 번역과 방송 번역을 했고 학원에서 영어를 가르치다가 지금은 책을 번역한다. 리베카 긱스의 『고래가 가는 곳』을 옮겼고, 이 책으로 제62회 한국출판문화상 번역 부문 후보에 올랐다. 역서로 앤드루 페테그리의 『도서관의 역사』, 데니스 덩컨의 『인덱스』, 니클라스 브렌보르의 『해파리의 시간은 거꾸로 간다』, 나오미 배런의 『쓰기의 미래』 등이 있다.

전쟁과 책

THE BOOK AT WAR:
LIBRARIES AND READERS IN AN AGE OF CONFLICT
Copyright © 2023 by Andrew Pettegree
All rights reserved.

Korean translation copyright © 2025 by Book21 Publishing Group
Korean translation rights arranged with Profile Books, Ltd.
through EYA Co., Ltd.

이 책의 한국어판 저작권은 EYA Co., Ltd.를 통해 Profile Books, Ltd.와
독점 계약한 (주)북이십일에 있습니다. 저작권법에 의해
한국 내에서 보호를 받는 저작물이므로 무단 전재 및 복제를 금합니다.

전쟁과 책

The Book at War

전시의 출판과 독서의 문화사

앤드루 페테그리 지음
배동근 옮김

arte

차례

서문 — 책: 사상(思想) 전쟁의 무기 7

1부. 호전적인 국가를 건설하기
  1장. 무기를 들라 27
  2장. 전술 55
  3장. 『톰 아저씨의 오두막』부터 스탈린그라드까지:
    왜 인간은 싸우나 85

2부. 지식 총동원
  4장. 과학전 123
  5장. 학계의 스파이들 149
  6장. 지도가 말해 주는 것 181

3부. 후방
  7장. 승리의 견인차, 출판 213
  8장. 전쟁 중의 독서 243
  9장. 블랙리스트와 검열 285

4부. 군인과 책
  10장. 군대 319
  11장. 전쟁의 작가들 359
  12장. 위대한 탈출 395

5부. 폭격기가 뚫지 못할 곳은 없다
    13장. 성소 423
    14장. 약탈 443
    15장. 재생지와 잿더미 467

6부. 1945~1989년: 평화의 전쟁
    16장. 정화 495
    17장. 배상 515
    18장. 민심 얻기 539

    마지막 장—역사의 종언과 끝나지 않는 전쟁 581

    감사의 말 599
    옮긴이의 말 603
    주 611
    도판 목록 654
    찾아보기 659

일러두기
— 이 책은 Andrew Pettegree의 *The Book at War* (Profile Books, Ltd., 2023)를 우리말로 완역한 것이다.
— 국립국어원의 한글맞춤법과 외래어표기법을 따르되, 일부는 현실발음과 관용을 고려하여 표기했다.
— 책은 겹낫표(『 』), 정기간행물은 겹화살괄호(《 》), 단편소설, 기사, 논문 등 짧은 글은 홑낫표(「 」), 영화, 연극, 음악, TV프로그램 등은 홑화살괄호(〈 〉)로 묶었다.
— 역주는 본문 내 해당 설명부 끝에 '옮긴이'로 표기하고 괄호로 묶었다. 후주는 원주이다.

서문
책: 사상(思想)전쟁의 무기

이런 책을 써 보고 싶다는 생각은 2017년 런던 임페리얼전쟁박물관(Imperial War Museum)을 방문했을 때 때마침 떠올랐다. 나는 제2차세계대전 발발 당시 박물관이 혹시 모를 폭격을 피해 자체 소장품을 비롯한 미술품들을 피신시켰을 때 그것들을 어떻게 보존했는지에 관한 전시회를 보러 그곳에 들렀던 차였다. 대중매체를 연구하는 역사가로서 문득 떠오르는 것이 있었다. 책은 어떻게 되었을까? 전쟁을 겪은 지 75년이 지나는 동안 책보다는 예술품의 보존, 약탈, 복원에 대한 관심만 드높았다.[1] 이유야 충분하다. 예술품은 고유하며 눈길을 끌며 대단한 가치를 지니지만 전쟁통에 치워진 책 중에는 통속적인 내용으로 가득한 것이 많았고 종종 같은 책이 얼마든지 널려 있었다. 설사 장서표나 서명, 도서관 직인 따위로 책 주인을 특정할 수 있는 책이 있더라도 그저 감상적인 가치나 있을 뿐이었다.

    하지만 책의 보전이라는 관점에서 20세기는 유럽과 아시아의 많은 나라에서 이전의 역사에서는 유례를 찾아볼 수 없을 정도로 격동의 시기를 겪었다. 도서관들은 파괴되었고 수많은 개인 서고도 이와 운명을 함께했다. 설사 살아남았더라도 승리자들의 전리품으로 돌아갔다. 많은 책이 반환되지 않았다. 베를린, 바르샤바, 뮌헨, 민스크, 카셀의 도서관이 소장하며 그때까지도 살아남아 있던 희귀한 초기 인쇄본, 악보와 필사본 들은 결코 이전 모습으로 돌아가지 못했다. 이것이 전시에 도서관이 겪는다고 흔히 전해지는 이야기다. 무자비한 파괴와, 그럼에도 불구하고 끝내 도서관의 본래 모습과 역할을 지켜 내려 했던 대담한 노력들. 방공호를 대신했던 런던 지하철역으로 대피한 사람들을 위해 역마다 도서관을 설립했다는 이야기는 유명하다. 사방에서 용감한 사서들이 폭격과 점령군의 약탈로부터 장서를 지키기 위해 열렬히 분투했다.

이런 기억을 간직하고 있는 사람들은 도서관 파괴를 인간적·문화적 비극으로 보는 설명에 공감할 것이다. 이 글을 읽는 사람들은 분명 책의 가치를 존중할 것이다. 우리는 책을 귀하게 여기는 사람들이다. 우리는 책과 문예적 전통이 사람을 가르치고 계몽하며 역사의 진보라는 대의를 뒷받침하며 세상에 긍정적인 영향력을 발휘한다고 믿는 경향이 있다. 나치는 폴란드의 유대인 도서관들을 불태워 그들의 문화적 유산을 깡그리 지워 버리려 했고 실제로 대체 불가능한 책 다수를 앗아 갔다. 문예 전통을 중시하는 사람들은 책에 대한 이 고의적인 모욕이 책을 존중했던 독일인들에 의해 자행됐다는 사실에 가슴 깊이 상처를 입었다. 이 책은 이런 잔혹 행위를 인식하고 되새기려 한다. 그러나 또한 이 책은 도서관을 폭격하고 책을 훼손한 일이 늘 비극이기만 했는지도 질문하려 한다.

1931년 옥스퍼드대학교(Oxford University)에서 늘어나는 장서를 수용하기 위해 새 도서관을 세우겠다는 결정이 내려졌다. 1939년 제2차세계대전이 발발했을 때 도서관은 거의 완공 단계에 있었지만 아직 책을 채우지는 못한 상태였다. 뉴보들리 도서관(New Bodleian Library)은 다양한 전쟁 수행 작업을 위한 유용한 공간이 되었다. 우선 해군성(Admiralty)의 사진도서관(Photographic Library)이 들어왔다. 그 도서관은 육해군지형측량부(Inter-Services Topographical Division, ISTD)와 연계해서 육해군 간의 지도제작을 조율했다. 옥스퍼드대 지질학과도 들어왔다. 뉴보들리는 왕립관측단(Royal Observer Corps)과 연합군 전쟁포로들을 위한 도서 공급에 핵심적 역할을 했던 적십자(Red Cross)의 교육도서부까지 수용했다. 많은 대학도서관과 옥스퍼드 주변 도서관들의 귀한 장서도 뉴보들리 지하 공간에 신세를 졌고, 수혈서비스부서(Blood Transfusion Service)도 노르망디상륙작전 대비용으로 비축하고 있었던 혈장을 이곳에 보관했다. 뉴보들리가 전쟁에서 이런 다양한 역할을 맡으면서 폭격을 받아 마땅한 표적이 되고 말았다는 사실을 부인하기는 어렵다. 최상의 지도 컬렉션을 보유했던 런던 왕립지리학회(Royal Geographical Society)와 전쟁을 위한 과학의 산실이었던 샬로텐부르크 소재 베를린공과대학교(Berlin Technical University)의 경우도 마찬가지였다. 베를린공과대학교가 소장했던 도서 25만 권은 1943년 공습으로 잿더미가 되었다. 우리는 지금도 코번트리 공습으로 도시 대부분이 파괴됐던 것을 슬퍼하지만, 그때 잉글랜드 중부 웨스트미들랜즈의 전쟁 산업을 위한 핵심 자원이었던 코번트리공공도서관(Coventry Public Library)의 방대한 과학기술서 또한 사라졌다.

    책이라고 다 좋은 것은 아니다. 1945년까지 독일 방방곡곡

폭격을 받아 마땅한 표적? 1939년과 1945년 사이에 뉴보들리[현 웨스턴도서관(Weston Library)]는 위태한 지경에 처한 다른 도서관의 귀한 장서와 주요 전쟁 수행 부서를 나란히 받아들였다. 옥스퍼드대학교 또한 전쟁에 중요한 역할을 하는 공간으로 제공되었다. 왜 히틀러가 카울리(Cowley) 자동차의 원산지이기도 했던 옥스퍼드를 한 번도 폭격하지 않았는지에 대해서는 의견이 분분하다.

에 900만 부나 배부된 아돌프 히틀러(Adolf Hitler)의 『나의 투쟁(Mein Kampf)』이 없어졌다고, 아니면 1억 부에 달하는 마오쩌둥(毛澤東) 어록이 그에 대한 숭배의 퇴조와 함께 사라졌다고 애석해해야 할까? 압도적 승전을 위해 냉정하게 적에 대한 기사도적 존중의 자취를 없애고, 그래서 전투원과 민간인을 구분하지 않는 전쟁으로 가는 길을 열어젖힌 카를 폰 클라우제비츠(Carl von Clausewitz)의 책은 또 어떤가? 널리 보급되어 수많은 사람이 구해 볼 수 있었고 그 고상함과 정신을 고양하는 서사로 큰 인기를 구가했던 탁월한 문학작품이었지만, 선전물로 왜곡되거나 수많은 적대국 시민을 해치려는 목적으로 이용되면서 증오에 찬 이데올로기를 확산하는 데 가담하는 경우도 있었다. 나치는 유대인의 책을 파괴했지만 동시에 그것에 큰 가치를 부여했기 때문에 적을 이해해 보겠다는 취지로 새로이 거대한 유대도서관들을 세우기도 했다. 이런 기이한 정책 덕분에 수많은 유대 문헌이 기어코 살아남았다.[2]

이 책을 쓸 때 나는 세 가지 중심 자료에 의존했다. 전쟁에 관한 책들과 전쟁으로 인해 나온 책들, 전쟁 기간의 독서 체험에 대해 말해 주는 동시대의 편지와 비망록, 일기, 그리고 전시 출판의 집행과 문헌의 이전(移轉) 과정을 망라하는 기록보관소 자료들이었다. 이는 수많은 역사 연구의 결과물과 당대를 다룬 다양한 출판물을 포함한다. 이 저술에서 책이라고 일컫는 것은 양장본과 1930년대부터 전시의 독서 행태를 뒤바꿔 놓았던 페이퍼백의 범위를 훨씬 넘어선다는 점을 분명히 밝혀 둔다. 교전 중인 나라들은 책, 팸플릿, 과학 정기간행물, 잡지, 신문, 전단, 대형 게시물 등 모든 종류의 인쇄물을 남김없이 동원했다. 적군에게 항복을 촉구하는 전단으로 채운 폭탄을 투하해 사기를 꺾어 보려 한 것은 딱하기도 하고 우스꽝스럽기도 하다. 그러나 전단 투하는 공중전의 중요한 일부로 여겨졌다. 프랑스와 독일 시민들에게 임박한 공습이나 포병의 폭격을 경고하는 전단 덕분에 일부 시민들은 대피해 목숨을 구했다. 인쇄물이 없다는 것은 권력이 붕괴했음을 뜻했다. 1945년 4월 폐허가 된 베를린에서 살아남은 시민들은 '히틀러'와 '괴벨스(Goebbels)'라는 서명이 깔끔하게 손으로 쓰인 벽보 두 장과 대면했다. 벽보는 시키는 대로 하지 않으면 끔찍한 처벌을 받을지도 모른다고 협박했지만 아무도 겁먹지 않았다. 인쇄기가 아닌 손으로 쓴 벽보는 권위를 찾을래야 찾을 수 없었고 애처롭고 어처구니없어 보이기만 했다. "저들 둘이 어떤 꼴이 됐는지 보라고." 한 목격자가 던진 이 말은 당대의 전반적인 경멸의 분위기를 잘 요약해 보여 줬다.[3]

이 책에서 이 모든 다양한 출판매체를 탐구 대상으로 삼은 것은 그것들이 특히 서로 긴밀하게 연관되어 있기 때문이다. 많은 책은 문학잡지 연재물로 먼저 시작되었다[존 버컨(John Buchan)의 1915년 작『39계단(The Thirty-Nine Steps)』이 대표적인 경우다]. 책과 신문·잡지는 떼려야 뗄 수 없는 관계였다. 작가는 신문에 글을 기고하고 신문은 그 대가로 작가의 책을 홍보했다. 출판물을 낸 작가들은 전쟁 중에 선전물을 쓸 기회도 훨씬 많았다. 작가들은 이런 종류의 전시근로를 선호했는데 전시에 종이 공급이 원활하지 못해 작가들의 주요 수입원이었던 잡지와 간행물 들이 잇달아 폐간했기 때문이다. 또한 독자들은 종종 자신들에게 많은 뉴스와 흥밋거리를 제공했던 잡지와 책이 그리 다르다고 생각하지 않은 것도 사실이다. 런던대학교(London University) 졸업생이었던 필리스 월서(Phyllis Walther)는 1939년 전시근로를 수행하는 남편을 런던에 남겨 두고 어린 아들과 함께 고향인 도싯으로 돌아왔다. 고향에서 월서는 일상기록화프로젝트(Mass Observation Day Survey Project, MO) 자원봉사자로서 일기 제출자들에게 회람된 설문조사에 답하면서 자신이 무엇을 읽고 있는지를 다음과 같이 밝혔다.

> 내가 유일하게 정기적으로 읽는 것은 《픽처 포스트(Picture Post)》입니다. 호주에 사는 내 자매에게도 생일 선물 겸 크

전쟁은 잔인하고 비극적이었지만 예기치 못했던 재능을 꽃피울
기회도 주었다. 여기 한 어린 해병이 업무에서 열외가 되어 오크니 지역
진중(陣中)신문을 위한 카툰을 그리고 있다.

리스마스 선물로 보냈는데, 자매는 내 선물로 《뉴 스테이
츠먼(New Stateman)》을 보냈지요. 아버지는 《리더스 다이
제스트(Reader's Digest)》를 구독하셔요.[4]

《라이프(Life)》와 함께 《픽처 포스트》가 빼어난 최전선 사진 덕분에 중요한 전시 출판물로 인정받긴 하지만 우리의 관점에서 이 세 잡지는 책이라고 할 수 없었다.

나는 이 책을 쓰는 과정에 책과 여러 단명 자료(ephemera, 포스터, 브로슈어, 초대장, 전단지 등의 일회성 자료—옮긴이) 수백 권을 때로는 구입해 읽었다. 그중에 최고로 소중히 여기는

책을 단 하나만 꼽으라면 넬라 라스트(Nella Last)의 일기를 택할 것이다.[5] 넬라는 1939년 컴브리아해안에 자리 잡은 조선업 중심의 항구도시 배로인퍼니스(Barrow-in-Furness)에 살던 주부였다. 그는 정식 교육의 세례는 받지 못했지만 타고난 일기 작가였다. 날카롭고 엄밀하며 때로는 무자비할 정도로 냉엄한 관찰을 통해 공습이라는 전례 없던 공포를 견뎌 내야 했던 포위된 삶에 대한 탁월한 저서를 남겼다.

넬라는 어려서부터 열렬한 독서광이었다. 그러나 전쟁 중에는 별로 읽을 짬을 내지 못한 것 같다. 음식을 배급받느라 줄을 서고 승전을 위해 자원봉사를 하고 일기를 쓰고 정원에서 환금성 작물을 재배하느라 석간신문에 잠깐 눈길을 던지는 것 이상의 독서를 할 수 없었다. 이런 비상한 시절이라면 별로 이상할 것도 없었다. 전시에 어떤 이들은 거의 책 한 권을 펴 볼 수도 없었는가 하면 다른 이들은 남편과 아들딸을 멀리 떠나보내고 머리 위로 폭격기가 지나가는 고난의 시절에 위안거리를 찾아 책을 더욱 탐독하는 상반된 경향을 보였다. 많은 이가 최전선에서 외딴 초소를 홀로 지키며 혹은 포로수용소에서 강요된 고립 속에서 처음으로 책을 접했다. 따라서 우리는 책을 비롯한 인쇄매체가 유해한 이데올로기를 퍼뜨려 평범했던 이들이 민간인 시절에는 상상도 못 했을 끔찍한 만행에 가담하게 만든 측면을 살펴보는 동시에, 그러한 광포한 시대에 책이 위안과 위로의 원천이 되기도 했다는 사실 또한 살펴볼 것이다.

19세기와 20세기 사이에 발발한 대규모 전쟁들이 세계적으로 독서 열기가 가장 높은 나라들 사이에서 벌어진 것은 우연의 일치가 아니다(이 나라들은 19세기 이래로 줄곧 전 국민적 문해력 증진의 바람을 타고 그런 수준에 도달했다). 독일은 열성을 다해 과학기술을 전쟁에 적용한 첫 번째 나라가 되었고 미국은 가장 열렬히 독일을 배웠다. 1914년에서 1918년 사이에는 구세계를 통틀어 문학적 유산을 가장 존중받았던 프랑스와 최대의 출판 강국이었던 영국과 독일이 제1차세계대전에 휘말렸다. 제1차세계대전을 통해 미국도 출판산업을 활성화할 기회를 얻었다. 반면 1917년 혁명을 통해 태어난 소련은 전국적인 문맹퇴치 캠페인을 벌이면서 사회 전체를 혁신했다. 전쟁으로 인해 국제적인 책 거래의 조건과 출판산업의 업무 관행 또한 급격히 변했다. 적국의 물건에 대한 수입금지 조처로 과거의 친구와 동업자 들은 더 이상 함께 일할 수 없게 되었다. 패전국의 경우 출판산업 전체가 붕괴로 몰리지는 않았지만 그것을 정복자의 처분에 맡겨야 하는 굴욕을 피할 수는 없었다. 폭격으로 도서관과 개인 서가뿐 아니라 출판업자와 도매업자 들의 창고가 파괴되면서 책 수백만 권이 소실되었다. 출판업자들은 그들이 쌓아 둔 재고 도서 전체가 폭탄 단 한 개만으로 화염에 휩싸이는 것을 지켜보고만 있었다. 모든 교전국은 불가피하게 새로운 규제를 시행했고 종이 배급과 검열은 가장 명백히 필요한 조치였다.

이런 시국에 검열은 우리가 상상할 수 있는 것보다 더 미묘한 역할을 했다. 나치 독일은 처음부터 노골적으로 유대인 작가와 '퇴폐' 작가 들의 작품을 전면적으로 금지했다. 그러나 누가 퇴폐의 범주에 속하는지는 분명하지 않았고 설사 그런 책으로 의심되더라도 어떤 책을 없앨 것인지는 대개 사서들이 결정했다. 소련에서는 강제수용소에 대한 두려움만으로도 대체로 작가들을 굴복시키기에 충분했다. 1917년 미국에서는 독일 관련 책이 도서관 서가에서 치워졌고(때로 태워지기도 했고) 냉전 시기에는 미국 도서관에서 퇴출 목록을 선별하는 과정에서 더실 해밋(Dashiell Hammett)과 하워드 패스트(Howard Fast)를 비롯해 대중적 지명도가 높은 작가들이 희생양으로 선택되기도 했다. 하지만 민주주의 국가들에서 검열은 좀 더 은근히 집행되었다. 그보다 10년 전만 해도 미 육군과 해군은 패스트의 소설을 진중문고(Armed Services Editions)로 선정해 병사들에게 배포해 왔다. 영국은 종이 부족으로 가장 큰 타격을 받았고, 그로 인해 작가들은 발언 기회를 얻는 데 어려움을 겪었던 반면 대중은 전쟁 현장에 대한 생생한 소식에 목말라했다. 검열은 대부분 출판업자의 재량에 맡겨졌지만 이따금 관리들이 가만히 귀엣말로 검열을 부추기기도 했다. 그런 시도 덕분에 하마터면 20세기의 위대한 작품으로 꼽히는 조지 오웰(George Orwell)의 『동물농장(Animal Farm)』이 독자를 못 만날 뻔했다. 중요한 전쟁 동맹국인 소련의 항의를 우려한 정보기관의 개입으로 여러 출판업자가 출판을 거부했기 때문이었다. 하지만 아이러니하게도 그런 속삭임으로 출판업자들에게 압력을 가했던 정보기관 요원이 나중에 소련의 스파이였던 것으로 밝혀졌다.[6]

출판물에 대한 이런 식의 은근한 압력 행사가 없지는 않았지만 민주주의 국가와 전체주의 국가 사이의 출판 문화에는 실질적 차이가 있었다. 독일 공공도서관들은 나치 엘리트들이 펴낸 책으로 서가를 채웠지만 영국의 경우 국가적으로 중요한 책에만 종이를 할당하는 책임을 맡았던 모벌리위원회(Moberly Committee)가 말버러(Marlborough) 공작의 생애를 그린 책의 신판 출판을 당당하게 거부했다. 공작의 후손이자 시대적 영웅이었던 현직 영국 수상 윈스턴 처칠(Winston Churchill)이 쓴 책이었다. 한편 처칠이 쓴 다른 책들은 독일 포로수용소에서 당연히 금지되었지만 히틀러의 『나의 투쟁』은 영국 공공도서관에서도 구할 수 있었고 군대의 주둔지마다 공급되던 진중문고 추천도서이기도 했다. 아마도 군 당국은 히틀러의 광기를 드러낼수록 병사들의 투지는 더욱 굳건해질 것이라고 믿었던 것 같다.

　이런 대조적인 상황은 제2차세계대전의 또 다른 놀라운 특징으로 꼽히면서도 거의 언급되지 않는 사실로 우리의 눈길을 이끈다. 이 전쟁은 또한 베스트셀러 작가였던 지도자들끼리의 격돌이었다. 윈스턴 처칠은 인도와 보어전쟁 현장에서 작성한 최초의 신문 기고문들에서 타고난 글솜씨를 선보였고 첫 자서전 『나의 젊은 시절(My Early Life)』(1930)에 그때 겪었던 모험의 정수를 녹여 냈다. 제2차세계대전 이전에 정치적 야인으로 몰락했을 때는 책 집필과 신문 및 잡지 기고를 통해 쌓이는 빚을 조금씩 갚아 가며 그 시기를 견뎠다. 1953년이면 역사를 화려한 문체로 기록했다는 평가를 받아 노벨문학상까지 수상하게 된다. 그의 적수였던 아돌프 히틀러는 그 정도로 재능을 인정받지는 못했지만 20세기에 가장 악명 높은 책 『나의 투쟁』을 통해 독일을 위한 자신의 비전과 적국이 처하게 될 운명을 놀라울 정도로 상세하게 피력했다. 1925년과 1926년에 각각 한 권씩 총 2권으로 출판된 이 책은 처음에는 시들한 반응을 얻었지만 그가 속한 국가사회주의독일노동자당(Nationalsozialistische Deutsche Arbeiterpartei)이 정권을 장악할 기미를 보이자 판매고가 치솟기 시작했다. 히틀러는 또한 안목 높은 독서가이자 수집가였고 특히 건축과 역사에 관심이 많았다. 그런 사실은 베르히테스가덴에 있었다가 1945년 미군 병사들이 몰수해 현재 미국 의회도서관(Library of Congress)이 소장 중인 그의 개인소장 도서들을 통해 확인할 수 있다.[7]

잔인하고 무지하다는 선입견과는 딴판으로 이오시프 스탈린(Joseph Stalin)은 문학적 소양이 매우 높고 생각이 깊은 독서가이자 애서가였다. 러시아제국 변방에 자리한 조지아의 작은 마을에서 역기능가정(중독 문제를 보이거나 신체적·정서적·성적 학대를 가하거나 만성적인 정신적·신체적 질환을 가진 가족 구성원이 있는 가정—옮긴이)에서 태어난 스탈린은 학교를 환영받는 피난처로 삼았고 일찌감치 총명함을 인정받았다. 대여도서관(circulating library)에서 금서를 빌려 읽다가 그 지역 예수회대학(Jesuit College)의 비난을 받은 적도 있었다. 혁명적 정치운동에 투신하는 바람에 대학으로 진학해 교수가 되겠다는 꿈은 접었지만 독서를 놓지는 않았고 그의 크렘린 아파트와 시골 별장에 1만 5000권이나 되는 책을 세심하게 골라 모았다.[8] 과시를 위해 장서를 수집한 것은 아니었다. 지금껏 살아남은 꽤 많은 책에 그의 상세하고도 때로는 날카로운 주석이 달려 있었다. 독서를 통해 얻은 감식안을 발휘해 스탈린은 『속성 소비에트연방공산당의 역사(Short Course History of the Communist Party of the Soviet Union)』와 학교용 역사 교재를 비롯한 소련 정부의 중요한 교재 집필 과업에 깊이 관여했다. 하지만 그는 세상이 인정하는 그의 재능보다는 지나치게 많은 책을 썼다. 『레닌주의의 기초(The Foundations of Leninism)』 『마르크스주의와 민족 및 식민지 문제(Marxism and the National and Colonial Question)』

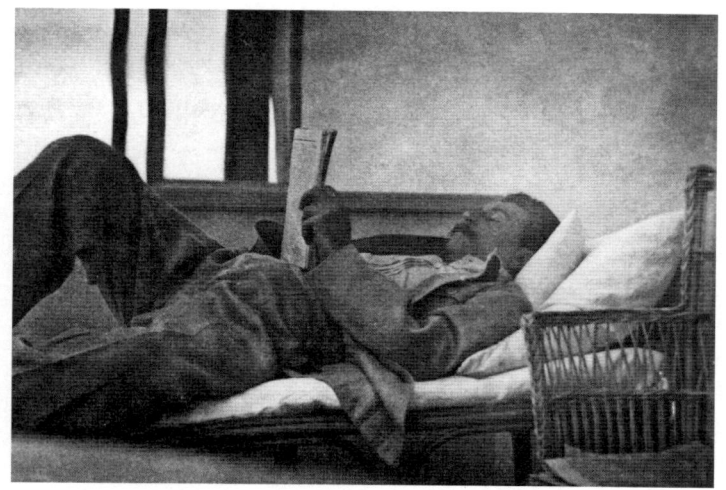

스탈린은 별 볼 일 없는 사람처럼 시늉하며 최고 권력을 거머쥐었다.
오늘날까지도 야만적인 대량학살자라는 인상은 그가 20세기 정치 지도자 중
가장 박식한 편에 속했다는 또 다른 사실을 가려 버린다.

『레닌주의의 문제점들(Problems of Leninism)』『변증법적 유물론과 사적 유물론(Dialectical and Historical Materialism)』은 그가 살아생전 수백만 부나 배포되었다. 이데올로기 전쟁은 언어의 힘에 정치 생명을 걸었던 지도자들에 의해 벌어지곤 했다.

제2차세계대전 동안에 프랑스 항전의 외로운 상징이었던 샤를 드골(Charles de Gaulle)이 기갑전 관련 텍스트로 널리 찬탄을 받았던『전문적 군을 향하여(Vers l'Armée de Métier)』의 저자로 처음 명성을 얻었다는 사실은 기억해 둘 만하다. 그 정도 책의 독자들은 국경 너머에도 존재하기 마련이어서 출판 후 1년 만에 독일어와 러시아어로 번역되었다.⁹ 평생 안목 높은 독서가였던 드골은 대통령 재임 시에 학술단체 아카데미프랑세

즈(Académie Française)에 깊은 관심을 보였다. 전쟁 동안에는 1940년 패전의 굴욕과 비시 프랑스(1940년 6월 나치가 프랑스를 점령한 뒤 들어선 괴뢰정권—옮긴이) 수립이라는 수치를 겪으면서 취약해진 조국이 역량을 최대한 발휘하도록 이끌면서 프랑스를 승전국의 일원으로 부상하게 했다.

이 모든 용맹한 전사 기질의 작가 겸 지도자들은 중화인민공화국을 건국한 마오쩌둥에게 마침내 최고의 자리를 내주고 만다. 보통 '작은 빨간 책(Little Red Book)'이라 불리는 『마오쩌둥 어록(毛主席语录)』은 50여 개 언어로 번역돼 10억 부가 발행됐다. 마오가 사서로 일한 적 있다는 사실은 잘 알려지지 않았다. 마오는 시골 출신의 가난뱅이에다 아무 연줄도 없었지만 다행히 베이징대학(Beijing University) 도서관 보조사서로 일할 기회를 잡았다. 그러나 이 따분한 업무는 그의 소외감을 더욱 키웠을 뿐이었다.

> 내 지위는 너무나 보잘것없어서 사람들이 외면할 정도였다. 내 업무 중 하나는 신문을 읽으러 오는 사람들의 이름을 기록하는 것이었다. 그러나 그들 대부분에게 나는 인간으로 존재하지 않았다. …… 그들과 정치적·문화적 주제를 놓고 대화하고 싶었지만 그들은 너무 바빴다. 남부 사투리를 구사하는 나 같은 촌뜨기 출신 보조사서의 말에 귀 기울일 시간은 없었다.[10]

마오는 대학이라는 일터에서 작은 보람이라도 얻어 보려 했지만 굴욕당한 기억만을 남겼을 뿐이다. 마침 『중국철학사 대강

(中国哲学史大纲)』이라는 중요한 저술을 끝낸, 자신보다 겨우 두 살 더 많을 뿐인 후스(胡適)라는 저명한 좌파 지식인이 강의를 마치고 나오는 짬을 이용해 그에게 말을 터 보려 했지만 후스는 마오가 학생이 아니라 보조사서라는 사실을 알고는 그를 무시했다.

이 모든 치욕에도 불구하고 마오는 열성을 다해 끈질기게 읽었다. 일자리를 구해 베이징에 왔을 즈음 이미 고향 도서관에 비치돼 있던 루소(Rousseau)의 『사회계약론(Social Contract)』, 몽테스키외(Montesquieu)의 『법의 정신(L'Esprit des lois)』, 애덤 스미스(Adam Smith)의 『국부론(Wealth of Nations)』을 번역본으로 읽었다. 하지만 그는 이 젊은 시절의 모욕을 잊지 않았다. 공산당이 처음 권력을 획득했을 때 그는 공을 들여 전문가 집단과 인맥을 키워 나갔음에도 불구하고 문화혁명 시기가 되자 젊은 시절에 무시당했던 기억을 소환해 지식인들을 잔인하게 탄압했다.

그러니 책에 국가의 운명을 좌우하는 힘이 있다는 믿음이 20세기에 그토록 널리 퍼진 것은 놀라운 일이 아니다. 1934년 스탈린은 작가 회의에서 그런 믿음을 이렇게 표현했다. "우리는 인간 영혼의 공학자, 즉 인간 정신을 계도할 작가 겸 공학자가 필요합니다."[11] 독일의 지식인이자 공산주의자였던 프리드리히 볼프(Friedrich Wolf)는 문학이 계급투쟁을 위한 무기가 되었다는 사실을 다음과 같이 드러냈다. "지금 쇳덩이처럼 단단한 원자재가 우리 앞에 놓여 있다. 시인은 그것을 벼려 무기로 만들고 노동자는 이 무기를 들어야 한다."[12] 제2차세계대전 후에도 공산주의 진영에서는 언어의 힘에 대한 믿음이 조금도 흔들리지 않았다. 심지어 침울하고 근엄한 동독의 지도자 발터 울브리히트(Walter Ulbricht)마저도 '펜대를 들라고, 동무들'이라 호통치며 작가들을 재촉했다. 하지만 동시에 검열과 통제 체계를 구축해 1989년까지 지속시켰다.

서구 민주주의 진영은 정치적 목적을 위해 노골적으로 도서관에 위력을 행사하는 풍토가 덜했지만, 도서관에 꽂힌 책들의 면면은 제국주의와 민족적 운명을 최우선에 두는 근본적 이데올로기를 잘 드러냈다. 전쟁이 터지면 모든 나라에서 작가와 도서관은 승리를 위해 최선의 역할을 하도록 요구받았다. 하지만 제2차세계대전에서 승리한 뒤에 연합국 동맹들은 패전국의 책에서 어떤 식으로 해로운 것을 솎아 내고 필요한 것을 이용할 것인가 하는 문제에 직면했다. 이런 결정에는 당사국의 이해득실이 작용했다. 그리고 바야흐로 전 지구적으로 전개된 전후 이데올로기 대립의 최전선에서 사상의 요새로서 도서관의 중요성이 여전할 것이라는 사실도 그 결정에 영향을 미쳤다.

마지막 발언권은 대단한 저서를 남기지는 못했지만 중요한 전쟁 지도자 중에서 가장 유명했던 프랭클린 D. 루스벨트(Franklin D. Roosevelt)에게 넘기자. 루스벨트 대통령은 주로 수집에 열중하는 쪽이었지만 분명 책의 가치를 잘 알고 있었다. 이미 1938년에 그는 충실하게 수집한, 사료 가치가 있는 해군의 해도를 비롯해 모두 1만 5000개 항목에 달하는 책, 팸플릿, 지도 등을 국가에 기증했다. 또 독일의 분서(焚書) 만행을 목격하고는 미국을 휩쓸고 있는 공포 분위기를 오히려 반전의 계기로 삼을 수 있다고 인식해 1942년에 다음과 같은 메시지를 보냈다.

책이 잘 탄다는 것을 모르는 사람은 없습니다. 하지만 우리는 불로 책을 없앨 수 없다는 더 엄중한 사실을 알고 있습니다. 사람은 죽습니다만 책은 결코 죽지 않습니다. 어떤 인간도 어떤 무력도 책이 전하는 사상을 영원히 강제수용소에 가두지는 못합니다. 어떤 인간도 어떤 무력도 이 세상에서 모든 종류의 폭정에 저항해 온 인간의 영원한 투쟁을 구현하는 책을 앗아갈 수는 없습니다.[13]

이 발언은 유명한 포스터가 되었다. 포스터에는 자그마한 나치 돌격대원들이 치솟는 불길 속으로 책을 던지고 있는 와중에 그 뒤로 거대한 책 한 권이 떡하니 버티고 있고, 맨 밑에는 '책은 사상의 전쟁을 위한 무기다'라는 구호가 찍혀 있다. 루스벨트는 탁월한 웅변가였고 위대한 웅변가들이 대부분 그랬던 것처럼 단어를 세심하게 선택했다. 루스벨트와 다른 정치 지도자가 책과 저자와 시인과 출판업자 들을 전쟁 수행을 위한 핵심 자원으로 인식했다면 우리는 그들을 진지하게 살펴볼 필요가 있다. 이 책은 어떻게 해서 그렇게 되었는지를 보여 주려고 한다.

1부
호전적인 국가를 건설하기

1장
무기를 들라

이 책의 서문에서 나는 책이 본질적으로 평화로운 것이어서 전쟁과 무관하며 오히려 전쟁의 비극적 희생물이기 쉽다는 가정에 문제를 제기하고 싶었다. 차라리 책과 출판은 전쟁의 역사와 깊은 관계를 맺고 있다. 전쟁은 사람과 사람을, 국가와 국가를 서로 격돌하도록 만들어 적대적 이데올로기의 위력을 시험한다. 이런 이데올로기의 온상으로서 도서관은 종종 파괴를 위한 표적이 되었다. 고대 그리스와 로마부터 19세기의 공공도서관 대유행에 이르기까지 도서관은 단순한 책 창고가 아니었다. 그것은 도시 중심부에서도 가장 위엄 있는 공간을 점유하면서 한 사회가 귀하게 여기는 가치를 공적으로 드러냈고 흔히 공동체의 명망 높은 시민의 기부로 세워졌다. 이런 시설을 파괴하는 것은 적대국 시민사회의 심장부를 꿰뚫는 일이었다.

도서관은 패전국에 상징적인 굴욕을 안기는 행위의 하나로서 파괴되기도 했다. 적대국이 가장 아끼는 귀한 물건이나 한 문명이 축적해 온 문화적 유산을 말살하는 행위는 경합 중이던 상대의 이데올로기를 돌이키지 못할 수준으로 끝장내는 수단이었다. 스페인 정복자들이 아즈텍제국과 마야제국의 도서

1938년 부서진 가게의 산산조각 난 유리 파편으로 반짝이던 밤, 크리스탈나흐트[Kristallnacht, 그래서 '수정(크리스탈)의 밤(나흐트)'으로도 불린다—옮긴이]에 나치 대원들은 유대인 상점을 약탈하고 태웠고 시나고그(유대교 회당) 1400여 곳을 파괴했다. 유대인의 신성한 책들은 합법적 표적물이 되었다. 이 비극은 제2차세계대전이 터진 후 폴란드를 비롯한 다른 정복지에서도 재연될 예정이었다.

를 파괴한 것은 단지 힘을 과시하려는 것만이 아니었다. 두 문명의 믿음 체계를 붕괴시키는 의식이자 그들이 믿는 신들이 그들을 보호해 주지 못한다는 사실을 입증하는 징표였다. 폴란드를 정복한 나치 군대가 유대 공동체의 신성한 책들을 태워 없애면서 그곳의 유대인들이 그런 모욕의 현장을 목격하도록 강요한 것도 그런 유사한 의식을 획책한 것이다. 1981년에 신할리족 폭도들이 타밀족 문화유산의 보고인 스리랑카 자프나의 도서관을 폐허로 만든 것과 같은 방식으로 세르비아 군대는 1992년 사라예보에서 벌어진 잔인한 전투에서 의도적으로 보스니아헤르체고비나국립대학도서관(National and University Library of

Bosnia-Herzegovina)을 향해 포탄을 쏟아부었다. 가해자 측과 피해자 측 모두 얼마나 많은 문화적 의의가 이들 도서관에 걸려 있는지를 잘 알고 있었다.

약탈한 아리스토텔레스(Aristotélēs)의 장서를 갖고 로마에서 가두행진을 벌였던 술라(Sulla) 장군부터 신축한 프랑스국립도서관(National Library of France)을 채울 책을 찾아 백전백승의 나폴레옹을 대신해 독일 전역의 도서관을 답사했던 스탕달(Stendhal)에 이르기까지 승전국은 마땅한 약탈 대상으로 예술품뿐 아니라 문헌들도 찾아 나섰다. 30년전쟁 동안 스웨덴 군대는 문화유산 약탈을 통해 두 가지 목적을 수행하고자 했다. 스웨덴 대학과 도시의 도서관에 책을 충당하는 동시에 종교적 적대국들이 가톨릭 신앙을 구축하는 데 필수적인 도서를 강탈하기 위함이었다. 스웨덴은 군사작전을 펼치듯 꼼꼼하게 중부유럽의 도서관들을 샅샅이 뒤지며 빼앗아 갔다. 한 도시를 항복시키면 스웨덴 군대는 지역 유지를 찾아내 그들에게 기록보관소와 도서관을 안내하게 했다. 전리품들은 삼엄한 경계하에 포장되어 스웨덴으로 수송되었고 왕립도서관이나 웁살라대학교(Uppsala University), 문법학교로 분배되었다. 그렇게 소장된 왕립도서관 도서 일부는 대규모 화재로 소실되기도 했으나 나머지는 여전히 건재하다. 놀랍게도 약탈 미술품과 달리 그런 도서에 대해서는 반환을 요구하는 목소리가 전혀 없었다.[1]

그런 식으로 이 책이 다루고자 하는 주제들, 즉 정확한 지도의 중요성, 군사전략의 탄생, 혹은 정보전의 역사적 뿌리는 유서 깊다. 하지만 그 모든 것에도 불구하고 19세기부터 지난 두 세기 동안 줄곧 전쟁과 도서관 세계에 미친 전쟁의 의미에 비약적 변화가 있었다는 명확한 근거도 보인다. 전쟁 수행의 변모에는 세 가지 요소를 꼽을 수 있다. 특히 장교급 군인들을 중심으로 군대가 전문직화되었고 무기가 산업화되었으며 민간인이 병역을 위해 동원되었다. 이로써 전투원과 비전투원의 구분이 사라졌다. 이런 변화는 전시에서 책의 역할에 막대한 영향을 끼쳤고 도서관 소장도서를 빼앗는 전쟁에도 영향을 끼쳤다.

이 시기는 또한 그때까지 도서관 문화를 배양해 오던 서양의 격변기이기도 했다. 1800년과 1914년 사이에 유럽 인구는 1억 8000만에서 4억 6000만으로 증가했다. 미국의 인구 증가율은 500만에서 4억 6000만으로 더욱 가팔랐다. 이들 인구 대부분은 새로운 산업 경제에 노동력을 제공했다. 이 새로운 시민들을 사회의 일원으로 통합하기 위해서는 무엇보다도 교육시설을 어마어마하게 확충해야 했다. 이런 요구를 충족하기 위해 유럽과 미국에서 의무교육을 향한 결연한 노력에 불을 붙였다. 20세기 초반쯤 서방 사회는 남녀가 모두 보편적 문해력을 획득하는 수준까지 도달했다. 이런 성취와 함께 누구에게나 무료로 개방되며, 인구의 대다수를 차지하는 대중의 독서 열망에 부응하는 공공도서관망을 구축하려는 노력도 힘을 얻게 되었다. 그러므로 19세기 말과 20세기에 벌어진 전쟁들은 전투원과 민간인 대다수가 신문에서 간단한 정보지와 싸구려 스릴러와 진지한 문학작품에 이르는 당대의 문자정보를 소비하고 평가할 수 있는 상황에서 벌어진 최초의 다툼들이었다. 그래서 이 책은 광범위한 시대적 공간을 다루겠지만 책이 설득과 도발이라는 양쪽에서 모두 중요한 역할을 했던 미국 남북전쟁에서 시작해 냉전이 종식되는 시기까지를 중점적으로 다룰 것이다. CIA가 철의장막 너머로 성경을 실은 풍선을 날린 것은 큰 효과가 없었지만 나름의 근거가 있었다.

1850년 이후가 되어서 각 나라들은 전쟁의 양상을 바꾸는 책의 힘을 인식하는 동시에 자신들이 소장한 책이 부족하다고 판단했다. 아치볼드 매클리시(Archibald MacLeish)는 20세기에 가장 영향력을 발휘했던 도서관장으로 꼽힌다. 1939년 미국 의회도서관장으로서 그는 제2차세계대전 동안 미국의 정책을 바꾸는 데 주요한 역할을 했다. 매클리시는 만약 미국이 세계대전에서 이기고자 한다면 나라의 모든 자원이 전쟁에 동원되어야 함을 재빨리 간파했다. 책과 도서관도 그 자원에 포함되었다. 1945년에 그는 다음과 같은 심정을 밝혔다.

> 전쟁, 특히 현대전을 최대한 완벽하게 갖춘 도서관 자원 없이 치른다는 것은 불가능하다. 모든 시설물과 인력과 지적 자원을 총동원해 벌이는 전쟁에서 거대 산업국가에 필요한 도서관 자원은 아무리 완벽해도 부족할 정도다. 우리가 과거에 알고 있었던 것이 뭐라고 생각하든 중요하지 않다. 이제 우리는 지구상 어떤 바다의 어떤 섬도 너무 멀거나 작거나 사소하다는 이유로 현대 지상군은 물론 공군과 해군의 관심 밖에 놓일 수 있는 곳은 단 한 곳도 없음을 알게 되었다. 의회도서관은 대가를 치르고 나서야 도서관이 지난 150년 동안 태평양 섬들에 관한 모든 인쇄물과 필사본 들을 수집하지 못해서 미국 정부에 누를 끼치고 자신들의 임무에 소홀했음을 깨달았다.[2]

매클리시가 옳았다. 1941년 12월 일본이 진주만을 기습했을 때 미국은 자신들이 아는 것이 별로 없는 곳에서 전쟁에 돌입했다는 사실을 깨달았다. 적군의 특성, 미군이 겪어야 할 환경, 심지어 앞으로 3년간 미국인의 심상에 아로새겨질 섬과 환초(가운데에 얕은 바닷물이 호수처럼 있는 고리 모양의 산호섬—옮긴이) 등 모든 것이 미지의 세계였다. 1942년 2월에 루스벨트 대통령은 주간 라디오 연설을 위해 마이크를 잡았을 때 시청자들에게 미리 지도나 지구본을 가까이에 놓고 듣는 게 좋을 것이라고 당부했다. 다음 날 미국인들이 서둘러 루스벨트의 권고를 따르면서 서점에 있는 지도와 지도책이 동났다.

그런 현상은 20세기 내내 미국뿐만 아니라 다른 호전적인 강대국들에서도 마찬가지였다. 1914년 유럽에서 제1차세계대전이 발발하고 1939년 다시 제2차세계대전이 벌어졌을 때 당연히 잘 갖춰져 있을 것이라 여겼던 도서관과 기록보관소의 책과 자료가 턱없이 부족하다는 사실이 드러났다. 종종 기대와 실제의 그런 격차는 우스꽝스러울 정도로 벌어져 있기도 했다. 1940년 처칠 수상이 노르웨이 항구와 해안을 점령한 독일군을 몰아내기 위해 선제공격을 계획했을 때 최선으로 참고한 자료는 오래된 베데커(Baedeker) 스칸디나비아 관광 안내서 한 권이었다. 하지만 이제 전쟁은 과학전, 전술전, 정보전이 되었고 시급히 개발해 실전에 배치해야 하는 신무기 경연장이 되었다. 이 모든 것을 이루기 위해서는 연구와 분석뿐 아니라 최고의 과학 문헌들을 확보해야 했다. 동일한 정보가 적의 수중에 떨어지지 않도록 하는 것도 그만큼 중요했다. 책과 정기간행물 들이 한 나라의 생존에 이보다 더 긴급하고도 필수적으로 요구된 적은 없었다.

책은 후방에서도 똑같이 중요한 역할을 했다. 여흥거리가 사라졌거나 남편과 아내, 아들과 딸 들을 잃은, 혹은 멀리 집을 떠나 불편한 거처에서 추위에 떨면서 후방에 남겨진 사람들은 책을 읽으며 위안을 구했다. 이때까지 다소 과소평가되던 공공 도서관은 본래의 가치를 발휘하기 시작했고 종이 공급이 원활하지 않은 상황에도 출판업자들은 황금시대를 구가했다. 모든 교전국이 병사에게 책을 공급하기 위해 어마어마한 노력을 앞다투어 기울이면서 20세기에 가장 창의적인 출판 혁신을 선도했다. 책이 포로수용소보다 더 우대받는 곳은 없었다.

책은 이전에 동맹국이었던 나라와도 무시무시한 적개심으로 대결하도록 만드는 이데올로기를 주입하는 역할도 했다. 책은 이데올로기의 온상이 되어 증오를 키우고 공격을 정당화하고 여론을 불러일으켰다. 왜 평범한 사람들이 대의를 위해 싸우도록 부추겨지는지를 따져봤을 때 우리는 그런 유인을 위한 책의 역할을 빼놓을 수 없다. 또 전쟁이 터졌을 때 다른 공무원들과 마찬가지로 사서들도 애국적 대의를 위해 자신들이 맡은 역할에 적극적으로 헌신했다.

전쟁이 나면 한 나라의 모든 물질적·산업적·지적 자본이 전쟁을 위해 동원되어야 했다. 도서관은 핵심적인 전략 자산이 되었다. 대학도서관이 소장하는 광범위한 과학 정기간행물보다 더 귀한 것은 없었다. 그전까지 세계적으로 과학계가 공유하고 있었던 지식을 확보하고 보존하는 것이 전쟁의 중요한 목표가 되었다. 대학도서관과 국립도서관은 정보전에서 중요한 자원이 되었다. 적국 스파이를 적발하고 적국으로 스파이를 침투시키기 위해 제한적으로 시도되던 이런 정보전은 규모가 점점 더 커져 그 나라의 최고 인재들을 등용하여 정보를 수집하고 분석하는 거대한 기관을 낳았다. 전쟁이 수세에서 공세로 바뀌면 정확한 지도가 있어야만 혼란스럽지 않게 작전을 잘 짜서 전개할 수 있었다. 지리학자뿐 아니라 도서관도 전쟁용 지도 개발에 중추적 역할을 하게 되었다.

공공도서관은 또한 국가적 대의를 쫓아 전쟁채권 판매와 배급통장 분배처럼 다양하고 새로운 공적 활동을 위한 장소를 제공하면서 필요한 역할을 수행했다. 도서관 서가는 전쟁을 옹호하며 그것의 진행과정을 알아보기 쉽게 작성한 책뿐 아니라, 가게 주인과 집주인 들에게 날마다 쏟아지는 새로운 의무 규정을 알리는 정부 문건들로 빽빽이 채워지고 있었다. 도서관은 집에서 멀리 떠나 집이 주던 안락한 일상을 박탈당한 군인과 민간인 들을 위한 지원 체계에서도 핵심 요소가 되었다. 어떤 도서관들은 주말에 정기간행물실을 장병들에게 개방했다. 공공도서관들은 인근 군사시설 지원에 큰 역할을 맡았고 주둔지에 들어선 새 도서관을 위해 책 기부 캠페인을 주도했다. 또 수집한 책을 해외 주둔 병사들에게 보내기도 했고 만성적 종이 부족 사태 해소를 위해 재생지로 재활용하기도 했다. 전쟁의 희생물이 된 책을 생각하면 대부분은 런던의 출판사들이 불길에 휩싸이면서 발산한 빛을 받아 번들거리는 세인트폴 대성당의 돔이나 1945년에 맹폭격으로 뼈대만 남은 베를린국립도서관(Berlin State Library)을 떠올릴지도 모르지만, 영국에서 재활용을 위해 폐기된 기부 도서 규모는 제2차세계대전 내내 폭격으로 파괴된 것과 맞먹었다.

거대한 도서관 네트워크는 오래 전부터 구축되어 왔다. 미국에서는 인구밀도가 높은 뉴잉글랜드(메인, 뉴햄프셔, 버몬트, 매사추세츠, 로드아일랜드, 코네티컷 등 미국 북동부 6개 주—옮긴이) 주들이 그것을 주도했다. 영국은 1850년 공공도서관법 통과로 지방자치단체가 그들 도시와 마을에 도서관을 건립할 권한을 갖게 되면서 결정적 계기를 만들었다. 1850년 법에 의거해 1914년 무렵이 되면 영국 전역에서 도서관 5000곳 이상이 설립돼 전체적으로 1년에 4000만 권에서 5000만 권을 순환시켰다. 1903년에 미국은 적어도 공공도서관 4500곳에 도서 총 5500만 권을 확보했다고 자랑했다. 도서관 성장 신화는 계속 이어진다. 1933년 무렵 독일은 도서관 9000곳 이상을 확보했는데 그 무렵 미국 도서관들의 총 소장도서는 1억 4000만 권을 넘어섰다.

이데올로기적 쇄신과 전쟁에 골몰해 있던 정부는 새 도서관 체제의 이런 잠재력에 주목했다. 히틀러와 레닌은 둘 다 도서관을 열렬히 지원했다. 1917년 겨울궁전을 습격해 승리를 거둔 뒤 여명이 밝아 왔을 때 레닌은 새로 임명된 교육부 정치위원에게 도서관이 인심을 얻는 싸움에서 중요한 무기가 될 것이라고 강조했다.

무엇보다도 도서관에 주목하십시오. 우리는 선진 부르주아 국가들로부터 많은 책을 널리 이용될 수 있게 만든 그 모든 방법을 빌려 와야 합니다. 우리는 인민에게 가능한 빨리 책이 보급되도록 만들어야 합니다. 가능한 많은 책이 소비에트 전역에 골고루 배급되도록 애써야 합니다.

겨울궁전 습격에 뒤이어 발발한 내전으로 제정러시아 시절의 도서관들은 황폐해졌지만 러시아인의 문해력은 전반적으로 크게 향상했고 그와 함께 레닌의 목표도 대체로 성공적으로 달성되었다. 레닌이 도서관 설립을 위해 열정적으로 매달렸던 것은 매우 사적인 경험에서 비롯되었다. 긴 망명 동안 유럽 전역을 떠돌아다녀야 했을 때 그는 런던, 뮌헨, 크라쿠프, 마지막으로 취리히에서 머물렀는데 그 도시들에 있는 세계적 명성의 도서관들을 이용하기 위해서였던 것으로 보인다. 레닌은 러시아로 귀환하기 전까지 취리히공공도서관(Zurich Public Library)을 오전 9시에서 오후 12시까지, 오후 1시에서 6시까지 규칙적으로 이용했다. 도서관 기록을 통해 이 기간에 그가 영어, 불어, 독일어로 된 책 148권과 기사 232개를 찾아 읽었다는 사실을 확인할 수 있다.[3] 1916년 1월에는 취리히공공도서관에서 애용하던 자리에 앉아 『제국주의, 자본주의 최고의 단계(Imperialism, the Highest Stage of Capitalism)』 초고를 완성했다. 『공산당 선언(The Communist Manifesto)』이라는 서적에 의해 창안된 볼셰비즘(러시아사회민주노동당 급진파인 볼셰비키의 정치 사상 및 이론—옮긴이)은 본질적으로 학구적인 운동이었다. 러시아로 돌아온 후에야 마침내 자신만의 문고를 꾸렸던 레닌뿐만 아니라 러시아혁명을 주도한 인물들인 레프 카메네프(Lev Kamenev), 그리고리 지노비예프(Grigory Zinoviev), 니콜라이 부하린(Nikolai Bukharin)도 모두 책을 수집했다. 뱌체슬라프 몰로토프(Vyacheslav Molotov)는 1만 권을, 히틀러의 군대에 맞선 싸움으로 전쟁 영웅이 되었던 게오르기 주코프(Georgy Zhukov)는 2만 권을 수집했다.[4]

이 책은 전쟁을 불사하는 나라의 건설, 전쟁을 위한 군수품으로서의 도서관, 후방을 지키는 도서관, 병사들을 위한 도서 제공, 전시의 책 약탈과 파괴, 손실된 장서의 재건과 냉전을 맞아 이데올로기에서 우위를 선점하기 위한 전쟁이라는 여섯 가지 주제를 통해 책 문화가 무기화하는 과정을 탐색할 것이다. 이 주제들을 거쳐 우리는 정점으로 치닫는 디지털 시대와 사이버전쟁이라는 현실에 당도한다. 그리고 이 책은 출판물이 다양한 의사소통 매체에 점점 더 심각한 도전을 받고 있지만 사회는 여전히 전쟁을 위해 막대한 출판물을 쏟아 내는 이런 시대에도 끝나지 않는 도서관의 역할이란 무엇일지를 성찰하면서 마무리 지을 것이다. 서방 국가들은 정보와 여가를 위한 자원을 구해 책을 넘어 다른 곳으로 눈을 돌리고 있지만 소위 글로벌사우스(Global South)라 불리는 남쪽의 개발도상국들은 이제야 도서관을 열렬히 맞이하고 있다. 도서관의 영향력은 여전하다. 그리고 도서관을 채우고 있는 자료들은 앞으로도 정치적·사회적으로 매우 중요한 주제가 될 것이다.

또한 별도의 장을 할당해 다루지 않더라도 이 책 전체에 흐르는 세 가지 주제가 있다. 바로 애국과 시와 선전이다. 19세기와 20세기의 기술 발전만큼 큰 주목을 끌지는 못했지만 현대전에서 애국은 불가결한 요소였다. 중세 병사들은 그들의 영주를 위해, 지역 실권자의 충성에 의존했던 왕을 위해, 혹은 왕에 맞서서 싸웠다. 도시 거주자들은 복잡한 왕조 승계 문제로 언어도 통하지 않았고 심지어 멀리 떨어진 변두리 지역에는 한 발짝도 들여놓지 않았던 외국인이나 다름없는 명목뿐인 왕보다, 그들이 사는 지역공동체에 더 많은 소속감을 느꼈다. 이후에 상대적으로 명확한 지리적 경계를 그으며 서로 구별되는 권역으로 또렷이 드러나는 통합된 민족국가들이 부상하는데 잉글랜드(나중에는 영국)가 선두에 섰고 프랑스와 스페인이 뒤를 이었다. 그러나 유럽에서 교역과 문화와 기술혁신의 중심지인 이탈리아와 독일은 19세기에 이르러서야 민족국가로 발흥했다.

그래서 애국은 20세기의 전쟁에 와서야 일련의 이데올로기적 무기로서 체계적으로 전개될 수 있었다. 소련 군대는 모국 러시아를 방어하기 위해 시급히 전진하라고 재촉받았다. 독일 징집병들은 조국을 지키기 위해 싸웠다. 그러나 우크라이나 혹은 알자스, 라트비아, 퀘벡 주민이라면 이런 애국적 에너지의 초점이 흐려질 수밖에 없었다. 제1차세계대전 동안에 많은 나라의 사람들—폴란드인, 루테니아인, 핀란드인, 체코인, 아일랜드인, 보스니아인—이 자신들이 충성심을 갖지 못하는 나라들을 위해 싸우도록 강요당했다. 18세기에 더 큰 이웃들 사이에 끼어 분할되었던 폴란드 사람들은 러시아, 독일, 오스트리아·헝가리라는 세 강대국의 군대에 징집되어 불행하게도 지리적으로 갈라진 가족과 친구를 향해 총구를 겨누어야 했다. 폴란드인들에게 제1차세계대전은 내전이었다.[5] 민족국가의 지위를 주장하려면 민족 특유의 언어공동체가 존재해야 했기 때문에 토착어로 쓰인 시와 문학은 그 민족의 역사적 시련을 노래하고 용감하게 독립을 주장하기 위한 필수적인 매개체였다. 이것들은

20세기 말에 유고슬라비아의 분열된 민족들 사이에서 벌어진 비극적인 동족상잔의 다툼이 입증하게 될, 결코 사라지지 않을 기억이자 열망이었다.[6]

민족국가의 경계를 나누는 지리적 구획이 명쾌하다는 이유로 영국과 스페인을 부러워하기는 쉽다. 그러나 중부유럽의 심장부에는 그런 행운이 찾아오지 않았다. 중부유럽은 유럽 역사 대부분에서 명확한 국경으로 나뉘기보다 분쟁지역으로 남았다고 보는 것이 더 정확하다. 프랑스와 베네룩스 3국 사이에서, 혹은 16~17세기 신성로마제국의 복잡한 영토 내에서, 여행객이 어떤 통치권이 미치는 영역에서 다른 통치 영역으로 지나가고도 그 사실을 인식하지 못하는 경우는 흔히 있었다. 19세기에 이르러 측량법과 지도제작술의 발달로 다툼의 가능성과 국경 개념이 근본적으로 변하게 되었다. 독일에서 지질학이 최초로 대학의 학과로 승격했다는 사실, 그리고 그 지질학과 교수들이 더 위대한 독일을 주장하는 호전적이고 극단적인 민족주의자였다는 사실은 단순한 우연이 아니다. 최초로 레벤스라움(Lebensraum, 국가와 민족의 생존과 발전에 필요한 공간적 영역을 뜻하는 지정학 용어, 양차세계대전 당시 독일 등에서 식민지 확장을 뒷받침하는 개념으로 사용—옮긴이) 개념을 수용하고 주창한 사람은 결코 히틀러가 아니다.

전쟁사를 통틀어 시는 종종 산문으로 표현하기에는 위험한 감정과 정서를 드러내는 수단으로 맞춤했다. 출판의 시대 초기에 팸플릿 저자들은 자신들의 왕이 최근 야전에서 거둔 승리에 대한 이야기를 써서 거리로 나섰다. 하지만 패전의 고통에 대해서 더욱 조심스럽게 반추하는 것은 시인들의 몫이었다. 시는 전 세계적으로 갈등이 불거지고 있는 현재에도 역경의 시대에 저항을 강고히 하면서 국가적 통합을 위한 슬로건으로 또는 이데올로기적 계몽 수단으로 과거와 동일한 수준의 역할을 떠맡았다. 1914년 제1차세계대전이 발발하자 대륙 전체에서 시가 쏟아져 나왔다. 한 문서에 따르면 전쟁이 터진 지 한 달 동안 독일에서만 하루 5만여 편의 시가 쓰였다고 한다. 그리고 무력의 가치를 예찬하는 그 독일의 시가들은 대륙 전체로 울려 퍼졌다. 전쟁이 타락과 공허한 소비주의 시대를 벗어날 계기를 제공한다는 생각이 많은 호전적인 국가의 여론이었다. 1910년에 게오르크 하임(Georg Heym, 독일 시인이며 표현주의의 선구자—옮긴이)은 자신의 일기장에 이렇게 고백했다. '누군가가 비록 별 타당한 이유가 없더라도 전쟁을 떠뜨려 주기만 한다면! 이런 평화는 낡아 빠진 가구에 발라 놓은 왁스처럼 찐득거리고 더러운 것이다.' 호전적 분위기가 고조되자 시는 전쟁을 갱생의 계기로 환영했다. 이탈리아 시인 가브리엘레 단눈치오(Gabriele D'Annunzio)는 이렇게 썼다. '오로지 전쟁만이 썩어 빠진 자들의 타락상을 멈출 수 있다. 전쟁만이 틀림없이 그들에게 영광 아니면 죽음을 내리기 때문이다.' 문학과 교수의 아들이었던 단눈치오의 동포 시인 필리포 토마소 마리네티(Filippo Tommaso Marinetti)는 다음과 같이 동의했다. '우리는 더러운 세상을 쓸어 버릴 유일한 수단인 전쟁을 찬미한다. 군국주의와 애국주의, 해방을 불러오는 자들의 파괴적 제스처와 기꺼이 목숨을 던질 만한 아름다운 사상을 또한 찬미한다.'[7]

애국을 앞세워 기꺼이 그 나라 젊은이의 피를 보고야 말겠다는 발상은 역겹지만 이들 덕분에 시가 본질적으로 반전 매체라는 우리의 통념에 중대한 교정이 일어났다. 영국에서 전쟁시는 쓰라림과 후회라는 외상 후 상처를 다룬 문학으로서 가장 잘 알려져 있다. 루퍼트 브룩(Rupert Brooke, 전쟁 중에 임지로 가던 도중 선상에서 패혈증으로 죽는 바람에 영웅적 자기희생의 모범이 되었다―옮긴이)처럼 애국적 열정을 노래하다가 윌프레드 오언(Wilfred Owen)처럼 전쟁을 겪으면서 전쟁에 대한 환멸을 노래하는 자로 변모한 어떤 젊은 장교가 영국적인 전쟁시인의 원형이 되었다. 그러나 영국에서 전쟁시인으로 꼽히는 사람들 대부분은 민간인이었고 그중 4분의 1은 여성이었다. 전쟁의 애처로움을 문학적으로 정형화하는 데 오랫동안 기여했던 영국 사립학교 직원들의 시는 그것이 처음 출판되었을 때보다는 나중에야 훨씬 더 큰 공감을 불렀다. 당초 그들의 시는 제국주의적 시에 간단히 압도당했다. 한 세대의 애국적 자부심을 똑똑히 전하며 1914년에 젊은이들을 신병 모집관에게 달려가도록 부추겼던, 자신감 넘치며 사명감으로 충만했던 그 시들은 러디어드 키플링(Rudyard Kipling)과 그 후계자들에 의해서 매우 성공적으로 퍼져 나갔다.

우리 시대보다 20세기 초반에 시가 훨씬 더 존재감을 발휘했다는 사실은 강조해 둘 만한 가치가 있다. 시는 교육과정에서 가장 중요한 비중을 차지했고 많은 신문은 독자의 시를 고정적으로 실었다. 동쪽의 신흥 강국들에서 시는 예상과 달리 훨씬 더 중요한 역할을 했다. 마오쩌둥의 시는 전쟁과 사상투쟁에 대한 자신의 접근법을 제시했다. 마오와 마찬가지로 열정적으로 시작에 힘썼던 스탈린이 열일곱 살에 쓴 나무랄 데 없는 낭만시

는 지역신문에 게재되었고 조지아에서 명망 높던 지역 학생 명시 선집에도 실렸을 정도였다.[8]

이들 사회에서 시는 특히 강력한 영향력을 행사했는데 열렬한 문맹퇴치운동에도 농민사회에서는 구전 문화가 여전히 강하게 남아 있었기 때문이다. 시는 배우기에도 쉽고 반복하기에도 좋아서 독서보다 훨씬 강력한 효과를 냈다. 이런 사실을 간파했기에 역사상 가장 경이로운 출판물로 꼽히며 중국과 전 세계를 통틀어 대표적인 선전매체 구실을 했던, 마오쩌둥의 경구를 집대성한 어록 '작은 빨간 책'은 성공을 보장받았다. 사상들이 경합을 벌이는 전장에서 시인들은 병사와 무기가 미치지 못하는 곳까지 자신들의 생각을 집어넣을 수 있었다. 그 일에 성공하는 시인은 축하와 포상을 받았다. 부하린이 블라디미르 마야코프스키(Vladimir Mayakovsky)의 작품에 대해서 다음과 같이 열광적으로 극찬한 것이 그런 경우다. '마야코프스키의 시는 참전 중이다. …… 그의 시는 적을 향해 어지러이 쏟아붓는 날카로운 화살이다. 참화를 부르며 사방으로 치솟는 용암 불이다. 긴급히 싸움에 나설 것을 촉구하는 비상나팔이다.'[9]

시적 표현이라고 하는 것은 애매모호해서 동유럽 공산주의 국가나 독일 점령하에 있던 프랑스에서 불온한 시를 적발하려고 천지사방으로 휘젓고 다니던 검열관들은 애를 먹기 마련이었다. 1942년에 시인 막스폴 푸셰(Max-Pol Fouchet)는 폴 엘뤼아르(Paul Éluard)의 시「단 하나의 생각(Une seule pensée)」이 자유를 향한 열렬한 외침이라기보다 사랑을 읊은 시라고 검열관을 설득했다. 그 시는 특히 소형 잡지 크기로 영국 공군에 의해 광범위하게 살포됐다.[10] 전후 공산당 통치 기간에 동독 비밀경찰 슈타지(Stasi)는 그들만의 시 동호회를 만들기까지 했다. 이 부서는 관록 있는 시인이 책임자가 되어서 함께 나누었던 시의 이데올로기적 적절성 여부를 판단하여 상부에 보고했다.[11]

15세기 인쇄술의 발명 이래로 선전물을 투쟁 도구로 이용하는 세태는 16세기에 비극적인 종교 갈등을 통해 더욱 힘을 얻었고 활발하게 번졌다. 종교개혁기에 유럽은 서로 적대적인 개신교와 가톨릭 진영으로 양분되었고 책은 복음 전도의 도구로 인식되었다. 이런 인식이 16세기 중후반 파리만큼 강력히 분출된 곳은 없었다. 당시 파리는 압도적으로 가톨릭 신앙이 지배하던 곳이었고 잠언을 읊조리면서 거리를 행진하다가 성물(聖物)을 훼손하던 개신교도들의 무례함에 치를 떨었다. 이런 분노는 개신교도들이 중세 이교도나 다른 경멸받던 집단과 다름없다면서 처절하게 매도하며 배포한 인쇄물로 나타났다. 1572년 성 바르톨로메오(Bartholomaeus) 축일에 파리 시민들은 그들의 개신교 이웃을 공격할 빌미를 잡자 맹렬히 길거리 학살을 감행해 수천 명을 처단하면서 역사에 길이 남을 학살의 기록을 남겼다.[12] 그리고 그들이 원하던 결과도 얻었다. 사건 후 몇 년 동안 수많은 위그노(프랑스 개신교도—옮긴이)가 조용히 신앙을 포기하고 가톨릭으로 개종했다. 이때 파리의 인쇄업자 니콜라 셰누(Nicolas Chesneau)는 이런 선전물들의 서문에서 "팸플릿은 영적 전쟁의 무기"라고 언급하곤 했다. 팸플릿을 통한 집중 공세는 프랑스의 가톨릭 신앙을 지키는 데 중대한 역할을 했다.[13]

20세기에 도입된 새 기술은 전쟁의 양상을 탈바꿈했을 뿐만 아니라 선전을 위한 새로운 가능성도 열어 놓았다. 제1차세계대전 동안 비행기는 공중 정찰만을 위해 이용되지 않고 전단 살포에도 동원되었다. 프랑스는 독일 프라이부르크에 폭탄을 투하하고 전단도 살포했다. 동부전선에서 독일 비행기는 러시아 병사들에게 그들이 자본주의 국가 영국의 이익을 증진하기 위해 참호 속에서 떨고 있다고 조롱하는 전단을 뿌려 댔다. 징집된 러시아 병사들의 문해력이 낮았던 점을 감안하면 군대의 사기를 떨어뜨리기 위해 교묘히 작성된 메시지가 효과를 봤을 가능성은 미미하다. 제2차세계대전 중에 영국은 극심한 종이 부족에 시달리면서도 전단 공중 투하에 막대한 자원을 쏟아부었는데, 이는 1942년 무렵 우표 수집을 그만두고 영국 공군의 전단을 수집하기 시작한 프랑스 어린이들을 기쁘게 했다. 독일의 경우 그런 전단을 소지했다가 적발되면 사형을 당할 수도 있어서 별 효과가 없었다.

 전단을 뿌려 대는 선전전이 별 소득이 없는 곳에 지나치게 많은 지출을 한 경우라면, 오히려 선전을 위한 의도 없이 출판한 책에서 종종 최대의 선전 효과를 보기도 했다. 그런 효과를 낸 제2차세계대전 출판계 최고의 히트작 중 하나는 제목만 봐도 눈길을 끄는 『사회보험 및 관련 서비스(Social Insurance and Allied Services)』라는 보고서용 책자였다.[14] 전후 사회보장에 관한 논의를 다룬 '베버리지 보고서'[Beveridge Report, 영국 경제학자 윌리엄 베버리지(William Beveridge)가 사회보장 제도 확충을 위해 집필한 보고서—옮긴이]였는데 금세 100만 부나 팔렸고 3펜스짜리 요약본 팸플릿이 출판되자 더욱 많이 팔렸다. 불어와 독어로도 번역되었고 영국의 선의를 설득하기 위해 적군과 우군을 가리지 않고 다른 인쇄물과 함께 공중 투하되었다.

전쟁이 끝날 무렵 베버리지 보고서에 관한 독일어 보고서 사본 두 편이 히틀러의 벙커에서 발견되었다. 이 보고서는 베버리지 계획을 '영국민에 대한 금권정치가들의 사기극'이라고 폄하하면서도 그것이 '영국이 독일의 국가사회주의적 사고를 표절한 특히 명백한 증거'라고 주장했다.[15]

전쟁으로 잡지가 폐간되고 출판업자들이 종이 소비를 절약하자 작가들은 불가피하게 자신들의 책을 위한 판로가 줄어들어 생업도 지키고 전쟁에도 이바지해야 한다는 상반된 입장 사이에서 어쩔 줄 모르고 괴로워했다. 작가들이 정부 시책을 옹호하는 글을 쓸 때 최고 작품이 나오는 경우는 드물다. 특히 열정적이고 비판적인 독서가인 스탈린 동지가 있는 소련에서 이는 더욱 힘겨운 과제였다. 선전물로 여겨지는 책 중에서 최고의 성공을 거둔 것은 독일 점령하의 유럽을 그린 존 스타인벡(John Steinbeck)의 『달이 지다(The Moon Is Down)』(1942)일 것이다. 하지만 미국에서 이 작품은 독일 점령군을 너무 인간적으로 묘사했다는 이유로 비판받았다.[16] 아서 쾨슬러(Arthur Koestler)의 『한낮의 어둠(Darkness at Noon)』(1940)은 많은 정치적 좌파의 소련에 대한 환상을 뒤흔들어 놓았고 조지 오웰이 비할 바 없는 위트와 상상력을 발휘한 『동물농장』과 『1984』가 그 뒤를 이었다. 1945년 전쟁의 적대감이 멈춘 뒤에 출판된 『동물농장』은 오웰이 번역본 판매가 수월하도록 분량을 3만 단어 정도로만 제한하면서 세계적인 베스트셀러가 되었다. 냉전기에 좀 더 은근한 인기를 끌었던 것은 제임스 본드(James Bond)였다. 여유로운 매력을 발산하면서 소설 주인공이 벌이는 모험은 철의

장막도 찢고 들어갔다. 러시아 관리들은 한 소련의 유력 출판물에 다음과 같은 저주에 가득 찬 반박을 실었다. "이런 점잖게 봐 줘도 쓰레기 나부랭이에 불과한 것을 쓴 이언 플레밍(Ian Fleming)이란 자는 도대체 어떤 작자인가?"[17] 동독 텔레비전이 〈아이언펠릭스(Iron Feliks)〉[소련의 비밀정보기관 '체카(CK)'의 창설자 펠릭스 제르진스키(Felix Dzerzhinsky)의 별명이기도 하다—옮긴이]를 제작해 이데올로기적으로 좀 더 적합한 대항 프로그램을 시도해 봤지만 반응은 시원찮았다.[18]

아마도 책은 각국 청소년들에게 이데올로기 세례를 퍼붓는 일에 가장 지속적이고도 확실한 성공을 거둔 것으로 보인다. 제2차세계대전 동안에 학생이었던 작가 존 르카레(John le Carré)는 대영제국의 영광을 그린 이야기들에 전방위적으로 노출되었다. 수업 시간에는 헨리에타 마셜(Henrietta Marshall)의 『우리 섬 이야기(Our Island Story)』('우리 섬'은 대영제국을 말한다—옮긴이)를, 여가 시간에는 퍼시 F. 웨스트먼(Percy F. Westerman)과 새퍼(Sapper)와 헨티(Henty)의 모험담, 비글스(Biggles), 불도그 드러먼드(Bulldog Drummond)와 베리[Berry, 돔퍼드 예이츠(Domford Yates)의 소설 주인공]의 영웅담을 탐독했다.[19] 동맹국인 미국까지 짜증나게 할 정도로 어떤 위태로운 전장에서도 끝내 살아남아 영국의 절대적 우월성을 확고히 입증하는 이야기에 흠뻑 빠져서 사춘기 이전과 청소년기를 보낸 것이다. 그러나 청소년을 끔찍할 정도로 완벽하게 군국주의 정신으로 세뇌하는 데 성공한 쪽은 독일이었다. 열 살이 되면 의무적으로 히틀러청소년단(Hitler Youth)과 독일소녀연맹(League of German Girls)에 입단해야 했다. 집단 훈련과 체육 활동을 강조하는 것은 교육과 무관한 일이었으나 교실에서 수업을 받기보다는 바깥에서 놀고 싶은 어린이의 마음에는 쏙 들었다. 징집 연령은 점점 더 내려갔고 그렇게 뽑혀 간 많은 어린이는 전쟁의 마지막 순간까지도 승리를 확신하고 있었다. 그런 환상은 연합국 병사들이 어른들이 버리고 달아난 포병 진지를 열렬히 지키고 있던 열두 살짜리 병사들을 소탕하면서 깨졌다.

선전이 명백히 성공하려면 그 속에 인정할 만한 사실을 얼마간은 담고 있어야 한다. 패배를 알리는 뉴스 보도를 용인한 것은 연합군의 신뢰도를 높이는 데 중요한 역할을 했다. 이런 점에서 처칠의 잦은 의회 연설과 대국민 연설은 좋은 선례를 남겼다. 제1차세계대전 때는 그러지 못했다. 애국적 이유로 전황을 잘 알 수 없도록 보도했고 이는 참호에서 대치 중이던 병사들을 격분시켰다. 소련은 정책적으로 불리한 뉴스는 보도하지 않도록 조치했는데, 그래서 1941년 중 많은 기간 동안 시민 대부분이 어떤 도시가 독일군에 함락됐는지 알 수 없었다. 독일에서는 전쟁 첫 해 동안 끊임없이 빛나는 승전 소식이 후방으로 전해졌기 때문에 별개의 선전 활동이 무용할 지경이었다. 그러나 1943년 동부전선에서 패배를 맛본 후 나치는 전황을 흐릿하게 전하기 위해 온갖 애를 썼다. '전선을 곧게 만들기' 위한 전략을 썼다는 말은 군대가 준비된 지점으로 후퇴했다는 말이었다. 이때쯤 독일인들은 신문과 지도책에서 보여 주는, 독일이 승전으로 얻은 영역을 그려 놓은 동부전선 지도의 제모습을 똑바로 보는 감각을 획득했다. 거의 모든 집으로 전해진 충격적인 전사자 소식의 규모도 그런 속임수를 용납하지 않았다. 기자들도 이 모든 것을 알고 있었을 것이다. 점점 줄어드는 신문 지면을 준엄한 경고와 거짓 낙관으로 뒤섞인 보도로 채운 것은 독자를 설득하기 위해서라기보다는 보복을 피하기 위한 보신책이었다.

한 가지는 분명했다. 책은 젊은이를 사지로 내몰기도 했고 점령당한 나라에 용기를 불어넣기도 했다. 책은 중요했다. 시, 소설, 역사, 지도책, 시사적인 정치 분석서 등 종류를 막론하고 책이 전쟁 도구로서 중요하다는 다급한 사실은 이론의 여지가 없었다. 모든 교전국과 반란 집단에서도, 심지어 식민지 종주국에 의해 인쇄기로의 접근을 의도적으로 봉쇄당하는 바람에 식민지배에서 벗어나고도 20세기 후반까지 여전히 분쟁에 시달리는 나라들에서도 책은 중요했다.

19세기가 시작될 무렵 많은 시사평론가, 정치인, 작가 들은 전쟁을 타락하고 나약해진 사회를 정화하는 수단으로 여겼다. 책과 시와 공공매체 들은 이런 논리가 사회 전체로 은근히 퍼져 나가는 데 큰 힘을 보탰고 젊은이들은 용맹을 떨쳐서 자신의 사내다움을 입증하기를 갈망했다. 종교적 반대자, 양심적병역거부자, 평화주의자 들이 이런 죽음 숭배에 반대하는 용감한 목소리를 내기도 했지만 최근까지도 소수에 불과했다.[20] 19세기 중엽 독일에서 프로이센이 오스트리아와 프랑스에 연이어 압도적으로 승리를 거두고 나서 1871년 독일제국 탄생을 선포하는 과정에 끓어오른 애국적 열기는 16세기부터 비폭력 전통을 지켜왔던 메노파교도들까지 덮쳤다.[21] 새롭게 발흥한 군국주의를 수용할 수 없었던 메노파교도들은 러시아나 미국으로 향하는 이민의 물결에 합류했다.

수십만 명이 모병소에 몰려들었던 제1차세계대전은 군복

을 서로 입겠다고 다투던 시기였다. 1916년 영국에 징병제가 도입되자 평화주의자들은 기로에 직면했다. 1만 6000명만이 양심적병역거부를 선언했고 그들 대부분은 일종의 대체복무(주로 농장이나 야전 응급치료소 등에서 일했다—옮긴이)를 선택했다. 런던의 문예계 인물들이 많이 포함되었다. 하지만 병역거부자 심판위원회에서 리턴 스트레이치(Lytton Strachey, 작가—옮긴이)와 던컨 그랜트(Duncan Grant, 화가—옮긴이)가 내보인 성의 없는 태도는 다른 양심적병역거부자들을 분노하게 했다. 이들 블룸즈버리그룹(Bloomsbury Group)의 명사들이야 든든한 연줄을 이용해 어떻게든 전쟁을 피해 안전한 거처를 확보할 수 있다는 믿음으로 그런 태도를 보인 것이라 여겼기 때문이다. 실제로 블룸즈버리그룹에 속한 양심적병역거부자들 다수는 예술가들의 후원자였던 필립 모렐(Philip Morrell)과 오톨린 모렐(Ottoline Morrell) 부부의 가싱턴 장원에서 재회했다. 그들은 장원의 정원과 농장에서 일을 하는 둥 마는 둥 하면서도 국가적 대사에 도움이 되는 대체복무를 했다고 너그럽게 넘어갈 수 있었다.[22]

훨씬 더 비극적인 경우는 전직 의원의 아들이었던 스티븐 홉하우스(Stephen Hobhouse)였다. 그는 병역을 거부했다가 징역을 살고 강제노역형까지 받았다. 덕분에 전쟁에 대한 가장 탁월한 팸플릿으로 꼽히는 글이 스티븐의 어머니 이름으로, 본인도 양심적병역거부자이기도 했던 스탠리 언윈(Stanley Unwin)에 의해 출판되었다.[23] 많은 서적상이 들여 놓기를 거부했음에도 『나는 카이사르에게 상소합니다(I Appeal unto Caesar, 「사도행전」 25장 11절에서 바울이 한 말—옮긴이)』는 결국 1만

8000부나 팔렸고 교도소에서 양심적병역거부자들을 지나칠 정도로 잔인하게 다루는 문제를 놓고 의회에서 열띤 논쟁이 벌어지는 계기를 만들었다. 언원이 틀림없이 알면서도 밝히지 않은 사실이 하나 있었다. 책은 홉하우스 어머니의 이름으로 출판되었지만 실제 저자는 철학자이자 평화주의자였던 버트런드 러셀(Bertrand Russell)이었다.[24]

양차세계대전 사이에 평화주의는 헛되이 생명을 앗아 간 제1차세계대전에 대한 혐오감이 퍼지면서 큰 호응을 얻었다. 그런 기조는 1928년부터 꾸준히 출판된 로버트 그레이브스(Robert Graves)의 『모든 것과의 이별(Goodbye to All That)』 같은 회고록과 문학에서 특히 두드러졌다. 미국이 고립주의를 고수하고 영국이 유럽에 만연해 있는 긴장을 해소하기 위해 국제적 해결책을 모색하자 평화 주창자들은 정치권 주류로부터 중대한 지지를 얻었다. 1930년대에는 베벌리 니컬스(Beverley Nichols), 스톰 제임슨(Storm Jameson), A. A. 밀른(A. A. Milne) 같은 명망 있는 작가들이 열정적이고 설득력 있게 전쟁을 비판했다. 작가 밀른은 곰돌이 푸(Pooh Bear)의 세계로부터 멀찍이 떨어져 나와 『명예로운 평화: 전쟁 협정에 대한 연구(Peace with Honour: An Inquiry into the War Convention)』(1934)를 냈는데 이 책은 증쇄를 거듭해 출판 1년을 갓 넘길 즈음에 5판까지 나왔다.[25] 변화한 정황 속에서 이들 책이 주류 출판사를 찾는 데 어려움을 겪지 않았다는 사실이 눈길을 끈다. 어떤 상황에서도 단호히 전쟁 반대 의사를 선언했던 평화서약연합(Peace Pledge Union)은 지지자 10만 명 이상을 확보했다.

이때쯤 마하트마 간디(Mahatma Gandhi)의 비폭력주의가 특히 미국에서 점점 더 주목받고 있었다. 하지만 그만의 독특한 힌두교 교리 해석에서 나온 가르침에 대해 이의제기가 없었던 것은 아닙니다. 1939년 영국의 인도 총독부는 교묘한 방법을 동원해 『바가바드 기타의 전쟁 철학(The Bhagavad-Gita Philosophy of War)』의 출판을 후원했다. 『바가바드 기타』는 가장 존경받는 힌두교 경전으로 꼽히는 책이었고 놀랍게도 호전적인 내용을 담고 있었다. 원자폭탄을 만드는 데 주도적인 역할을 맡았던 로버트 오펜하이머(Robert Oppenheimer)가 그것의 폭발을 목격한 뒤 말한 '나는 이제 죽음이 되었노라. 세상의 파괴자가!'는 『바가바드 기타』에서 인용한 구절이었다. 전쟁을 위해 인도에 대한 지원을 증대해 보겠다는 영국 당국의 의도는 거의 노골적으로 드러났다. 『바가바드 기타의 전쟁 철학』을 라호르 지역의 《민군(民軍) 가제트(Civil and Military Gazette)》 특별판으로 출판했기 때문이다(1883년과 1889년 사이에 러디어드 키플링은 이 신문에서 기자로서 경력을 쌓았다).

전쟁을 막아 보겠다는 희망이 가뭇없이 사라지면서 평화주의자들은 어려운 선택에 직면했다. 평화서약연합 발간지인 《평화 뉴스(Peace News)》는 독자들에게 수정의 밤(Kristallnacht)에 유대인 상점에 대한 가차 없는 공격을 비난하는 데 너무 '선정적인' 언사를 쓸 필요는 없다고 권하면서 히틀러 정권의 악랄함과 폭력을 대단치 않게 만들려고 우스꽝스러운 수준의 논리(독일의 유대인 학대가 영국의 그것과 다를 바 없으니 영국이 독일보다 더 우월한 양 우쭐대지 말라는 논리—옮긴이)를 동원해야 할 처지에 몰렸다. 《평화 뉴스》는 독일이 프랑스를 점령하자 나치즘은 유럽 통일을 위한 '확실한 도구'라고 말한 뒤 '전

with best Compliments
To Mrs R. Wilson
25/1/44 63, The Mall
Peshawar

The Bhagavad-Gita

PHILOSOPHY OF WAR

Being a commentary on the first six discourses of
Bhagavad-Gita, reprinted from the "Song of the Soul,"
or the "Sacred Science of Self"

by

Rai Bahadur Diwan Chand Obhrai
Senior Advocate, Federal Court of India.
Advocate, High Court of Judicature, Lahore, and
Judicial Commissioner's Court, N. W. F P.,
Peshawar.

1939
The Civil & Military Gazette, Ltd.
LAHORE

Price 3s.　　　　　　　　　　　　　　　　Rs. 2/-

A

『바가바드 기타의 전쟁 철학』(1939)은 아마도 간디의 평화주의로부터 인도인들을 떼 놓아 보려는 뒤늦은 시도였을 것이다. 비록 몇몇 다른 인도의 유력 정치인들처럼 일본을 공개적으로 지지하지는 않았지만 간디는 제2차세계대전 내내 영국에게 눈엣가시 같은 골칫거리였다.

체주의의 득세가 지속될' 것이라고 내다보면서 영국은 그런 상황에서 '필요한 것과 유익한 것'을 취하면 그만이라고 주장했다.[26] 이런 주장에도 혹은 아마도 그것 때문에 됭케르크철수작전 무렵이면 니컬스, 제임슨, 밀른, 로즈 매콜리(Rose Macaulay) 그리고 가장 놀랍기로는 버트런드 러셀을 비롯한 많은 작가가 자신들의 평화주의를 단념하게 된다. 제임슨은 자신이 마음을 바꾼 이유를 설명한 「이 전쟁의 결말(The End of this War)」을 석 달 만에 완성했다.[27] 끝까지 버틴 사람은 프랜시스 패트리지(Frances Partridge)였다. 그는 자기 남편 랠프를 포함해 호가스출판사(Hogarth Press)를 운영하던 버지니아 울프(Virginia Woolf)와 레너드 울프(Leonard Woolf) 부부와 한패였다. 윌트셔주에 있는 그들 부부의 집은 가싱턴 장원보다는 훨씬 덜 떠들썩해서 그들의 문예계 패거리들의 습격으로부터 안식처가 되어주었다.[28]

제2차세계대전 중에 영국 정부는 또한 대체복무의 허용범위를 넓혀서 가장 완강한 양심적병역거부자일지라도 가능하면 교도소로 보내지 않는 기조를 지키며 신중하게 문제에 대처했다. 심지어 평생 평화주의자이자 노동당 당수였던 조지 랜즈버리(George Lansbury)조차도 '우리나라는 전시에 다른 어떤 나라도 허용하지 않았던 권리와 특혜를 평화주의자에게 허용했다'라고 인정할 정도였다.[29] 전쟁이 끝날 무렵 징집 대상 1000명당 두 명만이 병역을 거부했고 비전투 병과를 선택했던 이 중 많은 이가 나중에 전투병 복무로 옮겨 달라고 요구했다. 일기기록자 데니스 아전트(Denis Argent)도 그런 경우였는데 그는 불발탄 처리반으로 병과를 옮겼다.[30] 많은 양심적병역거부자에게 그들이 종교적·정치적 이유로 병역을 거부한 것이 겁쟁이여서가 아니라는 사실을 입증하는 게 중요했기 때문이다.

이 모든 논쟁은 매우 다른 정치적·전략적 상황에서 벌어졌지만 제2차세계대전이 끝난 후에도 다시 벌어질 것이었다. 도무지 끝날 기미가 보이지 않는 글로벌사우스의 잔인한 분쟁들에 대한 선정적인 TV 보도와 함께 언제 닥칠지 알 수 없는 핵 절멸의 공포는 좋든 싫든 양차세계대전을 지지했던 대중의 의견 일치를 인내심의 한계까지 시험했다. 하지만 핵 시대를 맞아 핵무기 폐지[Ban the Bomb, 핵 군축을 위한 캠페인(CND, Campaign for Nuclear Disarmament)의 구호—옮긴이]를 주장하는 시위와 뒤이은 1989년 동구권 몰락에 이은 '평화배당(peace dividend, 1989년 냉전 종식 후 국방비 삭감액을 민생 부문으로 전환해 자원분배 구조를 재편하려던 시도—옮긴이)'은 강대국 군사정책의 토대가 되었던 논리에 의문을 제기하면서 평화주의 부활의 분기점을 마련했다. 그때까지 전시문학은 전쟁 중에 때로는 의문을 제기하고 비판적인 관점을 피력하다가도 꼭 그만큼 빈번하게 전쟁의 가치를 역설하고 옹호하거나 전쟁에 적극 참여했던 그 시대의 태도를 반영했다.

2장
전술

2032년은 전쟁에 관한 책 중에서 가장 영향력 있다고 손꼽히는 카를 폰 클라우제비츠의 『전쟁론(On War)』이 출간 200주년을 맞는 해이다. 전쟁 이론에 관한 이 불후의 고전은 전쟁 수행과 전략에 대한 진지한 토론의 출발점으로서 사관학교나 군사교육기관의 교과과정에서 여전히 필독서다.[1] 하지만 클라우제비츠는 원래 그런 책을 쓸 의도는 없었다. 1831년 그가 죽었을 때 『전쟁론』은 여전히 반쯤 개정을 마친 어수선한 초고에 불과했다. 이런 뒤죽박죽한 원고를 온전한 것으로 출간하는 과업은 아내이자 저술 동료였던 마리 폰브륄(Marie von Brühl)의 몫이었다. 학술 고전으로서 그 책은 일관성이 없고 애매한 부분이 많아서 읽기에 난해하다. 클라우제비츠가 좀 더 오래 살아서 정리했더라면 그럴 일은 없었을 것이다. 어쩔 수 없이 19세기에 군사 전술 방면에서 가장 명민했던 인물로 꼽히는 이가 쓴 책은 불완전한 텍스트로 남게 되었다. 너무나 많은 애매한 부분이 해소되지 않은 상황에서 클라우제비츠 부부가 함께 수집한 문고의 카탈로그가 최근에 발견되었다. 덕분에 클라우제비츠의 작업 방식과 무엇이 그의 사상을 형성하는 데 큰 영향을 미쳤는가

카를 폰클라우제비츠. 그의 기념비적 전술서 『전쟁론』은
프로이센사관학교의 탁월한 도서관과 그가 남긴 미완성 초고를 정리해
출판했던 아내 마리 폰브륄에게 큰 신세를 졌다.

에 대한 연구에 유망한 단서를 제공해 줄지도 모를 일이 일어났다. 하지만 그런 희망의 끈조차 여전히 또 다른 의구심을 낳았다. 문고의 규모가 겨우 380권으로 구성되어 있었기 때문이다. 그 시대 학자라면 문고 몇천 권 정도는 모으는 게 예사였다(작센 수상을 역임했던 마리 폰브륄의 할아버지 하인리히 폰브륄은 장서 6만 2000권을 수집했다).[2]

아마도 그 빈약한 문고는 클라우제비츠가 부자가 아니었기 때문일 것이다. 그러나 그는 다른 학자들이 누리지 못한 더할 나위 없는 이점이 있었다. 문자 그대로 그가 살았던 곳의 복도 저편에는 장서 1만 5000권을 자랑하며 당대 가장 거대한 군사 도서관으로 꼽혔던 프로이센사관학교(Prussian Military Academy) 도서관이 있었고 그는 그곳의 교장이었다. 그는 왕립도서관도 이용할 수 있었을 가능성이 높다. 클라우제비츠가 남긴 편지 중에는 그가 왕립도서관 사서에게 중위 계급도 그곳의 대단한 장서를 대출할 수 있는지 문의하는 구절이 나온다. 그래서 그가 왕립도서관을 이용했으리라는 사실도 의심의 여지가 없다.[3] 사관학교장의 업무량은 많지 않았다. 어쩌면 군대의 위계구조에서 자신을 배제시키려는 시도로 교장으로 임명했을 거라 생각하며 그가 분통을 터뜨렸을지도 모를 정도의 한직이었다. 아침 일찍 사무실로 출근한 그는 대개 무일푼 사관생도들의 가불 신청을 처리한 뒤에 필요한 책이라면 무엇이든 뽑아 들고 아내의 거처로 물러나 저서 작업에 들어갔다.

『전쟁론』이 왜 그렇게 지속적인 명성을 얻었는지 궁금하다면 역사적 맥락을 살피는 것이 핵심이다. 『전쟁론』은 1832년에 출간되었다. 그때 유럽 각국의 군대는 당대의 가장 위대한 전쟁 지휘자라는 데 이론의 여지가 없던 나폴레옹 보나파르트(Napoléon Bonaparte)에게 붕괴당한 뒤 여전히 복구 중에 있었다. 아무도 그 사실을 잊지 못하게 하려는 듯 앙투안앙리 조미니(Antoine-Henri Jomini) 남작은 나폴레옹의 명성을 끊임없이 상기시켰다. 그는 당시 유럽 각국 사관학교의 탁월함을 다투는 데 있어서 클라우제비츠의 최대 라이벌이었다.[4] 이때 유럽 강대국들과 비유럽권에서 빼놓을 수 없는 군사 강국으로 급부상 중인 일본과 미국은 전쟁이 점점 더 복잡해지고 신무기는 강력해지는 상황에서 더 체계적인 군사교육의 필요성을 절감했다.

1820년과 1890년 사이에 전 세계의 모든 강대국은 장교육성학교를 체계적이지 못한 18세기의 방식에 기초하고 있었다. 미국 같은 몇몇 나라는 가령 19세기 중후반까지도 신사 장교의 전통이 유지되던 영국 같은 나라들보다 더욱 적극적으로 수학과 과학기술 교육의 필요성을 수용했다. 그러나 모든 나라는 그들의 군사학교를 다른 무엇보다도 (전통적으로 덜 귀족적이었던) 포병과 공병 관련 기술 학과를 위해 설립했다. 이 모든 학교에는 교관과 도서관이 필요했다.

가장 성공적인 전장의 승리자들, 즉 첫째로는 프랑스와 그 다음으로는 1871년에 성립된 통일 독일제국의 토대였던 프로이센을 망설이면서도 모방해 보려는 이런 시도는 마침내 젊은이를 위한 학생 군사학교, 사관학교, 전략훈련을 위한 참모대학이라는 세 가지 군사교육기관의 설립으로 나타났다. 하지만 이런 다양한 교육기관의 졸업생들이 제1차세계대전에서 용감하지만 살인적인 공세를 펴다가 수없이 죽어 나가자 이런 교육혁명을 통해 얻어 낸 성취를 반성적으로 돌아보게 되었다. 탁월한 전사를 배출하기 위해서 책을 통해 학습하는 것은 그것을 다른 요소들, 즉 인성교육, 지휘체계 확립, 재능, 행운, 생생한 용기와 우월한 무기 등과 나란히 비교했을 때 얼마나 더 효과적이었을까? 사관학교 교육혁명의 결과가 일반 병사들에게 얼마나 공유되었을지도 매우 의문스러웠다. 전쟁 덕분에 또 다른 거대한 문학 장르로 등장한 전쟁회고록에서도 책을 탐독하느라 보낸 시간이 군인이 되는 데 가장 결정적인 요인이었다고 강조하는 경우도 드물었다. 하지만 그 모든 부정적 평가에도 19세기가 끝날 무렵이면 책과 책상에서 머무르는 시간이 군인을 만드는 필수 요소가 되었다.

글쓰기가 시작된 이래 인간은 줄곧 전쟁에 대한 글을 남겼다. 손무(孫武)가 기원전 6세기에 쓴 것으로 보이는 『손자병법(孫子兵法)』은 중국의 여러 제후국이 대륙의 패권을 놓고 싸우던 시대를 냉정한 눈으로 분석한 책이다. 그 책은 전략과 야전전술과 첩보전에 대한 일종의 간결한 전략적 묘책을 제시한 것으로 여겨졌는데 19세기에 유럽 저술가들에 의해 재평가된 이후 대단한 인기를 구가해 왔다.[5] 구약이라는 이름으로 신성시되었던 유대교 경전은 이스라엘인들이 팔레스타인 땅에 대한 자신들의 권리를 획득하려고 싸움을 벌이면서 일어난 문명의 충돌로 뒤덮여 있다. 포위공격, 대량학살, 용맹한 전사, 대격전에 대한 이야기들이 이곳저곳 등장한다. 성경의 역사서(구약성경에서 「여호수아」「사사기」「룻기」「사무엘기」상·하, 「열왕기」상·하, 「역대기」상·하, 「에즈라기」「느헤미야기」「에스더기」등 열두 책을 말한다—옮긴이)와 시편을 읽고 나면 전쟁을 벌이는 짓이 본질적으로 비도덕적이라는 사실을 외면할 수 없다.[6]

> 여호와는 자신의 백성에게서 기쁨을 얻고 온유한 자들에게 승리의 왕관을 씌운다. ……
> 신에 대한 찬양을 입속에 담고서 양날을 세운 칼을 손에 쥐고서,

나라들에 복수를 하고 그 백성들을 징치하노라,
그들의 왕은 족쇄를 채우고 휘하의 귀족들은 쇠사슬로 묶어 놓고
그들에게 내려진 판결을 집행하노라. 이런 영예는 충성스러운 여호와 백성들의 몫이로다.[7] (「시편」 149장 4절, 6~9절)

기독교 경전 곳곳이 전쟁으로 얼룩진 것은 기독교 세계에서 전쟁의 합법성을 놓고 벌인 논쟁에 오랫동안 유독한 그림자를 드리웠다. 분명 20세기 대부분의 시기에 거의 모든 성직자는 전쟁 중인 자기 나라를 위해 열렬한 지지를 표하는 데 조금의 거리낌도 없었다.

여전히 고대 세계를 살았던 로마인들은 매우 호전적이면서도 문학적이어서 전쟁문학 장르에 크게 기여했다. 율리우스 카이사르(Julius Caesar)는 로마를 차지하기 위한 가차없는 전쟁에서 우위를 점하는 데 그가 갈리아 지역에서 벌인 군사작전을 기술한 덕을 크게 봤다. 이 책은 역사적 사실과 전략을 두루 섞어 서술해 오래도록 전쟁사 기록의 전범이 되었고 전공을 세운 장군들이 스스로 혹은 열렬한 숭배자의 저술을 통해 자신들의 명성을 드높이려 했을 때 참고가 됐다. 리비우스(Livius)부터 플루타르코스(Plutarchus)까지 로마의 모든 역사가는 사실상 전쟁사가였다. 로마제국 자체가 다른 나라들과 혹은 나라 안 적수들과 벌인 무자비한 전쟁으로 성립하고 유지되었다. 이들 역사서가 서로마제국이 몰락한 뒤 거의 1000년 내내 전쟁과는 도무지 어울리지 않는 수도원 도서관의 기독교 서적들 사이에 파묻혀 있

다가 14~15세기에 들어 이탈리아 르네상스를 맞아 열성적인 학자들에 의해 재발견된 것은 저술 역사상 대단한 아이러니로 꼽힌다.

15세기에 인쇄술이 발명되면서 책 발행부수가 급격하게 증가했고 책 살 여유가 되는 사람들의 사회적 범위가 크게 확장됐다. 군사학 관련 안내서는 책 시장에서 인기가 있었다. 그것들은 진형 전개법 같은 진지한 교재부터 네덜란드독립전쟁, 프랑스종교전쟁, 30년전쟁 같은 당대의 대규모 장기전들에서 벌어진 최근 전투들에 대한 기술이 담긴 팸플릿에 이르기까지 다양했다. 블레즈 드몽뤽(Blaise de Monluc)과 프랑수와 드라누(François de la Noue)의 전쟁회고록(전자는 가톨릭이고 후자는 개신교)은 정기적으로 재발행되었고 뛰어난 군사교범은 다양한 언어로 재빨리 번역되었다.[8] 전선에서 전하는 속보는 특히 인기 있는 출판물이었고 중간계급의 지휘관들은 통신원 노릇을 겸하면서 명성과 함께 쏠쏠한 부수입을 올렸다.[9] 이런 현상은 17세기 초반에 독일, 프랑스, 영국, 네덜란드에서 출판된 최초의 신문들에서 군대 뉴스가 많은 지면을 차지하면서 야기되었다. 거의 모든 정부가 신문이 국내 정치를 다루는 것에 눈살을 찌푸렸기 때문에 이들 최초의 신문은 불가피하게 군대와 외교관의 움직임에 압도적인 분량을 할애할 수밖에 없었다.

17세기에는 루이 14세(Louis XIV)와 그가 벌인 멈추지 않는 전쟁놀음으로 더 많은 중요한 변화가 초래되었다. 확장일로에 있던 그의 왕국에서 취약한 북쪽 국경을 방어하기 위해 요새를 구축하는 것은 최고의 군사 건축가였던 세바스티앵 르 프르스트르 드보방(Sébastien le Prestre de Vauban)의 몫이었고 그 과정에 19세기 필독서가 되었던 군사 건축물에 관한 일련의 교범이 탄생했다. 군사 텍스트에 대한 수요가 너무나 많았고 진화 중이던 도서 시장의 그런 요구를 재빨리 포착했던, 최초의 전문 사서로 꼽히던 가브리엘 노데(Gabriel Naudé)는 전쟁에 관한 추천서 목록인 「엄선 군사학 서적 목록(Syntagma de Studio Militari)」을 발행했다.[10] 당시의 책 시장은 이론서보다 실용서에 치우쳐 있었다. 그래서 니콜로 마키아벨리(Niccolo Machiavelli)가 숙고 끝에 내놓은 책 『전쟁의 기술(L'arte della guerra)』이 인기를 끌었다. 이 책은 1521년에 출간된 이래로 150년 동안 20판 이상을 거듭했다. 중세 말기 이탈리아 도시국가들끼리의 전쟁에서 주로 계약을 맺은 용병 장수들에게 전쟁을 맡겼던 당대의 주도적 관행에 이의를 제기한 것이 책의 성공 비결로 꼽혔다. 마키아벨리는 조국 피렌체 지배자들에게 계약 용병이 아닌 시민군을 육성하여 공화국이 위기에 처하면 언제나 그들이 공화국 수호를 위해 싸우게 하고 승리를 거두면 시민의 삶으로 되돌아가게 해야 한다고 주장했다.

과감한 주장이기는 하지만 꼭 독창적인 방안이라고는 할 수는 없었다. 그가 제시한 방안들 대부분은 고대 로마의 군사 전략가였던 베게티우스(Vegetius)로부터 표절한 것이었다. 게다가 고대 서적에 대한 이런 숭배는 이 시대의 군사 저술에서는 가장 뜻밖의 일이었다. 인쇄술의 발명은 일반적으로 그리고 당연하게도 획기적인 첨단 기술이었고 현대로 가는 초석이 되었다. 하지만 1세대 출판업자들이 출판에 있어서 극히 보수적인 선택을 했다는 사실은 그런 첨단적 특성을 덮어 버린다. 과학, 지리학, 의학, 군사전략 등 어떤 분야가 되었든 고대 그리스와 로마의 권위는 기세등등했다. 이런 현상은 과학과 의학에서 경험적 연구를 가로막았다. 적어도 군사전략 분야의 서적에서 로마는 추천될 만한 확고한 승전 기록이 있었다. 그래서 비록 마키아벨리의 책이 꽤 팔렸지만 베게티우스의 책은 더 잘 팔렸다.[11] 율리우스 카이사르의 책들은 출간 후 200년간 200판을 찍는 어마어마한 기록을 남겼는데 그중 가장 유명한 것은 갈리아(현재의 프랑스)에서 승리를 거둔 이야기였다. 고대 전술 서적이 인기가 있었다고 해서 꼭 실용적인 전쟁 지침만을 위해 읽혔다고 보기는 힘들다. 야포와 박격포에 맞서야 하는 17세기와 18세기 장군들에게 로마군의 테스투도 대형에 관한 설명은 아무런 쓸모가 없었을 것이다.

고전 저자들의 이런 저술이 장수했던 것을 고려해 봤을 때 19세기에 조미니와 클라우제비츠처럼 서로 맞서는 주장을 펼치는 권위자들의 등장은 적어도 전쟁학에 신선한 시작을 제공했다. 두 사람이 우위를 다투는 장면은 또한 점진적으로 군사교육의 전문화가 이루어지는 완전히 새로운 상황 속에서 일어났다. 심지어 18세기 말까지도 국군이라는 개념은 상대적으로 낯선 개념이었다. 미국 독립전쟁은 대체로 대륙군 민병대와 영국 쪽의 독일 용병들 사이에 벌어졌다. 프랑스는 루이 14세의 상비군 창설과 자신에게 맞서는 모든 군대를 격파해 버린 나폴레옹의 능력 덕분에 국군 창설의 길을 주도했다. 조미니의 저술은 그가 프랑스군에서 나폴레옹의 천재적인 전략을 관찰할 수 있었던 까닭에 권위를 획득했다. 하지만 프랑스 군대의 이 빛나는 도약 속에서도 독일에서는 대안적 군사학교가 시도되었고 마침내

1765년에는 프리드리히 2세(Frederick the Great)에 의해 프로이센사관학교가 설립되었다. 독일도 그랬지만 프랑스에서 생시르 사관학교(Military School of Saint-Cyr)가 설립되었을 때도 당연히 토지귀족(landed nobility)이 사관학교가 배출하는 장교 집단의 주축을 이룰 거라고 여겨졌다. 나중에 별 주목을 못 받고 설립된 영국의 사관학교도 같은 생각이었다. 그러나 이런 사관학교가 설립되고 포병과 공병을 배출하기 위한 하급 훈련소가 생기면서 군대를 이끌 장교들이라면 적어도 좋은 집안 출신이나 용기와 승마술 이상의 것이 있어야 한다는 인식이 싹텄다.

미국은 귀족 출신의 장교 문제로 골머리를 앓을 필요는 없었지만 여전히 군사교육기관을 기초할 때 유럽의 사례를 많이 모방했다. 미국의 사관학교는 1802년 뉴욕주 웨스트포인트에서 설립되었다. 신설 사관학교는 그럭저럭 운영되다가 1812년 미영전쟁(그때 영국군은 워싱턴D.C.를 함락했다) 발발 후 장교 육성을 위한 좀 더 활발한 프로그램에 대한 긴급한 국가적 필요를 느끼고 나서야 발전해 나갔다. 사관학교를 중흥으로 이끈 일등공신은 1817년과 1837년 사이에 파리 종합기술학교(École Polytechnique)와 흡사한 교과과정을 웨스트포인트에 도입했던 실바누스 세이어(Sylvanus Thayer)였다. 새 교과과정은 공학기술을 최우선으로 삼고 수학, 보병전술, 포술, 군사과학에 초점을 두었다.[12] 세이어는 프랑스에서 2년 동안 군사학교들을 견학하면서 군사과학 핵심 교재들과 수많은 지도, 해도, 팸플릿을 쓸어모아 온 뒤에 교장직을 맡았다. 이 자료들은 나중에 미국 최고의 기술 도서관으로 꼽히게 될 곳의 반석이 되었다.[13] 새로 토목공학과 교수로 채용된 이는 파리 종합기술학교과 메스 공포

웨스트포인트 1914년 졸업반 동기생들이 도서관 앞에서 포즈를 취했다. 이 쾌활한 모습의 젊은이 모두가 학문에 최우선 순위를 두지는 않았지만 도서관은 분명 군사교육을 위한 중요한 자료를 제공했다.

병학교(School of Engineering and Artillery)에서 수학했고 나폴레옹 군대에서 교량 기술자로 임무를 수행했던 클로드 크로제(Claude Crozet)였는데, 그는 프랑스와의 관계를 더욱 긴밀히 이어갔다. 또 다른 핵심 인물은 데니스 머핸(Dennis Mahan)이었다. 그 또한 프랑스 사관학교에서 2년을 공부한 뒤 웨스트포인트로 돌아와 토목학과 공병학과 교수로 임용되어 30년 동안 자리를 지켰다. 다작의 저술가였던 머핸은 축성술에 관한 많은 중요한 텍스트를 집필했고 중요한 프랑스 저작들을 번역했다.[14]

1853년 웨스트포인트는 카탈로그를 출판하여 학교 도서관의 위세를 뽐냈다. 진정 대단한 목록이었다. 장서 6259권은 가장 중요한 과학기술 교과인 포병학과 공병학을 필두로 79가지 범주로 나뉘었다.[15] 프랑스의 영향은 뚜렷했다. 보방(Vauban), 티에보(Thiébault), 로캉쿠르(Rocquancourt)와 보동쿠르(Vaudon-

전술 65

court)의 텍스트, 르블롱(Le Blond)과 르장드르(Legendre)의 수학 텍스트와 랄랑드(Lalande)의 천문학 텍스트는 중요하게 여겨져 다종다양하게 구비되었다. 15권 분량의 『군사사와 전쟁사(Histoire critique et militaire des guerres)』를 비롯한 조미니의 저술들은 특히 중요하게 다뤄졌지만 클라우제비츠는 찬밥 취급을 받았다. 학생들에게 프랑스어 능력이 요구된 것은 당연했지만, 이는 남북전쟁 때 타고난 전략가로 활약했던 스톤월 잭슨(Stonewall Jackson)에게는 난감한 일이었다. 이 시골 소년은 정규 교육을 거의 받지 못한 채 웨스트포인트에 입교했기 때문이다. 잭슨은 놀랄 만한 열성으로 교과과정을 숙달한 후 멕시코·미국전쟁에 참전한 뒤 다소 엉뚱하게도 미국 최초의 주립군사대학인 버지니아군사대학(Virginia Military College)의 물리학과 교수로 임용되었다. 열정도 없이 단조로운 억양으로 외운 것을 그대로 읊조리는 그의 강의는 인기가 없었다.[16]

웨스트포인트를 졸업한 엔지니어들은 미국 건설에 중요한 역할을 맡았다. 19세기 전반부에 졸업생 4분의 1 정도가 철도회사나 다른 토목사업에서 일했다. 웨스트포인트는 국가건설의 중요한 인재로 여겨졌다. 1822년에 사관생도였던 제임스 댈리버(James Dalliba)는 다음과 같이 기록했다.

> 그들은 모든 지역적 편견과 습성과 지식을 지닌 채 입교했다. …… 그들의 그런 습성과 관습과 편견은 곧 사라졌다. 그들은 이 나라 어디에서도 찾을 수 없는 새로운 인물이 되었다. 국가를 위한 인격체로 거듭났다. …… 그들은 서로 흩어져 이 나라 방방곡곡으로 진출했다. 그러나 그들의 심

정이 흩어진 것은 아니었다. 그들의 관심이 달라진 것도 아니고 그들 대부분은 결코 그럴 수도 없을 것이다.[17]

그런 낙관적인 예측은 1861년부터 1865년까지 벌어진 남북전쟁으로 산산조각 나고 만다. 그때 웨스트포인트 출신들은 양쪽 어디에든 가담해 다양한 활약을 펼치며 서로 싸웠다. 유럽의 군사 참관인들은 전쟁터에서 펼쳐진 정탐 기술을 목격하면서 혀를 찼다. 프로이센의 무관에게 그들이 벌이는 전투들은 기껏해야 '무장폭도가 서로를 쫓아다니는 것'이었다. 이런 경멸적인 언급은 프로이센의 전략가 헬무트 폰몰트케(Helmuth von Moltke)가 했기 때문에 더욱 굴욕적이었다. 독일군의 이런 우쭐대는 자신감에 승리를 거둔 북군 장군들을 불쾌했지만 프로이센이 18세기 중반에 큰 승리를 세 번 거둔 여세를 몰아 19세기 중반에 우월한 강국으로 부상하면서 이들이 일종의 필승 야전 전투법을 성취했다는 사실을 부인할 수는 없었다. 그것은 미국인들이 4년간 피 터지게 싸우면서도 지지부진했던 싸움에서 그토록 성취하지 못했던 방식이었다.

미국인들은 프로이센 군대가 꾸준히 강대해지고 있다는 사실을 모르지 않았다. 1812년부터 1860년까지 대서양 건너 견학을 갔던 장교 105인에게 베를린은 필수 방문지였다.[18] 미국 남북전쟁은 프로이센이 최초로 덴마크에서 전광석화 같은 승리를 거두었을 때 시작해서 쾨니히그레츠 전투에서 오스트리아 군대를 절멸시키기 직전에 끝났다. 그러나 새로운 강대국의 탄생을 만방에 각인시키고 세계적으로 군사과학의 전면적인 재편을 촉진한 것은 프로이센·프랑스전쟁(1870~1871)이었다. 프랑스가 굴욕적인 패배를 당하면서 나폴레옹을 찬미했던 조미니의 논리는 빛을 잃었고 폰몰트케가 자신이 가장 큰 영향을 받았던 책으로 특별히 클라우제비츠의 『전쟁론』을 거론하면서 그는 새롭게 평가되었다. 정확히 이때쯤에서야 『전쟁론』이 최초로 영어권 독자들에게 전해진다.[19] 군사 이론가들은 이후 두 세대가 바뀔 동안 프로이센 군대의 강성 비결을 연구하며 보낸다.

1864년부터 1871년까지 연이은 전쟁에서 프로이센이 거둔 연전연승이 유럽 전역에 미친 충격은 이루 말할 수 없을 정도다. 마치 중부유럽의 영토에서 새로운 강대국 하나가 하루아침에 솟구쳐 오른 것으로 비춰졌다. 이후 50년 동안의 사태들은 이런 평가가 대체로 사실이었음을 입증했다. 미라보(Mirabeau)가 비꼬아 말했듯이 프로이센이 '군대를 보유한 국가가 아니라 국가를 보유한 군대'라는 말이 사실이었더라도 1871년 이후 독일의 눈부신 경제 성장, 압도적인 인구 증가, 지적·과학적 능력과 국가적 자존감의 엄청난 증대를 감안하면 그런 비아냥은 지독한 평가절하였다는 사실만 입증될 뿐이다. 석탄과 철광석 같은 핵심 천연자원을 넉넉히 보유한 데다 유럽에서 가장 선진적인 철도망을 구축한 독일은 근대를 향한 질주에 최적화된 상태였다. 1914년에 이르면 독일은 탁월한 네트워크를 형성한 다양한 대학과 공과대학의 뒷받침 속에 세계 제일의 화학 및 공업 산업을 발전시켰다. 이런 과학적·지적 기반은 20세기에 발발한 여러 전쟁에서 강력한 자원이 되었다.[20]

그런 근대적 성과에 더해 높은 문화적·학문적 성취도 이뤘지만 독일은 비정상적일 정도로 군사화된 국가로 남아 있었다.

1871년에 비스마르크(Bismarck)는 승리의 영광을 내세워 간헐적인 군 예산을 둘러싼 입씨름을 제외하고는 대체로 군대를 시민의 통제권 밖으로 돌리는 데 성공했다. 전군 최고사령관으로서 독일 황제는 외교정책에 대한 최종 결정권자이기도 했다. 대중은 군대가 통일독일을 세웠다고 존중하고 있었기 때문에 이런 조치에 놀라울 정도로 거의 아무런 불안감도 보이지 않았다. 새 독일제국은 군사적으로 프로이센 시절에 확립된 두 전통에 득을 보고 있었다. 다가올 전쟁에 대비해 훈련된 군인을 충분히 확보할 수 있도록 보장해 준 징집제도의 확립과 프리드리히 2세 이후로 오랜 기간 꾸준한 축적을 통해 확립된 체계적인 군사훈련과 군사교육 체계였다.

외부의 참관인들에게 독일을 군사예외주의로 향하게 한 가장 강력한 도구로 여겨졌던 이런 체계는 그냥 솟아난 것이 아니었다. 그 체계는 1806년 예나·아우어슈테트전투에서 프로이센이 프랑스에 굴욕적 항복을 하면서 프리드리히 2세의 주도로 구축된 군사적 기반이 완전히 수명이 다했음을 입증한 뒤에야 절치부심 재건을 통해 근대적 모습을 갖추며 확립되었다. 그 이후 프리드리히 2세가 설립했던 귀족사관학교(Académie des Nobles)는 전쟁대학(Kriegsakademie)으로 재탄생했고 비록 독일 귀족계급(Junker, 융커)이 군대에서 고위직을 독차지하는 데 놀라울 정도로 능란하다는 것을 입증하기는 했지만 원칙적으로 전쟁대학은 귀족이 아닌 젊은이에게도 문호가 개방되었다. 전쟁대학은 재빠르게 장교를 육성하는 선구적인 학교로 자리 잡았으며 이 대학은 프로이센에서 장군 지위에 오르기 위한 전제조건이 되었다.

19세기에 들어 교육체계가 세분화하면서 어린 소년들이 10세가 되면 사관예비학교에 입교하고 15세가 되면 베를린 유년사관학교(Hauptkadettenanstalt, HKA)로 진급하기를 목표로 하면서 전쟁대학은 사관학교체계에서 희생정신과 지도력을 겸비한 수많은 장교를 배출하는 명실상부한 최고 정점에 오른 교육기관이 되었다.[21] 그리고 나서 HKA 졸업생들은 엄선된 학생들에게만 허락되는 전쟁대학 엘리트 학급에 들어가기를 희망했는데 그곳에 속하면 장교 임관이 보장될 뿐 아니라 순번에 따라 참모직을 맡을 가능성도 생기기 때문이었다. 예비학교는 과학과 근대어 교육에 방점을 두는 레알슐레(Realschule, 실용교육을 강조하는 독일 중등학교—옮긴이) 교과과정을 따랐다. 생도들은 베를린에 도착하기 전까지 특별한 군사교육을 받지 않았다. 스포츠와 야외활동, 특히 체조를 강조했는데 그것이 자신감과 지구력과 날쌘 육체를 배양한다고 여겨졌기 때문이었다. 그것은 체조가 생도들을 '너무 활발하고 날쌔게 만들어 장교에게 요구되는 진중함'을 배양하는 데 장애가 된다고 생각해 실내체육관 건립을 계획단계에서 포기한 샌드허스트 소재 영국 왕립육군사관학교(Royal Military Academy)의 방침과 흥미로운 대조를 보였다.[22]

독일 학교의 스파르타식 분위기, 부실한 음식, 살을 에는 추위, 만연한 군기 잡기 따위는 빅토리아시대 영국의 사립학교 학생들에게도 드문 일이 아니었다. 그러나 독일 사관학교의 그것은 잔혹함의 숭배를 극단적으로 몰고 간 수준이었다. 고통에 저항하기보다 기꺼이 견디는 것이 사관학교 훈련의 기본이 되었는데 대부분은 동료 사관생도들이 가하는 것이었다. 그런 가학적 분위기가 너무 당연한 것으로 여겨지다 보니 생도들은 자발적으로 자신에게 고통을 가하며 더한 고통을 가중시키기도 했다.

> 아침 식사 전에 회초리로 맨살 25대 때리기, 뭐야? 그건 아무것도 아니지. 그 정도로는 눈썹 하나 까닥하지 않지. 심지어 채찍으로 50대를 때려서 팔에 피가 철철 흐를 정도인데도 비웃음을 사고 조롱까지 당했어.
>
> 쾌활한 마음을 버리지 말고, 고통에는 둔감하게 그리고 얼마간 익숙해지면 무거운 굴레가 나날이 가벼워진다는 걸 알게 되지. 그리고 매일 그런 식으로 다져진 강철같이 단단한 것이 우리 속에 있다는 것을 명백히 느껴. …… [그렇게 한 해가 끝날 즈음이면] 누구도 이 작은 사내가 진정 강철같이 단단한 자가 되었음을 부인할 수 없게 되지. …… 근육은 단단해지고 몸뚱이는 강인해졌으며 생생한 명예심이 솟아나니 이제 그는 전우를 위해서라면 목숨도 바칠 준비가 된 것이지.²³

이 인용문들은 요하네스 반드발(Johannes van Dewall)이 1840년대에 벤스베르크의 예비학교에서 겪은 일에 대한 기록인데 이곳 학풍에 대한 여러 찬양 중에서 일부를 가려 뽑은 것이다. 사관생도와 그 부모 들은 학생들이 무슨 일을 겪는지 알고 있었다.

사관학교들이 독일의 군국주의 숭배에 너무나 중요한 역할을 했다고 여겨졌기에 1919년 베르사유조약에 제1차세계대전 패전국 독일의 사관학교 폐지 조항이 들어갔다. 1933년에 히틀러는 영국의 사립학교를 본떠 만든 여러 기숙학교에서 사관학교 교육을 부활한다. 그곳에서 소년들은 나치친위대(Schutzstaffel, SS)와 독일군에서 복역하기 위한 군사기술들을 배우고 익혔다. 졸업생 중에 절반 이상이, 그중 일부는 열여섯 살에 불과했는데, 제3제국을 지키려다 죽어 갔다.[24]

사관학교가 독일군 엘리트 탄생에 기여했던 비중을 고려해 볼 때 가장 위대한 군 전략가였던 헬무트 폰몰트케가 이 사관학교 체계에 대해 대체로 언급을 회피한 것은 극히 놀랍다. 폰몰트케는 독일군 장교의 자식이었지만 코펜하겐의 사관학교를 다녔고 네덜란드 왕의 군대에서 복무했다. 그는 장교로서 전쟁대학에서 공부하면서 처음 독일 군사교육을 경험했다. 나중에 그는 거기서 필요 교재를 제외한 독서는 거의 하지 않는 대신 여가가 나면 시와 소설을 읽거나 개인 저술에 몰두했다고 밝혔다. 그는 18개월의 시간을 쏟아서 에드워드 기번(Edward Gibbon)의 『로마제국 쇠망사(The History of the Decline and Fall of the Roman Empire)』를 독일어로 번역했고 군 경력 내내 출판에도 힘썼다. 외국어에도 천부적인 재능이 있어서 오스만제국군의 현대화에 조언을 하러 장기 파견근무를 갔던 길에 튀르키예어를 배웠다. 그가 튀르키예에서 보낸 시기에 쓴 편지가 책으로 출판되자 큰 인기를 끌기도 했다. 1857년에는 프로이센군 참모총장으로 임명되었고 군대를 이끌고 19세기 중반 위대한 연전연승의 주역이 된다.

폰몰트케가 천재성을 간략히 정리하는 것은 어렵다. 조미니와 달리 그는 어떤 정해진 전략적 묘책을 설파하지 않았다.[25] 차라리 사람들은 그가 기술혁신[후장식 소총(breech-loading rifles)과 철도]의 중요성을 재빨리 간파한 것, 융통성을 강조한 것과 현대의 군대는 한 지휘관이 지휘하기에는 너무 방대하다는 사실을 간파한 것을 그 천재성의 근거로 지목한다. 독일군은 별개의 군대들을 한 지점으로 집중시켜 치명적 타격을 가해 대승을 거두곤 했다. 이런 기민함을 위해서는 모든 지휘계통에서 명령을 내릴 수 있는 권한이 필요했고 이런 수칙은 그의 기념비적 저작이자 그런 종류의 안내서로는 최초인 『대부대 지휘관을 위한 지침(Instructions for Large Unit Commanders)』(1869)에 잘 정리되어 있었다. 또 다른 프로이센군의 특징은 정규적인 모의 전쟁과 매년 참모들 모두가 함께 광활한 들판에서 말을 타고 달리는 훈련인 '라이딩(riding)'을 벌였다는 점이다. 참모총장으로 부임한 폰몰트케가 처음 내린 명령은 참모 조직 개편이었다. 군대 동원 부서, 지리학 부서, 군대 역사 부서를 설립해 그가 중요하게 여겼던 현대전의 실질적인 측면과 교육과 정보가 왜 그런지 입증하려 했다. 그러나 프로이센 귀족 중에는 그런 실질성과 교육과 정보를 갖춘 자가 흔치 않았다.

프로이센이 승승장구하자 영국을 제외한 다른 나라들도 서둘러 자신들의 참모본부를 세우기 시작했다. 그러나 독일군의 성공에 핵심적 역할을 한 것은 참모본부 자체라기보다는 폰몰트케가 참모총장으로 장수(1857~1888)했다는 사실이다. 폰몰트케는 고상하고 교양이 넘쳤으며 범세계주의자인 인물이었다. 그러나 그가 창안한 전쟁 기술에는 어두운 면도 있었다. 그가 개별 지휘관의 독립적 사고를 강조한 것은 먼저 사령관이 임무를 설명하고 임무 집행을 위한 수단은 야전의 지휘관에게 맡기겠다는 취지였다. 그는 '전략은 편의적인 장치일 뿐'이라고 경고하고 '어떤 전략도 적의 실체와 만났을 때까지 살아남지는 못한다(미리 짜 놓은 전략은 실전에서 무용하다는 의미—옮긴이)'라고 말했다.[26] 1900년에 발행된 전투교범은 그 점을 다음과 같이 명확히 정리했다.

> 모든 상황에서, 하물며 가장 극단적인 상황이라 하더라도 각 지휘관은 책임감에 짓눌리지 말고 심지어 모든 세부 사항을 담은 지시 따위를 기다리지도 말고 자신의 전부를 쏟아부어 임무를 완수해야 한다.[27]

이런 하위 지휘관의 지휘 책임 원칙은 1941년 동부전선에서 집단학살이라는 전쟁 말기의 비극으로 나타났다. 그곳에서 독일군은 적극적인 살상 행위를 벌였다. 대강의 임무가 명확하다면 구체적인 명령 따위야 필요하지 않았다.[28]

하위 지휘관 책임 원칙만큼이나 쓰라린 비극을 몰고 왔던 것은 군대의 임무 완수가 모든 도덕적 고려보다 우선한다는 필요성의 법칙이었다. 이런 생각은 민간인에 대한 가혹행위를 불렀다. 프로이센·프랑스전쟁에서 민간인을 처형하는 사례를 낳았고 1904~1907년 사이에 남서아프리카의 잔인한 식민지 전쟁(독일의 식민압제에 저항하는 봉기를 일으킨 죄로 헤레로족 인구의 80퍼센트, 나마족의 50퍼센트가 학살당해서 헤레로·나마 인종학살이라 불린다—옮긴이)에서 극단적으로 표출되었다. 다시 한번 전투교범은 다음과 같이 명백히 가혹행위를 지시했다.

> 보통의 경우라면 적국의 민간인을 부드럽게 대하는 것이

서로에게 가장 유익한 조치다. 하지만 상황이 심각한 정도에 따라 적대적인 주민을 가혹하게 대하는 것도 선택지에서 **빼면** 안 된다. 적절하지 않은 상황에서 부드럽게 대하고 자비를 베푸는 것은 우리 군을 향한 가해행위가 될지도 모른다.[29]

전쟁 규범을 무시해도 좋다는 취지를 명확히 보여 준 다른 사례는 프랑스를 공격하기 위해 중립국인 벨기에를 침공해도 좋다는 슐리펜계획이었다. 1914년에 계획대로 전쟁을 벌였지만 이런 무리한 작전은 제1차세계대전 개전 첫날부터 독일이 국제여론의 뭇매를 맞는 처지에 놓이게 했다. 무자비함에는 대가가 따른다.

영국의 군사교육은 독일과 상당히 다른 상황에서 발전했다. 나폴레옹전쟁 동안 결정적인 순간에 무력개입에 나서기는 했지만 영국은 근본적으로 군사 강국이라기보다 해군이 강한 나라였다. 비록 두 주요 강대국과 맞대결을 벌일 정도로 충분한 해군력을 보유했지만(영국은 18세기 동안 잦은 해전을 벌였다) 19세기 내내 영국군은 유럽의 대규모 전쟁에서 중요한 역할을 하기에는 힘이 너무 부족하다는 것이 객관적인 평가였다. 1906년에 프랑스와 연합하여 독일과 전쟁을 벌이면서 비로소 영국에게도 군사교육이 중요한 국가 대사가 되었다.

    길고 길었던 나폴레옹전쟁에서 대영제국은 승리자가 되었지만 빚더미에 올랐다. 시급한 국내 문제가 다음 반세기 동안 최우선 과제가 되었고 국방예산은 급격히 삭감되었다. 이것

전술 75

은 반도전쟁(1808~1814년 이베리아반도를 침략한 나폴레옹에 저항하여 에스파냐·영국·포르투갈 동맹군이 벌인 전쟁—옮긴이) 때부터 웰링턴(Wellington) 장군의 탁월한 참모였던 존 르 머천트(John Le Marchant)의 촉구로 1802년에 설립된 왕립육군사관학교에 심각한 결과를 초래했다. 사관학교는 1802년 샌드허스트에서 탄생했다.[30] 첫 생도 400명 가운데 4분의 1은 전쟁에서 순국한 장교의 자제로 선발할 계획이었다. 이런 고결한 정신은 군문화가 전반적으로 보수화되고 1812년 선구적 지도자였던 르 머천트가 살라망카전투에서 죽으면서 퇴색해 갔다. 1834년 입학시험은 학생들에게 능숙한 사칙연산과 고대 작가 몇 명, 즉 코르넬리우스 네포스(Cornelius Nepos)와 카이사르의 산문, 베르길리우스(Vergilios)와 오비디우스(Ovidius)의 운문에 능통하기를 요구했다. 여전히 고전을 줄줄 외는 것을 실용적인 재능보다 우선시했다. 장교 임관 시험에서는 보방의 17세기 축성술에 대한 면밀한 지식을 요구했다.

　미국이나 유럽의 직업 전문대학과는 대조적으로 샌드허스트에는 군사도서관이 없었다. 생도들은 책을 직접 구해야 했고 산만한 독서는 용납되지 않았다. 1864년에야 오락시설이 부족하다는 불만 제기로 당구실이 생기면서 열람실도 함께 들어섰다. 당시에는 당구가 유행하던 때라 생도들이 더 자주 이용했던 곳은 당구실이었을 것이다. 심지어 1893년에도 윈스턴 처칠은 부친의 서적상으로부터 미국 남북전쟁사, 프로이센·프랑스전쟁사, 크림전쟁사와 함께 에드워드 해믈리(Edward Hamley)의 『군사작전(Operations of War)』, 크라프트(Kraft) 공자의 『보병에 관한 서신(Letters on Infantry)』과 『기병과 포병(Cavalry and

Artillery)』, 메인(Maine)의 『보병전술(Infantry Tactics)』을 직접 구매해야 했다.[31]

1854년 16세 이상의 모든 샌드허스트 생도는 장교로 임관되어 크림반도로 실려 갔다. 전투에서 영국 군대의 전과가 보잘것없자 사관학교에 대한 감독 강화와 개혁의 요구가 쏟아졌다. 그중 한 가지 변화는 장교 교육을 위해 샌드허스트 내에 참모대학을 설립한 것이다. 그다음으로는 군사도서관을 마련했다. 참모대학은 빼어난 수준으로 발전할 도서관과 함께 세워졌고 또 다른 도서관은 올더숏의 육군 기지에 설립되었다. 그것은 빅토리아(Victoria) 여왕의 열렬한 성원을 받아서 여왕의 부군인 앨버트(Albert) 공이 하사한 선물이었다. 1861년 앨버트 공이 서거하기 직전에 도서관은 개관했는데 꼼꼼하게 고른 600권에 달하는 군사과학과 전쟁사 서적을 선보였다. 펠로폰네소스전쟁에 관한 많은 책이 큰 자리를 차지한 것을 보면 여전히 라틴어 교육을 중시했음을 알 수 있지만, 앨버트 공이 선사한 책에는 클라우제비츠의 책 몇 권을 비롯해 좀 더 현대적인 프랑스와 독일 저술가들의 책도 포함되어 있었다. 첫 도서관장인 길모어(Gilmour) 상사가 그 자리에 임용되기 위해 먼저 자신이 이런 외국어들에 능숙하다는 것을 입증해야 했다는 점은 이채롭다.[32] 도서관은 장교들을 위한 것이었고 우아한 열람실과 함께 위층에는 흡연실도 마련되어 있었다. 그렇지만 이용률은 그리 높지 않았다. 주둔지 도서관으로부터 소설을 비롯한 가벼운 읽을거리가 더해지고 나서야 일일 이용자가 조금 늘어났을 뿐이었다.

갓 임관한 하급장교의 지도력을 키우는 것을 목표로 하는 참모대학은 사정이 좀 나았다. 하지만 이곳에서도 도서관은 피교육생 장교들보다 교관들이 더 많이 이용하고 있었다.[33] 교관진에는 종종 탁월한 저술가들이 있었다. 이를테면 『전쟁론(The Theory of War)』(1857)의 저자인 패트릭 맥두걸(Patrick MacDougall), 『군사작전(Operations of War)』(1866)의 해믈리, 저자 사후에 출판된 『전쟁의 과학(The Science of War)』(1910)의 조지 헨더슨(George Henderson) 같은 이들이었다. 교과과정도 현대화 추세를 반영해 포병술, 지형학, 전술학, 지질학에 더 많은 비중을 두었다. 그렇지만 연구 환경은 진지함과는 거리가 멀었다. 19세기 말에 대학을 다녔던 어떤 이는 그의 시간 대부분을 미국 남북전쟁의 장황한 역사를 쓰는 데 할애하고도 수석으로 졸업했다. 또 다른 비슷한 재능을 지닌 동기생은 법정변호사 자격을 따느라고 그의 시간 대부분을 런던에서 보냈다. 그리고 교재 저자의 직강을 수강하는 데는 안 좋은 점도 있었다. 해믈리는 전쟁사 시험을 치를 때 『군사작전』만을 유일한 교재로 고집했고 어쩌다 시험답안지에 더 다양한 관점을 밝히는 학생에게는 화가 미쳤다. 고득점을 받기 위한 비결은 분명했다. 한 천부적인 요령꾼의 말이 그것이었다. '해믈리, 해믈리, 오로지 해믈리만을 인용하라—그러면 늘 만점을 받으리라.'[34]

참모대학 졸업이 참모가 되기 위한 필수 자격은 아니었다. 그리고 최우등생들이 반드시 참모직에 지원하지도 않았다. 용감하며 출중했던 장교 이언 해밀턴(Ian Hamilton)에 따르면 고든 하이랜더(Gordon Highlanders, 1881년에 창설된 영국 육군 보병 연대—옮긴이)의 자랑거리는 아무도 참모대학에 보내지 않은 거라고 했다. 다른 연대는 자기 연대에서 제거하고 싶은 소위나 중위들을 2~3년간 내쫓을 처리장으로 참모대학을 이용했다. 영국은 또한 1890년에 그런 식의 개혁을 추진하라는 해링턴 위원회의 권고에도 불구하고 프로이센식의 작전 참모 체계 구축을 거부하면서 일반적인 대륙의 추세를 좇지 않았다. 같은 해 스펜서 윌킨슨(Spenser Wilkinson)이 프로이센의 작전 참모 체계를 묘사한 『군의 두뇌(The Brain of an Army)』를 출간하면서 그 쟁점을 공공의 영역으로 끌어올렸지만 급진파와 진보파가 연합해서 논의를 차단했다. 그런 체계로 인해 너무 많은 권력을 군에 이양하게 될지도 모른다는 우려 때문이었다. 또한 유럽에서 대규모 전쟁의 가능성은 과거의 일이 되었다는 태만한 오판도 쟁점 소멸에 한몫했다. 윌리엄 베리스퍼드(William Beresford)는 윈스턴 처칠에게 그런 근거 없는 추정을 이렇게 전했다. '문명인들 사이에서 또 다른 전쟁이 있지는 않을 것입니다.'[35]

19세기 후반 영국군이 벌인 전쟁들은 이런 오판을 강화한 것으로 보인다. 영국군은 비유럽의 적들과 작은 전쟁을 연이어 치렀다. 이런 전쟁들은 압도적으로 우세한 화력 덕분에 형편없는 전략적 무능을 가려 주었고 영국 신문들에 수많은 기삿거리를 제공했다. 아프리카, 인도, 아프가니스탄 식민지에서 벌인 전쟁들은 유럽의 전쟁에 초점을 맞추었던 사관학교의 강의 내용과 아무 상관이 없었다. 이런 부실한 교육 체계는 최신 무기로 무장한 유럽 출신의 비정규군과 맞닥뜨리게 된 보어전쟁(1899~1902)에서 고스란히 드러났다.

지금까지 이 책에서 거론했던 모든 군사교육 프로그램은 장교를 대상으로 만들어졌다. 사병(士兵)과 하사관을 위한 교육 기회는 훨씬 더 적었다. 백인 남성 대부분이 미국식 민주주의에 참여할 수 있었던 미국에서는 적어도 책 읽는 병사에 대한 적극적 반대는 없었다. 그러나 19세기 초반의 영국은 미국과 다른 분위기가 팽배했다. 웰링턴 공작은 자기 병사들을 '인간쓰레기(scum of the earth)'라고 비난하면서도 어떻게든 그들의 사기나 교육 수준을 높이려는 노력은 하지 않았다. 당시는 영국이 혁명적 위기에 처해 위태로울 때였는데 웰링턴은 교육이 문제의 해결책이 아니라 원인이라고 믿었다. '군에서 반란이 일어난다면—거의 100퍼센트 일어날 텐데—그 배후에는 새롭게 이빨을 드러낸 학교 선생들이 있을 것이오.'[36] 르머천드(Le Marchand) 대령이 제안한 병사 교육 계획은 '그런 계획이 전체적으로 잦은 진급을 초래해서 전반적인 군의 운용에 차질을 불러올 수도 있다는 염려와 함께 사병(私兵)들의 교육 수준을 장교들과 거의 동등한 수준으로 올리는 것은 이 나라의 관행과도 맞지 않다는 이유로' 1800년에 퇴짜를 맞았다.[37]

영국군 고위직에서 이런 완고한 반계몽주의적 태도가 만연해 있는 동안 돌파구를 연 것은 영국령 인도의 통치자들이었던 동인도회사였다. 주둔지의 생활 여건으로 본다면 인도는 열악한 환경에 있었다. 고향에서 멀리 떨어져 있는 고립된 공동체인 데다 주둔지 밖에 친구 삼을 만한 사람도 거의 없고 날씨는 찌는 듯해서 야외활동도 쉽지 않고 물도 나빴다. 동인도회사는 병사들이 술에 빠져드는 것이 조금도 놀랍지 않다고 여겼다. 음주를 적발하면 채찍 맛을 보게 될 거라고 겁을 주는 대신에 회사는 교육의 힘을 빌리기로 했다. 1823년 벵골의 최고사령관은 다음과 같이 권고했다.

잘 엄선된 도서관은 병사들이 여가 시간을 적절히 즐겁게 지내도록 해서 그들의 정신을 고양하고 단순히 못된 습성 때문에 혹은 마땅히 몰두할 만한 것이 없어서 방탕한 성향에 빠지는 것을 줄여 줄 것입니다.[38]

충분한 책과 교육시설을 제공하는 것이 재빨리 표준이 되었다. 연대의 점호 명부에는 학교 선생과 보조 강사 두 명, 병사들의 아이를 돌보는 여교사와 도서관 사서의 이름이 올랐다. 도서관은 연대 내에 성직자들이 감독을 맡도록 했는데 그들이 서가를 성스러운 책으로 채우지 않도록 솔선해서 주의한 것은 높이 평가할 만하다. 병사들은 최신 소설을 원했고 책을 막사에 가져가서도 읽기를 원했는데 모두 허용되었다. 책을 큰 소리로 낭독하는 것도 권장했는데 문해력이 떨어지는 병사들에게 도서관의 가치를 전파하고(1850년대 말까지 영국 병사 중 거의 40퍼센트가 문맹으로 파악되었다) 연대 내의 여성들에게 얼마간 고상한 기분전환의 기회를 제공하는 데 도움이 되었다. 책을 개미가 파먹지 못하도록 막는 데 어려움을 겪은 것을 제외하면 영국령 인도에서 도서관 시설의 보급은 전체적으로 대성공을 거두었다고 여겨졌다.

본국 기지에도 도서관을 설립하자는 움직임은 뜻밖에도 왕립위원회가 1838년 군대 처벌에 관해 내놓은 권고 자료에서 시작되었다. 이 제안은 훗날 경의를 받아 마땅한 인물인 플로렌스 나이팅게일(Florence Nightingale)의 비상한 설득 덕분에 더욱 큰 반향을 얻었다. 1838년 위원회는 동인도회사의 경험을 바탕으로 채찍질을 교육으로 대체했고, 1840년의 군무(軍務) 규정에는 병영 도서관과 열람실 제공에 대한 지침이 들어갔다. 그리고 총 2000파운드의 기금이 할당되었다(소비자물가지수 인플레이션 캘린더에 따르면 1840년의 2000파운드는 2017년 기준으로 대략 19만 4000파운드, 즉 3억 원 정도다—옮긴이). 병사들은 매달 구독료 1페니를 내고 책을 빌려 볼 수 있게 되었다. 1844년에 이르면 본국에는 도서관 38곳, 해외에는 40곳이 설립되었다. 1853년이 되면 군대 전체로 치면 도서관 150곳에 책 11만 7000권이 구비되었고 군인 구독자는 1만 6000명에 이르게 된다.[39]

이것은 상당한 진전을 의미했지만 플로렌스 나이팅게일이 크림전쟁에서 겪은 경험을 바탕으로 더 많은 변화가 일어난다. 일차적으로 문제가 되었던 의약품 보급 부족 문제를 해결한 후에 나이팅게일은 오스만제국 스쿠타리(현재의 알바니아 슈코더르—옮긴이)에 자기 가족의 기부를 통해 책과 신문과 열람실도 마련했다.[40] 여왕의 개인적 솔선으로 크림반도로 상당한 책이 신속히 공급되었다. 전쟁이 끝나고도 여전히 쓸모가 있는 책 2112권은 1859년에 새 빅토리아 군인 도서관이 개관한 더블린과 올더숏의 주둔지로 나뉘어 보내졌다.[41] 한편 나이팅게일은 좀 더 대규모 지원책을 마련하기 위해 로비를 펼치고 있었다. 나이팅게일은 기꺼이 도와줄 협력자 존 르프로이(John Lefroy) 대령을 찾아냈다. 그는 전쟁부 장관의 고문으로 1859년에 병영 열람실에 신문뿐 아니라 책도 더 넉넉히 보급하도록 권고했던 사람이었다.[42] 이런 조치들이 가져온 계몽적 효과는 막대했다. 제1차세계대전까지만 해도 영국 사립학교 출신 젊은 장교들이 부하의 편지를 검열하거나 그들의 편지 작성을 도우면서 확인한 바로는 병사들의 문해력이 대체로 낮았다는 사실을 알 수 있다.[43] 제2차세계대전에 와서야 군은 연대 내에 하급 장교들이 준비한, 이따금 억지로 하는 경우도 있었지만, 정치 교육 강의 수강을 독려하면서 거의 모든 병사가 보편적 문해력을 갖추는 수준을 획득했다.[44]

1905년 영국군은 마침내 현대전의 긴급한 요구에 굴복해 참모부의 설립을 승인했다. 군이 1914~1918년 사이 참호전이라는 끝나지 않는 구렁텅이에 빠지는 바람에 참모부는 여전히 고운 눈길을 받지는 못했다. 제1차세계대전 내내 참모부는 전선 멀찍이 떨어져 안전한 곳에서 편안한 전쟁을 즐긴다는 근거 없는 믿음에 시달렸다. 사실과는 너무 동떨어진 오해였다. 1914년만 보아도 너무 많은 참모부 장교가 전방복무를 자원하는 바람에 육군성에는 노련한 참모들이, 참모대학에는 교관들이 빠져나갔다. 전쟁 첫해에 너무 많은 사상자가 속출하는 통에 참모 장교는 거의 멸종된 희귀종이 되었다.[45] 영국 원정군의 연대 장교로 나섰다가 특히 극심한 소모전에 맞닥뜨린 샌드허스트 졸업생들도 같은 처지였다. 머지않아 베테랑 장교들은 동이 났고 그 자리는 사립학교를 갓 졸업한 풋내기 10대로 채워졌다. 사관생도로서 그들이 받았던 훈련은 대개 너무 짧은 기간이긴 했지만 군에서 유용했다. 당연히 기관총은 라틴어 습득 수준이 높다는 이유로 사정을 두지 않았다. 서부전선은 차별 대우를 모르는 살인 기계였다.

클라우제비츠의 『전쟁론』이 터무니없을 정도로 장수하는 비결은 전쟁이 어쩔 수 없이 무참할 정도로 잔인하며 사상자를 끝없이 초래한다는 점 때문인지도 모른다. 19세기 말에 개선되었지만 군사교육의 애로사항은 그것이 늘 마지막 전쟁—나폴레옹 전쟁에 집착하는 전쟁사의 경우라면 마지막 다섯 번을 제외한 전쟁—과만 싸운다는 사실이었다(나폴레옹이 전쟁을 벌인 18세기 초반만을 다룬다면 그 뒤부터 제1차세계대전이 벌어지기 전까지 다섯 번의 전쟁은 누락하게 된다는 의미다—옮긴이). 클라우제비츠는 나폴레옹의 승리들로부터 적을 지워 버리는 전쟁이 일어나고 말리라는 다른 교훈을 이끌어 냈다. 서부전선에서의 살육전, 1945년 독일군을 향한 대타격, 뒤이어 핵절멸의 위협이 이어지면서 클라우제비츠의 책은 점점 시의성을 더해 갔다. 군사 전략가들이 무조건 승리로 이어지는 노선도를 짤 수는 없다. 아무리 모범적인 계획이라 하더라도 긴급한 현실 앞에서는 불가피하게 무너진다. 그런 사정을 클라우제비츠는 다음과 같이 말했다. '전쟁은 불확실성의 영역에 속한다. 실전에서는 4분의 3 정도의 요인이 어느 정도 불확실성의 안개 속에 가려 있다.'[46] 클라우제비츠는 전쟁은 잔혹하며 당혹스러운 싸움이어서 전투가 시작되기만 하면 계획 대부분은 폐기 처분되고 마는 것이 전쟁의 현실이라는 것을 누구보다도 더 잘 인식하고 있었다. 하지만 전쟁은 자민족우월주의에 편승한 영웅 예찬 분위기와 선진 무기가 결합했을 때 치러야 할 끔찍한 대가를 경고할 수는 있었다. 궁극적으로는 그것이 군사 저술이 20세기에 남긴 혹독한 유산이었다.

3장
『톰 아저씨의 오두막』부터 스탈린그라드까지: 왜 인간은 싸우나

1862년 해리엇 비처 스토(Harriet Beecher Stowe)가 미국 대통령을 만나기 위해 워싱턴을 방문했을 때 두 사람 중 누가 더 유명한지 우열을 가리기 힘들었다. 스토는 미국 남부 노예사회의 삶에 대한 생생하고도 몹시 감동적인 이야기이자 추종을 불허하는 19세기 베스트셀러 『톰 아저씨의 오두막(Uncle Tom's Cabin)』의 저자였다. 1851~1852년까지 《내셔널 에라(National Era)》에 연재된 뒤 출판된 이 책은 출간 첫해에만 미국에서 30만 부를 팔아 치운 다음 유럽 독자들도 단번에 사로잡았다.[1] 스토가 당시 세계 출판의 수도 런던에 초대되었을 즈음 『톰 아저씨의 오두막』은 전 세계적으로 100만 부의 판매고를 기록하고 있었다. 그래서 만찬장에서 스토에게 경의를 표하는 정중한 연설을 강요받았던 찰스 디킨스(Charles Dickens)에게는 섭섭하게도 스토를 향한 환영은 열광적이었다.[2]

에이브러햄 링컨(Abraham Lincoln)이 스토를 백악관에 초대했을 때 미국은 합중국을 구하기 위한 전쟁에 돌입한 지 2년째였다. 남부 11개 주가 노예제도를 유지할 권리를 지키기 위해 합중국과 결별하면서 벌어진 전쟁이었다. 전해지는 말에 따르면 링컨은 스토에게 이런 말로 인사를 건넸다고 한다. '당신처럼 작은 여성이 이런 위대한 전쟁을 일으켰다는 건가요?' 이런 꾸밈없는 장면에서 우리는 전쟁이 일어나도록 힘을 행사할 수 있는 문학의 힘을 명백하게 볼 수 있다. 비록 일부 흑인 인물에 대한 성격 묘사가 세월과 함께 빛바랜 측면이 없지 않고 오늘날까지도 작동하는 흑인에 대한 부정적 정형화를 얼마간 심어 놓았지만 스토가 해부한 노예제도의 잔악함은 50년 세월의 논쟁으로도 결론 내지 못한 노예노동의 도덕성 여부를 단칼에 베어 내고 드러냈다. 노예폐지론의 상징적 인물인 프레더릭 더글러스(Frederick Douglass)는 『톰 아저씨의 오두막』에 대해서 다음과 같은 찬사를 남겼다. '어떤 책도 이 시대의 도덕적이며 인도주의적인 요구를 이렇게 적합하게 집어내지는 못했다. 이 책이 던진 충격은 어마어마하고 즉각적이며 온 세상으로 번졌다.'[3]

프레더릭 더글러스가 쓴 『프레더릭 더글러스의 생애(Narrative of the Life)』(1845)와 『나의 속박과 나의 자유(My Bondage and My Freedom)』(1855), 솔로몬 노섭(Solomon Northup)이 쓴 『노예 12년(Twelve Years a Slave)』(1853)에도 비슷한 찬사를 바칠 수 있다. 이 책들은 이 불안했던 시기에 쏟아져 나왔던 수많은 팸플릿과 겉과 속이 다른 법률적 절충안들이 해내지 못했던, 미국을 분열시키고 있던 도덕적 쟁점에 대한 강력한 진실의 정수를 제공했다. 이 시기에 북쪽의 정책 입안자들이 보인 애매모호한 태도와 몸조심은 전쟁 전의 출판계에도 영향을 끼쳤기에 당초 『톰 아저씨의 오두막』 출판을 제안받았던 명망 높은 보스턴 상사는 남부 고객들의 심기를 거스르고 싶지 않다는 이유로 책 출판을 거절했다. 노예제도 반대를 내건 책자들에 대한 기피

현상은 이 책들 중 다수가 저자의 자비출판으로 혹은 반(反)노예제 단체의 도움으로 출판됐음을 뜻한다.⁴ 『톰 아저씨의 오두막』은 달랐다. 모든 세대가 선택한 베스트셀러였다. 불어로 재빨리 번역되었고 차르 치하의 러시아에서는 출판이 불허되었으나 분명 레닌의 유소년 시절 애독서였다. 1934년 전직 모스크바 소재 수문 기상센터의 총책임자였던 알렉세이 페오도시에비치 반겐하임(Alexey Feodosievich Wangenheim)은 소련 강제수용소 굴라크(Gulag)의 시초로 꼽혔던 솔로베츠키수용소 도서관에서 『톰 아저씨의 오두막』 불어 번역본을 찾아내 읽었다.⁵

이것이야말로 여론을 움직이고 사회적 태도를 변화시킬 수 있는 책의 힘을 보여 주는 중요한 사례로 보인다. 그래서 스토와 링컨 사이에 오갔다는 그 유명한 대화가 실제로는 일어나지 않았을 가능성이 크다는 사실을 알게 되면 당혹스럽기 짝이 없다. 스토가 백악관을 방문하여 영부인과 차를 마신 것은 틀림없는 사실이지만, 그 진위가 의심스러운 일화가 처음 등장한 것은 그 만남으로부터 34년이 지나 스토가 세상을 떠난 해인 1896년에 스토의 전기 작가이자 친구인 애니 필즈(Annie Fields)가 쓴 글에서였다.⁶ 하지만 링컨이 건넸다는 말이 당시의 진실을 반영하기는 했을까? 이 책이 사람들이 총을 들게 만든 것은 사실일까? 이 책이 북쪽의 시민들을 확고한 노예폐지론자로 돌아서게 만들었을까? 그런 것이 사실이라 하더라도 링컨이 그것을 바람직하다고 여겼을지는 분명하지 않다. 처음에 그는 마지못해 노예제를 폐지하자는 입장이었고 남북전쟁이 터지기 1년 전인 1860년 대선을 매우 다른 공약을 내세워 치렀다. 사실 남부와 싸우기 위해 입대한 북군 병사 중에서 노예제 폐지를 위해 나섰다고 그 이유를 대는 사람은 많지 않았다. 전해지는 북군 병사들의 편지를 광범위한 표본으로 삼아 조사한 결과에 따르면 고작 열에 하나 정도가 전쟁에 나선 중요한 동기로 노예해방을 언급했다.[7] 1863년 링컨이 노예해방선언을 공표했을 때 그 선언을 놓고 북군 내부에서도 심각한 분열을 겪었다. 남부인에 대한 북군의 증오는 남부 11개 주의 연방 탈퇴에 대한 분노, 합중국과 헌법을 수호해야 한다는 당위, 그리고 선거 결과가 불만스럽더라도 받아들여야 한다는 공정과 정의의 원칙 때문에 촉발된 측면이 더 컸다. 북군이 패한다면 미합중국이라는 실험은 실패로 드러날 것이며 그 결과는 전 세계로 파급될 것이었다. 매사추세츠에서 학업을 중단하고 입대했던 새뮤얼 스토로(Samuel Storrow)는 이런 심정을 누구보다 더 감동적으로 밝혔다. '만약 우리나라와 우리의 정체성이 사라진다면 공화주의 실험에 실패했다는 이유로 우리 모든 후손이 손가락질받으며 웃음거리가 될 텐데 그럴 거라면 차라리 우리가 사라져 다시는 세상을 못 보는 것이 나을 것이다.'[8]

『톰 아저씨의 오두막』이 만든 가장 큰 결과는 남부의 편집증을 한층 강화했다는 사실이다. 남부의 대농장 주인들은 자신들을 명예롭게 생각했고 기독교 신앙에 충실하다는 사실에 뿌듯해했는데 스토의 반박으로 그 모든 것이 더럽혀진 것이다. 톰을 '타도'하고 남부 삶의 방식을 옹호하는 소설이 봇물 터지듯 솟아났다. 그리고 남쪽의 서적 판매상 대부분은 아예 『톰 아저씨의 오두막』을 취급하지도 않았다. 조지아주 애선스에서는 공개적으로 책을 태웠다. 1856년 앨라배마주 모빌의 한 판매상은 책을 구입했다가 동네에서 쫓겨났다. '너무 많은 농장주와 다른 고객들이 책을 구해 달라고 간청했'기 때문에 겨우 50부만을 구해 놓았을 뿐이라는 그의 해명은 분노한 이웃들의 마음을 전혀 달래지 못했다.⁹

해외의 열광도 정확히 평가해야 한다. 많은 영어권 독자가 『톰 아저씨의 오두막』을 즐겨 읽은 것은 노예를 학대하는 애타는 장면 때문만이 아니라, 이 책이 미국의 잔인함과 위선을 노골적으로 폭로했기 때문이기도 했다. 그것은 나중에 나치 독일과 소련의 공공도서관이 찰스 디킨스의 책을 환영한 것과 같은 이유로 얻은 인기였다. 빅토리아시대 런던의 빈곤과 타락을 적나라하게 묘사한 그의 소설이 제국이랍시고 으스대던 영국의 꼴 보기 싫은 거만함에 구멍을 낸 것이 고소했던 것이다. 게다가 『톰 아저씨의 오두막』에 대한 그 엄청난 열광에도 불구하고 남북전쟁이 났을 때 많은 영국 시민은 조금은 경제적인 현실을 들어 남부를 응원했다. 북군이 남부로 통하는 면화 접근 루트를 차단하는 바람에 영국의 산업 도시가 큰 타격을 입었기 때문이었다.

달리 말해 판매고와 영향력이 반드시 일치하지는 않는다. 사람들은 어떤 책을 몹시 싫어한다는 이유로 혹은 적의 마음이 작동하는 바를 이해하고 싶어서 읽기도 한다. 그런 이유가 아니라면 제2차세계대전이 발발하기 직전에 『나의 투쟁』이 최초의 완전판 영역본으로 출간되어 영국에서 1938년에서 1940년 사이 2년간 대부분 베스트셀러에 머물렀던 것은 매우 우려할 만한 사태였을 것이다. 하지만 책의 이런 성공을 영국은 별로 대수롭지 않게 받아들여서 『나의 투쟁』은 공공도서관에도 비치되었고 병영도서관 추천도서 목록에도 포함되었다.

특정한 순간에 특정 텍스트의 영향으로 대중의 여론이 어떻게 움직였는가를 추적하는 것은 거의 불가능하다. 특정한 나라나 사회적 집단의 기저에 깔린 태도나 암묵적 동의는 더욱 그렇겠지만 여론은 오랜 시간을 거쳐 구축된다. 그리고 전쟁에 관한 것이라면 책이 사건에 영향을 미치는 것만큼이나 사건도 책에 영향을 미친다. 당초 책에 들어 있었던 아이디어는 수십 년 세월을 거치며 더 광범위하게 펼쳐진 문화로 스며들게 되므로 그것이 세상에 영향을 미친다거나 혹은 수용되더라도 그 순간을 꼭 집어내기는 쉽지 않다. 그럼에도 책은 의심할 여지없이 정책 형성에 영향을 미치고 전쟁으로 이끄는 도화선에 불을 붙이는 역할을 한다. 아마도 책, 신문, 전단, 잡지의 역할이 훨씬 더 중요해지는 경우는 전쟁이 벌어지고 난 뒤 전투 의욕을 유지해야 할 때일 것이다. 전쟁문학의 출현은 인쇄기가 발명된 첫 세기부터 찾아볼 수 있지만 19세기와 20세기에 문해력을 획득한 대중이 출현하면서 본격적으로 시작되었다고 보는 것이 맞을 것이다. 이런 변화로 인해 이전보다 훨씬 더 많은 대중의 수동적 혹은 적극적 동의를 얻어야 하게 되면서 의사 결정을 독점했던 소수의 권력 집단에게는 어려움이 가중되었다. 전선으로 형제자매들을 보내면서 손을 흔들고 환호를 보내는 군중과 상상하기 힘든 고난과 부상과 죽음을 기꺼이 맞으러 가는 병사들 모두는 각자 나름으로 그렇게 하는 이유가 있었고 흔히 그들이 읽어왔던 것이 그 이유에 중요한 영향을 미쳤다.

18세기 이전까지 유럽 강대국의 군대에 속했던 병사들이 맡았던 임무는 종종 힘들고 불편했지만 비교적 간단했다. 남자들은 자신들이 사는 곳의 실력자가 명령하면 농토를 떠나 전장으로 향했다. 다른 이들은 교도소행을 피하려고 혹은 빈곤을 견디지 못해 혹은 지긋지긋한 고향을 떠나 보겠다고 용병을 택하기도 했다. 장교 계층은 대부분 대대로 내려온 군주에 대한 그들의 임무에 충실하려는 귀족들이 꾸준히 채워 왔다. 19세기에 산업화로 도시가 형성되면서 군대의 구성과 임무의 조건이 완전히 변했다. 교육 수준이 달라지는 시대를 맞아 일하는 노동자에게도 버젓한 삶을 누릴 대안이 생겼다. 또한 여성들은 집안 수입에 기여할 기회가 더 많아졌고 가족끼리 의사 결정을 내릴 때 더 큰 목소리를 낼 수 있게 되었다. 20세기에 이르면 그들 모두는 여론이 형성되는 데 중요한 역할을 담당하게 될 것이고 남자들은 만약 명분 없는 전쟁에 동원되어야 한다면 그것을 거부하게도 될 것이었다.

이제 전쟁은 더 많은 군대와 더 첨단의 무기를 요구하게 되었다. 그것은 싸움 상대와 더 살벌한 전투를 벌이는 것을 요구했다. 징집 대상이 된 남자들은 정치에 훨씬 더 긴밀한 개인적 관심을 표명하게 되었고 잃을 것이 많은 신세가 되었다. 그렇다고 민주적 과정을 통해서 정책이 형성된다는 뜻은 아니었다. 전쟁 개시를 결정하는 것은 여전히 상대적으로 제한된 권력 집단의 권한이었다. 그러나 이런 결정권자들은 그런 결정에 대해 싸움터에 나가야 할 사람들의 동의를 구해야 한다는 것을 점점 더 의식하게 되었다. 그리고 때로 그들은 원하지 않는 갈등 속으로 스스로 내몰리는 처지에 빠지기도 했다.

1899~1902년에 벌어진 보어전쟁은 특히 식민 장관 조지프 체임벌린(Joseph Chamberlain)으로 대표되는 정부가 처음에는

보어인들—네덜란드계 남아프리카공화국 사람들로 케이프주 영국의 통치를 피해 트란스발과 오렌지 자유주에 정착했다—과 싸우기를 꺼렸기 때문에 이런 달라진 정치적 환경에 대한 흥미로운 사례를 제공한다. 하지만 전쟁 옹호자들이 영국의 권력층을 구성하는 다양한 층으로 이루어진 여론 주도자들을 하나하나 세심하게 움직이면서 교묘하게 애국적 열정을 불붙여 일으킨 분노로 인해 전쟁은 벌어지고 말았다.[10] 막상 전쟁이 터지고 영국군이 굴욕을 겪고 나서야 체임벌린의 망설임이 옳았다는 것이 전적으로 입증되었다.

케이프주 총독이자 보어전쟁에 적극 찬성했던 앨프리드 밀너(Alfred Milner) 경이 영국으로 돌아와서 전쟁을 위한 로비를 벌였을 때 그의 성공 가능성은 높지 않아 보였다.[11] 역사적으로 늘 그랬듯이 '왕의 귀'를 가지는 것, 즉 정책입안자의 측근과 개인적 연줄을 확보하는 것이 성공의 비결이었다. 그는 주말 동안 공격적으로 시골 대지주의 저택들을 공략했다. 거기서 의회의 대표 주역들을 만나 로비를 펼쳤다. 태생적으로 특권계급의 금수저를 물고 태어나지는 못했지만 밀너는 특히 이집트에서 재무행정 부서에서 2년간 일한 경험을 바탕으로 영국의 통치에 대해 신뢰감을 주는 해설서인 『영국과 이집트(England and Egypt)』(1892)를 써서 내각 실력자들의 인정을 받고 있었다. 그와는 다른 종류의 책이지만 퍼시 피츠제럴드(Percy Fitzgerald)의 『내부에서 바라본 트란스발(The Transvaal from Within)』이 영국에서 그의 취지를 크게 지원했다.[12] 피츠제럴드는 최근 사태에 대해서 특히 영어권 소수의 선거권을 박탈한 것을 비롯한 트란스발 보어 행정부의 조치가 호전적이며 강압적이라고 묘사했

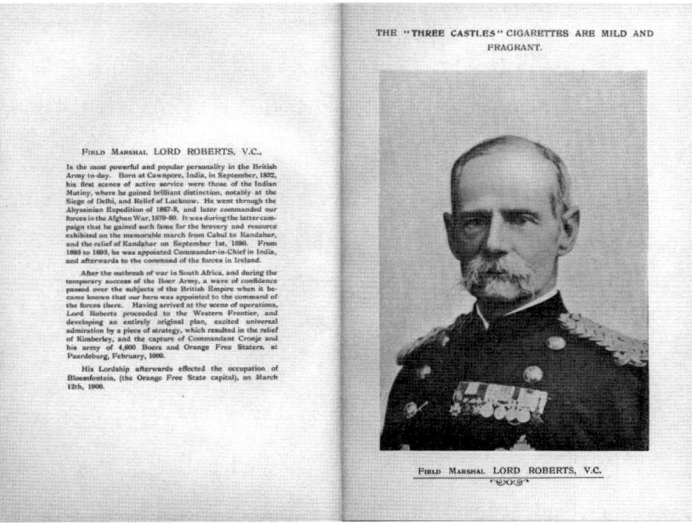

애국심은 특히 좋은 담배를 고를 때 다양한 모습을 나타낸다.
윌스 담배(W.D. & H.O. Wills)는 보어전쟁에서 활약한 장군 한 명 한 명을 특정한 궐련이나 파이프 담배 브랜드와 짝을 지은 홍보 책자를 출판했다.
영국군에서 가장 영향력 있고 인기 있는 육군 원수 로버츠 경에게는 '부드럽고 향기로운' 스리캐슬스(Three Castles) 담배가 상으로 주어졌다.

다. 피츠제럴드의 책은 곧장 큰 관심을 얻었고 1899년이 끝나기도 전에 9쇄를 찍었다. 그의 책은 고맙게도 보어전쟁의 성격을 억눌린 영국인 거주자들을 위한 정의를 되찾기 위한 시도라고 규정했다.

이런 명분은 여론의 관심을 끌기에도 좋았고 그런 여론을 형성하는 영향력 있는 집단에도 호소력을 발휘할 것이었다. 여기에 더해 권력의 실세들과 대학, 특히 옥스퍼드대학교에 대한 조심스러운 접근이 중요한 역할을 했다. 이런 일이야 대학이 제정한 상들을 줄줄이 수상하며 빛나는 학부 시절을 보낸 밀너에게는 식은 죽 먹기였다. 남아프리카로 향하는 그의 장도를 기원하기 위해 마련된 만찬에는 옥스퍼드유니언(Oxford Union, 옥스퍼드대학교의 학생 토론클럽—옮긴이)의 전직 회장 16명이 참석했고 의회 양당의 떠오르는 스타인 조지 커즌(George Curzon)과 허버트 헨리 애스퀴스(H. H. Asquith) 의원이 자리를 빛냈다. 옥스퍼드는 인도 총독 15명을 배출한 것을 비롯해 재능 있는 졸업생들에게 의회와 법조계, 영제국 행정부로 진출하는 관문을 제공했다.

1897년 5월에 이르자 내각이 찬성으로 돌아섰고 조지프 체임벌린 식민지 장관은 내키지 않아 하면서도 트란스발공화국의 폴 크뤼거(Paul Kruger) 대통령이 무찔러야 할 적이라고 선언했다. 그러나 아직까지 이 분쟁은 밀너가 원했던 합병을 위한 전쟁으로 진화한 것은 아니었다. 그런 전쟁이 되기 위해서는 소수지만 영향력 있는 세 번째 집단인 영국의 신문사 운영자나 편집자를 움직여야 했다. 《폴 몰 가제트(Pall Mall Gazette)》 부편집장을 역임한 적이 있었던 밀너에게는 영향력 있는 자리에 오른 오랜 언론계 동료들이 많았다. 그들이 전쟁의 북소리를 울려 주었다. 병사 1만 명을 남아프리카로 파병했다는 영국발 소식에 보어인들은 선제적 국가 총동원령으로 맞섰다. 드디어 보통 사람들도 이해할 수 있는 방식으로 밀너가 원했던 전쟁이 시작되었다. 언론은 개전 초기에 보어 비정규군에게 불의의 일격을 당한 악재가 있었음에도 불구하고 개인들의 영웅적 투쟁 소식과 레이디스미스와 마페킹을 결연히 방어하고 구원한 소식을 더 크게 보도해서 국내의 전쟁 지원 분위기를 지속시켰다. 특히 맹

활약을 한 사람은 이미 노련한 종군기자였던 젊은 윈스턴 처칠이었다. 그는 일찍이 장교이자 종군기자로서 겪었던 경험을 바탕으로 인도의 서북 변경 지구 반란 진압 작전에 관한 『말라칸드 야전군 이야기(The Malakand Field Force)』와 수단에서 벌어진 옴두르만전투에 관한 『강 위의 전쟁(The River War)』을 출간해서 호평을 받았다.[13] 《모닝 포스트(Morning Post)》 수석 종군기자로 보어전쟁에 참전한 뒤에 처칠은 패전을 전할 때라도 최대한 미화하는 방향으로 보도했음을 인정했다.[14] 그는 보어인 전쟁포로수용소에서 탈출에 성공하여 스스로 그런 미화 드라마의 주인공이 되기도 했다. 이 과감했던 모험담으로 처칠은 본국에서 유명인사가 되었고 그것은 후에 그가 의회로 진출하는 데 도움이 되었다. 어떤 기회도 헛되이 하지 않았던 처칠은 보어전쟁 관련 기사들을 책 두 권으로 냈고 호평을 받았다. 그렇게 거둔 수익과 『강 위의 전쟁』 저작권료와 《모닝 포스트》 급료를 모두 합하면 처칠의 총 은행 잔고는 현재 가치로 50만 파운드가 넘는 4000파운드에 달했다. 거기다 새롭게 얻은 명성을 팔아 진행된 장기 강연 여행의 수익금을 더하자 총수입은 다시 곱절로 뛰었다.

케이프주 총독 시절 초기에 밀너는 남아프리카 관료를 뽑을 때 옥스퍼드 출신을 자기 입맛에 맞게 선별했다. 그가 총독 자리에서 물러난 뒤 그들은 '원탁의 기사단(Round Table)'이라 불리는 영향력 있는 영제국 압력집단의 핵심이 되었다.[15] 이것은 정치 토론에서 상당한 영향력을 행사했던 많은 특별위원회와 정찬 모임의 일종이었다. 결정적으로 대학은 정치 엘리트 집안 출신이 아닌 밀너 같은 이에게 명성과 권력을 얻는 첩경이 되었다. 스코틀랜드 비국교파 교회 목사의 아들이었던 존 버컨(John Buchan)은 글래스고대학교(Glasgow University)를 거쳐 옥스퍼드에 진학했고 비범한 재능과 지독한 근면함으로 성공을 거뒀다. 곧 밀너와 어울리게 된 그는 남아프리카에서 공직을 수행했고, 보어전쟁이 끝난 뒤에는 재건에 관한 연구 저술로 널리 인정을 받았다.[16] 이후 출판사 넬슨(Nelson)의 동업자가 된 버컨은 맹렬히 저술에 매진했다. 그는 불굴의 용기를 지닌 영제국의 영웅, 리처드 해니(Richard Hannay)를 주인공으로 한 긴장감 넘치는 첩보 소설 『39계단』(1915)으로 대성공을 맛봤다. 이 책은 무려 150만 부가 팔렸고, 목사의 아들 버컨은 캐나다 총독을 역임하고 작위를 받아 트위즈미어(Tweedsmuir) 경이 되면서 인생의 절정에 올랐다.[17]

놀라운 것은 처칠이 보어전쟁이라는 기회를 틈타 능숙하게 큰 이득을 구한 사례에서 보았듯이 이 시기의 저술이 신문과 정기 간행물과 두꺼운 단행본이 서로를 당겨 주고 밀어주며 상승작용을 일으키는 공존을 추구했다는 사실이다. 신문 기사 또는 잡지 연재물이 서서히 책으로 발전했다. 작가는 신문에 기사를 썼고 신문은 그 보답으로 책 의뢰를 통해서 혹은 서평을 통해서 작가를 키웠다. 수지타산이 맞는 이런 관계는 신문이 여론 형성에 유례없을 정도로 큰 영향을 미쳤던 제1차세계대전이라는 열전(熱戰)의 기간까지 이어진다.

　　보어전쟁은 군사적 측면에서 경각심을 불러일으키기는 했으나 신문과 잡지 독자층의 제국주의적 투지를 누그러뜨리는 데는 별 역할을 못했다. 또한 '영국인으로 태어난 것은 삶이라는 복권에서 1등상을 뽑은 것'이라는, 출처가 분명하지 않은 맥 없는 경구가 전형적으로 보여 주는, 대륙의 다른 라이벌 강대국들을 짜증 나게 만든 근거 없는 우월감을 약화시키지도 못했다. 그럼에도 사실 이런 자부심 아래로는 영국이 유럽에서 벌어질지도 모를 전쟁에 대해 준비가 부실하다는 타당한 근심으로 유발된 불안이 흐르고 있었다. 그런 불안은 19세기 후반기 많은 기간 동안은 상상할 수도 없는 것이었다. 만약 전쟁이 터진다면 영국 해군만이 영국 시민과 굴욕적인 패배의 가능성 사이에 서 있을 것이라는 불안감 말이다. 이런 두려움은 1871년 프로이센·프랑스전쟁의 여파로 즉시 촉발된 공포를 소재로 삼은 새로운 소설 『도킹전투(The Battle of Dorking)』(1871)에서 공공연하게 나타났다. 이 책에서 영국 해군은 미지의 경이로운 무기에 의해 격파당한다. 소속 불명의 독일 군대가 침공해 서리카운티에 속한 도킹 지역 외곽에서 벌어진 결정적 전투에서 허약하기 짝이 없는 영국 군대를 패배시킨다. 영국은 정복되고 영제국은 붕괴한다. 소설의 저자인 조지 톰킨스 체스니(George Tomkyns Chesney)는 적당히 끝낼 줄을 모르는 사람이었다.[18]

『도킹전투』를 빅토리아시대 중반에 저급한 상상력을 동원해 말초적 관심이나 끌고자 했던 소설의 사례로 여기며 웃어넘길 수도 있다. 하지만 19세기 말에 이르자 가상전쟁소설이 여론에 큰 영향을 미치기 시작했다. 이 분야에서 단연코 최고의 영향력을 발휘했던 소설은 어스킨 칠더스(Erskine Childers)의 『모래톱의 수수께끼(The Riddle of the Sands)』(1903)였다. 아일랜드 태생의 칠더스는 자기처럼 야망에 불타는 친구들의 도움으로 런던 사회에서 성공을 거둔 또 다른 재능 있는 젊은이였다. 존 버컨의 룸메이트인 오스틴 스마이스(Austin Smythe)와 함께 하원의 서기로 일했고 셋 다 '일요일의 떠돌이들(Sunday Tramps)'이라는 도보 여행 동호회의 회원이기도 했다. 『모래톱의 수수께끼』는 독일 북부해안으로 요트 여행을 떠난 호감형의 두 영국 젊은이가 그곳에서 우연히 독일이 영국 침략을 준비하고 있다는 사실을 알아낸다. 소설 출간 당시에는 사실 독일과의 관계는 우호적이었다. 윌리엄 르퀵스(William Le Queux)의 1894년 작 『1897년 대전(The Great War of 1897)』에서는 프랑스·러시아 연합이 체결되면서 러시아군이 영국을 침공한다. 독일은 워털루에서 그랬던 것처럼 동맹국인 영국을 구하러 참전한다. 칠더스는 정치적 지형의 변화를 예측하는 데 성공했고 『모래톱의 수수께끼』는 특히 윈스턴 처칠에게 큰 영향을 미쳤다. 1914년 제1차세계대전이 발발했을 때 해군정보국장은 즉시 칠더스를 찾아서 정보국에서 일하게 만들라는 지시를 내렸다.[19]

1897년 프랑스·러시아 연합의 침공은 엉뚱한 예측으로 드러났고, 좌절을 모르는 르퀵스는 열강들의 전략적 세력의 판도가 변하고 있다는 것을 알아차리고는 『1910년 침공(The Invasion of 1910)』이라는 가상전쟁물을 들고 다시 돌아왔다. 소설 200권을 쓴 저자이자 멋쟁이 스파이로서 숱한 유럽의 수도 주변을 떠돌며 상당한 공을 세웠다고 자평하는, 못 말리는 몽상가 르퀵스를 폄하하는 것은 어렵지 않다.[20] 그러나 그의 소설은 놀라울 정도로 광범위한 애독자를 끌어냈다. 북쪽 산업도시 노동자들에게 인기를 끌었는가 하면 에드워드 7세(Edward VII)의 아내 알렉산드라(Alexandra) 여왕이 그의 애독자이기도 했다. 1907년 조사를 기준으로 영국의 모든 도서관에 평균 28권이 소

몽상가이자 부호나 명사에 기대어 출세를 노리는 야심가였지만
윌리엄 르퀸스는 스릴러와 스파이 소설로 인기몰이를 하고 영향력을
행사했던 작가이기도 했다. 비록 자신의 명성과 유럽 왕가와의
인맥을 과장했지만 르퀸스는 또한 기술적 변화에 예민한 촉이 있어서
일찌감치 공군력과 무선전신의 중요함을 역설했다.

장된 작가로서 그는 공공도서관이 책을 가장 자주 구입하는 작가로 꼽혔다.[21] 심지어 문학을 사랑하는 도시 런던 안에서도 박학다식한 자들의 은거지인 런던도서관(London Library)은 그의 책 50종을 구비하고 있었으며 심지어 몇 권은 하도 많이 대출해서 다시 제본을 했다.

『1910년 침공』은 새로이 노스클리프(Northcliffe) 경이라는 작위가 수여된 앨프리드 함스워스(Alfred Harmsworth)의 의뢰로《데일리 메일(Daily Mail)》에 연재되었던 작품이다. 르퀵스가 처음 원고를 건넸을 때 노스클리프 경은 가상의 독일군이 더 많은《데일리 메일》독자가 사는 대도시를 거쳐 진격하도록 바꿔 달라고 고집했다. 그 책은 27개 언어로 번역되었고 100만 부가 팔렸다. 독일어 번역본에서는 독일군이 승리하고 런던이 함락되는 것으로 결말을 멋대로 바꿔 버려서 르퀵스는 분노했다. 가장 흥미로운 점은 보어전쟁의 영웅이자 최근까지도 육군 원수를 역임했던 프레더릭 로버츠(Frederick Roberts) 경이 소설의 집필 과정에 도움을 주었다는 사실이다. 르퀵스가 줄거리를 구성하는 일을 도왔을 뿐만 아니라 다른 조언도 아끼지 않았고 심지어 그의 필체를 그대로 복사해 서문에 들어간 추천사까지 써 주었다.

> 우리가 여전히 지금과 같은 무방비 상태로 지내다 겪을지도 모르는 파국적 상황이 르퀵스의 새로운 책에 생생하고 힘차게 그려진다. 아무쪼록 대영제국의 안녕을 간절히 바라는 모든 이의 일독을 권한다.

이런 전쟁소설이 특징으로 삼는 호전적인 분위기는 소년들의 이야깃거리로도 번져 나갔다. 주간화보잡지들은 19세기 중반에서 제2차세계대전까지 모든 계층의 소년에게 흥미로운 읽을거리를 제공했다. 모험물과 공상과학물, 학원물과 탐정물 들은 두 세계대전에서 제국 수호를 위해 싸우게 될 바로 그 세대들의 세계관을 형성시켰다. 더욱이 소년독자 유치 경쟁이 치열해서 편집자들은 면밀하게 독자의 취향을 파악해야 했다. 대체로 잡지의 취향은 매우 보수적이었다. 잡지는 세상을 바꾸려는 소년보다 세상의 요청에 맞추려는 소년을 겨냥했다. 그리고 영국과 영제국의 사명이란 가치를 믿었다.

소년이 보는 신문들은 노스클리프 경이 신문제국을 건설하는 데 중요한 역할을 했다. 그리고 거의 모든 노스클리프 소년 신문에는 독일, 프랑스, 러시아의 영국 침공을 다룬 연재물이 실렸다. 1900년을 전후해서 《보이즈 프렌드(Boys' Friend)》 《보이즈 헤럴드(Boys' Herald)》 《마블(Marvel)》에서 가장 무서운 적은 프랑스와 러시아였다. 독일의 침공 계획을 밝혀낸 것은 《유니언잭(Union Jack)》에 연재되던 탐정물 주인공 섹스턴 블레이크(Sexton Blake)였다. 1907년 출판사 올딘(Aldine)의 《보이즈 오운 라이브러리(Boys' Own Library)》에서는 '공중전(The Aerial War)'이 과학으로 무장한 독일과 그에 비해 뒤처져 있던 영제국 사이에서 벌어졌다. 거대한 괴수 같은 비행체 다섯 대가 윈저성의 왕 침실 상공에 뜬 채로 멈춰서는 왕을 납치하려 했다. 1907년 《보이즈 헤럴드》는 독자들에게 조만간 전쟁이 있을 거라고 엄숙히 경고했다. '전 세계인이 영국 사람을 미워하는 것은 공공연한 사실이다. …… 왜? 우리가 가진 것이 많고 방대한 식민지를 다스리기 때문이다. 국가가 번창하고 있기 때문이다. 시민들은 진취적이고 용감하기 때문이다.'[22] 1914년 제1차 세계대전 발발 전까지 이런 전쟁 공포로 인한 긴장은 줄곧 가속 페달을 밟았다. 1912년 《마블》에는 '침략당한 영국(Britain Invaded)'이란 제목으로 독일이 런던 북부를 점령한다는 이야기가 실렸다.

같은 해 노스클리프는 소년들을 위해 자신이 만든 읽을거리들이 용감한 정신을 함양하는 데 공헌했다면서 놀랍게도 다음과 같이 공언했다.

> 이 신문과 잡지 들은 애초부터 육체적 힘, 애국심, 여행과 탐험에 대한 관심, 우리 제국에 대한 자부심을 함양하는 것을 목표로 했다. 아말가메이티드프레스(Amalgamated Press, 노스클리프가 사주였던 세계 최대 잡지 그룹—옮긴이)의 소년 잡지들이 우리 해군과 육군의 신병 모집에, 그리고 다른 부수적인 공공 서비스에 대한 존중을 유지하는 데 다른 무엇보다도 더 중요한 역할을 했다.[23]

자기 눈에 흙이 들어가지 않는 한에는 그런 반박을 허용하지 않았을 노스클리프 경에게는 미안하지만 소년잡지 시장에서 가장 큰 존재감을 발휘한 것은 '종교소책자협회(Religious Tract Society)'가 출판했던 《보이즈 오운 페이퍼(Boy's Own Paper, BOP)》였다. 다소 예상 밖의 출판사 명칭이 암시하듯이 이 신문은 소년들, 특히 '어른들의 나쁜 본보기를 보고 시궁창 출판사(gutter press)에서 발행하는 페니드레드풀(penny dreadful, 충격적이거나 선정적인 싸구려 소설. 잔혹, 살벌, 퇴폐, 외설을 뒤섞어 놓았다—옮긴이)을 읽다가 쉽게 접하는 악덕'에 노출된 '가난한 슬럼가의 어린이들'로부터 저급하며 잔혹한 스릴러물을 근절하려는 시도로 탄생했다.[24] 《보이즈 오운 페이퍼》는 목표로 하는 소년 독자층을 놓치지 않으면서도 교장과 부모들의 인정도 얻어 내는 불가능한 일을 해냈기 때문에 성공했다. 게다가 공공도서관에서도 적절하다고 여겨졌기 때문에 자기 돈으로 신문을 구입할 수 없는 처지이지만 읽고 싶은 열망으로 타오르는 소년 독자들도 확보했다. 취미, 스포츠, 야외활동에 대한 기사들과 함께 연재소설과 실제 모험담을 같이 싣는 과감한 시도로 아마도 미래에 장교가 될 사립학교생들을 넘어 훨씬 광범위한 소년 독자들을 매료시켰다. 1880년부터 《보이즈 오운 페이퍼》는 자매지 《걸스 오운 페이퍼(Girl's Own Paper)》를 함께 발행했는데 그것은 많은 광고를 유치하면서 막대한 수익까지 거두게 해 주었다. 그러나 아직 젊은 남성들이 다양한 미용 제품에 탐닉하도록 꼬드김을 받는 시대로 접어들지는 않았다. 기껏해야 찬물 목욕이 육체적·도덕적 문제에 대한 처방이자 남성다움을 얻는 가장 확실한 방법으로 권장되었다.[25]

《보이즈 오운 페이퍼》는 처음 두 가지 포맷으로 시작했다. 토요일 발행 주간판은 1실링, 월간판은 2실링이었다. 월간 《BOP》는 주간판 네 권의 통합본이었는데 이따금 벽걸이용으로 광택이 나는 대형 삽화 포스터를 제공했다. 월간판은 주로 상류층 가정에서 인기가 좋았다. 처음부터 《BOP》는 쥘 베른(Jules Verne)과 아서 코넌 도일(Arthur Conan Doyle) 같은 세계적인 작가를 필자로 모시는 데 성공했고 그 뒤를 이은 차세대 작가들로 W. E. 존스(W. E. Johns)는 비행사 비글스의 모험을, C. S. 포레스터(C. S. Forester)는 해군 장교 혼블로어(Hornblower)의 초기 해상 무용담을 싣는다. 또한《BOP》는 정기 기고가였던 로버트 베이든 파월(Robert Baden-Powell) 장군과 그의 스카우트 운동에도 긴밀한 관계를 맺었다. 농성을 지휘했던 지휘관 베이든 파월의 강력한 요청으로 포위공격 당한 마페킹을 구원했던 군대가 갖고 들어간 신문 중에는 그곳 소년 군사 교련단 생도들이 그리워하면서도 놓쳤던《BOP》가 호수마다 20부씩 들어갔다.[26] (유명한 마페킹공성전을 말한다. 농성군 지휘관 파월은 공격군의 10분의 1 전력으로 총 217일간을 버텨 내면서 국가적 영웅이 되었고 농성전에서 소년 척후병을 동원했던 경험을 되살려 스카우트 운동을 일으켰다—옮긴이)

《BOP》는 영국제국의 관심사에 관한 이야기들을 끊임없이 재생산했다. 항해 이야기, 정글 탐험, 인도 식민지 개척, 무시무시한 싸움에 맞선 용감무쌍한 병사들. 해양 모험이 압도적으로 많은 것은 그것이 명예로운 소명으로서 영국 해군(Senior Service)의 그칠 줄 모르는 명성을 상기시켜 주었기 때문이다. 이따금 이런 모험담에 묘사된 폭력에 대해 종교소책자협회가 설립한 감독위원회가 걱정을 피력하기도 했지만《BOP》는 페니드레드풀에 만연했던 난폭함을 피하고 못된 영웅 만들기도 지양하면서 소년들이 영제국의 강인하면서도 관대한 모범 시민이 되게 하는 데 자신들이 발휘할 수 있는 모든 역량을 동원했다. 정기 기고자였던 탤벗 리드(Talbot Reed)는 어느 맨체스터 소년 클럽의 창립을 기념하며 이런 메시지를 냈다. '강인한 자는 약한 자를 보호하고 활발한 자는 게으른 자를 돌보며 쾌활한

자는 맥빠진 자의 기운을 북돋우고 명민한 자는 우둔한 자에게 손을 내밀어야 한다.'²⁷

1914년 제1차세계대전이 발발하면서 《BOP》는 노래와 시, 그리고 다음과 같은 영웅적 이야기로 전쟁의 취지를 전하는 데 진심을 다했다. 어뢰 공격으로 침몰한 배에서 탈출한 해군 장교가 고약하게도 공격을 가했던 잠수함의 살짝 드러난 선체에 올라섰는데, 마침 그 잠수함의 전망탑이 열렸고 그 순간 장교는 맨 먼저 나오는 자에게 총알을 한 방 먹여서 유보트가 가라앉지 못하도록 시간을 벌어서 가까이 온 영국 구축함의 먹잇감이 되게 했다는 것이다.²⁸ 사실인가 가공인가? 그런 이야기는 그것이 보여 주는 모범적 자질을 본보기로 삼아 한시바삐 전선에 있는 선배들을 대신해 싸우기를 열망하는 세대들에게 이야기의 진위가 뭐 그리 중요할 게 있냐고 시침을 뗀다. 《BOP》는 꿋꿋이 살아남아서 제2차세계대전 기간에도 새로운 독자들을 고무시켰고 적어도 저자가 확인한 한 명의 전쟁포로는 독일의 수용소에서 보낸 수많은 시간을 《BOP》 과월호 10년 치를 읽으며 지루함을 달랬다. 그리고 1967년 2월호를 마지막으로 《BOP》는 그 소명을 다하게 된다.

독일과 소련에서 각국 시민들이 총을 잡게 만드는 상황은 서로 딴판이었다. 이것은 설득의 문제라기보다 온 나라를 전시체제로 바꾸는 문제였다. 독일은 유럽의 신흥강대국으로서 팽창주의적 운명을 실현하려는 의도로 추진했고 러시아는 정부 시책에 부분적으로만 동조하는 다루기 어려운 계층의 사람들과 함께 조국을, 혹은 소연방의 생존을 지켜내기 위한 필사적인 전투를 벌이기 위해 진행했다.²⁹ 독일에서는 나치가 집권하기 오래 전부터 우리가 20세기에서 떠올리는 여론몰이를 위한 요소들이 이미 자리 잡고 있었다. 1871년 통일 후 독일제국에서 군대는 특히 국가의 창설자로서 거의 전적으로 존중받았다. 독일은 극히 군사화된 사회였고 평화 시에도 징병을 실시해 유럽의 다른 나라보다 더 많은 시민이 군사훈련 경험을 쌓곤 했다.³⁰ 또한 독일은 학교와 대학에서 다른 나라의 감탄을 사는 수준 높은 교육제도를 갖춘 교양 있고 문학적인 나라였다. 출판산업은 규모와 명성에 있어서 영국만 제외하면 최고였다. 높은 수준의 정치 참여로 인해 정부와 군대의 엘리트들이 전쟁을 벌일 가능성도 어느 정도 통제할 수 있었다. 심지어 제1차세계대전의 마지막 2년 동안 파울 폰힌덴부르크(Paul von Hindenburg)와 함께 거의 독재적인 권력을 행사했던 루덴도르프(Ludendorff) 장군조차도 1912년에 '그래서 국민이 열성적으로, 한마음으로 총을 들 전쟁 명분(casus belli)을 만들' 필요를 인정했을 정도였다.³¹

강력한 외교정책을 취하고 이미 강력한 독일 군대를 더욱 증강하라는 요구는 일반적으로 보수적인 지식층과 그들보다 더 위에 있던 부유층의 강력한 지지를 바탕으로 한 것이었다. 대(大)몰트케가 '전쟁이 없다면 세상은 물질주의로 타락할 것'이라고 주장했을 때 그것은 독일의 산업 부흥으로 증가일로에 있는 부에 대해 불편한 심정을 갖던 많은 사람의 심금을 울렸다. 또 베를린의 역사학자이자 앞장서서 독일 민족주의를 공개적으로 지지했던 하인리히 폰트라이치케(Heinrich von Treitschke)는 이렇게 말했다. '국가들 사이의 끊임없는 쟁투 속에 역사의 위대함이 있다. 국가끼리의 다툼을 억누르겠다고 애쓰는 것은 단지 무식한 바람일 뿐이다.' 이 인용구는 몰트케의 또 다른 경구를 상기시킨다.

> 영원한 평화는 아름다운 꿈은커녕 헛된 꿈일 뿐이고 전쟁은 세상에서 신의 질서를 세우기 위한 법칙이다. 전쟁을 통해 인간의 가장 고귀한 덕성, 용기, 자기부정, 충성과 심지어 목숨까지 거는 자기희생이 발현된다.[32]

공평을 기하기 위해서 덧붙이면 타락한 사회에서 정신을 정화하기 위해 전쟁을 일으켜야 한다는 생각은 많은 현대 영국 작가들, 특히 그 시대 제국주의자 작가 중에서 가장 큰 영향력을 발휘했던 러디어드 키플링의 작품에서도 발견된다.[33]

이런 호전적 분위기의 분출로 인해 희생을 치러야 하는 노동자들은 전쟁에 대체로 조심스러운 태도를 보였지만 전쟁 전 노동계층의 독서에 대한 조사 결과는 왜 1914년 전쟁이 발발했을 때 징병사무소가 순식간에 지원병들로 가득 찼는지를 설명해 준다. 라이프치히는 사회민주당의 본거지였지만 그곳의 노동자들은 독일의 다른 지역 노동자들과 마찬가지로 기행문학과 식민지모험소설을 열렬히 애독했다. 압도적인 베스트셀러 『식인종과 함께(Unter Menschenfressern)』를 비롯해 헨리 모턴 스탠리(Henry Morton Stanley)의 『암흑의 대륙에서(In Darkest Africa)』와 독일작가 헤르만 비스만(Hermann Wissmann)의 명작인 『독일 국기 휘날리며 아프리카 횡단 여행(Unter deutscher Flagge quer durch Afrika)』은 모두 열렬하게 읽었다.[34] 독일의 식민지 개척 야심에 걸림돌이 된 영제국의 성공 때문에 카이저 빌헬름 2세(Kaiser Wilhelm II)가 느꼈던 좌절은 독일 전역에 메아리쳤고 보어전쟁에 대한 독일 언론의 반응에 반영되었다. 보어인들에게 쩔쩔매는 영국군의 모습은 타인의 불행에 낄낄대며 고소해하는 감정을 뜻하는 샤덴프로이데(shadenfreude)를 맛보게 해 주었다. 상당히 저평가되었고 거의 연구되지도 않았던 인쇄매체인 그림엽서에서 볼 수 있듯이 유럽의 전반적인 여론도 보어인들 편이었다. 프랑스와 독일의 그림엽서는 거의 보어인의 승리와 아프리카너(Afrikaner, 남아프리카 태생의 백인—옮긴이) 영웅들과 영국의 실책들만 다루었다. 영국이 최종적으로 승리했지만 거의 어떤 나라도 축하하지 않았다.[35]

1914년 이전의 10년이라는 기간 동안 경쟁적으로 해군을 증강하면서 고조된 긴장, 식민지 영토에서 배제당하면서 얻은 좌절과 봉쇄에 대한 두려움은 전쟁이 불가피하다는 생각을 낳았다. 하지만 영국도 그랬듯이 누가 적이 될지는 불분명했다. 독일이 품은 앙심이 다양한 선택지를 남겼기 때문이다. 1911년에 출판된 프리드리히 폰베른하르디(Friedrich von Bernhardi)의 『독일과 다음 전쟁(Deutschland und der Nächste Krieg)』은 널리 언론의 찬사를 받았고 '세계적 강대국으로서 우리의 지위를 공고히 하기 위해 전쟁을 피할 방법은 없으니 전쟁을 지연하기 위해 고심해서도 안 된다'라고 주장하면서 큰 충격을 던졌다. 우파 신문은 '조만간 독일 민족과 슬라브 민족 간에 피할 수 없는 충돌'에 대해서 얘기했다.[36] 동쪽으로부터 닥칠 위험에 대한 히틀러의 강박은 이토록 오랜 내력이 있었다.

제1차세계대전 패전국 독일은 상처받았고 혼란스러웠고

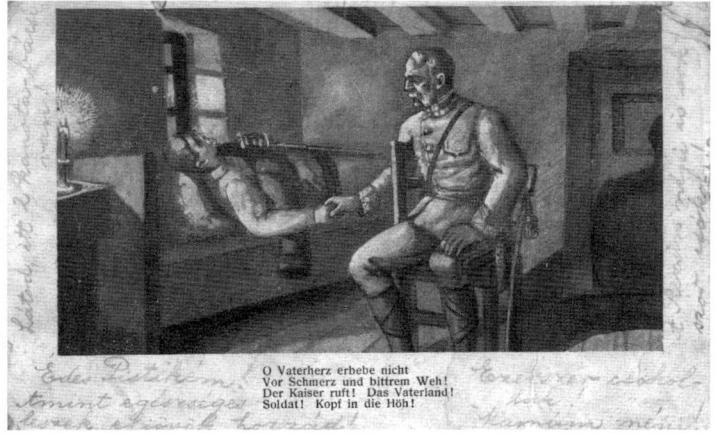

그림엽서 속 영웅. 한 부상병에게 조국에 대한 그의 임무를 다하기 위해
직무에 복귀하라고 독일 황제가 촉구하는 장면이다. 이 시기는 단지 친지에게
보내는 바닷가 광경이 담긴 엽서뿐 아니라 이와 같은 강력한 정치적
메시지가 담긴 엽서의 전성기이기도 했다.

격분에 차 있었다. 베르사유조약은 패자에게만 가혹한 조건을 강요하는 '카르타고식 평화' 조약이었고 그런 조건에 대한 분노가 모든 정치적·사회적 울타리를 넘어 팽배했다. 우리가 지금 바이마르공화국이라 하면 떠올리는 베를린의 문화적 르네상스가 당시 독일인들에게는 군정에서 민정으로 이양된 독일 사회를 기필코 무너뜨릴 도덕적 타락으로 여겨졌다. 그래서 1933년 히틀러가 총통이 되어 권력을 잡았을 때 전문가 계층과 부유한 부르주아는 사회 기강을 바로잡는 것에 전적으로 찬성했다. 이런 혁신의 기조는 특히 교사와 대학교수들에게 요구되었는데 이들은 자신들의 직업이 나치의 이데올로기적 목적에 맞추어 재편되는 것에 거의 반발하지 않았다.³⁷ 이것이 12년의 나치 통치 기간에 독일 병사들을 세뇌하는 데 대대적인 효과를 볼 수 있었던 한 가지 이유였다.

히틀러는 과대망상적으로 기획된 교육에 대한 자신의 계획을 실현하는 작업에 너무나 신속하게 착수했다. 열 살부터 성년에 이르기까지 교실 안팎을 가리지 않고 독일 젊은이들의 삶을 지배해서 '평생 그들이 결코 다시는 자유롭지 못하게' 하는 대신 '사냥개처럼 빠르게, 가죽처럼 끈질기게, 크루프(Krupp, 당시 독일을 대표하던 철강 및 군수 기업—옮긴이)의 강철처럼 단단하'도록 개조하겠다는 의도였다.³⁸ 히틀러유겐트(Hitler-Jugend) 단원 가입은 1936년부터 의무적이었으나 그전에도 교사들이 가입을 강력히 권유했다. 가입한 학생들은 6개월의 근로노동을 해야 했고 그것을 마치면 2년간 병역을 수행했다. 군복무 기간은 모든 나이대의 단원들을 세뇌할 기회가 되었다. 장교들이 세뇌 작업에 가장 중요한 역할을 맡도록 기대되었고 병사만을 대상으로 만든 신문과 잡지가 어디에나 널려 있어서 그 역할을 거들었다.

신문과 잡지에서는 두 가지 주제가 강조되었다. 정치적이고 인종적인 이유로 나치의 과업에 대항하는 적을 폄하하고 비인간화했고 독일을 구원할 유일한 희망으로서 총통을 신격화했다. 병사들의 서신을 보면 전선의 많은 병사가 이런 메시지를 내면화했음을 보여 준다. 그래서 어떤 병사는 전날까지도 독일의 맹방이었던 소련을 침공하는 것을 이렇게 기뻐했다. '이렇게 기쁠 수가, 오늘 아침 우리의 철천지원수 볼셰비키에 맞서서 전쟁을 시작했다. 이제야 마음이 푹 놓인다.'[39] 한 젊은 장교는 심지어 많은 독일 병사에게 한가한 지역으로 여겨지는 신규 점령지인 프랑스에 배치되었는데도 조금도 기뻐하지 않으며 이런 기록을 남겼다.

> 나중에 나와 병사들은 베르사유의 '서점'에 들렀다. 얼마나 많은 쓰레기 같은 책과 포르노물로 뒤덮여 있던지! …… 정결과 도덕이라는 관점에서 볼 때 프랑스인들이 최저기록을 갈아치웠다는 것을 명백히 볼 수 있었어.[40]

1940년의 승리는 독일군 최고사령부에게 너무나 예기치 못한 것이어서 프랑스 전역을 지배하기 위한 계획도 없었을 정도였지만 승리를 축하하는 수많은 책이 쏟아져 나왔다. 그중 대부분은 독일 병사들이 직접 쓴 것이었다. 그 책들은 군인과 시민 모두에게, 특히 곧 병사가 될 청소년에게 큰 인기를 얻었다. 인종적 편견과 함께 독일 군대의 우월성에 대한 오만한 태도가 결합되면서 독일인들은 시종일관 소련인들의 전투력을 과소평가했고 1941년 11월 모스크바를 50킬로미터 남짓 남긴 곳에서 마침내 독일 전차가 끼익하는 소음과 함께 멈춰섰을 때에야 뭔가 잘못되었음을 깨달았다. 그제야 그들은 이런 사태를 예견이라도 했다는 듯 1933년에 출간된 『나폴레옹과 함께 러시아에서 (With Napoleon in Russia)』를 집어 들었다. 나폴레옹의 마복시 (Grand Ecuyer, Master of Horse, 왕립 마구간을 관리하고 왕의 행차와 대관식, 종교의식 따위를 총괄 관리하는 책임자이며 왕

궁 서열상 일곱 손가락 안에 드는 최고위직—옮긴이) 아르망 드콜랭쿠르(Armand-Augustin-Louis de Caulaincourt)가 쓴, 실패로 끝난 프랑스의 러시아 원정에 대한 회고록이었다.

> 이제 모든 지휘관은 묻고 있었다. '이 전쟁을 언제 멈출 건가'? 그들은 나폴레옹 군대가 겪었던 고초를 기억했다. 그들 중 많은 이가 1812년에 콜랭쿠르가 쓴 암울한 기록을 다시 읽기 시작했다. 그 책은 1941년 러시아 원정의 중대한 시점에 상당한 영향을 미쳤다. 나는 여전히 폰클루게 장군이 그가 잠을 청했던 막사에서 터벅터벅 진흙탕 길을 지나 자신의 사무실로 걸어 들어가서 콜랭쿠르의 책을 손에 든 채 지도를 앞에 두고 서 있던 그의 모습을 생생하게 기억한다. 그것도 날마다 그랬다.[41]

귄터 폰클루게(Günther von Kluge)는 책임감이 투철하고 생각이 깊은 장군이었다. 그러나 히틀러의 군사교육 계획을 집행하는 데는 사색가보다 활동가들이 더 큰 역할을 맡았다. 스포츠와 야외활동을 강조하는 히틀러유겐트의 방침은 불가피하게 학습권을 침해했지만 단원 중 많은 소년에게는 기쁘기 짝이 없는 일이었다. 전쟁 막바지에 그들의 고향에서 쫓겨난 실레시아 사람들의 회고담을 수집하는 일을 맡았던 단원들은 히틀러유겐트 활동에서 행복했던 기억들만 갖고 있었다. 이들은 농촌 소년들이었고 매우 건강해서 활발한 야외활동에 매우 익숙했다.[42]

히틀러유겐트 단원들은 슈투카(Stuka) 급강하 폭격기 파일럿들, 유보트 지휘관들, 전차부대의 이야기 같은 다양한 전쟁

문학을 읽었다. 그들은 또한 제1차세계대전 참전용사들의 회고록과 빌 페스퍼(Will Vesper)의 역사소설을 즐겨 읽었다(훌륭한 작가 중에는 드물게도 나치의 국가사회주의를 적극 추종했다). 이와는 대조적으로 히틀러유겐트가 펴낸 책과 정간물들은 독자를 구하는 데 어려움을 겪었다. 소년들은 《디 베어마크(Die Wehrmacht, 독일 국방군—옮긴이)》와 나치 독일의 공군 잡지인 《데어 아들러(Der Adler, 독수리—옮긴이)》를 선호했다. 이른바 히틀러유겐트의 교리문답서라 불렸던 잡지들은 너무나 인기가 없어서 종종 배포되지 않은 상태로 내버려둘 정도였다. 배포된 잡지 중에서 많은 양이 히틀러유겐트와 그것의 판박이 여성단체인 독일소녀동맹(Bund Deutscher Mädel)이 폐지 수집에 나섰을 때 바로 기증되었다.[43] 소년들이 훨씬 더 애독했던 것은 1929년과 1933년 사이에 에르빈 롬멜(Erwin Rommel) 장군이 드레스덴군사학교에서 진행한 강의의 개정판이라 할 『롬멜 보병전술(Infanterie greift an)』이었다. 1937년에 출판된 그 책은 독일군 선전부대에서 꽤 세심하게 수정한 흔적이 뚜렷했다. 그렇지 않았다면 그 위대한 장군이 '오늘날 이탈리아 군대는 세계 최강으로 꼽을 만하다'라는 견해를 피력했을 거라고는 상상도 할 수 없을 것이다.[44]

이런 군사교육체계를 가장 꽃 피운 곳은 나폴리였다. 그곳에는 새로운 나치 엘리트를 육성하기 위해 영국 사립학교를 본떠 설립된 여러 기숙학교가 모여 있었다.[45] 종종 베르사유조약으로 폐교당했던 옛 프로이센사관학교 부지에 설립되었던 그 학교들은 일반 교과과정과 함께 사격, 승마, 항해술, 비행술을 가르쳤다. 프로이센사관학교와는 달리 이들 학교의 입학 자격은 완전히 개방적이어서 입교 경쟁이 매우 치열했다. 재원도 넉넉해서 학교마다 탁월한 도서관도 갖추고 있었다. 그럼에도 육체적 강건함이 강조되었다. 안경을 낀 학생은 입교 자체를 허락하지 않았다. 나폴리 졸업생들은 모든 병과에서 탐냈고 공군과 국방군과 나치친위대 사이에서 볼썽사나운 선발 경쟁이 벌어졌다. 군대로 갔던 많은 졸업생이 전쟁에서 살아남지 못했다.

구 러시아제국은 효율적인 선전 작업을 하기에 극히 열악한 환경에 있었다고 말할 수밖에 없다. 나라는 광대했고 많은 정착지가 매우 널리 펼쳐져 있었으며 다양한 민족이 불편한 동거를 하고 있었다. 1937년 소연방의 신문은 총 71개 언어로 발행되었다.[46] 대도시를 벗어나면 교육 수준도 책 보급률도 모두 낮았다. 제2차세계대전 발발 전날을 기준으로 인민 80퍼센트가 읽고 쓸 수 있게 되었지만(소비에트 시대가 이룬 대단한 업적이다) 겨우 9퍼센트만이 중등교육을 수료했다. 전쟁이 터지자 신문이 너무나 귀해져서 도서관 열람실에도 모두 보내지 못했다. 라디오 보급률이 낮은 것도 상황을 더욱 어렵게 만들었다. 1940년을 기준으로 미국에는 라디오 총 5600만 대가 보급된 데 비해 소련은 100만 대에 불과했다. 소련식 편집증의 전형적인 예로서 라디오를 소지한 사람들은 '적대 분자들'에 의해 약탈당하지 않도록 차라리 라디오를 양도하라고 지시받았다.[47] 그보다도 소련 정부는 시민들이 뉴스를 듣기 위해 그 주위로 모여드는 공공 무선확성기망에 더 의존했다. 소비에트사회주의공화국연방 전체로 보면 확성기 500만 대가 배치되어 있었고 그중 63만 대가 모스크바에 있었다.

뉴스를 배포하고 여론을 형성해야 할 구조적인 난제를 더욱 악화시킨 것은 정부의 시책이었다. 엄격한 검열로 인해 신문은 뻔하고 재미없는 것이 되어 버렸다. 신문 관계자는 자신의 보도로 입을지도 모를 보복을 걱정하며 겁에 질려 있었다. 스탈린 동지는 뉴스 보도를 손보는 데 너무 많은 공을 들여서 독일군의 빠른 진격과 야전의 러시아군들에게 닥칠 일련의 파국들은 저지할 엄두를 내지 못했다. 결과적으로 시민들은 소련의 공식 보도보다 소문이나 유언비어를 더 신뢰하게 되었다. 언론인들은 '우리의 선전물은 시시하고 지겹다'라며 자신들의 보도가 지루하며 정보가치도 없다는 사실을 자인했다. 1942년의 무선 확성기 뉴스를 분석했던 연구에 따르면 시민들은 확성기가 설치된 곳에서 주의 깊게 뉴스를 들은 다음 '이미 다 아는 내용이잖아'라고 말하며 돌아갔다고 한다.[48] 히틀러, 루스벨트, 처칠과는 대조적으로 스탈린은 러시아 인민과의 직접적인 소통을 피했다. 그런 과묵함을 공산당 정치국 위원들 모두가 흉내 냈다. 확성기를 통한 뉴스가 그런 식으로 쓸모없는 자원이었다면 신문은 뉴스로서의 가치만큼이나 담배말이나 밑씻개와 같은 부차적인 목적을 위해 가치를 발휘했다.

이런 어려움 중에 많은 것은 그 기원이 대공포(Great Terror, 1936~1938년 사이 스탈린 주도의 대숙청기를 말한다—옮긴이)에서 비롯되었다. 그때 전시에 지도력 발휘를 위해 필요한 전문가 집단을 모두 도려내 버렸다. 원칙적으로 불신받았던 옛 귀족과 부유층과 함께 대학교수, 과학자, 박사, 언론인, 예술가, 작가 모두가 고통을 겪었다. 교육수준을 높이고 문해력을 확장하겠다는 일념으로 광범위하고도 인상적인 공공도서관망을 확충하면서도 전통적인 지식계층에 대해 요지부동의 불신을 품었던 것만큼 교육 문제에 대한 소비에트 정권의 모순적인 자세를 더 잘 보여 주는 것은 없었다. 그런 모순의 결과는 러시아 북극 지역 솔로베츠키군도에 설립된 최초의 강제수용소에서 적나라하게 드러났다. 수많은 재능 있는 지식인들을 강제로 수용했던 그 수용소는 수감자들이 갖고 오거나 다른 부유층의 문고에서 압수했던 프랑스, 독일, 영국 책 수천 권을 포함해 대략 3만 권을 보유한 도서관을 갖추고 있었다.[49] 스탈린 시대 후기에 설립된 수용소는 훨씬 더 열악한 도서관으로 전락한다.

작가와 예술가 들을 숙청해 버렸기 때문에 상당히 예외적인 경우를 제외한 소비에트의 전시 보도는 대체로 재능 없는 이들이 담당했다. 이들은 늘 감시자들의 시선을 의식하며 지시대로만 묵묵히 일을 수행했다. 이따금 기자들이 전선에서 만난 이들에게 고무돼 그들이 겪고 있는 고난에 공감하면서 열정적으로 진실한 보도를 써내더라도 그 기사는 인쇄되기 전에 겹겹이 놓여 있는 검열의 덫을 거쳐야 했다.

무엇보다도 위험했던 처사는 스탈린이 대공포 분위기에 편승해서 군부 내 장교 집단을 적출해 버린 것이다. 1941년에 소련 군대가 특히 무능해 보였다면 그것은 부분적으로 스탈린이 임박한 공격에 대한 정보기관의 보고에 대해 적절히 대응하지 못한 탓도 있지만 숙청을 피했던 장교들의 무능한 지도력 때문이기도 했다. 공산당은 나름의 이상적인 군인상을 갖고 있었다. 공장 노동자들, 공산당원들, 또는 교육수준이 높은 자들이었다. 그러나 이들은 전쟁이 터지면 필수노동자로서 병역의무를 유예받게 될 바로 그 집단이었다. 1941년 독일군의 진군을 막기 위해 모집된 신병 수백만 명은 전체 군의 수준을 상당히 격하시켰다. 1939년에는 징집 연령을 19세로 낮추었는데 그것은 많은 신병이 거의 훈련을 받지 않았다는 사실을 의미했다. 1941년이 끝날 무렵 380만에 달하는 신병들이 잔인한 독일군의 포로가 되었고 이들 중에서 살아남은 자는 거의 없었다.

독일의 침공은 특히 벨로루시(옛 벨라루스—옮긴이), 우크라이나, 발트삼국과 같이 독일의 진격에 재빨리 점령된 지역의 인민들이 보인 모호한 충성심을 비롯해 소련 사회의 치유되지 못한 많은 분열을 드러냈다.[50] 우크라이나의 농민들도, 발트해 연안의 시민들도 스탈린을 좋아하지 않았다. 1941년 패전이 모순된 것은 가장 이데올로기적인 사회가 이데올로기적 각오의 부족으로 고통받았다는 사실에 있었다. 1941년 가을 전선이 러시아의 심장부까지 밀려 들어갔을 때 결정적으로 강고한 저항이 개시되었다. 소비에트 정권에 대한 충성보다는 조국을 방어하겠다는 신념이 굳센 용기를 발휘하기 위한 더 큰 기반이 되었다. 레닌그라드공방전의 한 여성 생존자는 다음과 같이 말했다. '우리는 스탈린을 위해 싸우지 않았어요. 우리 가족과 우리 도시를 위해 싸웠어요.'[51] 20년 동안 공산주의의 세뇌를 받았으면서도 당이 아니라 지역에 대한 애착심이 더욱 중요했던 것이다.

이 장을 끝내기 전에 한 가지 쟁점을 더 다뤄 볼 필요가 있다. 무엇이 사람으로 하여금 국기를 따르고 깃발 아래 뭉치고 군 지원서에 서명하도록 만드는가를 알아보는 것이다. 순수함, 낙관주의, 애국주의가 매우 중요한 역할을 한다. 이런 점에서 전쟁 전에 그런 정신을 함양하기 위해 책, 신문, 잡지가 가장 많은 영향력을 발휘한다. 그러나 그 정도로는 왜 군인들이 끔찍한 조건하에서, 임박한 죽음 앞에서, 전우와 동지를 불구로 만든 무시무시한 부상들을 목격하고서도—심지어 패전이 자명한 순간에도—끝까지 싸우는지를 이해하기는 더욱 어렵다. 왜 그렇게 많은 사내가(적어도 러시아에서는 여성들도) 심지어 목숨을 스스로 버릴 정도로 끝내 견디고 인내하는가? 우선 모두가 그랬던 건 아니라는 점은 분명히 해 두자. 미국 남북전쟁에서 딱 한 번 전투를 겪어 보고도 자원입대한 이 병사들은 더 이상 위험과 짜릿함을 맛보고 싶어 하지 않았다. 전투 대부분을 병사 중 절반 정도만이 치렀다는 것은 대체로 인정되는 사실이다. 나머지 절반은 부대 뒤의 안전한 곳으로 피하거나 부대가 전쟁에 돌입하면 투명인간처럼 사라졌다. 제2차세계대전 동안 소련군은 병사 400만을 탈영으로, 징병 기피로 혹은 자해를 해서라도 전선을 피하려 했다는 이유로 처벌했다.[52] 동부전선의 전쟁은 독일군 측에서는 인종적 편견을 발동하는 바람에, 소련군 측에서는 침략군이 자기 민족에 가한 끔찍한 잔학행위에 대한 증오로 인해 특히 잔인한 양상으로 번졌다. 이런 증오는 스탈린의 노골적인 지시로 소련 언론이 세심하게 부추긴 것이었다. 스탈린은 그가 1942년 노동절 연설에서 밝혔듯이 '우리는 우리 안의 모든 힘을 모아 적을 증오하는 법을 배우지 않고는 적을 이길 수 없습니다'라는 사실을 진정으로 믿었다.[53] 이것이 소련의 선전선동이 가장 크게 성공을 거둔 한 측면이다. 독일 병사들은 소련군에게 자비를 구할 수 없다는 사실을 잘 알게 되었다. 독일군이 동부전선을 맹렬하게 방어한 것도 만약 소련이 이긴다면 자신과 자기 가족에게 무슨 일이 닥칠 것인지를 명심하면서 분발했기 때문이었다. 전쟁에는 사람의 판단을 경직시키는 효과가 있어서 감정의 틀을 한 구덩이의 참호로, 일개 마을로, 혹은 건물 하나로 좁혀 버린다. 병사는 전우와 함께 싸우고 한 전우가 죽으면 그를 대신해 온 새 전우와 함께 싸웠다.[54] 러시아 전선에서 싸웠던 작가 기 사예르(Guy Sajer)는 그의 자전적 이야기에서 병사들을 계속 싸우게 하는 진정한 이유는 전우애라고 밝혔다.[55]

1944년 연합군은 노르망디의 해안교두보를 돌파하면 서부 전선에서 독일군의 저항이 약화될 것이라고 예상했다. 연합군은 절대적으로 필요한 경우가 아니라면 더 많은 사상자를 내고 싶지 않아서 지속적으로 공습에 의존했다. 그러나 독일군은 계속 저항했다. 패전 가능성을 보여 주는 압도적인 정황이 보이는데도 독일군들은 여전히 그들이 승리할지도 모른다고 조금은 믿었기 때문이다. 독일 포로들에 대한 다양한 조사에 따르면 승전에 대한 믿음이 사그라든 것은 1945년 1월에 와서야 시작되었다고 한다. 가장 완강하게 저항한 집단 중에는 열네 살이나 그보다도 어린 나이에 전선으로 투입된 히틀러유겐트와 나폴리사관학교 출신의 소년들이 있었다. 뤼겐나폴리사관학교 교관들이 소년들에게 패전 소식을 알렸을 때 일부는 분노를 억누르지 못하고 끝까지 싸우겠다며 무기고 열쇠를 요구했다. 히틀러가 마지막으로 찍힌 사진에는 그가 베를린에서 히틀러유겐트 단원에게 훈장을 수여하는 장면이 담겼는데, 단원들의 나이는 고작 열두 살이었다. 루르(크루프가 위치한 독일 공업 지역—옮긴이) 지역으로 천천히 진격하던 미군 탱크 부대는 종종 소년병들에게 습격당했다. 롤랜드 롭(Roland Robb) 대령은 한번은 자기 부대가 열두 살짜리 어린이들이 배치된 포병부대의 저지를 받

『톰 아저씨의 오두막』부터 스탈린그라드까지 119

은 적이 있었는데 전원 항복을 거부해서 사살했다고 회고했다. 그 사건과 그와 유사한 경우들은 자신들을 지키기 위해 어린이들을 사살해야 했던 연합군 병사들에게 잊지 못할 상처를 입혔다.[56] 그것은 20세기 전쟁들에서 이데올로기적 세뇌가 성공을 거두었다는 결정적이고도 섬뜩한 증거이다.

2부
지식 총동원

4장
과학전

어니스트 반소머렌(Ernest van Someren)은 자기를 잘 드러내는 일기 작가는 아니었다. 종교에 열성적인 아버지와 자유분방한 기자 어머니 아래서 어려운 성장기를 보내 그는 사립학교를 거쳐 우수한 성적으로 대학을 마친 뒤 안정된 결혼 생활을 하며 안식을 찾았다. 그는 일상기록화 프로젝트 참가자 중에서 특이한 경우였다. 정서적으로 차분하고 속내를 내비치지 않는 사람이지만 소머렌은 교외에 사는 다른 부유한 전문직 가장을 둔 가정들과 교류할 때 어느 정도는 신앙심이 깊은 체하고 스스로 옳다는 독단에 빠지기도 했다. 또한 그가 솔직히 인정했듯이 스스로 퀘이커교도, 평화주의자, 공개적인 양심적병역거부자이면서도 중요한 전쟁 업무를 수행하는 화학 연구자로서 기꺼이 일한 것은 분명 모순이었다. 그가 관여했던 중요 프로젝트 중 하나는 영국해협을 가로지르는 플루토 송유관을 놓는 데 사용할 거대한 강철 스풀을 만드는 것이었다. 노르망디상륙작전의 성공을 위해 절대적으로 중요한 과업이었다.[1]

전쟁에 대한 그의 대응은 모순적이었지만 과학계에서 그같은 경우는 드문 일이 아니었다. 과학은 종교, 정치, 이데올로기의 영역을 초월하는 공동의 과업이라는 뿌리 깊은 원칙이 있었기 때문이다. 많은 과학자는 어떤 정치적 개입에도 거리를 두기를 원했고 과학자에게는 널리 공유된 전쟁에 대한 일반적 혐오를 넘어 평화를 지향하는 경향이 있었다. 1934년 케임브리지 반전과학자그룹(Cambridge Scientists Anti-War Group)은 군사적 목적으로 과학연구를 이용하는 데 반대한다는 서신을 배포했는데 세계적인 최첨단 물리학 연구의 본고장인 캐번디시연구소(Cavendish Laboratory) 연구원의 40퍼센트가 서명했을 정도였다. 그러나 전쟁이 발발하자 모든 참전국 과학자들은 각기 어느 정도 거리낌이 없지는 않았지만 전쟁의 취지를 돕기 위해 참여했다. 물리학자, 화학자, 공학자 들 모두가 무기와 방어와 통신 체계의 결정적 개선을 위한 핵심 부서에서 일했다. 그뿐 아니라 전쟁이 시험하는 도덕적 한계를 꽤 섬뜩한 방식으로 넘어서는 무기도 개발했다. 그중 많은 이는 어니스트 반소머렌처럼 일을 사랑한다는 이유로 자신들의 천재성을 동원해 문제를 해결하는 것 때문에 인류가 대가를 치러야 한다는 사실을 외면했다. 실험과학은 본질적으로 낙관적이었지만 그것의 성공 여부는 실험실에 붙박혀 집요하게 이론 연구에 몰두하는 명석한 과학자들에게 달려 있었는데 그들이 연구하며 지내는 일상적 삶은 과학적 성과가 치명적인 무기로 바뀔 수 있다는 가혹한 현실로부터 은폐되어 있었다. 제1차세계대전과 제2차세계대전은 더욱이 이런 정서적 자기기만의 가면을 어느 정도 벗겨냈다.

어니스트 반소머렌의 전쟁 수행에는 월섬크로스까지 짧은 시간 동안 통근을 하고 때때로 필요한 과학 저술을 참고하기 위해 런던을 들르는 것이 포함되었다. 1940년 11월 8일 자 금요일

일기에 따르면 영국 왕립화학회(Royal Chemical Society) 도서관에서 하루를 보냈다[포트넘앤드메이슨(Fortnum & Mason)에서 머스터드소스를 구입하기도 했다]. 12월 4일에는 그 도서관에 다시 들러 독일발 기사 두 편을 요약했다. 자신이 최근에 쓴 분광화학 관련 초록들을 출판하기 전에 수집해야 했던 마지막 참고문헌들이었다.[2] 1941년 3월 27일은 도무지 찾을 수 없었던 독일 출판물을 쫓았지만 무척 좌절했던 날이었다. 2월 내내 반 소머렌은 영국에서 가장 중요한 과학도서관으로 꼽히는 특허청 도서관에서 지냈다. 하지만 특허 자체가 실험 데이터와 군사정보의 중요한 출처이기도 했다. 만약 독일 산업이 베르사유조약의 조항들을 얼마나 재빨리 악용하기 시작했는지에 대한 명확한 증거를 원한다면 1921년 독일 무기제조사인 크루프가 등록한 특허만을 검토해 보더라도 그들이 만든 일반 생활용품이 대체로 위장된 군수품이라는 사실을 알 수 있었다.[3]

1942년 좌절감을 참지 못해 반소머렌은 전쟁 중이건 아니건 과학은 늘 국제적인 소통이 필요한 일이라면서 일상기록화 프로젝트 일기에 다음과 같이 털어놓았다.

> 일을 하느라 매우 바빴다. 나는 지금 독일에서는 철저한 검토를 거친 뒤 불가능하다며 포기했고, 미국에서는 우리가 구할 수 없는 물질을 이용한 교묘한 장치로 우회해 간 어떤 공정에서 얼마간의 결과물을 얻기 위해 애쓰고 있다. 어떤 성공을 얻어 낸다면 놀라운 일일 것이다. 그러나 그것을 간신히 해내더라도 다행일 테다. 저녁에는 지역 평화 집회에 참석했다.[4]

1943년에는 다음과 같은 희소식을 전했다.

> 자전거를 탔고 실컷 독서했고 발췌 작업을 했고 한 독일 정간물에서 새로운 것을 찾았고 즉시 우리 장치로 시험해 봤더니 그렇게 하면 많은 수고를 줄일 수 있다는 사실을 알아냈다. 낡은 축음기 바늘을 이용한 간단한 묘책이었다.[5]

무심코 보면 모두 심상(尋常)하기 짝이 없는 일이다. 그러나 오늘날 연구의 관점에서 보면 가치가 있다. 어떤 과학자들도 일상의 업무에 대해 이 정도의 관찰 기회는 거의 제공하지 않는다(반소머렌은 적절하게도 일기장에 자신의 연구에 대한 어떤 구체적인 사항도 털어놓지 않았다). 전쟁이 종결된 후에야 레이더 전쟁, 독일이 만든 경이로운 무기들, 정보전에 대한 과학의 공헌, 원자탄 개발 경쟁 같은 전쟁 과학에 대해 수많은 출판물이 출간되었다. 그러나 만약 당신이 이런 영웅적인 이야기들에만 독서를 집중한다면 이런 중요한 발견을 이뤄 낸 주역 중에 도서관에 발을 들여놓았던 사람들은 결코 없었을 거라고 생각할지도 모른다. R. V. 존스(R. V. Jones)가 자신의 베스트셀러 『가장 은밀한 전쟁(Most Secret War)』에 러시아의 과학기술 출판물에서 보았던 어떤 발견에 대해서 언급한 적은 있지만 단지 출처가 특이해서였을 뿐이다. 블레츨리파크(제2차세계대전 당시 영국의 독일군 암호해독반 소재지—옮긴이)에 관한 수많은 회고록이 있지만 우리는 전직 사서였던 지미 서스크(Jimmy Thirsk)가 이들 책벌레 암호분석가를 위해 갖췄던 수집자료들에 대해서는 들을 일이 적다.[6] 참고하고 분석하기 위한 도서의 필요성은 대체로 주목받지 못한다.

아마도 이것은 학문적 저술에 접근하는 일이 그리 특별한 일이 아니어서 일부러 언급할 가치가 없기 때문이었을 것이다. 그러나 우리가 이 책에서 살펴보고 있듯이 과학 저술에 대한 접근 가능성은 과학연구에서 장비, 화학물질, 실험실에 대한 접근만큼 필수적이었다. 이런 사실에 대한 확실한 증거가 궁금하다면 전시에 있었던 가장 매혹적인 결가지 이야기 중 하나로 눈을 돌리면 된다. 외국에서 간행된 과학 정간물에 대한 지속적 접근을 위해 분투하면서도 조국의 과학적 발견에 대해 적국 과학계의 접근을 차단하는 것은 중대한 일이었다. 과학적 교류의 일반적 관례가 파괴된 데 온 과학계가 몹시 고통스러워했다. 그럼에도 그것은 전시 군비경쟁에서 중대한 과제였다.

언뜻 보기에 제1차세계대전은 19세기의 무기와 19세기의 정신으로 싸운 20세기의 전쟁으로 보일 수도 있다. 가장 중요한 군사적 혁신이라 할 탱크와 비행기는 시험 단계에 머물러 있어서 전쟁 결과에 결정적 영향을 미칠 정도는 아니었다. 탱크가 발명되었을 때는 전쟁의 향방이 정해진 후였고 비행기는 전투기보다 정찰 도구로서 더 많이 활약했다. 오히려 미래에 대한 투자라는 측면이 컸다. 과학과 산업의 주요 과제는 무기와 화기와 포의 살상력을 더 강화하는 것이었다. 그것이 참호와 야영지에 창궐한 질병과 함께 가장 많은 사상자를 초래한 원인이 되었다.[7] 제일 중요한 기술 발전이자 진실로 전쟁의 흐름을 바꿔 버린 것은 잠수함을 무기화한 것이었다. 하지만 그것의 중요성이 진정으로 이해된 것은 산업 물자가 더 이상 충분하지 않아서 적의 선박을 파괴하는 데 필요한 잠수함을 더 이상 건조할 수 없게 되어 교전국들이 비로소 협상 테이블에 앉지 않을 수 없게 되었을 때였다.

많은 군부 관계자가 군 기관이 아닌 곳에서 일하는 사람이 주려는 도움을 끈길기게 거부하면서 혁신이 저해된 측면이 있었다. 물리학자인 J. D. 버널(J. D. Bernal)은 기상 서비스를 준비해서 군대에 제공하겠다고 나섰다가 군인은 어떤 날씨에서도 싸울 뿐이라며 거절당했던 한 동료의 이야기를 회상했다.[8] 자신의 소설로 과학의 대중화에 큰 공헌을 했던 H. G. 웰스(H. G. Wells)는 심지어 과학에 대한 정부의 무관심을 질타하는 글을 《타임스(The Times)》에 기고했다. 1915년 4월 플랑드르 지방의 이퍼르에서 독가스가 살포되고 난 다음에야 군 전략가들은 실험실 전투를 무시하는 것이 얼마나 위험한지에 대한 경고를 수용했다. 독일군이 화학전을 벌인 것은 서부전선에서 쏜살같이 승리를 쟁취하겠다는 계획이 부분적으로 실패했다는 사실을 인식한 뒤였다. 이전에 확립되어 있던 전쟁 관행을 무시하고 독가스를 쓴 것은 다른 어떤 사항보다 군사적 필요를 최우선으로 여겨 왔던 독일의 오랜 신념을 반영했다. 그것은 또한 연합군이 똑같은 방식으로 대응할 수 없으리라는 확신에 근거한 것이기도 했다. 사실 허겁지겁 급조된 독가스 제조 프로그램의 책임자였던 프리츠 하버(Fritz Haber, 질소비료 대량생산의 길을 열었지만 '독가스의 아버지'라는 악명도 얻은 화학자—옮긴이)는 독일군 최고사령관에게 영국은 과학적 역량이 부족해서 독가스를 만들 수 없다고 말했다. 큰 대가를 치르고 말았던 오판이었다. 곧 양측은 모두 치명적인 가스를 개발했는데 플랑드르는 서풍이 우세한 지역이어서 연합군의 독가스가 더 효과적일 가능성이 높았다. 전쟁이 끝날 즈음 서부전선과 동부전선을 모두 합해서 화학전으로 인한 사상자는 거의 100만 명에 달했다.[9]

하버의 예측이 틀리기는 했지만 전쟁 초기에 공학적·과학적 자원이라는 관점에서 독일이 현저한 우위에 있었다는 것은 양측 모두가 공히 인정했던 기본 전제였다. 1909년 미국의 화학 논문 초록에 색인이 붙은 논문의 45퍼센트가 독일 정간물에 실렸던 것이었다. 1901년 노벨상이 도입된 이래로 처음 14년 동안 과학 분야 수상자 마흔여덟 명 중에서 독일은 열네 명을 차지했고 프랑스는 열한 명이었다. 영국과 미국은 그중에서 일곱 명이었다. 19세기에 독일은 나름의 고등교육 체계 속에서 전문적이며 실용적인 지식을 특별 대접하는 것으로 유명했다. 그러나 독일 병기의 우월성은 그에 못지않게 빛나는, 정밀기계 분야에서 얻은 명성 덕분이기도 했다. 제1차세계대전 동안 루르 지역 에센에 소재한 거대 방산업체의 회장 구스타프 크루프(Gustav Krupp)는 민간 정부만큼이나 영향력이 컸으며 독일군 최고사령부에 거의 맞먹을 정도였다. 전쟁 전에 티르피츠(Tirpitz) 제독이 독일 군대 공급품에 대한 100퍼센트 매출 이익률을 애국적 취지에서 할인할 수도 있다는 무례한 제안을 했다가 독일 황제가 즉시 끼어들어 그런 소리 말라고 제독을 직접 질책했다. 독일이 항복한 뒤에 크루프사의 해체가 베르사유평화조약의 구체적인 요구였던 것은 전혀 놀랄 일이 아니었다.[10]

제1차세계대전을 겪고 나서야 실험실 연구의 가치가 크게 향상된 것은 의심의 여지가 없다. 다른 건 몰라도 치명적인 화학전의 위력이 그것을 확실히 보여 주었다. 1916년에 부분적으로는 최고 과학자 서른여섯 명이 서명한 편지가 《타임스》에 실린 데 자극을 받고 나서야 영국 정부는 과학에 대한 경시를 조사하는 위원회를 구성했다. 편지는 샌드허스트가 입학 자격으로 과학 성적을 요구하지도 않고 교과과정에 필수과목으로 과학을 지정하지도 않은 유일한 명문 사관학교였다고 지적했다. 군대가 필요로 하는 장교 대부분을 키워 내던 명문 사립학교 서른다섯 곳 중에서 서른네 곳의 교장이 고전학자였던 상황이었으니 어쩌면 그리 놀랄 일도 아니었다. 정부 고위직에 과학을 고취하는 인재가 필요했다. 그때까지 영국 내각의 역사에서 단 한 명의 고위 관료만이 전문 교육과정을 거친 과학자였다[세인트앤드루스(St Andrews)에서 교육받고 1873~1874년 글래드스턴의 자유주의 정부에서 우정장관을 역임했던 플레이페어(Playfair) 경을 말한다]. 1916년에 과학산업연구부(Department of Scientific and Industrial Research)를 발족한 것은 과학의 토대를 강화할 목적으로 국가 차원의 조정 작업을 위한 첫걸음으로 디딘 것이었다. 그러나 만약 영국 과학자들이 이런 조치로 인해 대학의 과학연구에 쓰이도록 새로운 자금이 쇄도할 것이라 생각했다면 그건 오산이었다.

영국 군부의 기득권을 쥔 지휘관들은 다소 생각이 달랐다. 승리를 확보하는 데 있어서 [울리치의 왕립육군사관학교나 햄프셔주 판버러의 왕립항공조병창(Royal Aircraft Factory) 같은] 군부의 자체 연구 시설을 중요하게 생각했다. 자체 시설을 신뢰했던 것은 부분적으로 지식인들에 대한 불신을 반영했다. 그러나 그것은 또한 군대의 지휘계통이 민간인 과학자들로부터 지시받는 것을 쉽게 허용하지 않았던 탓이기도 했다.[11] 이런 난감한 상황은 제2차세계대전이 시작되었을 시점까지도 지속되다가 국가적 위기로 인해 완고한 원칙을 일부 포기하지 않을 수 없는 상황에 처해서야 해소되었다. 윈스턴 처칠 수상이 전쟁에서 과학이 할 수 있는 역할에 매료되면서 이런 과정을 가속화시켰다.

군부의 장성들은 이제 그들이 독일의 거대 방산업체 크루프로부터 무기를 수입할 수 없게 되고서야(평화 시에 크루프는 지불 능력만 있다면 국적에 상관없이 모든 군대에 흔쾌히 장비를 제공했다) 독일군 참호를 향해 투하할 화기를 공급하는 데 있어서 영국 중공업 산업의 열정과 재빠른 대응력에 많은 빚을 졌다는 사실도 또한 알게 되었다. 탱크 개발은 해군의 건함 지휘관과 두 민간기업, 윌리엄포스터(William Foster, 링컨셔의 농기계 제조업체)와 버밍엄 소재 메트로폴리탄객차화물열차제조사(Metropolitan Railway Carriage and Wagon Company, BRC&W)의 협업으로 이루어졌다. 전쟁이 끝난 뒤 정부는 자체 도서관을 운영했던 산업연구협회 서른 곳에 보조금을 수여했다. 양모업연구협회(Wool Industry Research Association), 영국고무제조업체(British Rubber Manufactures) 등에 속했던 이들 도서관은 회원들을 위한 정보센터 역할을 했다.[12] 이런 점에서 그들은 으뜸가는 공학 및 화학 거대기업들이 모두 자체적으로 연구부서를 운영해 큰 성공을 거두었던 독일의 모범을 따르고 있었다. 1873년에 설립된 에센 소재 크루프의 도서관은 1937년 즈음 도서 대략 10만 권과 저널 750종을 구독했다.[13] 1925년 합병으로 세계적 종합화학공업 회사로 도약한 거대 복합기업 이게 파르벤(IG Farben)은 베를린 본사에 어마어마한 데이터관리부서를 운영했다. 그곳은 거의 국립 과학 참고자료 도서관으로서 기능했고 제2차세계대전 동안에 독일의 많은 정부 부처들이 귀한 자료를 구하는 곳이었다.

문서자료의 분류와 정리를 좀 더 효율적으로 조정하는 것과 과학정보 교환의 필요를 인정하는 것은 양차세계대전 사이에 공통된 관심사였다. 영국에서는 영국학술원이 1665년에 《트랜잭션스(Transactions)》를 발간한 이래로 연구와 발명을 활성화하는 데 결정적 역할을 맡았다. 1925~1927년 사이에 학술원은 전 세계 도서관 150곳에 있는 학술 간행물 약 2만 5000종의 위치를 기록한 『전 세계 과학 정간물 목록(World List of Scientific Periodicals)』을 발행했다. 이 목록은 1950년대까지도 중요한 탐색목록으로 남았다. 1924년 영국특수도서관정보국협회(Association of Special Library and Information Bureaux, ASLIB)의 설립은 과학 공동체 통합을 촉진하기 위한 또 한 번의 중요한 진전이었다.[14]

독일에서 전쟁 직후의 기간은 긴축과 내핍의 시간이었다. 초인플레이션의 충격은 외국 정간물 구입을 거의 불가능하게 했다. 1914년에는 독일 도서관이 공적기금으로 외국 정간물 6000종을 구입했는데 1921년에는 그중에 겨우 1700종만이 여전히 수납 장부에 신착자료로 기입되었다. 독일 최대 도시인 베를린의 국립도서관은 전쟁 전에 구독했던 과학 정간물 2300종 중에서 겨우 150종만을 구독할 수 있었다. 독일 주요 방산업체 공장들이 조업을 중단하게 된 것은 기술 발전을 저해하

는 더욱 중대한 위협이었다. 하지만 독일은 그런 폭풍을 헤쳐 나
갈 충분히 강건한 과학적 토대를 갖고 있었다. 특히 독일 대학
이 면면히 쌓아 온 과학적 전통이 벼려 낸 고유한 힘은 더욱 그
러했다. 인도주의적 기부로 독일의 연구도서관들을 위해 외국
정간물을 구독하고자 했던 비상시국독일과학협회(Emergency
Association of German Science)의 설립 또한 분위기 반전에 도움
이 되었다. 1929년이 되자 독일 도서관들은 정간물 1만 5000종
을 구독하게 되었다. 이런 간행물들은 1924년에 전국 도서관 상
호대차 서비스가 생기면서 관심 있는 연구기관들에 배포되었다.
외국에서 선망의 대상이었던 독일의 유명 과학기술 대학교들이
전통적 대학과 산업체 간의 중개자로 나서면서 이 일에 중요한
역할을 했다.

나치의 집권은 독일인 삶의 다른 모든 측면에서 그랬던 것
처럼 과학계에도 충격을 가했다.[15] 대학에서 유대인 과학자들
을 축출한 것은 물리학, 화학, 수학 분야의 엄청난 인재 손실을
의미했다. 나치 독일의 교육부 장관으로부터 이제 '유대인을 없
애 버렸으니' 괴팅겐대학교(University of Göttingen) 수학과의
분위기는 어떠냐는 질문을 받았을 때 다비트 힐베르트(David
Hilbert) 교수는 위험을 무릅쓰고 무뚝뚝하고 경멸에 찬 답변을
내놓았다. '괴팅겐에 수학이라고요? 이제 그런 건 더 이상 존재
하지 않아요.'[16] 나치는 외국으로부터 수입되는 과학 출판물에
실린 유대인의 그림자도 견딜 수가 없었다. 1937년부터 공적기
금의 도움으로 외국 출판물을 주문하는 단체들의 경우에는 모
두 게슈타포의 승인을 받아야 했다.[17] 그러나 이런 새로운 연구
환경에 순응할 준비가 된 사람들에게, 사실 거의 모든 비유대인

교수가 그 대상이 되었는데, 과학기술 연구에 대한 나치의 접근 방식은 그들에게 넉넉한 보상을 약속했다. 1945년 11월에 과거를 회상하면서 하이델베르크대학교(Heidelberg University)의 화학자 카를 프로이덴버그(Karl Freudenberg)는 그들이 나치 시기의 여러 조치 중에서 한 가지만은 유지해도 된다면 그것은 '풍족한 자금'이라는 사실을 시인했다.[18] 연합군은 독일의 가공할 과학적 힘을 무너뜨리는 과업에 체계적인 주의를 기울이며 임했다. 1943년 샤를로텐부르크 소재 베를린공과대학교 폭격은 도서관 장서 25만 권을 전소시켰다. 같은 해 12월 영국 공군의 라이프치히 공습으로 독일 출판산업 단지 대부분이 파괴되었고 최초이자 가장 오래된 화학 논문 초록 저널인 《화학 중앙신문(Chemisches Zentralblatt)》 같은 중요한 출판물의 간행이 중단되는 사태를 불렀다. 이제 독일에게 남은 것은 주류 과학 공동체와 다소 거리를 둔 채 비밀리에 추진했던, 세상을 까무러치게 할 기적의 무기라는 로켓 개발연구뿐이었다. 전쟁이 끝날 무렵 승리한 연합국들이 탈취하려고 혈안이 되었던 것은 바로 이 연구였고 전쟁 상황에서도 긴밀한 협력 속에서 이런 엄청난 과학적 성취를 이룬 과학자들이었다.[19]

1941년 말에 젊은 러시아 물리학자 게오르기 플료로프(Georgy Flyorov)는 핵분열 관련 최근 논문들에 대한 영어 간행물을 참고하려고 보로네시 소재 지역 대학도서관에 들렀다. 그는 1941년 후반기에 나온 논문이 아예 없다는 사실에 놀랐다. 1939년 1월과 6월 사이에 영국, 독일, 미국의 간행물에서 관련 논문 50편 이상이 게재되었던 것과는 극적인 차이를 보인 것이다.[20] 그는 핵분열 연구가 이제 군사기밀이 된 것이라고 짐작했다. 그것이 사실이라면 히틀러는 독일이 미리 같은 조치를 취하지 않은 것을 두고 크게 후회했을 것이다. 1939년 오토 한(Otto Hahn) 연구팀이 우라늄 원자 분열에 성공했다는 논문을 출간한 일은, 연합국에 독일이 먼저 원자폭탄을 개발할 가능성을 경고하는 결정적 계기가 되었기 때문이다. 1945년 미국 과학자들은 1939년의 이 논문과 같은 해에 나온 후속 논문만 없었다면 "독일이 한동안 원자력의 핵심 비밀을 독점했을지도 모른다"라고 의견을 밝혔다.[21] 1940년 5월부터 독일의 정간물에서 핵분열에 관한 그 이상의 논문은 나오지 않았다. 그러나 핵 개발의 고삐는 이미 풀려 버렸다.

신무기 개발에서 드러난 탁월한 천재성과 이론 물리학 분야에서의 전통적 강세에 비하면, 나치 독일이 원자 연구에 보인 태도는 이상하리만치 미온적이었다. 그들은 일찌감치 원자폭탄 개발이 엄두를 내기 힘들 정도의 비용이 드는 과업이라는 결론을 내렸다. 이미 1941년에 망명해 연합국의 원자폭탄 프로젝트에 참여하고 있었던 물리학자 루돌프 파이얼스(Rudolf Peierls)는 독일이 핵무기 개발을 위해 필요한 인적·물적 자원을 투자하지 않는다는 사실을 미리 간파했다. 그는 《물리화학 저널(Physikalische Zeitschrift)》이 학기마다 게재하는 독일 대학교 물리학과의 개설 강좌 목록을 자세히 훑어보고는 이런 결론에 도달했다. 원자폭탄 개발에 따르는 수많은 문제 해결을 위해 필요한 연구자들을 임시로 파견해 지적 임계치에 달하는 막강한 연구팀을 구축했던 영국이나 미국과는 달리 독일의 물리학자들 대부분은 수업이 크게 줄어든 상황에도 강의와 원래 머물던 곳에서 연구도 병행하는 것이 분명했다.[22] 유대인들이 전문직에서 배제될 때 그렇게 많은 인재의 무분별한 추방으로 다른 어느 분야보다 고통받았던 곳이 물리학 분야였다. 독일 물리학계의 원로인 막스 플랑크(Max Planck)는 대담하게도 히틀러 면전에서 유대인 추방이 불러올 손실을 언급했다. 그러나 히틀러는 미동도 않으며 '유대인 과학자들을 추방해 현대 독일의 최신 과학이 끝장나더라도 차라리 과학 없이 몇 년을 그럭저럭 버텨 보겠소'라고 대답했다.[23] 유대인 학자들을 솎아 내면서 독일 대학 전체에서 교수와 연구 인력의 15퍼센트 정도가 쫓겨났는데 그중 노벨상 수상자가 스무 명이었다. 또한 수학계는 20퍼센트의 손실을 입었고 물리학계는 네 명에 한 명 이상이 사라졌다. 독일의 손실은 영국 과학의 수준을 크게 향상시켰으나 특히 핵폭탄 개발의 최대 수혜자는 미국이었다. 원자력 분야에서 독일은 만약 자신들이 원자력 기술을 완성할 수 없다면 썩어 빠진 서방의 과학으로는 어림도 없을 거라는 오만하기 짝이 없는 오판으로 치명적 실수를 저질렀다. 그런 오만함이 아니었더라면 1942년과 1943년에 핵분열에 관한 연구를 다룬 논문 열한 편이 어이없게도 기밀 리스트에서 해제되어 개별적으로 《물리학 저널(Zeitschrift für Physik)》이나 《자연과학(Die Naturwissenschaften)》에 실리는 일은 없었을 것이다. 이들 논문은 맨해튼 프로젝트(Manhattan Project) 연구자들에게 예기치 못했던 횡재가 되었고 고맙게도 1945년까지 핵폭탄을 완성하려는 계획에 가속페달을 달아 주었다.

　이런 이상한 패착들에도 불구하고 적대적 행위가 시작되자 국경 너머로 과학적 정보를 원활히 전달하는 데 상당히 애를 먹게 되었다. 또다시 민간기업이 중립국 회사의 자회사를 이용해 필요한 정간물들을 구입하면서 독일 측을 구원하러 나섰다. 1941년 미국이 참전하자 이게파르벤은 뉴욕에 있던 회사를 포르투갈에 있는 바이엘(Bayer) 자회사로 이전했다.²⁴ 그 회사들은 또한 피점령국의 과학 기반시설을 이용할 기회도 얻었다. 덴마크에서는 닐스 보어(Niels Bohr)가 나치에 협력하기를 거부했다. 그러나 프랑스에서 나치는 좀 더 나은 상황을 기대하면서 대학과 도서관을 정중하게 대우했다. 브레슬라우(당시에는 독일에 속했으나 현재는 폴란드의 브로츠와프) 시립도서관 관장이었던 에른스트 베르케(Ernst Werke) 박사의 지휘로 독일 과학에 쓸 만한 문헌을 찾는 프로젝트를 계획했지만 그냥 약탈하지는 않고 복사를 했다. 베르케는 자신의 팀이 '프랑스 공공도서관에서 책을 단 한 권이나 한 쪽도 절취하지도, 독일로 배송하지도 않았다'고 큰소리쳤다.²⁵ 가장 성공적인 협업은 파리 화학관(Maison de la Chimie)의 사무총장 장 제라르(Jean Gérard)가 감독한 작업이었다. 이 기관은 전 세계에서 손꼽히는 과학 정간물을 소장하고 있었으며 제라르는 자신이 색인과 초록 작업 서비스를 개발할 때 이 자료를 이용했고 이제는 거기에 중대한 마이크로필름 작업을 추가했다. 전쟁이 끝난 후에는 점령국에 우호적으로 협력했다는 죄목으로 6개월 징역살이를 했다. 독일이 동부전선 쪽 도서관을 대접한 방식과 서부에서의 이런 화기애애한 협력을 비교하면 그 차이는 이루 말할 수가 없을 정도였다. 동부에서 러시아, 폴란드, 체코슬로바키아의 많은 도서관은 독일 침략군들에 의해 책과 정간물을 남김없이 체계적으로 약탈당했다. 전후(戰後)에 벌어진 뉘른베르크재판에서 소련 대표는 독일이 고등교육 시설 334곳을 파괴했고 과학연구소 605곳을 파괴했다고 주장했다. 약탈은 너무나 광범위한 규모로 벌어져서 전쟁이 끝나기 전까지도 독일의 과학도서관들이 전리품들을 비치할 엄두도 못 낼 정도였다.[26]

과학 지식의 효과적 전파를 보장하기 위해 영국이 기울였던 모든 노력은 1939년 적대적 기운이 번지면서 다시 수포로 돌아가는 것으로 보였다. 그동안 얻은 교훈은 있었다. 1939년 옥스퍼드와 케임브리지 학생들이 무더기로 징병에 응했을 때 그중 과학자들은 친절하게 그들의 연구실로 돌아가도록 안내를 받았다. 최초로 원자번호 순서로 배열한 주기율표를 만들었지만 갈리폴리에서 죽은 H. G. J. 모즐리(H. G. J. Moseley), 혹은 케임브리지의 기계·응용역학 교수였지만 영국 공병대에 장교로 임관해 1918년 홀로 비행에 나섰다가 죽은 버트럼 홉킨슨(Bertram Hopkinson)에 견줄 만한 과학적 재능의 손실은 없어야 했다.[27] 그러나 독일 정간물에 접근이 제한된 일, 특히 1940년 5월 네덜란드 점령 후에 제한된 일은 대단한 타격을 주었다. 영국의 주요 과학도서관 310곳을 상대로 한 설문조사를 통해 도서관 대부분이 그때 이후로 독일로부터 어떤 정간물도 받지 못했다는 사실이 금방 드러났다.

가장 시급하게 필요한 조치는 기존 자원을 더 잘 활용하는 것이었다. 단연코 과학 정간물을 가장 방대하게 보유한 런던 과학박물관(Science Museum)은 기존 서비스를 확장해 연구기관 1000곳 이상에 대출이 가능하도록 했다. 영국특수도서관정보국협회는 일련의 전시 지침서 작업에 착수하여 중요한 연구 영역들에 속한 문헌들의 위치를 목록화했다. 영국이 침공받아 점령

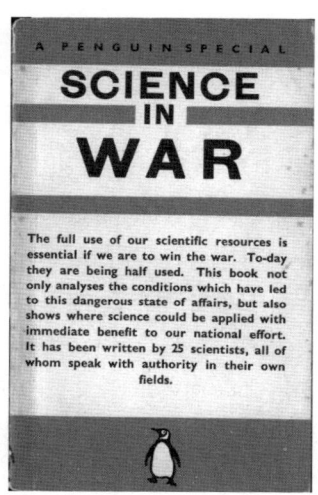

『전쟁에 미치는 과학의 역할(Science in War)』(1940)은 모든 펭귄 스페셜(Penguin Specials, 당대 초미의 사회정치적 관심사를 다룰 목적으로 1937년에 시작된 총서—옮긴이) 중에서 아마도 가장 큰 영향을 미쳤을 것이다. 솔리 주커먼(Solly Zuckerman)이 개최했던 '토츠앤드쿼츠(Tots and Quots)' 정찬회 모임에서 쏟아져 나온, 어떤 식으로 과학적 재능을 더 잘 이용할 수 있을 것인가에 대한 광범위하고도 종종 기이한 제안들을 잡다하게 끌어모은 이 책은 특히 과학의 매력에 빠져 있던 윈스턴 처칠 수상의 즉각적인 환영을 받았다.

될 수도 있다는 가능성이 점쳐지던 시점에 (특히 원자력 분야에서) 가장 중요한 영국의 연구 성과를 미국과 공유할 계획이 수립되었다.[28] 이런 위험이 잦아들자 해외로부터 정간물이 도착하면 구매 기관으로 보내기 전에 영국왕립인쇄국(His Majesty's Stationery Office)에서 마이크로필름에 담는 쪽으로 가닥을 잡았다. 이것이 어마어마했던 마이크로필름 작업의 시초였다. 처음에는 과학박물관에 근거지를 잡았고 그다음에는 빅토리아앨버트박물관(Victoria and Albert Museum)으로 옮겼는데 머지않아 미국 정보부가 보낸 최신 코닥 카메라 다섯 대의 도움을 받게 된다.

곧 미국도 '해외 간행물 획득을 위한 부처간(間) 위원회(Interdepartmental Committee for the Acquisition of Foreign Publications, IDC)'의 후원하에 미시간주 앤아버에 자체적으로 마이크로필름화 사업을 진행할 부처를 설립했다. 이런 움직임은 적국민의 저작권을 통제하던 적국자산관리국(Alien Property Custodian)의 인가를 받아 대륙의 중요한 간행물들에 대한 체계적 증쇄 작업도 부추겼다. 그 후 4년 동안 적산관리국은 각기 다른 출판물 116종을 복사해서 신청자 900여 명에게 배포하도록 허락했다. 그중 거의 모든 것이 전쟁 수행과 관련된 문헌이었다.[29] 그때까지 감탄을 독점했던 독일 과학의 그늘에 가려 기를 못 펴고 있던 미국 과학계에 제2차세계대전은 많은 측면에서 너무도 늦게 찾아온 성년식이었다. 미국 정부가 연방기금을 연구에 쏟아부으면서 전문기술과 대학 학술도서관에 대한 수요도 급증했다. 1945년에야 미국 과학은 세계 제일이라는 명성을 얻었고 그 뒤로 결코 그 자리를 뺏긴 적이 없다. 그 명성은 1945년 8월 히로시마와 나가사키라는 일본의 두 도시 상공에 핵폭탄 두 발을 떨어뜨리면서 극적으로 선포된 것이었다.

소련은 주요 전쟁 당사국들의 과학 발달 또는 과학 지체에 대한 사례에서 가장 특이한 경우에 속한다. 1920년대와 1930년대에 러시아 공산 정권보다 과학에 더 많은 지원을 한 나라는 없었다. 레닌의 새로운 사회에서 공공도서관망 구축과 문해력 증

J. G. 크라우더(J. G. Crowther)의 펠리컨 축약판 『소련의 과학(Soviet Science)』은 1936년에 첫 출간되었다. 크라우더는 1929년에서 1936년 사이에 러시아 전역을 두루 여행했고 물리학, 화학, 공학에서 소련이 이룬 성과에 대한 찬사를 숨기지 않았다. 이는 1942년에 널리 공유되던 정서였다.

대는 위대한 성과로 꼽히며 학교와 대학을 마치고 양차세계대전 사이에 설립된 수많은 연구기관 중 하나로 진출해 탁월한 전문가가 되는 길을 만들었다. 이런 탁월함을 향한 피라미드의 정점에는 소련과학원(Soviet Academy of Sciences)이 있었다. 국제적으로 명성이 높았던 이 연구소의 정회원은 추가적 식량 배급, 시설 좋은 거처, 해외에서 소련의 대표자가 될 기회 등 상당한 특혜를 보장받았다. 소련 과학은 각각의 새로운 분야나 연구기관이 존재감을 드러내고 출판을 통해 참신한 성과를 공유하려 새로운 정간물들을 쏟아 내면서 그 활력을 배출했다. 서방의 나라들을 옥죄던 인문주의 교육(humanist education)을 해야 한다는 역사적 경향으로부터 자유로웠던 소비에트는 물리학, 화학, 공학을 새로운 노동자들의 국가가 내뿜는 거대한 잠재력을 발산할 현대화 계획의 선봉으로 여겼다.

과학자들은 최상의 특별대우를 보장받는 핵심 집단으로 부상했으나 물론 양차세계대전 사이에 소련 사회를 사로잡았던 편집증으로부터도 자유로운 정도는 아니었다. 이런 분위기에서 정간물은 과학적 발견의 수단이었지만 인민의 적을 폭로하고 적수를 분쇄하는 수단도 되었다. 3장에서 등장한 굴라크에 갇혀 『톰 아저씨의 오두막』을 읽었던, 전직 소련기상센터 총책임자 알렉세이 반겐하임은 주로 야심에 찬 하위 관리 두 명 사이에서 벌어졌던 간헐적인 논쟁 때문에 그런 신세가 되었다. 반겐하임은 동료 한 사람이 '기상학에 대한 새로운 논리와 그것의 철학적 의미'에 대한 논문을 쓰도록 격려하면서 사이클론 이론에 대한 새로운 이해의 대중화를 촉진했다. 그 논문의 과학적 공헌도와는 무관하게 그 젊은 저자는 부주의하게도 레닌이나 스탈린의 저작들을 언급해야 한다는 사실을 깜박 잊었다. 이런 실책은 다른 젊은 하급 연구자들이 펴낸 여러 악의적인 논문들에서 무자비하게 까발려졌다. 반겐하임의 동료 한 명이 심문을 받았을 때 심문관들은 책임자 반겐하임이 '권위적이고 출세주의자 기질이 다분하며 정치적으로 당에 적대적'이라는 동료의 폭로를 쉽게 믿어 버렸다. 몇 달이 지나지 않아 그는 체포되었고 유죄를 선고받고 북극권에 있는 솔로베츠키군도에 수용되어 다시는 돌아오지 못했다.[30]

편집증으로 인한 불신이 지배했던 1930년대에 특히 곤경을 겪었던 곳은 과학계였다. 국제단체의 회원이라는 것은 원래 명성의 상징이었지만 이제는 부르주아나 반소비에트에 물들기 쉽다는 의혹의 증거로 변했다. 1934년 러시아 과학자들은 사전 양해 없이 자신의 논문 발췌본들을 해외 학자들과 교환하는 것이 금지되었다. 해외 출판을 위해 제출된 논문의 경우도 마찬가지였다. 출판물전담부서(Main Directorate on Literature and Presses, 소련의 공식 출판물 검열 기구)가 수입된 과학 서적과 정간물들에 대해 불온성 여부를 판단하는 고단한 과제를 떠맡았다. 외국인은 더 이상 소련과학원 정회원으로 받아들여지지 않았다. 관대했던 과학의 문이 닫히면서 소련의 연구 역량은 얼마간 예전의 빛을 잃어갔다. 1936~1938년 사이의 대숙청을 거치면서 많은 과학 인재가 제물이 되었다. 레닌그라드(옛 상트페테르부르크)에서 물리학자 100명 이상이 체포당했다. 그중 많은 이가 서로를 고발하는 위험한 관행의 희생자가 되었다. 1931년 런던에서 개최된 제2차 국제과학회의에 참가했던 대표 8인 중에서 단 한 명을 제외하고는 훗날 모두 숙청당했다.[31]

소련의 과학은 방대한 영토, 역사, 사회 구조로 인해 늘 다소 다른 길을 가야 할 운명이었다. 혁명 이후의 혼란기에 수백만이 굶주림으로 죽었는데 사망자 중에는 소련과학원 회원 마흔넷 가운데 일곱 명도 있었다.[32] 단지 이 거대한 나라를 먹여 살리는 것도 해결이 쉽지 않은 문제였는데 집단농장화와 뒤이어진 강제이주 정책, '쿨라크'로 불리는 부농들의 처형으로 상황은 더욱 악화되었다. 이런 이유로 응용생물학은 가장 시의성이 두드러지고 정치적 입김의 영향을 크게 받는 과학이 되었고, 소련 과학사에 가장 깊은 충격을 준 치명적인 추문을 낳기도 했다.

트로핌 리센코(Trofim Lysenko)는 명망 높았던 농학자 니콜

농민 출신 석학으로 스탈린의 지지는 얻었으나 유전과학을 피폐하게 했고 소련 과학의 국제적 명성에 많은 해를 끼쳤던 트로핌 리센코.

라이 바빌로프(Nikolai Vavilov)의 후계자로서 두각을 드러냈다. 우크라이나 농부의 자식으로 태어난 리센코는 연구소에서 체계적으로 훈련을 거쳤다기보다 실용성을 중시하는 생물학자였는데 밀을 극한(極寒)에 노출해 발아를 촉진하는 춘화처리를 통해 놀라운 성과를 얻었다고 주장했다. 이런 결과는 널리 선전되었고 농민 출신 석학으로 각광을 받으며 과학계 권력의 핵심에 올랐다. 그러나 스탈린 동지가 식물학에 깊은 관심을 가졌던 것은 도움이 되지 않았다. 자신의 모스크바 별장 정원에서 식물과 관목을 가지치기하는 것이 스탈린의 유일한 스트레스 해소법이었다. 또한 스탈린은 유기체가 당대에 획득한 형질을 바로 유전할 수 있다며 전통 유전학에 이의를 제기했던 라마르크의 용불용설을 진심으로 믿었다. 그것이 리센코의 유사과학에 초석이 되었다.

리센코는 자신의 논리를 발전시켜 실험 결과를 직접 펴낸 《아그로바이올로지(Agrobiology)》에 실었을 뿐만 아니라 신문 기사로도 발표했다. 많은 점에서 《프라우다(Pravda)》는 당시 가장 중요한 과학 학술지였다. 스탈린이 개인적으로 지지한다는 사실이 분명히 드러났으므로 비판자들은 침묵을 지켰다. 그는 그런 식으로 우위를 점한 자신의 논리를 더욱 밀어붙이면서 반대자들을 집단농장화에 반발했던 쿨라크 같은 자들이라고 비난했다. 이것은 끔찍한 결과를 초래했다. 나중에 그런 비난에 희생된 유전학자와 생물학자 중에는 리센코를 맨 먼저 옹호했던 바빌로프가 포함되었다. 숙청된 자들의 명단이 과학출판물에 꼬박꼬박 기록되었는데 16세기 가톨릭 종교재판을 되풀이한 것 같았다. 통계 조사를 통해 춘화처리가 실패작임을 드러낼 수 없었던 것은 집단농장 관리자들이 자기보신을 위해 수확량을 크게 부풀렸기 때문이었다. 동료 학자들의 비판이 불가능해진 상황에서 학술위원 리센코는 끊임없이 굉장한 성과를 보고했다. 밀을 호밀로, 양배추를 스웨덴순무로, 소나무를 전나무로 바꾸었다.[33] 스탈린이 죽고 나서야 소련 농업에서 리센코학설(Lysenkoism)이 가한 재앙을 지울 수 있었다.

1945년 7월 아치볼드 매클리시의 후임으로 미국의회도서관장 자리에 오른 루서 에번스(Luther Evans)는 전쟁을 치르는 데 과학이 이바지한 공헌을 다음과 같이 말했다.

> 이 나라의 도서관에 책, 정부문서, 과학 정간물, 여타 출판
> 물의 유무(有無)가 중요한 문제들—패전과 승전, 잘 또는
> 잘못 지시된 행동 계획—에 영향을 끼쳤다는 사실을 말할
> 때 나는 어떤 시적 허용(poetic license, 시에서만 특별히 허
> 용되는 언어 규범에 어긋나는 표현—옮긴이)도 용납할 수
> 없습니다.³⁴

1941년 베를린 소재 과학기술대학의 한 강사는 '독일제국과 레
벤스라움(생활권)을 위한 투쟁에 선 과학'이라는 제목의 강연에
서 전체주의 특유의 더 강력한 언설로 다음과 같이 동일한 결론
을 내렸다.

> 전쟁은 늘 시민에 대한 역사적 시험이었고 지금도 그렇다.
> 이것은 과학과 과학자에 대해서도 마찬가지다. 자국 시민
> 들에게 과학자들이 갖는 가치와 시민들에게서 과학자들이
> 차지하는 지위는 오로지 전쟁에 의해서만 비타협적인 방식
> 으로 결정된다. 과학자에게도 전쟁은 유일한 판관이다.³⁵

이 두 발언은 각기 다른 방식으로 현대전에 대한 의심할 수 없
는 진실을 반영했다. 많은 다양한 과학 분야를 통해 과학이 신
무기를 개발하고 방어를 강화하고 교전국들의 자원들이 효율적
으로 사용되도록 하는 데 필수적인 역할을 했다는 진실 말이다.
전시에도 과학 혁신이 가속화될 수 있었던 것은 더 넉넉한 자
원을 기초과학 연구에 투입할 필요가 있다는 인식에 크게 힘입
었다. 그것은 또한 17세기 이래로 꾸준한 지적 성장을 가능하게

했던, 과학연구의 결과물을 국제적으로 공유하는 관행을 지켜 온 덕분이었다. 서방 출판물의 유입을 차단했던 결정은 이오시프 스탈린의 편집증이 유발했던 많은 자해적 사례 가운데 하나일 뿐이지만 전쟁 수행에 있어서 소련의 가공할 과학적 자원이 기여할 수도 있었을 공헌을 고려하면 가장 심각한 실착으로 꼽힌다. 독일과 소련이 탐구의 자유에 금기시되는 이데올로기적 틀로 과학을 좌우하려 한 것은 두 나라의 과학기술적 잠재력에도 불구하고 그런 시도로 얻고자 했던 효과에도 해를 끼치고 말았다.

 이것은 경이로운 무기의 발명으로 전쟁의 모든 과정을 바꿔 버리는 것이 가능할지도 모른다는 것을 보여 준 최초의 전쟁이었다. 사실 원자폭탄 개발은 그때쯤 이미 불가피한 것으로 보였던 연합군의 승리를 앞당겼을 뿐이었다. 그러나 그것이 미래에 미친 영향은 어마어마했다.[36] 몇 세기 동안 과학적 재주를 발휘해 봤더니 세상을 영원히 바꿀 뿐만 아니라 아예 세상을 파괴할 수도 있는 무기에 마침내 도달해 버렸다. 미래의 모든 정책과 전쟁은 그것의 어두운 그림자를 의식하면서 수행될 것이다. 하지만 이런 식으로 전쟁과학이 정점에 이른 것은 지리적 한계를 넘어 지식을 쌓고, 수많은 정간물에 실린 과학연구를 샅샅이 찾고, 국제적으로 재능 있는 인재들을 놀라울 정도로 많이 끌어모으는 등 많은 측면에서 기본적인 과학연구 과정의 전형적인 발현의 결과였다. 패전국인 독일이 과학자들을 추방하고 자신들이 원자력 연구를 접어 버렸다는 이유로 부주의하게도 핵분열에 관한 논문 출간을 허용하면서 무심코 자기만의 방식으로 패전에 크게 공헌했다는 사실은 역설적이다. 소련 과학계도 전후 독일에서 획득한 과학 문서들과 서구의 공산주의 동조자들에 의해 불법적으로 공유된 자료 덕분에 결국 이 비밀을 알게 되었다. 이제 다음 장에서는 이런 정보전쟁을 살펴볼 것이다.

5장
학계의 스파이들

조지프 토이 커티스(Joseph Toy Curtiss)는 도무지 스파이 같지 않은 인물이었다. 그러나 당시에는 전쟁 수행에 대한 학계의 기여 가운데 상당수가 차마 믿기지 않는 것들이었다. 1942년 여름에 커티스는 예일대학교(Yale University)에 자리를 잡았지만 전쟁 동안 추가 개설된 여름학기에 영국 문학을 가르치는 것이 역사학자로서 썩 마뜩지 않았다. 그래서 예일클럽(예일대학교 동문과 교수진을 대상으로 한 회원제 사교모임—옮긴이)에서 담배를 물고 있는(그는 만나자마자 담배를 즉시 껐다) 한 사내를 만나기로 약속한 것은 비록 불필요하게 극적이긴 했지만 환영할 만한 기분 전환이었다. 커티스는 예일라이브러리프로젝트(Yale Library Project)의 중심인물이 될 예정이었다. 이 프로젝트는 이미 예일이 보유하고 있는 방대한 전쟁문학 컬렉션을 보완하기 위한 문헌 수집이라는 미명 아래 정보전에 꼭 필요한 참고도서를 쓸어 모으기 위해 의도된 것이었다. 예일대 도서관장은 기꺼이 이 계획의 동반자가 되었다. 하지만 거의 승인되지 않는 해외여행이 예일대에만 허용되는 것에 모욕감을 느낀 미국도서관협회(American Library Association, ALA)가 다른 주요 대학도서관들을 사주한 결과로 곧 분노에 찬 항의가 터져 나왔다. 수집된 전리품들을 공유하겠다는 재빠른 무마책에 모두 합의했지만 그때쯤 비시프랑스를 독일이 점령하면서 독일 문헌을 가장 잘 갖춘 중립지대인 스위스에 접근할 수 없게 되었다. 그래서 첫 만남 뒤 11개월이나 지난 1943년 7월에야 커티스는 이스탄불에 도착했다.[1]

전시의 이스탄불은 비밀스러운 활동이 경쟁적으로 벌어지는 곳이었다. 교전 중인 다른 강대국 특사들끼리의 만남은 불가피했다. 시카고의 사교성 좋은 은행가 출신이면서 미국 정보부의 이스탄불 대표였던 래닝 '패키' 맥팔랜드(Lanning 'Packy' MacFarland)는 부단히 경솔한 언행을 일삼아서 커티스에게는 도움이 되지 않았다. 맥팔랜드의 정체는 너무나 널리 알려져 있어서 그가 지역 카지노에 등장하면 밴드가 〈우우 자기야, 나는야 스파이야(Boo Boo Baby, I'm a Spy, 제2차세계대전 동안 이스탄불에서 불렸던 유행가—옮긴이)〉를 연주할 정도였다. 미국 정보부를 위해 일했던 여러 직원이 러시아나 튀르키예 정보부에 바로 정보를 흘렸다. 영국 대사의 개인 비서는 독일인이 심어 놓은 첩자였다. 반대로 독일군 첩보부인 아프베어(Abwehr) 소속의 몇몇 지역 출신 요원이 변절해서 연합국으로 넘어가기도 했다. 커티스는 카팔르차르슈(이스탄불 구시가에 위치한 대규모 재래시장—옮긴이)에서 전화번호부와 날짜가 지난 신문과 함께 지도와 여행서, 독일 문헌들을 꾸준히 수집했다. 그는 가능하면 한 부는 정보부를 위해, 또 한 부는 대학을 위해 수집했는데 대학들끼리 서로 지지 않겠다고 탐욕을 부리다가 자칫하면 수집 작전 자체가 좌초될 뻔했다.

이것은 정보전의 새로운 양상이었다. 정보전은 유사 이래로 그랬던 것처럼, 독자들이 열광적으로 소비하던 허황되고 개연성 낮은 첩보소설 속 스파이, 정찰병, 암호, 포로 심문 같은 익숙한 소재만의 문제가 더 이상 아니게 된 것이다. 도로시 L. 세이어스(Dorothy L. Sayers)의 『시체는 누구(Whose Body)』(1923)에서 피터 윔지(Peter Wimsey) 경은 제1차세계대전 동안 정보장교로 일했고 『아홉 재단사(The Nine Tailors)』(1934)는 암호문을 둘러싸고 사건이 진행된다. 아마도 정보수집을 위해 고용된 학자들조차도 그들이 일상적인 연구를 위해 모았던 문헌들이 현대전 수행에 필수적이라는 사실에 놀랐을 것이다. 그러나 그것은 끝없는 정보 수집, 연구, 분석이 정보업무의 핵심이 되면서 벌어진 변화였다.

제2차세계대전은 진정한 세계대전이었고 연합국들은 전 세계 여러 지역에서 전쟁에 돌입했는데 자신들이 우방으로서 해방시키거나 참전시키려 했던 민족들의 사고방식이나 관심사, 그들 지역의 경제, 기후, 지형에 무지하다는 사실을 알게 되었다. 또한 별로 알지 못하는 지역으로 자신들이 징집한 군대를 전투로 내몰기 전에 자국 군대가 맞서 싸우게 될 적들의 군대와 무기 현황에 대해서 많은 것을, 너무나 많은 정보를 알아낼 필요가 있었고 더구나 이런 정보를 매우 시급히 축적해야 했다. 이런 식의 연구와 분석을 향한 태세 전환이 전례 없는 규모의 냉전 정보기구 설립의 기반이 되었다. 널리 인기를 구가한 소설 속 선구자들도 다시 함께했다. 우리가 뒤에서 살펴보겠지만 소련 정부의 입장에서 존 르카레와 그레이엄 그린(Graham Greene)의 소설 속 요원들과 이언 플레밍의 제임스 본드는 편집증적 세계 속에 사는 소련과 소련 인민들에게 현실의 스파이들보다 공산주의적 삶의 방식에 참으로 더 큰 위협이 되는 것으로 보였다.

이런 거대한 정보 수집 작전이 수행되려면 군인과 전시산업과 발맞춰 일할 수 있는 대학의 인적·물리적 자원이 필요했다. 과학자들이 전시산업의 긴급성에 맞춰 자신들의 연구를 조정했던 것처럼 정보업무는 또한 인문학자들에게 자신의 가치를 입증할 기회였고 그들은 기꺼이 그 기회를 잡았다. 역사학자, 고전학자, 언어학자, 철학자 들은 정보업무에서 제 역할을 찾을 수 있었고 몇몇 학자는 앞으로 전개될 전쟁에서 중요한 역할을 했다. 교수들은 다루기 힘들었다. 좌익으로 의심을 사는가 하면 한가하게 공상의 세계에 빠지기 십상이었다. 그러나 오랜 세월 기록보관소에서 갈고 닦은 그들의 분석력은 학계에 몸담지 않은 사람들이 쉽게 습득할 수 있는 것이 아니었다. 무엇보다도 그들은 도서관 사용법을 꿰뚫고 있었다. 정보업무에 결정적 변화가 닥쳤고 그런 경향은 독일과 일본에 맞선 전쟁이 20세기 후반부에 이데올로기 냉전으로 바뀌면서 돌이킬 수 없게 되었다.

윌리엄 셰익스피어(William Shakespeare)에 따르면, 1415년 헨리 5세(Henry V)는 가망 없어 보였던 아쟁쿠르전투에서 승리를 거두고 영토 수복에 성공했던 프랑스 원정을 선언하기 전에 먼저 한 가지 일을 더 치른다. 부둣가에서 그는 프랑스 왕에게 자신의 원정 계획을 일러바치며 반역을 저지른 신하들의 가면을 벗겼다.

왕께서는 반역자들이 꿈에도 생각지 못했던 사이에 정보를 캐내어서 그들의 의도를 간파했습니다.[2]

반역도들은 마지막으로 그에 어울리는 회개의 변을 늘어놓지만 결국 처형장으로 끌려갔다. 런던의 관객 누구도 이런 일이 연극에서나 가능하다고 생각지 않았을 것이다. 적어도 모세가 여호와로부터 '가나안 땅을 정탐하도록' 척후대를 보내라는 지시를 받았던 구약 시대 이래로 밀정과 정보탐지는 전쟁과 정치에서 빼놓을 수 없는 부분이었다.[3] 모세의 시대부터 제1차세계대전 발발까지도 사정은 별로 변하지 않았다. 밀정들은 비밀을 팔았고 편지는 암호화하여 전해졌다. 그것은 음험하고 손에 땀을 쥐게 하면서도 때로는 치명적이었다. 그런 정보활동이 일반적으로 전장에서 승패가 결정되는 싸움이나 서로 진을 치고 대치하는 소모전들에서 얼마나 결정적인 도움을 주었는지는 판단하기 쉽지 않다.

16세기 중반부터 빅토리아시대까지 300년 동안 정탐과 암호―은밀한 쓰기―는 첩보 작업의 기본이었다.[4] 암호화된 서신에 대한 관심은 16세기 유럽에서 외교적 연락망이 발달하면서 자라났다. 파리, 마드리드, 빈, 브뤼셀, 런던의 궁궐 사이로 대사들이 보낸 급보가 오가면서 현지국은 내용물을 복사하기 위해 외교행낭을 열고 급보의 봉인을 제거하는 데 일말의 가책도 없었다. 의미를 위장하기 위해 암호를 사용하는 것은 흔한 일이 되었다. 하지만 암호는 그것을 가로챈 자들만큼이나 본래의 수신인들도 해독에 애를 먹었다. 16세기와 17세기라는 대격돌의 시기에 암호문 소통을 악몽으로 만드는 모든 문제―암호문이 변

학계의 스파이들

하는 경우가 희박하다든지, 급보가 가로채이거나 사라져 버릴 위험이 엄연하다든지, 답신이 전해지기까지 지체되기 쉽다든지—가 불거져 나왔고 그것은 무선전신 시대까지 이어졌다. 스페인의 펠리페 2세(Felipe II)는 마드리드 인근에 있는 자신의 궁궐 엘에스코리알에서 방대한 제국을 지배하면서 각각의 외교 서신을 세 통으로 작성해 보내도록 했다. 이런 조치는 서신이 도착할 확률은 높였지만 가로채일 위험도 증가시켰다.

군대가 전장에 나섰을 때 완전히 새로운 전령과 척후병으로 이루어진 조직이 꾸려져야 했다. 불가피하게 일이 틀어질 가능성이 늘어났기 때문이다. 사기가 가장 드높은 조직일지라도 지형적 한계와 마력의 한계에 부딪혀 고투했다. 척후병들은 본대에 앞서서 말을 달려 나갔다. 그러나 적진을 헤치고 나아가 정찰할 수 있는 범위는 기껏해야 160킬로미터에 지나지 않았다.[5] 18세기 중엽에 이르면 강대국들 대부분은 하나의 문자 혹은 문자군으로 대변되는 중요한 단어, 장소, 군사 용어들 수천 개를 담은 '중요 암호해독서'를 갖고 있었다. 존 데이비스(John Davys)의 『암호해독의 기술(The Art of Decyphering)』(1737)처럼 공공연히 활용 가능한 책들이 암호화된 메시지를 해독하는 조언을 주기는 했지만 이런 식의 해독은 열쇠 없는 금고를 여는 것과 같은 지난한 과정을 요구했다. 1807~1814년의 반도전쟁에서 웰링턴 장군은 조지 스코벨(George Scovell)이라는 전속 암호해독 전문가를 두었는데 스코벨은 개별 요소를 분석하고 조합해 스스로 프랑스의 중요 암호해독서 사본을 만들어 냈다. 이런 식으로 그는 이상하게도 프랑스의 암호해독서를 받지 못했던 나폴레옹의 형 조제프보다 더 나은 대접을 받은 셈이다. 스코벨은 '두 권 체계'를 선호했는데 그것은 두 당사자 간에 특별히 약속한 책을 기준으로 메시지를 해독하는 소통법이었다(가령 '437B55'라는 기호는 약속한 책의 437쪽 B(두 번째 칼럼)에서 55번째 단어를 지칭한다—옮긴이). 이것은 책을 자주 바꿀 수 있다는 이점이 있었다. 반면에 중요 암호해독서를 개정하는 일은 너무나 복잡해서 오히려 보안을 저해했다.[6]

20세기의 시작과 함께 도입된 무선전신은 말을 달리는 전령에 의존했던 지리적 한계를 없애면서 소통에 있어서 상전벽해와 같은 변화를 불러왔다. 이런 전환은 정보기관에 새로운 기회와 위험을 야기했지만 호전적인 강대국들이 늘 이런 변화에 민첩하게 대응한 것은 아니었다. 제1차세계대전에서 정보기관이 했던 역할은 그리 대단하지 않았다. 리처드 해니와 그의 용감한 동료들은 위험을 무릅쓰며 독일 스파이 조직을 좌절시키면서 큰 성과를 거두지만 이들은 존 버컨이 크게 히트시킨 대중소설 속의 가공인물들일 뿐이었다. 현실의 스파이들은 더 어려운 시기를 보냈다.[7] 독일이 벨기에를 침공한 것은 조금도 놀랄 일이 아니었다. 하지만 과장된 충격과 진심에서 우러난 분노는 국내외에서 조성된 여론을 등에 업고 강력한 무기가 될 수 있음을 입증했다. 전쟁이 끝이 안 보이는 질질 끄는 장기전으로 바뀌고 중요한 공격은 강력한 포병의 엄호사격과 함께 예고되었기 때문에 정보전을 통해 일거에 전세를 바꿀 가능성은 희박해졌다.

제2차세계대전과는 달리 제1차세계대전에서는 한방의 정보로 전쟁의 향방에 큰 영향을 미친 경우를 꼭 집어 지목하기는 어렵다. 치머만 전보(Zimmermann Telegram)는 유일한 예외이

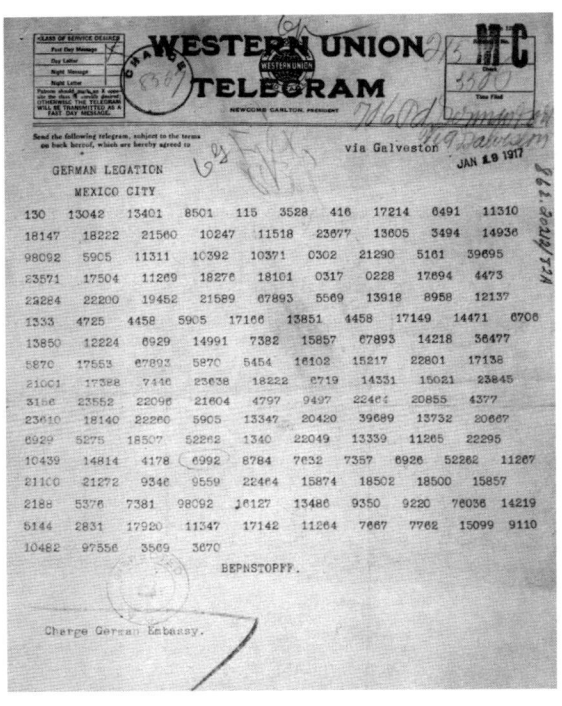

무차별 잠수함 공격의 개시를 알리고, 연합국에게 패배를 안기는 경우 멕시코에게 빼앗긴 영토를 되찾아 주겠다는 전리품 배당을 약속했던 치머만 전보.

다. 40호실이라는 암호명으로 유명한 영국 해군 소속 암호해독반이 거둔 쾌거였다.[8] 이들은 멕시코에 동맹조약을 맺자고 제안하는 암호화된 독일 외무성발 전보를 입수했다. 조약에 대한 전리품으로 멕시코가 미국에 빼앗겼던 텍사스, 뉴멕시코, 애리조나 3개 주를 되찾게 해 주겠다고 약속했다. 영국 해군 정보부가 독일 전신을 입수하고 해독할 수 있다는 사실을 노출하지 않으면서도 동시에 미국에 그 전보가 사실(진짜였다)임을 설득할 수 있도록 교묘한 방책을 마련했다. 치머만 전보가 공개되기 전에 이미 우드로 윌슨(Woodrow Wilson) 대통령은 전쟁에 참여할 결정을 내렸지만 전보 공개가 부른 분노는 의심할 바 없이 연합국의 대의를 공고히 하는 데 보탬이 되었다.

영국 해군 정보부는 무선전신을 둘러싼 정보전에서 일찌감치 우위를 점했다. 운 좋은 사건들이 연이어 터지면서 1914년 말이면 영국 정보부는 독일 해군의 암호해독서를 세 건이나 확보하게 된다. 9월이 시작되었을 무렵 발트해에서 독일의 경순양함이 좌초했다. 러시아 해군 함정이 그 배로부터 독일 해군의 암호해독서를 습득했다. 그보다 한 달 전 호주 해군 함정이 한 화물선에 다가갔다. 화물선 선원들은 전쟁이 난 줄도 모르고 있었다. 이 접촉으로 독일 상선의 전신약어장 한 부를 습득했다. 마지막으로 10월 둘째 주에 영국해협에서 작은 충돌이 있었는데 독일 구축함 한 대가 침몰했다. 몇 주 뒤 영국 트롤선이 던진 저인망에 함대 사령관이 사용하는 암호해독서가 담긴 함이 걸렸다. 그것으로 영국 정보부는 전 세계에서 독일 해군 무관들 사이에 오가는 대화를 엿들을 수 있게 되었다.[9] 하지만 독일의 무선전신 통화를 장악했다고 무슨 특별한 결과가 나오지는 않았다. 격변을 부르는 전투가 전쟁 전체의 향방을 바꿔 버릴 것을 우려한 주요 제국의 함대들이 양측 모두 조심스럽게 움직였기 때문이다. 성과 없는 성공은 유독한 유산을 남겼다. 영국 해군은 해군 제복을 입지 않은 자로부터 전해진 정보의 가치를 인정하기를 꺼리는 풍토가 내부에 생긴 상태로 제2차세계대전을 맞았는데 그래서 처음에는 블레츨리파크로부터 나오는 많은 정보에 대해 매우 회의적인 태도를 취했다. 그것은 노르웨이부터 대서양에 이르기까지 영국 선원들과 상선 승무원들로 하여금 많은 대가를 치르게 했다.

미국 정보국은 비참하리만치 미숙한 상태로 제2차세계대전을 맞았다. 이런 미숙은 부분적으로 자초한 측면이 있었다. 1920년 대에 미 육군은 암호해독으로 가공할 명성을 구축했다. 그러나 1929년 미 국무장관 헨리 L. 스팀슨(Henry L. Stimson)이 '신사는 다른 이의 편지를 읽지 않는다'며 암호해독을 그만두게 했다. 1941년 미국이 참전하고 정보 자원이 너무나 부족하다는 것이 드러나고 나서야 정보국은 미국 시민들에게 해외에서 온 엽서와 휴가 때 해외에서 찍은 사진을 보내 달라고 미친 듯이 호소했다. 대체로 '기마상과 갈매기'만 보이는, 작전용으로는 별 쓸모가 없는 사진이 담긴 편지가 홍수처럼 쇄도했다.[10]

하지만 이런 가망 없는 출발로부터 정보전에서 실로 탁월한 성과의 하나로 꼽히는 일이 일어났다. CIA의 전신인 전략사무국(Office of Strategic Studies, OSS)에 조사분석(R&A) 부서를 설립한 것이다. OSS는 루스벨트 대통령이 자신의 의지로 주도해 1942년 창설되었다. 책임자는 윌리엄 '와일드 빌' 도너번(William 'Wild Bill' Donovan)이었는데 그는 미국이 정보전에서 뒤처진 시간을 벌기 위해 쏟아야 할 활력을 이 과업을 위해 회오리바람을 일으키듯 끌어냈다. 분명 학계 내부로부터 열성적인 자원자가 부족한 것은 아니었다. 아이비리그 대학의 부교수들 대부분은 친영파였고 일찍이 미국의 참전을 지지했다. 그들은 이제 대학원 과정의 재능 있는 연구생들과 종신 재직권이 없는 강사들을 요원으로 추천했다. 이 차고 넘치는 재능들을 더욱 강화하기 위해 프란츠 노이만(Franz Neumann)은 망명 공동체에 합류해 있는 독일인 전문가들의 목록을 제공했다. 노이만 또한 나치를 피해 달아난 망명자였고 이제는 뉴욕 컬럼비아대학교(Columbia University)에 새로이 터를 잡은 프랑크푸르트사회연구소(Frankfurt Institute of Social Research) 소속의 정치학자였다. 그는 그 연구소가 소장한, 국가사회주의에 관한 방대한 최신 문헌들도 이용할 수 있게 했다. 이런 식으로 장래에 엄청난 자료의 수원지가 될 R&A 부서의 도서관이 만들어졌다. 1942년 가을에 R&A는 스탠퍼드(Stanford), 버클리(Berkeley), 덴버(Denver), 컬럼비아, 프린스턴(Princeton), 예일대학교에 상당한 규모의 연구과제들을 외주로 주었다.[11] 1944년 끝 무렵 R&A는 10만 항목 이상의 자료를 축적했다. OSS는 또한 의회도서관과 뉴욕공공도서관뿐만 아니라 주요 대학도서관의 자료들도 최대한 이용할 수 있었다.

요원으로 뽑힌 학자들은 정보업무를 위해 지켜야 할 새 규약들에 맞춰 연구 관행을 바꾸는 것에 대해 때로는 불편해했다. 학자들이 그렇게 사랑했던 현란한 문제를 제거해 버린 보고서를 때맞춰 작성하는 것은 어려웠다. 요원들에게 '절제는 필수' '불편 없이 관대히 보아 넘어갔던 모든 박학 과시 행위는 불쾌감을 유발할 뿐'임을 상기시키는 무미건조한 메모가 회람되었다.[12] 보안상 각주를 없애라는 요구는 거의 이단시될 정도로 큰 반발을 일으켰으나 각주는 결국 없애도록 강제되었다.

R&A의 젊은 학자 요원들은 진지하게 일에 전념했다. 전쟁 동안 2000편에 달하는 보고서를 작성했고 국가별 안내서

와 지역별 분석서를 내놓았다. 이런 분석서들은 특히 미국의 북아프리카 침공전인 '횃불작전'에 필요한 모로코 안내서를 R&A가 50시간 만에 작성하는 데 성공한 후에 대체로 환영받았다. 모로코 안내서는 전쟁 동안 가장 유명했던 분초를 다투었던 초미의 안내서 위기였다. 후속으로 알제리 안내서와 튀니지 안내서를 3주 만에 선보였다.

초기 R&A 시절은 역사가들이 분위기를 주도했다. 그러나 군사적으로 가장 긴급하게 활용할 수 있는 보고서를 생산한 것은 궁극적으로 경제학자들이었다. 동부전선에서 독일이 물자 공급에 문제가 생겼다는 방대한 보고서는 더욱 깊은 인상을 남겼다. 독일의 진공을 저지할 수 있었던 것이 독일의 병참 공급에 문제가 있어서라기보다는 소련 적군의 저항이 더 중요했다는 세간의 여론에 반하는 보고서의 결론 때문이었다. 1942년 경제학자들은 독일의 탱크 생산과 독일 공군의 전투력으로 관심의 초점을 바꿨다. 임기가 보장되어 학문적 성과에 대한 부담에서 풀려난 중년의 학자들은 '연구에 대한 능력과 새로운 업무관행의 변화에 대한 적응력이 모두 떨어지기 때문에 우리의 과업에 효과적으로 동원할 수 없다'라는 OSS의 주장은 젊은 연구요원들의 징병 소집에 반대하는 근거로 합리적이었고 효능 만점이었다.[13] R&A는 또한 안보에 대한 고려가 더욱 중요했던 과학 분야—특히 원자탄 프로그램 분야—보다는 독일의 망명자들을 더욱 적극적으로 수용했다. R&A의 많은 학자 요원들은 특히 소련 관련 부서에서 좌파 성향이었고 때로는 그들의 영국 동맹국들보다 러시아를 더 우호적으로 보는 경향도 있었다.

영국에서도 기존 정보기관들이 최고의 학문적 재능들을 차출했다. 독일의 무선통신 분석을 담당했던 부서는 나중에 옥스퍼드 역사학부의 흠정교수(Regius Professor)가 된 휴 트레버-로퍼(Hugh Trevor-Roper)와 그의 친구 찰스 스튜어트(Charles Stuart), 스튜어트 햄프셔(Stuart Hampshire)와 길버트 라일(Gilbert Ryle)이라는 두 철학 교수로 구성됐다. 한 평자에 따르면 '명석함으로 보면 정보기관 어디에 내놓아도 비할 바가 없는 팀'[14]이었다. 관련 업무가 상대적으로 평범하다는 점을 고려하면 다소 지나치다 싶은 인적 구성이었다. 훗날 MI5(Military Intelligence Section 5, 영국 보안국—옮긴이) 국장이 될 딕 화이트(Dick White)는 '대학으로부터 두뇌와 능력을 어마어마하게 흡수하여 정보 과업 수행에 새로운 기준을 세웠다'라고 말했지만 전쟁이 끝나고는 J. C. 매스터먼(J. C. Masterman)에게 '우리가 너무 많은 인재를 차출했다고 생각해. 다른 부서에서도 능력자에 대한 요구가 막대했는데 아마도 우리가 너무 욕심을 부렸던 것 같아'라며 인재 독점을 인정했다.[15]

옥스브리지(옥스퍼드대학교와 케임브리지대학교를 함께 일컫는 말—옮긴이)의 젊은 인재 누구도 정보기관 지휘관을 높이 평가하지 않았다. 양차세계대전 사이에 묵혀 둔 자리에 유임된 인물들이라고 여겼을 뿐이다. T. 로빈스(T. Robbins) 소령은 독일군과 전쟁포로의 심문을 가르칠 교관으로 군사정보학교(School of Military Intelligence)에 합류했을 때 육군성에 독일군 관련 자료가 거의 없으며 참모대학도서관은 자료가 태부족이고 낡았다는 사실을 알게 되었다. 1940년 초 로빈스 소령은 자원하여 브뤼셀로 여행을 떠났다. 거기서 독일어로 된 군사 교재를 취급하는 서점들을 샅샅이 훑어 나갔다. 예일 프로젝트가 입증했던 것처럼 수집된 자료 일부는 극히 평범한 것들이었다. 그러나 이제 정보업무를 보는 학자들에게는 출판매체를 세심하게 정독하는 편이 전통적인 첩보 행위로 얻기를 바라기보다 성과가 더 많을지도 모른다는 것이 거의 신념이 되다시피 했다. 변덕스러웠지만 재능 있는 요원이었던 휴 트레버-로퍼는 말했다. '"믿을 만"하지만 우둔한 "요원들"이 열쇠 구멍을 통해 엿듣거나 바에서 술잔을 주고받는 것보다 명석한 이의 대중매체 연구에서 더 많은 정보를 얻을 수 있다.'[16]

인적정보[human intelligence, 휴민트(HUMINT)]도 나름의 성공을 거두었다. 비록 포로가 된 장교가 통상적인 심문을 받고서 정보를 제공할 가능성은 희박하겠지만 전쟁 중 얻은 최고 인적 정보의 일부는 포로수용소에 설치해 둔 도청장치를 통해 독일 포로들의 대화를 조사하는 것으로부터 얻기도 했다.[17] 스파이들은 자신들을 체포한 자들의 꾐에 넘어가 이중첩자로서 활약하는 경우가 많아 보이지만 리하르트 조르게(Richard Sorge) 요원은 일본에서 독일 기자 행세를 하면서 일본의 전략적 행보에 대한 상세 정보를 소련에 제공했다. 소련은 또한 이데올로기적 확신에 차서 소련의 대의에 몸 바쳤던 독일, 영국, 미국의 많은 좌파 지식인들이 바친 충성으로 이득을 얻었다. 이런 고급 정보를 소련 당국자가 믿었는가 하는 것은 전혀 다른 문제였다.

이런 사실이 보여 주듯 전체주의 체제였던 독일과 러시아의 지적 환경은 매우 상이했다. 비록 나치의 에니그마(Enigma) 교신을 해독했던 영국만큼 극적으로 치명적인 수준은 아니었지만 전신 정보를 도청하는 독일의 기술적 성취도는 매우 높았다. 베르사유조약의 조건 하나는 독일 비무장화의 한 방편으로 독일 정보국의 업무도 중지시켜야 한다는 것이었다. 그래서 1939년 전쟁이 발발했을 때 독일이 단일하게 통합된 정보국을 보유한 것이 아니라 전자 감청장치를 갖춘 다양한 조직 열 곳을 운영하고 있었다는 사실은 다소 놀라운 일이었다.[18] 나치 친위대(SS), 최고 사령부, 외무부를 위한 독자적인 감청 부대와 함께 육·해·공군 모두 자기들만의 감청 요원들을 두고 있었다. 우체국은 수상한 전보를 가로채거나 전화를 도청하는 서비스를 제공했다. 이런 도청의 남발은 독일 공학자들과 암호해독자들의 앞선 기술적 능력을 보여 주면서도 히틀러가 의도했던 대로 상호 경쟁과 관할권의 중첩이 만든 복잡한 거미줄에 걸린 나치 엘리트들의 과열된 불안을 반영했다. 한번은 중립국 스위스의 외교 전보를 해독하느라고 개별적 조직 네 곳 모두가 한 가지 암호해독 문제를 놓고 따로따로 골몰하는 경우도 있었다.

서로를 소진시키는 이 모든 조직간 경쟁에도 불구하고 독일 암호해독가들은 엄청난 가치를 지닌 정보를 얻어 냈다. 영국의 암호교신을 읽어 내어 1940년 노르웨이로 군대를 보내려던 영국과 프랑스의 계획을 미리 간파해서 히틀러가 영국보다 더 일찍 공격을 개시해 덴마크와 노르웨이를 선점하게 했다. 이 전쟁에서 영국이 철수하는 혼란의 와중에 무시무시한 보안상의 태만으로 베르겐에서 암호의 은닉처를 포기하는 일이 벌어졌다. 1941년 5월에 그 은닉처가 발견되면서 독일은 유보트가 대서양에서 전투를 벌일 때 영국의 호송선단을 찾는 데 크게 도움을 줄 영국 행정부의 암호, 외무부의 암호, 상선의 전신약어장을 입수하게 되었다.[19] 영국 공군의 무선통신을 분석하는 데는 런던 서점에서 자유로이 구입할 수 있는, 영국 공군 비행단 소속 비행기의 이름과 등록번호가 등재된 『공군 일람표(Air Force List)』를 구한 것이 큰 도움을 되었다. 일람표는 영국 공군의 암호를 공격하기 위한 많은 '단서(cribs, 커닝 페이퍼)'를 제공했다. 출처가 공개된 이런 유형의 출판물은 정보전을 벌이는 양측 모두에게 굉장히 가치 있는 것으로 드러났다. 전쟁 전에 프랑스 신문은 베를린의 프랑스 대사관을 통해 입수된 정보를 정기적으로 공개했다. 나중에 독일이 프랑스의 외교 암호를 해독하고 보니 해독된 전보로부터 수집된 정보가 프랑스 신문에 공개된 것과 매우 비슷한 것으로 드러났다. 1940년 독일은 영국 해군의 암호, 프랑스군의 암호와 영국과 루마니아의 외교상 암호 일부를 읽고 있었다(비록 이 시점에는 서로 비적대적이었지만 플로이에슈티의 풍부한 유전에 의존하고 있었던 독일에게 루마니아는 전략상 특히 중요한 변수였다).[20]

또한 독일은 소련의 암호교신을 해독하는 데 상당한 성공을 맛보았다. 적군의 다섯자리 암호 책자도 1939~1940년 겨울 전쟁 동안 전쟁에 휘말린 핀란드의 큰 도움을 받아 해독했다. 독일군이 바르바로사작전(1941년 6월에 개시된 나치독일의 소련 침공—옮긴이) 개시일에 이미 그 암호책 한 부를 입수했으나 소련은 1942년까지도 그 암호를 사용하고 있었다. 또 다른 행운이 소련 해군의 암호를 해독하게 했다. 그 암호체계는 암호 작성자와 입수자 모두가 갖고 있는 책을 매일 바꾸는 참조 기준(142쪽, 열두 번째 줄, 넷째 단어)을 바탕으로 삼아 운용되었다. 책은 자유롭게 구입이 가능한 것이어야 했다. 그러나 어떤 책이란 말인가? 해답은 모스크바로 귀환 중이던 소련의 한 대사관부 육군 무관이 자신이 묵었던 집에 책 한 무더기를 남겨 뒀는데 나치 해군의 신호정보 추적반(B-Dienst, B특무기관—옮긴이) 요원 한 명이 우연히 같은 집에 머물게 된 것이다. 남아 있던 책 무더기에는 해독의 열쇠인 『공산당의 역사(The History of the Communist Party)』도 있었다. 독일에서는 구할 수 없는 판본이었다. 그때를 기점으로 B특무기관은 러시아의 모든 해군 교신을 해독하게 되었다. 바르바로사작전 두 달째인 1941년 8월이 되자 독일의 신호정보[signals intelligence, 시진트(SIGINT)]팀은 러시아 작전참모가 사용하는 암호를 포함해 예순아홉 가지나 되는 암호체계를 파훼했다.

전통을 자랑하는 인적정보팀도 나름의 역할을 계속해서 러디어드 키플링과 존 버컨 첩보소설의 열혈 독자인 히틀러를 기쁘게 했다.[21] 프랑스 메스와 낭시의 시멘트 공장에 심어 놓은 요원들은 국경 요새 마지노선(Maginot Line)에 대한 정밀한 정보를 제공했다. 독일·노르웨이 수산가공공장의 요원들은 노르웨이 항구의 시설물들에 대한 정보를 주었다. 오크니주 커크월의 한 슬리퍼에이전트(sleeper agent, 임무 지역에서 장기간 정상적인 생활을 하면서 지령을 기다리는 스파이—옮긴이)는 스캐퍼플로(영국 스코틀랜드 북쪽 오크니제도에 있는 내해—옮긴이) 소재 해군기지의 대잠수함 방어망이 허술하다고 독일 정보기관에 조언했다. 이 정보를 기초로 유보트가 정박지 안으로 잠입해 항공모함 오크로열(Oak Royal)에 어뢰를 날려 격침시켰고 이 과감한 작전은 전쟁 첫해에 거둔 가장 대단한 공적으로 꼽히게 되었다.[22] 그것만 제외한다면 영국의 방어태세는 양호한 수준을 유지했다. 영국에서 거주하면서 독일에 정보를 제공한 자들을 파악하고 소탕했다. 그중에 많은 자가 나라를 배반하고 이중 스파이로 이용당하고 있었다. 이런 사전 정지작업은 가장 중요한 정보전이기도 했던, 연합군의 북프랑스 침공을 위한 오버로드 작전을 준비하는 데 중요한 역할을 했다.

독일 요원들은 독일 내 히틀러 반대 세력의 일원들을 만나게 해 주겠다며 영국 요원 둘을 구워삶아서는 회합 장소로 삼았던 네덜란드 국경 도시 벤로로 유인해 납치함으로써 전쟁 초기에 또 한 번 승리했다. 이 대담한 작전의 지휘자는 발터 셸렌베르크(Walter Schellenberg)였다. 그는 나치친위대가 운영했던 정보기관인 나치보안대(Sicherheitsdienst, SD)에서 고속 승진 중인 젊은이였다. 매우 영리하고 약빠르며 조직에 충성하는 출세주의자 셸렌베르크는 그의 SD 상관이었던 라인하르트 하이드리히(Reinhard Heydrich)와 하인리히 힘러(Heinrich Himmler, 히틀러의 오른팔이자 유대인 대학살의 설계자—옮긴이)뿐만 아니라 함께 승마를 하곤 했던 이웃 어른 카나리스(Canaris) 제독의 환심을 사는 데 성공했다. 하이드리히는 히틀러처럼 영국 정보기관을 과대평가하고 우러러봤는데 때때로 영국 해외정보국(MI6) 국장을 모방해 자신을 'C'라고 칭했다(MI6 초대 국장 이름의 이니셜이 C였는데 그 이후의 국장들도 그 전통을 따라 C로 칭한다—옮긴이).[23]

셸렌베르크가 정보부에서 했던 업무의 내용은 전쟁이 끝나고 그가 편찬하고 사후에 출간된 회고록 덕분에 잘 알려져 있다. 이 지극히 상세한 진술을 대할 때 우리는 그 진술의 속셈에 주의하며 읽어야 한다. 셸렌베르크는 영국의 포로가 되어 전범으로

전시 독일의 정보 장교 중에서 가장 재능 있고 창의적인 인재로 꼽혔던 발터 셸렌베르크 장군. 애석하게도 그의 재능은 경쟁하는 조직들과 적대를 일삼는 상관들 사이에서 중재를 하느라 너무 많이 소진되었다.

재판을 기다리면서 그것을 저술했다. 그는 하이드리히의 지휘 아래에서 SD가 일상적으로 저지른 흉악한 짓, 사형 집행, 잔학 행위에 대한 자신의 책임을 최소화하려 혈안이 되어 있었다. 예컨대 그는 영국 정복을 가정하고 정복국가 독일이 준비해야 할 일을 정리한 『영국 정보 편람(Informationsheft Grossbritannien)』이나 그 편람의 사악한 부록으로서 즉시 체포해야 할 2820명을 일일이 밝혀 놓은 『영국 특별 수색 명단(Sonderfahndungsliste GB)』을 편찬하는 데 있어서 자신이 한 역할에 대해서는 거의 언급하지 않았다. 그 두 문서에는 유력 정치인들과 노조 지도자들뿐만 아니라 문화계 인물들도 들어 있었다. 버지니아 울프, 스티븐 스펜더(Stephen Spender), 데임 로즈 매콜리, E. M. 포스터(E. M. Forster), J. B. 프리스틀리(J. B. Priestley), H. G. 웰스, 올더스 헉슬리(Aldous Huxley) 등이 즉시 감금을 요하는 작가들로 지명됐다. 히틀러가 여론을 형성하는 문학의 힘을 잘 알고 있었다는 것을 보여 주는, 인상적이지만 섬뜩한 명단이다. 폴란드에서 써먹었던 그에 준하는 수색 명단의 쓸모를 확인했던 셸렌베르크는 명단에 실린 인물들에게 어떤 결말이 기다리고 있는지를 잘 알고 있었을 것이다. 작가 리베카 웨스트(Rebecca West)는 노엘 카워드(Noël Coward)가 자신과 함께 명단에 올랐다는 사실을 알고는 이렇게 전했다. '맙소사, 그 사람들과 함께 우리가 처형당해 전시될 수도 있었다고 생각해 봐!'[24] 예상된 침공에 대비해서 이 책자들은 총 2000부가 인쇄되었다. 히틀러가 바다사자 작전(나치 독일의 영국 침공 작전 암호명—옮긴이)을 지연하던 끝에 단념하자 인쇄된 책자는 베를린의 한 창고에 쌓여 있다가 공습으로 전부 불에 타 사라졌다. 오늘날 오직 두 부만이, 런던 임페리얼전쟁박물관(The Imperial War Museum)과 스탠퍼드대 후버연구소(Hoover Institution)에 각각 한 부씩 남아 있다. 후자는 전쟁 말기 미국 공공도서관들이 나치의 유산을 수집하면서 얻은 과실이다.[25]

전쟁을 치르는 내내 나치 독일 국가보안본부(Reich Security Main Office, RSHA)와 게슈타포는 어마어마한 장서를 축적했다. 러시아 관련 문헌들을 특별히 수집해 놓았던 반제연구소(Wannsee Institute)의 도서관은 바르바로사작전에 앞서 러시아의 경제와 수송 기반시설에 대한 정보를 제공하는 데 중요한 역할을 했고 셸렌베르크는 사무실에 자료 조사용 작은 전용문고를 두었다.[26] 그러나 조사와 분석에 요구되는 깊이 있는 공부는 늘 위기관리 업무에 밀려 뒷전으로 밀려났다. 셸렌베르크는 언제나 자료에 파묻혀 지냈다. 그는 서로 경쟁을 벌이는 모든 정보기관을 일원화해 더 효율적인 조직으로 재편하려 했지만 변화에 대한 나치 실세들의 불안감 때문에 실패했다. 유럽 전역에서 탐욕스럽게 약탈해 모은 거대한 장서들은 너무 빨리 강탈하는 바람에 쓸모없는 종이 더미가 되었다. 급히 끌어모은 50만 권에 달하는 장서는 목적에 따라 분석하고 분류하는 과정을 거쳐야 비로소 연구자료로서 쓸모가 생긴다. 어쨌든 1943년부터 사서들은 전선으로 불려 나왔고 모든 중요한 나치의 전리품들은 연합군 폭격기의 사정거리를 벗어나 안전한 곳을 찾아 떠돌아다니는 처지에 놓였다. 소련, 미국, 영국 군대가 책이 보관된 장소로 진입했을 때 많은 약탈 도서는 여전히 원래 상자 속에 그대로 담겨 있었다.[27]

제2차세계대전에서 가장 유명세를 얻은 정보작전은 1938년에 버킹엄셔의 아담한 시골 저택인 블레츨리파크의 구입과 함께 시작됐다. 폭격 대상으로 예견되었던 런던을 피해 안전하다고 선택된 곳이었다. 지금은 흔히 MI6라 알려진 영국 비밀정보국(Secret Intelligence Service, SIS) 국장 휴 싱클레어(Hugh Sinclair) 경 제독이 사재 6000파운드를 털어 구입했다. 초기에 그곳에 차출된 사람들은 대부분 옥스브리지 출신이어서 명문 대학가 분위기가 얼마간 묻어 있었고 구성원들은 놀랍지 않게도 고전학자, 체스 챔피언, 십자말풀이 전문가, 언어학자, 역사학자 들로 이루어졌다. 그곳의 궁극적 업무가 암호화된 독일군 통신의 비밀을 해독하는 일이었다는 점을 감안하면 놀랍게도 1939년이 되어서야 블레츨리는 처음으로 수학자 피터 트윈(Peter Twinn)를 영입했다. 트윈은 당시 블레츨리에서 수학자들이 '지독히 비현실적이고 이상한 친구들'이라고 여겨졌기 때문에 거의 받지 않으려 했다는 말을 들었다고 회고했다. 만약에 괴상한 과학자를 정말로 채용해야 한다면 '적어도 현실 세계를 어느 정도 인정할 가능성이 있는 물리학자를 찾아보는 것이 차라리 낫겠다'라고 했다는 것이다. 트윈에 이어서 곧 이 역사적인 이야기에서 대단한 활약을 벌이게 될 수학 천재 앨런 튜링(Alan Turing)이 합류했다.[28]

초기 요원들은 널찍한 식당에서 누렸던 풍성한 식사와 잔디밭에서 즐겼던 라운더스(영국에서 특히 학생들이 하는 야구 비슷한 경기—옮긴이) 시합을 기억한다. 그러나 파티 같은 분위기는 과업의 엄중함이 가중되면서 곧 사라졌다. 1944년에 이르면 블레츨리는 마구 뻗어 나가는 야영지가 되었다. 지부들까지 포함하면 직원 1만 명을 고용했고 그들은 블레츨리 지역에 콘크리트나 나무로 지은 임시 가옥에서 거주하거나 몇 킬로 내에 속한 주변 마을에서 기거했다. 독일이 여러 정보기관의 실력자들끼리 경쟁을 벌이는 구조였음을 감안하면 육해공 삼군이 모두 블레츨리에 대규모 파견대를 보냈다는 사실은 중대한 차이를 드러낸다. 또 다른 차이는 직원 70퍼센트가 여성으로 구성되었다는 점이다. 독일의 경우 전쟁 막바지까지도 여성은 무선 도감청 업무에서 제외되었다.

1940년에서 1945년 사이에 블레츨리는 영국 정보작전의 중심이자 지주였다. 전쟁이 중대한 지점에 왔을 때 블레츨리 팀의 기계공학자, 암호해독가, 분석전문가 들은 영국에게 패배 아니면 아사라는 절망적 미래 사이에 놓인 유일한 희망이었다. 이것은 암호해독이라는 측면에서는 구시대적 정보전이었지만 약속된 수령자에게만 거의 즉각적인 송신과 해독을 허용하는 기계적이며 전기적인 암호화 기계인 에니그마를 공략한다는 측면에서 현대적 의미가 가미된 정보전이었다.

영국이 에니그마 해독으로 거둔 성공에서 가장 핵심은 암호를 풀어내고도 그 사실을 전쟁 내내 용케 숨겼다는 점이다. 가장 중요한 정보를 야전 지휘관들에게 전하기 전에 먼저 정보 출처가 고급 인적 정보로부터 나온 것인 양 위장했다. 특히 해군은 알려지지 않은 스파이들의 존재에 대해 회의적이었고 그래서 때로 그들이 생각하기에 고의적으로 흘린 그릇된 정보라고 판단해 필요한 행동을 하는 데 실패하기도 했다. 독일은 자주 점검하면서도 늘 에니그마가 난공불락이라는 확신에 차 있었다. 이런 확신은 영국 정보국에는 대단한 행운이었다. 1943년 신중한 되니츠(Dönitz) 제독이 해군 에니그마에 여분의 회전자를 추가하라고 명령했을 때 이것은 8개월간의 정보 교신 정지 사태를 불렀고 대서양에서 독일 잠수함들과 연합국 호송 선단 간에 피를 부르는 대결을 초래했다.

심지어 해독에 성공했더라도 평문(plain-text, 암호화하지 않은 데이터—옮긴이) 메시지를 알기 쉽게 만들기 위해서는 여전히 상당한 작업이 필요했다. 첩보로 얻은 날것 그대로의 교신은 등록번호, 약어, 군대 용어가 불가해하게 뒤죽박죽 섞여 있었

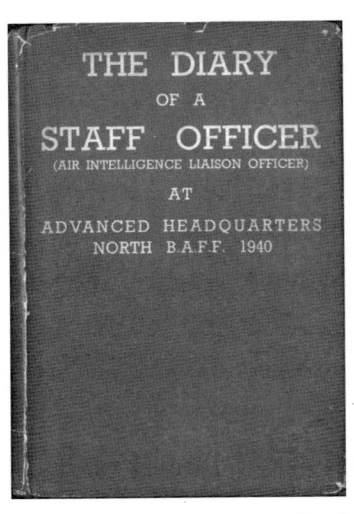

『참모장교의 일기(The Diary of a Staff Officer)』는 프랑스에서 예기치 못했던 전쟁 참상을 이해하려고 애쓰던 독자들의 즉각적인 관심을 끌었다. 그러나 영국 검열관들은 독일 정보기관이 이 책을 통해 에니그마 암호체계가 파훼되었다는 사실을 알아챌 것을 우려하여 곧바로 출판본을 회수했다. 이미 너무나 많은 부수가 배포되었기 때문에 별 효과가 없는 제스처에 불과했지만 이는 브레츨리파크의 비밀을 얼마나 세심하게 보호하려 애썼는지를 입증했다.

다. 이것을 해독하려면 사전 이상의 것이 필요했다. 해독된 모든 메시지는 조사와 분석을 담당하는 전문가에게 전해졌다. 그 일을 수행하기 위한 자료들도 준비된 것이 거의 없는 상태에서 만들어 내야 했다. 그렇다고 전형적인 연구도서관을 만들어야 한다고 보이지는 않았다. 블레츨리 회고록들에는 초창기에 참고문헌이 부족했음을 언급하는 대목들이 있다. 첫 번째 사무실 관리자 에드먼드 그린(Edmund Green)에 따르면 '가구, 참고도서, 지도, 지도책, 사전이나 업무완수에 필요한 어떤 도구도 없었다'.²⁹ 사람들이 알고 있는 유일한 도서관은 본체에 있었던 기분전환용 독서를 위한 문고였다. 휴식을 위한 두 번째 시설은 나중에 영국 공군 야영지를 놓고 벌어진 다툼 중에 지어졌다. 블레츨리는 여덟 시간씩 3교대로 24시간 내내 돌아갔다. 고학력 직원들에게 독서는 처리하기 까다로운 수많은 숫자를 자세히 살피는 일의 지적 고단함을 잊기 위해 필요한 피난처였다. 젊은 신입 요원이자 미래에 학문적으로 큰 명성을 얻게 될 아사 브릭스(Asa Briggs)에 따르면 '일상에서 책, 음악, 예술, 역사 같은 것이 삶의 일부인 사람들과 함께 지내는 것은 확실한 발전의 계기를 줍니다'. 비번일 때 옥스퍼드의 블랙웰서점(Blackwell's)이나 케임브리지의 헤퍼스서점(Heffers)으로 나들이를 가면 반드시 다른 블레츨리 요원과 만나곤 했다.³⁰ 본체의 도서관은 전쟁 전 민간인 시절에 사서였던 지미 서스크가 관리했다. 소집 해제된 후 그는 블레츨리의 동료였고 나중에 영국의 탁월한 농업사가가 될 아내 조안(Joan)과 함께 돌아갔고 사서로 복귀했다.³¹

　기분전환용 독서를 위한 문고는 요원들을 행복하게 했다. 그러나 앤서니 트롤럽(Anthony Trollope)과 제인 오스틴(Jane Austen)의 책들은 독일의 무선교신을 해독하는 데 별 도움은 주지 못했다. 블레츨리의 핵심 분석 도구들은 도서관이 아니라 방대한 독일 군사용어집이었고 갈수록 불어나는 군대 조직과 사람들에 관한 카드식 색인이었다. 전쟁 초기에 사무실 관리자 에드먼드 그린은 '작고 무능한 타이피스트' 대신에 크고 귀중한 카드식 색인을 꾸준히 구했다고 말했다.³² 이 전형적인 도서관 필수도구는 제2차세계대전 동안 눈부신 활약을 펼쳤던 모든 주요 정보기관에서 핵심적 역할을 떠맡았다. 독일의 영국 점령을 가정하고 만든 체포자 명단을 추려내기 위해 셸렌베르크는 게슈타포가 보유한 전기로 돌아가는 카드식 색인을 이용할 수 있었다. 버튼 하나만 누르면 기계장치 속에 든 카드 50만 개 중 어떤 것이든 꺼내볼 수 있었다. OSS의 조사분석 부서는 군사용어를 명명하는 난해한 문제를 초고속으로 거의 즉시 해결했다고 큰 찬사를 받았다.[33] 그러나 세상에서 가장 간결한 카드식 색인이자 알렉산드리아도서관(Great Library of Alexandria)에 필적할 규모로 세상의 지식을 담아내겠다는 야심 찬 시도였던 국제서지목록(Répertoire Bibliographique Universel, RBU)을 만든 벨기에인 폴 오틀레(Paul Otlet)에게는 실망만이 찾아왔다. 맙소사, 위대한 알렉산드리아도서관처럼 이 시도도 성공할 운명이 아니었다. 1940년 벨기에가 독일에 패했을 때 오틀레의 집으로 고위급 독일군 대표단이 즉시 방문했다. 그들은 신속하게 1500만 항목의 카드식 색인을 담은 그의 광범위한 수집물이 당장의 군사적 목적에는 거의 무용하다는 결론을 내렸다. 1944년에 그가 죽고 나서 월드와이드웹의 도래로 그에 대한 관심이 되살아나기 전까지 오틀레의 자료보관소는 폐관됐고 잊혔다.[34] 정보 업무에서 여전히 매일매일 많은 새 항목을 편집·분류·추가하는 카드식 색인은 연구도서관 못지않게 중요하다. 작전계획을 세울 때에도 막대한 양의 IBM 천공 카드를 사용했는데, 그것은 컴퓨터의 탄생을 향하는 또 다른 시험적 걸음이 되었고 나치 군대의 손아귀에 들어간 나라의 사람들에게는 치명적인 결과를 초래한 한 걸음이 되었다.[35]

나치 독일보다 IBM 도표 작성기의 가능성을 더 열렬히 환영한 나라는 없었다. 유대인의 거주지와 직업에 대한 상세하고 정확한 정보를 제공했던 1933년 인구조사는 IBM 기술의 승리였고 그것은 독일 산업과 정부 부서에 기꺼이 채택되었다. 나치 독일에 찬사를 보냈던 정력적인 IBM 회장 토머스 왓슨(Thomas Watson)은 그들과 밀접한 협력관계를 맺는다는 것이 어떤 의미인지 깨닫지 못했던 것으로 보인다. 1937년 베를린 방문 중에는 히틀러에게서 나치 독일 독수리 훈장을 받았다. 이 선택된 독수리 훈장 클럽에는 나중에 미국 고립주의의 옹호자들인 헨리 포드(Henry Ford)와 비행사 찰스 린드버그(Charles Lindbergh)가 포함된다.[36]

전쟁 동안 IBM 독일 자회사에 임대된 홀러리스 기계는 강제 노동과 홀로코스트를 조직하는 데 필수적인 역할을 했다. 홀러리스넘버(hollerith number)는 나치 강제수용소에서 수감자들을 확인하고 추적하는 것을 도왔다. 다하우에는 홀러리스 기계 스무 대가 있었고 아우슈비츠와 부헨발트에는 더욱 많이 있었다. (홀로코스트를 계획하고 집행하는 데 핵심적이었던) 독일의 산업, 우체국, 군대와 철도를 지원하는 데 IBM이 한 역할에 대해 미국 정부 기관들은 잘 알고 있었다. 그러나 제재를 가하기에는 IBM은 미국 군수산업에 너무 중요했다. 1943년에 이르면 IBM의 공장 부지 중 3분의 2가 군수품 제조용으로 탈바꿈하고 IBM은 아흔아홉 가지 전략 프로젝트에 참여한다. 과학과 정보로 승부를 보는 기술 전쟁에서 때로 유용성이 도덕성보다 더 중대했다.

우리가 이 장에서 논의했던 정보수집의 모든 요소는 1944년 연합군의 프랑스 침공전인 오버로드작전에 이용되었다. 정보는 독일의 방어태세에 대해 충분한 이해와 독일 부대의 상세한 위치 제공에 필수적이었다. 복잡한 방첩활동 조처들이 상륙시간과 위치를 감추도록 도왔다. 영국 공군 항공사진부대는 수천 번이나 출격해서 셰르부르와 칼레 사이의 해안선을 한치도 빼놓지 않으려 찍고 또 찍었다. 프랑스 레지스탕스도 대서양방벽(Atlantic Wall)을 상세히 묘사해서 제공하는 데 중요한 역할을 했다.

한편 정치전술국(Political Warfare Executive)은 프랑스 북부로 주의를 돌려 독일군을 향해 그들의 아내가 후방에서 무슨 험한 꼴을 보고 있는지와 같이 사기를 떨어뜨리는 뉴스로 라디오 방송을 했고 독일군이 읽을 전단과 프랑스 시민들에게 교통요지에 예정된 공격을 경고하는 전단을 떨어뜨리도록 준비했다. 디데이까지 전단 300만 장을 공중 살포했고 매일 독일 군인을 위한 연합국 일간신문《군인뉴스(Nachrichten für die Truppen)》를 100만 부 찍었다. 침공 후에 발행한 신문들은 독일군에게 연합군의 포위 돌파 과정을 계속 전달했다. 개전 당일에 생포했던 포로 중 대략 75~80퍼센트가 연합국이 살포한 전단을 소지하고 있었던 것으로 드러났다.

블레츨리도 특히 연합군 최고사령부에 독일군의 전력 편성에 대한 완벽한 정보를 제공하면서 본연의 역할을 다했다. 이 정보를 통해 독일 최고사령부가 여전히 칼레를 상륙작전이 전개될 지점으로 예상한다는 확신을 얻었다. 이 전쟁에서 가장 공들인 기만 전략의 성과였다. 군대가 패튼(Patton) 장군의 지휘로 잉글랜드 남동부 켄트주에서 영국해협을 최단거리로 건너기 위해 대기하고 있는 것처럼 꾸몄던 것이다.

상륙용 주정과 탱크가 해변에서 꼼짝 못하는 일이 안 생기도록 상륙할 해안의 지리와 지질구조도 조사해야 했다. 소형잠수정으로 모래 샘플을 채취했고 축척에 따라 설계한 해안 부조 모형도 만들었다.[37] 3군 연합 지형측정 부대는 해안의 실제 특징들이 상세하게 기록된 다양한 소책자를 작성했고 옥스퍼드대학교출판부가 그것을 수많은 작전용 암호책과 함께 극비리에 인쇄했다.

6월 6일 상륙작전을 위한 선단이 출항했다. 노르망디를 향해 속도를 높이면서 선단은 압도적인 위용을 자랑했다. 제공권을 장악하고 거대한 함대의 호위를 받으며 10만 대군이 출정했다. 사실을 밝히면 부대는 군수품 부족에 시달리고 있었으며 독일에서 최고의 명성을 떨치던 롬멜 장군이 설계한 줄지어 늘어선 방어 요새들과 그 요새에 배치된 연합군 병력의 다섯 배에 달하는 독일 병정들이 그들을 기다리고 있었다. 승리로 끝난 작전은, 그것도 예상 사상자를 최소화하면서 거둔 이 승리는 철저한 준비와 몸을 사리지 않는 병사들의 용맹에 크게 힘입었다. 그리고 정보작전의 성공과 독일 측 정보기관의 파국적 실패에도 큰 덕을 봤다. 이때쯤 독일의 정보능력은 특히 국내의 반대 세력 탄압과 3군 사이의 끈질긴 소모적 경쟁으로 크게 약화되어 있었다. '나치 지도부는 기계와 전문가들은 대단히 신뢰한 반면에 그만큼 인간, 특히 그들 동포에 대한 불신은 대단했다.'[38] 희한하게도 그런 불신은 영국 체포팀의 설득으로 변심해 본국 상관들의 귓전으로 역정보를 흘렸던 독일 요원들에게까지 이어지지는 않았다. 처음에는 노르망디가 침공지점이 될 것이라고 정확히 예견했던 히틀러는 이제 생각을 고쳤고 핵심 전력인 전차부대에게 칼레로 되돌아가라고 명령했다. 기만작전에

당했다는 사실이 드러났을 때쯤 연합군은 교두보를 확보했고 프랑스 전역의 독일군을 쓸어버릴 포위돌파 태세를 완비했다.

1941년 3군 사이의 경쟁구도를 완화하기 위해 많은 애를 썼던 해군 정보국장 존 고드프리(John Godfrey)는 그가 전쟁 내내 옹호했던 조사와 분석의 역할을 다음과 같이 평가했다. '정보는 극적인 경우가 드물다. 정보의 진정한 기본은 조사다. 그리고 최선의 결과는 대개 사소해 보이는 세부 항목을 꾸준히 들여다보는 것으로 얻는다. 그것들은 개별적으로는 별 가치가 없지만 모아 놓으면 매우 중요한 사실을 드러낸다.'[39]

우리는 전쟁에서 정보의 역할을 전체적으로 어떻게 평가해야 할까? 어쩌면 정보의 가치는 그것이 실패로 끝날 때 그 가치를 볼 수 있을 뿐인지도 모른다. 전쟁 중 세 번의 정보 참사들은—연합국이 에니그마를 해독할 수 없을 거라는 독일의 확신, 연합군의 노르망디상륙을 예견하지 못한 독일, 일본의 진주만공격을 예견하지 못한 미국—모두 전쟁에 큰 영향을 미친 중요한 일이었다. 하지만 독일이 정보전으로 교전국들에 거둔 성공은 비교적 미미했지만 전쟁 개시 후 3년 동안 그들의 군대는 사실상 모든 곳에서 승리했다. 독일과 소련은 독재자에게 나쁜 소식을 알리기가 어려웠다는 핸디캡이 있었다. 가장 대표적인 사례는 스탈린이 1941년 독일의 공격에 대한 경고를 경청하지 않은 것이다. 그러나 히틀러가 거대한 전략지도를 놓고 가상의 군대를 기동하면서 점차 자신만의 환상의 세계로 물러난 것도 또한 마찬가지였다. 그는 자신의 벙커 안에 움츠리고서 괴벨스에게—더 행복했던 시절을 떠오르게 하는—토머스 칼라일

(Thomas Carlyle)의 『독일사(History of Germany)』를 크게 낭독하게 하며 선사시대의 혈거인처럼 살다가 전쟁을 끝냈다. 다른 측면에서 보면 정보는 소소한 이득을 보는 과학이다. 그것은 전세가 전적으로 불리했을 때, 특히 대서양전투에서 연합군에게 버틸 수 있는 발판을 제공했다. 정보전에서 놀라운 승리를 거둔 디데이 이후 전세가 역전되자 결정적 승리는 군사력으로 얻었다. 재치나 창의력보다는 야만적인 힘이 연합군의 마지막 분투를 상징했다.[40] 마침내 전리품은 세계 경제의 최강자였던 미국과 호전적이며 승리를 위해서라면 어떤 대가를 치르는 것도 불사했던 소련이 나눠 가지게 된다.

6장
지도가 말해 주는 것

전쟁은 지도제작을 부추긴다. 육군, 해군, 공군은 전쟁 현장에 대한 상세한 지도를 필요로 한다. 후방에서 교전국과 중립국 시민들은 이전에 몰랐던 안치오, 이오지마섬, 진주만, 솔로몬제도, 나르비크 같은 많은 지명을 소개받는다. 좋은 지도, 지도책, 지구본을 공급하는 것은 일찌감치 많은 가정을 위한 시급한 과제가 되었다. 1939년 제2차세계대전이 유럽에서 시작되었을 때 미국에서는 지도와 지도책에 대한 수요가 폭증했고 서점의 재고는 곧 소진되었다. 이런 현상은 진주만 공습 때도 재연되었다.[1] 심지어 군사적 참화도 좋은 일에 쓰일 수 있었던 것이다. 영국의 지도제작 전문가인 바솔로뮤(Bartholomew)는 1941년 2월 《북셀러(Bookseller)》에 낸 광고에서 다음과 같이 유쾌하게 제안했다.

> 유럽지도를 말아 넣어라. 만약 바솔로뮤의 『유럽과 지중해(Europe and Mediterranean)』 신판이 아니라면 그 지도는 낡은 것이다. 『유럽과 지중해』는 루마니아의 새로운 국경뿐만 아니라 1941년 시점으로 독일 점령지역의 범위를 보

여 준다. 가격은 이전과 동일하다. 종이로 만든 것은 2실링 이고 천으로 만든 것은 3실링 6펜스이다.

같은 잡지는 바솔로뮤의 『그래픽 월드 아틀라스(Graphic World Atlas)』를 7실링 6펜스에 권했고 아마도 조금은 성급하게도 '리비아 승전 지도'를 브라유 점자로 인쇄해 제공했다. 이 지도는 시각장애인연구소의 주간 신문과 함께 무료 배포되거나 따로 1페니에 팔렸다.[2]

상세한 지도는 적진에서 벌일 전투를 계획하는 군사전략가나 적군 스파이에게도 정녕 필수적이었다. 1940년에 영국 정부가 '지도통제에 관한 명령(Control of Maps Order)'을 도입했을 때 당국은 명백히 이 두 구매 집단을 염두에 두었을 것이다. 이 명령은 지도상으로 1마일이 1인치(6만 3360분의 1 축척, 즉 1대 6만 3360—옮긴이) 이상인 지도라면 어떤 것도 지역 경찰청장의 허락 없이 팔거나 처분하는 것을 금지했다. 공공도서관에서는 적절한 인가가 없다면 누구에게도 그런 지도를 대여할 수 없도록 했다. 외국인은 지도상 1인치로 12마일 이상인 축척(1대 76만 320—옮긴이)의 지도를 소지하는 것이 허용되지 않았다. 그런 지도가 요청되는 경우가 생기면 필요에 따라 사서들은 신분증을 확인해야 했다. 이런 통제에 대해 대단한 반발은 없었지만 그로 인해 아브로스 방문길에 지도 한 장을 뜯어보고 있던 한 스코틀랜드 방공단의 고위급 장교가 구금될 뻔했다. 그를 수상히 여긴 한 시민이 경찰에 신고했기 때문이었다.[3] 사서들은 시민들이 공공도서관 벽에 붙은 지도를 모두 제거하라는 압력을 행사한다고 보고했고 대체로 그 요구를 수용했다. 어떤 지도는 애초에 시장에서 제거되었다.⁴ 지도들은 승전을 향한 길을 구상하는 데 도움이 되도록 세심하게 만들어지고 수집되었다. 1943년 영국 정부가 최대의 폐품수집 캠페인을 벌였을 때 지역 위원회들은 무역 편람과 금융 안내 책자뿐만 아니라 외국 지도와 거리 안내도는 보관했다가 경제전쟁부(Ministry of Economic Warfare)로 보내도록 요구받았다.⁵

지도제작은 일상의 한 부분을 차지했다. 영국 신문을 삐딱하게 평하고 영국 정부의 선전 활동을 조금도 곱게 보지 않았던 에드워드 스테빙(Edward Stebbing)은 1942년부터 전세가 연합군에게 유리한 쪽으로 흐르면서 신문이 지면을 온통 지도로 뒤덮었다고 꼬집었다.

> 신문들은 거의 황홀경에 빠졌다. 온갖 방향을 가리키는 화살표가, 화살표 속에 또 화살표가, 곧은 화살표와 뱀처럼 휘감기거나 구부러진 화살표와 그 밖의 다양한 멋진 기호들이 뒤범벅이 된 지도가 과거 어느 때보다 많아졌다. 군사지도제작자들의 천국이다.⁶

지도제작의 중요성은 최초의 참모대학 설립 이전부터 명백하게 이해되고 있었다. 웰링턴 공작은 많은 지도와 연감을 지참한 채 여행을 했고 그의 적수 나폴레옹도 지도제작에 진심이었다. 하지만 각각의 새로운 전쟁이 거듭 벌어지는데도 해당 교전국의 참모들은 늘 지도를 충분히 챙기지 않는 것으로 보였다. 스톤월 잭슨(Stonewall Jackson)이 셰넌도어계곡전투에서 북군을 충분히 오랫동안 저지하여 남부군 수도 리치먼드를 공격하지 못하

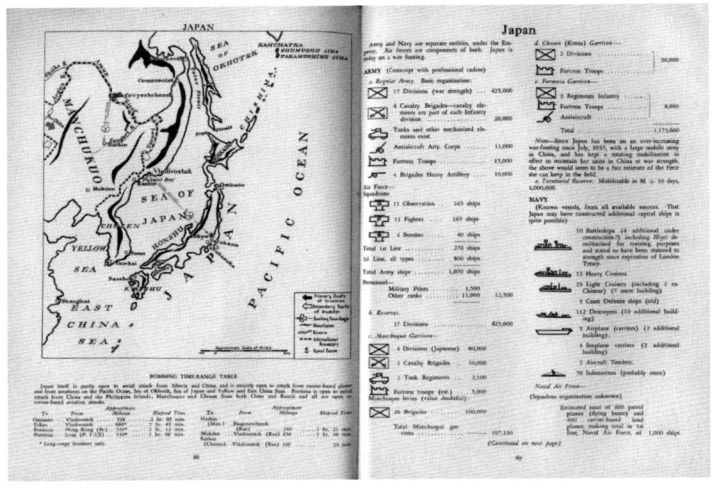

군사 지리학에 관한 어니스트 뒤피(Ernest Dupuy)의 연구를 담은 책
『무장 중인 세계(World in Arms)』(1940)에 실린 이 유익하고 매력적인
두 쪽짜리 지면은 어떻게 지도와 지도책이 전시 출판물 중에 가장
환영받는 장르로 꼽히게 되었는지를 잘 보여 준다. 여기 다소 과소평가된 채
소개된 일본군의 전력은 영국 독자들이 다가올 동쪽에서의 맹공격에 대한
준비를 하는 데 별 도움이 되지 않았다.

도록 하는 데 성공한 것은 지도 분석이 아니라 지형에 대한 우월한 사전지식에 크게 덕을 본 즉흥적 전쟁의 정수라 하겠다. 제2차세계대전이 중반에 접어들 때까지도 심지어 연합군 군대들을 위해 지도를 공급하려는 막대한(그리고 성공적인) 노력에도 불구하고 지역 지휘관들은 여전히 지도가 부족했다. 연합군 병사들이 요새로 변한 몬테카시노수도원을 공격하기 위해 집결했을 때도 그런 일이 발생했다. 제4인도보병사단(4th Indian Division) 지휘관으로서 정면 공격을 위해 부대를 보낼 책임을 진 프랜시스 터커(Francis Tuker) 소장은 제2군단과 제5군 본부가 인근 지역에 대한 어떤 지리적 정보도 갖지 못한 것을 알고 아연실색했다. 그는 부관을 나폴리로 급파해 서점과 도서관을 뒤져서 필요한 자료를 찾아오게 했다. 부관은 중요한 책 두 권을 갖고 왔는데 그중 한 권은 베데커의 『중부 이탈리아 가이드(Guide to Central Italy)』(1879)였다.[7]

이것은 예측할 수 없는 사건과 미지의 전선이 품은 위험이다. 1944년 제2전선(연합군이 노르망디 상륙에 성공하면서 생긴 전선—옮긴이)을 형성하기 전에 노르망디해변은 지도 작성을 위해 실지조사, 사진촬영, 측량 작업이 꼼꼼하게 진행되었다. 그러나 이 정도 단계에 이른 시점에서 팔레즈와 파리 사이에서 신속한 전진이 이루어지면서 이런 상세한 지도제작을 불필요하게 했다. 전투를 위한 지도제작이 요구하는 것은 복잡했고 게다가 장래에 있을지도 모르는 우발적 사건까지 고려해 계획을 세우는 일은 어렵기도 해서 지도제작은 학문적 전문성을 활용하고 연구 도서관의 자원을 배치하는 데 정보전 다음으로 중요한 두 번째 전선이 되었다.

'국경은 전쟁과 평화의 문제와 국가의 생명이 매달려 있는 면도날이다.'[8] 제국의 귀족이자 젊은 시절 유명한 탐험가였던 커즌(Curzon) 경이 던진 이 간결한 묘사는 그가 탐험문학에 공헌하고 있었던 19세기의 진실을 표현한 것인지도 모른다. 그러나 그것은 더 이른 시기였고 지도제작이 최초의 실험적 단계에서 성숙한 단계로 나아가던 15세기에서 17세기 사이의 실상을 설명하는 말은 분명 아니다.[9] 국경지대는 권력끼리 쟁투가 벌어지는 진흙탕이었다. 치안 유지는 (그것이 가능하다고 하더라도) 지배자가 아니라 그에게 충성을 맹세한 지역 귀족이 맡았다. 정확한 선을 그어 국경을 확립하는 기술적 능력은 아직 존재하지 않았다. 바다나 강이 가장 알아보기 쉬운 국경을 제공하지만 그것이 반드시 다른 권력들 사이의 경계를 뜻하는 것은 아니었다. 강과 바다는 특히 해안선과 강이 무역이 성사되기 위한 필수적 장소이기 때문에 보통 훨씬 더 공을 들여 측량되었다. 19세기까지 미국 같은 선진적인 사회에서도 내륙의 무시무시한 땅덩이보다 해안의 지형과 수로를 측량하는 데 훨씬 더 많이 투자했다.

유럽 탐험가들은 지도에 의존했지만 실수에 영감을 얻기도, 기만당하기도 했다. 그들은 지구가 둥글다는 사실은 알았지만 그때까지 대개 아시아대륙을 통해 고되고 위험한 육로로 접근했던 동인도의 향신료 왕국들에 도달하기 위해 서쪽으로 얼마나 오래 항해해야 하는지는 알지 못했다. 유럽이 카리브해의 섬과 거대한 아메리카대륙을 탐험한 것은 대체로 지도제작상 무지의 결과였다. 그러나 콜럼버스가 첫 항해에서 돌아온 뒤 서쪽으로 가는 탐험은 유럽 대중의 상상을 사로잡았고 이미 다져진 향신료 길과 새로운 경쟁자인 아프리카대륙을 돌아가는 바닷길과 함께 투자자를 얻기 위한 경쟁을 벌였다.

그다음 두 세기 동안 새 발견에 대한 정보들이 기꺼이 공유되지는 않았지만 경쟁국들 사이에서 해양지도제작은 빠르게 발전했다. 스페인과 포르투갈 권력자들은 자국 함선들의 해도를 극비 취급했고 뒤이어 네덜란드 동인도회사도 동일한 정책을 고수했다. 암스테르담에 도착하자마자 선장들이 해야 할 첫 번째 임무는 항해일지와 새로운 해도를 동인도회사 본부에 제출하는 것이었다. 하지만 항해를 마치고 항해 정보를 전할 수 있는 사람은 선장만이 아니었기에 정보는 새 나가기 마련이었다. 이런 무분별한 비밀 누설과 인쇄술의 발명에 이은 더욱 정교한 출판술의 발달 덕분에 신항로 개척 이후 두 세기가 지나는 동안 지도제작술은 비약적으로 도약했다. 중세 유럽은 지중해와 예루살렘이 세계의 중심이라는 관점을 고수했던 반면에 17세기 지도들은 다섯 대륙에 걸친 해안선의 모습을 비교적 정확하게 제공했다. 내륙의 공간을 지도로 만드는 것은 여전히 더욱 어려운 문제로 남아 있었고 그 어려움은 19세기까지 힘겹게 이어졌다. 1635년에 제작된 유명한 빌렘 블라외(Willem Blaeu)의 세계 지도는 최초로 대양을 가로지른 탐험 이후 새롭게 발견되고 변화된 세계의 모습을 보여 주지만, 인도는 여전히 실제 크기보다 매우 작게 묘사되었다.

　17세기에 지도는 상업 뉴스 산업에도 필수가 되었다. 뉴스 산업은 유럽 무대와 해외 양쪽 모두에서 벌어지는 사건·사고에 대한 강렬한 관심과 신문에 대한 증가하는 대중의 기호에 편승했다. 암스테르담은 동판 인쇄한 지도와 도시 광경을 만들어 팔면서 도서 산업에서 전문분야 하나를 창출했다. 봉쇄된 도시의 광경은 특히 수요가 많았는데 그 이유는 니콜라스 반헬켈켄(Nicholas van Gelkerken)의 다음과 같은 언급에서 정확히 드러난다. '총 맞을 위험 없이 군대의 움직임을 볼 수 있으니 조금도 돈이 아깝지 않을 것이다'.[10] 만약 봉쇄가 길어지면 지도제작 업자들은 봉쇄 작업의 진행 과정을 보여 주기 위해 종종 지도를 갱신했다. 지도는 팸플릿, 기록물, 연감에도 인기 있는 자료로 실렸고 이 모든 유행을 통해 유럽인들의 지도적 상상력은 확장되었다.

하지만 이제 거대한 대륙들을 지도화하는 것은 유럽인에게 펼쳐진 훨씬 더 어려운 과제였다. 먼저 탐험가들과 측량사들이 이들 거대한 대륙의 비밀을 열어 보기 위해 아마존강, 미시시피강, 허드슨강, 인더스강의 거대한 물길을 찾아 나섰다. 미국의 점진적인 영토 확장은 200년에 걸쳐 그곳의 거대한 강을 따라 이루어진 내륙 탐험 덕분이었다. 놀랍게도 미국이 1860년대에 남북전쟁으로 치달았을 때 1745년 기념비적인 영국 국립지리원(Ordnance Survey)의 프로젝트와 어떻게든 비교할 만한 최초의 13개 주에 대한 포괄적인 측량 자료가 없었다. 이 영국의 프로젝트는 자코바이트(Jacobite)반란[명예혁명으로 축출된 제임스 2세(James II)를 지지하는 자들이 일으킨 반란—옮긴이]을 일으킨 폭도 색출을 위해 신뢰할 만한 스코틀랜드 지도를 공급하기 위해 처음 기획되었고 1791년 잉글랜드 지도로까지 확장되었다. 미국 측량기사들의 열정은 주로 그들이 점진적으로 통제력을 얻게 될 거대한 대륙의 전체 지도를 만드는 데 기울여졌다. 끝없는 대륙의 가능성이 유럽의 식민지 개척자들에게 이미 점유된 지역에 대한 정확한 측정보다 훨씬 더 매혹적인 일이었다.

유럽의 강성한 제국들이 전 세계로 촉수를 뻗어 나갔고 미국이 태평양을 향한 그들의 행진에 더욱 박차를 가했던 19세기는 여러모로 지도제작의 황금기였다. 그리고 미국은 태평양을 향한 행진에 더욱 속도를 냈다. 영국 정부는 자신의 제국을 더욱 속속들이 알기를 원했고 이를 시샘하는 경쟁국들은 지도상에서 아직 식민화되지 않은 곳으로 눈을 돌렸다. 19세기 중 많은 기간 동안 중앙아시아에서 간헐적으로 벌어진 러시아와의 경쟁이 영국 정부의 가장 긴급한 우선 과제였다. '그레이트게임

(The Great Game)'이라 불린 이 경쟁은 영토와 영향력을 놓고 벌인 투쟁이었고 지도가 중요한 역할을 했다.[11]

19세기가 시작되었을 때 러시아 영토는 튀르키스탄의 사막과 산맥을 가로질러 영제국의 영토에서 3220킬로미터나 떨어져 있었다. 그렇지만 이곳은 핵심 무역 루트로 여전히 가치가 있었고 영제국의 보석인 인도로 침투할 수 있는 뒷문이기도 했다. 영국의 정책입안자들은 고분고분한 지역의 통치자를 내세워 방역선(cordon sanitaire)를 두는 것이 좋을지 아니면 심지어 합병할 것인지를 놓고 토론을 벌였다. 그러나 카이베르고개는 과연 난공불락인지, 히말라야산맥을 통과할 수 있는 다른 길은 없는지 같은 더 많은 질문을 해결해야 했다. 러시아 상인들의 활동이 활발해지는 것에 경각심을 갖게 된 영국 정부는 이원적 전략을 선택했다. 은밀한 측량 활동을 숨겨 줄 일련의 우호적인 제스처를 취하는 동시에 인도 아대륙에 대한 완전한 지형측량을 실시했다. 군사 행동은 오직 극단적 상황에서만 고려될 것이었다. 19세기 내내 실행했던 이런 전략은 상반된 결과를 낳았다. 두 번의 아프간 전쟁과 신드·펀자브(현재의 파키스탄) 합병이 있었고 그동안 러시아는 점점 더 가까이 진출했다. 이런 도전에 맞서서 역사상 가장 야심적인 지도제작 프로젝트인 인도 지형측량(Topographical Survey of India)을 성공적으로 완수해야 했다.

인도 지형측량이 수십 년이 소요되는 정부 주도의 모험적 사업이었다면 변경 탐험은 얼마간 정부의 승인을 받아 여행하는 소수 탐험가의 일이었다. 군대 경력이 있고 동방에 매료된 비교적 젊은이가 이끌었던 이들 개척 여행은 한편으로 교역을, 다른 한편으로는 정탐과 지형조사를 목적으로 삼았다. 모두가 살아 돌아와 탐험 이야기를 전하지는 못했다. 영국 방문객을 경계하는 이 아프가니스탄 경구의 희생자가 되기도 했기 때문이다. '처음에는 영국인 한 명이 사냥차 나타났다가 다음에는 두 명이 와 지도를 작성하고 그다음에는 군대가 와서 우리 땅을 뺏는다. 그러니 첫 번째 영국인을 죽이는 것이 최선이다.'[12] 살아 돌아온 자에게는 분명 영웅으로 떠받드는 환대, 모험을 다룬 출판물이 나오기를 열렬히 기다리는 대중, 왕립지리학회에 찾아와 귀를 쫑긋 세운 청중이 기다리고 있었다. 지리학 발전을 촉진하기 위해 1830년에 설립된 왕립지리학회는 제국 시대를 상징하는 위대한 기관으로 손꼽혔고 그 학회가 펴내는 전설적인 지도 컬렉션은 '모든 진정한 지리학자들의 메카요 온갖 여행자들의 고향'이라 불렸다.[13] 이 지도 컬렉션은 1893년이 되면 대략 3만 권으로 늘어나면서 한 도서관의 기반이 되었다. 아마도 전 세계적으로 가장 방대한 (다양한 언어로 쓰인) 여행 및 탐험 문헌 전문 컬렉션일 것이다.[14] 20세기 전쟁들에서 이 도서관은 영국군에게 매우 유용한 자료의 보고였다.

왕립지리학회는 1년에 한 번 금메달 수상식을 통해 탐험가와 지형측량사 들의 위신을 드높였다. 인도 아대륙의 중요한 영국 지도제작업자들과 탐험가들 대부분이 그들 경력의 어떤 시기에 이 선망하던 상을 수상했다. 측량 작업에서 중요한 역할을 했던 현지 태생의 동료들에게 같은 상이 수여되지는 않았다. 이들은 영국 과학자들이 나타나는 것을 환영하지 않았던 히말라야산맥 북쪽을 측량하는 데 특히 중요했다. 인도 지형측량 또한 인도 태생 동료들의 능력에 크게 힘입었다. 그들이 없었다면 측량작업을 완수할 수 없었을 것이다. 그레이트게임에 대해 양

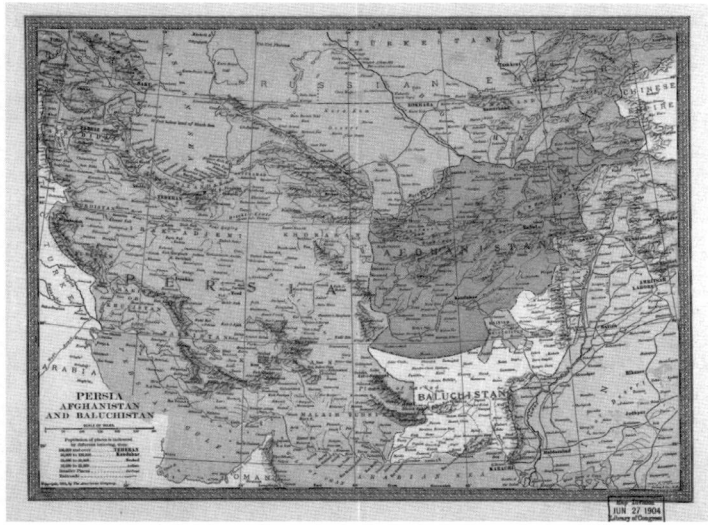

오지에 위치한 험준한 내륙 산맥, 극심한 더위와 추위, 경계심 많고 비협조적인 토박이들이 도사린 중앙아시아의 패권 경쟁은 지도제작의 관점에서는 궁극적인 도전이었다. 왕립지리학회와 다른 학회들의 격려에 힘입어 이루어진 각각의 탐험은 그때마다 연이어 제작된 지도들을 통해 점점 더 정확도를 높여 나갔다.

쪽은 모두 흡족해했다. 영국은 인도를 여전히 자신의 통제 아래 두었고 러시아는 야금야금 튀르키스탄 지역의 왕국들을 흡수하면서 미국 서부 규모의 영토를 확장했다.

내전은 충성을 바쳐야 할 대상과의 관계가 복잡해서 특히 추악했다. 미국의 남북전쟁은 군사분계선이 계급이나 종교적 신념이 아니라 북쪽 대 남쪽이라는 지리적 위치로 갈라졌기 때문에 특이한 경우였다. 이른바 경계주들(border states, 연방에 잔류한 노예제 허용 주—옮긴이)의 충성 문제가 해소되자 이제 갈등은 오로지 한쪽, 즉 북군이 다른 쪽을 상대로 싸움을 벌여야만 해결될 수 있을 뿐이었다. 이 전쟁은 몇 가지 측면에서 우위가 정해져 있었다. 북부는 수적으로, 재력으로, 산업지대를 갖춘 주들에서 제철소와 공장을 통한 무기 생산능력으로도 앞섰다. 그러나 승리는 군사적 정복을 요구했다. 전쟁을 끝내기 위해서 북부군은 산맥과 늪지와 구불구불 이어지는 언덕과 깊고 발을 들여놓기도 힘든 숲으로 이루어진 광활한 영토를 정복해야 했다.

북군이 승리하기 위해서는 대부대를 모집하고 그 부대를—그들의 장비와 말과 노새와 마차수송대와 포와 탄약과 함께—형편없는 도로를 따라 낯선 지대를 횡단하고 다리가 없는 강은 물살을 헤치며 건너고 통과하기 힘든 산들은 우회하며 행진시켜야 했다. 이런 군대를 결속시켜 전진을 위한 사기를 유지하도록 만드는 것은 그것만으로도 대단한 전략적 성과였다. 북군에 쏟아진 최대의 찬사가 그들의 전투력만큼이나 그들의 행진에 주어진 것은 조금도 놀라운 일이 아니다. 스톤월 잭슨 보기병대(foot cavalry)의 신속한 전진과 조지아주를 가로지른 셔먼의 대행진(1864년 북군이 미국 남동부 조지아주 주도 애틀랜타로부터 서배너강 하류 항구도시 서배너까지 행진하며 펼친 초토화작전—옮긴이)이 대표적인 경우이다. 그러나 군대가 방어 태세가 잘 갖춰진 적진으로 전진할 때 지도가 없다면 눈을 가린 꼴이다. 그런데 거의 모든 전투 지역에서 작전을 위해 필요한 상세 지도는 사실상 존재하지 않았다.

이 전쟁은 지도제작자들이 자신들의 기예를 끝까지 밀어붙인 전쟁이었다. 그리고 이런 측면에서 서로 꽤 팽팽한 대결을 벌였다.[15] 북군은 미군 공병단과 군사지도제작자들 대부분을 불러 모을 수 있었다. 그러나 전투 대부분은 반란군 영토에서 벌어질 것이었고 방어하는 쪽이 지역에 대한 지식에서 점수를 따고 들어갔다. 1862년 즉흥적 방어전의 걸작인 스톤월 잭슨의 셰넌도어계곡전투는 그가 지형으로 인한 기회와 위험을 더 잘 숙지하고 있었던 덕이 컸다.[16] 비록 잭슨 장군이 자기 본능이 이끄는 대로 싸웠다고는 하나 그는 휘하에 중요한 지도제작 조력자인 제드 호치키스(Jed Hotchkiss)를 매우 가까이 두고 있었다. 호치키스의 야전용 지도는 흔히 스케치북을 지참하고 말을 타고 군의 전초 위치보다 더 앞서나가 큰 위험을 무릅쓰고 직접 관찰한 것에 기초했다. 잠재적으로 유리한 지점과 장애물 같은 중요한 지형적 특징들을 파악해서 즉시 유용한 지도 정보를 제공하기 위해서였다. 군대 지도제작자들은 능란한 소묘 화가들이었고 종종 섬세한 수채화로 완성한 빼어나게 아름다운 야전용 지도를 만들었다. 북군의 지도제작자인 데이비드 헌터 스트러더(David Hunter Struther)는 군청색 물감을 잃어버렸을 때 거의 공황 상태에 빠졌다. 이 물감은 아프가니스탄에서 채굴한 보석에 준하는 돌인 청금석을 원료로 만든, 선명한 푸른색을 내는 값비싼 그림물감이었다. 만약 그가 운 좋게 그 물감 꾸러미를 회수하지 못했더라면 그 물감을 대체하기란 불가능했을 것이다.[17]

전쟁은 변함없이 미친 듯이 지도를 찾으면서 시작되었다. 지도가 없는 황무지에서 벌어지는 전쟁이 아니었다. 각 주마다 대부분 카운티 단위로 쓸모 있는 지도가 있었다. 그러나 전장에서 격돌을 벌일 때는 고사하고 행진하는 군대가 쓰기에도 상세도가 떨어졌다. 지도에는 도로가 나와 있었지만 도로의 품질은 미지수였다. 그리고 단 한 사람이 말을 타고 지나갈 수 있을 정도의 도로는 행군 부대나 특히 그들이 끌고 가는 마차수송대와 대포에 반드시 쓸모 있지는 않았다. 지도제작자들은 '스톤 턴파이크(stone turnpike, 단단하고 믿을 수 있는 노면)' '통행할 수 없는 도로' '매우 불량한 도로'와 같이 도로의 품질을 나타내는 자신들만의 독자적인 기호를 개발했다. 셰넌도어계곡에서 잭슨은 호치키스를 급파해서 그 도로가 그냥 도로가 아니라 포대가 지나가는 데 지장이 없는 도로란 사실을 파악했다.

여울이 탄약수송대가 지나갈 수 있을 정도로 충분히 얕은지 혹은 경사면이 야포를 끌어당길 수 있는 정도(기울기가 10퍼센트 이하여야 한다)인지를 파악하게 하는 군사지도제작은 중요한 전쟁과학이었다. 미국 군사교육은 웨스트포인트 수석 졸업생을 공병대에 우선 배정할 정도로 지도제작의 중요성을 인식하고 있었다. 그러나 최고로 명성을 날린 지도제작자들은 흔히 명목상의 계급은 이병에 불과한, 군복을 걸친 민간인들이었다. 지도가 만들어지더라도 전쟁터라는 상황에서 충분한 양을 제작하기란 몹시 어려웠다. 어쨌거나 전세가 유동적이고 신속하게 변하는 전선에서 특정한 지도의 가치는 흔히 며칠 만에 가늠될 수 있었다. 바다로 향한 셔먼의 대행진에는 미국 해안측량조사청(US Coastal Survey) 출신의 고도로 숙련된 지도제작자 두 명이 동행했다. 그러나 셔먼이 너무나 빨리 행진해서 두 사람은 다음과 같이 토로했다. '우리의 능력은 어쩌다 한 번씩 매우 드물게만 쓸모가 있었다'[18] 20세기 전쟁들이 반복적으로 입증했듯이 새 전선의 지형이 상세하게 측량될 수 있더라도 군대는 지형도로 간단히 해결할 수 없는 처지—노르망디의 빽빽한 보카주(bocage, 프랑스 서부지방 특유의 작은 숲—옮긴이) 장벽들, 벨로루시의 숲, 이오지마의 해안지형—에 쉽게 놓였다.

제1차세계대전의 아이러니는 전략에 지리적 고려를 전적으로 적용한 가장 유명한 경우인 슐리펜계획이 사실상 4년간 꼼짝 않는 소모전으로 변질되었다는 사실이다. 신속하게 대규모 군대를 전선으로 보내기 위해 철도를 비롯한 현대적 기술을 도입한 것은 17세기부터 19세기까지 공세적인 전쟁을 막아왔던 난제를 해결하기 위한 것이었다. 그러나 프랑스군이 버티기식 방어 작전에 돌입하자 현대적 군대는 진흙탕의 벌판에서 전투를 벌이다 엄청난 인명 손실을 초래하면서 4년 동안 혈거인처럼 살아야 했다. 참호전은 전투대형과 지하엄폐호와 방어 거점 사이로 난 점점 더 복잡하고 정교해지는 거미줄처럼 연결된 예비용 참호와 공급용 참호와 연계용 참호로 이루어진 새로운 형태의 지도를 만들게 했다. 이 미로처럼 얽히고설킨 참호 교통로를 의식을 치르듯 공들여 명명—페티코트레인(Petticoat Lane, 런던 동부에 있는 패션 및 의류 전통 시장—옮긴이), 뉴펀들랜드 길, 엡섬경마장(Epsom Racecourse)의 급커브인 태터넘코너(Tattenham Corner)—했는데 이는 참호전을 못 겪어 본 사람들은 이해할 수 없는 모진 현실을 은폐하면서 섬뜩하지만 친근한 느낌을 부여했다.[19] 전쟁의 전 기간에 걸쳐 영국 국립지리원은 3200만 부가 넘는 대축척 전장 지도를 찍어 냈다.

비록 제1차세계대전에서 조종사들이 공중전 결투를 벌이는 광경이 상상력을 사로잡았지만 공군력의 주요 용도는 정찰이었다. 비행기는 정보를 구하고 다가올 작전을 계획하기 위

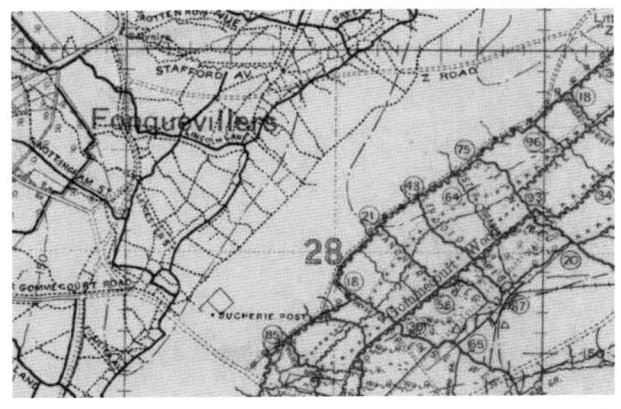

전쟁터 참호망을 보여 주는 제1차세계대전 당시의 지도. 질서정연하게 나란히 연계된 참호는 예비 참호를 거쳐 최종적으로는 병사들이 책이라도 펼쳐 볼 수 있는 휴식과 회복을 위한 시설로 이어졌다. 비행기의 도입으로 적진 묘사의 정확도가 향상되었지만 이런 측량 방식은 극히 위험했다.

해 적의 상공을 정찰비행했다. 여전히 꽤 원시적인 수준이었지만 이것은 새로운 형태의 측량과 군사 정보를 향한 방식을 제시했고 그 방식은 1940년대 내내 전략 수립에 중요한 역할을 하게 된다. 이 전쟁은 또한 서부전선은 교착상태에 빠졌음에도 불구하고 시야를 넓히면 이탈리아, 서유럽, 아프리카, 중동에서 큰 싸움이 벌어졌던 세계대전이었다. 특히 좀 더 멀리 떨어진 이 전쟁의 현장들은 전쟁 발발 전에 정부에 서비스를 제공했던 왕립지리학회의 역량을 고갈시켰다. 무엇보다도 지리 분야의 참모들을 대신해 프랑스와 벨기에가 명명한 '끔찍할 정도로 발음하기 어려운' 지명들에 대한 지침을 마련해야 했기 때문이었다. 이 과업은 런던대학교와 첼트넘여자대학(Cheltenham

Ladies' College) 출신의 자원봉사자 수십 명을 신규 모집한 덕분에 1914년 9월까지 놀라운 속도로 완수되었다.[20]

이런 성과는 제1차세계대전 동안 최고로 야심찬 지도제작상의 과제였던, 1대 100만 축척으로 완전한 유럽, 북아프리카, 중동의 지도 세트를 완성하자는 왕립지리학회의 주장에 힘을 실어 주었다. 1915년 중반까지 지도 열 장을 완성했지만 서부전선의 전황에 진전이 없자 좌절이 커지면서 정부의 의욕은 쇠퇴와 충만을 반복했다. 대안적 전략으로 동방에서 몰락 중인 오스만제국의 영토를 챙겨 보자는 여론의 압박이 거세졌다. 그 지역에 대한 정확한 지도가 없었기 때문에 왕립지리학회의 전문적 능력에 대한 수요가 급증했고 '동방우선론자'들과 1대 100만 지도 우선론자들 간에 상당한 긴장감이 고조되었다. 1915년 10월 학자 스무 명이 해군 정보부에 배속되어 지리학회 부지 안 큰방 네 곳에 틀어박혔다. 그 방은 '아라비아 방'이라는 기이한 새 이름을 얻었다. 그 노력으로 잠재적인 전장의 지형과 특징을 개략적으로 정리한 『다뉴브강(The River Danube)』부터 『독일령 아프리카(German East Africa)』까지 편람 총 스물일곱 권이 탄생했다. 레딩대학교(University of Reading) 지리학과 교수인 헨리 딕슨(Henry Dickson)의 감독하에 편집된 이 책은 저자 서명이 없는 채 출판되었고 1921년 일반 독자에게 판매될 목적으로 출시되었다.[21]

막상 일을 벌이고 봤지만 동방우선론자의 야심적인 계획은 참사를 부른 갈리폴리전투로 훼손되었고 아무 소득 없이 무산되었다. '1대 100만 지도' 우선론자들이 우세를 되찾았고 특별히 의뢰된 주제별 연속 출판물인 발칸제국과 오스트리아·헝가리제국의 언어와 민족에 관한 지도에 주목이 쏠렸다. 이런 시도들은 지리학회의 활동들이 제1차세계대전의 전후 처리에 주된 초점을 두었다는 사실을 보여 주고 그들의 노고는 베르사유 평화회담에서 장래에 정치적 재편에 관한 토론이 벌어졌을 때 영국의 1대 100만 지도를 기준으로 삼기로 하면서 보답을 받는다. 그 모든 영광에도 불구하고 왕립지리학회의 유력자들은 좋은 기회를 놓쳤다는 씁쓸한 기분에 잠겼다. 1914~1915년 동안 학회 회장이었던 더글러스 프레시필드(Douglas Freshfield)는 '의회와 행정부가 미래에 전쟁과 정치에서 지도 사용의 중요성을 충분히 인식하고 교훈을 얻기를 원하는 것은 너무 지나친 기대'라며 복잡한 심사를 내비쳤다. 아프리카 탐험가이자 식민지 통치자였던 해리 존스턴(Harry Johnston) 경의 의견에 따르면 '지리에 대한 고위층의 무지에 전쟁이 세 배나 길어지고, 비용이 세 배로 커지고, 영제국을 위한 승리가 위태로워졌다'.[22]

지도제작 관점에서 본다면 제2차세계대전은 1919년 베르사유 궁전에서 시작되었다. 이미 얼마간 무너졌던 독일의 정치적 지도력은 독일을 협상에서 제외한다는 결정이 내려지면서 속수무책으로 당한 꼴이 되었다. 전투에서 패했던 그들은 이제 오스만제국과 오스트리아·헝가리제국을 해체하면서 유럽의 새 국경을 결정하는 자리에서 압도적인 수세에 몰린 것이다. 협상 과정에서 독일의 목소리(그리고 독일 지도제작자들)가 제외된다면 심각한 결과가 초래될 것이었다. 우드로 윌슨 미국 대통령은 전

세계의 가장 중요한 지도제작자가 된 순간을 즐기면서 국경이 산맥과 강으로만 이루어지는 것이 아니라는 사실을 배우고 있었다. 윌슨 대통령은 협상 과정에서 다소 늦게 새로운 체코슬로바키아의 심장부인 보헤미아에 가볍게 여길 수 없는 소수의 독일인이 있다는 사실을 들었다. 그 소식에 그가 '이런, 마사리크(Tomáš Mazaryk, 체코슬로바키아의 민족주의 지도자이자 초대 대통령—옮긴이)가 그런 말을 귀띔해 주지 않았는데'[23]라고 말했던 것으로 전해진다.

베르사유 협상장에 독일 지도제작자들을 배제한 것은 특히 언어도단이었다. 독일에서 지리학은 학문 분야로 정립되어 있었고 기술적 성취와 대중의 인지도에 있어 비상한 수준에 올라 있었다. 1871년 독일제국 성립이 선포된 뒤 독일 대학교 열여덟 곳에 지질학 강좌가 신속하게 개설되었다. 독일이 국가를 세우는 데 오랜 시간이 걸렸던 것을 감안하면 지도제작의 중요성을 이 정도로 깊이 인식한 것은 높이 평가할 만하다. 독립적 관할 구역 수백 곳으로 나뉘어 얼룩덜룩한 직소퍼즐 꼴이었던 신성로마제국은 독일이 프랑스나 러시아와 맞서면 굴욕적으로 허약했다는 사실을 상기시켰고, 이와 마찬가지로 지도는 유럽 심장부에 새로운 초강대국 탄생을 가장 공개적으로 명시하는 수단이었다. 베르사유조약은 독일 민족 수백만 명을 새로 그어진 독일 국경 밖으로 내몬 꼴이었다. 독일 대학들 전체 학과 중에서 지리학과가 강세를 보였다는 사실은 독일 민족을 억지로 분리하기로 한 결정이 대중이 보기에도 불공정했다는 인식이 사라지지 않는다는 것을 의미했다.

〈지리 수업(The Geography Lesson)〉 혹은 〈암울한 오점(Black Stain)〉.
프랑스 교실에서 학생들이 독일의 알자스로렌(Alsace-Lorraine) 합병으로
프랑스가 겪었던 굴욕을 지도상으로 배우고 있다. 로렌 태생인 작가
알베르 베타니에(Albert Bettannier)는 베르사유조약으로 고향이 프랑스로
반환되는 것을 살아서 볼 수 있었다.

전후 재조정이라는 어려운 시기에 독일 지리학자들은 재빨리 지리수정주의적 입장을 펼쳤다. 실제로 1921년에 그들은 새로운 국경선을 독일 교육계가 인정해선 안 된다고 제안했다.

독일 지리학자들의 협의회는 식민지를 포함해 베르사유조약으로 독일에서 찢겨 나간 지역들이 독일제국 영토였음을 지도책과 지도에서 명백히 확인할 수 있으며 그런 사실을 보여 주는 지도만을 모든 학년에서 교재로 사용하는 것이 국가적 필요이자 의무라고 선언한다.[24]

이런 주장들은 단지 빈말이 아니었다. 그 후로 20년 동안 지리학자들은 1919년에 잃었던 영토를 반환받고 이를 더 멀리 동쪽으로 확장하자고 주장하면서 끊임없이 공세를 퍼부었다. 나치가 정권을 잡기 오래전부터 벌어진 일이다. 이 전문가 집단은 민족주의적 대의로 전향할 필요도 없는 부류였다. 지리학자들은 지도책의 독일화를, 특히 인종적으로 다양한 중부유럽에서 언제나 난제였던 지명의 독일화를 끈질기게 요구했다. 독일 민족과 문화의 영토적 단일성에 대한 관념이 더 팽창주의적인 주장들을 위한 길을 터 주었다. 1934년에 개최된 지리학 전문가 회합에서 그들은 독일 민족과 문화 영토에 관한 지도를 모든 학교 지도책에 포함하도록 출판업자들에게 촉구해야 한다는 제안을 만장일치로 채택했다. 출판업자들은 기꺼이 협력을 약속했다. 1931년 푸츠거(Putzger) 지도책의 개정 50판 서문은 이 지도가 '우리 민족의 역사의식 형성에 이바지함으로써 조국의 새로운 발흥에 기여하기'를 희망한다고 밝혔다.[25]

학계 지리학자들까지 가령 체코슬로바키아발 폭격—작은 나라가 독일을 위협해!—에 독일이 취약하게 노출된 것을 보여 주는 한편, 현재 폴란드에 점유된 영토에 대한 소유권 주장을 강화하면서 이 선전용 지도 개발에 힘을 보탰다. 이 분야에서 정치가 과학의 볼모가 된 것은 명백했지만 그런 사정이 확실히 드러난 것은 나치가 정권을 장악하고서였다. 1938년에 독일인들에게 배포할 '모든 과학자들이 동의하고 …… 우리의 이익을 반영하는' 지도를 마련하기 위해서 일련의 회합이 소집되었다. 이런 지도 중 하나가 브레슬라우대학교(University of Breslau) 지리학과 교수 발터 가이슬러(Walter Geisler)에게 의뢰되었다. 그는 청중에게 가능한 한 현재의 국경 너머에 있는 영토에 대한 소유권을 주장할 여지를 남기면서도 현실적 기준에 최대한 부합하도록 만들어 이의제기가 있을 때 과학적 논거로 반박이 가능한 지도를 만들겠다고 했다. 이보다 더 교묘하게 나치 과학을 요약하기는 어려울 것이다.[26]

학계 지리학자들이 문제를 일으키는 경우는 오직 당국을 당혹스럽게 할 정도로 지나치게 열정을 발휘할 때뿐이었다. 나치가 정권을 잡은 직후에 당국은 바람직한 국경을 프랑스 영토 깊이 그어 놓은 1932년 교재의 발매를 금지했다. 1936년에 나치는 에밀 메이넨(Emil Meynen)의 『독일과 독일제국(Deutschland und deutsches Reich)』의 보급을 잠깐 금지했다. 그 책 때문에 독일의 팽창주의적 야심에 대해 다른 나라 사람들이 경각심을 가질까 두려워해서였다. 나중에 분위기가 바뀌었을 때 메이넨의 책은 (1918년 이래 독일 지리학자들에게 오스트리아는 기어코 차지하고 싶은 성배였던) 오스트리아 병합을 위한 군사 행동을 지원하기 위해 대량 구입되었다.

막상 닥쳐 보니 독일군의 성과는 학자들의 이런 노력을 공연한 짓으로 만들었다. 1942년에 독일이 정복한 영토가 심지어 가장 과도한 희망 사항을 반영한 독일 지도에 표시된 영토보다 커져 버렸기 때문이다. 물론 최종적으로 국경을 결정하는 것은 군대였다. 5년 뒤로 시간을 빠르게 돌려 보면 그런 과도한 주장을 했던 지질학자 대부분이 독일 점령자들과 함께 새로운 세대의 독일 학생들이 1945년의 쪼그라든 국경을 수용하도록 만들기 위해 궁리하고 있었다.[27]

연합군 최고사령부에서 아시아에서 일본을 패배시키는 동시에 독일의 뒤집힌 운명을 조율하는 책임자들에게 지도는 다시 중요한 역할을 했다. 우선 연합국은 각국 주요 기관의 지도 컬렉션—미국은 의회도서관, 뉴욕공공도서관, 미국지리학회, 영국은 대영박물관 도서관, 왕립지리학회—에 손을 내밀었다. 옥스퍼드는 보들리도서관 새 건물(현 웨스턴도서관)에 해군성의 사진도서관을 들였다. 한편 옥스퍼드대 지질학과는 육해군지형측량부의 본부가 되어 각 군의 지도제작 활동을 조정하고 서로의 활동이 중복되는 일이 없도록 했다. 이런 조치는 최신 지도가 없어서 베데커 스칸디나비아 가이드 1912년판에 의존하는 바람에 거의 실패로 끝날 뻔한 1940년 노르웨이전투의 재발을 막기 위해서였다.

2009년까지 뉴욕공공도서관 지도 부서의 사서였던 앨리스 허드슨(Alice Hudson)은 군과의 관계가 대체로 화목한 편이었다고 밝혔다.[28] 뉴욕공공도서관은 지도 10만 장 이상을 소장하고 있었지만 140만 장을 소장한 의회도서관에는 밀렸다. 안타깝게도 의회도서관의 외국 지도 컬렉션은 대체로 목록화되지 않은 상태여서 극성스럽게 정보를 요구하는 다양한 전쟁 부서를 위한 빠른 검색에 애를 먹었다. 대출권을 둘러싸고 예견된 문화적 충돌이 벌어지기도 했다. 처음에는 참고자료들에 대한 대출 요구를 다소 흔쾌히 들어 주었던 뉴욕공공도서관은 통상적인 절차대로는 그런 대출을 계속 유지할 수 없다는 사실을 재빨리 인식했다. 도서관은 유럽 도시들의 상세한 거리 사진들과 다양한 해외 전화번호부뿐만 아니라 북아프리카, 인도네시아, 실론(현재의 스리랑카—옮긴이), 소련에 관한 정보 요구에도 응하곤 했다. 1942년부터 의회도서관은 자체 자료 대출에 대한 고삐를 죄었다. 그 사례를 좇아서 육군 지도국(Army Map Service)도 공식 연락 채널을 통해 요구된 경우를 제외하고는 대출을 거절했다.[29]

머지않아 세계대전으로 인한 수요가 기관이 기존에 소장한 자료를 넘어섰다. 각 정부 부처들은 저마다 지리학자를 고용하기 시작했고 그들에게 새로운 과제를 맡겼다. 뉴욕공공도서관 지도 부서장은 군 정보부 산하 육군성 뉴욕 사무실에 임시로 파견돼 지리 부서를 이끌기도 했다. 두 가지 책무를 겸하기란 결코 쉽지 않았다.

가장 확실한 신규 고용의 출처는 전략사무국(OSS) 산하 조사분석 부서였다. 전쟁이 한창일 때 이 부서는 지리학자를 129명이나 고용했다.[30] 그 분야에서 정평있는 대가들, 가령 『지리학의 본질(The Nature of Geography)』의 저자 리처드 하츠혼(Richard Hartshorne) 같은 이들의 뒤를 이어 후배 교수들과 대가들의 대학원 제자들이 곧잘 합류했다. 이들 학자의 필요에 부응하기 위해 만들어진 그 도서관은 최종적으로 지도 200만 장을 모았다. 그중 많은 지도를 윌리엄 도노반(William Donovan) OSS 국장이 라디오 연설로 대중을 설득해 취득했다. 육군성은 한술 더 떠서 유명 잡지에 다음과 같은 광고를 실었다.

> 육군성 산하 군 지도 부서는 미국과 캐나다가 속한 북아메리카 경계 밖에 있는 모든 영역에 관한 지도, 도시 도면, 항구 도면, 지명 사전, 지명 색인, 여행안내서, 지리학회지, 지

질학회보를 찾고 있습니다. 특히 원하는 것은 미국 정부와 미국지리학회에서 발행한 지도를 비롯해 지난 10년 안에 구입한 지도나 여행안내서입니다.[31]

전쟁 기간에 OSS 소속 지리학자들은 새 지도 8000장을 그리고 정보 요청 5만 건을 해결하고 정보 지도 500만 장을 배포했다. 거기다 하버드대학교, 미시간과 시카고 소재 대학들, 다양한 기관의 기록보관소에 있는 지도들을 체계적으로 마이크로필름 20만 장에 추가로 저장했다. 전선이 전진하면서 카이로, 알제, 뉴델리, 파리, 바리, 베른 등 많은 해외 OSS 지부에 지도 부서가 설립되었다.[32] 전후에도 독일에서 귀한 지형도 수집을 지원하기 위해 OSS 요원들의 작업은 계속되었다.[33]

한편 군 지도 부서는 완전히 새로운 기반을 구축했다. 스미스(Smith), 웰즐리(Wellesley), 브린마(Bryn Mawr) 같은 명문 여대를 비롯해 57개 대학 및 대학교에 지도제작 과정을 개설했다. 시카고대학교 지리학과 교수인 이디스 퍼트넘 파커(Edith Putnam Parker)는 그 과정의 교육소장이 되었다. 전쟁이 끝날 무렵 여성 200명이 과정을 수료했고 일부는 군 지도 부서에서 상당한 책임을 지는 지위에 올랐다. 1943년부터 1945년까지 여성들은 민간인 피고용인 3000명 중 다수를 차지했다.[34] 결론적으로 미국은 제1차세계대전 동안 보유한 지도가 900만 장이었던 것에 비해 1941년부터 1945년 사이에 지도 5억 장 이상을 제작했다.[35] 이것은 지도제작의 측면에서 강대국을 향한 미국의 거대한 도약을 상기시키는 성과였다.

영국에서도 비록 시작은 불안했으나 전시에 육해공 간의 협력과 군·학 협동의 모범이었던 응용지리학이 거둔 성과는 또한 전쟁의 중요한 성공 사례로 꼽혀야 한다. 1940년의 암울했던 상황과 노르웨이에서 겪은 고초에도 불구하고 해군성의 수문학(水文學) 부서와 국립지리원이라는 중요한 두 지리학 기관이 희망의 근거를 마련해 주었다. 1939년에 민간기관으로서 국립지리원은 직원 3000명을 고용해 넉넉한 인적자원을 보유하게 되었는데 그중 많은 이가 영국군 공병대 출신이었다. 국립지리원은 1940년 사우샘프턴의 본부가 파괴되는 우환을 겪기도 했지만 전쟁 내내 지도 3억 장을 제작하면서 줄곧 탁월한 공을 세웠다. 수문학 부서는 영국 해군과 상선에 해도와 항해 보조물을 제공했다. 전쟁 동안에는 평화시 같은 기간보다 평균 10배에 해당하는 해도 3억 장을 발행했다.[36] 이 필수 과업이 매끄럽게 진행된 것을 보면 왜 해군 정보국장인 고드프리 소장에게 새 육해군지형측량부를 맡겼는지를 설명해 주는 데 도움이 될 것이다. 그는 해군 정보국의 두 가지 신개발품인—모든 작전에서 상세한 지형 정보를 준비하도록 도왔던—NID 6와 해군성 지리편람을 만든 책임자였다.

  제1차세계대전 때 편람을 만들어 본 전통을 바탕으로 완성한 지리편람은 옥스퍼드와 케임브리지라는 절묘하게 어울리는 두 대학의 협력으로부터 생겨났다. 각 권은 정해진 순서에 따라 한 나라의 지모(땅 표면의 모양, 즉 고저, 기복, 비탈 따위의 상태—옮긴이)와 해안, 역사, 인구와 교통에 관한 지리적 정보를 담았다. 비록 각 권에서 더 광범위한 지리학 학문공동체, 특히 런던대학교 산하 단과대학들의 도움을 받았다고 밝혔지만 책임

편집은 옥스퍼드와 케임브리지가 맡았다. 1945년이 되자 그 결과물로 알바니아와 알제리부터 서아라비아와 유고슬라비아를 아울러 제호 31개를 달고 총 58권에 달하는 놀라운 편람이 나왔다. 옥스퍼드 팀은 외부 전문가 일흔 명이 도왔다고 밝혔고, 케임브리지가 만든 권들에는 전문가 예순 명이 협력했다. 사실 어느 시점에 이르러서는 영국의 학계 지리학자 중에 이 편람 프로젝터에 참여하지 않는 이가 거의 없었다.[37]

다른 곳에서도 중요한 전략적 돌파구를 마련했는데 이는 재능 있는 개인들의 공이 컸다. 마이클 스펜더(Michael Spender)는 높은 고도에서 찍은 정찰 사진을 분석해 내는 신기술을 개발해 정찰 임무를 수행하는 비행기 사고율을 압도적으로 감소시켰다. 케임브리지 지리학자인 W. W. 윌리엄스(W. W. Williams)는 항공사진으로 해변 경사도를 측정하는 기술을 고안해 냈는데, 이 기술은 수송선에서 하선한 중무장 군대가 상륙작전을 전개하는 데 필수적이었다. 1944년이 되면 플리싱겐부터 생나제르까지 북유럽의 모든 해안에 대한 상세 지도가 완성되었다. 수송 위험 요소와 음용수의 위치, 임시 비행장으로 쓸 수 있는 부지들을 밝혀 놓은, 승선 또는 수송이 가능한 노르망디의 모든 해변에 대한 특별 지도를 준비했던 학계 지리학자들의 공도 또한 인정해야 한다.[38]

지도제작에서 가장 놀랍고 마음이 따뜻해지는 과업으로 손꼽히는 것은 독일 포로수용소 안으로 배달된 탈출용 지도였다. 이 지도들은 쉽게 숨길 수 있도록 실크에 인쇄했고 보드게임, 카드 또는 축음기 음반 속에 감춰 수용소로 밀반입되었다(지도를 꺼내려면 이들 게임 도구를 박살내야 했다).[39] 비록 에든버러의 바솔로뮤가 지도를 찍어 공급했지만(저작권도 포기했다) 이렇게 까다로운 은닉을 용이하게 하려고 정식 지도 공급계약은 리즈에 연고지를 둔 카드 및 보드게임 제조업체 웨딩턴스(Waddingtons)와 체결되었다. 다양한 지도 205종이 가벼운 천 위에 찍혀 150만 장 이상 공급되었다. 이것은 지도가 단지 전쟁포로만을 위한 것이 아니라 작전용으로도 의도된 것임을 말해 준다. 그 지도들은 적진 상공을 비행하는 영국과 미국의 비행사들에게도 분명히 지급되었고 그들이 지참하는 '생존배낭(escape pack)'이란 낙관적 이름이 붙은 보따리 속에 들어갔다.

이들 지도에 쏟아부은 비용과 정성에도 불구하고 내가 읽어 봤던 탈출 전쟁포로에 관한 이야기에서 단 한 번도 지도가 언급된 경우를 읽어 본 적이 없었다는 사실은 놀랍다. 이 지도들에 대해 가장 상세한 연구를 남겼던 한 저자는 전쟁포로들이 비밀엄수를 맹세했고 탈출 후 심지어 50년이 지났는데도 그 맹세를 지키고 있기 때문이라는 의견을 당당하게 제시했다. 그보다는 그 지도들이, 특히 소축척이라면 낯선 곳을 통과하는 경로를 계획하는 데 별 쓸모가 없었기 때문일 가능성이 더 높을 것 같다. 그것의 주요한 목적은 비행사의 생존배낭이 그런 것처럼 심리적 효과를 위한 것이었다(아버지께서 보여 준, 당신이 프랑스 사람처럼 보이게 꾸몄다는 탈출 사진 속 아버지가 내게는 그저 넥타이를 맨 영국공군 장교로 보였다는 사실을 나는 증언할 수 있다). 지도와 그 속에 들어간 노력은 전쟁포로들에게 그들이 잊히지 않았다는 사실을 보여 주었고 그들을 돕기 위해 뭐든지 할 것이라는 믿음을 주었다. 지도 덕분에 수용소 포로들은 버림받았다는 느낌과 공간적방향상실(spatial disorientation)을 줄일 수 있었다. 병역의무를 진 자들이 지도를 상실하면 특히 심각한 수준으로 능력을 박탈당한 느낌이 엄습하며 지도를 잃지 않았더라면 재능 있고 활기찼을 젊은이의 무력감과 무기력증을 증폭한다.

이런 방향상실은 군대가 그들의 지도로부터 분리되면 어디서든 느껴졌다. 1945년 4월 25일 독일군 최고사령부 대장이었던 빌헬름 카이텔(Wilhelm Keitel) 육군 원수는 베를린 주변 전선의 붕괴상황을 파악하기 위해 히틀러의 벙커로부터 급파되었다. 별일 없었더라면 그가 히틀러 곁을 비우는 경우는 거의 없었다. 사진에서도 늘 히틀러의 어깨 너머로 보이는 존재였다. 그런 그를 배경으로 삼아 히틀러는 지도를 펼쳐 놓은 탁자를 굽어보며 사단들을 배치하고 다른 지휘관들은 그 모습에 경외의 눈길을 던졌다. 그것은 정복욕에 불타는 전능한 지도자의 궁극적인 모습이었다. 이제 이런 사단들은 종이로만 펼쳐진 헛된 전투대형이었고 카이텔은 머물 곳을 잃은 사내로 전락했다.

> 4월 25일 아침 일찍 나는 전선으로 돌아갔고 맨 먼저 홀스테 장군을 찾아 그의 지휘소에 들렀다. …… 벤치 장군과 그의 공격 부대는 포츠담 남부 호수 지역까지 싸우며 진군했고 비록 뾰족한 쐐기 모양으로 보일 만큼 좁을지라도 전선을 형성했다. 그러나 예비병력이 부족했고 추가 공격도 미약했다. 그의 주력군이 비텐베르크 북쪽 엘베강을 횡단하는 지점들(지도가 없어서 더 정확한 위치를 확인할 수는 없었다)에서 격렬한 전투를 벌이고 있었기 때문이다. …… 정

오에 이르러 내가 차로 X라는 작은 마을을 지나가려고 했을 때(지도가 없어서 그 지명을 기억할 수가 없다) ······⁴⁰

카이텔은 전쟁이 끝날 무렵 감금된 상태에서 이 글을 쓰고 있었다. 그의 회고는 전쟁 막바지의 혼란과 권력은 막강하지만 지도가 없는 장군의 취약성을 모두 포착했다.

2000년 역사를 통틀어 지도는 나라를 형성하고 전쟁터의 윤곽을 명확히 했다. 20세기 무렵이 되면 지도 없는 군대는 총알 없는 총만큼이나 소용없는 것이 되었다. 지도제작에 쏟아부은 노고의 크기가 20세기 전쟁에서 전선의 병사들에게 종종 생존이냐 전멸이냐를 가르는 문제가 되기도 했다. 그러나 지도는 실용적인 이유뿐만 아니라 정서적인 이유로도 필요했다. 간단히 말해 지도에 기록되지 못하는 나라를 나라라고 정의하기는 어렵다. 지도는 힘을 드러내는 방편이기에 본질적으로 과장되기 마련이다. 무엇을 포함할 것인가(전쟁터들)와 무엇을 제외할 것인가(핵폐기물 처리장)를 결정하는 것은 지극히 정치적인 문제이다. 지도들은 단지 지리적 형체만을 표현하는 것이 아니다. 지도는 또한 그 지도를 만든 사회와 그 사회의 우선순위와 자화상과 야망들을 반영한다. 지도는 현대전에서 필수적인 역할을 했다. 그리고 각국 학자들의 전폭적인 협력이 없었더라면, 그 학자들이 도서관을 활용하지 않았더라면 만들어질 수 없었을 것이다.

3부
후방

7장
승리의 견인차, 출판

20세기 양차세계대전에서 책과 도서관은 단지 과학과 정보와 지도제작을 위한 자료의 원천으로서만 중요했던 것이 아니다. 책과 도서관은 교전국들이 구축하고자 시도했던 그 사회의 정수를 드러내는 것이기도 했다. 윈스턴 처칠에게 전쟁은 '난공불락의 토대 위에 개인의 권리를 확립하고 인간의 성장을 확고히 하고 되살리기 위해' 벌이는 행위였다. 이런 관점은 처칠이 유럽 독재정권들의 위험에 대해 다음과 같이 헛되이 경고하면서 1930년대 동안에 진전시킨 주제들을 기반으로 확립한 것이다.

> 무기—수단이라고 윌슨 대통령이 표현했던—만으로는 충분하지 않습니다. 거기에 사상의 힘을 보태야 합니다. 바로 이 정신적이며 도덕적인 사상들의 대립으로부터 자유 국가들이 가진 많은 힘이 비롯되었습니다. [독재자들은] 말과 생각을 두려워합니다. 국외에서 전하는 말과 국내에서 마음을 흔들어 놓는 생각—금지된 것이기 때문에 더욱 강력한—은 독재자들의 혼을 빼놓을 것입니다.[1]

프랭클린 D. 루스벨트 대통령은 1933년 나치의 분서 만행에 충격받은 미국인에 깊이 공감하며 같은 심정을 루스벨트 특유의 함축적 웅변으로 요약했다.

> 불로는 책을 없앨 수 없습니다. 사람은 죽습니다만 책은 결코 죽지 않습니다. 어떤 인간도 어떤 무력도 책이 전하는 사상을 영원히 강제수용소에 가두지는 못합니다. 어떤 인간도 어떤 무력도 이 세상에서 폭정에 저항해 온 인간의 영원한 투쟁을 구현하는 책을 앗아갈 수는 없습니다. 이 전쟁에서 책은 무기라는 사실을 우리는 알고 있습니다.

'책은 사상의 전쟁을 위한 무기다'라고 간단히 요약된 이 구호는 곧 '전시미국도서협회(American Council of Books in Wartime)'의 모토가 되었다. 여러 출판업자와 정책입안자 들로 구성된 이 위원회는 책 산업이 가진 자원을 총동원하여 미국의 전쟁 수행을 열성적으로 뒷받침하려 했다.[2]

히틀러, 레닌, 무솔리니도 그에 버금가는 수준으로 책의 힘을 잘 인식하고 있었으나 문명에 대한 인식은 주요 민주국가 지도자들과 다소 달랐다. 또한 좀 더 말을 행동으로 실행하려는 결기에 차 있었다. 베를린대학교도서관(University Library of Berlin)과 연구사서협회(Association of Research Librarian)의 수장이었던 구스타브 압(Gustav Abb)은 나치의 프로젝트에서 책이 해낼 주도적 역할이 무엇인지 알고 있었다.

> 단지 책으로서 총통의 『나의 투쟁』은 우리 혁명의 근본적

사상을 찬란하게 예시했다. 그러한 이유로 전 세계 모든 역사에서 어떤 급진적인 변화도 어떤 정신 혁명도 국가사회주의보다 더 많이 책과 도서관의 힘을 인식한 경우가 없고 이보다 더 철저하게 도서관을 활용한 경우도 없다.[3]

이 모든 시도가 도서관 관리와 출판산업 발달에 중대한 영향을 미쳤다. 만약 책이 문명을 이끄는 동인이며 문명의 취지를 전파하는 무생물 전도사라면 출판업자들은 탄약공장 경영자인 셈이었다.

이어질 장들에서 후방에 대해 우리가 탐구해 볼 몇 가지 측면들에서도 그러했듯이 제1차세계대전이 출판산업에 가한 충격은 제2차세계대전에서 전시경제가 요구했던 출판산업의 완전한 재편을 위한 조용한 예행연습이었다. 하지만 제1차세계대전은 영국과 독일이라는 의심의 여지 없는 당대 세계 출판산업의 두 초강대국을 서로에 맞서 겨루게 했다. 프랑스가 성숙하고 정교한 출판산업을 자랑삼고 미국 출판업은 상승 곡선을 그리며 빠르게 질주하고 있었다면 영국과 독일은 견줄 데 없는 최고였다(차르의 통치를 받는 러시아는 좀 뒤처져 있었다). 19세기에 영국은 책 읽기를 갈망하는 영제국에 속한 나라들을 기반으로 책 무역에 있어서 타의 추종을 불허하는 거래망을 발달시킨 반면에 독일은 과학기술서 출판으로 최고의 지위에 올랐다. 독일어는 학문을 위한 주요 언어로 꼽혔고 20세기 후반까지도 고전학과 중세 역사 분야에서 그 명성을 유지했다.

제1차세계대전 첫해에 벨기에에서 자행한 악명 높았던 만행과 북프랑스 점령지에서 벌인 폭거로 독일인이 야만인으로 경멸받았을 때 독일 선전기관은 이런 문화적 우월성을 재빨리 소환했다. 웰링턴하우스(Wellington House, 제1차세계대전 때 영국의 전시 선전국이 있던 건물—옮긴이)에서 영국 정보부대가 절묘한 선전 작업을 벌인 덕분에 연합군은 중립국들, 특별히 그리고 결정적으로 미국의 동정표를 얻기 위한 전쟁에서 승리했다.[4] 이런 패배로 교양 있고 고상한 독일은 대단한 모욕감을 맛봤고 그런 감정은 '우리가 야만인이라고?'라는 통렬한 포스터로 요약되었다. 그것은 일련의 강력한 삽화로 독일과 다른 적대국 사이의 문화적 발달 수준을 대조적으로 제시했다. 독일의 책 출판고는 영국의 세 배였다. 취학 연령 아이들에 대한 교육비 지출은 프랑스와 영국을 합한 것보다도 많았다. 또한 포스터는 1901년 노벨상이 제정된 이래로 독일 과학자들이 노벨상을 가장 많이 수상한 것으로 공인받았다며 과학 분야에서 독일의 우수성과 이미 유명했던 독일의 넉넉한 사회보장체계를 자화자찬했다. 이런 선전은 후방의 시민들에게 독일이 승리를 위해 문명적 가치를 저버리지 않았다는 사실을 각인시키기 위한 것이었다. 그러나 적어도 출판에 관한 한 이런 주장은 사실임이 입증된다. 1910년 영국은 1만 804종을 출간한 데 비해 독일 출판사는 3만 1281종을 출간했다. 미국의 경우는 1만 3470종이었고 그것을 인구 100만 명당 평균으로 환산하면 146종인 데 비해 독일은 481종이었다.[5]

비스마르크의 '철혈' 통치와 1871년 통일에 뒤이은 경제 기적이 독일을 강대국으로 나아가게 한 중요 요인이라는 사실은 널리 인정되었다. 독일의 문화적 르네상스의 뿌리는 역사가 다소 더 깊다. 독일의 계몽운동은 시기적으로 통일보다 훨씬 앞섰고 프로이센과 오스트리아의 군대에 진압당하며 좌절로 끝난 1848년 자유주의 혁명이라는 가장 심각한 정치적 의사표현으로 나타났다. 독일이 작은 공국이나 자유시로 뒤죽박죽 분열된 것이 군사력이 허약한 중요한 이유라 여겨졌다. 그러나 문화적 관점에서 독일의 그런 유산은 조금 특이한 점을 낳았다. 역사적으로 프랑스와 영국 출판업의 중심이 런던과 파리에 집중되었다면 독일의 자치국들은 모두 각각 작은 출판산업의 중심을 갖고 있었다. 그래서 1871년에 성립한 새 독일제국은 베를린을 비롯해 함부르크, 쾰른, 프랑크푸르트, 뮌헨, 라이프치히 같은 주요한 생산의 중심지로 구성된 분권화된 산업을 물려받았다. 지적 문화의 경우에도 마찬가지여서 제국 전역에 걸쳐 제각기 오랜 전통을 자랑하는 대학들이 자리 잡았다. 독일 학교가 뛰어나다는 평판을 얻은 것은 루터교 국가들 전체적으로 소년소녀를 위한 학교 수백 개를 설립하게 만든 독일의 종교개혁까지 거슬러 올라간다. 1900년 무렵이면 독일은 주요 강대국 중에 문자 해독률이 가장 높고 출판업이 번창하는 나라가 되었다. 독일이 문학, 음악 그리고 고도의 학문적 전통에서 보였던 문화적 감성에 상충하는 그들의 야만적인 군국주의는 20세기 내내 해외 관측통들을 곤혹스럽게 했던 난제였다.

    1914년 전쟁이 선포되었을 때 다들 빠른 결말을 예상했다. 독일은 서부전선에서 빠른 승리를 얻는다는 전략에 그런 기대를 걸었고 영국인들은 크리스마스쯤이면 평화가 올 거라며 쾌활하게 말했다. 참호전의 현실은 전혀 예기치 못했던 것이어서 더욱 충격적이었다. 영국과 독일 모두에서 출판산업은 전쟁 중인 자기 나라와 함께 요동치는 애국적 열정, 낙관주의, 대량사상자가 낳은 공포, 환멸을 겪었고 독일은 덤으로 패배까지 당했다. 비록 영국과 독일이 전쟁에 맞서는 방법은 매우 달랐지만(독일 군대가 자국 정부에서 맡았던 역할에 견줄 만한 것이 영국에는 없었다) 두 나라의 번창했던 출판산업은 많은 점에서 비슷한 경험을 했다. 둘 다 뉴스에 대한 요구가 분출하는 것을 보았다. 신문은 공적 정보를 전하는 주요 매체로서 핵심적인 역할을 맡았다. 신문끼리의 경쟁은 너무나 치열해서 1915년 독일 당국은 신문이 다룰 수 있는 쟁점 중에서 몇 가지 특별한 것들에 대해 보도 규제에 들어갔다.[6] 검열로 가장 큰 타격을 받은 곳도 신문이었다. 하지만 사실 비판적 시각 때문이라기보다는 열정이 지나쳐서 검열을 위반할 가능성이 더 높았다. 이쯤 되어서 두 나라의 출판인들은 전쟁이 필요하다는 사실을 수용했다. 하지만 특히 양국 출판인들 사이가 친밀했기 때문에 유감이 없지는 않았다. 영국의 《퍼블리셔스 서큘러(Publishers Circular, 출판업계 신문—옮긴이)》는 전쟁이 '독일의 고압적인 전투행위로 이 나라에 강요된' 것이라는 사실에 의견일치를 보였다. 그럼에도 '영국과 독일 출판업자들 사이의 매우 친근했던 관계를 고려하면 …… 이런 갑작스러운 거래 중단 사태가 우리만큼이나 독일 서적상들에게도 유감스러울 것이라고 확신한다'라고 주장했다.[7]

전쟁 초기 출판인들이 새 환경에 적응하는 동안 출판업은 혼란을 맞이했다. 전쟁 발발 직후 몇 달간 전쟁 관련 출판물의 수요가 급증했다. 스탠리 언윈은 전쟁 발발 당일 새 회사를 인수했는데, 첫 몇 주 동안 회사의 가치폭락을 지켜봐야 했다. 다행히 그는 필립 프라이스(Philip Price)의 『전쟁 외교사(Diplomatic History of the War)』와 오스틴 해리슨(Austin Harrison)의 『카이저의 전쟁(Kaiser's War)』으로 때 이른 성공을 맛봤다. 윌리엄 하이네만(William Heinemann)은 알렉산더 파월(Alexander Powell)의 『플랑드르 전투(Fighting in Flanders)』와 G. P. A. 필립스(G. P. A. Phillips) 소령의 『현역 복무에 대하여(On Active Service)』를 출판했다. 언윈은 또한 어리석게도 영국에서는 독일 군국주의의 토대를 놓은 책이라 여겨지는, 하인리히 폰트라이치케의 방대한 저작인 『독일사(History of Germany)』 번역본 출간에 착수했다.[8] 독일을 불가사의하게 여기고 거기에 매료되는 분위기 덕분에 영국 출판인들은 양차세계대전 동안 많은 일거리를 얻었다.

개전 초기에 보인 양국의 이런 출판 과열 현상은 종이부족으로 꺾였고 신문 두께는 얇아지고 종이 품질은 떨어졌다. 전쟁이 터진 지 2주 만에 영국의 종이 가격은 거의 배로 뛰었다. 이로 인해 대량출판을 해야 이익을 볼 수 있는 염가판 서적의 가격도 불가피하게 상승했다. 스탠리 언윈은 신참 출판인이라는 이유로 배급용 종이를 할당받지 못해 시장에서 직접 종이를 구해야 했다. 한번은 품질이 극히 불량한 종이를 최고 600퍼센트의 할증료를 치르고 산 적도 있다고 했다. 전쟁 초기에 영국식으로 이름을 바꾸라는 다그침을 받았던 하이네만은 외국인혐오증이 있는 관리에게 찍혀 할당량 배정에서 불이익을 받을까 걱정했다. 결과적으로 출판부수는 급락했다.[9] 부담스러울 정도로 프랑스 국경과 가까운 쾌적한 대학 도시 프라이부르크에서 종이부족 사태는 적어도 졸업을 위해서는 자비로 논문 200부를 출판해야 했던 학생들의 힘겨운 짐을 덜어 주었다. 그러나 실상 프라이부르크대학교(University of Freiburg)는 학생들과 젊은 교수들의 입영 열기로 이미 공동화되었다. 입대하지 않은 교수들은 가령 루뱅대학교(University of Louvain) 파괴와 같은 경우에서 독일 군대의 행태를 옹호하든가 연구를 통해 중세 역사가 게오르크 폰벨로브(Georg von Below)가 그랬던 것처럼 '군국주의는 신적 질서에 속한다'[10]라는 주장이 사실임을 입증하든가 하는 식으로 독일이 벌인 전쟁이 정당성을 옹호하려 애썼다.

전쟁에서는 가혹행위나 법도 또는 준칙의 위반이 불가피한 것으로 보이는데 그렇다면 사회가 어느 정도까지 그것을 용인할 것인가를 놓고 양측 모두는 공통적인 딜레마에 빠졌다. 프라이부르크에서 도덕 개혁가들은 '쓰레기 같은 책들'의 폐해에 주목했다. 이런 선정적인 싸구려 읽을거리가 더욱 우려스러웠던 것은 병사들 사이에서 인기가 좋았기 때문이었다. 그런 해로운 읽을거리가 보이는 논리에 유감을 표하는 것은 쉽지만 무엇이 해로운지를 명확히 밝히기란 쉽지 않았다. 한 독일 성직자는 '무분별한 독서에 열중'[11]하는 것에 맞서서 그저 경고를 던지는 신중한 노선을 취했다. 자신들의 직업적 책무가 독자들의 안목을 높이는 것이라고 굳게 믿었던 영국이나 미국의 사서들 모임에서는 어디에서건 이런 근심이 감지되곤 했다. 전시에, 특히 전쟁의 장기화로 불가피하게 사람들이 전쟁 관련 서적으로부터 현실도피적 읽을거리로 돌아서면서 이런 책무를 실행에 옮기는 것은 더욱 어려워졌다. 이런 경향으로 싸구려 소설 출판업자들은 이익을 얻었지만 고결한 자들은 좌절했다. 자신의 출판 목록에서 귀한 자리를 차지했던 평화주의 관련 책들이 서적상들에게는 인기가 없다는 사실을 알게 된 스탠리 언윈 같은 양심적병역거부자에게 그런 좌절감은 더욱 컸다.[12] 런던과 프라이부르크는 새로운 전쟁 양상을 보여 주는 공통 경험을 한 가지 더 겪었다는 점에서 하나가 되었다. 시민들이 전쟁을 위해 군대를 전선으로 보냈지만 폭격이라는 형태로 전쟁은 시민들에게도 닥쳤다. 프라이부르크에는 포탄 거의 300개가 투하되었고 서른한 명이 사망했다. 전쟁 전체 사망자를 생각하면 사소한 희생이지만 시민들은 절망적으로 불안해했다. 영국에서 폭격에 대한 언론 반응은 분노하는 쪽도 있었고 태평한 쪽도 있었다. 1916년에 루이 라이메이커스(Louis Raemaekers, 네덜란드 그래픽 아티스트—옮긴이)가 그린 '체펠린 비행선이 거둔 업적'이 분노를 잘 포착했다. 그림에서 죽은 아내가 누운 침대 곁에서 침통한 모습의 사내에게 딸이 '하지만 엄마가 무슨 죄를 지었나요, 아빠?'라고 묻는다. 반면에 영국 잡지 《펀치(Punch)》는 '왜 탱크처럼 쓸모 있는 걸 만들지 않소?'라며 카이저가 페르디난트 폰체펠린(Ferdinand von Zeppelin)을 질책하는 만평을 실어 그가 만든 비행선이 상대적으로 무용하다고 비아냥거렸다.[13]

폭격의 강도가 약했고 빈도도 낮았다는 사실은 1914~1918년의 전쟁이 제2차세계대전이라는 총력전에서 경험했던 정도에 크게 못 미쳤다는 점을 시사한다. 전쟁 초기 원시적 단계에 있던 비행기는 폭격보다 전단 배포용으로 더 적합했다. 이것은 독일과 연합군 모두의 전쟁에서 중요한 특징이었고 정부의 총애를 받는 출판인들에게는 상당한 수입의 원천이었다. 1916년 서부전선 방어전에서 전장의 사기를 북돋우는 데 천재성을 발휘했던 힌덴부르크 장군과 함께 루덴도르프 장군이 참호에서 수거된 전단을 제출하라는 명령을 하달했을 때 전단

30만 장이 모이자 두 장군은 기뻐했다. 하지만 이 정도는 전선과 후방에 뿌려진 양에 비하면 극히 일부에 불과했다. 전쟁 마지막 해에 영국은 콘스탄티노플에 전단을 뿌렸고 이탈리아는 빈 상공으로 선전물을 흩뿌렸다.[14] 1918년에 영국 국립전쟁목적위원회(British National War Aims Committee, 선전을 목적으로 만든 초당적 의회 기구—옮긴이)가 버밍엄에서 개최한 '승전일 집회(Win the War Day Rally)'에 모인 군중을 향해 팸플릿 25만 장을 뿌리기로 했을 때도 비행기를 이용했다.[15]

이와 같이 선전 작업은 후방의 중요한 특징이었다. 이 대목에서 신문판매업자이자 서적상인 W. H. 스미스(W. H. Smith)는 자신의 애국적 역할을 담당했다. 스미스의 사업체는 전국적인 철도 가판대 유통망을 구축해서 성공을 거뒀다. 1914년에 스미스는 런던 지하철 판매에서 높은 점유율을 기록했고 점포 223개와 가판대 1500개 이상을 소유했다. 전쟁 내내 스미스의 업체들은 정부와 긴밀한 협조 체계를 유지하면서 선전물 배포 작업을 원활하게 추진했다. 가령 남아프리카공화국 얀 스뮈츠(Jan Smuts) 장군의 연설문이 실린 《영국연방(Commonwealth of Nations)》과 서부전선의 '극악무도한 훈족(독일군—옮긴이)'이 저지른 전쟁범죄를 폭로한 「살인은 사악하기 짝이 없어(Murder Most Foul, 「햄릿」 중 유령의 대사—옮긴이)」처럼 격한 감정 유발을 목적으로 하는 싸구려 팸플릿들이 있었다. 1918년 11월 국립전쟁목적위원회는 W. H. 스미스에게 '영국민들에게 1억 부에 달하는 출판물을 배포했던 스미스사(社)의 빛나는 노력'에 대해 감사의 뜻을 표했다.[16] 이것은 후방 선전용 속전속결 슐리펜계획이라 하겠는데 이 경우에는 성공을 거두었다.

영국 출판사들은 비교적 큰 탈 없이 전쟁에서 살아남았지만 사적으로는 결코 씻지 못할 상처를 입은 경우가 있었다. J. M. 덴트(J. M. Dent), 하이네만, 블래키(Blackie), 롱맨(Longman)은 모두 아들과 조카를 잃었고 에드워드 아널드(Edward Arnold)는 프랑스에서 간호병으로 복무하던 딸을 잃었다.[17] 미국은 전쟁에 직접 참전한 기간이 너무 짧아서 산업에 큰 변화를 부를 정도의 충격은 받지 않았다. 전쟁의 도덕적 측면에 유념하면서도 유럽의 경제대국들이 생사를 건 전쟁에 휘말려 있는 동안 미국 산업체들은 전 세계에 시장을 확장할 잠재적인 가능성 또한 의식했다. 1915년 봄 《퍼블리셔스 위클리(Publishers Weekly)》는 이런 조심스러운 생각을 피력했다.

> 우리 나라는 자유방임주의라는 행복을 부르는 능력으로 세계대전을 맞이해서도 편안한 비무장 상태로 느긋할 수 있었고 이 전쟁을 다소 객관적이며 냉정한 입장에서 바라볼 수 있었던 덕분에 전체적으로 이 나라의 기업도 전체적으로 되살아났다. 그 사이에 미국은 평상시와 다름없이 과업을 수행하고 여가활동도 했다. 그리고 미국은 영국이 어쩔 수 없이 그러고 있는 것처럼 과업과 여흥은 줄이고 조세는 필수적인 곳으로 돌려야 하는 것이 아니라 전 세계에서 다른 많은 지역의 무역이 사실상 멈춘 상태인데도 오히려 유복해질 가능성이 생겼다.[18]

1920년대는 경제호황과 함께 시작되었고 미국 경제를 탈바꿈해 세계적 경제대국의 입지를 마련하게 했다. 이 시기는 미국 문학의 황금기였다. 싱클레어 루이스(Sinclair Lewis)는 『메인 스트리트(Main Street)』와 『배빗(Babbitt)』을, 이디스 워튼(Edith Wharton)은 『순수의 시대(Age of Innocence)』를 출간했다. 손턴 와일더(Thornton Wilder)의 『산 루이스 레이의 다리(The Bridge of San Luis Rey)』는 1928년 베스트셀러였다. 1920년에 스콧 피츠제럴드(Scott Fitzgerald)의 『낙원의 이편(The Side of Paradise)』이, 1925년에는 『위대한 개츠비(The Great Gatsby)』가 출판되었다. 어니스트 헤밍웨이(Ernest Hemingway)의 『무기여 잘 있거라(A Farewell to Arms)』는 1929년에 출간되었고, 그때 도로시 파커(Dorothy Parker)는 이제 막 이름을 알리고 있었다. 미국인들은 H. G. 웰스, 윈스턴 처칠, 조지 버나드 쇼, 앙드레 모루아(Andre Maurois) 같은 유럽 작가의 작품들도 읽었고 에리히 마리아 레마르크(Erich Maria Remarque)의 『서부전선 이상 없다(All Quiet on the Western Front)』는 1929년 베스트셀러 정상에 올랐다.[19] 이런 문학적 열기에 편승해서 출판은 번창했다. 『메인 스트리트』를 출간했던 하코트브레이스(Harcourt Brace), 바이킹, 사이먼앤드슈스터(Simon & Schuster), 랜덤하우스(Random House) 같은 새 회사들이 시장에 진입했고 수요를 증가시켰다. 금주법(1920~1933)이 시행되면서 서점과 도서관 출입이 증가한 것도 출판에는 호재였다. 라디오와 영화는 비관론자들이 상상했던 대로 독서 습관을 없애 버린 것이 아니라 책과 잡지라는 파생 상품이 되어 새로운 사업 기회를 제공했다.[20]

이런 호황은 1929년의 대공황으로 요동을 치다 멈춰 섰고 출판업계 전반을 재검토할 처지가 되었다. 1930년 전미도서출

1. '책은 사상의 전쟁을 위한 무기다' [미국정부간행물인쇄국(GPO), 1942)]. 미국이 제2차세계대전에 참전한 직후에 나온 이 상징적인 포스터는 프랭클린 D. 루스벨트 대통령로 하여금 사상의 자유에 가해진 전체주의의 만행을 비난하게 했고, 책을 다른 가치 체계 간의 다툼의 중심에 세웠다.

2. 제2차세계대전 당시 영국군의 하급 장교에게 정치 교육을 위해 의무적인 수업을 해야 하는 것만큼 싫은 것은 없었다. 『병사를 위한 현 상황과 새로운 사실』은 책을 읽는 병사들이 교육 수준이 높고 정치적으로 적극적인 동료들보다 한 발 더 앞서가게 하겠다는 의도로 제작되었다.

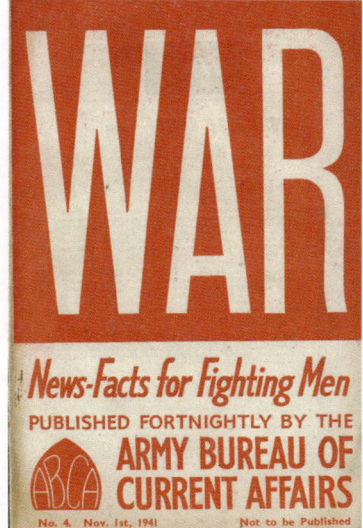

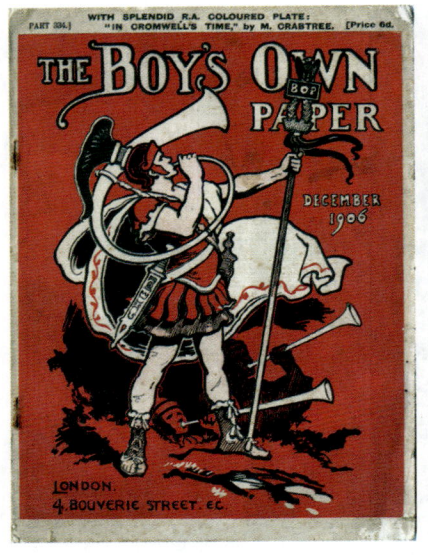

3. 《보이즈 오운 페이퍼》는 다른 어떤 출판물보다 더욱 소년과 청년들을 신병모집센터로 몰려들게 만들었다. 아이러니하게도 BOP는 '종교소책자협회'가 출판했다. 잡지는 경건한 기풍을 살리고자 만들어졌지만 영제국의 임무에 대한 헌신에는 조금도 부정적 영향을 미치지 않았다.

4. G. W. 스티븐스는 당대에 가장 유명한 전쟁 특파원이었다. 옴두르만 전투에서 절정에 달했던 1898년 키치너의 수단 원정을 다룬 그의 기록은 찬사를 받으며 출간 즉시 베스트셀러에 올랐다. 1900년에 출판되었던 이 책은 22쇄 본이다. 이 책은 스티븐스의 마지막 저술 중 하나가 되었는데, 그가 보어전쟁 당시 《데일리 메일》의 특파원으로 레이디스미스 공성을 취재하는 동안 장티푸스에 걸려 죽었기 때문이다.

5. 기상학자 알렉세이 반겐하임은 실각 후에도 그 상황을 최대한 활용하려 했다. 그는 강제수용소의 도서관을 드나들며 그 지역 동식물을 스케치했다. 반겐하임은 숙청을 면한 지인들과 스탈린에게 관대한 처분을 요구하는 편지를 수없이 보냈지만 결국 처형당했다. 수용소가 대공포 시대에 임의로 배정된 처형 할당량을 채워야 했기 때문이었다. 그는 1956년에야 사후 복권되었다.

6. 암스테르담의 출판업자 빌렘 블라외가 펴낸 이 화려한 지도는 유럽인의 탐험이 시작된 최초 150년 동안 지리에 대한 그들의 인식이 얼마나 많이 변했는지를 보여 준다. 다섯 대륙 해안선들의 윤곽이 꽤 정확하게 묘사되어 있지만 중국, 인도, 남북아메리카의 거대한 땅덩이는 그 뒤로도 몇 세기 동안 지도제작자들에게 미지의 영역이었다.

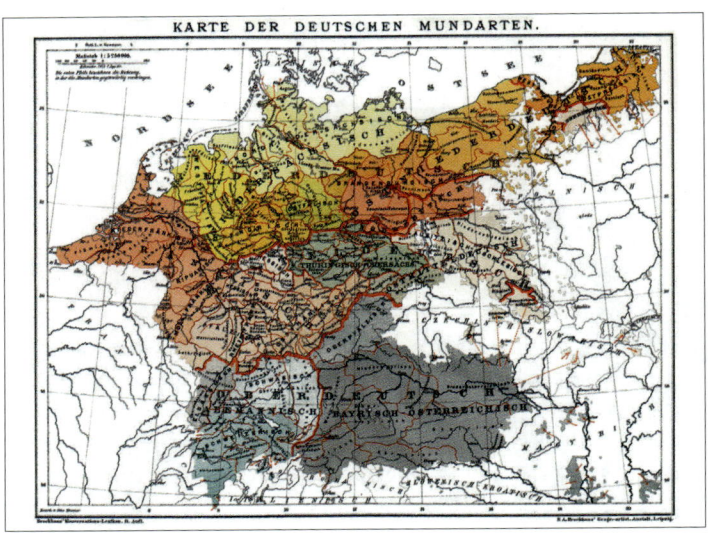

7. 레벤스라움 개념은 히틀러가 창안한 것이 아니다. 20세기의 전환기에 독일의 강력한 대학 지질학자 집단이 범게르만주의를 고무했다. 베르사유조약은 이런 불만의 정서와 독일어 사용 지역을 합병하라는 요구를 더욱 강화시켰을 뿐이다.

8. 승리를 위한 요리. '무심코 건넨 말에 목숨이 위험할지도 몰라' 포스터 시리즈로 유명한 카투니스트 푸가스가 그린 이 유쾌한 표지 삽화도 요리법이 지겨울 정도로 단순하다는 사실을 숨기지는 못했다. 누가 루바브 서프라이즈 파이(Rhubarb Surprise Pie) 한번 만들어 보시겠소? 슬프게도 그 파이가 거의 다른 재료 없이 루바브와 차가운 포리지(오트밀에 우유나 물을 넣고 끓인 죽— 옮긴이)만으로 만들어지는 것에 대해 아무도 놀라지(surprised) 않는다.

9. 우리가 야만인이라고? 벨기에서 독일 군대의 야만적 행위, 특히 루뱅에서 저지른 도서관 파괴를 놓고 비난이 쏟아지자 독일 지식인들이 유난히 큰 충격을 받았다. 이 포스터는 프랑스·영국과 비교해 봤을 때 사회복지 재원, 문해력, 학교 투자, 책 생산량, 노벨상, 특허에서 독일의 우위를 강조하면서 그런 비난을 강력히 반박했다.

10. 제2차세계대전은 영국 출판업자들에게 시련의 시기였지만 궁극적으로 이득을 주었다. 종이배급은 사실상 인쇄된 모든 책의 판매를 보장했다. 게다가 의무적인 전쟁보험 덕분에 폭격으로 날린 책은 보상도 받았는데 그런 책 중에 다수는 잘 팔리지 않거나 팔리지 않아 재고로 쌓여 있었다.

11. 공습경보 실용 지침서. 이 상세한 85쪽짜리 지침서는 독가스로부터 소이탄까지, 대피소, 보호 의복, 오염 제거와 동물과 음식을 지키는 방법에 이르기까지 공습에 대한 모든 대처법을 다루었다. 지침서는 당연히 요구가 들끓었다. 이 5판만 하더라도 30만 부까지 출판되었다.

12. 언론인과 출판인들은 1941년의 많은 기간을 1940년 완전히 예기치 못했던 프랑스 항복의 결과와 씨름하느라 보냈다. 모두가 과거 동맹이었던 프랑스에 동정적이지는 않았다.

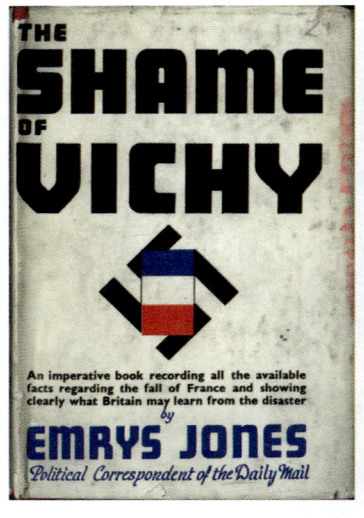

13. 독일인 기자 하인츠 메데핀트는 영국에서 특파원 노릇을 5년하고는 1939년에 떠났다. 현지 경험을 바탕으로 쓰인 이 책은 영국이 싸움을 기피하며 오만하고 우월감과 위선이 지나치며 과거에 집착하는 사회이며 신문의 수준이 낮다고 강조했다. 영국이 불굴의 적수가 될 수도 있다는 사실은 단 하나도 제시하지 않았다.

14. 누구도 영국왕립인쇄국이 전시에 가장 중요한 출판업자로 꼽힐 정도로 부상할 줄은 기대치 못했다. 그렇지만 영국 본토 항공전에 대한 공식적 기술이 거둔 놀라운 성공은 독일과의 싸움에서 영국이 어떻든 이기기를 엄청나게 바란다는 사실을 입증했다. 정보부는 이런 관심을 후방의 사기를 끌어내고 해외 선전을 위한 호기로 삼았다. 불어와 독어 번역본은 그런 시도를 입증한다.

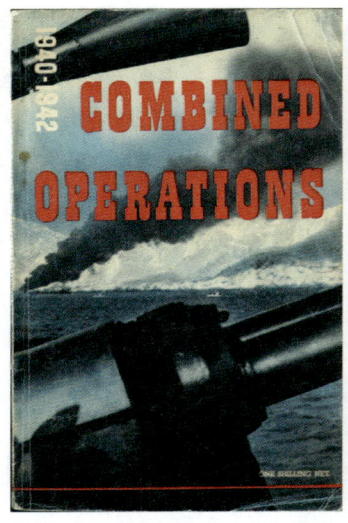

15. 1942년 무렵이면 위와 같은 광택지에 삽화가 풍부한 책까지 낼 정도로 왕립인쇄국 출판물이 성공하면서 상업 출판업자들은 종종 좌절을 겪었다. 『연합작전, 1940~1942』는 아서 홉킨스 신부가 1943년 5월 링컨으로 가는 열차 객실에서 동료 승객 5명 모두가 들고 있었다고 기록한 바로 그 책이다.

16. 미국 여론은 큰 소리로 1933년 나치의 분서 만행을 규탄했다. 아마도 1917년 미국이 제1차세계대전에 참전했을 때 독일 책들이 미국 공공도서관에서 제거되었고 종종 소각되었다는 사실을 잊은 모양이다. 이 사진은 위스콘신주 배러부에서 그 지역 고등학교에 있던 독일 교과서를 거리에서 불태우고 있는 장면을 보여 준다.

판협회(National Association of Book Publishers)는 은행가 O. H. 체니(O. H. Cheney)에게 출판산업의 건전성에 대한 보고서를 의뢰했고 그는 꼼꼼한 조사를 통해 보고서를 완성했다. 체니 보고서의 결론은 충격적이었다. 어떤 업계도 '무분별, 무계획, 무신경, 무능력'하다는 소리를 듣고 싶어 할 리는 없다. 미국의 도서판매 기반은 전국적 판매망에는 턱없이 못 미쳤다. 서점 4053곳 중 대부분은 동부와 서부 해안지역에 집중해 있었다. 그 사이에 있는 카운티 중 3분의 2 정도와 인구가 5000명에서 1만 명 사이인 마을과 도시 절반에는 책을 살 만한 곳이 아예 없었다. 미국 전체 출판사 중 4분의 1은 본사가 뉴욕시였다.[21]

출판인들은 체니 보고서에 상심했다. 그러나 그 후 궁리 끝에 효율적인 배포망 하나가 구축되었다. 이달의 책 클럽(Book of the Month Club, BOTM)은 독자들에게 직접 책을 발송해 최초로 그들에게 규칙적인 독서 기회를 제공하고 저명한 출판인들로 구성된 위원회가 품질이 보장된 책만을 엄선해 공급했다. 책은 좀 더 잡지처럼 판로를 열어 나가면서 백화점, 신문가판대와 체인점과 일반 가게까지 진출하면서 모두 합쳐 7만 곳의 판매망을 구축했다. 1941년 무렵 그리고 미국이 제2차세계대전에 참전했을 때 미국의 출판산업도 세계시장을 공략할 준비를 갖췄고 전후에는 세계 출판시장에서 지배적인 지위를 실현했다. 이런 탁월한 성공은 모두가 잠재적 고객인 15세 이상의 인구가 1억 명이 넘는 미국 시장의 압도적 규모 덕분이었다. 1933년 미국 출판업자들은 1억 1000만 권의 책을 생산했다. 1943년에는 2억 5000만 권을 뛰어넘었다. 이런 성장은 놀라운 발전이며 시장 모든 분야에서의 고른 성장을 반영했다. 1946년 무렵 BOTM은 회원들에게 매년 1150만 권을 발송했다. BOTM 선정 주요 도서로 채택만 되어도 작가로서 출세한 경우가 되었다.[22]

독일 책 산업은 대공황 시기를 놀라울 정도로 잘 헤어났다. 1933년 독일은 출판 규모와 책의 가짓수 모두에서 다시 유럽 최대의 책 생산국이 되었다. 도서 약 2만 1601종이 개별 출판사 3000곳 이상을 통해 생산되었다. 출판은 수출입 비중이 3대 1로 수출이 수입을 압도해서 독일 경제에 상당히 이바지했다. 자연히 책 거래는 초기부터 나치화의 목표물이 되었다. 산업 내부에서 그런 경향에 대한 공공연한 반발은 없다시피 했다. 바이마르 공화국 시기의 방종은 주로 베를린에 국한된 것이었음에도 불구하고 일찌감치 프로이센예술원(Prussian Academy of Arts) 산하 문학 분야에서 강한 반발을 초래했다. 1933년 1월 나치가 정권을 장악하면서 독일출판서적상협회(뵈르센베린, Börsenverein)에서 보수 인사들이 우위를 차지할 완벽한 기회를 제공했다. 뵈르센베린 집행부는 그해 초 나치의 분서 만행에서 크게 다뤄졌던 작가들을 강한 어조로 비난했다. 하인리히 만(Heinrich Mann)과 에리히 마리아 레마르크를 비롯한 여러 작가의 작품은 '독일의 명성에 해가 된다고 여겨졌다. 집행부는 출판인들이 이들 작가의 책을 유포하는 일을 그만두기를 바란다. …… 모든 면에서 부르주아 좌파의 뉘앙스가 풍기는 문학'은 '독일 고유의 느낌을 발산하는 시'로 대체되었다.[23]

이런 사태는 이들 작가의 책을 출판하는 회사에 재난을 불러왔다. 그렇지만 뵈르센베린은 나치의 집권이 협회에 이익이 되는 쪽으로 출판업을 재편할 기회라고 보았다. 이미 4월에 그 협회는 독일의 새 실력자들에게 협회의 관심사들을 목록으로 정리해 제출했다. 거기에는 모든 서적상이 협회에 가입하도록 강제해 달라는 요구와 백화점에서 책을 파는 것과 '국민을 오염시키는 소위 최신 대여도서관의 확장'을 막아 달라는 요구가 들어 있었다. 영국에서처럼 대여도서관들은 싸구려 저질 소설의 온상으로 여겨졌다.

소위 지식인들이 자발적으로 나치화에 동참한 것은 의사, 변호사, 교수가 적극 전면에 나선 것과 함께 모든 주요 전문 직종들에서 두드러진 특징이었다. 그러나 이런 열렬한 나치 추종이 도서관업, 언론, 출판 같은 책 관련 업종보다 더 명백한 곳은 없었다. 유대인 소유의 출판사들은 손쉬운 장물이어서 실제 가치보다 턱없이 못 미치는 가격에 아리아인 소유로 이전되었다. 만약 그 유대인이 독일을 떠나려 한다면 그 보잘것없는 돈조차도 세금 폭탄을 부과해 갈취했다[조지 바이덴펠트(George Weidenfeld)는 나중에 영국과 미국에서 새 출발을 해서 상당한 성공을 거두었는데 이와 다소 비슷한 사례가 많았다]. 바이마르 시대에 가장 큰 성공을 거둔 출판사였던 울슈타인(Ullstein)을 비롯해 그런 많은 출판사가 나치당의 유일한 출판업자인 프란츠 에어(Franz Eher)에 넘어갔다. 나치 권력 집단의 유력한 구성원들이 쓴 책들은 사실상 강매였고 그 덕분에 1932년 무렵 에어사(社)는 이미 독일의 주요 출판사로 꼽힐 정도가 되었다. 기업 인수는 전쟁 내내 계속되었고 생산물에 대해 대체로 면세를 받는 혜택까지 입고서, 1945년에 이르러 에어사는 총매출에서 화학 복합기업 이게파르벤을 능가해 독일제국에서 최대 영리기업이 되었다. 독일노동전선(German Labour Front)도 대부분 상당한 규모의 출판 부서를 육성했던 노동조합들의 자산을 몰수한 것을 일부 밑천 삼아서 거대 출판업자가 되었다.[24]

독일은 책을 많이 읽는 나라였다. 그리고 이제 말 잘 듣는 출판사를 멋대로 부려 먹게 되자 나치 정권은 자신들의 정치적·사회적 의제를 추진하기 위해 출판업계를 최대한 활용할 수 있게 되었다. 독일 군대가 모든 전선에서 전진해 나가자 군대를 따라다니는 전선 도서 서비스 '프론트부크한델(Frontbuchhandel)'이 노르웨이부터 우크라이나에 이르기까지 점령지 독일군에게 이데올로기 강화용 책과 여가를 위한 책을 제공했다.[25] 1940년에는 2억 4200만 권을, 1941년에는 압도적으로 증가한 3억 4200만 권을 출판했는데 이때가 독일 출판의 황금기였다. 이런 호황은 1943년까지 계속 조금도 수그러들지 않았다. 괴벨스가 1942년에 말했듯이 '팔릴 만한 모든 것이 계속 즉시 팔려 나갔'기 때문이었다.[26] 독일 출판사만으로는 이런 수요를 채울 수 없게 되면 프랑스와 네덜란드 출판사와 출판업자들의 물적·인적 자원을 강제 동원했다.

처음에는 출판물 중 많은 것에 전쟁과 관련된 제목이 달려 있었다. 하지만 전세가 독일군에 불리하게 돌아가면서 현실 도피를 위한 가벼운 읽을거리에 대한 수요가 증가했다. 1942년 10월 무렵이면 이미 괴벨스가 '대단한 감정적 소모를 요구하지 않으면서도 독자를 일상의 근심으로부터 슬그머니 멀어지게 하는 가볍고 매혹적인 문학'이 시급히 필요하다고 쓰고 있었다.[27] 또한 독일 출판산업은 처음으로 종이 공급에 심한 애로를 겪고 있었다. 이런 문제는 출판인들이 독점적으로 군, 나치당, 독일 공군과 출판 계약을 맺도록 만들었다. 그렇게 하면 따로 종이를 할당받을 수 있기 때문이었다. 그런 식으로 독일 출판업자들이 군대를 위해 1억 권에 달하는 책을 생산하는 동안 민간 시장은 위축되었다. 많은 서점이 팔 책이 없거나 직원들이 군인으로 징집되는 바람에 완전히 폐업했다. 1943년 12월 출판업의 중심지 라이프치히에 무시무시한 폭격이 있었고 516개에 달하는 출판사와 도매업소와 소매업소를 파괴하고 5000만 권으로 추산되는 책을 없애 버렸다.[28] 1944년 9월이 되자 정권은 민간인 독자를 위한 얼마간의 서비스를 유지해 보겠다며 서점들에게 대여 서비스 제공용으로 재고의 4분의 1을 넘기라고 요구했다. 상업적 대여도서관을 폐쇄했던 정권이 뒤늦게 필사적인 조치를 취해 겉모습만 바꿔 재개관한 꼴이 된 것이다. 1945년 유럽에서 최고의 자랑거리이자 가장 중요하고 거대했던 출판산업의 근거지가 잡석 더미와 잿더미로 변했다. 한때 모든 가정마다 한눈에 들어오는 곳에 비치되었던 『나의 투쟁』 수백만 권은 이제 폭격으로 절단이 난 독일의 도시들에서 연료용 땔감이 되었다.[29]

제2차세계대전의 첫 몇 년 동안 적대행위 시작 전후로 현시점의 관심사를 다루는 책에 대한 요구가 쇄도했지만 영국 출판업계는 정녕 어려움을 겪었다. 제1차세계대전 때보다 훨씬 엄격한 종이 할당제도의 도입으로 책의 크기는 더 줄여야 했고 제목은 조심스럽게 지었으며 품질 저하도 어느 정도 감수해야 했다. 할당 기준은 1938~1939년 사이 각 출판사의 소비량으로 정해졌다. 종이 수급이 가장 딸릴 때에는 전쟁 전 사용량을 기준으로 40퍼센트 정도만 할당된 적도 있었다. 정통 출판사들은 주로 가벼운 읽을거리로 인기를 끌던 '싸구려 저질' 소설을 팔아 '벼락부자'가 된 신흥출판사들을 극렬히 비난했다. 공평하지 못한 종이 할당은 정부용 출판물에 대한 관대한 배당으로 심화되었다. 정부는 새로운 전시 지침들을 알리는 수많은 안내 팸플릿과 포스터를 만들었을 뿐만 아니라 영국 본토 항공전에서 시작해 뒤이어지는 전황에 대한 인기만점의 연속 출판물도 제작했다.[30] 또한 대형 출판사들은 영제국 출판의 노른자위였던 해외시장이 잠수함 전쟁으로 위험에 처하면서 극심한 곤란을 겪었다. 1940년 전쟁으로 봉쇄당한 영국에 전적인 동정과 호의를 표하는 한편 캐나다, 호주, 그 밖의 지역에 존재하는 영국의 다른 출판시장을 먹어 치울 기회에 미소를 짓는 미국 출판계에 대한 경고등도 켜졌다. 이것으로도 부족했는지 징집을 당해 출판인들이 자리를 비우게 되었고 더욱 치명적으로 제본 회사의 숙련공들까지 사라지면서 생산 과정에 중대한 장애를 초래했다.[31]

영국 출판업이 런던에 집중해 있다는 점 또한 공습에 대한 취약성을 키웠다. 더 이상 어쩌다 한번 체펠린 비행선을 띄우는 저강도의 공습이 아니라 절멸의 파괴력으로 집중 폭격이 가능한 시대가 되었다. 1940년 12월 29일 독일 폭격기들이 세인트폴대성당 인근의 출판지구인 파터노스터로(Paternoster Row)를 공습했다. 출판사 열일곱 곳의 재고 도서 전부가 도매업체 심프킨앤드마셜(Simpkin & Marshall)의 창고와 함께 화염에 삼켜졌다. 많은 대형 출판업자의 예비재고 전부를 포함해 600만 부에 달하는 책이 사라졌다. 다른 곳에서는 스탠리 언윈이 폭탄 단 한 발에 140만 부의 책을 잃었다. 인기 있는 책조차 재판을 내는 게 불가능한 경우가 많았다. 1942년이 되면 공공도서관, 개인 소장가들과 해외시장에서 인기를 끌었던 에브리맨스라이브러리(Everyman's Library)의 문고본 총서 970종 중에서 무려 580종이 절판되었다.[32]

하지만 초기의 이런 고난에도 불구하고 영국 출판산업은 살아남았을 뿐만 아니라 번창했다. 심프킨앤드마셜은 파산했지만 대형 출판업체들이 공동소유권을 행사하는 업체로 되살아났다. 전쟁 동안 유력 출판사 중에 단 한 곳도 망하지 않았다. 이런 복원력의 배경에는 설명이 필요하다. 경제가 원활하게 돌아가도록 필사적으로 애쓰던 영국 정부가 책 수출 시장 유지를 중요한 국가적 우선순위로 삼고 영국 해군이 책들이 해외로 무사히 전해지도록 전력을 다해 협조했던 것이 도움이 되었다. 강제전쟁보험(전쟁 동안 제본 비용과 함께 책값 폭등을 부른 또 하나의 요인)은 폭격으로 사라진 책들에 대한 상당한 보상을 제공했다. 파터노스터로에서 소실되었던 책 중에 많은 양이 잘 팔리지 않는 재고여서 때로 중요한 자산이라기보다는 오히려 짐이 되었는데 남아도는 재고를 현찰로 돌리면서 끔찍한 재난은 생명선으로 변했다.

무엇보다도 종이 할당이란 규제로 인해 모든 출판물이 사실상 다 팔려 나가는 것이 확실해졌다. 이로 인해 사업의 방정식에서는 언윈이 장부에서 가장 값비싼 항목이라 표현한 출판인의 판단이 제거돼 버렸다. 출판이 시작된 이래로 평상시라면 과다한 낙관주의는 파산의 지름길일 수도 있었다. 하지만 대중의 취향을 예측하기 위해서는 경험과 함께 많은 행운이 따라야 했다. 이제 출판인들은 그들의 자금을 더 이상 불확실한 전망하에서 투입할 일이 없어졌다. 무엇이든 다 팔렸다. 독일에서 그랬듯이 책을 구입하는 대중은 위안 삼을 만한 읽을거리를 찾아 서점을 찾아다녔다. 확실히 자리 잡은 영국 출판사들은 전쟁 초기보다 더 나아진 모습으로 전쟁을 빠져나왔다.

이런 경향은 최근에야 출판업계에 진출했던, 하지만 동료 출판인들은 전혀 환영하지 않았던 그 업체에게는 특히 더 그랬다. 그 업체는 종이표지를 씌워 최신 소설과 논픽션을 제공했던 앨런 레인(Allen Lane)의 펭귄북스(Penguin Books)였다. 펭귄이 페이퍼백의 시초는 아니다. 어떤 의미에서 페이퍼백은 1450년대 출판이 탄생한 이래로 그 업계의 관행이었다. 그때는 모든 책을 제본이 안 된 상태로 팔았다. 출판 초기에 고객들은 새 책을 갖고 제본업자에게 가서 자신이 표지를 선택하고 낱개로 혹은 다른 책들과 함께 제본을 했다. 팸플릿은 종종 제본이 안 된 상태였다. 그 전통은 17세기 프랑스에서 푸른색 표지의 비블리오테크블뢰(Bibliothèque bleue, 떠돌이 행상이 팔았던 싸구려 기사도 이야기 책—옮긴이) 총서에서도 유지되던 전통이었다. 심지어 처음으로 책이 미리 제본된 상태로 출시되기 시작했던 산업혁명 시대에 이르러서도 페이퍼백의 역할이 다한 건 아니었다. 비록 시장의 밑바닥이긴 했지만 유명한—사서들과 빅토리아시대 도덕주의자들에게는 역겨운—페니드레드풀과 투페니블러드(two-penny blood, 싸구려 호러물—옮긴이) 표지로는 제격이었다.

19세기의 주요 재판(再版) 시리즈물들과 많은 감탄을 받았던 에브리맨스라이브러리(1906년에 설립했다)는 양장본의 체면을 지켜 나갔다. 미국의 이매뉴얼 홀드먼-줄리어스(Emanuel Haldeman-Julius) 출판은 기껏 물을 더 흐리는 역할을 했을 뿐

BOOK21

신간 및 베스트셀러

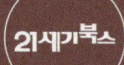
21세기북스는 급변하는 시대의 흐름 속에서 독자의 요구를 먼저 읽어내는 예리한 시각으로 〈칭찬은 고래도 춤추게 한다〉, 〈설득의 심리학〉 등 밀리언셀러를 출간하며 경제 경영 자기계발 분야의 독보적인 브랜드로서 자리매김했습니다.

 21cbooks   jiinpill21   21c_editors

북이십일의 문학 브랜드 아르테는 세계와 호흡하며 세계의 우수한 작가들을 만납니다. 국내에 소개되지 않은 혹은 잊혀서는 안 되는 작품들에, 새로운 가치를 담아 재창조하여 '깊고 아름다운 책'을 만들고자 합니다.

 21arte   21_arte   staubin

베스트셀러

법의학자 유성호의 유언 노트
후회 없는 삶을 위한 지침서
유성호 지음 | 값 19,900원

"오늘의 유언이 내일의 삶을 위한 다짐이 된다!"
『나는 매주 시체를 보러 간다』 이후 6년, 매일 죽음을 만나는
유성호 교수가 1년에 한 번 '유언'을 쓰며 발견한 삶의 본질과 태도

입시를 책임지는 초3 수학 캠프
고학년 되기 전, 상위 1% 수학머리를 완성하라
류승재 지음 | 값 22,000원

"초3 수학이 수능 1등급을 결정한다!"
10년 뒤 대입까지 흔들리지 않는 수학 체력!
28년차 베테랑 수학 강사 류승재의 초격자 수학 강의

뇌가 멈추기 전에
서울대학교병원 뇌신경학자의 뇌졸중을 피하고
건강하게 오래 사는 법
이승훈 지음 | 값 19,900원

"앞으로 당신의 인생에 뇌졸중은 없습니다"
방치된 혈압, 혈당, 콜레스테롤, 심장 리듬을 되찾고
4가지 단계별 전략으로 백년 가는 뇌를 만들어라

오징어약사의 혈당 블로킹
식습관, 운동, 수면, 영양제까지 혈당 스파이크를 막는 4가지 방
오징어약사(김선영) 지음 | 값 19,000원

당뇨 전 단계를 진단받고 약 없이 정상 수치를 회복한 현직 약사의
'3+1 혈당 블로킹' 전략! 식재료 선택부터 식사법, 운동법, 수면 루틴
혈당 관리를 위한 구체적 실천 도구를 제공한다

아이의 말 연습
무례함을 참지 않고 당당하게 말하는 대화 연습
김성효 지음 | 값 19,900원

"말하기도 연습이 필요합니다!"
대한민국 45만 교사들의 멘토, 28년 차 현직 교사의 생생한 인사이
부모와 함께 감정을 이해하고 표현하는 연습하기

스테디셀러

곰탕 1, 2 (10만 부 판매 기념 에디션)
김영탁 지음 | 각권 값 17,900원

가장 돌아가고 싶은 그때로의 여행이 시작되었다!
영화 〈헬로우 고스트〉 〈슬로우 비디오〉 김영탁 감독 첫 장편소설
독자들이 열광한 화제의 베스트셀러 10만 부 판매 기념 에디션

프레임
"최상의 프레임으로 삶을 재무장하라!"

최인철 지음 | 값 22,000원

프레임을 바꾸면 문제를 바라보는 관점이 바뀌고 마음가짐이
바뀌며 나아가 삶이 변화한다. 일생에 한 번은 꼭 읽어야 할
심리학 바이블이자 50만 독자가 선택한 스테디셀러

노희영의 브랜딩 법칙
기획, 개발부터 마케팅, 컨설팅, 경영까지!
전무후무한 브랜드 전략가의 30년 노하우

노희영 지음 | 값 22,000원

30여 개 브랜드의 성공 과정을 통해 트렌디한 콘셉팅 노하우,
허를 찌르는 마케팅 전략, 경영 기본 원칙, 퍼스널 브랜딩 방법 등
노희영을 대체 불가능한 존재로 거듭나게 한 비밀을 보여준다

세상에서 가장 쉬운 본질 육아
삶의 근본을 보여주는 부모, 삶을 스스로 개척하는 아이

지나영 지음 | 값 18,800원

"본질에 집중할 때, 내 아이가 빛나기 시작한다!"
한국인 최초 존스홉킨스 소아 정신과 지나영 교수가 전하는
궁극의 육아법
대한민국에 새 물결을 일으킬 육아 필독서!

천 번을 흔들리며 아이는 어른이 됩니다
사춘기 성장 근육을 키우는 뇌·마음 만들기

김붕년 지음 | 값 17,800원

"아이 스스로 불안을 마주하게 하라!"
대한민국 사춘기 부모&자녀 멘토 김붕년 교수의
예민한 시기를 넘어 단단한 인생으로 이끄는 성장 법칙

새로 나온 책

까불지 마, 인생 안 끝났어
인생 9할을 웃음으로 버틴 순자엄마의 65년 인생 내공 에세이
순자엄마(임순자) 지음 | 값 15,900원
"오늘도 조졌다고? 원래 그려. 살아보면 알아. 별일 아녀. 다 지나가"
가난한 공장 소녀에서 쿨한 시어머니가 되기까지
순자엄마가 고단한 이들에게 전하는 세상에서 가장 따뜻한 응원

영수와 0수
김영탁 지음 | 값 17,900원
"죽기 위해 살려야만 하는 독특한 이야기!"
천선란 작가, 넷플릭스 〈D.P.〉 한준희 감독 강력 추천
웃음과 눈물, 재미와 사유가 함께하는 SF 미스터리
한국 SF 문학의 새 지평을 연 『곰탕』 김영탁 감독의 신작 장편소설

수연이네 사 남매 사계절 완밥 레시피
30분 만에 한 그릇 뚝딱하는 베스트 메뉴
유수연 지음 | 값 28,000원
"입 짧은 아이도 싹 비우는 완밥의 기적!"
'사계절 제철 식재료'부터 '아빠표 특별 레시피'까지
100만 인플루언서 수연이네의 온 가족 사계절 레시피 100선

어차피 내 인생, 망해도 멋있게
지옥에 첫발을 내딛는 너에게 꼭 들려주고 싶은 150가지 진심
이현석 지음 | 값 19,000원
"눈치 보지 마, 비교하지 마, 너의 속도대로 걸어가"
지친 하루하루를 보내는 젊은 세대에게 어설픈 위로보다
진심 어린 팩폭을 던지며 한 걸음 더 걸어갈 용기를 북돋워준다

휠 오브 타임(전3권)
로버트 조던 지음 | 값 165,000원
『반지의 제왕』『왕좌의 게임』그 이상의 세계,
세계 3대 하이 판타지『휠 오브 타임』한국어판 최초 출간!
차원이 다른 깊이와 스케일, 당신의 독서 인생을 뒤흔들 세기의 걸
아마존 오리지널 드라마 〈휠 오브 타임〉 원작

앨런 레인의 모습. 이 가차 없는 혁신가는 저렴한 가격에 수준 높은 문학을 제공하겠다는 구상을 실천에 옮겨 20세기 출판시장을 완전히 변모시켰다.

이다. 그가 제작한, 질 나쁜 종이 위에 드문드문 편집상의 실수가 있는 채로 인쇄한 리틀블루북스(Little Blue Books)는 미국의 남녀 노동자를 염두에 둔 명백히 좌파적 지향의 텍스트였다. 정통 미국 출판인들이 혐오했음에도 불구하고 리틀블루북스는 서적상을 통하기보다는 주로 직접 판매하는 방식을 통해 한 권에 5센트씩 대략 3억 부를 팔아 치웠다.[33] 펭귄 페이퍼백과 좀 더 관련 있는 것은 독일의 알바트로스북스(Albatross Books)였다. 1932년에 설립된 알바트로스는 유럽 고객들에게 페이퍼백 영어 재판본을 제공했다. 단색 표지에 알바트로스 새를 닮은 디자인을 넣은 규격화된 디자인과 판형은 놀라운 혁신이었다. 동일한 방식을 펭귄이 채택해서 단색 표지를 고수하되 장르에 따라 다른 색을 썼다. 알바트로스는 대륙 시장에 대한 계약상의 제한과 나치의 집권으로 성장을 저해받았다. 알바트로스 혁신의 원동력이던 커트 에녹(Kurt Enoch)은 나중에 미국에서 펭귄을 설립해 두 번째 성공을 거둔다.[34]

펭귄이 1년도 못 버틸 거라는 것이 1935년의 여론이었다. 저작권이 있고 최신이고 품질도 좋은 소설을 페이퍼백으로 제작한다는 것은 늘 극히 위험한 투자였다. 고작 6펜스짜리 책을 팔아서 이익을 내야 하는 사업이라면, 특히 다른 출판인에게 재판을 위해 저작권을 먼저 사야 한다면 누구든 엄두를 못 낼 일이었다. 앨런 레인에게 협력하지 말자는 최초의 결의를 출판인들이 지켰더라면 펭귄은 싹도 피워 보지 못하고 끝장났을 것이다. 대부분 냉담하게 결의를 유지했지만 조너선케이프(Jonathan Cape)가 책 10종을 제공하면서 고사작전은 실패로 끝났다. 나중에 케이프가 레인에게 전한 말에 따르면 그가 저작권을 판 것은 어찌 됐든 펭귄이 망할 것이라 확신했고 '나는 당신이 그 꼴을 당하기 전에 400파운드나 벌자'고 생각했을 뿐이라고 했다.[35] 서적상들도 책을 살피는 고객들이 책을 상하게 할 것이라 여겨 최초에는 비관적 입장을 고수했다. 그러나 (1879년 뉴욕서문을 연 세계 최초의) 염가판매점 울워스(Woolworths)가 대안의 판매창구로 합류하고 브랜드의 디자인 솜씨와 제공된 책의 품질까지 인정받으면서 이 도박의 성공을 보장했다. 독자 대중은 펭귄의 책을 즉시 받아들였다. 펭귄은 7실링 6펜스씩이나 되는 신간 양장본 소설을 구입할 수 없는 대중에게 신간을 소유하는 기쁨을 선사했다.

한술 더 떠 앨런 레인을 부추겨 펭귄의 소관 영역을 결정적으로 확장하는 과업으로 그를 내몬 사람은 스스로 문단 주류에 앞장서 대항하던—이젠 부자가 된—조지 버나드 쇼였다. 동일한 방식이지만 펭귄 대신 펠리컨을 표지에 등장시킨 논픽션 총서 펠리컨북스(Pelican Books)였다. 최초의 펠리컨 총서는 1937년에 출간되었다. 그리고 국제적인 위기 상황이 어렴풋이 드러나고 있었을 때 같은 해 11월 펭귄은 비장의 무기를 꺼냈다. 펭귄스페셜(Penguin Special)이었다. 어른거리던 정치적 위기를 다룬 짧고 강렬한 논문들이었다. 저자는 주로 중부유럽 정치권의 주역이거나 목격자였다. 당대의 이런 강력한 논쟁은 극도로 신속하게 출판될 수 있었다. 이따금 타자기로 친 원고가 배송된 지 한 달 이내에 책이 나오기도 했다. 펭귄스페셜은 갈피를 못 잡던 정부나 보수적인 사주의 입김이 작용하는 신문이 주는 정보보다 더 나은 정보를 찾고 있던, 혼란에 빠진 대중의 요구를 충족시켜 주었다.

1937년 11월부터 전쟁 발발 이전까지 펭귄스페셜 총 서른다섯 종이 나왔다. 펭귄북스와 펠리컨북스가 대개 4만 부 남짓 팔렸던 반면에 모든 펭귄스페셜은 최소 10만 부가 나갔다. 『협박이냐 전쟁이냐(Blackmail or War)?』『통일을 위해 분투 중인 중국(China Struggles for Unity)』『영국의 방공태세(The Air Defence of Britain)』『유럽과 체코공화국(Europe and the

Czechs)』『두 번의 전쟁 사이에서?(Between Two Wars?)』『새 독일제국(The New German Empire)』 등 제목 몇 개만 보아도 총서가 국제적 위기에 얼마나 관심을 가졌는지와 다가오는 그런 위기에 대중이 대비하도록 얼마나 신경을 곤두세웠는지를 보여 준다. W. J. 로즈(W. J. Rose)의 『폴란드』는 독일이 폴란드를 침공하기 두 달 전에 나왔다. 『우리의 식량문제(Our Food Problem)』는 영국이 처한 곤경이 말해 주는 엄중한 현실을 탐구했고 『내부 총질(The Attack from Within)』은 더 많은 편집증적 두려움을 부추겼다.[36]

전쟁 발발 전 2년 동안 앨런 레인은 펭귄북스 150종과 펠리컨북스 50종을 출간했다. 1939년이 시작되기도 전에 판매고는 이미 1700만 부를 넘었다. 많은 이에게 펭귄과 페이퍼백은 사실상 동의어가 되었다. 그리고 전쟁 기간에 놀랍게도 600종이 추가되면서 이런 통념은 더욱 굳어졌다. 서로 경쟁을 벌이던 출판인들은 교훈을 얻었다. 1940년에 그들은 힘을 합쳐 길드북스(Guild Books)를 만들었다. 그것은 영국 내 대형 소설 출판인 열 명이 판권을 제공해 페이퍼백으로 재판하려던 월간 소설 총서였다. 대서양 건너에도 펭귄을 흉내 낸 것이 생겼다. 1939년 사이먼앤드슈스터의 자회사로서 포켓북스(Pocket Books)가 설립되었다. 이 포켓 크기의 판형이 주는 편리함은 전시라는 절박한 시기에 특히 적절해 보였다. 전시의 새 기준은 여하한 경우에도 질 낮은 종이를 쓰면서도 페이지는 **빽빽**하게 채울 것을 요구했다. 병사들은 양장본을 사느라 큰돈을 쓸 필요 없이 페이퍼백 몇 권 정도는 갖고 다녔고 그냥 버리기도 했다. 페이퍼백은 전투복 상의나 하의 주머니에 넣기에도 맞춤했다. 그런 사정을 헤아린 끝에 1942년 전쟁 중 가장 성공적인 출판 사업인 진중문고가 탄생했다. 전 세계에 배치된 미군에게 무료로 보급된 진중문고는 적절한 시점에 이르렀을 때 1억 2200만 부나 배포되었다.[37] 후방에서도 페이퍼백은 열차든 집이든 전쟁 지원 활동으로 집을 떠나 머물던 우울한 낯선 거처에서든 어디서건 읽혔다. 런던 당국은 지하철역에 새로 대피소 도서관을 마련하고 저렴한 펭귄을 비치했다. 공습경보 시 대피를 위해 꾸려 놓은 비상 배낭에는 종종 페이퍼백 몇 권도 들어갔다. 이런 추세는 1935년에 시작되어 전시라는 특수한 상황에 편승해 출판시장을 근본적으로 바꿔 놓았다. 앨런 레인은 운이 좋았다—전쟁 전에 펭귄스페셜이 이례적인 판매고를 올린 덕분에 전쟁 중에 종이 할당을 넉넉히 보장받았다. 그의 성공은 출판계를 영원히 바꾸었다.

　모두가 의기양양한 펭귄의 새 책을 반기지는 않았다. 이런 식으로 전개되는 출판계의 상황은 특히 공공도서관을 구경꾼의 처지로 전락시켰다. 염가(양장판 한 권 값이면 펭귄이 열다섯 권)에 수준 높은 소설을 접할 수 있는 새 경로가 생긴 것은 공공도서관으로서는 독서 생태계에서 그들이 갖고 있던 입지를 확실하게 흔들어 놓은 사건이었다. 그런 고비는 상업적 대여도서관과 경쟁 구도가 형성되었을 때 이미 만난 적이 있었다. 페이퍼백이 훼손되기 쉽다는 걱정을 내세워 공공도서관이 페이퍼백을 들이지 않은 것은 합당한 처사였지만 다른 속셈도 있었다. 펠리컨북스와 펭귄스페셜은 특히 명백히 좌파적 지향이었고 도서관 사서들은 울워스에서도 살 수 있는 그런 책을 조달할 의향은 없었다. 전시에 공공도서관의 역할을 생각하면 이것은 불안한 시작이었다. 전쟁이 끝난 후 수십 년이나 평화가 계속되고서

 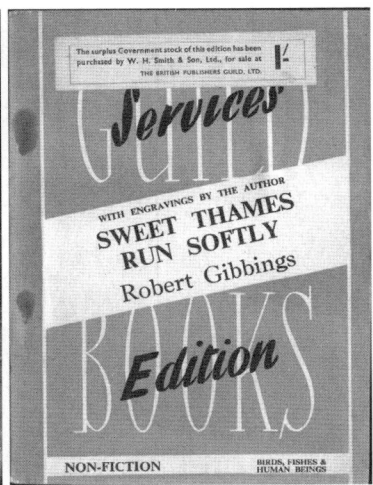

정통 출판인들은 펭귄의 성공으로 허를 찔린 꼴이 되었다. 펭귄이 새로 개척한 이 잘나가는 시장의 몫을 얼마간 챙겨 보려고 그들은 길드북스를 설립했다. 전시에 베스트셀러로 꼽혔던 존 스타인벡의 『달이 지다』 같은 책으로 그들은 상당한 몫을 기대할 수 있었다. 그러나 『달이 지다』 우측 책에 붙은 라벨에서 알 수 있듯이 그들이 낸 책들이 모두 성공한 것은 아니었다.

야 공공도서관은 마지못해 페이퍼백을 도서관 서가에 받아들였다. 그 중간에도 도서관은 이 책이 다루는 이야기에서 상당한 역할을 담당하곤 했다.

전쟁기는 출판업자들에게 시련의 시기였고 작가들에게는 특히 그러했다. 그러나 새로운 기회의 시기이기도 했다. 전시에 막대한 성장을 누렸던 출판 분야는 요리책이었다. 영국에서 전쟁이 발발하자 근심에 시달리는 주부를 위한 간단한 요리법을 제공하겠다는 제목이 달린 책들이 쏟아져 나왔다. 그중 많은 것이 식품부(Ministry of Food, 제2차세계대전 때 음식 배급을 관리감독했다—옮긴이)에서 발행해서 4~6펜스에 팔았던 얇은 팸플릿이었다. 이 실용적인 소형 텍스트는 대개 삽화 없이 만들어졌다. 그런데 프레더릭 그리스우드(Frederick Grisewood)의 『부엌전선(Kitchen Front)』을 기획한 출판업자가 멋진 책 표지 그림을 만화가 푸가스(Fougasse)에게 의뢰했다. 푸가스는 '무심코 건넨 말에 목숨이 위험할지도 몰라(Careless Talk Costs Lives)' 포스터 시리즈로 전시에 가장 잘나가는 예술가였다.[38] 중요한 음식 재료가 급격히 줄어들어 애를 먹던 가정의 고민을 이용해 영리 회사들도 전쟁 전의 화려한 메뉴는 잊어버리라고 훈계하면서 돈을 벌었다. 요리책 구입자 중 많은 사람은 가정의 구성원들이 군역으로 불려 나가는 통에 처음으로 자신만을 위해 쇼핑을 하게 된 여성들이었다. 한 번도 요리를 해 본 적이 없었던 어떤 해군 병사의 신부는 남편이 타던 배의 주방에 있던 요리책이라도 훔쳐야 하는가 싶어 끔찍한 마음이 들었지만 굶주린 해군 240명을 위해 만들어진 요리책으로는 자신에게 필요한 음식 재료의 양을 알아낼 방법이 없어 포기했다.[39]

음식을 키우고 닭을 기르고 잼을 만들고 늘어선 관목숲을 살살이 훑는 모든 행위가 일련의 책 제목에 반영되었다. 「부엌전선을 위한 음식(Food Facts for the Kitchen Front)」[식품부 장관인 울턴(Woolton) 경이 서문을 썼다] 「배급제하의 요리법(Cookery under Rations)」 「펭귄북스의 먹을거리 키우기(The Penguin Book of Food Growing)」 「저장법과 요리법(Storing and Cooking)」. '음식전선'이나 '부엌전선'같이 전선을 집요하게 반복하면서 알뜰한 주부가 상선의 공간을 필수 전쟁 물품을 위한 공간으로 만들어 준다는 메시지를 명확히 했다. 전쟁이 질질 끌면서 앰브로즈 히스(Ambrose Heath)의 『알뜰하게 이용하기(Making the Most of It)』(1942)는 대중의 심정을 더 정확하게 표현했다. 이 책은 음식 저널리스트였던 히스가 펴낸 탁월한 책 스물아홉 권의 제목 중 하나였고 그를 전시에 최고 다작 작가가 되게 했다.

    미국에서도 요리책은 영국과 동일한 성장을 만끽했다. 하지만 양심의 가책은 덜했다. '음식이 승리를 가져다줄 것이다' 혹은 좀 더 시적으로 '배급 쿠폰을 잘라 내는 손이 승리를 가져다줄 것이다'라는 슬로건은 여전히 음식이 넉넉히 공급되는 곳에서 그리 효과적이지 못했다.[40] 루스 베롤츠하이머(Ruth Berolzheimer)의 『구미가 당기는 디저트 250가지(250 Tempting Desserts)』는 1940년대의 영국에서는 전혀 쓸모없었을 것이다. 독일은 식품 공급 위기를 영국보다 한참 뒤에야 겪었지만 요리법에 관한 한 가장 터무니없는 출판계 소식으로 꼽히는 전시 뉴스를 제공했다. 알리스 우르바흐(Alice Urbach)의 베스트셀러 『빈식으로 요리해 보기(Cooking the Viennese Way)』를 희한하게 개칭한 사건이었다. 우르바흐는 전쟁 전에 요리학교를 운영하면서 풍성한 오스트리아 요리와 디저트를 널리 알리며 큰 성공을 거뒀다. 그가 낸 책은 베스트셀러가 되어 최초 3년간 3판을 거듭했고 3판만 2만 5000부가 팔렸다. 1938년 오스트리아가 독일제국에 합병되면서 모든 오스트리아 태생의 유대인들처럼 우르바흐의 삶도 최악으로 치달았다. 국외이주를 허가받기 위해 우르바흐는 출판사에 저작권을 강제로 넘겨주어야 했다. 출판사는 비유대인 남성 작가의 이름을 빌려 책을 재발간했

마스 초콜릿바를 더 오래 가게 만들자. 펭귄북스의 어린이책 브랜드인 퍼핀북스(Puffin Books) 초기 도서 중 한 권에 실린, 이 심각한 메시지는 전시 영국에서 내핍 생활을 하지 않을 도리가 없다는 것을 분명히 밝혔다. 열량 비교로 조금씩 먹어도 충분하다는 메시지의 정당성은 강력히 입증했지만 어차피 초콜릿을 배급했기 때문에 마스 초콜릿바를 실컷 먹을 도리는 없었다.

다. '로스차일드 오믈레트(Rothschild omelette)'와 '비프웰링턴(beef wellington, 소고기에 푸아그라와 버섯 페이스트를 바르고 페이스트리 반죽을 입혀 구운 영국 요리—옮긴이)'을 개칭한 것을 제외하면 본문은 대체로 그대로였다. 1938년과 1941년 사이에 추가로 5만 부가 발행되었다. 이런 식으로 논픽션을 아리안화(Aryanization, 재산몰수를 비롯해 모든 방면에서 유대인의 흔적을 지우려던 나치 정책—옮긴이)하는 일은 독일 출판계에서 제법 흔한 일이었다. 폴 위셀(Paul Wessel)의 유명한 과학 입문서 시리즈, 주요 법조윤리 지침서와 『크나우어의 의학 백과

사전(Knaur's Medical Encyclopedia)』이 그런 변을 당한 경우였다.[41] 만약 출판인들이 전시에 이런 체계적인 표절이 불가피했다고 변명할 수는 있더라도 전쟁이 끝난 후에 작가가 자신의 지적재산권 반환을 거듭 호소했는데도 출판사가 우르바흐의 텍스트를 계속 팔아 이익을 편취한 것은 용서하기 어렵다. 2020년 우르바흐의 손주가 어떤 책에서 이 이야기를 밝히고 나서야 비로소 『빈식으로 요리해 보기』의 저작권은 우르바흐 가문의 품으로 돌아왔다.

전쟁이 많은 이의 삶을 극단적으로 뒤엎었지만 다른 이들은 세속에서 일상을 살며 꾸준히 불편함에 적응해 나가는 것으로 전쟁을 경험했다는 사실을 요리책의 인기가 상기시켜 준다. 후방의 사람들은 전쟁터로 나간 친구와 가족을 통해 혹은 폭격기의 경로에 신경을 곤두세우는 식으로 전쟁을 간접적으로 경험했다. 이런 다채로운 경험을 이어지는 다섯 장에서 다룰 것이다. 후방부터 전선까지 작가들의 책 세상, 군인과 주부 들, 전쟁 포로와 독서 행위를 규제할 책임을 진 현학적인 관리 들을 살펴볼 것이다. 이들 모두는 전시의 책 세상에서 각자의 역할을 수행했다.

8장
전쟁 중의 독서

40년 전에 세상은 넬라 라스트를 알게 되었다. 제2차세계대전 동안 배로인퍼니스에서 살던 마흔다섯 살 주부였다. 넬라는 조용히 살았다. 장성한 아들 둘과 말수가 적으면서 가구 일을 하는 남편과 함께 살면서 요리하고 청소하고 장을 보고 이웃과 수다를 떨고 세상일도 살폈다. 전쟁 동안 큰아들은 회계사로 북아일랜드에서 지냈고 작은아들은 군에 입대했다. 전쟁은 그의 삶도 바꿔 놓았다. 우리가 이런 사실을 아는 것은 1939년에 넬라가 일상기록화(MO) 프로젝트를 위한 일기 제출자가 되었기 때문이다. MO 프로젝트는 영국 산업 도시들의 일상을 기록하기 위해 인류학자 톰 해리슨(Tom Harrisson), 저널리스트 찰스 매지(Charles Madge), 영화감독 험프리 제닝스(Humphrey Jennings)가 합심해 기획했다. 유럽에서 적대적 관계가 시작되던 때부터 일상기록화 프로젝트는 영국 사회 각계 계층의 광범위한 사람들이 그들의 일상 경험을 일군의 동료 작가들, 사회 과학자들과 공유할 기회를 제공했다.[1] 현재 브라이튼 소재 서식스대학교(University of Sussex)에 있는 MO 기록보관소는 제2차세계대전 동안 영국 시민들의 삶에 대한 진실되고 귀중한 정보를 제공한

넬라 라스트. 신랄하고 예민하며 사회적 뉘앙스의 영민한 관찰자였던 넬라는 전쟁 중에도 가장 진지하게 일기를 기록한 사람으로 꼽혔다. 그 때문에 그는 소중히 여겼던 독서 시간을 잃었지만 덕분에 후손들은 진귀한 기록을 얻게 되었다.

다. 넬라보다 더 풍부한 일기를 제출한 사람은 없다. 그는 대개 매일 저녁마다 꾸준히 단어 1000개 정도를 기록했는데 전쟁이 끝날 무렵 단어 총 200만 단어 이상의 글을 MO 본부로 보냈다. 넬라는 타고난 일기 작가였다. 영민하고 예민한 그는 배로 지역에서 벌어지는 미묘한 사회적 계층 매기기를 민감한 감성으로 포착했다. 동네 여성이 오만하게 구는 모습에 그는 완전히 풀이 죽었다. 이 모든 것을 일기에 쏟아부어 놓았다. 넬라는 늘 훌륭하지만은 않은 자신의 감정에 대해 무지비할 정도로 정직했다.

넬라의 MO 일기에서 가장 놀라운 점은 이렇게 엄청난 양의 글을 남겼음에도 독서에 대해서는 거의 언급이 없었다는 사실이다. 놀라울 수밖에 없는 것은 전쟁이 발발하기 전에 넬라는 열렬한 독서광이었기 때문이다. 어린 시절 사고로 다친 덕분에 영국 문학의 주요 작품을 섭렵할 기회를 얻었다. 전형적으로 노동계층 출신이면서 독학으로 문해력을 획득한 경우였다. 그러나 전쟁은 넬라에게 책을 위한 시간을 허용하지 않았다. 배로에는 거대한 조선소가 있었고 그것이 군사기지였기에 자연히 독일 공군의 표적이 되었다. 넬라는 국방여성회(Women's Voluntary Service, WVS)에 자원봉사자로 참여했고 WVS 구내식당에서 정기적으로 교대근무를 하며 요리와 청소를 했다. 그는 적십자사를 위한 가게를 열었다. 넬라는 전쟁으로 거의 생각지도 못했던 자신의 재능을 발견했던 많은 여성에 속했다. 정원을 일구어 야채를 재배했고 닭을 길렀다. 대가족의 일원으로 늙은 어른들을 보살폈다. 배로가 폭격을 당했을 때 넬라는 식당 탁자 아래로 대피하고 나서는 깨어진 유리를 쓸어 담았다. 그가 자기 전에 신문에 잠깐 눈길을 던지는 것 이상의 독서를 할 수 없었더라도 조금도 놀랄 일이 아니다.

이것은 전쟁 중인 나라에서 후방이 갖는 역설이었다. 전시에 중요한 역할을 했다는 사실을 열렬히 인정받고 싶었던 도서관협회가 귀 열린 사람 누구에게든 말해 준 대로 많은 사람은 전쟁 중에 게걸스럽게 읽었다. 군인, 피난민, 전시에 농업에 종사하는 젊은 부녀자, 산업 노동자 중에 새로운 독자들이 많았다. 그들은 집을 떠나 다른 곳에서 근무하느라 가정생활의 평범한 여가활동을 박탈당한 모든 부류의 성인이었다. 그러나 전시의 독서에 대해 MO가 1942년에 행했던 광범위한 여론조사에서 대상자 중에 족히 40퍼센트가 덜 읽거나 훨씬 덜 읽거나 아예 읽지 않았다고 답했다. 책은 전시에 매우 귀한 위안거리였다. 그러나 모두가 즐길 수 있는 위안거리는 아니었다.

1914년에서 1918년 제1차세계대전 동안 특히 미국 공공도서관이 활기차게 전성기를 즐기고 있었던 것과 비교하면 영국 공공도서관은 침체기를 겪었다. 시작은 늦었지만 미국 도서관들은 애국적 취지에 적극 동참했다. 군대로 보낼 책을 수집하고 승전채권[Victory Bond, 전쟁채권(War Bond)을 달리 말한다—옮긴이]을 팔고 전쟁 수행에 공헌하는 수많은 자발적 조직에 도서관 시설을 제공했다.[2] 1917년 이전 20년 동안 미국에서는 앤드루 카네기(Andrew Carnegie)의 기부 프로그램이 절정에 이르면서 수많은 도서관 건물이 들어섰다.[3] 전쟁은 공공도서관을 공동체의 중심으로 각인시킬 기회를 주었고 사서들은 기꺼이 그 기회를 붙들었다.

1914년 무렵 영국의 공공도서관운동은 이 정도의 수준에 이르지 못했다. 그때까지도 많은 자치구에서, 심지어 상당한 규모의 도시에서도 공공도서관법을 채택하지 않았다. 그리고 전쟁 수행을 돕겠다는 캠페인이 전국으로 퍼져 나가는 와중에 도서관은 나름의 독특한 공헌 방식을 개척하려고 분투했다. 예산은 삭감되었고 젊은 직원들은 징집되었다. 도서관은, 특히 전쟁산업의 중심지와 가까운 도시인 셰필드, 리즈, 코번트리, 울버햄프턴, 버밍엄의 도서관은 과학기술 및 공업 서적들의 가치를 강조하는 합리적 논리를 내세우며 도서관을 옹호했다. 이따금 이런 논리 덕분에 전쟁 후에는 종종 상업 및 과학기술 전문 도서관들이 설립되기도 했다.⁴ 그러나 나름의 가치가 있었던 이런 분투는 일반 대중에게 별다른 반향을 불러일으키지 못했다. 전쟁 기간 동안 많은 도서관이 문을 닫았고, 몇몇은 런던의 그레이트노던센트럴병원(Great Northern Central Hospital)에 합병된 이즐링턴도서관(Islington Libraries) 북부 분관과 같이 전쟁 수행을 위해 징발당했다.⁵

양차세계대전 사이의 20년 동안 영국 공공도서관망은 쇄신에 성공했다. 1919년 공공도서관법은 먼저 1805년 제정 당시에는 선구적이었지만 이제는 규제적 성격이 강해진 '페니 지방세(penny rate, 도서관 설립을 목적으로 지방세에 대략 1페니를 부과할 수 있게 했다—옮긴이)'를 폐지해 지방의회의 지출 상한을 해제했고 그다음으로 주의회로 권한을 이전했는데, 이에 힘입어 전국적으로 도시와 마을의 도서관들끼리 연결망을 형성했다. 1939년에는 제1차세계대전 동안 도서관을 관리하면서 무력감에 시달렸던 관계자들이 이제는 관리자가 되어 있었다. 그래서 제2차세계대전이 선포되고 신설된 정보부로부터 도서관 자료의 분배를 도와달라는 요청이 있자 도서관은 기꺼이 참여할 의지로 불타올랐다. 도서관협회가 지적했듯이 도서관 직원들은 식품부 관리로서 지원 태세를 잘 갖추고 있어서 전국적인 등록 체계를 마련했고 지역별로 공습사전경보반(Air Raid Precaution, ARP)을 조직했다. 그리고 실제로 많은 선임 사서는 지역 행정기관에서 중요한 역할을 하게 된다. 그들은 또한 대피 시민들을 위해, 지역에 배치된 군인들을 위해, 병원들을 위해 도서관 시설을 전폭적으로 제공하겠다고 약속했다.⁶

도서관 공동체가 보인 이런 열정은 비록 전쟁 수행에 도서관의 중요성을 입증하겠다는 좀 더 이기적인 동기가 있었다고는 해도 진심에서 우러난 것이었다. 도서관 측은 도서관 시설들이 전시에 신설된 수많은 관료조직에 징발당하지 않게 하려고 특히 애를 썼고 도서관 직원들이 필수 인력으로 인정되어서 징병에서 제외되기를 희망했다. 건물 보존에는 더 많은 성공을 거뒀다. 새로운 규정에 대해 정보를 제공하고 팸플릿을 배포하고 포스터를 게시하고 만남의 공간을 제공하면서 공동체 활동의 중심이 되었다. 하지만 도서관 직원들이 군에 소집되는 것을 막아 보겠다는 바람은 이루지 못했다. 전쟁 동안 도서관협회 구성원 2000명 이상이 주로 자원해서 병역에 나섰다. 하지만 병역에 나섰던 사서 중에서 도서관협회 회비를 계속 납입하지 못하는 자들은 회원명부에서 지워 버렸다. 정확하기로 정평이 나 있던 사서들다운 일처리였다.

공공도서관은 과외 임무도 떠맡게 되었다. 운영 시간을 넘겨 도서관을 개방하고 추가 대여 장소를 여럿 확보해 책을 공급했다. 이 모든 일을 크게 줄어든 수의 직원들로 해냈다. 종종 신입 여성 직원이 채용되었으나 직원 결손을 채우기에는 여전히 부족했다. 이런 결손에는 부분적으로 매우 갸륵한 이유가 있었다. 지역 당국자들이 종종 도서관 직원의 원래 봉급과 그가 군에서 받는 급여 사이의 차액을 보전해 주었고 전쟁이 끝나면 그 직원을 원래 자리로 복직시켜 주겠다고 약속했기 때문이다. 이런 약속을 지키려면 대체 인력을 뽑을 예산은 줄어들 수밖에 없었다. 이런 어려운 상황 속에서도 도서관은 극히 훌륭히 일을 수행했다. 가장 중요한 과제는 런던에서 피난 온 어머니들과 그 아이들이 필요한 것을 해결해 주는 것이었는데 조용하고 효율적이고 신속하게 처리되었다. 새 주민들에게는 독서 카드를 발급했고 도서들은, 특히 어린이책은 당장은 이용자들이 사라진 도시의 도서관에서 배송된 책으로 확충했다.

이런 시급한 문제를 인식하지 못하는 도서관은 동료 전문가들로부터 어떤 동정도 기대할 수 없었다. 노스웨일스 랜디드노의 사서가 피난민들에게 등록하려면 그들이 떠나온 곳의 도서관이 발급한 유효한 증명서를 제출할 것을 요청했다고 밝혔을 때 《도서관협회보(Library Association Record)》는 한심한 콜(Caul) 씨를 질타하고 분노를 감추지 못하며 이례적으로 다음과 같이 응대했다. '온 나라가 전쟁이라는 비상시국을 겪고 있는데 랜디드노만 안 그런가 봅니다.' 전반적으로 공공도서관들은 칭찬이 아깝지 않은 유연함을 보이면서 신성시하던 절차를 여느 때와는 달리 유동인구의 흐름에 맞춰 융통성 있게 적용했다. 군인과 피난민뿐만 아니라 군수공장 노동자, 전시에 농업에 종사하는 젊은 부녀자, 징용된 광산 노동자 등은 모두 집을 떠나 살고 있었다. 이것도 모자라 곧 공습으로 집을 잃은 이재민까지 가세하게 된다. 전쟁 동안 총인구가 3900만 명인 나라에서 6200만 명이 주소지를 변경했다.

많은 도서관 당국자는 마을 회관이나 심지어 작은 상점에다 새로운 대여 장소를 개설했다. 일부는 이동도서관을 도입해 오지의 마을이나 소규모 군 파견대에까지 책을 공급했다. 이런 서비스가 더욱 절박했던 것은 대중교통 감축, 노동시간 증가와 함께 자가용차에 대한 가솔린 배급 중단으로 많은 독자가 책을 바꿔 보기 위해 큰 도서관으로 접근하기 어려워졌기 때문이었다. 도서관 혁신의 가장 상징적인 성과물은 런던대공습 때 지하철역을 깊은 방공호로 점유하게 된 시민들을 위해 런던 자치구들이 임시변통으로 만든 도서관들이었다.[7] 때로는 흔히 최신 서적도 들어 있는 몇백 권에서 5000권에 달하는 도서들이 대피소들에 비치되었는데 이따금 도서관 직원 한 사람이 관리하기도 했다.

집중포화에도 굴하지 않는 런던의 기상을 보여 주는 상징으로서 이 지하철 도서관들은 대단한 선전적 성공을 거두었고 도서관 서비스의 이미지에도 긍정적 인상을 주었다. 그것은 또한 그전에는 도서관의 문을 통과한 적이 거의 없었던 잠재적 독자들과도 관계를 맺을 수 있는 절호의 기회였다. 게다가 전쟁 덕분에 식품, 옷, 거래, 통신, 여가 등 삶의 모든 측면을 관장하는 정부의 수많은 문서를 시민들이 직접 찾아보는 새로운 관행을 만들었다. 《도서관협회보》는 매달 정부가 내놓은 대개 2쪽에 달하는 새 출판물 목록을 실으며 정부 문서에서 느끼지 못했던 흥미를 더했다. 도서관은 자체적으로 정원 손질과 전시 배급 식품의 요리법 같은 흥미로운 읽을거리 목록을 내놓았다. 전쟁 말기에 도서관은 전쟁의 쟁점들, 전후 재건이나 예기치 못했던 소련 같은 동맹들에 대한 도서 목록을 편찬했다.

정보를 검색하러 온 사람 중 많은 이가 집에서 읽을 책을 대출해 갔다. 많은 도서관에서 등록 회원 수와 대출부수가 급증한 것은 놀라운 일이 아니었다. 1941년 뉴캐슬은 총 대출도서 수 150만 권을 기록했고 리즈는 총 대출 수가 50만 권 증가했다. 1943년 브리스틀은 폭격으로 타격을 입었는데도 280만 권이 대출되었고, 맨체스터는 601만 권이었다.[8] 이런 긍정적인 보고가 도서관협회로 흘러들었고 지역공동체의 허파로서 도서관의 위상을 더욱 강화했다. 그러나 리즈의 증가는 전쟁 첫해에 비슷한 수준으로 감소한 것을 상쇄했고 런던 자치구들에서도 구민들이 다른 곳에 피난처를 구하면서 또한 대출 감소를 보였다. 우리가 물어야 할 질문은 상당히 우호적인 독서 환경이 조성되었을 때 왜 공공도서관 이용률은 그만큼 증가하지 않는가이다.

1942년 6월 MO가 전시 독서에 대해 가장 체계적인 연구를 했을 때 그 결과는 많은 독자가 도서관을 상당히 많이 이용했음을 확인해 주었다.[9] 그러나 응답자의 무려 40퍼센트가 극히 조금 읽는다는 답변을 내놓았다. 넬라 라스트의 경험이 다른 수백만 명에게서도 되풀이된 것인지도 모른다. 전쟁이 아니라면 독서에 썼을 수도 있는 많은 시간을 이제는 줄을 서느라 날려 버렸다. 배급 방식이 하도 복잡해서 장 보는 사람들과 그들에게 시달리는 푸주한, 빵가게 주인, 식료 잡화상의 에너지를 고갈시켰다.[10] 여성 다수는 노동 인력으로 편입되거나 넬라처럼 자원봉사를 하는 데 많은 시간을 할애했다. 이도 저도 아닌 다른 이들은 스트레스를 너무 받아 책으로는 기쁨을 얻을 수 없었다(런던 대공습 동안 독서량은 급격히 하락했다).[11] 일부는 도서관 운영 시간이 늘 자신의 노동시간과 겹쳐서 이용 자체를 할 수 없었다. 여성들이 도서관 정규 회원 중에 큰 비중을 차지했기에 집 안팎으로 여성 노동을 동원한 것은 공공도서관에 중대한 영향을 미쳤다.

심지어 독자들이 도서관을 직접 방문했을 경우에도 사서는 자신이 읽고 싶은 책을 권하기 위해 애썼다. 공공도서관 컬렉션은 도서관 근처에 자리한 군부대를 위한 도서관을 만들기 위해 빼돌려지다시피 할 때도 있었다. 비록 기증자들이 필요한 부

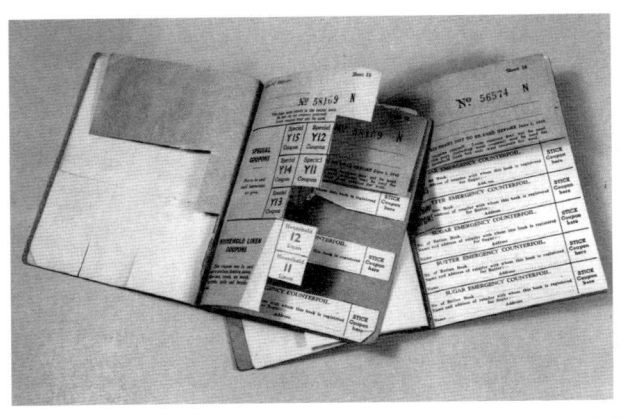

뉴질랜드의 배급통장. 배급제는 영연방 자치령에도 피할 수 없는 현실이었다. 그래도 호주나 뉴질랜드, 더욱이 미국 같은 곳에서는 배급통장 문제가 영국에서처럼 온통 마음을 빼앗는 중대 관심사는 아니었다. 미국 신문은 영국에서 구할 수 없는 새로운 의류, 가구, 온갖 진미를 계속 광고했다.

족분을 얼마간 메워 주었으나 기증도서가 병사들의 기분전환용으로 늘 적절한 것으로 보이지는 않았다. 또 기증도서를 분류해야 했고 바쁜 사서들에게 군일거리가 되었다. 제1차세계대전과는 대조적으로 많은 자치단체가 도서관 이용 증가에 맞춰 예산을 증액해 주었지만 전쟁은 도서관 장서 구축에 도움이 되지 않는 특히 부정적인 환경을 조성했다. 출판업자들이 전쟁 자원 보험과 같은 새로운 비용을 부담하면서 신간 가격이 가파르게 올랐다. 그래서 특히 새로운 소설과 전쟁 관련 도서에 대한 요구가 높아지고 있는데도 도서관이 구입하는 책은 줄어들고 있었다. 게다가 소장도서 보존이라는 훨씬 더 시급한 문제가 있었다. 꾸준히 대출되는 책들은 수선이나 재제본을 위해 반드시 대출을 멈출 필요가 있다. 하지만 제본 원료 구입이 힘들어지고

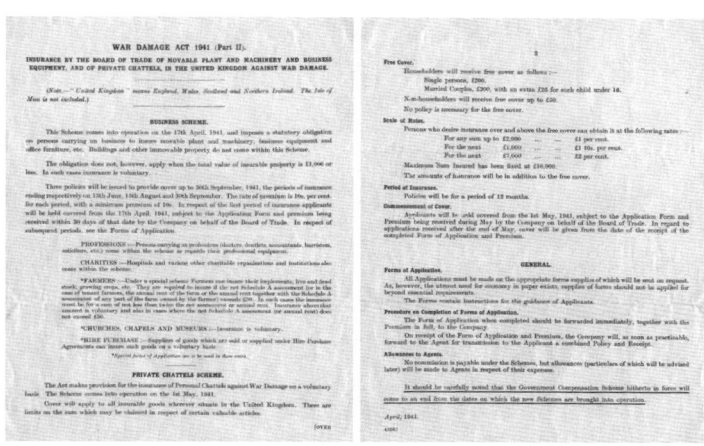

총력전을 벌일 때 부수적으로 따르는 수많은 규제는 시민들에게 큰 부담을 준다. 하지만 이 전쟁보험 설명서는 전쟁으로 인해 피해를 입은 기업이나 개인에 대한 지원방안을 정리하여 제시해 놓았다. 얼마 안 되지만 이런 것들은 도움을 주었다. 공공도서관들은 이런 방안들을 홍보하는 데 중요한 역할을 했다.

제본소가 폭격 피해를 입고 징병으로 일손까지 달리면서 제본 비용이 급격히 상승했다. 일부 숙련된 제본 기술자들은 더 많은 급료를 쫓아 군수업체로 이직했다. 많은 제본소는 일거리가 밀렸는데 그중에는 최고 2년 치까지 밀린 곳도 있었다. 책 제본을 위해 이렇게 오랫동안 기다리기보다는 많은 도서관은 책이 망가질 때까지 계속 대출해 주었다. 독자들은 상태가 불량한 책을 대출하고 싶지 않았지만 모순되게도 사람들이 즐겨 읽은 책이라는 증거로서 많은 날짜 도장이 찍힌 책에 종종 이끌렸다.[12]

또한 공공도서관은 인력 부족으로 인해 주로 정부 문서를 찾아보거나 팸플릿을 취득하기 위해 도서관을 찾은 시민을 새 독자로 만들기 위해 접근할 기회를 잡을 수가 없었다. 이런 경우가 평상시에 생겼다면 독자들에게 도서를 소개하면서 그들이 책을 선택하도록 안내할 기회가 되었을 것이다. 이런 안내는 많은 경우 도서관 업무에서 가장 중요한 일이었다. 하지만 인력 부족으로 다들 일에 쫓기고 있다면 불가능한 일이었다. 결국 피난민이나 군역 인력 중에서 새로운 노동자 독자를 만들 기회를 날린 것이다. 이런 독자 중 많은 이에게 도서관은 불친절한 환경을 선사했다. 못마땅해하는 눈길이 날아오는 곳, 침묵을 강요당하는 곳, 규칙을 내세워 을러대는 곳이었다. 게다가 그들이 선호했던 잡지나 기분전환용 읽을거리를 비치하지도 않았다. 이런 독자들은 종종 신문가판대나 제과점이 운영하는 상업적 대여도서관을 선호했다. 보통은 투페니도서대여점(tuppenny library)이라 불렸는데 흔히 가입비 없이 2페니만 내면 책을 대출할 수 있었다. 거의 전적으로 소설, 그것도 대체로 범죄·모험·로맨스 소설을 취급했다. 대부분 문학적 겉치레가 거의 없는, 공공도서관이 싫어하는 책이었다. 공공도서관에서는 기가 죽는 독자들도 대여도서관 운영자에게 환영받는다는 것을 알고 있었고 그 운영자가 자기들이 뭘 좋아하는지를 파악하고 있을 뿐만 아니라 유쾌한 미소를 지으며 책을 추천하면서도 자신들의 취향을 평가하지도 않는다는 것을 알고 있었다.[13] 공공도서관은 고객의 독서 취향을 '개선'한다는 전쟁 전의 이상주의를 어느 정도 버려야 한다는 사실을 인식하고 있었지만 오래된 버릇은 고치기가 어려웠다. 1942년 MO가 보고했던 것처럼 독자 75퍼센트가 여전히 가벼운 소설과 스릴러물을 선호하는데도 도서관

보고서는 논픽션과 과학기술서의 인기가 높다고 끈질기게 공표했다.[14]

많은 도서관은 특히 폭격이 런던을 벗어나 산업도시, 항구, 각 자치구의 중심지로 향했을 때 전쟁의 직접적인 피해를 입었다. 손상 복구와 서비스 재개를 위해 플리머스, 포츠머스, 사우샘프턴 같은 군항도시가 내보인 영웅적인 노력은 도서관이 할 수 있는 최선의 모습을 보여 준 것이지만 요구는 많아지고 처리 비용은 올라가면서 이미 쪼들리던 예산은 도서관을 더욱 빡빡하게 압박했다. 그 때문에 독자들에게 그들이 원하는 신간을 제공하는 일이 훨씬 더 어려워졌다. 도서관들은 전시에 대출이 매우 빈번했던 영국 문학 고전도 대개 잘 갖춘 편이었는데, 부분적으로 에브리맨스라이브러리 총서, 넬슨클래식 총서, 옥스퍼드 대학교출판부에서 펴낸 인기 재판본들 덕분이었다. 그러나 데니스 휘틀리(Dennis Wheatley)나 C. S. 포레스터 같은 작가들의 신간은 대기 목록에 올려 놓고 몇 달씩 기다려야 할 때도 있었다. 결과적으로 공공도서관은 노동계급 독자들을 투페니도서대여점에 빼앗겼을 뿐만 아니라 중산층 독자들도 놓치게 되었다. 그들은 원칙적으로 공공도서관을 이용하면서도 오락적 도서를 위해서는 부츠애서가도서대여점(Boots Book-Lovers' Library)이나 W. H. 스미스 도서대여점을 찾았다.

MO 일기를 읽어 내려가노라면 다방면에 걸쳐 독서를 한 사람들이 공공도서관을 별로 이용하지 않았다는 사실에 놀라게 된다. 노동계층이 주축이던 링컨셔성공회교당의 아서 홉킨스(Arthur Hopkins) 신부는 개인문고 2000권을 소장하고서도 상업적 도서대여점의 회원이었다. 신부의 말에 따르면 그는 소위 심각한(즉 신학 관련) 읽을거리와 자신이 소장한 문학 고전, 회원제도서대여점에서 구한 시의성 있는 읽을거리, 소설과 논픽션을 오갔다. 그는 추천도서를 주고받았으며 화재감시 임무를 하며 사귄 사람들에게 종종 책을 빌려주기도 했다.[15] 런던 사람 글래디스 랭퍼드(Gladys Langford)도 소규모 도서대여점 네 곳을 운영하던 절친에게서 신간을 구했다.[16] 전쟁 내내 런던을 떠나지 않고 버텼던 회계장부 담당자 앤서니 힙(Anthony Heap)은 얼마 안 되는 수입을 극장표 구입에 많이 지출했다. 그는 1937년 무디도서대여점(Mudie's Lending Library)이 문을 닫을 때까지 그곳의 회원이었고, 연회비가 비싸다고 《타임스》회원제도서대여점을 탈퇴하고 부츠도서대여점에 가입했다. 1943년에는 자신이 원하는 책을 도무지 대여할 수 없다는 이유로 부츠 회원 등급을 A급으로 올렸다. '원하는 책은 무엇이건 출판되자마자 얻을 수 있다는 만족감을 생각하면 비싸도 괜찮'[17]으니 연회비 2파운드는 치를 만한 가치가 있었다. 은퇴한 전력공사 감사관이었던 허버트 브러시(Herbert Brush)도 부츠 회원이었다.[18]

부츠애서가도서대여점 회원 대부분은 여성이었다. 부츠는 가사를 도울 사람이 있어서 독서할 여유를 누릴 수 있는 주부들을 중심으로 고객층을 키웠다. 회원제도서대여점은 임금이 후한 전시 일자리를 구해서 새로이 능력자 집단에 진입한 독신 여성들도 고객으로 잡았다. 올리비아 코켓(Olivia Cockett)은 전쟁이 났을 때 스물여섯이었다. 그때 그는 런던경시청(New Scotland Yard)에 서기보로 고용되었지만 사무실은 곧 퍼트니에 있는 더 안전한 지구로 이전했다. 올리비아는 똑똑하고 교양 있는 독서광이었다. 그는 공공도서관과 W. H. 스미스 도서대여점 양쪽을 정규적으로 오가면서 키운 상당한 규모의 개인장서를 자연스레 보유했다. 리더스유니온북클럽(Readers Union book club)으로부터 매달 이달의 책을 받기도 했다.

  MO 고백 중 가장 흥미로운 것으로 꼽히는 글은 필리스 월서(Phyllis Walther)가 남겼다. 런던대학교 출신인 필리스는 군역을 하는 남편을 런던에 남겨 두고―흔한 경우였다―1939년 어린 아들과 고향 도싯으로 돌아갔다. 필리스의 바쁜 새 생활은 독서할 여유를 주지 않았다. 그러나 1942년 5월 MO의 '지시'(정규적으로 특정한 주제―이번에는 독서―에 대한 글을 요청했다)에 대한 그의 두서없는 답변은 중산층 가정의 다양한 독서 환경을 관찰할 수 있는 대단히 흥미로운 기회를 제공했다.

내가 정기적으로 읽는 유일한 것은 《픽처 포스트》입니다. 그걸 호주에 사는 내 자매에게 생일 겸 크리스마스 선물로 보냈는데, 자매는 내 선물로 《뉴 스테이츠먼》을 보냈지요. 아버지는 《리더스 다이제스트》를 구독하셔요. 나는 부츠 도서대여점 회원이었어요. 그러나 책 한 권을 읽는데 시간이 너무 오래 걸려서 차라리 사 보는 게 낫지 않을까 싶을 정도입니다. 때때로 도서대여점에서 어머니께서 구독 예약하신 것을 내가 대출해 갑니다. 남편은 전쟁 전에 레프트북클럽(Left Book Club)의 회원이었는데 거기서 구한 책들을 고향으로 갖고 와서 천천히 읽고 있습니다. 또 리더스

유니온의 회원인 친구가 우리가 두고 왔던 가구를 보내면서 자기 책도 보내 주었는데, 그중에서 특히 신간을 골라 읽습니다.

책은 너무 많고 읽을 시간은 너무 없었다. 이제 필리스는 자신을 위한 시간으로 심지어 일요일에도 거의 30분을 확보하기도 버거웠다. 그에 반해 '우리가 가정부를 한 명을 더 쓰고 집안일을 하지 않았을 때는 나는 매일 이 정도는 읽었다'.[19] 하지만 필리스는 가령 문학에 심취한 자매로부터 자신이 '오래전에 읽어야겠다'라고 생각하던 책을 빌려 보는 식으로 폭넓고 다양한 관계를 통해 책을 구할 수 있었는데 유복한 출신의 MO 일기기록원들에게 전혀 이상한 일이 아니었다. MO 기획자인 톰 해리슨(Tom Harrison)의 분류에 따르면 필리스는 'A급' 독서가였다. 전체적으로 MO 일기기록원들은 좌파 성향이었다. 그래서 BBC가 발행했던 지식인 잡지 《리스너(Listener)》 《뉴 스테이츠먼》과 함께 레프트북클럽이 종종 언급되었다(클럽 회원들이 빠르게 줄고 있었다는 사실을 감안하면 비율적으로 치우친 것이다).

일기에는 도서대여점 부츠나 W. H. 스미스가, 그보다는 덜하지만 《타임스》 도서대여점이 비슷한 수준으로 곳곳에 등장했다. 하지만 MO의 1942년 전시 독서에 대한 가장 방대한 보고서에는 이상하게도 등장하지 않는다. 아마도 정치적 좌파로 유명한 인물이었던 톰 해리슨 자신의 정치적 입장이 얼마간 투영된 것으로 보인다. 그는 어쩔 수 없이 공공도서관운동을 지지하는 성향이 있었다. 노동계층 독자들이 편하게 책을 골랐던 장소로서 투페니도서대여점을 진지하게 분석할 생각은 있었지만 중산층을 위한 도서대여점들과 구독료에 따라 중산층끼리도 세밀하게 나눠졌던 등급을 분석할 시간은 조금도 없었던 것으로 보인다. 매우 자주 그랬지만 이 대목에서도 결정적인 이야기는 해리슨이 가장 총애했고 사회적 허세에 대한 통렬한 비판자였던 넬라 라스트의 몫으로 돌려야 한다. 1941년 2월 넬라는 왜 마흔일곱 살의 활기차고 매력적인 한 여성이 자살해야 했는지 당혹스러워한다. 그가 '여성을 행복하게 할 거의 모든 것'을 누리고 있었는데 말이다. 새집에 살았고 살림살이할 돈(넬라가 늘 남편을 들볶았던 이유 중 하나)은 넉넉했고 그 동네에서 가장 멋진 것으로 꼽히는 모피코트를 걸치고 있었다. 더군다나 그는 '부츠의 "A"급 회원—공짜로 빌린 책이 한 권도 없었다—이었고 또한 부츠의 잡지 대여점에도 이름을 올렸다'.[20]

도서관들은 그 시대에 중대한 독서계의 혁신이었던 페이퍼백의 이점을 활용하지 못해서 또한 애를 먹었다. 사서들은 펭귄에 대해 감탄을 금하지 못하면서도 혐오스러운 눈길을 던졌다. 1939년 1월 너니턴(Nuneaton)의 사서는 시사 현안들과 관련된 '펭귄스페셜' 총서 몇 권을 신규 도서로 기재했다고 고백하는 글을《도서관협회보》에 다소 떨리는 심정으로 올렸다. 그러나 도서관 공동체는 어떤 반응도 없었다.[21] 런던 자치구들은 지하철 대피소 도서관용으로 펭귄을 구입했다. 그리고 다른 도서관 관계자들도 변경의 전진 군사기지로 책을 몇 박스씩 급송할 때 펭귄 총서를 활용했다. 그러나 이것은 책이 돌아올 거라고 기대하지 않았기 때문이었다. 오랫동안 장편소설을 냈던 출판업자 조합이 1940년부터 길드북스를 설립해 조합가맹 출판사들이 최근에 낸 책을 페이퍼백으로 발행하겠다고 했을 때도 페이퍼백을 도서관의 정식 소장도서로 올리겠다는 움직임은 없었다. 바로 이런 책들을 공공도서관 이용자들이 읽고 싶어 비명을 지르고 있는데도 그랬다.

자주 이용하면 신간 페이퍼백들이 빠르게 훼손될 것이라는 사서들의 판단은 물론 타당했다. 1941년 11월에 전직 기자이자 당시엔 베드퍼드의 비전투 병과에서 일병으로 복무 중이던 데니스 아전트는 《월간 노동(Labour Monthly)》과 《영국의 노동자(British Worker)》를 구하러 서점을 들렀다가 펠리컨북스에서 펴낸 J. B. S. 홀데인(J. B. S. Haldane)의 『일상생활 속 과학(Science in Everyday Life)』를 보고는 기가 질려서 뒷걸음쳤다.

> 내용은 유익한데도 이 책은 지금까지 간행된 것 중 거의 최고로 악랄한 싸구려 펭귄 페이퍼백이다. 종이는 얄팍하고 우중충하며 인쇄는 얼룩투성이고 제본은 불량하다. 읽을 만하게 잘 인쇄된 책을 도서관에서 구할 수도 있으니까 6펜스를 주는 것도 아깝다는 생각이 들었다.[22]

그 경우를 제외하면 아전트는 펭귄을 열광적으로 읽었다. 종종 식사 시간에도 읽었고 업무 관계로 차를 타고 오갈 때도 읽었다. 항상 애독자에게 책값은 상당히 중요했다. 1941년 대히트를 친 데니스 휘틀리의 최근작 『극악무도한 사기꾼(The Scarlet Impostor)』이 10실링 6펜스에 출간되었다. 그 돈이면 펭귄 스물한 권을 살 수 있었다. 비록 책이 여전히 활발하게 팔리는데도 불구하고 대형 도서대여점 네 곳은 같은 작가의 작품을 평상시 구매량에 비해 67퍼센트나 적게 구입했다.[23] 어니스트 헤밍웨이의 초대형 베스트셀러 『누구를 위하여 종은 울리나(For Whom the Bell Tolls)』는 같은 해에 9실링에 출판되었다. 펭귄과 길드 페이퍼백이 담배 한 갑 가격에 불과 6페니인 것을 감안하면 상당히 비싼 가격이었다. 자치주 한 곳의 도서관에서 헤밍웨이의 베스트셀러를 스무 권 정도 구매하는 것이 과도하다고 볼 수는 없다. 그러나 그걸 구매하는 데 드는 돈 9파운드 10실링이면 펭귄을 380권을 살 수 있고 가격이 9페니로 올랐다(판매고에 거의 영향을 미치지 않았다)고 해도 253권을 살 수 있었다.

이 막사 저 막사로 이동하거나 해외파견으로 군인 수송선을 타기도 했던 데니스 아전트처럼 늘 분주한 사람에게 페이퍼백은 매력적이었다. 그것은 본인이 읽고 친구들끼리 돌려 보고 버려도 그만이었다. MO 일기기록자들은 펭귄을 서점에 가지 않고도 울워스나 신문가판대에서도 구할 수 있는 으레 가벼운 구매 행위로 여겼다. 가장 흥미로운 일기기록자로 꼽히는 캐슬린 헤이(Kathleen Hey)가 진정 그런 경우였다. 1906년생인 그는 결혼한 자매, 어머니와 함께 살고 식구끼리 운영하는 식료품 가게에서 일했다. 캐슬린의 독서는 지식층의 취향을 보였는데 중하위 계층인 그 집안의 식구들이 라디오를 선호하는 것과는 대조적이었다. 캐슬린은 도서관 출입증을 갖고 있지만 해러깃에서 휴일을 보내면서 엽서가게에 들러 '값싼 책(sixpenny book)' 몇 권을 사는 것을 더 선호하는 것으로 보였다. 구입 도서에는 앙드레 모루아의 『생각을 읽는 기계(La machine à lire les pensées)』와 버나드 패러스(Bernard Pares)의 『러시아(Russia)』가 있었다.[24]

이 모든 점을 고려해 보면 독자들이 최근의 소설이나 전황의 진전에 대한 최신 소식을 구하기 위해 첫 번째로 들르는 곳이 공공도서관이 될 가능성은 없었다. 사람들은 차라리 도서대여점에 구독료를 내거나 점점 더 많이 페이퍼백을 샀다. 페이퍼백이 매우 싸다 보니 전시 상황에서 샀는데 마음에 들지 않을 수도 있고 그냥 한 번만 읽고 치울 가능성도 높은 양장본 소설은 위험한 사치로 보였다. 출판업자들은 이런 점에 유의해서 입증된 베스트셀러를 우선적으로 골라 넉넉지 않게 할당된 종이를 썼다. 싹을 피우기도 전에 펭귄을 고사시키려다 실패한 뒤 출판업자들은 페이퍼백을 수용했다. 업자들이 힘을 합친 덕분에 길드북스는 훨씬 더 널리 팔려 나갔다. 사실 MO 일기 작가들이 펭귄이라고 썼을 때는 그 책이 어떤 출판사의 페이퍼백이든 상관없이 가장 유명한 브랜드로 부른 것이었다. 출판업자들은 폭격으로 폐허가 된 창고, 제본업자들, 어뢰를 맞은 수출 배송품, 종이부족에 대처하면서 미로 같은 규제를 뚫고 지나가야 하는 어떤 경우에서든 할 수만 있다면 이윤을 내야 했다. 제한된 종이 할당을 놓고 경쟁을 벌일 때는 또 하나의 가공할 경쟁자를 만났다. 영국 정부였다.

1943년 5월 22일 아서 홉킨스 신부는 보스턴에서 링컨으로 가는 열차를 탔다. 전쟁 상황을 생각하면 다소 복잡한 여행이었다. 기차에서 심심할 때 보려고 신부는 정보부에서 펴낸 팸플릿 『연합작전, 1940~1942년(Combined Operations, 1940-1942)』을 갖고 갔다. 팸플릿은 전쟁 최초 3년 동안 적진을 향해 시도했던 다양한 출격을 묘사하는데, 참담한 실패를 본 디에프기습에 대해 최대한 정확히 설명할 때 절정에 달한다. 홉킨스 신부는 전황을 면밀하게 좇는 열렬한 독자였고 자신과 같은 객차를 탄 다른 다섯 승객이 모두 같은 팸플릿을 읽고 있었기 때문에 이 사실을 일기에 기록할 마음을 먹게 된 것이었다.[25]

『연합작전』은 전선에서 영국군의 분투를 묘사한 시리즈물 중에 널리 성공을 거둔 최신 팸플릿이었다. 잘 썼고 묘사는 풍부하고 값은 1실링으로 극히 쌌다. 이 시리즈는 『영국 본토 항공전(The Battle of Britain)』부터 시작되었다. 두꺼운 표지를 댄 32쪽 분량의 팸플릿이었는데 비교적 묘사가 간결했고 소매가로 3페니였다. 원문을 제공한 사람은 스릴러 작가인 힐러리 세인트 조지 손더스(Hilary St George Saunders)로 전시에 익명으로 정보부(Ministry of Information, MOI)의 의뢰를 받아 글을 썼다. 1941년 3월에 출간된 『영국 본토 항공전』 초판 5만 부는 하루 만에 매진되었다. 재빨리 30만 부를 더 찍었다. 뒤이어 삽화판이 나왔고 해외 유통을 위한 번역본이 이어졌다. 1942년에 이르면 『영국 본토 항공전』은 수많은 신문에 연재물로 실렸을 뿐 아니라 23개 언어로 번역되어 전 세계 곳곳으로 팔려 나갔다.[26] 세인트 조지 손더스는 독일이라는 무자비한 전쟁기계에 맞서 불굴의 승리를 거둔 이야기 하나를 대중의 의식에 각인시켜 넣었다. 그것은 전세가 완전히 되돌이킬 수 없을 정도로 우세해진 1942년 후반 이전까지 가늘게 새어 들어온 빛이었다.

세인트 조지 손더스는 익명으로 쓴 자신의 승리 이야기를 『폭격사령부(Bomber Command)』로 이어 나갔다. 『영국 본토 항공전』보다 네 배가 길었고 136만 부가 팔려 나갔다. 『연안방위대(Coastal Command)』 『최전선(Front Line)』 『이집트전투(Battle for Egypt)』가 점점 늘어나는 목록에 추가되었다. MOI

출판물의 인기는 서적상들에게 꾸준한 수입을 주었지만 출판업자들은 매우 착잡했다. 동일한 규칙하에서 업계 동료들과 경쟁하는 것과 영리 출판업자처럼 구는 정부와 맞서는 것은 완전히 다른 경우였다. 출판업자들이 그들에게 허용된 보잘것없는 종이 할당량에다 새 출판물의 미래 가치를 견주어 봐야 하는 경우라면 MOI는 출판산업 전체에 할당된 규모보다 여섯 배나 많은 할당량을 누리는 경우였다. 더 어이가 없는 것은 이런 뻥튀기 할당량도 부족해서 MOI가 매년 자기가 정한 명목상의 할당량보다 더 많은 종이를 써 버린다는 사실이었다.

이런 불공정은 견디기 힘든 일이었지만 출판업자들은 MOI가 출간한 베스트셀러들이 꾸준히 이어지면서 군대가 벌이는 전투에 대한 설명과 당대의 사건들에 대해 총체적인 해설을 해 달라는 요구가 결코 끊이지 않는다는 사실도 파악하게 되었다. 전쟁이 새로운 국면에 접어들 때마다 새로운 제목을 단 이야기들이 줄지어 나왔다. 전쟁이 첫 겨울을 맞았을 때 소련의 핀란드 침공이 큰 주목을 끌었다. 더 많은 것이 궁금했던 독자들은 울만(Ullmann)의 『핀란드의 기원과 전통(Epic of the Finnish Nation)』, 햄프든 잭슨(Hampden Jackson)의 『핀란드사(History of Finland)』와 허버트 엘리슨(Herbert Ellison)의 『핀란드의 전쟁들(Finland Fights)』을 구해 읽었다.[27] 전쟁 전부터 관심을 끌었던 독일 관련 책들은 계속 출간되었다. 프레더릭 멀러(Frederick Muller)의 『자유의 부름(Freedom Calling)』(반나치 라디오 방송에 관한 책) 『게슈타포의 내부(Inside the Gestapo)』 『나치가 만든 지옥 다하우(Dachau the Nazi Hell)』, 루돌프 올든(Rudolf Olden) 박사의 『독일은 구제불능인가?(Is Germany a

Hopeless Case?)』가 1940년의 분위기를 주도했다. 직접적인 증언을 담은 책들, 이를테면 이름가르트 리텐(Irmgard Litten)의 『어머니, 히틀러와 맞붙다(A Mother Fights Hitler)』와 마델라이네 켐프(Madeleine Kemp)의 『나는 독일인과 결혼했다(I Married a German)』는 특히 인기를 얻었다. 켐프의 자전적 회고록은 1939년까지 5판을 거듭했다.

돌이켜 보면 1940년에 출간된 헬무트 폰라우셴플라트(Hellmut von Rauschenplat)의 『히틀러 정복법(How to Conquer Hitler)』은 1939년에 나온 『군인용 영어·독일어 회화책(The Soldiers' English–German Conversation Book)』만큼이나 너무 낙관적으로 보인다. 나중에 확인한 바로는 전쟁이 시작되고 4년 동안 그 회화책은 포로수용소에 있었던 영국 군인에게 가장 유용한 책이었다. 소설가들도 책을 냈다. 버나드 뉴먼(Bernard Newman)의 『마지노선 살인사건(Maginot Line Murder)』[골란츠(Gollancz) 펴냄]은 최초의 전시 범죄 소설이라고 광고했다. 이에 뒤질세라 휘틀리의 『극악무도한 사기꾼』이 나와 '지금 전쟁을 다루는 최초의 스릴러'라고 내세웠다. 앨버트 네서(Albert Nesor)가 히틀러를 다룬 소설 『유럽의 미친 개(Mad Dog of Europe)』는 7실링 6페니에 살 수 있었다. 출판업자들은 또한 유머와 조롱이라는 가장 믿음직한 무기를 써먹었다. 롤프 텔(Rolf Tell)의 『음향과 총통(Sound and Fuehrer)』에 이어 베스트셀러 『실책투성이 나라의 아돌프(Adolf in Blunderland)』가 나왔다[전자는 윌리엄 포크너(William Falkner)의 『음향과 분노(The Sound and the Fury)』에 대한 패러디이고 후자는 『이상한 나라의 앨리스(Alice in Wonderland)』의 패러디—옮긴이]. 후자는 BBC

드라마로 제작된 것에 힘입어 8일 만에 3판을 찍었다. 이런 분위기를 틈타 어떤 작가는 호호(Haw-Haw) 경의 전기를 출간했다. 호호 경은 본명이 윌리엄 조이스(William Joyce)이며 밤마다 독일에서 영국을 비난하는 선전방송을 했다. 포일(Foyle) 가문은 호호 경을 주빈으로 저자와의 점심식사를 열기로 했다. 그에게 초대장을 보냈으나 그는 나타나지 않았다[대형서점 포일스(Foyles)의 대표 크리스티나 포일(Christina Foyle)이 1930년에 최초로 '포일스 저자와의 점심식사(Foyles Literary Luncheon)'라는 행사를 개최했고 지금도 이어지고 있다—옮긴이].

이런 살벌한 분위기에서도 보이는 여유는 가짜전쟁(phoney war, 제2차세계대전 초기 영국과 프랑스가 독일에 선전포고는 했지만 전쟁은 회피했던 8개월을 말한다—옮긴이)에서 용납이 된다. 그러나 그런 여유는 됭케르크철수작전, 프랑스 함락, 영국 본토 항공전과 함께 빠르게 사라졌다. 그다음 10개월 동안 전쟁 서적은 1940년 프랑스가 그렇게 충격적으로 빠르게 무너진 이유를 설명하려는 욕구와 영국 공군 조종사들이 보여준 용기와 활력에 대한 찬사 사이를 갈팡질팡했다. MOI 팸플릿이 전쟁 상황을 성공적으로 설명했음에도 불구하고 실제 목격자들의 이야기에 대한 욕구도 넘쳤다. 1940년 9월 윌리엄 콜린스(William Collins)는 육해공 3군 모두에 관한 책들을 출판했다. 권당 3실링 6펜스였다. 1941년 6월 윌리엄 버컨(William Buchan)의 『교전 중인 영국 공군(RAF at War)』은 5실링이었다. 1940년 12월 출판사 블랙(Black)은 항공부(Air Ministry)와의 협력하에 『전투 중인 영국 공군(RAF in Action)』을 간행했다. 이런 협력은 필수적이었다. 당국의 허가를 얻어야 기자나 사진

사는 군수공장이나 비행장에 접근할 수 있었고 폭격기를 얻어 탈 수 있었다. 무려 7실링 6페니였는데도 『전투 중인 영국 공군』은 이틀 만에 매진되었다. 출판업자들은 영국 공군 자선기금(RAF Benevolent Fund)에 저작권 사용료를 기부했다. 반면에 출판사 하렙(Harrap)은 『급강하 폭격기(Dive Bomber)』로 얻은 이윤을 1940년 가장 유명한 기금모집 운동이었던 스핏파이어 기금(Spitfire Fund)에 기탁했다. 전문가 단체들, 자원봉사 그룹들과 공장 노동자들이 5000파운드를 갹출해 영국 본토 항공전의 전세를 뒤집었던 날렵한 전투기 스핏파이어 제작에 보탰다.

현역 근무 중 사망할 경우를 대비해서 모든 군인은 가장 가까운 가족에게 의무적으로 편지를 써야 했다. 1940년 6월 《타임스》는 됭케르크철수작전을 돕다가 격추당한 폭격기를 타고 있었던 젊은 공군 병사의 그런 편지 한 통을 (병사 어머니의 허락을 받아) 공개했다. 《타임스》는 편지가 게재된 신문을 달라는 요구가 빗발치자 팸플릿으로 출판했다. 그해 말까지 50만 부가 나갔다. 학교에 걸어 두고 볼 수 있도록 포스터도 만들어졌다.[28] 영국 공군에 대한 진심 어린 애정과 감사가 넘쳐 났다. 육군이 대체로 영국 일대의 야영지에서 잠복하고 있는 동안 영국 공군과 해군이 각광을 받았다.[29]

프랑스에 관해서 시사평론가들은 1914년에 프랑스가 독일의 공격을 저지했던 것처럼 대체로 그럴 수 있는 뛰어난 장비를 갖추었음에도 왜 몰락했는지를 설명하면서 1930년대 프랑스 정부에 따가운 눈길을 던졌다. 해외 특파원들이 곧잘 보도를 주도했다. 예를 들면 로이터(Reuters) 특파원 고든 워터필드(Gordon Waterfield)의 『프랑스는 왜 그 모양인가?(What Happened to

France?)』와 같은 초기 분석을 들 수 있다. 몰락의 속도가 너무 빨라 몇몇 출판사는 불시에 습격당한 꼴이었다. 출판사 덴트는 조르주 뒤아멜(Georges Duhamel)이 보낸 「프랑스는 왜 싸우나(Why France Fights)」의 제목을 허겁지겁 새로 달아야 했다. 작가의 체면은 세워 주려는 듯이 결정한 다소 유감스러운 새 제목 「프랑스의 입장(The French Position)」은 원래 불어 제목에 더 가까웠다[원어민이 보기에는 새 제목이 '프랑스식 체위(position)'로 읽힐 여지가 있었다—옮긴이]. 제임스 말로(James Marlow)의 「드골의 프랑스(De Gaulle's France)」는 망명 중인 지도자를 위한 여론을 환기시켰다. 한편 기계화된 전쟁에 대해 드골이 쓴 책의 영국판은 미래를 내다본 전략가로서 그의 명성을 빛나게 했다.[30]

대량학살 현장을 겪었던 민간인들의 실화는 특히 인기가 있었다. 엘리 J. 브와(Elie J. Bois)는 「프랑스에 닥친 비극에 대한 진실(Truth on the Tragedy of France)」을, 알렉산드라 베어트(Alexander Werth)는 「파리의 마지막 날들(Truth on the Tragedy of France)」을 제공했다. 호크슬리(Hawksley) 부인과 함께 자전거 탈출을 감행했던 루퍼트 다우닝(Rupert Downing)의 「내가 웃는다면(If I Laugh)」에는 불굴의 분투가 명백히 드러난다. 프랑스 연극계에 있다가 1940년 구급차 운전병으로 프랑스군에 입대했던 두 영국인의 탈출기 「보르도로 가는 길(The Road to Bordeaux)」 또한 사람들의 심금을 울렸다. 작가 네빌 슈트(Nevil Shute)는 같은 주제로 독자의 마음을 사로잡은 감상적 소설 『얼룩 옷을 입은 피리 부는 사나이(Pied Piper)』로 엄청난 성공을 거뒀다. 이보다 덜 감상적인 세실 F. 멜빌(Cecil F. Melville)의 『자책하는 프랑스인(Guilty Frenchmen)』이 나온 다음 재빨리 해럴드 카르도소(Harold Cardozo)의 『사슬에 묶인 프랑스(France in Chains)』가 출간되었다. 프랑스와 스페인 국경 지역에서 취재 중이던 《데일리 메일》 기자가 기고한 한 기회주의적인 돌격대에 관한 기사에 영감을 받아 쓴 소설이었다. 1941년 2월에 프랑스를 붕괴로 이끈 '프랑스 고위층 내부의 7년에 걸친 배반의 내막'을 다룬 앙드레 시몬(André Simone)의 『나는 고발한다(J'Accuse)』가 나왔고 곧바로 앙드레 모루아의 『왜 프랑스는 몰락했는가(Why France Fell)』가 이어졌다. 이 책은 3주 만에 6판을, 그것도 대량으로 6판을 냈다. 《뉴욕 타임스(The New York Times)》 파리 특파원 퍼시 필립(Percy Philip)의 『패배한 프랑스(France in Defeat)』도 비슷한 성과를 냈다.

독일이 러시아를 침공했다는 충격적인 뉴스와 함께 출판물도 쇄도했다. J. T. 머피(J. T. Murphy)는 운 좋게도 독일 침공 전에 『행군 중인 러시아(Russia on the March)』 교정쇄를 검토하는 단계에 있었다. 그러나 미래에 노동당 각료가 될 제니 리(Jennie Lee)의 『우리의 동맹: 러시아(Our Ally—Russia)』도 조금 떨어져 따라왔다. 1939년 독소불가침조약으로 곤혹스러워했던 좌파는 물론 기세가 올랐다. 좌파 출판인 빅터 골란츠(Victor Gollancz)는 『러시아와 우리 자신(Russia and Ourselves)』를 집필 의뢰 3주 만에 출판했는데 출판일 전에 3판을 찍었다. 정말 러시아에 꽂힌 사람들을 위해서 출판사 룬드험프리스(Lund Humphries)는 백과사전식 러영사전을 내놓았지만 2파운드(40실링—옮긴이) 이상을 들일 각오를 해야 했다. 전체적인 지식을 얻기를 원하는 사람이라면 8실링 6페니에 허친슨에서 출간된 『분기별 전쟁기록(Quarterly Record of the War)』을 구했다. 첫 권은 1939년 9~12월을 다루었는데 1940년이 다 가기 전에 10판을 거듭했다. 프랑스 함락을 다룬 세 번째 권은 5판을 찍었다.

전쟁으로 상당한 출판 특수가 발생했지만 그 특수는 현 정세를 다루는 염가 출판물에 대한 막대한 판매고에서 가장 두드러졌다. 전쟁으로 새로운 시리즈물이 다양한 출판사에서 무더기로 나왔다. 케임브리지대학교출판부의 '당면문제(Current Problems)', 맥밀런(Macmillan)의 '전쟁팸플릿(War Pamphlets)', 그리고 '옥스퍼드팸플릿(Oxford Pamphlets)'은 처음 두 해 동안에만 200만 부가 팔렸다. 후방의 전쟁 활동도 출판업의 중요한 영역이었다. 공습감시원(Air Raid Precautions officers)은 총 100만 명이었는데 『공습경보 참고서[ARW's Reference Book(ARW, air raid warning, 공습경보―옮긴이)]』는 그들의 필수 지침서였다. 기술을 익혀 전쟁 수행에 조금이라도 보탬이 되려고 국토방위군(Home Guard, 1940년에 조직된 시민군―옮긴이)에서 복무하는 150만 명은 허친슨의 『국토방위군을 위한 정보(Hints for the Home Guard)』를 6페니라는 싼 값에 구할 수 있었고 완전판 『국토방위군 안내서(Home Guard Handbook)』는 1실링이었다. 세금은 오르고 전시 긴축으로 단골들의 책 구입이 쪼그라든 상황에서 이 책들이 팔려 나간 덕분에 서적상들은 그럭저럭 버틸 수 있었다. 1940년 《북셀러》에 실린 서점 운영자 휴버트 윌슨(Hubert Wilson)의 증언은 통찰력 있고 시사하는 바가 있다. 1939년 크리스마스에는 판매고가 예상을 뛰어넘었다. 하지만 프랑스가 패배했고 단골들은 조금씩 떨어져 나갔다. 그러나 다행스럽게도 민간인, 신병, 간호사, 공습감시원, '포켓판 정치 관심

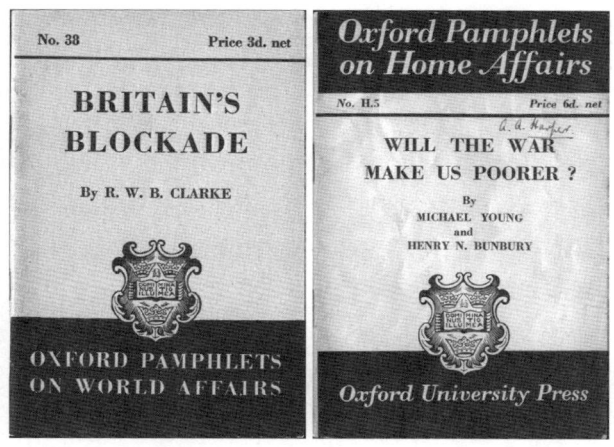

깔끔하고 잘 만들어진 옥스퍼드팸플릿은 찾는 사람이 많았다. 「전쟁 때문에 우리는 더 가난해질까?(Will the War Make us Poorer?)」는 엄밀하게 근거를 대는 데는 부족했지만 좀 더 낙관적인 확신을 제공했다. 물론 답은 그렇다였다.

층(pocket politician, 작은 책에 정치 사안을 간결하게 정리한 책을 보는 정치 관심층—옮긴이)'을 위한 놀라울 정도로 다양한 책과 팸플릿 덕분에 일정 고객 수는 유지할 수 있었다.

    배나 비행기, 온갖 전쟁 무기에 관한 책들이 나왔다. 판매 목적의 채소 재배법부터 독가스 방어 훈련까지, 3열 종대와 횡대 행진훈련 지침서들, 소총 훈련, 브렌 경기관총 사용법, 위관급 장교의 임무, 그 외에 실로 다양하고 상상 가능한 모든 주제에 관한 팸플릿, 규약과 의회제정법들이 왕립인쇄출판국(Stationery Office)에서 끊임없이 출간되었다.

이 모든 출판물이 많은 전시 공간과 가게 앞 진열장 대부분을

전쟁 중의 독서

점유했다. 그것들은 '1페니부터 3실링 6페니에 이르기까지, 그러나 실은 1실링은 거의 넘지 않는 가격에 팔려 나갔다. …… 그리고 새로운 고객을 가게로 유인했다'. 윌슨은 또한 '이전에는 서점 문턱을 감히 넘어설 생각을 못하던 손님 수백 명이 펭귄 책을 한 권 사고 싶을 때 기꺼이 가게로 들어섰다'라고 은근히 인정했다.[31] 출판계의 많은 이는 안목 있는 고객들이 많은 돈을 들여 양장본을 구입했던 그 좋았던 시절이 돌아오기를 여전히 희망했다. 그러나 전쟁의 경험과 그것으로 인해 1실링짜리 고객들이 새로 유입된 것은 전후에 페이퍼백 혁명을 위한 기반 조성에 크게 이바지했다.

전쟁이 후반기에 접어들면서 당대 정치에 관한 저술들에 대한 관심이 퇴조하는 것을 볼 수 있었다고 이따금 주장하지만 출판인들의 출판 목록을 보면 그런 징후를 조금도 볼 수 없다. 오히려 전후 복구에 관한 쟁점으로 관심이 점점 이동하고 있었다. 전후 영국의 사회복지를 전면적으로 재구축하겠다는 것을 약속한, 1942년 11월에 나온 베버리지 보고서는 완전판과 요약판 모두 베스트셀러가 되었다. MO 일기를 토대로 판단해 보면 사회복지는 집과 일터 모두에서 널리 토론거리가 되었다(그것은 전쟁 중에 사실상 모든 MO 일기기록자들이 언급했던 몇 안 되는 획기적인 사건에 속했다). 적어도 특히 1943년까지는 전쟁에서 이길 수 있을 거라는 전략적 전망을 갖기가 절망적일 정도로 어려웠음에도 불구하고 도서관 공동체와 공무원들이 아주 일찌감치 전후 복구 계획에 관심을 가졌다는 사실은 영국이 전쟁 수행 과정에서 보인 가장 놀라운 특징 중 하나다. 건축과 사회정책에 관한 책들, 전시 연합을 기피했던 소수의 핵심 정치인

집단이 그들의 비전을 담은 선언문들은 독자들의 열렬한 관심을 끌었다. 돌이켜 보면 결국 승리하고 말 것이란 이런 숭고한 확신은 정녕 비범한 마음가짐이었다. 그리고 이 일기기록자들은 전쟁 수행을 돕는 중에도 자신들의 좌절과 근심을 돌이켜 볼 공간을 기필코 찾아냈던 것이다. 그 모든 불리한 여건에도 불구하고 프랑스 함락 후에 짧은 기간 보였던 동요만 제외하면 히틀러가 승리할 것이라고 진심으로 믿는 이는 거의 없었던 것이다.

독일은 비록 여전히 정부로부터 넉넉한 지원을 받았고 직원도 충분했지만 꽤나 다른 종류의 MO 기록을 남겼다. 게슈타포는 전쟁 과정에 대한 자신의 속마음, 이웃에 대한 불평, 책의 주제나 저자의 정체 때문에 금서가 될지도 모를 책을 읽는 기쁨을 쉽게 터놓을 수 있는 조직이 아니었다. 일기를 쓰는 것은 매우 위험부담이 큰 일이었기 때문에 공무원이자 헌신적인 사회민주당원인 프리드리히 켈너(Friedrich Kellner) 같은 이의 무모함은 정말이지 희귀한 경우다. 1942년은 주의 깊게 숨겨 놓은 일기장이라고는 해도 다음과 같은 생각을 적어 두기에 좋은 시기가 아니었다. '아돌프 히틀러는 역사상 가장 간교한 범죄자다. 그는 사탄과 악마가 한 몸에 빙의한 자이다. 이 히틀러라는 자는 인류에게 가장 가증스러운 인간의 대표적 표본으로 떠올랐다.'[32] 켈너의 일기가 살아남은 것은 그가 작은 지방 도시 라우바흐에서 살았던 덕도 있을 것이다. 누구든 위험을 각오하고 일기를 썼더라도 1943년과 1945년 사이에 폐허로 만들어 버리는 폭격에서 온전하기가 힘들었을 것이다. 속마음을 드러내기 힘들었던 분위기와 지독한 폭격이라는 두 가지 요인 때문에 우리는 독일 후방의 책 생산과 소비에 대한 많은 정보를 개인 기록보다 공식 출처를 통해서 확인할 수 있다. 당혹스러울 정도로 많은 관할권의 중첩을 일으키면서 조직들 사이에 끝없이 주고받은 수많은 문서—나치 정권 특유의 일처리 방식(책임소재가 모호하다—옮긴이)—가 우리에게 책 세상에 대해서 많은 것을 말해 준다. 그러나 고분고분한 일반 시민들의 생각은 규칙을 어길 때에만 드러난다.

우리가 앞에서 본 것처럼 출판산업, 서점, 공공도서관 모두는 전쟁 이전에 독일을 한 목표 아래 하나가 되게 하려던 히틀러의 계획에 중요한 역할을 했다. 많은 측면에서 도서관이라는 전문 분야는 그런 쪽에 최적화되어 있었다. 1933년 나치가 정권을 잡은 후 몇 년 동안 방대하게 확장된 공공도서관망은 독일 사회에서 엄격하게 가르치는 역할을 맡는 것에 이미 익숙해져 있었다. 공공도서관은 본질적으로 성인들의 교육기관으로 여겨졌다. 1934년 《도서관협회보》에 기고된 한 흥미로운—하지만 나치가 정권을 장악하기 전 도서관 사정을 보여 주는—보고서는 이런 선교사적 의지를 숨기기 위해 조금도 애쓰지 않았다. '공공도서관의 임무는 유명한 과학 저술과 교육적 오락물—단지 오락물이 아니라 소설—을 통한 교육에 있다.' '교육소설'의 개념은 다음과 같이 매우 편협하게 해석했다.

> 우리는 폭력과 유혈이 난무하는 문학을 거부한다. …… 주로 귀족사회를 배경으로 삼아 삶을 그릇되고 감상적인 관점으로 묘사하는 애정소설들, 쿠르츠말러(Courths-Mahler) 같은 작가와 그를 모방하는 작가들…… 이런 소설들은 가

난한 지역의 싸구려 도서대여점에서 주로 취급하는 도서가 되었다.

히틀러가 매우 좋아했던, 미국 서부를 다루는 카를 마이(Karl May)의 작품들도 그가 미국 땅에 발도 디뎌보지 못했기 때문에 소설이 '완전히 공상의 산물'이라는 다소 이상한 근거로 도서관에서 퇴출되었다.[33] 이런 철통같은 독선적 확신은 그대로 나치 정권으로 계승되었다. 그 점은 1936년 요크셔 소재 핼리팩스도서관(Halifax Library)의 후원으로 교환 방문 차 도서관을 들렀던 뮤리얼 그린(Muriel Green)의 증언에서도 확인된다. 관계자들끼리만 남게 되었을 때 뮤리얼은 엄숙한 표정을 한 주최자들로부터 도서관 이용자들이 '늘 비슷한 종류의 가벼운 문학을 고르고 도무지 그들의 취향을 개선하려 하지 않는다'[34]라는 말을 들었다. 베를린에서 이용자들은 한 달에 다섯 권의 대출만 허용되었고 프랑크푸르트는 네 권이었다. 멸시당하던 도서대여점으로 그렇게 많은 독자가 넘어간 것이나 혹은 나치가 도서시장에서 이런 책들에 규제해야 한다고 생각한 것은 전혀 놀랍지 않다. 전쟁이 교착 국면을 맞으면서 도서대여점들은 완전히 폐쇄당하고 만다.

새로운 이용객에게 도서카드를 발급하면서 이용료를 받고 대출에 대해서도 권 수에 맞춰 비용을 부과하는 것은 흔한 관행이었다. 그러나 레제헤프트(Leseheft)라 불리는 그 작은 책자형 도서카드에는 이용자들의 대출도서뿐만 아니라 그들이 좋아하는 읽을거리들과 구하기를 몹시 갈망하는 책 목록도 기록되었다. 독일 공공도서관들은 이용자들이 책을 살펴보며 고르는 것을 엄격하게 거부했고 모든 책은 폐가식 서고에 저장되어 있었기 때문에 대출은 사서와의 협상을 통해 이루어졌다. 이런 방식은 나치 정권 이전에 정착되었지만 전체주의 정권의 입맛에 완벽하게 맞는 체계였다. 그리고 소연방도 이와 비슷한 방식을 채택했다. 1937년 또 다른 독일 도서관 방문객이었던 로버트 애시비(Robert Ashby)는 시민들을 조종하는 데 악용될 가능성은 인식하지 못한 채 레제헤프트에 매료되었다.[35]

전쟁 동안 독일은 점점 절망적인 처지로 떨어지고 있었고 이런 완고하고 엄격할 정도로 진지한 태도도 점차 무너지고 있었다. 공공도서관들은 1939년 독일 공군과 군대를 위한 새 도서관을 만드는 데 필요한 800만 권을 충당하느라 도서관 장서 상당 부분을 넘겨주어야 했다. 이런 사정으로 도서관 장서가 속 빈 강정 꼴이 되었고 종이부족 사태까지 악영향을 미치면서 새로운 장서를 채우기는 점점 어려워졌다. 함부르크가 개전 후 3년 동안 대출부수가 증가했다고 자랑스럽게 보고했으나 1943년 그 악명 높은 폭격으로 화염폭풍의 피해를 입은 뒤 이런 자랑도 그만 끝장났다. 이 모든 사태는 나치 정권이 그렇게 애지중지하던 한 목표 아래 하나가 된다는 구호에 금이 가게 했다. 폭격당한 도시의 피난민들에게 책을 제공하라는 지시를 받은 사서들은 나치 당국자들에게 비용을 대라고 요구했다. 더 많은 기분전환용 읽을거리에 대한 꾸준한 요구가 있었다는 사실은 독자들이 공공도서관의 이상과 얼마나 멀어졌는지를 알 수 있다. 책 공급 책임을 맡은 중앙 부처로 전해진 요구를 보면 '유쾌한 내용의 소설' '여성을 위한 소설' '모험 여행기'를 달라는 호소로 가득했다.[36]

이때쯤이면 라이프치히에 있는 것을 제외한 모든 도서관학교가 문을 닫았고 전쟁이 끝날 무렵이면 선천성 장애인을 제외한 모든 사서가 전선으로 소집되었다. 연합군이 효과적으로 폭격을 수행하면서 1944년에는 독일 공공도서관의 책을 안전한 곳으로 치우라는 명령이 하달되었다. 하지만 책을 보낼 수 있는 안전한 장소도 계속 줄어들고 있었다. 이 모든 몰락의 징조에도 불구하고 나치도서관 상층부는 현실 부정의 자세로 일관했다. 1944년 공공도서관 사서를 위한 국가기관 책임자 프리츠 하일리겐슈타트(Fritz Heiligenstaedt)는 마지막 연례 성명에서 '통계에 따르면 대출부수가 꾸준히 상승하고 있을 뿐만 아니라 독자들이 점점 더 알차고 진지한 책에 관심을 보인다'라고 주장했다. 데트몰트기록보관소에 있는 이 성명서 회람의 사본에는 이 인용된 구절에 밑줄이 그어져 있고 여백에 의문부호와 느낌표가 달려 있다.[37]

사실 공공도서관운동의 이데올로기적 임무는 연합군이 독일의 도시들을 완전히 파괴하고 폐허가 된 도시를 점령하기 훨씬 전에 이미 붕괴되어 있었다. 종대로 열을 지어 전진 중이던 연합군이자 점령군에게 몇몇 지역에서 나들이옷을 차려입은 독서가의 나라 독일인들이 꽃을 선사해서 병사들을 놀라게 했다. 베를린 벙커에서 격리상태로 마지막 날들을 보냈던 히틀러가 이 광경을 보았다면 훨씬 놀랐을 것이다.[38] 부헨발트(Buchenwald), 벨젠(Belsen), 다하우 수용소에서 끔찍한 광경을 접했던 연합국 병사들은 이런 기회주의적인 태도 급변을 얼마간 부정적으로 받아들였다.

독일 공공도서관의 단조로운 획일성은 확장일로의 황금기로 진입하고 있었던 미국 도서관의 광경과는 사뭇 대조적이었다. 심지어 일본의 진주만기습이 있기 전부터도 1940~1941년의 런던 대공습 동안 영국이 보인 용기와 나치 독일을 직접 경험했던 미국 기자들이 주로 쓴, 영국의 취지에 동정적인 책들이 무진장 팔리고 있었다. 그 책들은 전후 청산 과정에서 미국이 주도적 역할을 하는 데뿐만 아니라 유럽 전쟁터를 전력을 다해 돕자는 대중 여론을 조성하는 데 제 몫을 했다. 우리는 이런 출판 성공사를 얼마간 정확하게 추적할 수 있다. 영국과는 대조적으로 미국 출판인들은 높이 평가되고 널리 유포된 베스트셀러 목록이 있었기 때문이었다. 그 목록은 20세기가 시작되기도 전에 이미 업계지 《퍼블리셔스 위클리》가 전국적 배포망을 가진 서적상들의 대표적 표본을 바탕으로 편찬한 것이었다.[39] 그렇긴 하지만 이 목록은 사실의 일부만을 보여 줄 뿐이다. 1939년 포켓북스의 설립 이래로 빠르게 확산했던 페이퍼백들은 대개 베스트셀러 목록 편찬을 도왔던 공식 서점망 밖에 있는 작은 상점, 신문가판대, 잡화점을 통해 배포되었다. 페이퍼백 베스트셀러 목록은 1955년이 되어서야 나왔다. 이런 점만 감안한다면 서점망을 통한 베스트셀러 목록은 유럽에서 벌어지는 전쟁, 나중에는 전 지구적 분쟁에 대한 미국 독자들의 관심에 대해 많은 것을 말해 준다.

이런 점에서 1940년과 1941년 사이의 차이는 어마어마하다. 1940년의 논픽션 베스트셀러들은 꽤나 전형적인 평화시 독서의 경향을 보여 준다. 오사 존슨(Osa Johnson)이 그의 남편과 했던 여행을 그린 『나는 모험과 결혼했다(I Married Adventure)』

가 1위에 올랐고 모티머 애들러(Mortimer Adler)의 『독서의 기술(How to Read a Book)』이 2위였다. 20세기가 끝날 때까지도 지속된 평화시 독서의 전형인 당대 정치, 회고록, 그리움을 자아내는 자연에 대한 글이 뒤섞여 있었다. 1941년이 되면서 그런 경향이 바뀌었다. 윌리엄 샤이러(William Shirer)의 『베를린 일기(Berlin Diary)』가 맨 앞을 차지했고 그 바로 뒤를 이은 두 권을 포함해 10위권 안에서 총 여섯 권이 모두 전쟁 관련 도서였다. 미국이 12월까지도 전쟁에 개입하지 않았다는 사실을 고려하면 이런 관심은 대단한 것이었다. 1941년 1월 1일 출간된 더글러스 밀러(Douglas Miller)의 『히틀러는 상대할 가치가 없는 인간이야(You Can't Do Business with Hitler)』는 조금 늦었지만 좋은 교훈을 주었다. 영국 수상 처칠의 연설 모음집인 『피와 땀과 눈물(Blood, Sweat and Tears)』은 너무나 잘 팔렸다. 1940년과 1941년 두 해 모두 영국 작가가 미국 소설 목록에서 선두를 차지한 것은 주목할 만한 가치가 있다. 1940년에는 리처드 레웰린(Richard Llewellyn)의 『나의 계곡은 푸르렀다(How Green Was My Valley)』가, 1941년에는 A. J. 크로닌(A. J. Cronin)의 『천국의 열쇠(The Keys to the Kingdom)』가 선두를 차지했다. 1940년 10월에 출간된 스페인 내전을 다룬 헤밍웨이의 소설 『누구를 위하여 종은 울리나』와 스타인벡의 『분노의 포도(The Grapes of Wrath)』(1939)도 잘 팔렸다. 두 책은 영국에서도 잘 나갔다. 영미 두 나라의 시장은 긴밀하게 연결되어 있었다.

    1942년에는 처음으로 미국이 1년 내내 전쟁을 했는데 논픽션 부문 10위권 중 전쟁 관련 서적이 여섯 권을 차지했고 조지프 E. 데이비스(Joseph E. Davies)의 『모스크바로 간 사절단

(Mission to Moscow)』이 민간인에게 잠시라도 병사의 심정이 되게 만든, 매리언 하그로브(Marion Hargrove)의 『하그로브 일병, 정신 차려(See Here, Private Hargrove)』에게 밀려나 2위가 되었다. 원래 신문 칼럼 연재물이었던 이 유머 넘치는 유쾌한 책은 280만 부를 팔았다.⁴⁰ 흥미롭게도 이 전시 베스트셀러 중 『모스크바로 간 사절단』을 비롯한 네 권이 나중에 영화화되었다. 냉전이라는 매우 달라진 상황에서 영화 『모스크바로 간 사절단』은 이오시프 스탈린을 동정적으로 묘사했다는 이유로 반미활동조사위원회(Un-American Activities Committee)의 달갑지 않은 주목을 받았다.

유럽과 태평양 전장에서 미군 병사들의 전진 상황은 면밀하게 추적되었다. 불가피한 일이었다. 아들, 형제, 연인을 전장에 보낸 미국인 가정이 너무나도 많았다. 리처드 트레가스키스(Richard Tregaskis) 기자가 육지에서 일본군과 싸워 얻은 최초의 결정적인 승리의 과정을 하루하루 남김없이 설명한 『과달카날 일기(Guadalcanal Diary)』는 150만 부를 팔았다. 여러 신문에 영국 본토 항공전을 보도했던 어니 파일(Ernie Pyle) 기자는 북아프리카와 프랑스에서 종군기자로 미군과 함께 다니며 송고했던 칼럼을 모아 두 권의 베스트셀러 『여기 당신의 전쟁이 있다(Here Is Your War)』(1943)와 『용감한 병사들(Brave Men)』(1944)을 냈다. 평범한 미군의 입장에서 쓴 이런 보고서들은 고향에서 애타게 지켜보고 기다리는 가족들의 심금을 울렸다. 파일 기자는 『용감한 병사들』이 베스트셀러 1위에 올랐던 1945년 태평양에서 벌어지던 마지막 전장 한 곳에서 전사했다(그는 민간인 신분이었지만 전사한 병사에게 주는 퍼플하트 훈장을 받았다—옮긴이).

전통적인 정책입안자들의 관점은 웬델 윌키(Wendell Willkie)의 『하나의 세계(One World)』와 월터 리프먼(Walter Lippmann)의 『미국의 외교정책(US Foreign Policy)』 같은 베스트셀러와 미육군 참모총장 조지 마셜(George Marshall)이 1945년 전후 세계에서 그가 미칠 막대한 영향력을 미리 내다보면서 전쟁부 장관에게 격년으로 제출하는 보고서에서 대표적으로 드러났다. 웬델 윌키는 1940년 선거에 공화당 후보로 출마했으나 루스벨트에게 패배했다. 『하나의 세계』는 윌키가 선거 후 2년 동안 루스벨트의 비공식 특사로서 외국을 방문하면서 남긴 결실이다. 여행담과 좀 더 공정하게 협력하는 세계에 대한 열정적인 호소가 뒤섞인 『하나의 세계』는 1943년 4월 양장본과 페이퍼백으로 동시에 출간되었는데 출간 넉 달 만에 150만 부를 팔았고 논픽션 부문에서 최다 판매 부수를 갱신했다. 1944년 10월 윌키는 때 이른 죽음을 맞았는데 이는 미국 정치에 큰 손실이었다.

심각한 시기에 결국 미국이 국제적 위기에 개입하게 되자 미국 독자들은 놀라운 집중력을 보이며 주의 깊게 전쟁의 추이를 쫓았다. 이 모든 상황에도 불구하고 다른 모든 교전국에서 그랬듯이 소설은 판매고에서 절대적 비중을 차지하면서 책 시장의 핵심으로 자리를 지켰다. 1943~1945년의 압도적인 베스트셀러는 로이드 C. 더글러스(Lloyd C. Douglas)의 『성의(The Robe)』였다. 로마의 백부장으로 예수의 십자가형을 관장했으나 스스로 기독교인 되어 마침내 순교하는 마르켈루스

(Marcellus)의 극적인 여정을 쫓아가는 블록버스터 소설이었다. 1943년 베스트셀러 1위에 올랐고 1944~1945년까지 단 두 권의 논쟁적 소설에게만 자리를 내주었을 뿐이다. 1920년대 조지아주를 배경으로 백인 남성과 흑인 여성의 결혼을 다룬 릴리언 스미스(Lillian Smith)의 『이상한 열매(Strange Fruit)』[빌리 홀리데이(Billie Holiday)가 부른 동명의 노래에 영감을 받아 쓴 소설—옮긴이]와 17세기 잉글랜드를 배경으로 흥미로운 사연들이 다채로운 활극처럼 펼쳐지는 캐슬린 윈저(Kathleen Winsor)의 역사물 『포에버 앰버(Forever Amber)』가 그 두 권이었다. 『포에버 앰버』는 미국에서는 14개 주에서 판매금지를 당했고 영국에서는 출판사를 구하지 못해 애먹었다. 꽤 자주 그랬듯이 악명을 떨치면 독자의 호기심만 부추길 뿐이었다. 미국 시장은 독자들이 가장 최근에 출판된 책을 몹시 원한다는 점에서 가장 두드러진 특징을 보였다. 1943년 5월에 뉴저지주 몽클레어공공도서관에서 대출된 책들을 분석해 봤더니 전체 대출도서 65퍼센트가 1940년 1월 이후에 출판된 책이었다. 1930년 이전에 출판된 책은 겨우 13퍼센트였다. 책을 구입하든 대출하든 미국인들은 새 것을 원했다. 실제로 1945년에 캘리포니아에서 이런 경향을 보여 주는 놀라운 사례가 있었다. 남편이 '신간 베스트셀러를 놓치지 않고' 읽을 충분한 시간을 주지 않는다는 이유로 한 여성이 법적으로 이혼을 승인받았다.[41] 유럽 출판산업과 비교하면 훨씬 호의적인 상황이었더라도 미국 출판산업은 나름의 순발력을 발휘하며 독자들의 이런 취향을 확실히 만족시켰다.

베스트셀러 목록을 통해 추적할 수 있었던 시사에 대한 모든 관심에도 불구하고 전쟁 전 미국의 책 소비 경향은 다른 주요 교전국들에 비해 별다른 변화를 겪지 않았다. 제2차세계대전 중 미국이 직접 참전한 기간 동안 베스트셀러에 오른 책 중에 전쟁 상황을 직접적으로 다루는 소설은 오직 두 권뿐이었다. 점령당한 유럽에서 사람들이 겪는 혼란과 도덕적 딜레마를 동정적으로 묘사한 존 스타인벡의 『달이 지다』와 가공의 이탈리아 해안도시를 미국이 점령하면서 벌어진 이야기를 다룬 존 허시(John Hersey)의 『아다노의 종(A Bell for Adano)』이었다. 제1차세계대전에도 그랬듯이 전쟁의 공포와 직접적으로 맞닥뜨리게 되면 그 후유증은 수십 년을 가곤 했다. 그리고 1948년 노먼 메일러(Norman Mailer)의 『벌거벗은 자와 죽은 자(The Naked and the Dead)』와 어윈 쇼(Irwin Shaw)의 『젊은 사자들(The Young Lions)』이 그 길에 앞장섰다.

그 모든 군대와 장비를 동원했음에도 이 전쟁은 여전히 먼 곳에서, 거의 알지 못하는 장소에서 벌어지고 있었다. 이런 점에서 미국의 후방은 영국, 독일, 그 밖에 점령당한 나라들의 경험과는 늘 달랐다. 그렇다고 유럽처럼 도처에 만연했던 전시의 곤경으로부터 미국이라고 완전히 벗어나 있었다는 말은 아니다. 미국 산업이 전시 생산 체제로 빠르게 전환하면서 시민사회는 얼마간의 결핍과 일정 정도의, 가령 통조림 배급제와 같은 곤경은 겪어야 했다. 출판산업은 종이 사용에 있어서 더 많은 통제에 직면하기도 했다. 그러나 미국 대륙 48개 주는 후방의 전쟁 양상을 바꿨던 폭격으로부터 피해를 입지는 않았다. 결과적으로 사상자 수는 다른 교전국들에 비하면 그만큼 적었다. 여전히 소비자들의 주머니는 궁할 정도가 아니었고 종종 전시산업 종사자는 이전보다 더 많은 돈을 벌었다. 미국 신문들은 최신 유행의 옷과 새로운 가구 광고를 위해 과하다 싶을 정도의 공간을 여전히 할애했다. 대체로 유럽에서는 둘 다 엄두도 내지 못했다. 미국 경제가 급성장하는 시기였고 이런 새로운 에너지는 미국의 책 산업으로도 옮아갔다. 만약 가정에서 소식을 기다리고 있는 가족들이 위안을 위해 책을 읽을 수 있다면 그것은 풍요로운 사회의 감탄스러운 여유라 하겠다. 전쟁이 끝나고 미국이 서구의 정치와 문화를 지배하는 길을 내도록 안배한 것은 단지 군사적 완력만이 아니었다. 책 산업도 무시 못 할 역할을 했다.

9장
블랙리스트와 검열

1933년 5월 10일 나치 정권이 독일 전역에서 분서 만행을 단행했을 때 뉴욕에서 10만 명이 항의의 표시로 거리를 행진했다. 그것은 놀라울 정도로 빠른 대응이었고 진심에서 우러난 광범위한 분노를 보여 주었다. 미국 지식인과 저자 들―그중에는 자신의 책이 장작더미에 오른 작가도 일부 있었다―은 서둘러 검열 제도에 깃든 사악함을 규탄했다. 대통령 영부인 엘리너 루스벨트(Eleanor Roosevelt)는 일간신문 칼럼에 그 쟁점에 대해 자신의 의견을 밝혔다.

분서 만행은 미국 여론의 눈에는 나치 정권의 본질을 다른 무엇보다 더 많이 드러낸 사건이었다. 이것은 루스벨트 대통령의 연설에 오르는 단골 주제가 되었고 연설은 책학살(libricide)이 집약적으로 보여 주는 기본적 자유에 대한 침해를 언급하면서 미국 사회의 자유로움을 부각했다.

만약 자유의 불길과 시민적 자유가 다른 나라에서 미약하게 타고 있다면 그런 불길이 우리나라에서는 더 거세게 타오르도록 만들어야 합니다. 만약 다른 나라에서 언론과 책과 모든 종류의 문학이 검열당한다면 우리는 그런 자유를 지키기 위한 노력을 배가해야 합니다. 만약 다른 나라에서 과거로부터 전해 온 영원한 진리가 불관용에 의해 위협받는다면 우리는 그것이 영원하도록 안전한 장소를 제공해야 할 것입니다.

루스벨트는 빅토리북스 캠페인(Victory Books Campaign, 전선의 병사들에게 책을 보내 주자는 운동—옮긴이)을 지원하면서 그가 '빅토리북스의 날(Victory Books Day)'로 지정했던 1942년 4월 17일에도 그 주제를 또 언급했다.

> 책이 잘 탄다는 것을 모르는 사람은 없습니다. 하지만 우리는 불로 책을 없앨 수 없다는 더 엄중한 사실을 알고 있습니다. 사람은 죽습니다만 책은 결코 죽지 않습니다. 어떤 인간도 어떤 무력도 기억을 없애지는 못합니다. …… 어떤 인간도 어떤 무력도 이 세상에서 모든 종류의 폭정에 저항해 온 인간의 영원한 투쟁을 구현하는 책을 앗아갈 수는 없습니다. 이 전쟁에서 우리는 책이 무기란 사실을 알고 있습니다.[1]

대통령은 양식이 있는 사람이라면 받아들이기 어려운 말은 아무것도 하지 않았다. 그러나 연설의 웅변적인 힘은 시민들이 불편하더라도 그들이 그리 멀지 않은 과거에 비슷한 일을 저질렀다는 기억을 애써 의식적으로 지우는 데 동참하기를 요구했다. 독일이 장작개비에 불을 붙인 지 20년도 못 되는 과거에 미국인들 자신이 정의감에 불타는 열정으로 독일어 책을 불태웠다. 그리고 이런 짓에 사서들이 기꺼이 앞장섰다.

1917년 4월 6일 독일의 선전포고는 미국 도서관 공동체가 골치를 앓던 몇 가지 어려운 딜레마를 해결해 주었다. 미국의 중립 고수 정책으로 공공도서관 직원들은 애를 먹었다. 회원들은 유럽의 전쟁에 관여하기를 원했고 종종 독일이나 연합군의 취지에 적극적으로 찬반 의사를 밝혔다. 1915년 전미독일계미국인연합(National German-American Alliance)은 300만 회원을 모았다고 주장했고 그중 많은 이는 공공도서관에서 목소리가 크고 요구사항이 많은 독자였다. 그러나 선전포고와 함께 모든 망설임은 접어 두게 되었다. 주사위는 던져졌고 미국인은 공동의 과업하에 힘을 합쳐야 할 때가 온 것이다. 망설임으로 쌓여 있던 울분이 출구를 찾는 순간 엄청난 에너지로 분출했고 그것은 미국 병사들을 지원하자는 곳으로 뿐만 아니라 미국인의 삶에서 독일의 흔적을 지워 버리자는 곳으로도 쇄도했다.[2]

1914년 제1차세계대전이 발발했을 때 사서가 전쟁에 대해 말을 꺼내는 것은 절대적으로 금기시되었다. 이런 기조는 미국이 참전하면서 역전되었다. 대규모의 독일계 소수집단이 많은 위스콘신주의 사서는 다음과 같은 노골적인 권유를 받았다. '공공기금으로 운영되는 도서관은 정부에 속하며 지금 그 정부가 독일, 오스트리아와 교전에 돌입했으니 도서관도 명백히 의사 표현을 해야 한다. …… 중립 고수는 국가에 대한 신의를 저버리는 짓이다.'[3] 전쟁 수행 의지에 해가 갈 수도 있는 책 대출을 제한하는 힘을 강화하기 위해 법률적 틀을 강고히 했다. 우편물을 통해 오가는 것들에 자신의 권력으로 상당한 수준의 검열을 행사할 수 있었던 우정 장관은 징병, 입대, 자유공채(liberty bond)나 세금 징수를 방해하는 어떤 기도도 용납하지 않겠다고 맹세했다. 1917년 실제로 율리우스 쾨트겐(Julius Koettgen)이 쓴 『한 독일 탈영병의 일기(A German Deserter's War)』는 번역본 전부를 우정국이 개입해 가로챘다. 우정국의 누구도 이 자전적 회고록을 읽지 않은 것이 분명했다. 회고록은 독일의 대의에 극히 적대적인 입장을 보였는데도 말이다. 1918년 5월 16일 통과된 선동금지법(Sedition Act)은 어떤 것이든 불충한 내용을 널리 알리는 행위를 금지했다. 이 법률하에서 2000명 이상이 기소당했고 1055명이 유죄선고를 받았다.

 독일계 미국인 공동체에 가장 타격을 주었던 것은 1917년에 도입된, 모든 외국어 신문은 발행 전에 지역 우정국장에게 반드시 정확한 번역을 제출할 것을 요구한 규정이었다. 이 규정은 신문 출판을 지속하는 데 중대한 장애가 되었다. 추가적 발행 비용은 차치하고라도 마감 시한까지 맞추어야 하는 신문 출판의 속성상 이런 규정까지 충족하는 것은 번거롭기 짝이 없는 일이었다. 게다가 그런 검토를 위해 시간을 내기 힘들다며 딴지를 거는 우체국장을 만나기라도 하면 발행에 큰 차질을 빚었다. 20세기가 시작될 무렵 미국은 독일어 신문 무려 800종을 지원했다. 이는 1880년대에 정점에 올라 그 10년 동안에만 새 이주민 150만여 명을 맞았던, 독일로부터의 거대한 이민 바람이 어느 정도였는지를 입증한다. 1820년부터 1910년까지 독일인 700만 명이 미국에 정착했다. 제1차세계대전은 이전의 평온했던 관계를 냉랭하게 만들었다. 전쟁이 끝날 즈음 절반의 독일어 신문이 문을 닫았다.

연방정부가 제정한 규정들을 주정부와 자치도시의 기관장들은 열렬히 준수했다. 그들은 서로 누가 더 열렬하게 정부의 취지에 호응하는지를 놓고 경쟁을 벌였다. 캘리포니아주의 주도 새크라멘토에서도 자유차관(Liberty Loan, 첫 번째 자유공채—옮긴이) 행진에 참여하지 않았다는 이유로 교사들을 해고했다. 이 사건은 공공도서관 사서들에게 명확한 메시지를 던졌고 이에 따라 도서관은 《퍼블리셔스 위클리》에서 발행한 「미국의 애국자를 위한 도서 길잡이(A Guide to Books for Patriotic Americans)」를 참고해 장서를 정리했다. 이용자들은 허겁지겁 지역 도서관을 방문해 전쟁 뉴스를 구했고, 제2차세계대전 때는 대인기를 끌었던 간결한 역사 안내서들의 서막을 열었다. 시애틀공공도서관(Seattle Public Library)은 아서 가이 엠피(Arthur Guy Empey)의 『참호 밖으로(Over the Top)』(1917)를 일흔여덟 권이나 소장했으나 모두 대출되어 버려서 도서관 대기자 명단에는 거의 100명의 이름이 올라 있었다.

사서들은 전쟁 관련 책을 넉넉히 비축하는 것과 동시에 서가에서 친독일의 기미만 보이는 책이라도 바로 제거했다. 이제 독일 이름을 가진 사서에게는 이름을 바꾸라고 권유할 정도로 지나치게 유독한 분위기가 팽배했다. 베노 플루거(Benno Pfluger)라는 쿠퍼유니언(Cooper Union, 뉴욕시 소재의 사립대학교—옮긴이) 사서가 1912년 귀화 시민이 되었을 때 그가 독일 황제에 대한 충성을 진심으로 포기하지 않았다는 이유로 해

고당했다는 소식은 듣는 사람을 질리게 했다.[4] 시민의 기본권인 언론자유를 보장해야 한다는 미국 수정헌법 제1조 때문에 도서관 공동체가 마지막까지 버리지 못했던 얼마 안 되는 양심의 가책도 이제 무너져 내렸다. 시카고공공도서관은 1914년 이전에 출판되었고 내용이 비군사적인 독일어 책만 제외하고 독일어로 된 모든 책을 서가에서 퇴출했다. 클리블랜드공공도서관은 못마땅한 책들을 '은퇴시키기' 시작했다. 신시내티공공도서관은 독일어로 된 모든 책을 격리 조치했고 독일어 신문은 구독을 취소했다. 오하이오주 콜럼버스교육청은 독일어 교과서를 폐지 처리 회사에 팔아 치웠다. 덤으로 공공도서관에 있는 비슷한 책들도 함께 처리했다. 오하이오주 해밀턴음악도서관은 독일 작곡가가 쓴 작품을 지하로 치웠다. 이용자들의 선택을 상당한 수준으로 제한해 버린 조치였다. 독일 황제의 잘못에 대한 대가를 죽은 베토벤(Beethoven)이 치르는 꼴이었다.

그런 험악한 시대적 풍조에 대항하는 사서들은 직을 걸어야 했다. 뉴욕공공도서관장 E. H. 앤더슨(E. H. Anderson)은 자기가 운영하는 도서관은 참고도서관으로서 학자들이 이용할 수 있도록 모든 분야의 자료를 수집해야 할 필요가 있다는 점을 인내심 있게 설명했다. '만약 사탄이 친독일 서적을 출판하더라도 참고도서관으로서 우리 도서관은 아무튼 그 책을 구입할 것입니다.' 이런 인상적이지만 무모한 과시적 언설은 지역 여론에 영향을 주지는 못했다. 1918년 4월 13일 《뉴욕 타임스》는 '친독일 서적들이 공공도서관에 의해 여전히 유포되고 있다'라는 헤드라인이 달린 기사를 실었다.

이 모든 사태를 겪으면서도 미국도서관협회는 침묵을 지켰다. 동시에 협회는 군이 신병훈련소 금서목록을 작성할 때 적극 협력했다. 불가피하게 이 목록은 사실상 공공도서관의 금서목록이 되었지만 목록에 든 책을 지하로 치우는 것을 모든 사서가 반기지는 않았다. 많은 경우 시민 활동가들이 적극 나서서 분서가 성사되었다. 몬태나주 루이스타운에서는 지역 고등학교의 모든 독일 책을 공개적으로 불살랐다. 오클라호마주 쇼니에서는 7월 4일 독립기념일 행사의 일환으로 이루어진 대중집회에서 책을 태웠다. 오하이오주에서도 적어도 공동체 열두 곳에서 같은 일이 벌어졌다. 1918년 3월 미주리밸리공공도서관장 휴 타미시아(Hugh Tamisiea)는 '모든 친독일 자료를 지난 6월에 불태웠다'라며 국방위원회 아이오와 분회 의장인 허버트 J. 멧캐프(Herbert J. Metcalf)를 안심시켰다. 엘도라공공도서관의 메리 휠록(Mary Wheelock)은 '지난 여름과 가을 동안 우리 도서관은 많은 친독일 서적을 기증받았지만 나는 그것들이 들어오는 족족 태워 버렸습니다'라고 보고했다.[5]

이런 수준의 대중적인 병적 흥분은 1941년 미국이 제2차세계대전에 참전했을 때는 반복되지 않았다. 이때 대중의 분노는 공공도서관의 서적이 아니라 일본계 미국인 공동체를 향했다. 1917년 민주국가들은 해도에 없는 바다를 항해 중이었고 정책은 열정의 과잉으로 언제든 왜곡되었다. 1918년에 도서관이 폭발물과 관련된 모든 자료를 서가에서 제거하도록 요구받은 것은 타당한 결정이었다. 그러나 사서들이 도서관보다 한술 더 떴다. 덴버공공도서관의 제니 도란(Jennie Doran)은 정기적으로 도서관이 '특별한 과학기술서'를 찾아보는 자들의 이름과 주소를 정부 첩보기관에 제출해야 한다고 일찌감치 권고했다.[6] 영국에서 새로운 규제의 된서리를 맞은 쪽은 출판업자들이었지만 그들은 기꺼이 애국적 대의에 헌신했다. 특히나 전쟁 관련서에 대한 요구가 미국만큼이나 끝 간 데 없이 엄청났기 때문이었다. 불화가 있었다면 그것은 악의보다 정부 쪽의 실수 때문인 경우가 더 많았다. 스탠리 언윈이 낸 많은 전시 출판물 중에는 영국 외무성의 승인을 받고 영국 정부의 전폭적인 자금지원으로 발행된 《폴란드 리뷰(Polish Review)》가 있었다. 250부를 뉴욕의 폴란드정보서비스(Polish Information Service)로 급송했다. 잡지가 도착하지 않았다는 소식을 들은 언윈은 한 번 더 보냈지만 배송물은 또 도중에 사라졌다. 이제 언윈은 그 이유를 캐물었고 수많은 변명을 들은 끝에 우정국이 두 번 보낸 배송물을 모두 가로채 육군성으로 넘겼고 육군성이 폐기해 버렸다는 사실을 확인했다. 편집자의 폴란드인 경쟁자가 파리에 있던 육군 원수 헨리 윌슨(Henry Wilson)에게 로비를 해 윌슨 원수가 《폴란드 리뷰》의 배포를 금지했던 것이다. 언윈의 냉소적 결론에 따르면 한 정부 부서가 어떤 잡지에 자금을 지원했는데 두 번째 부서가 세 번째에게 그 잡지를 넘겨주고 폐기하도록 한 것이다.[7]

만약 민주주의 국가들이 검열 제도의 복잡성과 도덕적 모순 때문에 몹시 곤혹스러운 처지에 빠질 수도 있었다는 사실을 생각하면 20세기 중반의 독재국가들이 전격적으로 검열을 채택한 것은 조금도 놀랍지 않다. 1933년 5월 10일에 벌어졌던 일련의 분서 시위는 학생들의 패기가 통제를 벗어나 지나치게 격화된 사례라는 일부 국제적인 나치 옹호자들의 치우친 주장과 달리 나치 정권이 정성 들여 조직한 시위의 결과물이었다.[8] 허가할 책과 금지할 책을 갈라 버리는 흑백논리는 독일의 미래에 대한 나치정권의 전망을 대변했다. 그리고 전통적인 지성의 수호자들은 누구도 그 길을 막아서는 것이 허용되지 않았다. 굳이 그렇게 해 보려는 사람들도 없었다. 자기 작품이 분서에 포함되었던 작가들은 황급히 도피처를 구해 해외로 향했다. 만약 도서관 장서가 훼손된 것이 원통한 도서관 관계자가 있었더라도 조용히 비탄에 잠길 뿐이었다. 사실 독일 전역에서 대학 도시 대부분을 포함한 아흔세 곳의 분서 시위를 기획하는 데 학계와 도서관 관계자들이 상당한 역할을 했다.[9] 독일 도서관직은 보수적인 직업이었다. 대부분 남성으로 이루어졌고 책임은 없고 오랜 세월 자리나 지키는 늙은이 집단이 그 자리를 차지했다. 그 전문가 집단은 모든 전문 기구를 향해 가해진 나치의 기구재편 기도에 조금도 저항하거나 항의하지 않았다. 오히려 몇 안 되던 적극적인 나치 당원보다 더 많은 자들이 적잖게 지도적 역할을 맡는 자리에 앉고 싶어 안달을 떨었고 그보다 더 많은 자들이 나치가 정권을 장악하자마자 당원이 되었다. 당원이자 나치친위대원이었던 구스타프 압은 베를린대학도서관장이자 연구도서관연합회장을 겸했다. 1940년 그는 폴란드 도서관들을 집중 관리하는 부처의 장으로 지명되었다.

몇몇 과거 나치 비판자들은 우아한 변신을 위해 명예와 자존심 따위는 헌신짝 버리듯 했다. 겨우 몇 달 사이에 볼프강 헤르만(Wolfgang Herrmann)이란 사서는 『나의 투쟁』을 폄하했지만(이 책은 '과학적으로 창의적이거나 이론적으로 심사숙고 끝에 나온 생각'이 없다) 분서 작업 준비에 힘을 보탰다. 1934년 베를린시립도서관장과 베를린사서학교장으로 지명된 빌헬름

1933년 나치의 분서 만행. 이와 같은 장면들은 특히 미국을 비롯한 해외 여론에 굉장한 충격을 주었다. 오죽했으면 미국 전시정보국이 그로부터 10년 뒤에 분서 사진으로 포스터를 만들고 사진에 다음과 같은 설명을 달았으랴. '10년 전에 나치는 이런 책들을 태웠다. …… 그러나 자유로운 미국인들은 여전히 저런 책들을 읽을 수 있다.'

슈스터(Wilhelm Schuster)는 1932년에 '알프레트 로젠베르크(Alfred Rosenberg, 나치 인종 정책의 이데올로그—옮긴이)의 『신화(Myth)』는 어떤 경우에도 도서관에 들이지 않겠다'라고 말했다.[10] 이런 식으로 변덕스럽고 열정적으로 입장을 바꾸다 보니 일관적인 검열 정책이 필히 더 수월하게 수행되지는 않았다. 독일출판서적상협회는 이런 상황에 빠르게 대처했다. 5월 13일 자로 발행된 출판업계 저널에는 많은 저자의 작품들을 출판사들이 그만 배포해야 한다는 선언문이 실렸다. '부르주아 좌파의 뉘앙스가 풍기는 문학'을 '독일 고유의 느낌을 발산하는 시'로 대체해야 한다는 것이다. 많은 사서가 이런 보수주의에 꽤 많이 기울어졌지만 도서관 이용자들이 얼마나 많이 그런 생각을 수용했는지는 알 수 없었다. 『나의 투쟁』을 신랄하게 비판했던 볼프강 헤르만은 입장을 바꿔 최초로 소설 블랙리스트를 작성하면서 나치의 총애를 받는 데 성공했다. 6월이 되자 한 위원회는 서적 시장에서 퇴출해야 할 '순수문학(belles lettres)' 작품들의 목록을 제시했다. 블랙리스트에는 유대인 작가들뿐만 아니라 모더니즘문학에 속한 모든 작가가 포함되어 있었다. 그것은 사실상 바이마르공화국 시대의 주요 작품 전부를 금지하겠다는 뜻이었다.

너무 과격한 정책이었다. 만약 엄격하게 집행되었다면 많은 공공도서관 장서를 도려냈을 것이었다. 그런데 이상하게도 이 도서관 공동체를 떠돌던 다양한 목록은 사서들이 이런 조치를 실행에 옮기는 데 도움이 되는 명쾌한 지침을 제공하지는 못했다. 헤르만이 1933년에 펴낸 '블랙리스트 편찬을 위한 일반 원칙'은 대강의 윤곽을 그렸을 뿐이고 집행을 위한 일목요연한 지침이라기보다는 선언적 성격이 강했다.[11] '원칙'은 아스팔트문학(Asphalt Literatur)—즉 바이마르 시대의 실험적 문학—을 무차별하게 매도했지만 그런 원칙을 그 시기에 나온 상상력이 풍부한 문학에도 예외 없이 적용하라는 말은 없었다. 게다가 공공도서관 서가에서 중요한 자리를 잡았던 역사책, 지리책, 전기, 여행기는 어떻게 처리하나? 공산주의 문학은 물론 금지되었다. 그러면서도 '모든 러시아 작가가 문화적 볼세비키는 아니다. 도스토옙스키(Dostoevsky)와 톨스토이(Tolstoy)는 리스트에 속하지 않는다'라고 했다. 영국 문학 고전들도 대체로 목록 등재를 피했다. 디킨스는 독일과 러시아 모두에서 인기가 있었다. 부분적으로는 그의 생생하고도 감상적인 서술이 빅토리아시대 최하층의 궁핍을 가차없이 묘사했기 때문이었다. 독일문화투쟁동맹(Kampfbund für deutsche Kultur)이 발행한 공공도서관과 도서대여점용 지침서들은 이런 점들을 되풀이해 강조하면서도 꼭 집어 추천하는 데까지는 가지 못하고 '대중의 정신과 넋을 해치는 수많은 쓰레기 문학이나 별 볼 일 없는 문학의 제목을 구체적으로 일일이 나열하는 것이 이 지침서의 임무는 아니다'라고 말했다.

쓰레기 문학을 비난하는 정서에는 영국과 미국의 많은 사서들도 공감했을 것이다. 그러나 독일 출판산업은 어마어마하게 많은 싸구려 연애소설과 스릴러, 사회적 계층과 정치적 신념을 가리지 않고 열렬히 그런 책을 읽었던 독자들을 기반으로 성장했다. 요제프 괴벨스가 인식했듯이 전쟁 수행에 적합하도록 변화 중인 사회에서는 기분전환과 긴장완화를 돕는 현실도피적 문학이 절대적으로 필요했다. 그래서 나치가 금서 작가를 확인하는 데는 빠르게 움직였지만 금서 제거 작업을 철저히 실행하기 위해서는 많은 사서가 갖추고 있던 것보다 더 많은 열정과 정치적 기술이 필요했을 것이다. 헤르만이 다음과 같은 애매한 지침을 내린 것은 그런 사실을 인식했기 때문이다. '엄밀히 말하면 제거 작업은 단계적으로 진행되어야 한다. 제거로 초래된 빈 서가를 독일 문학으로 채우기 위해서 새로 책을 습득해야 하기 때문이다.'

나치 정권의 모든 부서에 만연했던 부서 책임자들끼리의

경쟁으로 인해 금서 문제가 혼란 속에 흔히 휘말려 드는 것도 정책 집행에 도움이 되지 않았다. 1933년 12월 베를린의 출판업자 빌헬름 야스페르트(Wilhelm Jaspert)는 선전부(Propaganda Ministry)에 편지를 써서 지난해 출판금지명령서 1000건 이상을 적어도 서로 다른 21개 부서 책임자들이 발행했다는 사실을 선전부가 유의해 달라고 부탁했다. 심지어 한 해 뒤에도 선전부 산하 문학부서의 책임자가 괴벨스에게 책에 대한 규제가 '매우 유감스러운 상태'에 있다는 사실을 인정했다. 책을 금지하기 위한 '단일한 일람표와 그에 따르는 통일된 기준과 수칙'이 여전히 없었다.[12] 심지어 금서 문제를 제국문학위원회(Reich Chamber of Literature)가 감독하도록 결정되었는데도 내무부(Ministry of the Interior)는 경찰에게 새로운 조치가 이 문제에 대한 자신들의 권한을 없앤 것은 아니라는 사실을 즉시 상기시켰다. 1934년 바이에른주 비밀경찰은 도서대여점으로부터 그들이 압수하거나 배포를 금지했던 출판물 목록을 발행했다. 작가 2293명이 쓴 6834편에 달하는 작품이 올라 있었다. '쓰레기' 책들을 막기 위한 핵심 표적으로 상업적 대여도서관들이 찍혔다. 1936년 10월과 1937년 6월 사이에 게슈타포는 서점과 중고책방 약 5000곳을 급습해서 어림잡아 30만 권에 달하는 책을 몰수했다.[13]

이 모든 사태는 출판인들과 서적상들에게 경고성 메시지로 여겨졌다. 게다가 그 사태로 사서들이 도서관 소장도서 중에 부적절한 책이 있지 않을까 걱정하게 된 것도 출판계에는 전혀 도움이 되지 않았다. 또한 출판인들은 복잡한 허가 절차를 준수해야 했는데 이는 허가를 위한 원고 제출과 책 출판 사이에 18개월이 걸릴 수도 있다는 것을 의미했다. 전쟁이 계속되면서 종이 공급도 통제되었고 출판산업은 더욱 어려운 처지로 몰렸다. 새로운 정치적 환경에 순응하는 데 애를 먹는 저자들을 설득하는 일도 출판인들의 몫이었다. 이런 혼돈이 초래한 긴장이 어느 정도였는지는 작가 경력이 곡절 끝에 붕괴했던 한스 팔라다(Hans Fallada)의 사례에서 볼 수 있다.[14] 바이마르공화국 시절에 경제 위기가 최고조로 치달았을 때 근근이 먹고 사는 것도 힘겨워하던 한 단출한 식구에 대한 거의 견딜 수 없을 정도로 슬픈 이야기 『소시민, 이제 어떻게 하지?(Little Man, What Now?)』(1932)는 대성공을 거두었고 팔라다는 유명인이 되었다. 그는 1933년 이후 책을 계속 내기 위해 요구되었던 원문 수정에 마지못해 응했다(흉포한 나치 돌격대원을 축구장 난동꾼으로 바꿔야 했다). 그런데 팔라다는 나치당에 입당하지 않았고 그 때문에 나치 언론의 비판에 노출되었다. 1935년 그가 '바람직하지 못한 작가'라는 낙인이 찍히면서 그의 출판사는 그의 책에 대한 번역권을 해외에 팔 권리도 금지당했다. 1934년 『소시민, 이제 어떻게 하지?』가 미국에서 영화화되면서 국제적 성공을 거둔 후였던지라 그 조치는 심각한 타격이 되었다. 이제는 욕받이가 된 바이마르공화국이라는 안전한 시기를 배경으로 했던 『늑대 중의 늑대(Wolf among Wolves)』(1937)는 그에게 숨통을 약간 터주었고 괴벨스의 따뜻한 칭찬까지 들었다. 괴벨스는 그에게 반유대주의 소설을 쓰기를 강권했지만 그는 내키지 않았고 둘의 관계는 싸늘해졌다. 1938년 해외로 도피할 기회를 놓치면서 팔라다는 익명으로 어린이문학을 쓰면서 살아남기를 시도했지만 그의 출판인이자 후원자였던 에른스트 로볼트(Ernst Rowohlt)가 독일군에서 퇴역당하자 팔라다의 건강이 몹시 나빠졌다. 알코올과 마약에 중독된 팔라다는 정신병원에서 종전을 맞았다. 바로 이 병원에서 『누구나 홀로 죽는다(Alone in Berlin)』을 썼고 그 책은 많은 이에게 그의 대표작으로 여겨진다.

나치 권력 집단도 잘 알고 있었듯이 규제와 통제 체계가 전혀 예측할 수 없는 식으로 작동하면 결국 복지부동과 자기검열의 분위기만 북돋울 뿐이다. 검열 정권은 비극적인 팔라다의 경력이 보여 주었듯이 살아 있는 작가보다 오래전에 죽은 작가에게 훨씬 상냥했다. 그리고 많은 재능 있는 작가가 망명을 택했기에 이때는 독일 문학사에서 그리 주목받을 만한 시기가 되지 못했다. 그럼에도 제2차세계대전 발발 전 6년 동안 전쟁이 강요한 그 모든 모호함과 모순들에도 불구하고 나치정권이 독일 출판계를 완전히 뒤집어 버렸다는 사실에는 의문의 여지가 없다. 1945년에 이런 엉망진창인 상태를 복원하는 것은 연합국에게 상당한 골칫거리가 되었다.

출판산업을 규제하는 데 있어 연합국의 민주주의 국가들은 나치 정권이 표출했던 목적의식 비슷한 것조차 끌어낼 수 없었다. 절박한 전쟁 상황이 허용하는 한 최대한의 민주주의적 자유를 유지하는 것이 진정 그들이 싸웠던 대의를 살리기 위해 중요한 일이었다. 영국 신문들은 전쟁 뉴스를 보도할 때 자제한다는 원칙을 준수했다. 적을 타격할 정보를 노출할 것 같은 특정 기사에 대해 보도 금지를 요청하는 [D통고제도(D-notice)로 알려진] 구체적 통고가 오면 그 지시에 따랐다. 출판인들도 맡은 역할을 수행했고 그런 이유로 괴로워하지도 않았다. 제1차세계대전 동안 변덕스러운 정부 규제에 애를 먹었던 스탠리 언윈은 이제 영국 출판산업에서 원로급이 되어 정부 간섭이 줄어든 현실에 찬사를 아끼지 않았다. '어느 모퉁이 주변에도 어느 문 뒤에도 비밀경찰이 잠복 감시하지 않는다. 어떤 관리도 우리에게 이건 출판해도 되고 저건 안 된다고 분부하지 않는다.'[15] 실로 출판인들은, 특히 좌파 출판인들은 스스로의 결정을 통해 흔히 당국의 어떤 요구보다도 더 강력한 이데올로기적 엄격성을 지켰다. 전쟁 발발 전에도 빅터 골란츠는 자신이 믿는 꽤 까다로운 공산주의 교의에 대한 정의를 따르지 않는 저작들을 다소 심하다 싶을 정도로 가혹하게 레프트북클럽 작업물에서 제외시켰다. 조지 오웰은 『파리와 런던의 밑바닥 생활(Down and Out in Paris and London)』(1933)에서 영웅적으로 묘사했던 가난한 자들을 다소 깎아내리기로 하면서 위신 떨어지는 일을 했다. 이 책은 다소 희귀하게도 출판사 쪽에서 저자의 관점에 동의하지 않는다는 면책조항을 넣어서 출판했다. 골란츠는 오웰의 스페인내전에 관한 회고록 『카탈루냐 찬가(Homage to Catalonia)』(1938)를 자기 출판사 이름으로 내는 것도 거절했는데 스페인에서 오웰이 잘못된 공산주의 당파에 가입했기 때문이었다.[16]

이런 시대는 타고난 반대론자인 오웰에게 힘든 시절이었다. 그는 위기의 시대에 더 단순하고 더 명확한 충성을 요구하는 이유를 이해할 수 없었다. 세커앤드워버그(Secker and Warburg) 출판사에서 『카탈루냐 찬가』 1500부를 출판했으나 1951년 신판이 발행되었을 때에도 여전히 팔리지 않은 초판이 남아 있었다. 어니스트 헤밍웨이가 스페인내전에 바친 송가 『누구를 위하여 종은 울리나』가 1940년 출간 후 몇 달 만에

50만 부를 팔아 치웠던 것을 생각하면 답답한 노릇이었다. 오웰의 걸작인 『동물농장』은 거의 세상에 나오지 못할 뻔했다. 1944년 2월에 완성된 이 작품은 골란츠를 비롯한 출판인 네 명에게 퇴짜를 맞았다. T. S. 엘리엇(T. S. Eliot)은 페이버앤드페이버(Faber and Faber) 출판사에서 이 작품을 거절했고, 조너선케이프 출판사는 계약서에 서명을 마쳤음에도 정보부가 그만두라는 경고를 보내자 출간을 포기했다. 소련이 여전히 영국과 동맹 관계에 있었기 때문에 악랄한 돼지들에 대한 오웰의 풍자가 시기적으로 용납되기 어려웠던 것이다. 『동물농장』은 전쟁이 끝날 때까지 출판되지 못했다. 끝나고 나서야 세커앤드워버그가 한 번 더 구세주로 나섰다. 1950년대가 끝날 때까지 900만 부를 팔았고 출판사는 안목에 대한 보답을 받았다.[17]

『동물농장』 때와 거의 비슷하게 관계 당국이 던진 언질은 W. E. 존스의 경력도 몹시 망쳐 놓았다. 그는 제1차세계대전 참전 비행사로 훈장을 받았고 이제는 비글스 연재소설로 베스트셀러 저자가 되었다. 또한 월간지 《포퓰러 플라잉(Popular Flying)》의 편집자였는데 이 잡지가 큰 성공을 거두면서 1938년에 추가로 주간지 《플라잉(Flying)》에도 초빙되어 편집을 맡았다. 존스는 일찌감치 유화정책의 비판자였고 사설에서 반복적으로 이런 생각을 드러냈는데 특히 뮌헨에서 체임벌린이 체코슬로바키아를 배신한 것을 통렬하게 비난했을 때 비판의 정점을 찍었다. 체임벌린은 이런 비난을 너그럽게 받아들이지 못했고 경영자 캠로즈(Camrose) 경을 설득해 존스를 두 잡지 편집장 자리에서 모두 해고하게 만들었다.[18]

영국에서 적어도 책 두 종이 정부의 개입으로 회수되어 재생지 원료가 되었다. 첫 번째는 아서 브라이언트(Arthur Bryant)의 『미완의 승리(Unfinished Victory)』였다. 1940년 1월에 출판된 시기상 부적절한 나치 군대에 대한 찬가였다. 나치의 반유대주의를 인정했고 히틀러 치하의 제3제국이 '장래에 더 새롭고 행복한 독일'을 건설할지도 모른다고 열정적으로 읊조린 것이 특히 불행을 불렀다. 더 뜻밖이었던 것은 계속 그 책을 써 보라고 부추겼을 것이 분명한 출판인이 보수당 의원이자 미래의 수상이 될 해럴드 맥밀런(Harold Macmillan)이었다는 사실이었다.[19] 책은 대체로 부정적인 평판을 받았고 저자를 체포하여 긴급방위법(Emergency Powers Act)에 의거해 가능하다면 구금하라는 사회적 압력이 팽배했다. 옥스퍼드의 사학자이자 전시에 정보장교였던 휴 트레버-로퍼가 여하한 극단적인 조치에도 반대 의견을 냈다. 저자에게 남은 재고를 되사들이도록 요구한다면 문제도 사라질 것이라 했다. 브라이언트는 기꺼이 이 구명줄을 낚아채 팔다 남은 책을 회수했고 애국적 주제를 다룬 달달한 베스트셀러 『잉글리시 사가(English Saga)』의 저작권료를 맛보는 것으로 만족했다. 그해가 끝날 무렵 브라이언트는 히틀러의 권력장악을 '끔찍한 재앙'이라고 공손하게 언급했다.[20]

또 다른 관재수를 탄 책은 1941년 2월 출간된 전시 베스트셀러 『한 참모 장교의 일기(Diary of a Staff Officer)』였다. 1940년 5월 프랑스에서 결판이 난 영국 해외 파견군의 매일매일을 기술한 이 책은 전선의 혼돈과 프랑스군의 붕괴를 가차없이 묘사해서 널리 읽히고 찬사를 받았다(석 달 만에 6판을 찍었다). 하지만 유통 중인 이 책을 회수하도록 만든 것은 묘사 때문이 아니라 영민한 독일 독자가 그 책에서 영국이 독일의 에니그마 암호를 해독했다는 사실을 유추해 낼지도 모른다는 염려를 제기했기 때문이었다. 지금 이 책을 읽어 보면 그런 염려는 설득력이 없어 보인다. 5월 20일 독일의 무선 교신을 가로챈 것과 5월 26일 본부의 회의 관련 정보에 대한 언급이 있기는 하다. 그러나 어느 것도 에니그마 해독을 추정할 정보를 담고 있지는 않았다.[21] 연합군의 지도력에 대한 비판적 평가를 특히 현역 장교가 내린 것에 대해 가만있으면 안 된다는 윗선의 기대에 부응하려 관리들이 무리한 조치를 취한 것인지도 모른다. 하지만 일개 병사이지만 영리하고 왕성한 독서가인 데니스 아전트는 '우리가 그 전쟁에서 패배하게 한 것은 절망적인 지리멸렬과 안전제일주의'가 분명하다고 생각했다.[22]

지금까지 불편한 것과 잠재적인 위험요소를 제거했던 방식을 보면 영국의 정치권력이 좋아하는 일처리 방식이 어떤 것인지를 교과서적으로 보여 준다. 뒷전에서 슬그머니 사바사바, 문제 파악 즉시 처리 완료. 신문사 사주들은 일이 어찌 돌아가는지 알고 있었을 것이다(게다가 W. E. 존스 해고 건이라면 그들은 관계 당사자다). 그러나 자신들의 신문에 그런 사정을 한마디도 쓰지 말아야 한다는 것 정도는 알고 있었다. 이런 관재수의 희생양이 된 사람들은 공개적으로 항의해 봐야 더 불리한 처지로 몰릴 뿐이란 것을 알고 있었다. 분하더라도 참고 제 갈 길을 갈 수밖에 없었다. 저자들이 자기 책의 출판인을 나쁘게 생각하는 것도 저널리스트들이 쫓겨나는 것도 그리 낯선 일은 아니었다. 아서 브라이언트는 자신의 어리석음을 깨달았고 더 험한 꼴을 당하지 않은 것만으로도 응당 감지덕지했다.

검열에 대한 쟁점이 공적 토론의 대상이 되는 희귀한 경우를 맞게 되면 당국은 그 상황을 통제하기 위해 신속히 움직였다. 1940년에 공공도서관에 좌파나 평화주의 정간물을 비치하는 것에 반대하는 움직임이 곳곳에서 개별적 사건으로 포착되었다. 종종 도서관 직원의 자리를 자유계약직으로 채용하면서 생겨난 일이었다. 1940년 2월 15일 MO 일기기록자 틸리 라이스(Tilly Rice)는 지역 도서관의 직원과 다투게 되었다. 직원은 지역 군부대에 보낼 책 꾸러미에서 군인의 사기를 해칠 것 같은 책을 걸러 낸 것을 인정했다. '평화주의 문학 같은 것 말인가요?'라고 라이스가 물었더니 '그래요. 마지막 꾸러미에서 두 권을 뺐습니다'라는 답이 돌아왔다.[23] 올덤도서관은 《평화 뉴스》, 《데일리 워커(Daily Worker)》, 《트리뷴(Tribune)》을 금지했다. 공산당 기관지인 《데일리 워커》는 런던 스테프니도서관 서가에서도 제거되었다. 하지만 모두 개별적으로 생긴 사례일 뿐이었다. 《도서관협회보》는 공산주의 문헌에 반대하는 비슷한 움직임에 대해 플리머스시립도서관 사서가 보인 강력한 대응을 찬성한다는 취지로 보도했다. 신문이나 팸플릿을 멋대로 치워선 안 됐다. 언론의 자유는 민주주의가 표방하는 고귀한 기본권이었다. 그래서 『나의 투쟁』 같은 것도 전선의 병사들이 읽을 수 있도록 허용했던 것이다.[24] 이것은 진정 사실이었다. 더 많은 사람이 『나의 투쟁』을 읽을수록(대부분은 띄엄띄엄 읽었지만) 사람들은 히틀러주의를 박멸하는 데 더욱 헌신하게 되었다. 『나의 투쟁』은 《도서관협회보》의 군부대 도서관을 위한 권장 도서 목록에서 중요하게 다뤄졌고 공공도서관에서도 꾸준한 관심을 얻었다.

1941년 1월 21일 정부가 《데일리 워커》를 폐간한 것은 이 매체가 깊은 방공호를 확보해야 한다는 캠페인을 벌였던 것과 밀접한 관련이 있었다. 방공호 물색이라는 문제에 정부가 몹시 태만했음이 드러났기 때문이었다. 다섯 달 뒤 히틀러의 군대가 원래의 전략을 180도 뒤집어 소련을 침공했다. 도서관들은 새로운 동맹에 찬사를 던지는 책들을 비치하기 시작했고 독자들은 이 놀라운 새 동무에 관한 것이라면 뭐든 게걸스럽게 읽어 댔다. 듀스베리에 살며 점원 일을 하는 캐슬린 헤이는 펭귄의 러시아 단편소설과 펭귄스페셜로 출간된 버나드 패러스의 『러시아』(1941)를 덥석 샀다.[25] 그 후로 몇 년 동안 특히 전황이 영국군에게 불리하게 지속되는 동안 소련군의 불굴의 투혼과 활력을 몹시 감탄하는 분위기가 팽배했다. 이런 분위기는 주영소련대사관 언론 부서에 의해 교묘하게 이용되었다. 그들은 《소비에트 전쟁 뉴스(Soviet War News)》라 불리는 요약판 뉴스를 정규적으로 배포했다. 그것은 삽화도 없는 다소 소박한 한 장짜리 신문이었는데 해외의 영국군도서관에 필수적으로 비치되었고 국내에도 널리 배포되었다. 1942년 9월 정부는 《데일리 워커》의 재발행을 허용했다.

공공의 장에서 가장 논란을 불렀던 쟁점은 널리 존경을 받던 P. G. 우드하우스(P. G. Wodehouse)의 바보짓과 불운이었다. 통상의 수단으로는 해결될 수 없는 쟁점이었다. 그의 우둔함이 너무나 터무니없고 권력 집단은 대응 방식을 놓고 심각하게 분열되어 있었기 때문이었다. 1934년 세금 부담을 줄여 보겠다고 해외로 이주했을 때 그는 엄청난 베스트셀러 작가였다. 프랑스 북부 르투케에 정착했던 그는 1940년 영국으로 파견 온 군인들

SOVIET WAR NEWS

PUBLISHED BY THE PRESS DEPARTMENT OF THE SOVIET EMBASSY IN LONDON

Phone: ABBEY 1470
Grams: SOVNEWS, LONDON

519-521, GRAND BUILDINGS
TRAFALGAR SQUARE, W.C.2

No. 100   November 4, 1941

ONE HUNDRED ISSUES OLD
A Message from I. M. Maisky, Soviet Ambassador in Great Britain

This is the hundredth issue of "Soviet War News," which appears at the beginning of the twentieth week of the Soviet-German war.

I am very gratified by the reception which this daily bulletin has had in Great Britain. Its circulation has risen steadily, and we have received many letters of appreciation from all sections of the British people. The Press, also, has given us a generous measure of support.

There are trying days ahead for my people. But now more than ever we are certain of ultimate victory. If this bulletin, by creating a clearer understanding of the Soviet Union in this country, has helped in strengthening the ties between the two great anti-Fascist Powers in Europe, it will have fulfilled a valuable task.

OUR FINEST HOUR

"Pravda" writes:—

For a month fierce fighting has been in progress at the approaches to Moscow. The enemy has formed a battering ram of huge mechanised forces on the road to the capital and is gambling with large numbers. The German High Command thought that the blow which they were going to inflict at the beginning of October would be decisive. They miscalculated again.

During the first two weeks of their attack the German forces were able to force back our troops. This advance, however, was gained at a great price. New tanks and planes can be produced, especially when stolen European raw materials and machinery are utilised, but Hitler's man-power continues to decrease. Men cannot be produced in factories.

Ignoring his heavy losses, the enemy continues to thrust towards Moscow, throwing more soldiers into the flames of battle. He has staked all his cards on an effort to gain important successes before winter. We are entering a period of the most intense and heavy battles for Moscow. The enemy will try to penetrate our defences. In order to achieve this he is bringing up fresh forces.

To all our fighters in the Mozhaisk, Maloyaroslavets, Volokolamsk and Kalinin districts, to all our fighters defending the approaches to Moscow, we say that a tremendous historical task now faces us. Not one step back! Each individual Muscovite, each Red Army man and commander defending positions on the roads to the capital must realise the full historical significance of a stubborn and active defence of the city.

The successful defence of Moscow will increase further the unrest on the German home front and hasten the demoralisation of the Nazi troops. By daring attacks, rapid annihilating counter-manoeuvres and decisive counter-blows we must wear out and bleed the German Army to death, forcing it to strew new divisions of German dead in the approaches to Moscow.

By the courageous defence of Moscow we will point the way to victory to all our forces fighting on other fronts. Such is the great task in present and future battles.

These hours and the names of the heroes defending Moscow will be remembered with pride.

In the Arctic regions and Siberia, in the Soviet Far East and the Ural mountains, in the wild northern waste or the sunny republics of the Soviet south; wherever, in the face of difficulties, new life, new factories, collective-farms and towns are springing up —Moscow is the guiding star. Moscow is not only our capital, not only our beloved and sacred town; in Moscow every Soviet citizen feels that there is a small part of his heart and his aspirations. The name of Moscow is connected with the finest feelings of our Soviet people. That is why, in these days of great danger, in these days of fierce battles, Moscow and the Soviet people are one.

To-day, the life of every individual fighting in the approaches to Moscow or giving his knowledge and labour in the defence of the capital, belongs to our native land. We know that the battle will be hard, that it will demand sacrifices. The enemy is striking at our heart. Spare no efforts. Go into battle determined to win or to die.

In the future every Soviet citizen will be judged by the way he defended his native land at this time.

BATTLE FOR CRIMEA

The mid-day communiqué from the Soviet Information Bureau on November 3 states that during the night of November 2 Soviet troops fought the enemy on all fronts.

An earlier communiqué stated that during November 2 fighting was especially fierce in the Crimean sector.

On November 1, 28 German aeroplanes were destroyed for the loss of eight Soviet aircraft. On November 2, four German aircraft were destroyed near Moscow.

런던에서 출판된 《소비에트 전쟁 뉴스》는 전쟁 중에 대단한 성공을 거둔 출판물로 꼽혔고 연합국 병사들에게 특히 좋은 평가를 받았다.

을 넉넉하게 대접했다. 파견군으로부터 독일의 침공이 실패로 끝나고 말 것이라는 낙관적인 예측을 듣고서 마음을 놓았다. 결국 독일 전차부대가 파죽지세로 벨기에를 치고 들어왔을 때에도 느긋하게 대응했다. 그와 그의 아내는 집에 머물러 있다가 체포당해 신속히 억류되었다.[26]

우드하우스는 독일에도 애독자가 많았다. 그래서 이런 어려운 상황에도 그는 독자들의 아첨성 관심에 많은 위안을 받았다. 늘 남의 기분을 맞춰 주려고 애쓰는 우드하우스는 미국을 향해 방송될 토막극 하나를 녹음해 주겠냐는 설득에 쉽게 넘어갔다. 물론 우드하우스는 좋은 의도로 그랬던 것이다. 그런데도 1941년 무렵 그가 베를린에서 가장 호화로운 호텔인 아들론(Adlon)에서 살았다는 사실과 적을 위해 방송했다는 사실은 부정할 수 없었다. 이런 사실이 영국에 전해졌을 때 즉각 반응이 일었다. 《타임스》와 《텔레그래프》로 편지 폭탄이 쏟아졌다. 어떤 편지들은 노골적으로 경멸을 담았고 또 어떤 편지들은 옹호를 했다(가령 동료 작가인 도로시 L. 세이어스의 편지).[27] 우드하우스에게 더 치명적이었던 것은 《데일리 미러(Daily Mirror)》에서 커샌드라(Cassandra)라는 필명으로 글을 쓰는 윌리엄 코너(William Connor)의 거리낌 없는 비난이었다. 그것은 나중에 BBC 라디오 프로그램 〈후기(Postscript)〉에서 다시 인용되었다. '나는 최종적으로 최대—제 조국—의 매각을 하려는 한 부자의 얘기를 전하려 합니다.' 우드하우스는 언감생심 감히 영국 전쟁포로들과 비교되었다. '5만에 달하는 조국의 아들들이 독일에서 포로가 되어 있다. 그중 몇 명이 오늘 밤 아들론호텔에 묵고 있는가? …… 그들은 고통을 겪고 있다—하지만 변절하지는 않는다.' 하원 단상에서 외무장관 앤서니 이든(Anthony Eden)은 '나치의 전시 선전기구에 부역했다'라면서 우드하우스를 맹공했다.[28]

여론이 들끓었다. 사우스포트 시의회는 우드하우스의 모든 책을 공공도서관 서가에서 끄집어내 재생지 원료로 만들겠다고 결의했다. 같은 랭커셔주에 속한 콜른도 사우스포트의 선례를 따랐다. 그러나 항의가 잇따르자 콜른은 불쾌감을 불러일으키는 그 책들을 파쇄하지 않고 보관만 하기로 결정했다. 도서관협회장이 '우드하우스가 꼬드김을 받아서 하게 된 그 통탄스러운 언급은 그의 작품 수준에 아무런 영향을 미치지 않았다'라고 주장했을 때 그는 다수의 의견을 대변했던 것으로 보인다.[29] 《북셀러》는 다음과 같은 현명하고도 신중한 판단을 내렸다. '만약 그가 독자들의 애정을 잃었다면 그가 벌을 받도록 내버려 두자. 머잖아 직면할 판매량 감소로 벌을 받도록.'[30] 뚜껑을 열어 보니 독자들은 지브스(Jeeves)와 블랜딩스(Blandings)를 포기하지 않았고(지브스는 우드하우스 연작 소설의 주인공이고 블랜딩스는 다른 연작 소설의 배경이 되는 성 이름이다—옮긴이) 우드하우스로부터 어떤 것도 앗아가지 않았다. 저자에 대한 심판은 전쟁 말미에 벌어졌다. 그는 체포되었고 프랑스에 억류되었다. 비록 영국 정부는 추가 조치를 취하지 않았지만 우드하우스는 그 후 미국에 영구히 정착했다.

이런 잡다한 소동과 멍청한 대응은 엄밀한 의미에서 보면 검열이라고 하기에 곤란하다. 많은 사람은 전시에 정부가 책 생산을 통제할 때 좀 더 간섭주의적 태도를 취해야 한다고 생각했다. 시민들이 좀 더 철저한 배급제(가령 케이크)를 호소했던 것처럼 출판에 대해서도 좀 더 엄정한 통제를 요구하는 목소리가 많았다. 독자들은 자신들이 원하는 책은 구할 수 없는데 서점에는 '쓰레기' 책이 널려 있다고 답답해했다. 해운사 사무원이자 독서광인 캐슬린 티퍼(Kathleen Tipper)는 『포사이트가 이야기(The Forsyte Saga)』로 가장 유명한 존 골즈워디(John Galsworthy)의 책을 찾아 서점을 열두 곳이나 전전했지만 허탕을 친 뒤 스트랜드가의 한 서적상에게 그런 불만을 다음과 같이 토로했다.

> 서적상도 인정했다시피 출판인들이 자신들에게 할당된 종이를 그런 쓰레기 같은 책을 수천 권씩 찍어내느라 낭비하는 것은 수치라고 생각한다. 유익한 책, 고전, 버젓한 현대 소설들은 찾을 길이 없는데 말이다. 서적상은 이런 쓰레기를, 그것도 매우 비싼 값에 공급받든지 그게 싫다면 책꽂이를 비워 둘 수밖에 없다고 했다.[31]

1942년 6월 도서관협회가 그 난장판에 끼어들었다. 만약 음식 낭비가 비애국적이며 반사회적이라면 종이 낭비도 마찬가지일 것이라 했다. 만약 어떤 이에게 『사창가의 시체(The Corpse at the Brothel)』를 읽을 자유가 있다면 다른 이가 『전쟁과 평화』를 읽을 권리도 침해되어서는 안 된다. 이 사례는 적절했다. 『전쟁과 평화』(전시에 오래 두고 읽기 좋은 전형적인 책)를 비롯한 많은 유명한 고전이 전쟁 기간 대부분 절판되었기 때문이다.[32]

    정부는 이런 문제를 '모벌리 비축분(Moberly Pool)'으로 대응했다. 출판인들이 '필수적'이라고 주장하는 개별적 출판을 위해 쓰일 수 있도록 준비된 종이 비축분이었다. 출판사 버터워스(Butterworth)가 정부를 위해 전시 비상조치권 발동으로 초래된 서른여덟 가지 법안을 출판하면서 종이 할당분을 모두 소진해 버린 후에 이 기준은 불명확하지만 융통성 있는 모벌리 비축분의 수혜를 받아 출판된 책들은 샤이러의 『베를린 일기』 추가분부터 법률 교과서에 이르기까지 다양했다. 비록 마지못해 이용하기는 했지만 출판인들 사이에서 모벌리 비축분은 늘 인기가 없었다. 출판인들은 종이부족 사태로 인해 자신들의 출판 목록이 바람직하지 않은 방향으로 변질되지 않을까 우려했다. 즉 자신들이 지성적 풍토 조성을 위해 온 힘을 기울이던 출판 프로젝트를 포기하고 모벌리 비축분으로부터 더 많은 종이 배급을 요구하기 좋다는 이유로 다른 책을 선택할지도 모른다는 것이었다. 당연히 바로 이런 일이 발생했다. 모벌리위원회에서 네 명으로 구성된 심사위원들은 위원회 활동의 전 기간에 걸쳐 개별적 요구 1만 건을 검토했다. 모두 자신의 출판 기획물이 문학적 가치가 있고 독자의 요구가 거세며 국가적으로 중요하다고 주장했다. 비록 얼마간 비판에 시달렸지만 그 위원회는 성공적이었다. 심사위원들은 절대적으로 투명하게 일 처리를 했다. 윈스턴 처칠이 재고가 소진된, 경애하던 집안 선조 말버러 공작의 전기를 증쇄하기 위해 종이 할당 승인을 요청했지만 위원회로부터 퇴짜를 맞은 것이 대표적인 경우였다. 처칠 수상이 위원회의 결정을 뒤집기 위해 어떤 조치도 취하지 않은 것은 자신을 위해 명예로운 선택이었다. 『말버러』는 1947년까지 절판 상태를 이어갔다.[33]

그 모벌리위원회가 어쩔 수 없는 곳도 있었다. 할당량을 늘

초과하고도 게걸스럽게 종이를 요구하는 정부 쪽 출판과 주류권 밖에서 시작해 할 수만 있다면 어디든 종이를 구하러 다니며 정통 출판사들이 한탄하는 '쓰레기' 책 양산의 원흉인 소위 벼락부자 출판사들이었다. 1945년 무렵 모벌리위원회는 책 출판을 위해 허용된 전체 종이 소비량 중 50퍼센트를 심의했다. 1949년 활동을 종료했을 때 위원회는 종이 2370만 톤을 할당했다. 공정함이 무기였던 모벌리위원회는 책 출판에 영향을 미친 중요한 권력이었다.

만약 영국의 전시 검열 강도를 정확히 측정하고 싶다면 출판이 허용된 책에 대해서도 평가해야 한다. 전쟁 내내 정부 정책 비판자들에게 재갈을 물리는 경우는 별로 없었다. 가장 두드러진 경우는 전쟁 전에 화평 정책을 맹렬히 비난했던 『죄인들(Guilty Men)』의 출간이었다. 케이토(Cato)라는 가명으로 기자 세 명이 공동 집필했던 이 책은 4일 만에 완성되었고 빅터 골란츠에 의해 4주 만에 서둘러 출판되었다. 됭케르크철수작전이 있은 지 한 달 만에 나온 이 책은 논쟁거리가 될 것이 뻔했다. W. H. 스미스와 도매업을 겸하던 심프킨앤드마셜이 책 취급을 거부했다. 하지만 책에 대한 악명이 성공에 대한 보증수표가 되었다. 가판대와 행상 수레에나 놓였지만 1940년 6월까지 12판을 찍고 20만 부를 팔았다. 1941년까지 38판을 거듭했다. 미래의 노동당수가 될 마이클 풋(Michael Foot)을 비롯한 저자들이 가명을 택한 것은 보복에 대한 두려움 때문이 아니라 셋 모두가 화평 정책을 강하게 지지했던 비버브룩(Beaverbrook) 경에게 고용된 처지여서 그런 책을 쓰는 것은 계약위반이었기 때문이다.

전쟁 동안 비슷한 수준의 회의적인 시각을 담은 책들이 꾸준히 이어졌다. 1942년 4월 양심적병역거부자 데니스 아전트는 앨릭스 컴포트(Alex Comfort)의 『그런 자유는 없다(No Such Liberty)』(1941)와 『모두에게 축복을: 영국 군대 분석(Bless 'Em All: An Analysis of the British Army, 영국의 유명 군가 제목이기도 하다—옮긴이)』(1942)을 읽었다. 전자는 이주민을 향한 영국의 가혹한 정책을 비판하는 평화주의자에 관한 소설(조지 오웰은 늘 그랬듯 예상을 깨고 가혹할 정도로 지독하게 비판하는 리뷰를 썼다)이고 후자는 한 익명의 호주 군인이 쓴 군대 내의 판에 박힌 일상과 문서 작성, 숙련된 군인에 대한 혹사, 속물근성, 미숙한 지도력 따위를 통렬히 비판한 책이었다.[34] 물론 선전 영역에서 영국의 태평함을 가장 잘 보여 주는 것은 『나의 투쟁』의 출판과 배포를 허용한 조치였다. 영국에서 최초로 출판된 대폭 축약판은 5만 3738부가 팔리면서 1938년 11월 《북셀러》 베스트셀러 목록 3위에 올랐다. 완전판은 1939년에야 허친슨에서 제임스 머피(James Murphy)의 번역으로 나왔다. 《타임스》는 '번역자가 570쪽에 이르는 장황한 글을 멋지게 번역했다'라고 관대한 평가를 내렸다.[35] 정가가 8실링 6페니(펭귄책 열일곱 권 값)에 달하는데도 잘 팔렸고 처음 몇 달 동안에만 3만 2000부가 나가 모두 15만 부가 팔렸다. 9월에 전쟁이 발발하자 허친슨은 영국 전쟁포로들에게 책을 공급하는 적십자사에 인세를 돌렸다. 1940년 3월 우스터공공도서관은 《도서관협회보》에 『나의 투쟁』이 가장 많이 대출된 논픽션이라고 보고했다. 도서관은 대기목록에 오른 회원이 너무 많아서 대출도서 한도를 네 권에서 열두 권으로 늘렸다. 1939년 켄트주립도서관은 『나의 투쟁』 52부와 《타임스》의 중부유럽 담당 기자 더글러스

리드(Douglas Reed)가 쓴 나치의 호주 장악과 연합국의 히틀러 달래기에 관한 보고서 『광기의 시장(Insanity Fair)』(1938) 40부를 대출 가능한 도서로 확보했다고 보고했다. 감탄사가 나올 정도의 균형감각을 보인 사례였다.[36]

'570쪽에 이르는 장황한 글'을 다 읽어 낸 사람들은 칭찬받을 자격이 있다. 그러나 그런 힘든 일을 해낸 사람 중에 실제로 전향된 사람이 있었다는 증거는 없다. 『나의 투쟁』의 영향력은 전쟁이라는 현실에 탄식하던 헌신적인 기독교인이자 평화서약연합 회원이기도 한 물리치료사 조앤 스트레인지(Joan Strange)의 일기만 봐도 대략 가늠할 수 있다. 그는 독일 피난민을 돕는 여러 단체에도 깊이 관여하고 있었고 아마도 그런 경험 때문이겠지만 연합군의 대의를 충심을 다해 헌신적으로 지지했다. 1939년 9월 독일인 친구 셉 스트라서(Sep Strasser)는 조앤에게 영역본 『나의 투쟁』을 보냈고 이 책이 조앤을 열렬한 국가사회주의자로 탈바꿈할 것이라 확신했다. 그러나 다음 날 조앤의 일기는 특히 간결했다. '『나의 투쟁』 몇 쪽을 읽었다—내 상상을 벗어나지 않는군. 셉의 확신이 실현될 가능성은 전혀 없다. 바쁜 하루였다.'[37]

전쟁 중인 세상에서 모든 나라는 심지어 중립을 표방하는 나라들에서조차 어떤 형태로든 정보의 흐름을 규제할 필요가 있다고 인식했다. 이런 규제를 적용하게 되면 너절한 익살극을 몇 편 정도는 제공한다. 가장 터무니없는 경우는 아일랜드에서 W. E. 존스의 연작소설 『여성 공군 비행사 워럴스(Worrals of the WAAF)』['WAAF'는 공군여성조력부대(Women's Auxiliary

Air Force)의 약어—옮긴이]의 운명이었다.[38] 1939년 전쟁이 발발했을 때 에이먼 데벌레라(Eamon de Valera) 아일랜드 대통령은 중립 외에 달리 선택의 여지가 없었다. 독립투쟁의 기억이 여전히 생생했고 반영국 정서가 널리 퍼져 있었다. 그런데도 막후에서 데벌레라는 영국에 도움을 주었다. 특히 퍼매너주 러프에른(Lough Erne)에 기지를 둔 영국 연안경비대 비행 중대가 대서양 순찰을 하도록 아일랜드 상공 비행을 허락해 비행대의 순찰 범위를 360킬로미터나 넓혀 주었다. 그러나 데벌레라는 자신의 아일랜드공화당(Fianna Fáil)에 소속된 많은 영향력 있는 인물이 친독일 정서를 품고 있다는 사실을 잘 알고 있었다. 데벌레라는 이런 인사들을 중요하지 않지만 중요하게 보이는 지위에 기용하는 교묘한 전략을 썼다. 프랭크 에이컨(Frank Aiken)이 검열관이 된 것은 그런 정략적 결정이었다. 그럴망정 검열관은 무시할 만한 자리가 아니었다. 아일랜드는 국가적으로 가톨릭 전통을 존중하는 나라였고 정기적으로 금서목록을 발표해서 '대체로 점잖지 못한 경향'이거나 '부자연스러운 임신 중절을 옹호'하는 책들을 국내로 들여올 수 없도록 하고 있었기 때문이었다. 케이프, 카셀, 콜린스, 컨스터블, 하이네만, 메수엔, 맥밀런, 펭귄과 퍼트넘을 비롯해 유명 영국 출판사 대부분은 이 규정을 위반한 적이 있었다.[39]

에이컨 검열관은 찬사를 받을 정도로 자신의 책무를 철저히 수행했다. 심지어 《아이리시 타임스(Irish Times)》 서평란의 교정쇄를 요구할 정도였다. 이런 식으로 『여성 공군 비행사 워럴스』 리뷰를 포함해 서평 100편 이상이 어쩔 도리 없이 일부 잘려 나가거나 완전히 금지되는 바람에 편집자 R. M. 스마일리(R. M. Smyllie)는 미치고 환장할 노릇이었다. 스마일리는 기회를 엿보다 똑같은 서평을 『독일 공군 비행사 로테(Lotte of the Luftwaffe)』라고 제목만 바꿔 다시 제출했다. 당연히 서평은 출판 허가가 났다. 이제 검열 당국의 친독일 성향을 입증할 수 있게 된 스마일리는 신나게 격한 언쟁을 한판 벌였다. 애국자인 W. E. 존스는 소위 민주주의 국가에서 작가를 향해 가해지는 미묘한 압력을 겪었던 장본인으로서 이 난장판을 좀 더 흥미롭게 지켜봤을 것이다.

4부
군인과 책

10장
군대

1944년 6월 6일 연합군이 노르망디해안을 공격했을 때 책도 곧 뒤따라왔다. 한 주가 지나지 않아 교두보로 쏟아져 들어온 수많은 비품 중에는 페이퍼백을 담은 상자도 있었다. 공격 개시일 며칠 전에 영국 남부에 집결해 있던 미군 병사들의 긴장을 풀어주기 위해 진중문고에서 인기 있던 페이퍼백을 병사 한 명당 한 권씩 안겼다. 많은 병사는 배를 타고 상륙지인 오마하해변과 유타해변으로 향하면서 긴장된 시간을 독서로 보냈고 다 읽은 책은 바꿔 읽었다. 오마하상륙전에서 끔찍할 정도로 많은 병사가 죽었다. 살아남은 자들이 해안교두보로 진격해 들어갈 때 그들 눈에 들어온 가장 비참했던 장면은 벼랑 아래서 벼랑에 몸을 기대고 있는 심각하게 다친 병사들의 모습이었다. 그 와중에도 책을 읽고 있었다.[1]

프랑스에서 전쟁을 수행했던 한 미국인 병사는 책을 받은 것에 대한 감사를 기록했다. 그럴망정 베티 스미스(Betty Smith)의 대히트작 『브루클린에서 자라는 나무(A Tree Grows in Brooklyn)』에 대한 그의 애정 때문에 위험에 처하기도 했다.

우리 부대는 독일 대대의 공격을 받았다. 우리는 고랑으로 피했다. 잠깐이지만 독일군이 우리 부대를 거칠게 몰아붙이는 중인데도 책을 좀 더 읽고 싶다는 유혹이 일었다. 그날 조금 다치기도 했다. 내가 하고 싶은 말은 심지어 꽤 사나운 총격전이 벌어지고 있는데도 내가 책 생각을 하고 있었다는 말이다. 책이 그 정도로 흥미로웠던 것이다. 웨스트포인트 시절에는 명령받았을 때를 제외하고 내가 도서관을 얼씬도 하지 않았다는 걸 생각하면 놀라운 일이다. 그 책이 그렇게 좋았나 보다.[2]

지휘관이 위험한 전장에서 자신들을 이끌어 안전한 곳으로 인도해 주기를 기대하고 있는데 그가 위안 삼아 책 생각이나 하고 있는 걸 환영할 병사는 없을 것이다. 그러나 거시적 관점에서 보면 분명한 것이 보인다. 많은 병사에게, 그들이 설사 특별히 책을 좋아하지 않더라도 책은 위험, 따분함, 군 생활의 혹독함과는 다른 삶도 있다는 것을 일깨워 주는 명백한 수단이었다. 책은 부대원들 사이로 돌아다녔다. 병사들은 그 귀한 읽을거리가 자신의 순번으로 얼른 돌아오기를 애타게 기다렸다. 한 상병은 그런 심정을 이렇게 말했다. '책은 하도 때가 타서 글자가 안 보일 때까지 읽혔다. 그런 책 한 권을 쓰레기통에 버려야 할 때가 되면 그 심정은 말로 표현하기 힘들 정도로 쓰라렸다.'[3]

    모든 제2차세계대전 참전국은 병사에게 읽을거리를 공급하는 것을 중요한 우선순위에 두었다. 진정 이런 발상은 전쟁을 승리로 이끈 요인 중 하나이다. 1939년부터 계속 정부 관련 부서와 출판인과 공공도서관이 서로 효율적인 공조를 통해 병사들을 따라 유럽으로, 북아프리카로, 미군들이 징검다리 작전을 펼치는 태평양의 이섬저섬으로 틀림없이 책을 보내도록 애썼다. 공공도서관들은 순회도서관을 운영해서 외딴 곳에서 방공포대나 주둔지를 지키는 파견대에도 정기적인 책 서비스를 제공하도록 공을 들였다. 시민들은 개인소장도서들을 십시일반 기부해서 병사들을 위한 도서에 보탬을 주었다.

물론 집중포화가 퍼부어지는 노르망디해안의 참호는 독서에 이상적인 환경은 아니었다. 훌륭한 이야기의 소재가 될 수는 있겠지만 말이다. 군생활이 늘 전투상태인 것은 아니었다. 마냥 기다리기만 할 때도 있고 훈련하고 장비를 정비하고 종종 일어나지도 않을 전투를 위해 대기했다. 양심적병역거부자 데니스 아전트는 베드퍼드의 비전투병과에 배치되었는데 군은 그들에게 보람 있는 보직을 찾아 주려고 분투했다. 이따금 하루에 두 시간 밖에 안 되는 군대 임무를 마친 뒤 데니스는 보통 지역 도서관에서 게걸스럽게 책을 읽었다.[4] 이것은 특별한 경우지만 군생활의 진실은 각 전투 부대에는 엄청나게 많은 지원부대가 그 뒤를 받치고, 정비, 수송, 문서작업, 통신, 공급 같은 임무를 띤 그 지원부대들은 결코 전투를 해 볼 일이 없다는 것이었다. 멀리 고향을 떠나 해외복무를 하면서 책을 읽을 시간이 많이 생긴 것은 일부 병사들의 경우 어른이 되어 처음 겪는 경험이었다.

제1차세계대전 중에 군인들에게 읽을거리를 제공하는 과업에는 미흡한 점이 있었다. 그러나 여전히 군과 민간 단체가 엄청난 노력을 기울인 임무였다. 1917년 4월 미국이 참전을 결정했을 때 첫째는 신병훈련소로 급히, 그다음에는 서부전선으로 '미군 병사를 위한 책들'을 공급하는 것이 시민이 그들에 대한 격려를 표현하는 가장 확실한 방법으로 꼽혔다.[5] 처음에 공동체는 그 지역 부대를 위한 공동체만의 장서를 수집했지만 1917년 8월에 미국도서관협회가 전국적인 노력을 조정하는 책임을 떠맡고 나섰다. 8월호 《전시 도서관회보(War Library Bulletin)》는 이 새로운 임무에 대해 다음과 같이 공지했다.

> ALA는 육군성으로부터 주요 군부대 서른두 곳에서 읽을거리의 수집과 배포와 대출을 담당해 달라는 요청을 받았습니다. …… 모든 도서관은 언론을 통해, 대출도서 속에 넣어 두는 쪽지를 통해, 교회나 극장을 통해, 동일한 과업을 위해 협력 관계에 있는 다른 기관들을 통해 이 도서 모집 캠페인을 널리 알려야 합니다.[6]

1917년 9월 도서관들이 지역공동체와 최선의 협력 방안을 파악하는 과정에 벌였던 첫 번째 책 수집 캠페인에 대한 시민들의 호응은 실망스러웠다. 그러나 1918년 3월 두 번째 캠페인은 300만 권이 넘는 책을 모았다. 그중 3분의 2가 소설이었다. 이런 성공은 특히 사서들이 미리 책 수집 수레가 지나가는 길을 선제적으로 공지하는 것과 같은 좀 더 공격적인 전략을 채택했던 덕분이었다. 이런 식으로 관대함을 부추기는 작전을 통해 군 병원을 비롯한 장소 500곳 이상에 도서관을 설립할 수 있었다. 최대 규모의 책이 할당된 곳은 당연히 미국 전역에 있는 주요 신병훈련소 서른여섯 곳에 설립된 도서관들이었다. 거의 모든 신병이 전선으로 배치되기 전까지 훈련소에서 석 달 동안 훈련받았다. 그들에게 도서관은 정녕 쓸모가 있었다. 카네기재단은 32만 달러를 들여 도서관 건물을 건축하면서 책 1만 권과 열람인 200명이 들어갈 공간을 만들었다. 그러고 나서 그 도서관들은 기부 도서들과 군에서 제공한 기금으로 구입된 책들로 채워졌다. ALA의 전시 도서관 서비스는 미국의회도서관장 허버트 퍼트넘(Herbert Putnam)의 진두지휘하에 매우 두드러진 활약을 벌이는 조직이 되었다. 기부뿐만 아니라 신간 구입을 위해 500만 달러를 모금했다. ALA는 특히 경험이 풍부한 사서들을 군도서관으로 보내 자원봉사자로 일하게 해서 군부대 문고를 구축하는 데도 큰 역할을 했다. 이 시절 군에서 그런 봉사를 했던 사람들의 면면을 보면 '도서관 명사 인명록'을 읽는 것 같다. 짧은 기간이지만 그들이 군부대에서 했던 일은 어떤 기준으로 보아도 수준 높은 도서관 시설을 구축하는 데 기여했다.[7]

조금 과다하다 싶을 정도로 많이 모인 기증도서들을 해외로 전달하기도 전에 전쟁이 끝나 버렸지만 ALA의 노력과 그에 화답한 시민의 기증도서 덕분에 파리에 미국도서관(American Library)을 설립할 수 있었다. 1920년에 설립돼 뒤늦게 기증된 책까지 가세하면서 전쟁이 할퀴고 지나간 유럽에 미국 문명의 햇불을 전했다. 독일 군대가 벨기에 전역을 유린하던 중에 파괴된 루뱅대학교도서관 재건을 위해 미국 대중이 열렬히 지원한 것도 시련의 시기에 문명적 가치의 보루가 되겠다는 미국의 새로운 약속을 확인하는 두드러진 상징이었다.

영국에서 도서관협회는 ALA가 병사들을 위해 책을 공급한 것에 비하면 훨씬 부족한 영향력을 행사할 수 있었을 뿐이었다. 예산이 삭감되고 징집으로 직원까지 줄면서 기운이 빠진 공공도서관은 한정된 자원을 국내에서 전쟁 수행에 도움이 될 적절한 시설을 만드는 데 집중했다.[8] 해외 병사들에게 책을 공급하는 엄청난 임무는 대개 자원봉사의 영역으로 넘어갔다. 첫 번째로 공공의 공백을 채워 준 단체들은 적십자사와 YMCA 같은 유서 깊은 조직이었다. 적십자사는 주로 군 병원을 담당했다. 병원은 조만간 비극적일 정도로 많은 적십자사의 도움이 필요해진다. YMCA는 영국과 프랑스의 전선 가까운 곳에 많은 이동도서관과 독서 막사 들을 설립했다. 19세기의 전쟁 경험으로 움직였다면 이 정도 규모와 기간으로 벌어진 군사 작전에서 아무리 애를 써도 자선 단체들이 아무 일도 할 수 없었을 것이다. 읽을거리 공급이라는 주된 임무는 군부대도서관(Camps' Library) 조직과 전투부대도서위원회(Fighting Forces Book)가 수행했다. 자원봉사 조직들을 총괄 관리하는 자리를 만들면서 육군성이 자원 단체들 사이의 임무를 조정하는 것이 가능해졌고 책과 잡지만이 아니라 음식과 복지시설도 제공하면서 전반적인 병참 수급도 원활해졌다. 매우 효율적인 야전 우편물 서비스는 군이 자체적으로 운영했다.

전쟁 동안에 군부대도서관 관리처는 책과 잡지 1600만 권 이상을 병사들과 전쟁포로들에게 배포할 수 있었다. 그중 많은 책이 전형적인 에드워드시대의 중산층 소설이었다(에드워드 7세의 치세인 1901년에서 1910년까지, 또는 제1차세계대전 발발 직전인 1914년까지를 일컫는 말—옮긴이). 그것은 기증자들이 집에서 여가시간에 읽던 책들이었다. 군도서관은 출판계 인맥을 활용해 몇몇 출판사로부터 팔다 남은 책을 확보할 수도 있

1918년 뉴질랜드 출신의 병사들을 위해 프랑스 보베에 설립된 YMCA 열람실. 전선을 벗어나 이따금 여유로운 시간을 누리는 것은 독서를 하고 밀린 편지를 쓸 최고의 기회를 제공했다. 그렇지만 이 세심하게 연출된 사진은 병사들이 여가시간에 가장 하고 싶은 것을 보여 주지는 못한 것 같다.

었다. 군도서관의 장서는 '참호로 보내는 상자'에 넣어져 대략 한 부대당 500권씩 배포되었다.

장교들과 장교만큼은 아니었지만 사병들도 고향에서 꾸러미에 넣어 부친 책을 받았다. 장교와 병사 사이의 사회계층 격차는 참호 속 독서라는 측면에서도 뚜렷했지만 전시에 가장 특이했던 기획에 속하는 《타임스》 브로드시트(타블로이드판의 두 배, 즉 보통 신문 크기의 종이—옮긴이)에서도 그랬다. 이 기획은 영국의 외교정책을 결정하는 주류 집단 내에서도 연줄이 든든한 라이어널 커티스(Lionel Curtis)가 구상한 것이었다.

'내 선반의 책을 꺼내 영국 문학의 위대한 구절들을 크게 낭송하며'⁹ 휴가를 떠나던 젊은 장교들에게서 영감을 얻었을 가능성이 분명하다. 영국 문학의 고전에서 어렵게 고른 발췌문들을 보내서 더 나은, 더 문명화된 세상에 대한 기억을 되새겨 보는 경험이 어느 정도는 전선에서도 전파되기를 바랬을 것이다. 《타임스》 편집장 제프리 도슨(Geoffrey Dawson)은 열렬히 찬성했고 옥스퍼드대학교 머튼칼리지 영문학과 교수 월터 롤리(Walter Raleigh) 경이 발췌문 선정을 맡기로 했다. 매 시리즈는 브로드시트 서른여섯 장으로 제작되었고 셰익스피어, 디킨스, 제인 오스틴 등(톨스토이의 『전쟁과 평화』와 투키디데스의 『펠로폰네스 전쟁사』도 빼놓을 수 없다)에서 글을 선정했다. 영국 시인들의 시도 잘 실렸다. 한 세트에 여섯 편(즉 브로드시트 여섯 장—옮긴이)의 발췌문을 그림 있는 봉투에 넣어 1페니에 팔았다.

1915년 8월에 발행을 시작해 100만 부 이상 팔았던 이 기획물은 브로드시트 180호까지 내고 돌연 폐간했다(한 시리즈는 한 세트당 여섯 장, 총 다섯 세트이니 모두 서른여섯 장인데, 전부 다섯 시리즈로 끝났으니 브로드시트 180호가 마지막이었다—옮긴이). 그 이유는 간단하다. 이 책 저 책에서 글 일부를 여기저기 싹둑 잘라서 빽빽한 텍스트로 제시하는 것은 영국 문학의 이런 전통 속에서 교육받지 않은 이에게는 별 의미가 없었다. 그것들은 젊은 장교들이 사립학교 학생이었던 시절 집과 교실의 향수 어린 추억이었다. 아마도 그들은 전선에 함께 있는 사병들보다 읽을거리를 더 잘 제공받았을 것이다. 그렇다고는 해도 젊은 장교들의 시간은 많지 않았다. 일반적으로 선임장교가 지우는 임무를 수행하기 위해 끊임없이 움직여야 했거나 그중 많은 이는 어설픈 작전을 따라 사병들을 이끌고 무인지대(제1차세계대전 당시 참호를 파고 대치하던 양 진영 사이의 중간지대—옮긴이)를 가로질러 돌격을 감행하다 죽어 갔기 때문이었다. 전선에 배치된 신참 소위는 평균 6주 만에 전사했다.[10]

사병들의 경우에 군도서관 보급소로부터 배송된 책들과 이런 책을 읽고 마음의 양식을 얻게 될 병사의 수준 사이에는 명백한 부조화가 있었다. 수집된 책 중 많은 것이 교외 거주 중산층과 지치구의 도시 거주 중산층이었다. 그에 비해 영국 군대에 징집된 젊은이의 인적 구성은 산업도시 출신이 압도적이었다.[11] 이때까지도 책은 노동계층의 집에서 중요한 요소가 아니었다. 책이라고 해봤자 고작 몇 권 정도인데 그조차 주로 참고 도서와 성경이었고 잘 안 보이는 위층에 모셔 두었다.[12] 대개 집안 여성이 재미로 읽는 책은 거의 도서대여점에서 빌렸고 다 읽고 나면 반납했다. 좀 더 부유한 가정에서 기증한 낡은 빅토리아시대 내지 에드워드시대의 문학 작품이나 설교 책자들로는 전선으로 향하는 영국 병사들의 즉각적인 공감을 불러일으키지 못했을 것이다. 사실 적십자사는 이런 책 대부분을 전선으로 보내기보다 군병원에 비치했다. 그래서 만약 우리가 '영국 병사들은 뭘 읽었나?'라고 내심 묻게 된다면 적어도 영국 병사들에 관한 한 읽을 만한 책이 별로 없었다는 것이 답이다. 상당한 격차를 벌리면서 최우선 순위에 오른 읽을거리는 고향 편지였을 것이고 신문이 그 뒤를 멀찍이 따라왔을 것이다. 책을 읽었다는 흔적은 별로 없다.

이런 현상은 그리 놀랍지 않다. 참호에서의 삶은 문학적 취향에 우호적이지 못한 환경이었다. 참호는 일상적으로 악취를 풍기는 진흙이 넘치기 일쑤였고 참호 옆을 뚫어 만든 지하 엄폐호에는 쥐가 들끓고 어두웠다. 만약 경계근무 중에나 지쳐서 혹은 시간을 잡아먹는 다른 임무 중에 설사 여유가 났더라도 누가 책을 들고 앉기를 원하겠는가? 전선을 벗어나 재활 기간이 생기면 좀 더 적합한 환경이 제공되기는 한다. 하나 이때도 영국 병사들은 다른 시급한 사정이 있다. 집으로 편지를 쓰고 술도 한잔하고 여자와 재미도 보는데 그러다 혹시 성병이라도 걸리면 입원하거나 귀향 조치를 당할 기회를 얻을 수도 있었다. 영국 병사들이 독서를 했다는 확고한 증거 대부분이 병동에서 나왔으니 이런 결론은 조금도 이상하지 않다. 병동에서야 비로소 독서 습관을 붙이기 좋은 정확히 그런 상황(강요된 여유, 따분함)이 조성되었던 것이다.

이것이 참호에서의 삶에 대해 썼던 사람들의 공통된 생각은 아니라는 것도 분명하다. 좀 더 낙관적인 관점을 취했던 이들은 너무나 많은 병사가 존 버컨의 소설을 읽었기 때문에 『39계단』의 버려진 책 표지가 무인지대 주변을 팔랑팔랑 날아다녔다고 전하는 얘기도 있다. 그렇지만 참호에 관해서는 믿거나 말거나 뜬소문이 너무 많아서 전투가 결정적인 순간을 맞았을 때 기적처럼 몽스의 천사(Angel of Mons, 제1차세계대전 당시 영국군과 독일군의 전투 중에 나타난 하얀 형상. 그전까지 패색이 짙던 영국군은 이로써 별안간 승전을 거두게 됐다—옮긴이)가 영국 군대를 구하러 나타났다는 설화가 생겼을 정도였다. 참호에서의 경험이 충분할 정도로 자세히 검토되었다는 사실을 감안해 보면 참호에서 독서를 했다는 증거가 없다는 사실이 실제로 독서가 없었음을 증거하는 경우라고 할 것이다. 우리는 전선에서 독서보다 훨씬 더 많이 축구 경기나 복싱 시합, 연극이 훨씬 더 많았다는 것을 안다. 집으로 가는 편지를 검열하는 하급장교가 고통스럽게 확인하게 되었듯이 병사 전체의 실용적 문해력 수준은 종종 극히 낮았다. 바로 이 점이 1914년과 1939년 사이의 차이가 그렇게 두드러진 이유 중 하나이다.[13]

우리가 풀어야 할 의문은 어쩌면 영국 병사들이 무엇을 읽었는가가 아니라 그들이 무엇을 듣기를 좋아했는가이다(읽기보다는 읽어 주는 것을 듣는 병사들이 많았다—옮긴이). 해답은 참호 신문들이었다. 병사들이 재미로 직접 편집하고 출판한 신문이었다. 《와이퍼스 타임스(Wipers Times)》가 대표적인 예이다. 전쟁 동안에 연합군과 영연방 자치령 파견대 쪽에서 참호 신문이 무려 100종 이상 출판되었고 프랑스군 쪽에서는 더욱 많았다.[14] 기사들은 '밝고 짧고 화제성이 있는' 것이었다. 그것들은 소대 내에서 깨어 있는 매 순간 병사들에게 닥치는 끝없는 땅파기, 모래 부대 나르기, 양식 분배하기, 차 끓이기, 그 밖의 허드렛일을 하면서 쉽게 토론거리가 되거나 관심거리가 될수 있었다. 농담, 노래, 뒷담화, 프랑스군 빈정대기, 음식에 대한 불평, 훈련, 의미 없는 노역 따위가 나머지 기사가 되어 신문을 채웠다. 14대대[로얄몬트리올연대(Royal Montreal Regiment, RMR]의 《RMR 그라울러(RMR Growler)》(그라울러는 '투덜이'란 뜻—옮긴이)는 이렇게 약속했다. '우리 칼럼들은 우리 대대 안의 모든 불평과 투덜대고 싶은 것이 있다면 무엇이든 경청하겠다. 그 불만이 실재하는 것이든 꾸며진 것이든 즐겁게 접수하고 바로 기사로 올리겠다.'[15] 《RMR 그라울러》의 인기는 고국의 신문들을 경멸했던 까닭이 컸다. 신문들의 맹목적 애국주의(jingoism), 피를 엄청 흘리고도 좌절했던 싸움에 대한 보도 기피, 병사들이 용감하고 굳세고 냉소적이면서도 늘 쾌활하다는 식의 상투적인 묘사. 더러운 곳에서 늘 지쳐 있는 데다 드문드문 공포에 시달리면서 전쟁의 현실을 겪고 있는 병사들에게 이런 식의 왜곡은 그들이 겪는 고난에 침을 뱉는 행위였다.

제2차세계대전 중에 미국과 영국은 둘 다 처음에는 제1차세계대전과 비슷하게 대처하면 된다고 생각했던 것으로 보인다. 영국의 경우 공공도서관은 제1차세계대전 때 자신들이 부족했던 점을 보완하는 것에 특히 중점을 두었다. 정보센터로 기능하면서도 피난민들이 각 지역에 편하게 적응하도록 즉각적이며 성공적으로 조치를 취했던 공공도서관은 도서관협회의 격려 속에 병사들을 위한 책 공급에 발 빠르게 나섰다. 우선 첫째로 공공도서관들 주변에 있는 군부대와 영국 공군기지에 책을 보내는 것이었다. 부대 사정에 대해서 도서관들은 잘 알고 있었고 1939년 10월 국립도서위원회(National Book Council)가 간행한 『병영 권장도서(Books for the Services)』라는 작은 책자도 곧 확보했다. 가벼운 읽을거리에 대한 요구를 즉각적으로 파악하고 있었으면서도 일부 연배가 높은 사서들은 도서관을 가장 자주 이용하는 독자들에 비해 수준이 낮은 젊은이들의 독서 취향에 적응하는 데 시간이 좀 걸렸다. 그리고 일부 케케묵은 관행은 잘 없어지지 않았다. 모든 공공도서관은 군인과 같은 임시 거주자들에게 대출증 발급을 위해 보증인을 세울 것을 끈질기게 요구했다. 대개 부대 지휘관이 보증인 서류에 서명하곤 했다.

    이런 필수적인 정식절차 요구를 제외하면 도서관은 정녕

호의로 넘쳐났다. 몇몇 도서관은 가령 파이프주 커콜디의 한 도서관은 주중 근무시간 동안에 쉽게 부대를 벗어날 수 없는 군인들을 수용하기 위해 운영시간을 조정해서 심지어 일요일에도 열람실을 개방했다.[16] 공공도서관들도 변경 지역의 작은 기지들을 위해 반드시 책을 몇 상자씩 제공했고 몇 주마다 책을 바꿔주었다. 하트퍼드셔주립도서관은 펭귄, 콜린스클래식(Collins Classics), 넬슨클래식(Nelson Classic)으로 구성한 특별 컬렉션을 마련했다. 오로지 이 목적을 위해서 펭귄을 특별히 구입했다. 많은 도서관은 군인들의 임시 숙소까지 방문할 수 있는 이동도서관 서비스도 마련했다. 1941년 무렵 리버풀도서관은 덮개 있는 화물차 네 대를 동원해 군인 주둔 지역 수백 곳으로 책을 공급했다. 이 서비스는 전쟁 내내 제공되었다. 켄트주립도서관의 경우 주둔 지역 200곳에 정기적으로 공급하는 일도 함께 했다. 도서관이 자체적으로 수요를 맞추지 못할 때에는 도서관 공동체에 도움을 요청했다. 1940년 5월 더비셔주립도서관은 소설, 특히 서부개척소설과 탐정소설이 필요하다고 호소했다. 펭귄 도서와 잡지도 또한 매우 인기가 있었을 것이다.[17]

일반 보유 도서를 단지 자리를 옮기는 것만으로는 병사들의 필요를 충족할 수 없다는 것이, 특히 국내에서의 요구가 증가하면서 곧 분명해졌다. 그 결과 불가피하게 "병사들에게 책을(Books for Troops)" 캠페인이 공표되었고 시민들에게 집안의 선반과 벽장에 적절한 읽을거리를 찾아보라고 촉구했다. 늘 그랬듯이 쓸모를 다한 엄청난 양의 읽을거리들이 쏟아져 나왔다. 1942년 더비셔주의 경우에는 총 폐지 규모가 44톤이나 되었다. 이와는 대조적으로 1943년 정부가 대규모 폐지 수집 운동에 착수했을 때 도서관협회는 기증된 책 전부를 숙달된 사서가 보존 가능한 책이 있는지 여부를 검토하기 전에는 재생지로 만들지 못하도록 결정적인 개입을 했다. 이런 점에서 좋은 마음으로 무분별하게 책을 기부하는 것이 얼마나 위험할 수도 있는지를 폐지로 기증된 책에서 16세기 희귀본 성경이 발견된 사건이 극적으로 보여 준다. 군도서관도서기금(Service Libraries and Book Fund) 관리위원회에서 도서관협회를 배제하는 바람에 다소 논란이 있었다. 그러나 폐지로 기증된 책 검토 지침에 대한 절차를 만드는 것은 도서관협회가 주도하도록 허용했다. 결과적으로 폐지용으로 수집된 8000만 권 이상 중에서 추정컨대 1200만 권이 구출되었고 세심하게 분류되어 폭격으로 피해를 입은 도서관을 재구축하는 데 쓰이거나 군에 배포하도록 군부대책보관소(Services Book Depot)로 배송되었다. 무역 편람, 금융 안내 책자, 지도, 거리 안내도, 산업현장 사진은 경제전쟁부를 위해 보존했다. 외국어책은 곧 해방될 유럽 본토의 도서관 재건을 위해 챙겨 두었다. 한편 진품 희귀 고서들은 주요 자치구 도서관에 제공되었다.[18]

1945년 2월 도서관협회가 전시에 도서관의 활약상에 대한 자체 보고서를 제출했을 때 그들은 자랑스러워할 것이 많았다. 제1차세계대전과는 대조적으로 사서들은 상당한 유연성과 상상력을 발휘했다. 그들은 무척이나 열심히 일했다. 도서관을 더 오랫동안 열어 두었으며 훨씬 적은 인력으로 더 늘어난 독자를 응대했다. 1941년 1월과 1942년 12월 사이에 책 600만 권과 잡지 500만 권을 병사들에게 전했다. 전쟁이 길어지고 전후 재건 문제로 생각이 옮아가면서 공공도서관은 군 자체의 교육프로그램 지원에도 힘을 보태기 위해 도서관 보유 도서 중에서 프로그램과 관련된 것으로 보이는 도서 목록을 출판했다. 그것은 도서관이 당연히 자랑스러워할 만한 것들의 기록이었다.[19]

미국에서 책 공급은 특히 1917~1919년에 생긴 군도서관들이 그 후 20년이 흐르는 동안에 상당히 쇠퇴하는 바람에 긴급한 문제로 인식되었다.[20] 1921년에 새로 생긴 "군도서관서비스(Army Library Service)"가 도서관 228곳에 대한 관리 책임을 물려받았다. 그러나 도서관 유지비용이 평화가 유지되는 동안 점점 깎였다. 1941년이 되자 사실상 활동 정지 상태에 들어갔다. 새 책도 거의 들어오지 않았고 군의 동의하에 비교적 괜찮은 책들은 지역 공공도서관으로 이전되었다. 일본이 하와이를 공격했을 때 정책입안자들은 이 전쟁이 세계대전이며 그래서 그에 상응하는 병참 문제, 즉 군인이 된 시민에게 적합한 읽을거리를 공급해야 하는 문제에 봉착할 것이라는 사실을 절실히 인식하고 있었다.

미국도서관협회는 빅토리북스 캠페인으로 그 문제에 대응했다. 도서관 공동체에서 가장 유능하고 기운찬 구성원으로 꼽히는 로스앤젤레스공공도서관 소속 알시아 워런(Althea Warren)이 총책임을 맡았다. 워런은 이 과업이 얼마나 다급한 일인지를 미국인들에게 알리기 위해 모든 노력을 경주해야 한다는 각오를 다졌다. '많은 시민이 대량의 책을 기부하도록 만들기 위해서는 한 달 내내 라디오 삽입 광고, 영화, 신문 기사, 사설, 포스터 50만 장을 대대적으로 동원해야 할 것이다.'[21] 1942년에 기증도서 1000만 권을 목표로 정한 이상 그가 말한 모든 노력에다 더 많은 것을 더해야 할지도 모르는 일이었다.

제1차세계대전 때와 마찬가지로 처음에는 미온적인 반응을 받았고 언론은 그것에 대해 질타했다. 그래도 1942년 5월에 목표치를 달성했다.

전에도 그랬지만 문제는 기증도서 중 상당수가 취지에 맞지 않았다는 점이다. 많은 책이 훼손 정도가 심했고 더러웠다. 병사들이 도무지 읽고 싶어 할 리 없는 책들도 있었다. 빅토리북스 기증서에 대한 가장 통렬한 비판자는 해군 도서 담당자인 이사벨 두보이스(Isabel DuBois)였다. 해군 도서관 1000곳과 병원 8곳을 감독하던 그는 처음부터 빅토리북스를 반대했고, 이를 번복할 이유를 찾지 못했다고 말했다. '기증도서들이 그만한 가치가 있을까요?' 두보이스가 반문했다.

> 만약 사서의 분류를 거쳤다면 그것은 지금껏 내가 보았던 내 동료 사서들을 최고로 욕보이는 경우였습니다. 이 책들은 1917년과 1918년에 내가 버렸던 것이었고 그동안에 25년이 흘렀지만 그 책들의 가치에 대한 평가는 조금도 더 나아지지 않았습니다. …… 그것들을 운송하고 처리하는 데 들였을 헛된 노고를 생각하면 그저 아연할 뿐입니다.[22]

정곡을 찌른 말이었다. 신병 모집관들은 징집 대상자 25만 명이 문맹이라는 이유로 면제를 당했다는 사실을 절실히 의식하고 있었다. 무작위로 골라낸 넘쳐 나는 점잖은 소설들은 새로 모집한 육군이나 해군의 필요를 충족하지 못했다. 두보이스가 세계대전에서 병참, 즉 책 조달과 수송에 대해 마지막으로 지적한 사항은 특히 적절했다. 비록 1000만 권 중에 겨우 절반 정도만이 쓸 만한 것으로 여겨졌지만 다양한 양장본과 잡지는 미국 내 기지의 도서관에 적절한 읽을거리를 제공했다. 그러나 해외로 수송하려면 적절하지 않았다. 북아프리카 전장으로 보낼 짐을 운반할 선단을 책임졌던 장군이 공간 부족을 호소하면서 책을 부둣가에 내버려 두었을 때 당국자들은 이 문제에 대해 경각심을 갖게 되었다. 분명 많은 섬 이곳저곳으로 징검다리 작전을 펼치며 질질 끄는 전쟁을 벌여야 하는 태평양 전장에서 그런 책들은 더욱 부적절했다. 새로운 해법이 필요했다. 1943년 빅토리북스캠페인은 시효를 다했고 남은 책들은 여러 서부 주에 걸쳐 있었던 일본인 억류수용소에 부려 놓았다.

운 좋게도 도움이 왔다. 영국의 펭귄과 미국의 포켓북스가 주도한 페이퍼백의 등장으로 출판계에서 일어난 조용한 혁명 덕분이었다. 1941년 영국의 주요 출판사들이 힘을 모아 조합을 결성해 사실상 펭귄의 독점 체제에 도전했을 때 펭귄은 상당한 이윤을 남겼을 뿐 아니라 전쟁 수행에 주목할 만한 공헌을 하고 있었다. 영국의 방공포대와 같은 변경 기지에 책을 공급했던 순회도서관이 책을 추가할 때 펭귄북스는 인기 품목이었다. 1940년 프랑스 주둔 영국 해외파견군 병사들을 위해 펭귄책 20만 권이 발송되었다. 나이 어린 두 동생이 해군에 입대하는 바람에 홀로 펭귄을 이끌게 된 앨런 레인은 시장개척을 위한 새로운 길을 계속 찾아 나섰고 1943년 '군 북클럽(Forces Book Club)'을 선보였다. 연회비 3파운드만 내면 한 달에 열 권씩 이런 목적을 위해 특별히 고른 책을 개별 장교들이나 해외 부대로 배송하겠다는 것이다. 그러나 군 북클럽은 앨런 레인이 드물게 실패를 한 사례가 되었다. 매달 책을 알아서 선정하겠다는 권위적인 방식도 문제였고 선정된 책들이 늘 책을 읽을 버릇하는 소수의 장교를 제외한 다른 이를 유혹할 만큼 매력적이지 못했던 것이다. 앨런 레인은 어떤 부대 지휘관으로부터 '선정 도서 중에 진지한 책이 다수여서 부대 병사 중에 읽겠다는 사람을 찾기가 힘드니 더 많은 소설과 모험물을 공급'해 달라는 요청을 받고서야 정신을 차렸다. 레인은 다음과 같이 실패를 인정했다.

> 당신은 '따뜻한' 소설, 서부극과 범죄물이라는 세 가지 장르를 강조해서 언급했습니다. 하지만 우리 출판사는 첫 번째 두 가지 장르에 관한 책을 낸 적이 없고 범죄물은 선정서 열 권 중 두 권이 넘지 못했습니다. 전체적으로 우리 목록이 얼마나 적합하지 않았는지 바로 이해됩니다.[23]

펭귄은 계약대로 한 해의 사업을 완수했다. 하지만 책 한 종당 7만 5000권을 발행하겠다던 최초의 구상에는 훨씬 못 미치는 양을 찍어내고는 군 북클럽 사업을 접었다.

그러나 앨런이 육군시사국(Army Bureau of Current Affairs, ABCA, 군인들에게 시민으로서의 양식을 함양하겠다는 목표로 토론문화를 지원했던 기구—옮긴이)장이 되어 편히 살던 오랜 친구 빌 윌리엄스(Bill Williams)를 끌어들여 군 북클럽 사업을 기획하면서 군과 맺은 계약은 대성공이었다. 계약 덕분에 펭귄은 정부 비축분으로 할당된 귀한 종이를 쓸 수 있게 되었기 때문이다. 독자적인 군도서관 기획으로 펭귄의 독점에 맞서려 했던 다른 출판업자들이 이 독점 계약 뉴스를 듣고 분개한 것은 당연했다. 윌리엄스는 레인이 그 반발에 대해 지나치게 걱정할 필요는 없다고 생각했다. '내가 출판협회에 대해서 아는 한에는 우리는 지루한 서신 왕래를 하게 될 것이고 결국 일은 흐지부지 끝나고 말 거야.'[24] 펭귄북스가 이룬 개선행진의 역사가 말해주듯이 그 일도 대략 예상대로 끝났다. 그러나 사실 출판인조합(Publisher's Guild)은 그들만의 페이퍼백 브랜드인 길드북스를 발행했다. 가격 경쟁력을 고려해 책값은 6페니, 9페니, 1실링으로 매겼다. 케이프, 카셀, 머리, 페이버, 하이네만을 비롯한 길드북스 사업에 참여한 출판인들은 상당한 저력이 있었다. 그들은 막대한 양의 현대소설의 저작권을 소유하고 있었기에 병사들이 갈망하는 그런 소설들을 공급할 수 있었다. 적절한 시기가 오면 그들은 순전히 상업적인 사업으로서 진중문고를 발행했다.

페이퍼백이 병사들의 문고에서 차지하는 비중은 끝없이 증가했다. 북아프리카 주둔지의 수송선 선상에서 혹은 군인들이 배낭 속에 갖고 다니던 아담한 개인문고에서 페이퍼백은 필수품이 되었다. 병사들을 지원하던 사서들이 때때로 야전에서 겪은 도서관 관련 경험을 편지로 도서관협회에 전할 때 페이퍼백 이야기는 어디든 빠지지 않았다. 군인 1700명을 태운 수송선에 도서관을 조성하는 책임을 졌던 한 사서는 함께 배를 탄 병사들에게 기증을 호소했는데 펭귄 책 40권이 들어와 기존의 에브리맨스라이브러리와 넬슨클래식 책들에 추가되었다. 전직 셰필드 공공도서관 사서였던 P. 헵워스(P. Hepworth)는 북아프리카 사막에 진주한 한 중요한 군시설에 배치되었다. 영어 일간지 《이집션 메일(Egyptian Mail)》 20부, 《맨체스터 가디언(Manchester Guardian)》 소형항공우편판, 《타임스》, 늘 인기를 끌던 《소비에트 전쟁 뉴스》를 갖춘 정보실을 비롯해 도서관이 총 세 곳이었다. 독자들은 샤프(Sharp)의 『도시계획(Town Planning)』, 이보르 에번스(Ifor Evans)의 『영문학(English Literature)』과 같은 펠리컨 책들과 펭귄판 헤로도토스(Herodotus)도 한 권 발견할 수 있었다. 이런 책들은 어딘가로 사라지곤 했는데 헵워스는 그것들이 기지 내의 제일 큰 대출도서관에 있었다면 더 쓸모 있게 이용되었을 거라 생각했다. 옆방에 있던 열람실은 주로 기분전환용으로 읽을 만한 펭귄이 비치되어 있었다.[25]

출판업계의 넘쳐나는 창의적 에너지가 출판으로 이어지면서 병사들은 무엇을 골라야 할지 고민해야 할 정도가 되었다. 1945년 출판사 허친슨은 군을 위한 승리 축하 선물로 책 100만 권을 무료로 배포했는데 이는 병사들 손에 많은 책이 떨어졌음을 뜻했다. 저자가 소장한 로버트 기빙스(Robert Gibbings)의 『아름다운 템즈여, 고요히 흘러라(Sweet Thames Run Softly)』(1944) 길드북스 진중문고판은 전쟁이 끝나고 정부가 남아도는 비축분을 사정에 맞게 수정해 싸게 팔아 치웠던 것이었다. 뒤표지에 '이 책은 되팔 수 없습니다'라는 준엄한 경고문 대신 앞표지에 책 소유권을 W. H. 스미스로 이전했으며 1실링에 판다는 사실을 알리는 안내문을 붙였다.

병사들에게 책을 공급하는 데 단연코 가장 유명하며 성공적이었던 기획은 미국에서 출판된 진중문고였다. 당시 진행 중이던 페이퍼백 혁명에 편승해 효과적으로 그 명성을 쌓았다. 1943년 빅토리북스 캠페인이 중단되었을 때 병사들을 위한 미래의 책 공급은 1942년 3월에 설립된 출판업계 조직인 전시도서위원회(Council on Books in Wartime)의 책임으로 넘어갔다. 사업 방향을 설정하는 데 얼마간 시간이 걸렸다. 한 참관인의 말에 따르면 처음 그 조직은 '일거리를 찾으려는 위원회'였다.[26] 서서히 특별히 찍어낸 페이퍼백 총서를 야전의 병사들에게 무료로 배포하자는 쪽으로 합의가 되었다. 출판업자들이 가능한 책을 지정하면 위원들이 검토했다. 위원들이 선정 목록을 정하면 이 목록은 승인을 위해 육군과 해군을 대리하는 레이먼드 트라우트먼(Raymond Trautman)과 두보이스에게 제출되었다. 목록에서 가장 중요한 것은 다양성이었다. 최신 소설이 목록에서 다수를 차지했지만 역사소설, 미스터리물, 유머책, 서부극도 상당했다. 인기만점의 제인 그레이(Zane Grey)가 연재물 아홉 권으로 선두에 나섰다. 그러나 현대문학도 적지 않았다. 헤밍웨이, 도로시 파커, 싱클레어 루이스와 여덟 권을 올린 존 스타인벡이 그들이다. 롱펠로(Longfellow)와 셸리부터 루퍼트 브룩과 로버트 프로스트(Robert Frost)에 이르기까지 드문드문 시집도 있었다. 고전들도 꽤 충분했다. 디킨스가 그의 가장 친숙한 소설 세 작품 『올리버 트위스트(Oliver Twist)』 『데이비드 코퍼필드(David Copperfield)』 『픽윅 클럽 여행기(The Pickwick Papers)』를 올렸고, 새커리(Thackery), 콘래드(Conrad, 다섯 권), 볼테르(Voltaire)의 『캉디드(Candide)』가 있었다. 소로(Thoreau), 스턴(Stern), 톨스토이를 고른 졸병은 브램 스토커(Bram Stoker)의 『드라큘라(Dracula)』나 연작물로 재판된 마크 트웨인의 책 여섯 종 중 하나와 교환해 보기를 기대했을지도 모른다.

목록의 유력한 특징은 영국 작가들의 존재감이었다. 서머셋 몸(Somerset Maugham, 여섯 권), J. B. 프리스틀리, 대서양 양쪽에서 베스트셀러 작가였던 A. J. 크로닌과 『나의 계곡은 푸르렀다』를 올린 리처드 레웰린이 그들이었다. 최소 열두 권으로 전례 없는 인기몰이를 했던 이는 혼블로어로 유명세를 얻은 C. S. 포레스터였다. 논픽션은 훨씬 더 적게 반영되었다. 그것도 전쟁, 특히 현재 전쟁에 대한 책들이 전체 1322개 목록 중 일부만을 차지했다. 그중에는 점령 동안에 발행된 엠버리(Embree)의 『일본민족(Japanese Nation)』, 디츠(Dietz)의 『다가오는 시대의 원자력(Atomic Energy in the Coming Era)』이 있었다. 전쟁에 관한 책은 호메로스(Homer)의 『오디세이아(Odyssey)』 발췌본과 군인용 잡지 《앵크(Yank)》 주요 부분 모음집이 있었다.

과학 진작을 위해 특별히 노력하겠다는 취지로 『전쟁과 과학, 그 야합의 역사(Science Goes to War)』, 1944년과 1945년의 《과학 연감(The Science Yearbook)》과 『미국의 과학자들(Men of Science in America)』을 포함했다. 더욱 중대한 사건은 마오쩌둥을 서방에 소개하는 책을 썼던 저널리스트 에드거 스노(Edgar Snow)와 제2차세계대전 후 반미활동조사위원회가 증오했던 하워드 패스트의 책을 넣기로 한 결정이었다. 음란하고 난폭한 범죄소설이라고 보스턴에서는 판매금지를 당했지만 진중문고로는 두 번이나 출판되었던 『포스트맨은 벨을 두 번 울린다(The Postman Always Rings Twice)』는 병사들이 특히 좋아했던 것으로 보인다. 세미포르노 역사활극물 『포에버 앰버』는 미국 14개 주와 호주에서 판매금지를 당했지만 역시 병사들은 좋아했던 것으로 보인다. 1945년 미국 베스트셀러 1위에 올랐고 300만 부를 팔아 치웠다. 흑인만으로 구성된 흑백분리 군대를 위한 또 하나의 두드러진 선택은 프레더릭 더글러스의 이야기를 그린 셜리 그레이엄(Shirley Graham)의 『한때 노예가 있었다네(There Was Once a Slave)』였다.

가장 혁신적이었던 것은 판형이었다. 대략 16×11센티미터 크기의 페이퍼백이었고 짧은 쪽을 따라 제본했다. 원문은 읽기 편하도록 두 줄로 배치했다. 처음에는 매달 30종을 5만 부씩 출판했다. 최초 150만 부는 1943년 9월에 배포되었다. 병사들 사이에서 문고의 인기가 오르면서 인쇄부수도 꾸준히 상승했다. 1947년 9월에 진중문고 발행을 중단했을 때 전시도서위원회는 대략 1322종에 1억 2200만 부를 지구 전역으로 수백만 병사에게 배포했다. 이 업적은 그 자체로 미군의 완벽한 물류 능력 덕분에 가능했다. 책 꾸러미들이 이탈리아의 안치오 교두보로 공수되었다. 다른 꾸러미들은 낙하산에 태워 태평양 여러 작은 섬의 요새로 보냈다. 《새터데이 이브닝 포스트(Saturday Evening Post)》의 종군기자 찰스 롤링스(Charles Rawlings)는 한 태평양 기지에서 문고 배포 장면을 목격했다. 질서정연하게 줄을 지어 한 번에 한 권씩 받아 갔다. '쇼핑하듯 제목을 골라 볼 시간은 없어. 이봐, 한 권씩 쥐고 지나가, 나중에 바꿔 보면 돼.' 『브루클린에서 자라는 나무』를 우연히 얻게 된 병사도 있었는데 '그 책을 거머쥐고는 기뻐서 환호를 질렀다'. 병사들과 함께 수송선을 타고 호주로 가게 되었을 때 롤링스 기자는 자신도 문고를 받게 되어서 기뻤다며 이렇게 썼다. '우리는 문고를 읽으며 행복한 스물닷새를 보냈다.'[27]

『브루클린에서 자라는 나무』는 확고한 베스트셀러였고 병사들의 최고 애독서였다. 하루아침에 센세이션을 불러일으킨, 20세기 초반 몇십 년 동안 뉴욕에서 자란 한 젊은 여성의 감상적인 이야기는 제2차세계대전 중에 가장 인기 있는 책으로 꼽혔다. 저자인 베티 스미스는 독자들로부터 많은 편지를 받았는데 그 속에는 말라리아에 걸렸다 회복 중에 있는 한 젊은 해병대 병사로부터 사연도 있었다. '이 책을 두 번 읽고 다시 반쯤 더 읽고 있어요. …… 한번 더 읽을 때마다 이전보다 더 감정이 북받칩니다.'[28] 작고 가로 길이가 더 긴 판형은 병상에서 읽기에 최적인 것으로 드러났다. 많은 작가가 자기 책이 문고에 들어가는 것을 기뻐했고 영광으로 생각했다. 스콧 피츠제럴드에게는 그의 걸작 『위대한 개츠비』에 대한 긍정적 재평가로 이끌었다. 1925년 출간되었을 때 실망스러운 반응을 얻었지만 진중문고로 출간된 것이 개츠비를 비교적 외면당하던 처지로부터 구출해 냈다. 1944년 노르망디해변에 병사들과 같이 상륙했던 책에는 로이드 C. 더글러스의 『성의』, 에스터 포브스(Esther Forbes)가 쓴 폴 리비어(Paul Revere) 전기, 『톰 소여의 모험(The Adventure of Tom Sawyer)』 그리고 절대 빠질 리 없는 『브루클린에서 자라는 나무』가 있었다. 진중문고로 출판된 책 중에는 독일에서 금지된 것들이 많았다. 그런 책들이 젊은 해방군 병사들의 배낭과 군복 주머니에 들어가서 독일로 되돌아간 것은 행복한 전시의 아이러니로 꼽혔다.

독서하는 병사라는 서정미가 넘치는 모습을 통해 우리는 전쟁이 낳은 최고로 상상력을 자극하고 성공적이며 진취적인 광경으로 꼽히는 장면을 찬양할 수 있었다. 그러나 관계 당국은 그것으로 모든 병사의 욕구를 충분히 채울 수 있다고 생각할 정도로 어리숙하지 않았다. 진중문고 대부분이 인기가 높았지만 단연 최고의 읽을거리는 주간지(《타임》《뉴스위크(Newsweek)》《라이프》) 소형판과 만화책이었다. 제2차세계대전은 만화의 황금기와 겹쳤다. 슈퍼맨은 1938년에 처음 선보였고 캡틴 아메리카는 미국이 참전하기도 전에 첫 호(1941년 3월) 표지에서 히틀러와 대결을 벌였다. 진주만공습 후 슈퍼맨과 배트맨을 비롯한 거의 모든 만화 영웅은 그들이 늘 대결하던 악독한 적들을 내버려두고 파괴 공작원, 첩자— 사악한 추축국의 과학자들을 상대하는 데 집중했다.[29] 군 당국은 스포츠·취미·정치 잡지 스무 종 이상과 함께 만화책을 무더기로 전달했다. 미국 병사들에게 스콧 피츠제럴드와 서머셋 몸이 전부는 아니었다.

    제2차세계대전은 또한 병사 신문의 융성을 불렀다. 제1차 세계대전의 참호 신문보다 훨씬 더 전문적으로 제작되었다. 가장 먼저 출판된 것으로 꼽히는 《오크니 블라스트(Orkney Blast)》는 우아한 브로드시트 크기로 매주 8면으로 발행되었다. 대부분의 영국군은 1941년과 1944년 사이에 본국의 기지에서 지냈다. 그래서 신문은 비교적 간단히 구할 수 있었다. 스코틀랜드 섬 지역은 이와 사정이 달랐다. 스캐퍼플로 방어기지 선단 주변에 배치된 병사 6만 명은 《오카디언(Orcadian)》이라는 지역신문 하나로는 성에 차지 않았을 것이다. 명망 높은 소설가 에릭 링클레이터(Eric Linklater)가 아이디어를 내어 《오크니 블라스트》 초판 발행을 감독했고 《오카디언》의 인쇄기로 당당하게 찍어냈다. 이렇게 소박하게 시작해 영제국 병사들은 수많은 병사 신문과 잡지를 발행했다. 영국에 주둔 중인 캐나다 병사를 위한 《캐나다 프레스 뉴스(Canada Press News)》, 인도 병사를 위한 영어 신문 《파우지 아크바르(Fauji Akhbar)》, 중동에 주둔한 남아프리카 군인을 위한 《스프링복(Springbok)》, 호주군을 위한 《AIF 뉴스(AIF News)》가 그것들이었다. 이탈리아 침공 작전에 참전했던 뉴질랜드와 캐나다 병사들은 각각 자기들

Indian NEWS REVIEW

VOL. 1   CAIRO, SATURDAY, SEPTEMBER 30th, 1944   No. 43

"GREEN DEVILS" FLEE

INDIANS IN EIGHTH ARMY'S DRIVE

GERMAN RETREAT IN ITALY

IN the mountains just west of the Adriatic sector, Kesselring pulled out his men so quickly that the Eighth Army lost contact with them.

For the first time the German "Green Devil" parachutists became disorganised and fell back in disorder.

The German retreat is now into an ever-widening plain. British and Indian troops in the mountains on the left flank of the sector are driving to debouch on the plain west of San Arcangelo, which is itself west of Rimini. They have crossed the river Rubicon.

In their 20 mile advance since the break through the Gothic Line a month ago, the Eighth Army .... and inflicted a total of 25,000 casualties.

On the Fifth Army front, although the vaunted Gothic Line defence zone has been smashed on a wide front, the Germans are now attempting to make up for the loss of **prepared positions by reinforcing the critical central sector with seasoned troops.**

NEW DEFENCE LINE

A desperate attempt is being made to set up a line along the forward slopes of the high ground north of the Gothic Line.

American troops repulsed three fierce counter-attacks in the vicinity of Monte La Fine and Pradelungo, 20 miles south of Bologna. Two miles south of Castel del Rio, street fighting is reported in Moradiccio-on-Firenzuola.

The key features of the terrain on both sides of the road have been taken.

They occupied San Benedetto, 20 miles south-west of Forli, and captured Monte Scarabattole and Monte Carnevale, near Marradi.

Indian Prisoners in Epinal Released

A number of Indian troops imprisoned in the French town of Epinal have been released following the capture of the town by units of the 3rd Army, says Reuter's special correspondent with the United States forces in France.

ROYAL SUSSEX HONOURED

Brighton is to confer the Freedom of the Borough on the Royal Sussex Regiment on October 27.

ADVANCE IN ITALY

The town of Tavoleto was not taken without comparatively heavy fighting. The enemy held on until Gurkhas and Canzonis, supported by tanks and artillery, pulled him out. A Sherman in a side street of Tavoleto.

THE JEMADAR'S STORY...

Mount Citerna Fell in Night Attack

ON the top of a mountain I met Jemadar Fateh Mohamed, writes an Indian Army observer. He told me a story.

It was the story of the capture of Mount Citerna, a conical thickly-wooded feature forming a stronghold in the Gothic Line.

"My company attacked the hill under the cover of darkness," said the jemadar.

"Two platoons were leading. The enemy, I suppose, heard our footfalls, but he held his fire until the leading troops were upon his wire defences only some 50 yards from the machine-gun posts. Hand grenades came rolling down the hill and burst amongst us. Two Sepoys were killed and others were wounded. The fire was accurate, and we had to think of a new plan.

"The Colonel Sahib had come up and upbraided us. If we could not capture that hill, we should never manage far bigger features that lay ahead. So we attacked again and made it."

"But how did you do it the second time?" I asked.

A grin appeared on the jemadar's tired face. "We are Indians, Sahib," he said. "We can move silently at night.

CUT THROUGH WIRE

"One platoon crept to the right and another to the left. A third put four men prone on the ground to give covering fire. Our two-inch mortars ranged on the hill crest.

"Our platoon cut its way through the wire, although there was enemy fire and more grenades were rolled down on us. When our men charged to the top, fifteen Germans surrendered.

"One of our runners, Chaus Mohamed, shot two Germans on his way back from Company Headquarters. Five more Germans were killed that night.

JAPS BREAK CONTACT

Fifth Division Continues to Advance

THE 5th Indian Division has successfully crossed the Manipur River, and has continued its advance down the Tiddim Road. A further 20 miles has been gained during the week.

The retreating Japanese put in one counter-attack but withdrew, abandoning their guns and leaving 100 dead.

Enemy rearguards shelled the river crossing points.

A S.E.A.C. communique issued on September 27th states "the

V.C. CHARGED TO HIS DEATH

The Victoria Cross has been posthumously awarded to Captain (temporary Major) Frank Gerald Blaker, M.C. of the Highland Light Infantry, attached to the Ninth Gurkha Rifles, Indian Army, whose company attacked a vital position on the summit of an important hill overlooking Taungni, Burma, last July.

When the advance was stopped by close-range Jap machine-gun fire, Captain Blaker advanced ahead of his men and, in spite of being severely wounded in the arm, located the machine-guns and single-handed charged the position.

Three rounds hit him in the body, but he continued to cheer his men on, while lying on the ground, so imploringly that they captured the objective.

Japanese have broken contact with the Fifth Indian Division moving south on the Tiddim Road.

In the Arakan, active patrolling continues.

In North Burma, British patrols operating south of Hopin are probing in the Namma area.

The German Gothic Line fixed defences were incomplete at the Adriatic end, as evidenced by this Tiger tank turret standing near an unfinished pit dug for it.

인도 병사들은 용맹하게 싸웠지만 제국주의적인 취지에 전적으로 동의하지는 않았다. 카이로에서 발행된 《인디언 뉴스 리뷰(Indian News Review)》는 고국발 뉴스가 불안한 소식을 전할 때 발언 수위를 조절하는 수단이었다.

의 신문 《뉴질랜드 타임스(New Zealand Times)》와 《메이플 리프(Maple Leaf)》를 발행했다.

스리랑카(당시의 실론)의 영국 공군을 위해 발행되었던 월간지 《에어플로(Airflow)》는 전선에서 떨어져 있는 요새의 주둔군이 어떤 일을 해낼 수 있는지를 보여 주는 좋은 사례라 하겠다. 72쪽 두께에 작은 판형은 《릴리풋(Lilliput)》—얼마간의 심각한 기사와 함께 인간의 행태에 대한 풍자적 관찰에다 카툰을 더하고 유쾌하게 기운을 불어넣는 이야기까지 보탰다—을 본뜬 것이다. 《에어플로》는 《릴리풋》의 모범을 좇아 전면 사진 섹션과 지역 사업을 위한 광고면들과 여성의 몸에 대한 예술적 묘사(《릴리풋》의 전문 중 하나였다)까지 따라 했다. 영국 공군은 비행사 한 명을 위해 지상 근무단 네 명을 요구했다. 이들은 비행기가 기동할 수 있도록 미친 듯이 일했으나 전투의 공포와 맞서지는 않았다. 세상의 많은 곳에서 따분함과 향수는 적의 침공보다 훨씬 더 흔히 군대의 능률을 위협했다.[30]

북아프리카에서 벌인 사막의 전쟁은 제2차세계대전 중반 무렵 영국군에게 단연 가장 활발한 전선이었다. 그리고 당연히 병사 신문의 진화에 중요한 공헌을 했다. 《크루세이더(Crusader)》와 《에이스 아미 뉴스(Crusader and Eighth Army News)》는 전직 《데일리 스케치(Daily Sketch)》 기자였던 워윅 찰튼(Warwick Charlton)의 구상으로 탄생했다. 뼛속들이 타블로이드 기자였던 그는 자신의 신문이 최고사령부의 간섭없이 병사들의 목소리를 실어야 한다는 사실을 명심했다.

이것은 사막에서 발행하는 신문이다. 이 신문은 사막에서 비롯했고 사막의 쥐들(북아프리카 전선에서 독일군을 패퇴시킨 일단의 영국 병사들―옮긴이)을 위한 것이다. 우리의 주요 관심사는 우리가 무엇을 원하느냐이지 높은 사람이 생각하기에 우리가 원해야 하는 것이 무엇일까가 아니다.[31]

이런 제작 방침에 개입 시도가 없었던 것은 아니다. 그랬지만 몽고메리(Montgomery) 대장이 찰튼이 원하는 대로 출판해도 좋다고 개인적으로 승인하면서 문제는 해결되었다. 하지만 여전히 병사를 위한 일간지는 없었다. 처칠 수상이 미국의 《성조기(Stars and Stripes)》를 보고는 당시 알제리 공사였던 해럴드 맥밀런에게 영국도 그와 비슷한 것을 만들어 보라는 임무를 주었다. 맥밀런은 임무 수행을 위해 장래 《데일리 미러》 편집장이자 1950년대와 60년대 가장 영향력 있는 편집자로 꼽히는 휴 커들립(Hugh Cudlipp)을 영입했다. 그 결과물인 《유니언잭》은 급여와 휴가처럼 병사들이 가장 마음을 뺏기는 중요한 관심사들을 충실하게 반영했다. 전황이 유리하게 흐르면서 전후 주거와 고용, 제대 전망이 주요 이슈가 되었다. 전장이 이탈리아로 바뀌고 몽고메리 장군이 디데이 작전계획을 지원하기 위해 본국으로 소환되자 찰튼은 해고되었고 커들립은 엄격한 감독을 받게 되었다. 동남아시아사령부(South East Asia Command, SEAC)가 발행했던 신문 《SEAC》의 편집자인 프랭크 오언(Frank Owen)도 비슷한 문제에 봉착했다가 오로지 전역 사령관 마운트배튼(Mountbatten) 경이 편들어 준 덕분에 위기를 넘겼다. 그러나 처칠 수상의 경멸을 받았고 자주 처칠 정부에 날을 세웠던 《데일리 미러》가 병사들에게 단연 최고의 인기를

《크루세이더》는 영국군 신문 중 가장 성공적인 사례였다. 병사들의 관점을 충실히 반영하려 했던 편집진의 의지와, 전쟁이 진행될수록 낙관적인 소식을 전할 수 있었다는 점이 그 성공 요인이었다.

얻었다는 사실에 비춰 보면 알 수 있듯이 만약 《유니언잭》과 《SEAC》가 병사들의 관심사를 무시했더라면 그들의 신뢰도 잃었을 것이다.

거의 무진장한 자원을 보유한 미 육군이 가장 성공적이며 가장 널리 배포된 전시 출판물을 제작한 것은 조금도 놀랍지 않다. 모든 해외 전역에서 제작되고 배포된 주간지 《앵크》와 일간지 《성조기》가 그것들이었다. 뉴스 외에 특별한 읽을거리와 편지와 눈길 끄는 사진 따위로 구성된 광택지 잡지 《앵크》는 일반 병사들의 목소리를 담겠다는 약속을 지키기 위해 제작진에서 장교를 제외했다. 뉴욕에서 최고사령부와 의사소통을 담당하는 장교 몇 명을 제외하고는 일병, 상병, 병장으로 구성된 제작진이 모든 발행 과정을 담당했다. 모든 것이 순조롭게 흘러가지는 않았다. 첫 호 표지에서는 상당한 급여 인상을 축하했는데 미국 병사들이 돈만 보고 병역을 치른다는 인상을 줄 수 있다는 이유로 다른 표지로 바뀌었다. 그로부터 두 주가 지나서 조직위원회 의장 에그버트 화이트(Egbert White) 대령이 근접 전투 훈련 관련 삽화가 든 기사 때문에 비난받았다. 뒤로 접근해 보초 한 명의 목을 조르는 장면이 '정정당당하지 못하고 미국의 이상에 배치된다'라고 생각했던 것이다.[32] 세 번째 문제를 일으킨 후에 화이트 대령은 알래스카로 좌천되어 자숙할 시간을 가진 뒤 《앵크》 영국판 발행을 위해 재기용되었다.

초반에 겪었던 어려움에도 불구하고 《앵크》는 주요 주간지로 성장했다. 17개국에서 스물한 가지 판으로 발행돼 총 220만 부가 인쇄됐다.[33] 군 비행기가 조판된 원고를 해외 출판 장소로 공수했다. 현지 편집자들은 원판에서 4페이지를 지역 관심사를 다룬 원고로 대체할 수 있었다. 전투병을 제외한 모든 이는 이 신문을 한 부당 5센트에 구입했다. 주간지로서 《앵크》는 특집 기사를 많이 실었고 전시임에도 최선의 저널리즘을 얼마간 구현했다. 기자와 사진사와 미술가들이 기사를 위해 전선에 나섰고 취재 도중에 네 명이 사망했다.

《성조기》는 1917~1918년 사이에 같은 제호의 병사 신문의 성공을 기반으로 창간되었고 전쟁 마지막 해 동안 서부전선에서 최고 50만 부를 배포했다. 1942년부터 《성조기》는 지중해로부터 태평양까지 전투에 투입된 병사를 위해 일간신문을 발행했다. 인내심 있는 화이트 대령이 1941년 12월 9일 알제에서 첫 호를 낸 지중해판의 발행을 담당했다. 이것을 시작으로 연쇄반응을 일으키듯 카사블랑카, 튀니스, 팔레르모와 나폴리로 발행지가 늘어났다. 두 번째 연쇄반응은 런던에서 아일랜드와 프랑스, 궁극적으로 독일로 확장했다. 지중해판은 8쪽짜리였고 주말판은 특별히 24~28쪽이었다. 광고를 싣지 않았기 때문에 기사가 풍족했다.

그런 엄청난 부수의 신문 잡지를 만들고 찍고 배포하는 것은 심지어 미국도 물류 및 운송상 상당한 어려움을 겪었을 정도로 힘든 일이었다. 출판 시설과 잉크와 종이는 지역 사업체나 우방인 영국으로부터 '빌려야' 했다. 지역의 차 소유주는 배달 업무에 쓸 수 있도록 그들의 차를 포기하도록 종용당했다. 안치오 교두보로 보내는 분량은 매일 나폴리에서 배로 운송했다. 뉴스 공급, 고국의 뉴스 전달은 특히 어려운 일이었다. 스포츠 뉴스는 미군 뉴스 서비스를 통해 제공되었다. 하지만 다가오는 대통령 선거는 국내 정치를 보도하려는 시도를 좌절시켰다. 선거

가 끝나고 루스벨트가 무사히 직으로 복귀한 뒤에야《성조기》
의 연합통신 뉴스 구독이 허용되었다.

《성조기》는 병사들의 관점을 보도하는 임무에 대체로 성공했다. 그들은 병사들이 전선 소식을 보도하는 데 있어 패배를 미화하고 사상자를 축소하는 것을 정녕 경멸한다는 사실을 인식했다. 종종 강압적인 장교들을 비판하는 서신을 받아서 출판했는데 어떤 병사도 이런 편지에서 드러낸 의견 때문에 징계를 받지는 않았다. 몇몇 비판의 경우는 조사했고 심한 잘못이 적발되면 뜯어고쳤다.《성조기》는 일주일마다 시 300여 편을 받았고 그중에서 실린 것들은 인기를 끌었다. 심지어 서투른 시도 병사의 시각을 잘 반영했기 때문에 일리가 있었다. 1939~1945년의 시가 1914~1918년의 시보다 훨씬 덜 찬사를 받았고 덜 연구되었는데 그것은 시가 전선에서 느끼는 두려움과 감정을 드러내는 귀한 도구로 여전히 남았다는 사실을 또한 상기시켜 준다.

모든 군 출판물이 이 정도 규모인 것은 아니었다. 개별 군대와 부대들은 그들만의 출판물을 만들었다. 가령《에어포스 매거진(Air Force Magazine)》《해군인사부 매거진(Bureau of Naval Personnel Magazine)》《기갑부대 저널(Cavalry Journal)》그리고 병기병과를 위한《아미 모터스(Army Motors)》가 이것들이었다. 알래스카와 알류샨열도 미군 병사들은《코디액 베어(Kodiak Bear)》라는 그들만의 신문을 냈다. 기나긴 태평양 일주를 나섰던《앵크》제작진 두 명은 심지어 그들이 탄 배에서도 삽화를 넣은《솔트 워터 태피(Salt Water Taffy)》라는 신문을 발행했다. 병사 신문들은 아마도《아미 모터스》에 실린 윌 아이스너(Will Eisner)의〈조 도프(Joe Dope)〉,《앵크》에 실린 데이비드 브라이어(David Breyer)의 〈지아이조(GI Joe)〉 같은 카툰들 덕분에 가장 귀하게 여겨졌을 것이다. 그중 가장 성공적인 카툰도 《앵크》에 실렸던 조지 베이커(George Baker)의 〈새드색(Sad Sack, 고문관—옮긴이)〉이었다. 불운한 새드색은 선행을 베풀지만 결코 보답받지 못한다. 심지어 《오크니 블라스트》에도 《데일리 메일》을 위해 노먼 펫(Norman Pett)이 그린 제인을 뻔뻔하게 복제한 듯한 실비아가 있었다. 실비아는 옷을 벗을 때도 제인만큼이나 불운해서 《오크니 블라스트》만으로 그의 부끄러운 부분을 아슬아슬하게 가리고 나타날 때도 종종 있었다. 오크니의 병사들을 위해 선정적인 장면을 연출한 것이다.

개전 첫 해 동안 독인군이 유럽 전역에서 승승장구했을 때 그들의 군대는 점령지의 도서관들을 자유로이 차지했다. 폴란드에서 폴란드의 책은 파괴하고 독일군을 위해서는 특별 도서관을 만들어 독일어 책을 읽게 했다. 영어를 읽을 수 있는 병사들은 벨기에와 프랑스에서 후퇴한 영국 해외파견군이 남긴 펭귄 책 20만 권을 골라 읽을 수 있었다. 프랑스어를 읽을 수 있는 병사들에게 파리의 도서관과 서점은 그들 것이었다. 책이 잘 갖춰지지 않은 지역의 경우 독일 최고사령부는 그곳에도 책이 부족하지 않도록 확실히 조치했다.

나치 권력층의 통상적인 행정상의 혼란으로 인한 그 모든 과부하에도 불구하고 병사들을 위한 책 공급은 세심하고도 넉넉했다. 괴링(Goering)이 이끄는 독일 공군 비행사들을 위해 도서관 1000곳 이상이 비행장에 설립되었다. 서구 강대국들과 대조적으로 병사를 위한 독일의 책 수집은 처음 출판업자들과 서적상들에게 집중되었다. 그들에게 강제로 기부받은 책들을 배포한 뒤에야 일반 시민들에게도 기부를 강요했다. 심지어 이런 경우에도 위협적인 분위기를 풍겼다. 독일 젊은이 조직들이 집집마다 방문하며 수집했는데 당국은 그런 식으로 수거된 책을 검열해서 기증자가 당국의 지침을 충실히 따르는지, 금지된 책을 기증할 정도로 부주의하지는 않은지 파악할 수 있었다.[34]

1943년 6월에만 네 번의 공개 기부 캠페인을 통해 책 1500만 권을 수집한 후에 알프레트 로젠베르크는 히틀러에게 독일 시민들이 '세계 최대 규모의 도서를 병사들에게 기증'했다고 우쭐거렸다. 1943~1944년 겨울까지 로젠베르크는 기부 몰이를 통해 4300만 권을 수거했다. 놀라운 양이다. 이때쯤이면 도서를 기증했던 시민들도 전쟁의 여파로 책이 부족해 애를 먹고 있었다는 점을 감안하면 더욱 그렇다. 그것은 모든 교전국 중에서 비할 데 없이 가장 성공적으로 수행된 최대의 도서 수집 몰이였다.

후방이 점점 책 부족에 시달리면서 1942년 독일 최고사령부는 기증된 도서들의 '수준이 종종 치사스러울 정도로 초라하다'라고 불평하게 된다. 이런 투덜댐은 또한 군사 지도부와 정치 지도부 내부에서 어떤 책을 병사들에게 읽힐 것인가를 놓고서 토론이 있었음을 반영한다. 1939년과 1942년 사이에 독일군이 펴낸 추천도서 목록을 검토해 보면 전쟁을 찬미하는 책과 실용 군사교범 따위의 놀라울 정도로 엄숙한 정치선전물 목록을 보게 된다. 소설과 시집은 대체로 보이지 않았다. 반면에 1941년 끝 무렵 병사들을 설문조사한 결과는 지도부의 선택이 병사들의 자체적 선호와는 동떨어져 있음을 보여 주었다. 병사들은 탐정물과 카를 마이의 서부극 『빈네투(Winnetou)』 연작물을, 어쩌면 더욱 놀랍게도 로맨스소설을 원했다. 1942년 그 점을 시인했던 제3제국 집단의 국가사회주의선전국장 발터 티에슬러(Walter Tiessler)는 전선으로 보낼 책의 95퍼센트를 기분전환용 읽을거리로 채워 달라고 요청했다.[35]

전체주의 국가에서 이런 요청은 최고위직에서나 처리할 수 있는 이데올로기적 딜레마였다. 많은 쟁점에서 나치 지도자 중 가장 영민했던 괴벨스는 설문에 답변한 병사들과 티에슬러의 편을 확고히 들었다. 하지만 매우 능률적으로 책 수집에 성공해서 돋보였던 로젠베르크를 엿 먹이고 싶은 마음도 없지는 않았을 터이다. 그는 잠수함 엔진실 업무를 끝내고 나온 승무원이 로젠베르크의 (난해하기로 악명 높았던) 『20세기의 신화(Myth of the Twentieth Century)』를 읽고 싶어 하리라 믿는 공론가가 있다는 것은 유감이라면서 다음과 같이 말했다.

> 물론 그것은 완전한 난센스다. 병사의 관점은 다르다. 병사는 이데올로기 강연을 수용할 기분이 전혀 아니다. 병사는 우리의 이념을 임무 중에 실천했기 때문에 그런 강연이 필요하지 않다. 그는 휴식을 원한다. 우리는 그에게 가벼운 종류의 문학을 주어서 기분전환의 기회를 제공해야 한다.[36]

이제 정신적 휴양과 위로는 국가의 공식적 중대사로 인식되었다. 괴벨스는 '전쟁이 4년째에 접어든 이런 시점에 전쟁과 정치와 관련된 책에 대한 관심이 급격히 떨어진 것은 심리적으로 꽤 이해가 간다'라고 판단했다. 이런 심정은 시민들도 마찬가지였다. '국민들은 일상의 고난과 중압감에서 벗어나 전쟁과 무관한 정신적 공간으로 도피하고 싶어한다.'37 그러나 후방에 남은 사람들에게 그들도 갈망하는 기분전환용 소설을 제공할 수 있는 책도 여분의 종이도 더 이상 없었다. 출판하더라도 대부분은 바로 병사들에게 전해졌다.

이런 차별은 부분적으로는 후방의 주눅들고 고분고분한 시민들보다 병사들의 사기 진작이 더 시급하다는 이유도 있었지만 출판업자들이 일정 정도의 이기적 냉소주의를 고수했기 때문이기도 했다. 전선으로 책을 공급하고 병사들에게 파는 것을 조율하는 일은 1939년 9월 4일 전쟁을 일으키자마자 즉시 설립한 새로운 조직, 전선서점본부(Zentrale der Frontbuchhandlungen, ZdF)에 위임했다. 독일노동자전선(German Labour Front)을 통해 일을 진행하면서 ZdF는 그들이 어디에 주둔하든 독일 병사들이 책을 용이하게 구입할 수 있도록 조처했다. 파리와 브뤼셀부터 오슬로, 리가, 르비우, 로마까지 주요한 요지에 책 배포를 위한 대규모 창고 열 곳을 마련했다. 그곳으로부터 책은 전선을 따라 자리잡은 야전병원이나 병사들의 임시 숙소에 설치된 판매소 300곳 이상으로 배포될 수 있었다. 프랑스에만 그런 판매점이 아흔여덟 곳 있었다(프랑스가 호강스러운 파견지라는 명성이 사실임을 입증한다). 전선을 돌아다니며 이동 서점 노릇을 하는 덮개 있는 화물차 열두 대가, 노르웨이에는 바람직한 임시 숙소 구실도 하는 모터보트가 몇 대 있었다. 미국 병사들이 진중문고를 무료로 배급받은 것과 달리 독일 병사들은 판매망을 통해 구입하는 책에 대해 비용을 지불해야 했다.38

군인 가족들에게도 해당 병사들에게 책을 보내라고 권장했다. 그런 목적에 필요한 추천도서 목록을 서점에서 무료로 얻을

브레멘에서의 삶에 대한 익살스러운 이야기들은 담은 바로 이런 책들은, 점점 절망적으로 치닫는 전황에서 잠시라도 벗어나려 했던 독일 병사들에게 절실히 필요한 읽을거리였다. 저자인 카를 크렙스(Karl Krebs)는 조금의 가책도 없이 나치 정권에 쉽게 순응했지만 1946년에 자살한다.

수 있었다. 이 목록에는 주로 나치 조직에 의해 출판된 책들이 올라 있었고 정치적이고 이데올로기적인 문헌들로 가득했다. 반면에 ZdF의 자체 목록은 2600종을 제공했는데 나치에 소속되지 않은 작가들의 작품들을 비롯해 광범위한 출판사의 작품을 망라한 것이었다. 아마도 이런 불일치는 병사들이 소설과 기분전환용 서적을 읽기를 원했더라도 가족들은 자신들이나 자신이 사랑하는 이를 위험에 처하게 할 수도 있는 어떤 것도 군사우편을 통해 보내기를 원하지 않았다는 사실을 반영한다고 봐야 할 것이다.

전쟁을 질질 끌수록 출판산업으로서는 병사들에 대한 책

병사들이 전투 중인 곳이라면 어디든 책을 공급하기 위해 막대한 자원이 투입되었다. 그러나 피오르를 따라 항해하며 외딴 부대에 책을 전달하는 이런 도서 보트(book boat) 덕분에, 노르웨이처럼 비교적 한가한 파견지가 가장 원활한 보급을 받았음은 의심의 여지가 없다.

공급이 더욱 매력적이고 수지맞는 일이 되었다. 이런 사실은 책 공급이 달릴 때 특히 그랬다. 군대 조직과 계약을 맺은 출판업자들은 군대가 보유한 넉넉한 물량에 접근해 종이를 확보할 수 있었다. 흔히 실제 출판은 점령지역인 프랑스, 네덜란드, 노르웨이나 벨기에에 있는 회사에 위임했다. 1939년과 1943년 사이에 대략 7500만 부의 책이 모두 이런 식으로 출판되었다. 1942년과 1943년 사이에 독일군 종이 할당량을 사용해서 출판된 책의 비율이 총 이용가능한 종이 물량 대비 7퍼센트에서 55퍼센트까지 증가했다. 이 책들에는 전선에 맞춤한 출판물이 적어도 3500만 부가 포함되어 있었다. 미국 진중문고의 독일판이라 하겠는데 독일에서 서로 다른 출판사 일흔한 곳에서 찍어냈다.[39] 독일 경제 상황이 점진적으로 악화되면서 독일 출판의 생존은 어느 때보다 더욱 나치 정권과의 계약에 의존하게 되었다. 독일군과의 계약뿐 아니라 최고사령부, 공군, 해군, 무장친위대(Waffen SS)와도 개별적으로 계약을 맺었다. 결과적으로 전쟁이 곡절 끝에 종말로 치닫고 있을 무렵 출판계는 많은 다른 부문보다 훨씬 더 형편이 좋았지만 새로운 정치적 상황에서는 전혀 팔리지 않을 엄청난 양의 재고를 쌓고 있었다.

11장
전쟁의 작가들

1914년 9월 2일 작가이자 기자이며 총선에서 연달아 낙선했던 찰스 매스터먼(Charles Masterman)은 국민건강보험위원회(National Health Insurance Commission)가 있는 런던의 웰링턴하우스(Wellington House)에서 특별한 회의를 소집했다. 탁자 주변으로는 당대의 가장 유명하고 성공적인 영국 작가들이 앉아 있었다. 제임스 배리(James Barrie), 아널드 베넷(Arnold Bennett), A. C. 벤슨(A. C. Benson), 아서 코넌 도일 경,『포사이트가 이야기』를 쓴 존 골즈워디, 토머스 하디(Thomas Hardy),『젠다성의 포로(The Prisoner of Zenda)』를 쓴 앤서니 호프(Anthony Hope), H. G. 웰스, 계관시인 로버트 브리지스(Robert Bridges)가 그들이었다. 이 만남은 사실상 영국의 선전부(Ministry of Propaganda)가 되고 나중에 정보부(Ministry of Information)로 공식화될 조직의 첫 회의였고 매스터먼은 그 과업의 책임자로 내각의 일원이 되었다. 9월 2일 러디어드 키플링을 비롯한 스물다섯 명은 불가피하게 모처에 억류되었다가 참석했는데 이들은 자신들의 글과 주장과 영향력으로 전쟁 수행을 지원하겠다고 명백하게 맹세했

다. 그들이 정부 지시하에 글을 쓴다는 사실을 폭로하지 않겠다고도 약속했다.[1]

그 후 4년이 지나는 동안 웰링턴하우스 작전은 놀라울 정도로 많은 양의 신문 기사와 팸플릿과 기고문을 양산했다. 많은 팸플릿은 당시 중립을 선언했던 미국으로 향했다. 그 과업을 확실히 이루기 위해 영국은 자기 나라의 문학적 거장들뿐만 아니라 헨리 제임스(Henry James)와 이디스 워튼 같은 영국이나 프랑스에 거주하는 미국 작가들의 도움도 구했다. 길버트 파커(Gilbert Parker) 경이 지휘한 미국 회유 작전은 특히 교묘했다. 지나치게 맹목적으로 애국주의적 논조를 보이는 영국 신문들은 대부분 취급하지 않았다. 이 전쟁을 민주주의의 미래를 위한 투쟁이라는 구도로 끌고 갔다. 독일 침공 한 달 만에 궤멸된 벨기에의 고통에 대해 동정을 구하는 분위기를 반복적으로 연출했다. 파커 자신의 『혹독한 시련에 놓인 세계(World in the Crucible)』(1915)와 함께 『독일의 전쟁 법규 위반(Germany's Violations of the Laws of War)』을 수많은 미국 공공도서관에 기증했다. 파커는 미국에서 영향력 있는 인사 1만 명의 카드식 색인을 구축하고 그들에게 책과 팸플릿 세례를 퍼부었고 그 책과 팸플릿 대부분을 도서관에 전달했다.[2] 미국이 프랑스 문화를 우러러보는 경향도 능란하게 이용했다. 웰링턴하우스 작전은 대체로 비밀이었기 때문에 이런 출판물 대부분은 애국적 취지에 기꺼이 협력하려던 영국의 상업 출판사들을 통해 전달되었다. 다른 책들은 파리상업회의소(Paris Chamber of Commerce)에서 출판한 것으로 했다.[3] 옥스퍼드대학교 역사학부는 권위 있는 일련의 에세이로 『왜 우리는 전쟁을 하는가(Why We Are at War)』(1914)를 냈고 높은 평가를 받았던 『미국 연방(The American Commonwealth)』의 저자이자 전직 주미 대사였던 브라이스(Bryce) 경은 「독일군 잔학 행위 주장에 대한 위원회 보고서(Report of Committee on Alleged German Outrages)」(1915)로 자신의 명성에 먹칠을 했다. 보고서는 정밀함을 가장해 대중지에 떠돌던 가장 터무니없는 뜬소문을 적잖이 기록했다. 애국적 의무감이 역사학자의 엄밀한 고증 능력을 눌러 버린 결과였다.

제1차세계대전이 낳은 문학이라고 하면 우리는 전쟁 시인들, 즉 지울 수 없는 참호전의 공포를 우리 인식에 각인한 루퍼트 브룩과 윌프레드 오언 같은 잃어버린 세대를 떠올리는 데 익숙하다. 그러나 전쟁의 환멸을 그린 문학은 대체로 전쟁 이후 10년 동안의 평가에 제한되어 있다. 이 시절이 낳은 불멸의 걸작 에리히 마리아 레마르크의 『서부전선 이상 없다』는 1928년에야 출간되었다. 자원하여 이탈리아 전선에서 구급차 운전병으로 복무했던 본인의 경험을 담은 어니스트 헤밍웨이의 『무기여 잘 있거라』는 그다음 해에 발행되었다. 전쟁 자체의 좀 더 전형적인 모습은 '새퍼(Sapper)'가 쓴 떠들썩한 과장 섞인 이야기들에서 볼 수 있었다. 새퍼는 나중에 『불도그 드러먼드(Bulldog Drummond)』를 쓰는 허먼 시릴 맥닐(Herman Cyril McNeile)의 가명으로, 그는 장교로 복무 중 《데일리 메일》에 자신의 전쟁 경험에 관한 짧은 이야기를 연작물로 기고했다.[4] 나중에 이 기고를 모아 『중위와 그 밖의 이야기들(The Lieutenant and Others)』과 『공병대의 마이클 캐시디 병장(Sergeant Michael Cassidy, RE)』을 냈는데 두 가지 모두 13만 5000부 이상 팔았다. 전쟁이 끝나기 전에 그런 식으로 세 권이 더 나왔다.

신문이나 잡지에 연재물로 싣다가 책으로 재발행하는 방식은 웰링턴하우스 참석 작가들이 제공한 애국적 기고문 중 많은 것이 취한 전형적인 경로였고 영향력도 발휘하고 돈벌이도 잘된 것으로 드러났다. 아널드 베넷은 1916년에 신문 잡지 기고로 2000파운드를 번 것으로 계산되었다(2022년 가치로 20만 5000파운드, 대략 3억 5000만 원—옮긴이). 코넌 도일 경은 활발한 집필을 하기에는 너무 연로했지만 마지막 모험을 위해 셜록 홈스를 군대로 소환했고 거기서 홈스는 독일 스파이 폰보르크(von Bork)의 허를 찌르고 그 과정에서 그가 구축했던 스파이망 전체를 완전히 까발렸다. 『그의 마지막 인사(His Last Bow)』는 《스트랜드 매거진(Strand Magazine)》에 먼저 실었다가 단편들을 모아 같은 제목의 선집으로 출판했다. 보어전쟁 참전 용사이자 공직에서도 큰 성취를 거두었던 존 버컨은 1915년 《블랙우즈 매거진(Blackwood's Magazine)》 연재물로서 『39계단』을 처음 선보였다. 단행본으로 재발행되었을 때 『39계단』은 처음 석 달 만에 2만 5000부가 팔려 속편 『그린맨틀(Greenmantle)』(1916)과 함께 불후의 전쟁소설 걸작으로 꼽히게 된다.[5]

전선에서 복무할 수 있을 정도로 건강하지는 못했지만 버컨은 전쟁 수행에 중요한 공헌을 했다. 리처드 해니라는 인물의 영웅적인 모습 속에서 유쾌한 영국의 개인주의를 간결히 구현했을 뿐만 아니라 때맞춰 전쟁사를 저술했다. 그것은 마침내 120만 단어로 완성된 스물네 권짜리 책으로 불어났다. 이 『넬슨 전쟁사(Nelson History of the War)』와 솜전투(Battle of the Somme)에 관한 자매서 두 권에서 버컨은 대의에 바치는 영웅적 용기와 불굴의 헌신을 묘사할 때 신문보도에서 흔히 쓰는 표현을 고수했다. 심지어 솜전투 첫날의 참극조차도 기사도적 희생의 언어로 적셔 놓았다. '단 한 사람도 동요하거나 대오를 흩트리지 않았다. 그러나 시간이 조금씩 흐를수록 질서정연했던 대오는 엄청난 양의 고성능 폭발물과 파편과 소총과 기관총 세례하에 무너져 내렸다.'[6] 이런 기사와 사기를 진작시키는 다른 주목할 만한 공헌 덕분에 존 버컨은 1917년에 로이드 조지(Lloyd George) 총리가 재구성한 내각에 정보부 장관으로 지명되었다. 다음 해에 아널드 베넷은 프랑스 주재 영국 선전국 국장으로 임명된다.

심지어 전쟁이 마지막 단계에 이르렀을 때도 반대 목소리는 찾기 어려웠다. 버컨은 전쟁에 대한 그의 어리석을 정도로 천진난만한 태도에 변명의 여지가 없지만 다른 작가들 대부분은 오직 세심하게 연출된 VIP 시찰 형태로만 전선을 보았을 뿐이다. 아널드 베넷은 당시의 관례에 따라 특별 참관자로서의 경험을 기록한 『저 너머: 서부전선 현장의 모습(Over There: War Scenes on the Western Front)』(1915)을 연재 신문 기사로 먼저 냈다. 키플링은 이런 수지맞는 재활용 출판의 옛적 전문가였다. 이런 출판은 공공도서관 이용자들에게 두 번의 읽을 기회를 제공했다. 한 번은 신문 열람실에서, 또 한 번은 책으로. 이 전쟁은 하나부터 열까지 신문 전쟁이었고 노스클리프와 로더미어(Rothermere)의 철통같은 통제하에 있던 신문들은 참호전의 무익함과 대량살육에 대한 사실적인 묘사를 허용하지 않았다. 휴가차 고향을 들른 병사들은 후방의 쾌활한 차분함에 놀랄 수밖에 없었다.

유력한 영국 작가들의 적극적인 기고 덕분에 영국의 선전

전쟁의 작가들

존 버컨(1875~1940)

캠페인은 이런 측면에서 완전히 성공적이었다. 1917년 미국이 연합군으로 전쟁에 참전했고 영국 대중은 전선의 현실에 대체로 무지한 상태였다. 이런 무지가 전쟁 수행에 거의 도움되지 않은 것은 틀림없다. 군의 전략적 오류를 덮어 버리면서 참호에서 벌어지는 살육이 더욱 지속되게 했다. 이런 결과를 도운 영국 작가들도 모두 나름대로 합리적인 사람들이었고 심지어 적어도 전쟁이 끝나기 전에 쓴 그들의 소설에서도 이런 합리성은 명백하다. 리처드 해니를 주인공으로 삼은 소설들에서 버컨은 현실의 병사들이 품는 환멸에 대해서 그의 소설 속 인물들이 더 많이 되새겨 보게 만든다. 신문 기사나 기고문에서 미화하는 전쟁의 취지를 맹목적으로 따르는 병사들이 아니었다. 『그린맨틀』(1916)에서 독일에서 도주 중인 리처드 해니가 삼림지대의 오두막에서 도움을 받으며 이렇게 독백한다. '그날 밤 나는 전쟁이란 것이 완전히 미친 바보짓이란 사실을 깨달았다.' 버컨은 부유하고 뚱뚱하며 두려움을 모르는 해니의 협력자 블랭크아이언(Blenkiron)의 입을 통해 이렇게까지 말한다. '우리 미국인들은 영국 병사들의 전투에 대해서는 감탄을 금하지 못합니다. 그러나 영국 장군들의 전략은 도대체 이해할 수가 없어요. 우리는 당신네 장군들이 과학보다 호전성을 앞세운다고 생각해요. 안 그래요?'[7]

버컨과 베넷이 전후 정보부의 미래를 놓고 다툼을 벌이는 도중에 전쟁은 끝나 버렸다. 훈장 받은 장교 출신의 버컨이 이겼다. 그리고 베넷은 소설로 복귀했다. 평화의 시대가 왔고 작가들은 서로 다르게 겪은 전쟁 경험을 곱씹으며 좀 더 체계적으로 전쟁의 어리석음과 전쟁을 오래 끈 자신들의 책임은 없었는지 반추했다. 존 골즈워디의 『화염창(The Burning Spear)』(1919)은 정보부에 대한 복잡한 풍자였다. 책의 결말에서 돈키호테 같은 주인공은 전쟁선전물 구실을 했던 책, 팸플릿, 신문을 화장용 장작더미처럼 쌓아 놓고 스스로를 소신공양하려다 실패한다. 아널드 베넷은 『레인고 경(Lord Raingo)』에서 자신의 전시 협조에 대한 소설적 풍자물을 내놓았다. 책에서 작품명과 동일한 이름의 주인공(비버브룩 경을 암시)은 밉살스러운 앤디 클라이스(Andy Clyth, 로이드 조지 총리를 암시)와 대결을 벌인다. 이런 류의 항구적인 정화와 변호를 위한 치유적 노력 중에 가장 심도 깊은 작품은 포드 매덕스 포드(Ford Madox Ford)의 『퍼레이즈 엔드(Parade's End)』(1924~1928)였다. 얼마 전에야 이 영어화된 이름으로 개명한 포드는 과거에 포드 매덕스 휴퍼(Ford Madox Hueffer)라는 이름으로 자유분방하게 방탕에 빠져 추문을 몰고 다니던 삶을 다소 느닷없이 포기하고 하급 장교로서 입대해 비참한 삶으로 향했다. 4부작으로 출판된 『퍼레이즈 엔드』는 이런 환멸과 절박함을 반영했다.

전쟁이 정화의 기쁨을 선사한다고 생각하다가 그것이 환멸에 찬 비탄을 줄 뿐이라고 돌연 생각을 바꾼 경우를 골수 제국주의자 러디어드 키플링만큼 더 처절하게 보여 준 사람은 없다. 그는 1915년 루전투(Battle of Loos)에서 외동아들 존 키플링이 실종되었다는 소식을 우편으로 받았다. 오랜 시간이 지나서야 동료 작가 헨리 라이더 해거드(Henry Rider Haggard) 덕분에 겨우 전사 확인을 받았다(고통스러운 죽음이어서 라이더 해거드는 비탄에 빠진 키플링에게 차마 자세하게 설명하지는 못했다). 키플링은 이 상실로부터 결코 다시는 헤어나지 못했지만 존이 속했던 아일랜드근위연대(Irish Guards)의 공식 역사를 서술하는 책임을 맡으면서 추악함과 희생이라는 전쟁의 현실과 강제로 대면하게 되었다. 극한 고통에 찬 키플링이 온몸으로 끌어낸 분노는 「어떤 죽은 정치인(A Dead Statesman)」이라는 시에 명확히 표현되어 있다. 그 시는 헤이그(Haig) 장군이 작전에 실패했다는 걸 알면서도 감히 장군을 끌어내리지 못한 로이드 조지 총리에 대한 경멸에 찬 해부도이다.

나는 노동도 못하네; 나는 감히 도둑질도 못하네
그래서 나는 군중의 비위를 맞추는 거짓말쟁이가 되었다네
이제 나의 모든 거짓이 허위로 드러났고
나는 내가 죽였던 사람들과 얼굴을 맞대야 하네

무슨 이야기가 나에게 도움이 될런가
나 때문에 분노하고 기만당한 젊은이들 사이에서.[8]

제2차세계대전의 문학은 겨우 20년 전이었던 제1차세계대전이 드리운 그늘에 의해, 제1차세계대전이 끝나고 밀어닥친 환멸감에 의해 형성되었다. 1920년대의 환멸에 이어 1930년대의 대공황을 기점으로 문인들의 세대교체가 일어났다. 에드워드시대의 거물들이 느릿느릿 퇴장하고 새로운 목소리들이 등장했다. 새 세대는 바이마르 시대의 자유분방한 정신과 좌파적 정치 의식을 품었다. 그들의 시험장은 스페인 내전이었다. 그곳에서 조지 오웰과 헤밍웨이를 비롯한 몇몇 이름난 문인들이 공화파의 대의를 지키기 위해 참전했다. 1939년 내전에서 파시스트의 승리가 가한 충격은 독소 불가침조약으로 더욱 배가되었고 반파시스트 좌파들을 무릎 꿇게 했다. 크리스토퍼 이셔우드(Christopher Isherwood)와 W. H. 오든(W. H. Auden)을 비롯한 세대교체 운동의 주요 인물들이 다가오는 전쟁을 피해 영국을 떠나 미국에서 머물며 전쟁을 관망하기로 한 결정은 그들에게 버림받은 찬미자들의 상실감과 낭패감을 가중시켰을 뿐이다.[9]

조지 오웰의 지적처럼 전쟁은 어떤 경우라도 작가들을 어려운 처지로 몰았다. 국가가 존재적 위기에 처했을 때 많은 이에게 문학은 하잘것없는 일이라 여겨졌다. 영국 작가이자 기자였던 스톰 제임슨은 그런 기분을 퉁명스럽지만 똑똑히 밝혔다. '1939년 9월 소설가로서 밥벌이를 한다는 것이 조금 부당할 뿐만 아니라 매우 바람직하지 않은 것처럼 보였다.' 작가는 전쟁 수행에 그들의 노력을 보태야 할까 아니면 자신들의 소명에 충실한 채로 머물러야 할까? 많은 이에게 그것은 해결 불가능한 딜레마였고 필리스 벤틀리(Phyllis Bentley)는 이런 식으로 명쾌히 그런 곤경을 표현했다. '작가가 정치선전물을 안 쓴다면 삶을 속이는 것 같고 만약 쓰게 된다면 예술을 속이는 것 같다.'[10] 이것은 본질적으로 좌파가 처한 곤경이었다. 전쟁을 수용한 사람들에게는 의심의 여지가 없는 문제였다. 정보부를 위해 날개 돋친 듯 팔려 나간 베스트셀러 몇 권을 썼던 힐러리 세인트 조지 손더스는 통렬하게 주장했다.

> 전쟁의 시기에 작가[그리고 출판인들]도 다른 모든 사람처럼 나라에 공헌하기 위해 약속된 대가를 받고 그들이 보유한 기술과 재능을 투입해야 할 의무가 있다. 그리고 작가라 불릴 만한 이라면 그가 직접 참가하지 않았던 행위를 묘사한 것으로 '베스트셀러'가 되기를 추구하지는 않을 것이다.

그는 자신이 한 말을 지켰다. 그가 능란하게 서술한 『영국 본토 항공전』과 『폭격사령부』는 익명으로 출판되었고 그는 자신의 수고에 대해 저작료를 받지 않았다.[11]

물론 작가들은 다양한 입장을 취했다. 오든과 이셔우드의 자진 망명[두 사람은 에벌린 워(Evelyn Waugh)의 『더 많은 국기를 내걸어라(Put Out More Flags)』에서 파스닙(Parsnip)과 핌퍼넬(Pimpernel)로 나와 무자비하게 조롱당했다]으로부터 세인트 조지 손더스처럼 자기를 감추는 애국주의에 이르기까지 다양했다. 일부는 실전에 참전하거나 수많은 정부 기관에서, 특히 정보부에서 재능을 제공하거나 하면서 다급히 자신의 도리를 다했다. 많은 작가는 심한 무기력증에 압도되었다. 연줄이 든든한 좌파 작가 나오미 미치슨(Naomi Mitchison)은 전쟁 동안 글은 거의 쓰지 않고 아가일의 농장과 저택을 관리하면서 지냈다.[12] 특히 종이 할당의 여파로 그렇게 많던 문학잡지가 폐간하면서 심지어 창의성이 무뎌지지 않았던 작가들도 정상적인 수입의 원천이 말라 버렸다.

계속 집필이 가능한 작가에게 새 책에 대한 요구는 끝이 없었다. 출판업자들은 현실도피적 소설과 절박한 사안들에 대한 비평을 요구하는 다소 모순된 필요를 충족하기 위해 분투했다. 소설의 영역에서 위안과 안도감에 대한 욕구가 있다는 말은 많은 베스트셀러 작가들이 전쟁 이전에 팬들을 확보했었다는 뜻이었다. 어린이문학에서 특히 그러했는데 출판업자들이 귀하게 할당받은 종이를 어린이문학에 쓰기를 아까워했기 때문이다. 새로운 어린이 문학은 조금 밖에 없었고 이 분야는 이니드 블라이턴(Enid Blyton)과 비글스 연작물의 캡틴 W. E. 존스(Captain W. E. Johns, 존스의 필명—옮긴이)처럼 오랫동안 인기 있었던 작가들에게 점령당했다.[13]

작가적 재능을 가진 신진 작가를 위한 최선의 기회는 전쟁 연대기 기록자에게 왔다. 뉴스를 따라가려는 높은 관심은 시의성 있는 책에 기회를 주었고 특히 기자들은 이 기회를 기꺼이 잡아챘다. 빅터 골란츠와 함께 전쟁 특파원 제임스 랜스데일 호드슨(James Lansdale Hodson)은 런던대공습 연대기를 출판했는데 이는 총 일곱 권짜리 일기의 첫째가 되었다.[14] 처음에 이 시장에서 미국 전쟁 기자들은 상당한 우위를 누렸다. 런던과 베를린 두 곳 모두에서 취재할 수 있었기 때문이었다. 이 분야에서 돋보이는 베스트셀러는 윌리엄 샤이러가 미국 라디오 방송 CBS 베를린 특파원으로서의 경험을 서술한 『베를린 일기』였다. 1941년에 출간된 『베를린 일기』는 첫해에 60만 부를 팔았고 미국의 참전 이전 국내 여론을 형성하는 데 기여했다고 널리 인정받았다. 이 책은 루스벨트가 분명 최초로 저자에게 서명을 요구했던 책이었다.[15] 또한 이 책은 영국에서도 크게 환영받아서 공공도서관에서 가장 많이 대출되는 도서 목록에서 빠지는 일이 없었다. 샤이러는 취재원들이 보복당하지 않도록 정체를 숨긴 것을 거리낌 없이 인정했다. 그는 베를린 시절 초기에 히틀러에 대해 호의적으로 기록했던 것을 은폐하기 위해 수정을 가한 사실에 대해서는 다소 거리낌이 있었다.[16]

영국 독자들은 또한 군인의 직접적인 전투 경험담을 열렬히 탐했다. 영국 본토 항공전에 참전했던 비행사들의 회고록은 따뜻한 환영을 보장받았다. 가짜전쟁 동안의 당혹스러운 무력감과 됭케르크철수작전 이후에 영국에 대한 공습은 시민 대다수가 전쟁을 직접 겪은 최초의 경우였다. 방어 전력으로서 영국 공군을 괴멸하겠다던 괴링의 최초 계획이 실패하면서 젊은 비행사들은 영웅이 되었다. 그들은 명백히 무적의 독일 공군에 맞서서 싸웠고 침공 계획을 좌절시켰다. 정보부가 전투명을 제목으로 삼아 만든 팸플릿 『영국 본토 항공전』은 서가를 채우기가 바쁘게 팔려 나갔고 그 전투에 참전했던 이들의 보고서도 인기가 많았다. 전장 체험기 분야는 곧 책으로 넘쳐나는데 그중에서 단연 돋보인 책은 리처드 힐러리(Richard Hillary)의 애달픈 회고록 『최후의 적(The Last Enemy)』이었다.[17] 힐러리의 복무기간은 이례적인 건 아니지만 짧았다. 그의 비행대는 1940년 8월 27일에 전투에 임했고 힐러리가 탄 비행기가 격추되어 바다로 불시착한 것은 9월 3일이었다. 그 과정에서 손과 몸과 얼굴에 끔찍한 화상을 입었다.

이것으로 전투기 비행사로 수행한 힐러리의 전쟁은 끝났다. 그러나 스핏파이어 전투기와 사랑에 빠진 사연에 대한 설명, 특히 비행이 주는 순수한 기쁨에 대한 서정적 묘사, 그의 용기 그리고 부상 후 오랜 재활 수술 과정에 대한 꾸밈없는 묘사는 영웅을 갈망하던 대중의 마음을 파고들었다. 힐러리가 자신감 있고 강건했고 좋은 집안 출신이라는 점도 호감을 키웠다. 책에서 가장 감동적이었던 부분으로 꼽히는 장면 하나는 그와 함께 입대 지원서에 서명하고 참전했으나 전사했던 옥스퍼드 동기생들을 하나하나 담담하게 기록한 대목이었다. 1942년 6월 『최후의 적』을 출간한 뒤 힐러리는 숭고한 동료들에 대한 전우애를 기리고 싶어 쓴 책으로 유명인사가 되었다. 여배우 멀 오베런(Merle Oberon)과 짧았던 로맨스로 달콤한 시간도 보냈지만 힐러리의 마음은 편치 않았다. 결국 단호하게 그를 막지 못하는 장교들을 강요해서 비행대에 복귀했다. 1943년 1월 8일 연습 비행 중 힐러리는 사망했다. 그의 몸은 전쟁을 수행하기에는 여전히 부적합한 상태였다.[18]

런던에 남아 있는 얼마 되지 않던 좌파 문인들은 소호의 바에서 술에 빠져 슬픔을 달래고 있었고 새로운 목소리가 없으니 전쟁 이전의 기존 작가들을 위한 장이 열렸다. 전전의 베스트셀러들, 가령 A. J. 크로닌의 『성채(The Citadel)』(1937)와 대프니 듀 모리에(Daphne du Maurier)의 『리베카(Rebecca)』(1938)는 계속해서 활발히 팔렸다. 1940년 미국 대작 세 편이 영국 베스트셀러 목록 상단에 안착했다. 마거렛 미첼(Margaret Mitchell)의 『바람과 함께 사라지다(Gone with the Wind)』(1936)가 이미 엄청난 판매고로 선두를 이끌다가 동명의 영화가 제작돼 1940년 오스카상을 휩쓸면서 더욱 판매를 재촉했다. 존 스타인벡의 대공황기 미국 황진지대(dust bowl, 1930년대 황진 피해를 입은 미국 중남부의 건조 평원 지대―옮긴이)를 휩쓴 빈곤을 묘사한 걸작 『분노의 포도』(1939)는 전쟁 중인 영국에 분명 위안이 될 만한 작품은 아니었지만 대단한 인기를 끌었다. 스타인벡은 가볍게 소설화된 노르웨이를 배경으로 독일에 점령된 유럽에 대한 시의적절한 탐구를 시도했던 『달이 지다』(1942)에 이어 두 번째로 성공을 거두었다. 그 책은 출판 당시에 독일 점령군을 너무 호의적으로 바라본다는 이유로 비판받았지만 점령으로 인한 딜레마와 위태로움을 공감이 가도록 재현해 유럽인들의 마음을 울렸고 은밀한 해적판 번역물로 널리 퍼졌다. 『달이 지다』는 영국에서 잘 팔렸을 뿐만 아니라 소련에서도 독자들의 찬사를 받았다. 1940년대 영국을 움직인 세 번째 미국 베스트셀러는 어니스트 헤밍웨이가 스페인내전을 그린 소설 『누구를 위하여 종은 울리나』였다. 이 책은 대서양 양쪽에서 모두 큰 성공을 거두었다. 마침내 그가 갈망했던 베스트셀러 저자라는 지위를 얻었고 20세기 최고 저자의 반열에 오르면서 그의 명성을 공고히 다졌다. 1944년 헤밍웨이는 기자증을 달고서 미국 병사들과 노르망디상륙작전에 참가했다.

전시에 영국인들은 두드러지게 미국 문학을 좋아했다. 하지만 저명한 영국 작가들도 현대소설 베스트셀러에 이름을 올렸다. 항공공학자 네빌 슈트(Nevil Shute)는 해군 무기 설계에 대한 극비 업무를 수행하면서도 그런 경험을 살려 꾸준히 전쟁 소설을 출간했다. 인기 많은 영국 공군을 주제로 소설 두 권을 쓴 후에 『얼룩 옷을 입은 피리 부는 사나이』로 사람들의 마음을 울렸다. 프랑스 여행 중에 독일군의 침공으로 고립된 한 영국인 은퇴자가, 어린이들을 이끌고 프랑스를 횡단하여 브르타뉴해안을 거쳐 마침내 영국으로 귀환하는 긴장감 넘치고 감동적인 여정을 그린 이야기였다. 데니스 휘틀리는 자신의 비밀스러운 전쟁 협력 업무(그의 경우는 전략적 기만전술을 궁리하는 특별 조직이었다)와 꾸준히 신간 소설 쓰기를 병행했던 또 다른 저명한 작가였다. 휘틀리의 박력 넘치며 멋스러운 스릴러는 특히 남성 독자들에게 최고의 인기를 구가했다. 그가 창조한 쾌활한 스파이 그레고리 살루스트(Gregory Sallust)는 나중에 그 또한 전시에 정보장교로 복무했던 이언 플레밍이 제임스 본드라는 인물을 만드는 데 영감을 줬다고 여겨진다. 대체로 남성적인 이 영역에서 가장 독창적인 재능으로 꼽혔던 이는 피터 체이니(Peter Cheyney)였다. 그는 하드보일드 미국 탐정소설의 작풍을 채택해서 처음에는 FBI 요원을, 나중에는 사립탐정 레니 코션(Lenny Caution)을 주인공으로 큰 인기몰이를 한 시리즈물을 써냈다. 휘틀리처럼 체이니도 우파였고 오즈월드 모슬리(Oswald Mosley)가 파시즘으로 일탈하는 첫 단계로 창당했던 신당(New Party)에 가입했다. 하지만 그의 수백만 독자는 그런 이유로 그를 거부하지는 않았다. 1945년 소설 『그런 여자라고 나는 말하겠어요(I'll Say She Does)』의 서문에서 체이니는 포로가 된 영국인 성직자가 기도서에 코를 박고 수용소 구내를 걸어서 돌고 있

싸구려 통속소설. 영국의 범죄 소설 작가 피터 체이니(1896~1951)는
거친 남성의 세계를 그린 탐정 소설의 전파자로서 성공을 누렸고, 자신 역시
작중 주인공들의 삶의 방식과 엇비슷하게 살았다.

는데 그 안에 교묘히 자신의 1941년 작 『문제가 뭐예요, 내 사랑
(Your Deal, My Lovely)』(1941)을 끼워 넣었더라는 얘기를 신이
나서 털어놓았다. 전쟁이 끝날 무렵 체이니의 책은 전 세계에서
해마다 150만 부 이상을 팔아 치우고 있었다.[19]

여성 작가들에게 전쟁은 시련의 시기였다. 문예지와 많은
여성 잡지가 사라지면서 그들이 작품을 기고할 길도 가로막혔

다. 가사도우미들이 전시산업으로 빠져나가 버리면서 과거에 집필에 기울이던 시간에 요리를 하고 식품 배급을 위해 줄을 서고 다른 가사 노동에 매달려야 했다.[20] 1942년 2월 펭귄의 유니스 프로스트(Eunice Frost)는 펭귄북스의 어린이책 브랜드 퍼핀(Puffin)에서 출판한 삽화 소설 『올랜도의 저녁 외출(Orlando's Evening Out)』(1941)의 작가 캐슬린 헤일(Kathleen Hale)로부터 마음 아픈 호소를 받았다.

> 선생님께서 조만간 저작권료의 입출금 내역서를 나에게 보내 주실 수 있겠는지요. …… 제가 왜 이 문제에 대해서 걱정하고 있는지 말씀드리고자 합니다. 가사도우미들이 지금까지보다 훨씬 더 많은 임금을 요구할 수 있게 되었습니다. 그리고 제가 가능한 한 빨리 급료를 올려주지 않으면 도우미를 잃을 위험에 처했고요. 제 저작권료를 받지 않는다면 이 일을 처리할 수 없습니다. 다른 모든 이처럼 내 남편의 봉급은 소득세 증가로 반토막이 나서 도움이 되지 않습니다. 나는 도우미에게 날짜를 특정해 급료를 올려 주겠다고 말해 주고자 합니다. 제가 도우미를 잡아 두지 못한다면 더 이상 올랜도 연작을 쓸 수 없을 것입니다. 도우미 없이는 가능하지 않습니다.[21]

수표는 날아왔고 1942년과 1946년 사이에 올랜도 연작은 네 편이 더 나왔다.

어려운 시기를 견딘 작가들은 종종 그들의 소설을 명확히 일종의 전시 봉사로 여겼다. 그 소설들은 작가의 자식일 수도 손주일 수도 혹은 나이 어린 동생일 수도 있는 젊은 사내들 (그 '소년들')에게 위안을 주었다. 성직자의 아내이자 로맨스 소설 베스트셀러 작가였던 플로렌스 바클리(Florence Barclay)는 제1차세계대전 중 많은 시간을 병원을 방문해 부상 병사들을 위로하며 보냈다. 그는 많은 병사가 자신의 책을 읽으면서 절망적인 부상에서 얼마간 위안을 얻는 것을 보고 감동 받았다.[22] 1944년 앨리사 크랭(Alica Crang)은 펭귄의 앨런 레인에게 편지로 자신의 책 『모든 경우를 대비한 저장 식품들(Preserves for All Occasions)』로 발생하는 저작권료를 영국 적십자 전쟁포로 기금으로 보내 달라고 요청했다.[23] 이들 작가 중 누구도 베티 스미스보다 더 유명하지는 않았다. 스미스의 『브루클린에서 자라는 나무』는 앞에서도 보았듯이 고국을 멀리 떠나 태평양의 섬이나 프랑스에서 복무 중인 젊은이들에게 단연 인기를 끌었다. 많은 이가 스미스에게 팬레터를 썼고 스미스는 늘 답장을 했다. 종종 서명을 한 사진도 동봉했다. 스미스는 1년 동안 편지 약 1500통을 받는다고 추정했다. 오마하해변 상륙전의 참극을 뉴스로 접했을 때 그는 젊은이들의 희생에 대한 자신의 슬픔을 간절한 기사 속에 쏟아 놓았다.

> 누가 죽었습니까? 나는 그것을 말해 드리고자 합니다. ……(우리가 아니라) 그들이 모두 죽었습니다. 그리고 나는 만약 우리가 마음으로라도 온 전선을 따라 우리 각자의 역할을 다했다고 확신하지 못한다면, 고향에 있는 우리 중 누구도 오늘 밤 이곳에서 평화롭게 잠들지 못할 것이라는 걸 알고 있습니다.[24]

이런 저자들의 이야기 중에서 가장 놀라운 이야기는 기자로서 뜻밖에 유명인사가 된 잰 스트러더(Jan Struther)의 사연이 틀림없다. 1937년 《펀치》에 올라 온 그의 글을 눈여겨 본 《타임스》 편집자가 스트러더를 설득해 미니버 부인(Mrs. Miniver)이라는 가상의 평범한 여성의 일상에 대한 연재 칼럼을 써 보게 했다. 1939년에 칼럼을 모아 책으로 출판했고 나중에 미니버 부인이 전시에 겪은 일을 추가해 증보판을 냈다. 책은 사람들의 마음을 움직였고 특히 미국인들이 더욱 공감했다. 책은 30만 부가 팔렸고 1940년 스트러더가 뉴욕으로 이사했을 때 그는 정보부를 위해 영국 사회에 관한 강연을 했는데 처칠 수상이 감사와 함께 찬사를 보냈다. 루스벨트 대통령은 저자에게 그의 책이 미국이 서둘러 참전하게 만들었다고 말해 주었다. 책은 영화화되어 아카데미상 6개 부문을 석권했고 설득의 기술에 관한 한 영민하고 섬세한 감식가였던 괴벨스는 투덜대면서도 영화를 칭찬했다.

> 〈미니버 부인〉은 현재의 전쟁을 겪고 있는 한 가정의 운명을 보여 준다. 영화의 세련되고 강력한 선전적 성취는 과연 꿈에서나 이룰 법한 수준이었다. 독일을 반대하는 분노의 언어는 단 한 단어도 쓰지 않았는데도 반독일적 경향을 완벽하게 그려 냈다.[25]

작가의 삶은 단순했던 적이 없었다. 분명 제2차세계대전의 그 엄청난 규모와 공포는 위대한 문학 작품이 쏟아져 나온다고 해도 감당할 수 없는 것이었다. 얼마간의 예외는 있었고 헤밍웨이는 거기에 속했다. 그리고 만약 대체로 전쟁이 영국 문학에 위대한 시기가 아니었더라도 20세기의 가장 위대한 소설로 꼽히는 『다시 찾은 브라이즈헤드(Brideshead Revisited)』의 탄생을 수월하게 하는 데는 제 몫을 했다. 에벌린 워는 리처드 힐러리와 거의 상극이었다. 성공을 거두었고 감탄을 자아내는 작가였지만 타고난 군인은 아니었다. 땅딸막하고 건강한 편도 아니었고 중년인 데다 비만이며 제멋대로 해야 직성이 풀리고 고분고분하지도 않았다. 전쟁 발발 후 워는 자기 역할을 하겠다고 단호히 나섰고 이언 플레밍을 비롯한 친구들을 닦달해서 직책을 하나 얻었다. 다소 어울리지 않게 영국 해병대에 배속되었고 스스로 끔찍한 장교임을 입증했다. 그는 의심의 여지가 없는 용기 외에는 조금이라도 주목할 만한 군사적 능력을 보여 주지 못했다. 동료 장교들과 말다툼이 잦았고 집안이 좋은 장교에게는 비굴하게 굴었고 부하들에게는 몹시 짜증나는 상관이었다. 지휘관들과는 반드시 사이가 틀어졌기 때문에 사실상 누구도 그를 휘하에 두고 싶어하지 않았다.

1943년이 되자 워는 자신이 군인으로서 완전히 실패작임을 인정할 태세가 되었지만 자신에게 군인의 자질이 부족하기 때문에 지휘관들이 그에게 일을 맡기지 않으려 한다는 현실은 깨닫지 못했다. 그는 전쟁의 중요한 쓰임새에 대해서 예측했던 사실을 상기했다. '예술가들에게 자신들이 실천적 인간이라는 착각을 깨버린다. 전쟁은 나를 그런 오판에서 벗어나게 했다. …… 나는 누구에게도 그리고 어떤 것에도 구애받고 싶지 않다. 예술가로서 나의 일을 하고 싶을 따름이다.'[26]

1944년 1월 기진맥진하고 낭패감으로 찌든 이 작가 출신의 군인은 지휘관에게 3개월의 무급 휴가를 요청하는 편지를 썼다.

소설을 쓰고 싶다고 했다. 편지에는 자신이 기술적 훈련과 육체적 민첩성이 부족해서 현대전에 전적으로 부적격하다는 설명과 함께 소설 쓰기에 대한 간단한 논고가 덧붙어 있었고, 이렇게 방점을 찍었다. '작가의 마음속에서 한번 아이디어가 완전히 떠올랐을 때 그것을 캐내지 않은 채 내버려 두면 쇠퇴하고 맙니다.' 그런 식으로 군 당국과 6개월 동안 지루한 줄다리기가 이어졌다. 전쟁은 중요한 고비를 맞고 있었고 가능한 한 모든 사람의 작은 능력이라도 필요로 했다. 그러나 군사적 관점에서 워는 예외적 존재였다. 군 당국자들은 제멋대로 구는 워에게 상을 주고 싶지 않은 마음과 그가 어떤 진지한 임무도 수행할 수 없으며 오히려 혼란과 악감정만을 야기시킬 뿐이라는 확신 사이에서 갈팡질팡했다.[27]

석 달 휴가 중 한 달을 보낸 후 소환된 워는 곧장 그가 부관으로 일해야 할 장군의 비위를 거슬렸다. 분명 미리 귀띔을 받은 두 번째 장군은 즉시 그에게 집필 휴가로 6주를 더 주었다. 복귀 후 공수특전단(SAS)에 배속되었을 때 다시 6주 휴가가 더 주어졌다. 이 휴가가 취소되었을 때 워의 새 지휘관은 그가 책을 마무리하기 위한 모든 시간을 허락했고 6월 8일에 책은 완성되었다. 결과물은 1952년과 1961년 사이에 출간되어 그의 문학적 명성을 공고히 했던 달콤쌉쌀한 반(半)자전적 전쟁 3부작인 『명예의 검(Sword of Honour)』이 아니라 『다시 찾은 브라이즈헤드』였다. 이 책은 워가 전쟁 이전의 지체 높은 집안의 시골 저택들, 옥스퍼드, 가톨릭 신앙에 보내는 서정적 예찬이자 영어권 독자들이 애착하는 도서 한 자리를 지금도 차지하고 있다.[28] 클레멘트 애틀리(Clement Attlee) 수상의 긴축정책하에 있던 영국에서 그 책은 대성공을 거두었고 아직 〈다운튼 애비(Downton Abbey)〉(2010년에 방영된 동명의 귀족 저택을 배경으로 한 영국 드라마—옮긴이)를 소개받지 못한 미국에서도 대성공이었다. 재빨리 50만 부를 팔아 치웠다. 워는 저작료 대부분이 징벌적 과세로 빨려 들어갔다고 늘 그렇듯 투덜거렸다. 그러나 그가 이 예사롭지 않은 영국 장교 집단의 실용주의에 은혜를 입었음은 틀림없다. 이 경우는 규정 엄수의 원칙보다 워 중위에게 방해를 받지 않고 전쟁을 성공적으로 수행하겠다는 판단을 우선시한 것이다.

독일에서 나치는 1933년 정권을 잡자마자 출판산업을 신속히 재편하면서 전시의 출판물 생산을 단순화하기도 하고 복잡화하기도 했다.[29] 출판인, 사서, 작가 들이 속한 전문가 집단은 빠르게 새 정권 산하에 들어갔다. 사회주의, 공산주의 또는 바이마르공화국의 가치와 관련해 오점을 남긴 어떤 작가든 간단히 추방당했다. 유대인 작가들도 그랬다. 프로이센예술원의 문학 분과는 1933년 3월 13일 이전까지 서둘러 재편되었다. 토마스 만과 하인리히 만 형제는 최초의 희생자들에 속했다.[30] 공공도서관과 서점은 퇴출당한 저자들의 작품을 서가에서 치우도록, 출판인들은 남아 있는 재고를 없애도록 명받았다. 나치가 어디로 향하는지는 분명했다. 독일의 가장 비범했던 많은 작가가 해외로 도피했다.

나치 지도층은 이런 조치로 인한 문학적 재능들의 손실에 조금도 기가 죽지 않은 것으로 보였다. 그들은 누구로 그 공백을 메울 것인지 이미 생각해 두었다. 자신들이었다. 1923년 실패로 끝난 맥주홀폭동(Beer Hall Putsch)으로 짧은 감옥살이를 하는 동안 히틀러는 작가로서 자신의 재능을 발견했다. 1925년 『나의 투쟁』이 출간되었을 때 대체로 부정적인 평가를 받았다. 《프랑크푸르터 차이퉁(Frankfurter Zeitung)》은 '정치적 자살 행위'라고 혹평했다. 첫 권은 겨우 1500부가 팔렸고 심지어 나치당의 중추 세력 중 헌신적인 당원들조차도 책을 어려워했다. 출판업자가 자신의 지지자이자 후원자였다는 점이 히틀러에게는 행운이었다. 안 그랬다면 (인종적 쟁점들에 대한 의견을 많이 담고 있는) 난해한 후속작을 출판할 가치를 느끼지 못했을 것이다. 책을 내고 보니 비평가들은 무시했고 겨우 700부가 팔렸다.[31] 나치가 권력으로 조금씩 가까이 다가가면서 판매고도 올라갔고 1933년이 되자 100만 부를 팔았다. 1945년이면 독일 안에서만 900만 부가 배포되었다.

요제프 괴벨스도 자신이 진지한 작가로 취급받기를 갈망했다. 그의 복잡하고 열정적인 소설 『미하엘(Michael)』은 상당한 추종자를 확보했고 공공도서관에서도 나치를 지지하는 자들이 쓴 복잡하고 따분한 책보다 훨씬 더 자주 대출되었다. 그의 영악하고 신랄한 논조의 일기는 틀림없이 출판을 의식하고 쓴 것이었다. 나치의 집권을 다루는 부분만을 편집해서 1934년에 한 권이 나왔다.[32] 가장 믿기지 않는 베스트셀러는 나치 운동의 핵심 이론가 알프레트 로젠베르크의 장광설을 실은 논문인 『20세기의 신화』(1930)였다. 같은 집단 내의 다른 지도자조차 로젠베르크의 책을 이해 불가한 글이라 조롱했고 히틀러도 읽히지 않는 책이라며 그 책을 싫어했다. 책이 노골적으로 종교를 멸시했을 뿐 아니라 가톨릭교회를 콕 집어 비난해 교황 지정 금서목록에 오르고 가톨릭 고위 집단과 외교적 단절을 초래할 뻔했기 때문에 히틀러는 짜증도 났다. 그럼에도 공공도서관과 심지어 학교 도서관에 강매해 책의 성공은 보장되었고 『신화』는 200만 부 이상의 판매고를 올리면서 나치 베스트셀러 만신전에 『나의 투쟁』 바로 다음 자리를 차지했다.

이런 사연 중 어떤 것도 독일 병사들이나 시민들의 관심을 끌지는 못했다. 그들은 총력전이 강요하는 무자비한 요구들로부터 벗어날 도피처를 구했을 뿐이다. 특히 1942년 전세가 독일에 불리하게 전개되면서 그랬다. 멋대로 내버려 두면 독일 독자들 대부분도 적국 독자들의 취향과 그리 다를 바 없이 탐정·추리·스릴러소설과 연애소설(『바람과 함께 사라지다』 독일어 번역본은 30만 부가 팔렸다)을 찾았다.[33] 전선과 후방 모두에서 최고의 인기를 끌었던 작가는 다작을 남기고 오래전에 죽은 카를 마이였다. 미국 서부를 배경으로 한 유명했던 『빈네투』 연작물을 비롯한 비슷비슷한 모험 이야기들의 저자였다. 당의 관료들과 사서들이 '쓰레기'와 '하찮은 문학'을 읽는다고 비난했을 때 아마도 그들은 마이를 염두에 두었을 것이고 1941년에 빈시립도서관은 그의 책을 금지했다. 그러나 마이의 작품은 히틀러가 그의 열렬한 팬이었다는 이유로 더 심한 검열을 받지는 않았다. 전쟁이 막바지로 향하면서 장군들이 히틀러의 전략적 판단에 대해 과감히 비판했을 때 히틀러는 그들에게 마이의 책을 권하곤 했다. 알베르트 슈페어(Albert Speer)는 이렇게 말했다.

> 히틀러는 곧잘 마이가 작중 인물 빈네투를 통해 보인 전술적 교묘함과 용의주도함에 늘 깊은 인상을 받았다고 말하

곤 했다. …… 그리고 그는 아무리 절망적인 날이라도 밤이 되어 책 읽는 시간이 오면 여전히 빈네투를 찾게 된다고 말하곤 했다. 누군가에겐 철학책이, 노인들에겐 성경이 용기를 주는 것처럼 자신에게 용기를 준다고 말이다.³⁴

훗날 독일 공공도서관 사서들은 나치에 협조적인 역사학자와 정치평론가 들이 펴낸 수많은 책들 중 대부분이 거의 대출되지 않았다고 말했다. 그러나 이런 호의적인 증언은 대체로 전쟁이 끝난 후, 사서들이 자신의 전시 행적에 대해 곤란한 조사를 받던 중에 나온 것이었다.

나치 점령지역의 삶에서도 표현의 자유를 누릴 형편은 못 되었다(부역과 전쟁범죄에 대한 전후 비판 작업과 전쟁 동안에는 대체로 보기 힘들었던 저항 투쟁에 대한 찬양과 함께 점령지였던 곳의 청산 작업은 시작되었다). 점령지의 문학적 목소리에 대한 이런 억압적인 분위기에서도 부분적 예외가 허용된 곳이 있었는데 전통주의를 고수하는 농업사회의 미덕을 육성하려던 독일의 꼭두각시 비시 정권이 등장한 곳이었다. 거기서는 1940년에 굴욕적인 패배를 초래했다고 수치스러운 좌파 정치를 조롱했던 패탱(Pétain) 원수 같은 자들이 목소리를 낼 기회를 제공했다. 우파 작가들은 점령군들에 대한 찬사를 노골적으로 드러냈는데 해방 후 숙청의 시기에 독일의 가치를 옹호했다는 이유로 무거운 대가를 치르게 된다. 하지만 프랑수아 미테랑(François Mitterrand)을 비롯한 더 발빠른 정치인들은 일찍이 자신들이 저지른 부역의 기록으로부터 무사히 벗어났다.³⁵

기자들은 이 청산의 시기에 특히 취약한 처지에 몰렸다. 그들의 주장은 인쇄물로 엄연해서 수작을 부릴 여지가 없었다. 드골 대통령은 복수심에 불타는 재판정에서 사형을 언도받은 사람들 대부분을 감형해 주었지만 로베르 브라지야크(Robert Brasillach)에게는 그런 은혜를 베풀지 않았다. 폴 발레리, 콜레트(Colette), 장 콕토(Jean Cocteau), 장 아누이(Jean Anouilh), 알베르 카뮈를 비롯한 동료 문인 57명이 선처를 호소했지만 소용없었다. 전시에 브라지야크는 파시스트 신문 《주 쉬 파르투(Je Suis Partout)》 편집장을 맡아 독일 체제를 가장 열렬히 옹호한 자로 꼽혔고 좌파 정치인과 체포당한 레지스탕스를 처형하라고 주장했다. 그렇건만 정작 그의 운명을 결정한 것은 드골이 그의 책을 읽고 그의 탁월한 능력을 인정했다는 사실 때문이었다. 나중에 드골은 자기 손자에게 그의 책을 권하기도 했다. 1945년이라는 상황에서 브라지야크의 작가적 출중함은 그의 범죄를 더 사악한 것으로 보이게 만들 뿐이었다. 드골은 그런 심정을 단 한 번 이렇게 말했다. '다른 모든 경우에도 그렇겠지만 문학에서도 재능에는 책임이 따릅니다.'[36]

사실 프랑스 작가 대부분은 확고히 저항한 것도 아니고 비시 정권의 열렬한 나팔수 노릇을 한 것도 아니었다. 독일 점령하 프랑스 문단 주류의 애매모호한 태도는 문단의 위대한 원로인 앙드레 지드(André Gide)의 갈팡질팡했던 태도로 잘 포착된다. 그는 프랑스가 항복했을 때 동포들을 이렇게 통렬히 비난했다.

왜 우리가 처칠을 인정하지 못합니까? 왜 드골 장군의 선언에 진심으로 동의하지 못합니까? 프랑스가 점령된 것으로도 부족한가요? 조국이 게다가 모욕까지 당해야 하나요? 약속을 어기는 것, 즉 프랑스와 영국을 묶어 줄 조약을 비난하는 것이야말로 정녕 가장 잔인한 패배이고 프랑스의 책임을 포기하고 프랑스를 깎아내리면서 독일의 승리를 완성해 주는 짓입니다.[37]

그 말을 끝낸 뒤 지드는 마음을 가라앉히고 새로 독일어 공부를 다시 시작했다. 그가 '설탕이 줄어든 커피에 커피가 줄어든 잔'이라고 썼던 것으로 짐작할 수 있듯이 그는 프랑스인 대부분이 푸념은 하면서도 전쟁 시기를 그럭저럭 살아갈 것이라 예측했다. 그는 패탱을 존경했고 독일에 협력하는 데 찬성했고 전쟁 말기에 북아프리카에서 독일 장교과 친교를 맺는 것으로 자신이 한 말을 실천했다.

점령 권력에 대한 경멸을 감출 수 없었던 사람들이 즉각적으로 그런 생각을 드러내는 것은 극히 비밀스러운 방법을 통해서였다. 그러나 결국에는 저항신문의 형태로 도처에 나타났다. 전시 내내 수많은 이가 무시무시한 대가를 각오하고 이런 신문을 쓰고 인쇄하고 배포했다. 네덜란드에서만 지하출판물에 협력했다는 죄목으로 770명이 처형당했고 벨기에에서는 2000명이 처형됐다.

영국 출판인들도 전시에 많은 도전과 좌절을 맛봤다. 그래도 만약 불평하고 싶은 생각이 들면 해협 너머 독일에 점령된 유럽을 바라보며 그나마 다행이라 생각할 뿐이었다. 점령국들에서 독일은 즉시 인쇄기부터 통제했다. 일부 협조적인 신문은 발행이 허용되었지만 대부분은 폐간되었다. 폐간된 신문을 지하출판물 형태로 계속 발행이 불가능했다. 그들의 인쇄시설은 너무 공공연하고 두드러졌다. 저항 조직들은 종이와 인쇄기나 유명 인쇄업자의 잉크에 접근할 합법적 통로도 없었다. 천우신조로 전쟁 초기에 종이를 비축할 수 있었던 공산주의 지하조직은 이런 상황에서 유리한 처지에 있었다. 그럼에도 초기 신문들은 어린이 놀이용 인쇄 키트에 있는 활자로 조판을 하고 등사기로 찍은 것이 고작이었다.

배포도 중요한 문제였다. 처음에는 다급히 기껏 한 장짜리 신문이 제작돼 소규모 동료 저항 집단 내에서만 배포되었다. 그리고 이런 처지에도 신뢰를 배신하는 경우가 종종 발생했다. 비록 어느 시점이 되면 폴란드, 프랑스, 지금의 베네룩스 지역과 스칸디나비아반도에서 출판된 신문이 5000종 이상으로 늘어나지만 대부분은 단편적이었고 오래 가지 못했다.[38] 지하신문의 절정은 전황이 역전된 전쟁 마지막 해였는데 처음부터 점령군에게 협력했던 많은 문인과 출판인이 그들의 저항 이력을 빛내기 위해 열성적으로 작업했다.

이 모든 한계에도 불구하고 저항신문은 대의를 지키고 너무나 빠른 속도로 패배를 당해 잔뜩 구겨졌던 시민들의 자존감을 회복하는 데 중요한 역할을 했다. 《프레이 네덜란드(Vrij Nederland, 자유 네덜란드)》 창간호는 망명한 빌헬미나(Wilhelmina) 여왕의 생일인 1940년 8월 31일에 등장했고 전쟁 내내 발행했다. 그 사이 직원 180명이 처형당했다. 프랑스에서는 《리브레 프랑스(Libre France)》와 《팡타그뤼엘(Pantagruel)》이 1940년 10월에 제작을 시작했다. 프랑스 공산당 신문 《뤼마니테(L'Humanité)》는 독일·소련불가침조약에 찬성했다는 이유로 프랑스 정부가 폐간시켰기 때문에 독일이 침공했을 때 이미 지하신문이 되어 있었다. 《뤼마니테》는 383호까지 발행되며 최고 20만 부를 찍었고 1944년 8월 21일 파리 해방을 맞아 처음으로 공개적으로 배포되었다. 덴마크에서는 《란 오그 폴크(Land og Folk, 나라와 국민)》가 25가지 지역판으로 발행되었고 마침내 총 13만 부까지 찍었다.[39] 스칸디나비아반도에서는 저항신문 발행이 더 수월한 편이었다. 정주지 사이의 거리가 멀고 점령지에 대한 지배의 강도가 상대적으로 약해서 체계적인 억압이 더 어려웠기 때문이었다.

이런 더 명망 높은 신문들이 인상적인 역할을 했지만 어떤 신문은 작은 저항 단체에게 중요한 투쟁 이력 인증서였다. 1940년에 창설하고 리옹에 근거지를 두었던 조직인 프랑티뢰르(Franc-Tireur)가 그랬던 것처럼 많은 단체는 그들이 낸 신문으로 이름이 알려졌다. 신문은 또한 전쟁이 지속되는 와중에 서로 다른 저항 조직을 공통의 대의 아래 뭉치게 하는 역할을 했다. 프랑스에서 저항신문들은 드골을 지도자로 확립하는 데 중요한 역할을 했다. 1943년 9월부터 사회주의 신문 《리베라시옹(Libération)》은 '유일한 지도자 드골(Un seul chef: De Gaulle)'이라는 제목하에 인쇄되었다. 또한 신문은 논조를 충분히 온건할 정도로 유지해 광범위한 계층의 주민에게 수용되었기 때문에 중요했다. 점령 초기에 여론은 파괴 활동이나 독일군 암살 같은 수준의 저항을 압도적으로 반대했다. 이런 과격한 활동은 가혹한 보복을 불러왔기 때문이었다. 독일 점령하의 처음 2년 동안은 신문이 저항이었다.

이런 측면에서 네덜란드의 경우는 특히 시사하는 바가 있

U. B. BERGEN
Ms. 1611.61

NR. 1   JANUAR   1945

VI SKAL FRI VÅRT LAND OG FOLK!

Øksnevad overdrev ikke da han i BBC sa at siden svartedauen har ikke landet vært rammet av en verre ulykke enn tyskernes barbariske tvangsevakuering av befolkningen i Troms og Finnmark.

Redslene har ikke lammet den norske motstandsviljen. Tvert om. Det var den norske heimefrontens vilje Terje Wold ga uttrykk for i at alt er bedre enn på denne måten å la seg drive som slaktekveg av mordbrennerne.

Forsvarssjefen, kronprins Olav har gitt oss direktiver når tyskerne påny setter i gang den brente jords taktikk:
1. Adlyd ikke tyskernes evakueringsordre. Stikk dere unna og saml dere i grupper. Veig en leder og redd det som er mulig.
2. Angrip tyske patruljer som blir satt til å ødelegge norsk eiendom og anlegg.
3. Sett alt inn på å slukke branner.
4. Er det ingen lovlige myndigheter til stede sa sørg for å opprettholde ro og orden Hjelp dem som trenger det mest.

Ordren forutsetter at vi i tide forbereder oss. At vi i størst mulig utstrekning har våpen og utstyr parat når vi trenger det. At vi fysisk er i form.

Forsvarssjefen understreket at tiden ennå ikke var inne for regulær reising av heimestyrkene. Men desto større krav stilles det til oss norske sabotører.

De norske militærenhetene vil snart sammen med vår russiske allierte og trolig med militær hjelp fra England og USA feie tyskerne ut av landet vårt. Vi sabotører forbereder grunnen gjennom aksjonene våre, og når hovedkampene setter inn skal tyskerne få føle at det vi hittil har utrettet vil blekne i forhold til det vi makter.

《사보퇴렌(Sabotøren)》(파괴공작원—옮긴이), 1945년 1월호. 노르웨이 공산당의 선전물이었던 이 신문은, 대개 타이핑한 원고를 등사기로 밀어 만든 스칸디나비아반도의 다른 많은 저항신문보다 훨씬 전문적으로 제작되었다.

다. 독일의 침략은 충격적이었다. 벨기에와 달리 네덜란드는 1914년에서 1918년 사이에 점령되지 않았다. 이번에도 그냥 두었더라면 네덜란드는 의심의 여지 없이 중립국이 되어 제1차세계대전 때 그랬듯이 계속 네덜란드의 중공업을 독일 군대의 처분에 맡겼을 것이다. 1933년 히틀러가 집권했을 때 제3제국과 무역협정을 맺은 첫 번째 국가가 네덜란드였다. 점령 초기 단계에 많은 네덜란드 가정에서는 서가에 의심을 살 만한 어떤 것이든 다 치워 버렸고 공공도서관들은 독일을 불쾌하게 할 가능성이 있는 것이라면 무엇이든 제거하라는 지시를 너무 광범위하게 해석했다.[40] 그렇지만 1940년부터 유럽의 다른 지역에 비할 정도는 못 되지만 네덜란드에서도 지하 문건이 넘쳐났다.

두 번의 전쟁 사이에서 출판은 네덜란드의 최대 산업으로 꼽힐 정도가 되었다. 출판사가 2000곳 이상이었고 그중에는 그래픽아트 산업에 종사하는 소규모 출판사가 많았다. 그러나 적극적인 항쟁에 참여한 사람들은 상대적으로 적은 규모여서 네덜란드 전체를 통틀어도 2만 5000명이 넘지 않았다. 그나마 일부 저항자들은 천성적으로 보수적이었다. 저항운동 참여자 중 많은 이가 전후 인도네시아 독립에 반대했다.[41] 현재도 발행 중인 프로테스탄트 신문 《트라우(Trouw, 충성)》는 《프레이 네덜란드》의 편집 논조가 지나치게 세속적이라는 이유로 그곳을 떠난 제작진 일부가 창간했다. 정치적 범주에서 반대쪽에 있는 《헷 파롤(Het Parool, 암호)》은 노동운동을 통해 창간되었다. 전쟁 전 네덜란드 문화의 사회적 분열을 보여 주는 또 다른 전조였다. 하지만 궁극적으로 점령국에 대한 점점 더 커지는 맹렬한 적개심이 서로를 단합하게 했다.

신문뿐만 아니라 몇몇 나라의 지하신문은 시집도 내고 일반 판형의 신문과 심지어 책도 출판했다. 신문은 보통 무료로 배포했기 때문에 책과 시집의 판매로 비용을 얼마간 충당하는 게 특히 중요했다. 점령 초기 네덜란드의 저항자들을 처형한 것에 항거하는 얀 캄퍼트(Jan Campert)의「열여덟 명이 죽다(De Achttien Dooden)」는 너무나 큰 인기를 얻어서 그 수익금으로 시집 출판인은 전시에 가장 유명했던 지하출판사 중 하나인 더 베지허베이(De Bezige Bij, 바쁜 벌, 현재도 출판 중)를 설립했다. 시집이 인기를 끌자「거지의 노래 모음(Geuzenliedboek)」이라는 두 권짜리 중요한 명시 선집이 나왔다. 16세기 스페인에 맞서 벌어진 네덜란드독립전쟁에서 첫 번째 해방전쟁 때 '거지의 노래(Beggar Songs)'의 기억을 환기하는 제목이었다. 더 베지허베이와 가장 비슷한 프랑스 출판사는 에디시옹드미뉘(Éditions de Minuit)인데 1941년 작가이자 삽화가인 장 브륄레르(Jean Bruller)가 설립했다. 전쟁이 끝날 무렵까지 에디시옹드미뉘는 루이 아라공(Louis Aragon), 프랑수아 모리아크(François Mauriac), 앙드레 지드를 비롯한 많은 중요한 작가들의 책을 냈다. 브륄레르 스스로도 베르코르(Vercors)라는 필명으로 지금은 고전으로 인정받는 『바다의 침묵(Le Silence de la mer)』(1942) 연작을 내놨다. 자신들의 집이 군인 숙사로 지정당해 어떤 독일군 장교를 집에 들이게 된 노인과 조카딸이 그 장교와의 대화를 거부하는 것으로 독일군 점령에 항거한다는 이야기다. 영국 공군은 『바다의 침묵』을 공중 투하함으로써 책의 배포를 도왔다. 애석하게도 영국의 도움에 경의를 표하려던 시도로 네덜란드가 만든 『영국 공군은 점령당한 네덜란드를 위해 무엇을 해 주었나

(Wat de RAF voor bezet Nederland beteekende)』는 영국 공군의 공습 중에 팸플릿 50권 거의 전부가 실종되는 바람에 그들의 좋은 뜻은 빛이 바랬다. 처음으로 『바다의 침묵』 네덜란드판을 출판하려던 시도도 인쇄업자가 발각되어 처형당하면서 실패로 끝났다. 지하출판물 산업에서 돋보이는 성공을 거둔 소설은 점령된 국가에서 창작된 책이 아니라 프랑스, 노르웨이, 덴마크, 네덜란드, 이탈리아에서 해적판으로 출판된 존 스타인벡의 『달이 지다』였다.

이 모든 출판 행위와 죽음을 각오하고 이런 출판물을 내고 배포한 사람들의 용기 덕분에 무엇을 얻었는가? 네덜란드 점령으로 독일은 네 가지 목적을 달성하고자 했다. 네덜란드 경제를 착취하고 연합국 지원을 차단하고 네덜란드 거주 유대인을 강제 수송하고 네덜란드와 독일은 '형제 국가'이며 타고난 친구라는 점을 설득하려 했다. 독일은 네덜란드 사회를 나치화하려던 목표에만 실패했을 뿐이다. 네덜란드의 경제는 완전히 독일 수중에 들어갔고 연합군이 네덜란드에서 정보망을 구축하려던 시도는 거의 완전히 붕괴해 아무 쓸모가 없게 되었다. 전후에 네덜란드의 많은 작가가 자신들의 '저항정신'을 뽐냈지만 그 정도로는 네덜란드 내 유대인 거주자 중 73퍼센트가 나치 수용소로 끌려가는 것을 막지 못했다. 이 비율은 서유럽에서 최대치였다. 이런 사실은 뜻밖의 사태로 한 사회의 중심 가치가 전복되었을 때 문학의 가치에 대해 다소 심각한 고민을 제공한다. 저항문학은 적을 무찌르기보다 얼마간의 자존감을 지켜 주는 데 더 많은 역할을 했다. 문학의 이런 미지근한 입장은 전후에도 이어졌고 그로 인한 전쟁 동안의 무저항과 공범이었다는 죄책감과 대면하기를 꺼리는 태도는 가장 위대한 전쟁문학의 하나로 평가받는 책인 안네 프랑크(Anne Frank)의 『안네의 일기(The Diary of a Young Girl)』가 출판되는 것을 거의 막을 뻔했다.

점령국의 전시 독서 경험을 보면 극단적인 잔인함부터 기분 나쁠 정도로 평상시와 다를 바 없음까지 그 면면이 다양했다. 독일이 폴란드와 그 동쪽의 다른 정복지에서는 인문적 문화를 체계적으로 파괴했던 반면에 독일과 긴밀한 유대를 가졌던 덴마크와 네덜란드 같은 나라의 국민에게는 책과 도서관에 대한 지속적인 접근을 보장했다. 이는 비록 실패했지만 그들의 환심을 사기 위한 시도의 일환이었다. 물론 이들 나라의 유대인들은 그런 호의적인 대접에서 제외되었다. 하지만 그들의 고통으로부터 전쟁이란 상황이 낳은 가장 탁월한 책으로 꼽히는 안네 프랑크의 『안네의 일기』가 나왔다. 1942년 안네가 가족들과 함께 상인이었던 아버지의 창고 속에 마련된 은신처로 사라졌을 때 안네는 열세 살이었다. 2년 동안 안네의 일기는 이 비좁은 숙소에서 갇혀 사는 삶의 이야기, 그 모든 두려움과 말다툼, 그리고 안네 본인에 관해서는 사춘기 소녀의 불안 따위를 솔직히 털어놓았다. 안네와 가족에게 책은 생명줄이었다. 용감하고 충실한 도우미 중 한 사람이 암스테르담시립도서관에서 매주 책을 빌려다 주었다. 은밀한 피신처의 삶에서 가장 놀라운 장면으로 꼽을 만한 일이었다. 안네는 책이 오는 날의 짜릿함을 1943년 7월 11일 자 일기에 이렇게 기록해 놓았다.

> 미프 히스[Miep Gies, 안네 아버지 오토(Otto)의 충직한 비서]는 나를 게 너무 많아서 짐 나르는 노새 같아 보여. ……

또한 미프는 토요일마다 도서관에서 다섯 권의 책을 빌려다 줘. 우리는 토요일을 고대했어. 그날 책을 받으니까. 그날 우리는 선물 받은 많은 어린아이처럼 굴었어. 은신처에 갇혀 사는 사람들에게 책이 어떤 의미인지 평범한 삶을 누리는 사람은 도무지 모를 거야. 독서, 공부, 라디오 청취만이 우리가 처한 상황을 잊게 해 주는 유일한 탈출구야.[42]

그들의 은신처가 발각되었을 때 미프 히스는 안네의 일기 원고를 가까스로 숨겼고 전쟁이 끝난 뒤 원고를 가족 중 유일하게 살아남은 안네의 아버지 오토 프랑크에게 돌려주었다. 안네는 1945년 베르겐벨젠강제수용소(Bergen-Belsen)에서 사망했다. 오토는 이 일기는 출판해야 한다고 결심했다. 그러나 더베지허베이와 케리도(Querido)를 비롯해 그가 의사 타진을 한 모든 출판사가 거절했다. 케리도는 망명 독일 작가들의 작품으로 이름을 얻은 출판사였고 설립자가 안네처럼 독일의 강제수용소에서 사망했는데도 그랬다. 명망 있던 네덜란드 역사학자 얀 로메인(Jan Romein)이 공공연히 개입하고서야 출판사 콘탁트(Contact)가 나타났다.[43] 『안네의 일기』는 1947년에야 출간돼 홀로코스트에 관한 최초의 위대한 문학적 기념비로 꼽히게 되었다. 지금껏 70개 언어로 번역돼 3000만 부가 팔렸다.

12장
위대한 탈출

출판계에서 전속시장(상품 선택의 여지가 없는 시장—옮긴이)을 이길 것은 없다. 그래서 교과서 시장이 그렇게 살벌한 것이고 전문 회사들이 교재 제작에 거대한 자본을 투자하고 채택을 위해 로비를 벌이는 것이다. 성공하면 수백만 부를 팔 수 있고 한 해 벌이에 그치는 것도 아니다. 20세기 독재자들은 독자들의 선택권을 제한함으로써 두 번째 유형의 전속시장을 창조했고 특정 텍스트를 사실상 의무적으로 구매하도록 만들었다. 히틀러의 『나의 투쟁』은 뻔뻔스러운 전시의 수혜자였다. 그러나 중국의 마오쩌둥 어록부터 동독 공산당 서기장 에리히 호네커(Erich Honecker)의 연설문에 이르기까지 히틀러의 모방작들은 열심히 뒤를 이었다. 호네커의 책은 1989년 무더기로 매립지를 향했다. 세 번째이자 가장 가슴 아픈 전속시장은 전쟁포로수용소에서 만들어졌다. 그곳에서 수많은 젊은이가 오랜 세월 집과 가족과 보람찬 일터로부터 떨어져 있어야 했다. 책은 그들이 갇힌 2.59제곱킬로미터의 땅과 철조망을 넘어 상상의 세계를 확장할 수 있는 몇 안 되는 기회를 하나 제공했다. 많은 수감자가 탈출의 환상에 빠져 있었고 일부는 철조망을 넘는 데 성공했지만 책은 대부분에게 정서적 자유를 위한 최선의 기회를 얼마간 제공했다. 책은 수용소 삶의 필수품으로 꼽혔다. 책을 게걸스럽게 읽는 것이 진정 위대한 탈출이었다.

전시에 가장 헌신적인 독서가 중 일부는 전쟁포로 속에 있었다. 프랜시스 스튜어트(Francis Stewart) 소위는 그가 남긴 꼼꼼한 기록으로 알 수 있듯이 수용소 생활 5년 동안 350권을 읽었다.[1] 포로 생활은 더 광범위한 일반 독자 집단과 다소 다른 종류의 독서로 이끌었다. 수용소 밖의 전시 상황에서는 특히 종이부족과 장시간 노동으로 인해—가령 현재의 전쟁에 대한 간략한 팸플릿이나 200쪽 안에서 이야기의 결말이 나는 소설처럼—더 짧은 책을 내고 읽는 경향이 조성되었다. 이와 달리 포로수용소에서는 장시간 독서를 위한 시간이 났기 때문에 많은 경우 길면 길수록 더 좋았다. 수용소 도서관에서는 위대한 고전문학이 헌신적인 독자를 찾았다. 그가 집에 있었더라면 그런 고전을 읽었을 거라 기대할 수 없었을 것이다. 후일 저명한 기자이자 방송 진행자가 될 로버트 키(Robert Kee) 공군 대위는 네덜란드 해변에 기뢰부설 작전에 나섰다가 격추당한 뒤 슈탈라그 루프트(Stalag Luft) 제8수용소에서 3년을 보낸 후 그 유명한 탈출로 이름을 얻었다. 키는 3년 동안 영국 문학의 주요 작품을 체계적으로 섭렵했다.

책이 없었더라면 우리는 살아남지 못했을 것이다. 책은 유일하게 확실한 버팀목이었고 단 하나의 참된 즐거움이었다. 먹을 건 부족하고 입을 건 없다시피 하고 잠자리는 혼잡하고 추운데 언짢은 소식만 들려올 때 늘 책이 있었다.

책을 읽으면 잠처럼 누구에게도 뺏길 수 없는 기쁨을 누릴 수 있었다. 그때 내가 읽었던 책을 나는 너무나 사랑스럽게 기억한다.

나는 주로 토머스 하디의 작품과 『애덤 비드(Adam Bede)』『트리스트럼 섄디(Tristram Shandy)』『새로 온 사람들(The Newcomers)』[1917년 출간한 엘리아 W. 피티(Elia W. Peattie)의 소설—옮긴이]『헨리 에즈먼드(Henry Esmond)』『노처(老妻) 이야기(The Old Wives' Tale)』『감정 교육(Sentimental Education)』과 그 밖의 많은 책을 기억한다. 그러나 모든 읽을거리는 행복을 주었다. 책이 넉넉하게 공급되지는 않았고 검열 통제도 받았기 때문에 전형적인 책밖에 읽을 수 없었지만 곧 우리는 깨달았다. 명쾌하며 여전히 귀한 것의 마르지 않는 샘인 책을 읽으면서 평생을 보내는 것도 가능하리라는 사실을.

소설이 없을 때 키는 '셰익스피어 전집, 버나스 쇼의 「안드로클레스와 사자(Androcles and the Lion)」, 손턴 와일더의 「우리 마을(Our Town)」' 같은 희곡을 읽었다.[2] 수용소 생활은 사색적인 독서도 부채질했다. 시를 읽고 시를 썼다. 1943년 옥스퍼드에서 출판사 배질블랙웰(Basil Blackwell)이 그런 시 모음집을 출판했다. 자신이 탄 비행기가 독일 영토에서 격추당해 수용소 생활을 하던 R. P. L. 모그(R. P. L. Mogg) 병장이 쓴 시였다.[3] 수용소 생활을 시작했을 때는 다소 단순한 독서 취향을 보였더라도 점점 까다로운 책으로 넘어갔는데 350권을 독파하면서 노련한 독서가로 거듭난 스튜어트는 이렇게 기록했다.

일찍이 이 일기에서 나는 수용소 생활로 많은 면에서 우리가 피폐해지겠지만 몇 가지 면에서는 분명히 발전했다고 주장했다. 독서와 그것으로부터 얻은 배움과 사색은 이런 발전의 명백한 예이고 분명 가장 보편적인 모습이었다. 어떤 전쟁포로도 그가 그냥 집에 있었고 심지어 전쟁이 아닌 상황이었다 하더라도 수용소에서보다 더 많이, 더 광범위한 독서를 하지는 못했을 거라고 생각한다. 그건 누구도 부인할 수 없을 것이다.[4]

일부는 수용소 도서관에서의 독서가 수용소 이후 더 성숙한 삶을 사는 데 영향을 미쳤다고 인정하곤 했다. 다른 수감자들에게 책은 단지 불편함과 수용소 생활로 끝없이 밀려오는 무료함을 잊는 방편이었을 뿐이었다. 또한 책은 보통 많으면 타인 아홉 명과 함께 숙소를 써야 하는 사생활이 결핍된 곳에서 일종의 홀로되는 경험을 제공했다. 일부 대담한 수감자들은 책만 허용해 준다면 독방 감금도 처벌이 아니라 휴식이어서 기껍다며 이렇게 주장하기도 했다. '누구든 평온하게 독서에 전념할 수 있을 것이고 내 경우는 『포사이트가의 이야기』에서 가장 중대한 부분을 읽었다. 독방에서 5일이라면 완벽한 휴가고 10일이라면 조금 길다.'[5]

    모든 수용소가 동일한 정도로 시설을 잘 갖췄던 것은 아니다. 책 공급은 제1차세계대전보다 제2차세계대전이 훨씬 더 원활했고 병사 수용소보다는 장교 수용소가 더 좋았다. 장교들은 노역을 시킬 수 없었지만 하사관 수감자들은 종종 작업반에 들어갔다. 일부는 그것을 계기로 수용소 밖으로 나가 보는 기회를 즐겼다. '오전 6시부터 오후 7시까지 일하고 씻고 먹고 목욕하고 침대에 눕는다. …… 아름다운 시골 풍경 속에서 토끼와 다람쥐를 보는 등등.' 기분이 좋아진 한 영국 병사는 1944년에 이렇게 썼다.[6] 노역을 나간 파견대에 순회도서관 서비스를 제공하려는 노력도 있었지만 생활 자체가 책 읽을 시간을 별로 허용하지 않았다. 또한 전쟁 현장의 사정과 수용소를 운영하는 나라에 따라 편차도 상당했다. 제1차세계대전 동안에는 참전 용사 중 누구도 전쟁이 이렇게 길어질 거라는 마음의 준비가 없었고 이렇게 많은 포로를 돌보게 될 거라고는 더욱 예상하지 못했다. 동부전선의 500만을 포함해서 모두 800만 명이었다.[7] 포로가 매우 느리게 증가했던 영국에서는 전쟁 초기에 포로 문제보다 훨씬 더 큰 걱정거리가 닥쳤다. 영국에서 거주하고 있던 교전국 국민에 대한 처우를 어떻게 할 것인지였다.

제1차세계대전 동안 '내부의 적'에 대한 대중의 병적 흥분은 영국 의회가 독일 국적자들을 급조된 억류 수용소에 신속하게 감금하기 위한 법안을 제정하게 했다. 그중 최대 수용소는 (제2차세계대전 때도 그럴 텐데) 맨섬(Isle of Man)에 있었다. 이 수용소에는 또한 독일 수감자를 위해 도서 1만 8000권을 비치한 최대의 도서관이 있었다.[8] 전쟁 첫 해 동안에는 독일군 수중에 들어간 연합군 포로의 숫자—1915년 초반에 벌써 50만 명—와 영국으로 찔끔찔끔 잡혀 오는 독일군 포로 숫자 사이에는 어쨌든 엄청난 격차가 있었다.[9] 영국에 잡혀 온 포로 숫자가 늘어나면서 수용소 숫자도 늘어났다. 전쟁 초반에는 20개 소였다가 1918년이면 500개 소로 늘어났다. 이들 중 많은 수용소는 버려진 공장이나 개조된 시골 저택을 임시변통한 것이었다. 여가를 위한 시설도 즉흥적으로 만들어졌다. 제1차세계대전 전쟁포로들의 처우를 규정한 1899년과 1907년에 체결된 헤이그협약은 포로들에게 적절한 식사와 숙소를 제공해야 한다고 요구한 것 말고는 거의 어떤 지침도 제공하지 못했다. 더욱 개략적으로 헤이그협약은 전쟁포로들이 자국 군대의 병사들과 동일한 대우를 받아야 한다고 요구했다. 서부전선에 널리 퍼져 있던 상황을 고려해 보면 그런 요구가 관철될 가능성은 높지 않았다.

폭력으로 이어질 수 있는 억눌린 좌절의 폭발을 막으려면 일정 수준의 여가시설을 제공하라는 주장은 사실 설득력이 있었다. 그러나 읽을거리를 제공하는 일은 포로의 국가나 자선단체들에게 맡겨졌다. 제공된 서적에서 어느 정도가 죄수들에게 전달되는가는 나라에 따라 상당히 차이가 났다. 1918년 한 독일 장교는 뷔르템베르크왕국 전쟁성에 프랑스 전쟁포로수용소의 시설이 열악하다고 불만을 제기했다. '육체적 활동과 함께 정신적 활동을 하도록 돕는 것이 장기간의 수감생활을 견디게 하는 유일한 수단이고 구원이 됩니다. …… 독일 병사들에게는 이런 정신적 활동이 필요합니다.'[10] 군인들이 군사 전략을 다시 복습하기 위해 클라우제비츠의 책을 요구했다는 사실을 보면 왜 이런 특수한 경우에 프랑스 당국이 주저했는지를 설명해 줄 수 있다.

기증된 후에도 책은 여러 단계의 장애물을 넘어야 뜻한 목적지까지 도달할 수 있었다. 책과 신문 들은 이중의 검열을 거쳐야 했다. 첫째로는 적국의 경제적·군사적 상황에 관한 정보를 줄 만한 것은 없는지 혹은 유용한 기술적·과학적 정보는 없는지를 확인하기 위한 검열을 받았다. 그 과정을 거쳐 도착한 책들을 다시 수령관리국에서 자국에 대한 적대적인 선전이나 정서의 표현이 있으면 제거했다. 이런 원칙의 적용은 지역별 책임 장교의 열정이나 태만의 정도에 따라 엄격하기도 느슨하기도 했다. 대체로 꽤나 자의적이었다. 죄수들은 불평할 처지가 되지 못했고 대부분 그들이 받을 책에 대한 어떤 정보도 없었다. 유능한 언어학자가 없는 것도 검열의 수고를 방해했다. 덴마크 적십자사와 같은 중립 기구들이 최선으로 노력했음에도 관료주의적 일처리로 인해 책이 뜻한 목적지까지 가는 데 오랜 세월이 걸리게 했고 죄수들은 도중에 얼마나 많은 책이 몰수되었는지 알 방법이 없었다. 그럼에도 많은 죄수는 읽을거리를 담은 배송물의 도착을 음식 꾸러미만큼이나 열렬히 환영했다.[11]

신문은 좀 더 어려운 문제였다. 하지만 비록 수중에 떨어진 뉴스가 이미 한참 지난 것이라 하더라도 그들은 여전히 열렬히 읽혔다. 대단히 적대적인 관리자들은 포로의 고국이나 다른 적국 신문의 배포를 금지했다. 늘 그렇지는 않았더라도 중립국 신문들은 허용되었다. 가장 쉽게 읽을 수 있는 신문들은 포로를 잡은 나라에서 포로의 언어로 특별 제작한 선전 매체들이었다. 독일에 붙잡힌 영어권 죄수들은 《콘티넨털 타임스(Continental Times)》를 제공받았다. 그리고 적어도 전쟁 초기에는 《독일에 수감된 프랑스 포로를 위한 뉴스(Bulletin pour les prisonniers français en Allemagne)》가 정기적으로 나왔다. 포로들의 정신에 영향을 주겠다는 표면적 목적을 이런 신문들이 얼마나 성취했는지를 보여 주는 결과물은 거의 없다. 프랑스가 제작했던 《독일 전쟁포로를 위한 뉴스(Zeitung für die deutschen Kriegsgefangenen)》는 신문의 잦은 언어적 오류 때문에 대단히 조롱받았다. 자신들의 언어 능력을 복습하고 싶던 장교들은 수용소 안에서 꽤나 자유롭게 배포되었던 현지의 신문을 읽을 수 있었고 그것들은 틀림없이 꽤 최신판이었다. 일부 매우 흥미로운 소식들은 따로 추려서 어디에나 비치되었던 수용소 신문에 싣기도 했다. 포로가 되어 프랑스 알프스의 바르셀로네트(Barcelonnette) 지역에 감금된 한 독일군 장교는 《타임스》를 구독할 정도로 호강했다.

다른 국적의 포로들이라고 반드시 분리 수감되지는 않았다. 상대적으로 전선에서 가까웠던 베스트팔렌주 뮌스터에는 포로수용소가 세 곳이었는데 그중 최대 수용소에는 책 7000권을 소장한 도서관이 있었고 영어, 불어, 러시아어, 폴란드어, 플람스어(벨기에 북부 지역에서 사용되는 네덜란드어—옮긴이)로 된 책이 구비되어 있었다. 심지어 당시에 세계 공통어에 대한 열망으로 만들어져 유행했던 에스페란토어 책도 있었다. 1915년 2월 독일 정부는 포로들을 국적에 따라 분류해서 서로 다른 수용소에 수감하기 시작했고 그 조치가 제2차세계대전 때는 표준적 관행이 되었다. 이런 분리 정책은 조국을 배반하도록 회유할 가능성이 있는 민족 집단을 위한 '특권' 수용소의 시험적 운용도 포함했다. 독일인들의 기대가 컸던 벨기에 플랑드르 지역의 사람들(플람스어 사용자—옮긴이)은 괴팅겐으로 이송되었고 그들 중에서도 더 지적인 사람들은 명성 높던 괴팅겐 대학교가 소장한 책을 볼 수 있도록 조치했다. 캠프에만 6300권을 비치했다. 영국 외무성 소속 외교관을 역임했지만 아일랜드 민족주의에 열렬한 애착을 품게 된 로저 케이스먼트(Roger Casement) 경은 독일의 허락을 받아 영국 포로수용소들을 돌며 아일랜드 독립군을 모집하려 했지만 별 성과는 없었다. 그런 시도로 그는 목숨을 잃었다. 케이스먼트는 1916년 독일 잠수함을 타고 아일랜드 상륙을 시도했으나 체포되었고 반역죄로 재판을 받아 처형되었다.

다양한 단체들이 독일의 영국 포로들에게 읽을거리를 공급하기 위해 애썼다. 공공도서관 사서의 교육적 열정을 완전히 벗어 버리지 못했던 수용소 도서 기부 프로젝트 운영진은 '알찬' 책을 공급하려는 목표를 세워서 '역사 및 과학 저술들, 시, 에세이 …… 포켓판 사전과 문법책'과 포켓판 셰익스피어 같은 책을 모았다.[12] 이런 책들은 명백히 사병들보다 장교들에게 더 적합했다. 한편 전쟁포로 도서 기부 기획 단체는 교육적인 책을 공급하기 위해 노력했다. 특히 수감 기간을 생산적으로 활용해 자신의 전문적 능력을 강화하려는 포로들을 위한 기술·과학 책에 집중했다.

> 고향에 있는 우리가 …… 수많은 날을 활동의 자유를 박탈당한 상태로, 한 줄도 읽지 못하는 상태로 보내야 하는 상황을 상상할 수 있을까요? 우리는 자기 직업에서 더 나아지기 위해 열심히 일하던 활력 넘치던 젊은이가 입대를 위해 그의 모든 희망이 걸려 있던 책과 교실을 떠났지만 이제 저 멀리 수용소에서 오로지 조국의 적들에 둘러싸여서 갈구하는 것이 있어도 아무것도 할 수 없는 비참한 신세가 된 처지를 이해할 수 있을까요?[13]

아마도 이 화려한 문구는 기부자의 지갑을 열게 했을 것이다.

그러나 사실 수감자들 대부분은 '활동에 제약을 강제 받는' 상태로 있지 않았다. 독일 포로로 수감된 자 중 90퍼센트가 농장이나 산업 시설에 일손을 보태도록 투입되었다. 투입된 포로 중 다수는 아예 책을 볼 수 없었다. 수용소에서 독서 경험에 대한 이야기 대부분은 장교들에게서 나온 것이고 검열관들에게 압류된 책과 표지가 뜯겨서—프랑스 포로들에게 보내진 책 장정 속에 지도가 은닉되었다는 다소 미약한 핑계로—통과된 책에 관한 이야기를 알게 된 것도 장교들의 독서 소감에서 나온 것이었다. 라이프치히에 있는 상사에 주문하는 방식으로 책의 흐름을 개선하려던 계획은 영국 작가들이 저작권료를 받을 수 없게 된다는 주장이 나오면서 무산되었다.[14] 책이 그렇게 부족한 마당에 영국 포로들은 장교든 사병이든 손에 잡히는 대로 아무거나 읽었다. 그들의 소원 목록에 오른 작가들은 대영제국을 배경으로 한 연애담으로 널리 인기를 얻은 에셜 델(Ethel Dell)을 비롯해 범죄·추리소설과 모험담으로 확고한 인기를 얻은 G. A. 헨티, 코넌 도일과 오르치(Orczy) 남작부인이었는데 이들의 책은 구하기가 어려웠다.

제1차세계대전 억류시설 중 일부는 임시변통으로 짓는 분위기가 있었지만 제2차세계대전 때는 이런 일이 반복되지는 않았다. 1914년 독일에 억류된 영국 시민들은 베를린 근처 룰레벤에 있는 경마장으로 급히 수용되었다. 여기서 억류자들은 적정한 공간과 합리적인 수준의 음식과 줄지어 선 가게['본드가(Bond Street, 런던 고급 상가—옮긴이)']에다 수용소 공식 서점['애서가들의 메카(Mecca of booklovers)']와 인쇄소도 있었다. 이런 환경 덕분에 수용소에서 찍어 낸, 최고급 종이로 48쪽에서 72쪽이라는 넉넉한 분량에다 카툰과 삽화까지 들어간 우아한 잡지가 탄생했다. 1917년 6월에 발행된 6호 잡지는 7000부가 나왔는데 그중 4000부는 수감자들이 고국의 친구와 가족에게 우편으로 보냈다. 학습 기회 제공을 목적으로 1916년 수용소 학교 가을 학기를 위해 따로 인쇄된 안내서(prospectus)는 25가지 주제를 소개했다. 생물학과 물리학이 포함되었고 10개 언어로 되어 있었다. 안내서에는 생물학 실험실 사진도 실려 있다. 강의에 덜 전념하는 학자를 위해 존 골즈워디와 '새로운 시'에 관한 문학 강좌를 개설했다. 경마장을 어슬렁어슬렁 산책하다 보면 숱한 유명 인사를 만나기 일쑤였다. 1916년 4월에 발간된 2호에는 '룰레벤의 유명인사들'을 향한 호소문이 실려 있었다.[15]

두 전쟁 사이의 기간에 전시 전투원의 처우에 관한 규정에 중대한 변화가 있었다. 골자만 있고 내용은 빈약했던 헤이그협약은 1929년 제네바에서 합의를 통해 일련의 규정들을 도입하면서 내실을 기했다. 이제 포로들은 구호 물품을 당당히 받을 수 있게 되었고 더 중요한 사항은 포로로 삼은 나라가 '포로들이 지적 유희를 직접 계획하도록 돕도록' 의무화한 것이었다. 이런 조항들로부터 제2차세계대전 때 연합군 포로들에게 음식과 책을 제공하려고 엄청난 노력을 기울이는 것이 가능해졌다. 이 두 가지는 철조망에 갇힌 포로들에게 몹시 필요한 물질적·정신적 영양분이었다. 영국에서 책 공급은 적십자의 책임하에 다른 중요한 인도주의 단체인 성요한기사단(The Order of St John)의 협력을 받아 이루어졌다.[16] 책은 주로 시민들의 기증으로 마련했고 모금한 돈으로 구매도 해서 장서 규모를 키웠다. 전쟁 기간 동안 이 단체들은 24만 권을 수용소로 직접 배달했다. 반면에 YMCA는 미국 적십자사를 대신해 미군 포로들에게 100만 권을 보냈다. 세계성서공회(British and Foreign Bible Society)는 성서를 보냈는데 성직에 뜻이 있는 포로들의 공부를 위해 희랍어 신약성경 5000권도 넣었다.[17] 많은 성경은, 특히 동아시아에서 불가피하게 담배 마는 종이로 재활용되었는데 한 성마른 군종 목사 노엘 더크워스(Noel Duckworth)는 종이를 먼저 읽은 다음 담배를 말아야 한다고 강조했다.[18]

친척들이 포로가 된 사랑하는 이에게 새로 구입한 책을 직접 보내는 것이 허용되었다. 여기서 펭귄 출판의 또 다른 사업 기획이 나왔다. 1년에 구독료 3파운드만 내면 특별 제작된 전쟁포로용 시리즈를 한 달에 열 권씩 보내주겠다고 선전했다. 이 시리즈 중에는 일부 기가 막히게 도발적인 책들, 가령 A. J. 에번스(A. J. Evans)가 제1차세계대전을 배경으로 필사적 용기를 발휘한 유명한 이야기들을 모아 1921년 처음 발행한 『탈출 클럽(The Escaping Club)』이 포함되었다. 어떻게 이런 책이 수용소에 반입될 수 있었는지 확인하기란 쉽지 않다. 다만 펭귄의 앨런 레인에게 보낸 편지 추신에서 에번스는 책의 독자층이 다양했음을 확인해 주었다. '『탈출 클럽』은 독일어와 이탈리아어로 번역되었는데 포로수용소 보초들에게는 필독서였다고 합니다.' 그 책은 또한 독일 공군 기지 도서관에서도 열심히 읽혔다.[19]

적십자사가 제작해 전쟁포로를 둔 가족에게 무료로 배포했던 정간물 《전쟁포로(Prisoner of War)》에는 종종 수용소에서 인기 있는 도서 목록을 소개했고 가족들에게 우편 발송 비용이 훨씬 싸다는 이유로 페이퍼백을 보내기를 권했다. 펭귄은 수용소 어디에든 나타났다. 하지만 일시적인 좌절을 맛보기도 했다. 펭귄 만년필 광고가 있는 펭귄 책자(추측건데 국내 시장용이었을 것이다)가 보초의 손에 들어갔는데 병사의 총칼에 찔린 아돌프 히틀러를 묘사한 카툰 광고를 보고는 마땅히 분노했다.[20] 수용소 내 모든 펭귄은 금서가 됐다. 노르망디상륙작전 후 수용소 당국이 누그러지고서야 전달되지 못한 채 적체되었던 펭귄 2만 5000권이 포로들에게 전해졌다.

수용소 책임자는 종종 나이 때문에 전선 임무를 감당할 수 없는 병사의 몫이었다. 그들은 수용소에 책이 도착했을 때 죄수들의 편의를 잘 봐주는 편이었다. 그들은 터널을 파기보다 독서나 축구나 정원 가꾸기를 하고 싶어 했다(하지만 종종 그 네 가지를 모두 했다). 도서관과 열람실을 위한 공간이 마련되었다. 그리고 책 관리를 담당할 사서는 포로 중에서 지명되었다. 바이에른주 아이히슈테트 소재 오플라그(Oflag) 7B 수용소의 사서는 엘리엇 비니(Elliott Viney)였는데 그는 가족이 운영하는 인쇄소에서 징집되어 전장으로 나섰다가 됭케르크철수작전 때 붙잡혀 포로가 되었다. 비니는 수용소 도서관뿐만 아니라 신문을 관리했고 특히 독일 검열관과 싸우는 것을 즐겼다. 버컨의 『39계단』과 『그린맨틀』은 금지되었지만 보급판 선집 『리처드 해니의 모험』은 통과되었다. 불행한 미국인 소설가 윈스턴 처칠(영국 수상과 동명이인—옮긴이)의 작품은 모두 압수되었지만 진짜 처칠 수상의 『나의 젊은 시절』은 작가명이 윈스턴 스펜서 처칠(Winston Spencer Churchill)이라는 이유로 통과되었다. 비니에 따르면 그들이 입수하지 못한 유일한 금서는 『나의 투쟁』 영역본이었다고 했다. 비니는 또한 인쇄업자로서 자기 전공을

Prisoner of War

THE OFFICIAL JOURNAL OF THE PRISONERS OF WAR DEPARTMENT OF THE RED CROSS AND ST. JOHN WAR ORGANISATION, ST. JAMES'S PALACE, LONDON, S.W.1

  VOL. 3 No. 31   Free to Next of Kin    NOVEMBER, 1944

The Editor Writes —

IT has always been evident that as the Allied ring tightened round Germany the situation of our prisoners there would, for various reasons, become more difficult. Prison camps near the frontiers would tend to be moved into the interior—and this must mean leaving well-organised permanent camps and probably moving into improvised and overcrowded quarters. Moreover, under the increasing weight of our bombing attacks the transport position inside Germany was bound to become more and more disorganised. Both these processes have already started, though not as yet on a large scale. The latest figures as to stocks in camps bring us up to September 15th and indicate that until then, at any rate, Geneva were still managing to get our parcels through. Clearly, the seriousness of the situation will depend on whether the Germans fight all the way back to Berlin or whether organised resistance ceases fairly quickly.

Four Ships at Lisbon

There is good reason for hoping that the Lisbon-Marseilles-Geneva route will very soon be re-opened, though on a reduced scale, owing to the reduced capacity of the Marseilles-Geneva railway. In anticipation of this four of our ships, fully loaded, are waiting at Lisbon. In addition, there is an accumulation in our warehouses in Lisbon and elsewhere that it will take some time to work off, so that it may be some time, too, before despatches from this country can be resumed.

Christmas Parcels

The suspension of shipping made it impossible to despatch the Christmas parcels, which were ready at the end of July, so that I am afraid that the chance of their arriving in time is not great. Efforts are now being made to give them priority, but I wonder if it is realised that one week's food parcels for 160,000 prisoners weighs about 800 tons. The prisoners will, of course, be disappointed, but will appreciate the reasons, of which they have been informed. In contrast with this I am glad to be able to record that we have managed, in spite of recent difficulties, to get through to Geneva a not inconsiderable quantity of urgent supplies, mostly medical.

Planning Their Return

With victory approaching hopes are centred on the speedy liberation of

A rugger team at Stalag XXB.

prisoners of war and their quick return home. The problem is, of course, one for the military authorities and not for the Red Cross, although the Red Cross will have a hand in it, and I understand that plans are being worked out in great detail with the object of bringing them home with the least possible delay. But obviously 160,000 prisoners scattered in innumerable camps and labour detachments cannot be assembled and brought home in a few days.

Back from Switzerland

The 1,000-odd officers and men who arrived back from Switzerland so unexpectedly, recently, were in exceptionally high spirits and good health. During their two days in a pleasant dispersal camp just outside London they were entertained by continuous films and E.N.S.A. shows. After that, they all went on six weeks' leave.

Service at Belfast

Nearly 1,200 next of kin of prisoners of war recently attended the special service of intercession at St. Anne's Cathedral, Belfast, arranged by the Ulster Gift Fund. The Governor and the Prime Minister of Northern Ireland were present, and the service was conducted by the Dean, the Very Reverend W. S. Kerr, B.D., the Rev. R. J. F. Mayston, M.B.E., Deputy Assistant Chaplain-General for Northern Ireland, being the preacher. The collection on behalf of the Red Cross was taken by six officers from the three Services, the Naval officer being an ex-prisoner of war. Realistic plans for the building up of our national and home life were urged by Mr. Mayston

《전쟁포로》는 포로의 친지들에게 주로 수용소 생활의 낙관적인 측면을 전했다. 스포츠 경기나 수용소 내 오락 활동을 다루는 기사들이 특집으로 실렸고, 수감된 가족에게 어떤 물품을 보낼 수 있고 보낼 수 없는지, 또 어떤 책들이 특히 인기가 많은지에 대한 구체적인 지침도 제공했다.

살려 탈출 이야기들을 '첫 페이지와 마지막 페이지를 좀 더 무해한 제목으로 교묘하게 다시 제본'해서 잦은 막사 검열에도 살아남게 했다.[21]

오플라그 7B는 대규모 수용소로 꼽혔고 비니는 도서관 규모를 1940년의 500권에서 1945년의 5만 권으로 놀라울 정도로 키웠다.[22] 이 정도면 어마어마하다고 해야할 것이다. 하지만 슈탈라그루프트 제3수용소 도서관의 경우는 비치된 책은 8500권 정도였지만 따로 포로의 개인 문고로 2만 권이 있어서 도서관 책만큼이나 자유롭게 돌려봤다.[23] 이런 문고들도 세심하게 관리되었는데 수용소의 많은 책이 수용소 재소자들이 전문 분야에서의 발전을 추구하는 데 도움이 되도록 의도된 것이었기 때문이다. 캠프 대부분은 상당히 다양한 수준으로 강의을 개설했고 상대적으로 규모가 큰 수용소는 그 범위가 놀라울 정도였다. 자겐(Sagen) 소재 슈탈라그루프트 제3수용소에서는 1942년부터 죄수 1500명이 일주일에 200가지 수업을 들었다. 다음 해 학생 100명이 수용소 내 극장에서 시티앤드길즈(City & Guilds, 1878년 영국 런던에서 창립한 교육기관—옮긴이)에서 주최하는 시험을 치렀는데 친절하게도 보초들이 책상과 의자를 제공했다. 전쟁포로들에게 공식 자격증을 취득할 기회를 열어준 것은 전시에 이룩한 참으로 멋진 최상의 발상으로 꼽혔다. 이것은 학교 밖 시험에 대한 풍부한 경험을 쌓아 두었던 런던대학교의 후원하에서 가능했다. 전쟁 동안에 런던대학교는 시험 문제 1305개를 냈는데 역사 시험에서 일부 문제는 운 좋게도 검열관의 눈에 걸리지 않았다. 가령 '전쟁은 프로이센의 국가적 산업이다' '지난 50년 동안 이탈리아는 오직 정중함에서만 일등국가

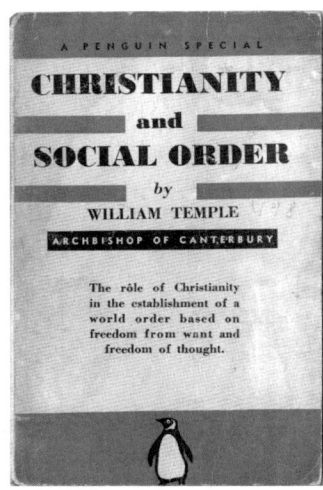

검열관은 그들의 도리를 하고 있었다. 이 책의 저자 템플(Temple) 대주교는 확고한 전쟁 옹호자였고, 책의 온화한 제목(『그리스도교와 사회질서(Christianity and Social Order)』)도 세심한 검열로부터 책을 지켜 주지는 못했다. 책에 찍힌 수많은 도장을 통해 바이에른주의 폴란드 장교 수용소까지 이어진 책의 험난한 여정을 추적할 수 있다. 마지막 순간에 검열관이 이 책을 금지했는데, 아마도 그 덕에 이 책이 현재까지 살아남을 수 있었다. 수용소 도서관의 책 대부분은 수용소가 해방될 때 버려졌기 때문이다.

였다'.[24] (독일 검열관도 두 번째 질문에는 충분히 동의했을 것이다.) 시험은 수용소 여든여덟 곳에서 치러졌다.[25]

영국보험연수원(Chartered Insurance Institute, CII)과 영국토목학회(Institution of Civil Engineers, ICE)를 비롯한 다른 전문 단체들도 강의 안내문을 제공했다. 영국도서관협회는 회원 중에 포로가 된 사람들이 협회가 발급하는 자격증을 딸 수 있는 공부를 하도록 보장했다. 가장 눈길을 끄는 기획으로 꼽힌 것은 J. R. R. 톨킨과 C. S. 루이스가 기획한 영문학 강좌였다. 이 강좌에 대해 옥스퍼드대학교는 최초의 외부 시험을 허락했다.[26] 이것은 품격 있는 몽고메리 벨지언(Montgomery Belgion)이 수용소 몇 곳에서 제공했던 영국 문학 수업과 맞춤하게 들어맞았다. 벨지언은 1941년 그리스에서 포로가 되었을 때 거의 쉰 살이었고 천부적으로 위엄 있는 인물이었다. 그의 강의는 대성공을 거뒀고 전쟁이 끝날 무렵 페이퍼백으로 출판되었다. 책 말미에 올린 감사의 말에서 그는 강의 프로젝트가 원활하게 진행된 것에 대해 수용소 감시원들에게 격식을 차려 사려 깊은 감사 인사를 보냈다. '마지막으로 내 원고의 일부를 직접 타이핑할 수 있도록, 원고 전부를 고국으로 보내도록 허락해 준 독일군 당국자들의 호의에 감사드린다.'[27] 벨지언의 펠리컨 페이퍼백 인쇄는 그의 동료 포로였던 엘리엇 비니의 인쇄소에서 담당했다.

전문 자격증을 따기 위해서는 불가피하게 수용소 도서관의 수용력을 훨씬 웃도는 교재와 자료가 필요했다. 이런 책은 적십자의 교육도서 분과에서 제공했다. 분과는 1940년 런던 공습 후 당시로는 새로 완공된 옥스퍼드대 신축 보들리도서관 건물로 이전했다. 여기서 분과 담당자 에설 허드먼(Ethel Herdman)의 꼼꼼한 관리하에 개별 전쟁포로나 강좌 관리자가 보낸 주문을 처리했다. 제네바에 가장 인기 있는 76가지 주제에 관한 책 5만 권을 감당할 수 있는 창고를 마련하면서 배포는 더욱 원활해졌다.[28] 그럼에도 버스 정비·운행 조사원으로 진급을 준비하는 데 도움이 될까 봐 '가벼운 심리학'에 관심 있는 버스 차장 또는 사냥터지기가 되고 싶은 토끼 사냥꾼 따위의 요청을 비롯해 어떤 요구도 무시하지 않았다. 슈탈라그루프트 제6수용소에서는 강좌 안내서 치장을 위해 금박을 보내 달라는 요청이 있었는데 아

싱긋 웃는 병사가 총칼로 아돌프 히틀러를 찌르고 있는 펭귄 만년필 카툰 광고. 이런 광고가 실린 책을 포로수용소로 보낸 것은 서툰 실수였다. 그것은 배포된 모든 펭귄을 금서로 만들었다.

마도 이 짓궂은 유머로 잠시 웃었을 것이다.[29] 전쟁이 끝날 무렵 26만 3000권이 배송되었다. 편리하게도 블랙웰서점이 브로드가(보들리도서관이 있는 거리—옮긴이)에 이웃해 있어서 책 공급에 도움이 되었다.

영국 수용소의 독일 포로에 대한 읽을거리 공급이 독일의 연합군 수용소의 경우보다 훨씬 부족했다는 데는 의심의 여지가 없었다. 왜 그런지에 대해 몇 가지 이유가 있었다. 제1차세계대전 때와 다소 비슷하게 전황이 독일에 크게 우세하게 전개되는 동안은 전장에서 잡히는 독일 포로들이 별로 없었다. 영국 상공에서 격추된 비행기를 몰았던 비행사나 잠수함에서 잡혀 나온 포로들은 얼마 되지 않았는데 배에 실려 신속히 캐나다나 호주로 보내졌고 그곳에서 탈출에 성공할 가능성은 거의 없었다.[30] 1944년이 되어서야 어느 정도 규모의 독일군 포로가 영국으로 보내졌다. 그때쯤이면 독일의 친지들이나 독일 당국은 자기들의 생존 투쟁에 급급했던 처지가 되어 포로들을 위해 책을 보내는 사업을 벌일 엄두를 낼 수 없었다. 영국에 억류된 독일 포로를 돕도록 치체스터의 벨(Bell) 주교가 스웨덴의 비르게르 포렐(Birger Forell) 목사를 초대했는데 목사는 독일군들이 프랑스에 남긴 책을 수용소로 보내자고 제안했다. 그 제안은 수용되었지만 혜택은 프랑스와 벨기에의 포로수용소에만 갔다. 영국의 수용소를 위해서 포렐 목사는 아이러니하게도 독일에서 탈출한 유대인 난민인 두 젊은 여성을 모집해 아쉬운 대로 적절한 독일 서적을 찾아 중고서점을 샅샅이 훑게 했다.[31]

하지만 읽을거리의 부족이 전쟁 중 가장 흥미로운 출판

적 발상으로 꼽히는, 특별히 독일 전쟁포로를 위해 독일어 번역서로 총서를 만드는 사업에 불을 붙였다.[32] 이 사업은 미국 정부가 후원하고 망명한 독일 출판인 고트프리트 베르만 피셔(Gottfried Bermann Fischer)와 펭귄북스 미국 지사의 협력으로 이루어졌다. 1942년부터 독일 포로 38만 명을 포함해서 추축국 포로 약 50만 명이 미국으로 이송되었다. 새로운 총서는 부분적으로 확고한 나치제국의 신념을 고수하는 포로들에게 시민사회적 가치에 대한 일종의 재교육으로 기획되었다. 하지만 어떤 불안감이 없는 것은 아니었다. 이런 시도에 대한 반발로 포로로 잡힌 미군 병사들에게 보복적 세뇌 교육을 유발할지도 모른다는 걱정이 제기되었다. 책은 토마스 만과 에리히 마리아 레마르크 같은 작가를 비롯해 주로 베르만 피셔가 저작권을 소유한 독일 문학 작품 중에서 탁월한 성취를 이룬 것이 선택되었다. 두 작가의 작품들은 모두 독일에서 금서였다. 총서는 어니스트 헤밍웨이의 『누구를 위하여 종은 울리나』와 조지프 콘래드의 『방랑자(The Rover)』를 비롯한 일부 미국 작가들의 작품이 번역되면서 완성되었다. 웬델 윌키의 『하나의 세계』는 전후 유럽의 가능성에 대해 매력적인 전망을 내놓았다.

'신세계 총서(Bücherreihe Neue Welt)'라 불린 이 시도는 표준적 페이퍼백 판형으로 인쇄되었고 수용소에서 권당 25센트에 팔렸다. 24만 부가 배포되었고 수용소 보고서에 따르면 널리 읽혔다고 한다.

영국에 있는 포로수용소에 대한 도서 공급의 수준은 대체로 적대감이 사그라진 후에야 조금씩 나아지기 시작했다. 원칙적으로 제네바협약은 평화협정이 조인되면 가능하면 빨리 포로들을 소환해야 한다고 규정했다. 그런데도 영국 정부는 독일의 무조건적 항복이 평화협정의 구성요건이 되지 못한다는 사실을 이용해 여전히 해외에서 너무나 많은 영국군이 활발히 활동 중이기 때문에 생긴 노동력 공백을 메우기 위해 많은 포로를 보유하려 했다. 또한 뉘우침 없는 수많은 나치 병사의 귀환으로 인해 나치의 흔적을 지우고 시민사회를 복원해야 하는 난제와 씨름 중인 연합국 점령군의 노고에 잠재적으로 지장이 초래될지도 모른다는 진심 어린 두려움도 있었다. 그런 문제는 캐나다와 미국에서 영국으로 재배치된 포로들에게 특히 심각했다. 그들은 전쟁 초기에 사로잡힌 비행사와 병사들이었고 전쟁 마지막 단계에서 독일이 와해되는 것을 겪지 않아서 종종 나치의 대의에 대해 확신에 차 있었기 때문이었다. 좀 더 말 잘 듣는 포로를 찾아내려는 노력은 수용소 내부에서 포로들끼리 부과한 엄격한 규율 때문에 흔히 수포로 돌아갔다.

1945년은 의심할 바 없이 영국 내 독일 포로들에게 가장 암울한 시기였다. 나치 강제수용소에서 전해 오는 무서운 소식들이 영국의 여론을 포로들에게 확고히 적대적인 쪽으로 돌아서게 했기 때문이었다. 포로 분류작업은 느리게 진행되었다. 그런데 협력적인 죄수들을 수용하는 '착한(white)' 수용소로 분류된 특별한 소수는 컴브리아주 소재 샵웰스(Shap Wells) 같은 비교적 호사스러운 수용소에서 편하게 지낼 수 있었다. 샵웰스에 배치된 신참 포로들은 시트가 있는 침대를 쓰고 책이 2000권 있는 도서관을 이용했다(수용소 본채는 지금은 우아한 호텔이 되었다). 이곳은 작은 수용소였는데 포로 장교 250명은 잡역병과 취사병 여든 명의 시중을 받았다. 문화 행사가 중요하게 다루어졌는데 가령 킬대학교의 박식한 요아킴 리터(Joachim Ritter) 교수가 제공했던 것과 같은 일련의 대학 수준의 강연이 대표적이었다. 리터 교수는 수용소 잡지에 T. S. 엘리엇에 대한 연구를 기고하기도 했다. 좀 더 고리타분한 성향의 장교들은 수용의 지휘관으로부터 여우 사냥과 사격에 대한 강연을 들을 수도 있었다.

가장 잘 운영되던 수용소 중 하나는 하드리아누스성벽에서 멀지 않은 홀트휘슬 인근 페더스톤공원에 있었다. 많은 포로수용소가 그랬듯이 그곳도 원래는 디데이까지 집결하는 미국 병사들을 수용하기 위해 만들어졌다. 그 후 그곳은 재활용되어서 처음에는 이탈리아 포로들을 수용했고, 나중에는 잡역병 580명이 시중을 드는 독일 장교 수용소가 되었다.[33] 수용소는 고분고분한 포로들을 구제 불능 포로들(나치 친위대와 잠수함 승무원들은 자동으로 이 범주에 들어갔다) 그리고 아직 분류되지 못한 포로들과 분리하기 위해 세 부분으로 나누었다. 전쟁 후에 그곳에는 거대한 성인교육센터가 들어섰다. YMCA와 적십자사가 필요한 자료들을 제공했다. 서서히 장서 5500권이 축적되었다. 또한 장교들은 책을 구입해서 자신들의 개인문고를 구축할 수도 있었다. 얼마 지나지 않아 수용소 안에 서점과 제본소도 들어섰다. 방문 강연자 중에는 마르틴 니묄러(Martin Niemöller, 제1차세계대전에는 잠수함 승무원이었고 초기에 히틀러 지지자였다가 이후에는 변절자로 여겨져 노골적으로 야유를 받았다) 목사와 전쟁이 끝나고 제대한 휴 트레버-로퍼가 있었다. 특히 트레버-로퍼의 '이데올로기의 종말'에 관한 강연은 포로들의 마음을 완전히 사로잡았다. 나중에 청중은 새로 출판된 트

독일 포로들을 위한 영국 포로수용소의 표준적인 열람실 모습. 어느 정도 규모의 독일군 포로가 영국으로 보내질 때쯤이면 독일의 처지가 너무 위태로워 본국으로부터 많은 책을 기대할 수가 없었다. 몇몇 수용소는 구호단체 자원봉사자가 중고서점을 샅샅이 훑어 찾아낸 독일어 읽을거리에 의존해야 했다.

레버-로퍼의 저서 『히틀러의 마지막 나날들(The Last Days of Hitler)』을 400부나 주문했다.[34]

뉴포트 근처 란마틴수용소(Llanmartin)는 더욱 구제 불능인 포로들이 수감되어 있었지만 최고의 도서관을 보유했다. 케이스네스 인근 와튼(Watten)은 또 다른 고집불통 포로들의 수용소였다. 그래서 외딴곳에 두었다. 책은 조금씩 늘어 1000권으로 불어났지만 춥고 우중충한 날씨는 아무래도 기쁠 일 없는 수용소임을 확인해 주었다.[35] 그리즈데일수용소(Grizedale)의 사서는 숙달된 기록문서 보관 담당자이자 마지못해 군인이 된 한스 게

위대한 탈출 417

르트 폰룬트슈테트(Hans Gerd von Rundstedt) 소령이었다. 그는 숙소를 그의 아버지인 육군 원수 폰 룬트슈테트와 함께 썼다. 그래서 그곳은 역사학자이자 군사 이론가인 바실 리델 하트(Basil Liddell-Hart)가 반드시 들르는 곳이 되었다. 그는 수용소를 정기적으로 방문했고 포로가 된 장성들을 인터뷰하면서 자신의 다음 저서를 준비했다.[36] 재교육의 뜻은 힐튼홀에서 더욱 진지하게 추구되었는데 그곳에서 독일군 장교들은 후원을 받아 짧은 기숙 과정을 밟았다. 이 특별 대우를 받는 포로들은 다양한 독일 신문과 뛰어난 도서관을 제공받았다. 서가에는 윈스턴 처칠의 저작 중 한 권 옆에 『나의 투쟁』이 꽂혀 있었다.

1947년 2월 독일 포로들은 수용소 1400곳에 분산되어 있었다. 그중 모든 곳에 이 정도 수준의 도서관이 제공되지는 못했다. 연합국 포로수용소가 그랬던 것처럼 최고의 시설은 장교들에게 돌아갔다. 그렇지만 독일과 영국의 수용소에 수감된 일반 병사들도 상당한 규모의 다른 전쟁포로들의 운명과 비교해 보면 대접을 잘 받은 편이었다. 많은 포로는 제네바협약이 규정한 어떤 편의시설도 제공받지 못했다. 독일의 소연방 침입으로 그냥 쏟아져 나온 수많은 포로는 짐승 같은 처우 속에 살았다. 아사 수준으로 식량이 배급되는 바람에 포로 대부분은 해방을 맞기도 전에 죽어 나갔다. 일본도 자신의 수중에 들어온 연합군 포로들의 복지에 거의 관심을 보이지 않았다. 비록 싱가포르에 있었던 민간인 억류수용소는 책을 잘 갖춘 도서관을 제공했지만 항복한 군인에게는 조금의 존중도 보이지 않았다. 많은 포로는 악명 높았던 버마철도공사(Berma Railway)에 동원되어 과로사했고 그렇게 죽지 못한 이는 영양실조나 열대병으로 죽었다. 그런 악조건을 견뎌내기에는 그들의 몸은 너무 허약한 상태였다.[37] 이런 수용소에서는 어떤 읽을거리도 희귀했다. 하지만 태국·버마 철도에서 스티븐 알렉산더(Stephen Alexander)는 『바람과 함께 사라지다』 한 권을 발견했고 병원 막사(모든 상황 중에서 포로에게 지속적인 독서를 허락하는 특별한 장소)에서 『포사이트가의 이야기』와 『전쟁과 평화』를 발견했다. 어떤 수용소는 책이 너무 적어서 책을 조금씩 분할해서 열 명 혹은 열두 명 정도가 모두 조금씩 읽을 수 있도록 했다. 책이 좀 더 넉넉하게 공급되었던 독일 수용소에서는 『채털리 부인의 사랑(Lady Chatterly's Lover)』 정도나 그런 특별 취급을 받았다.[38]

펭귄에서 책 한 권을 냈던 작가 앨런 스틸(Alan Steele)은 자바에서 일본군 포로가 되어 거의 3년을 일본에서 수용소 생활을 했다. 거기서 그는 이런 일을 겪었다고 썼다.

> 우리는 책을 꽤 많이 공급받았지만 (a) 우리가 있는 막사는 대개 창이 없었음에도 밝은 외부로 책 반출이 허용되지 않았고 (b) 우리가 하루 종일 노역에 동원되었기 때문에 책을 읽을 기회가 거의 없었다. 미국 적십자사로부터 대규모 책 공급이 두 번 있었는데 한 번은 1943년 11월이었고 지난해[1944년] 비슷한 시기에 또 한 번이었다. 첫 번째로 배달된 것은 그들이 쉰 권씩 나눠서 규슈 후쿠오카현에 있는 수용소 스물세 곳에 고루 분배했다. 그들은 책을 '책들'로 볼 뿐이어서 잘못되면 우리는 소설이 아니라 유대교 기도서 쉰 권을 받을 수도 있었고 실제로 받기도 했다. 수많은 항

의 끝에 나는 일본놈(Jap)들에게 허락을 받아 후쿠오카 창고로 가서 여러 수용소로 보낼 책을 분류할 수 있었다.[39]

스틸과 동료 죄수들은 일본이 항복한 직후에 미군에 구출되었다. 독일에 수감된 전쟁포로들에게 종전은 훨씬 혼란스럽게 닥쳤다. 소련군의 접근에 따라 죄수들은 서쪽으로 행군했다. 1945년 초부터 철수한다는 소문이 떠돌았으나 포로들은 몇 시간 전에야 철수하라는 통보를 들었다. 따뜻한 옷가지와 귀한 소지품을 놓고 미친 듯한 쟁탈전이 한판 벌어졌다. 동료들의 입소와 출소, 치열했던 축구와 크리켓 경기, 읽었던 책이 꼼꼼히 기록된 각자의 일기는 대부분 챙겼으나 가능한 많은 음식도 챙겨야 해서 책 자체는 버리고 갈 수밖에 없었다. 로버트 키는 가까스로 『트리스트럼 섄디』와 페이퍼백 시 선집을 챙겼다.[40] 세심하게 분류 관리되었던 도서관들이 그냥 버려졌다. 연합군 포로들은 다 해서 300만에서 400만 권을 독일 수용소에 내버려 두어야 했다. 그때쯤 많은 책은 하도 손이 타서 거의 헤진 상태였다. 그럴망정 그 책들은 쓸모를 다했다. 전시 어디에서도 포로소용소보다 책이 더 귀한 대접을 받는 곳은 없었다. 끝없는 기다림의 시간 동안 떼려야 뗄 수 없는 동료였다.

5부
폭격기가 뚫지 못할 곳은 없다

13장
성소

비록 전선에서 떨어진 곳의 민간인 사상자들은 상대적으로 드물었지만 완전히 뜻밖에 하늘로부터 붐비는 거리 위로 무차별하게 시민을 죽일 수 있는 무언가가 떨어진다는 사실은 제1차 세계대전 교전국 시민들이 전혀 예상하지 못한 일이었다. 사무원이며 글래스고 공동 주택에서 아내와 아들과 함께 살던 토머스 리빙스턴(Thomas Livingstone)은 전쟁뉴스를 열심히 찾아 읽고 헌신적으로 일기를 썼다. 글래스고의 탁월한 공공도서관과 신문사 방문 기록을 보면 그는 놀라울 정도로 자주 폭격과 체펠린 비행선 공습, 나중에는 비행기 공습이 발생시킨 사상자들에 대해 언급했다. 1916년 4월 조심성 있는 토머스는 공습에 대비해 심지어 자신의 작은 주택에 있는 가재도구들에 대한 보험을 들었다.[1] 토머스의 일기에 따르면 전쟁이 중반쯤에 왔을 때 공습은 비교적 흔했다. 런던에서 끔찍한 공습 한 번이 일흔한 명의 목숨을 앗아갔다. 영국에서 1915년과 1918년 사이 공중폭격으로 희생자가 도합 2000명 이상 나왔다.[2] 슈투트가르트, 마인츠, 프라이부르크, 프랑크푸르트에 대한 연합국의 공습으로 대략 2600명이 죽었다. 비록 그런 사상자 수준이 분명 전장의 살육(하루 평균 사망자가 6000명)에 비할 수 없으며 심지어 프랑스와 벨기에 시민이 포병의 포격으로 고통받은 데 비할 수는 없더라도 그것은 비극이었다.[3]

이런 새로운 방식으로 전쟁의 공포가 아득히 먼 도시까지 반갑지 않게 침범한 것은 1940년대의 훨씬 더 거대한 공포를 예고했다. 두 전쟁 사이 20년 동안 비행기 성능은 매우 빠르게 개선되었는데 위협을 억제할 방어적 기술보다 훨씬 더 빨랐다. 전략을 짤 때 '폭격기가 뚫지 못할 곳은 없다'라는 자명한 이치였다. 많은 이는, 특히 교전국의 공군은 공군력이 승전에 결정적인 힘일 거라고 믿었다. 폭격기는 군사적 목표물, 비행장, 조선소를 정밀타격하고 필수산업시설을 황폐하게 하면서 적이 계속 싸우고자 하는 힘을 분쇄할 것이고 시민들의 사기를 무력화할 것이라 예상했다. 그러나 막상 뚜껑을 열고 보니 그 정도로 정밀하지는 않았다. 건물 밀집 지역에서 공공건물과 민간인 주택지가 똑같이 위험에 처한다는 사실은 체펠린 비행선이 공중에서 시야로 들어왔을 때와 다름이 없었다. 이것은 대체 불가능한 보물들로 가득 찬 미술관과 매우 타기 쉬운 종이로 가득한 도서관 같은 문화시설을 특히 위험한 처지로 몰았다.

1939년 전쟁이 일어났을 때 특히 스페인내전에서 많은 기자와 작가와 군인이 직접 새롭게 겪었던 경험을 통해 이 모든 사실은 잘 알려져 있었다. 하지만 그 모든 사전 정보에도 불구하고 제2차세계대전의 주역들은 자기 나라의 보물들을 안전한 곳으로 옮겨야 하는 문제에 대해 혹은 심지어 그것들을 옮기기는 해야 하나라는 의문에 대해 견해가 매우 분분했다.

르네상스 시대의 걸작들은 소금 광산 깊은 곳에서 전쟁이 끝날 때까지 안전하게 있었지만 책은 너무 자주 그저 운에 맡겨져서 끔찍한 참화를 빈번하게 입었다.

   이 장에서 우리는 승전을 위해 책이 이룬 공헌에서 물러서서 그것 때문에 책이 치른 비용을 검토해 보려고 한다. 우리가 앞에서 보았던 것처럼 책은 시민과 병사의 사기를 유지하는 데 중요한 역할을 했다. 책은 장교 육성을 도왔고 군사전략에 조언을 보탰고 사람들에게 전쟁으로 치러야 하는 희생에 대해 각오를 다지게 했다. 도서관은 과학자, 정보 조직과 지도제작자에게 필수적인 자료실이었다. 그러나 전쟁 수행에 이바지한 만큼 치러야 할 대가도 있었다. 양차세계대전의 전 과정을 통해 도서관에 있던 책 수백만 권이 고의로 파괴되고 약탈당하고 도난당했다. 아니면 총력전의 부수적 희생양이 되었다. 사서들은 그들이 관리하는 책들이 귀한 만큼 피해를 보기도 쉽다는 사실을 알고 있었다. 이 장에서는 그런 위험을 경감하고자 취한 조치들을 검토해 보려 한다.

양차세계대전에서 이탈리아가 거둔 군사적 공헌은 전혀 명예롭지 못했으나 책의 보호와 보존이라는 관점에서 이탈리아는 타의 모범이 될 기준을 설립했다. 여기에는 타당한 이유가 있다. 이탈리아로서는 이 새롭게 산업화된 전쟁 시대에 잃을 것이 너무 많았다. 이 나라가 물려받은 르네상스 시대의 유산과 활판인쇄 발달에 미친 영향 때문에 이탈리아 도서관에는 중세의 필사본과 초기 인쇄본들이 단연코 가장 많이 널려 있었고 그중 많은 책이 교회의 수중에 있었다. 전쟁 초기에 이 중 많은 책이 외딴 곳에 마련된, 가령 산꼭대기 성채에 자리한 몬테카시노수도원처럼 안전한 곳으로 이전되었다. 수도원은 대개 다른 교회 공동체의 희귀본을 받았다. 그렇지만 볼로냐와 밀라노 같은 대도시 도서관들은 주변 시골 지역에 안전한 피난처를 구하기도 했다.

이런 동굴, 광산 또는 외딴 성 속에 무엇을 은닉할 것인지를 결정하는 데 있어서 이탈리아 사서들은 감탄스러울 정도로 명쾌한 일련의 절차를 준수했다.[4] 1935년과 1936년 사이에 도서관 전체 이사회는 유럽 전역에서 보존 전략의 기준으로 삼게 될 우선순위 3단계를 정했다. 첫 번째 범주에는 필사본과 인큐내뷸라(incunabula, 1500년 이전의 인쇄본―옮긴이)와 문화적으로 특별히 중요한 초기 인쇄물이 들어갔다. 이것들은 당연히 도시의 도서관으로부터 이전하도록 했다. 두 번째 범주에 들어간 16세기 인쇄본들은 도서관 건물 내 안전한 방으로 옮기도록 했다. 더 최근에 나와서 좀 가치가 덜하고 더 쉽게 대체가능한 인쇄본들은 서가에 그냥 두도록 했다. 공직자와 사서는 시민들의 사기를 진작하는 책의 효용을 잘 알고 있었다.

이런 식으로 분류하고 준비하는 작업은 시간이 걸렸다. 전쟁 개시로 도서관 직원들이 징집되면서 특히 더 그랬다. 1940년 6월이 되어서야 주요 국립도서관들에서 최고 등급으로 분류된 20만 권에 달하는 책을 피신시키는 일이 시작되었다(잘게 쪼개진 작은 공국으로 나뉘어져 있다가 최근에야 통일을 이룬 이탈리아에서는 총 일곱 곳이 국립도서관으로 분류되어 있었다). 한편 1000곳이 넘는 교회 전체의 도서관과 기록보관소를 지키는 책임은 로마 교황청이 졌다. 교황청은 바티칸시국에 있는 보호 공간 내에 은신처를 제공했고 좀 더 멀리 떨어진 교회에는 보호 방법에 대한 조언도 주었다. 1942년 가을 제노바, 토리노, 밀라노의 폭격으로 두 번째 피신이 시작되었다. 이제는 보존 등급에서 두 번째로 꼽힌 책들도 포함했다. 도서관이 참화를 입더라도 새로 책을 구입해 재건할 수 있도록 도서관 카탈로그도 피신처로 옮겨졌다.

1943년 9월 이탈리아가 독일과의 동맹을 파기하고 명목상 연합국의 대의에 합류했을 때 독일군은 신속하게 과거 동맹국의 영토를 점령했다. 그 후 2년이 이탈리아 도서관에는 가장 어려운 시기였다. 연합군이 바위투성이의 이탈리아반도를 힘겹게 진군해 올라가고 도시들에 공습을 강화하면서 이탈리아의 문화적 보물들을 처음에 마음먹었던 대로 존중하기는 어려웠다. 1943년 12월 연합군 최고사령관 아이젠하워 장군은 기념비적 문화유산을 보존하겠다는 약속을 재확인했지만 유보 조건을 달았다. '이탈리아는……' 그는 이렇게 운을 떼며 부하들에게 말했다. '기념비적 유산이 풍부한 곳이다. 이탈리아인들이 창조한 그런 유산은 문명이 일어서도록 도왔고 이제 오랜 세월이 지나 우리 것이 된 문명의 성장을 입증해 준다'. 그러나 그는 다음과 같이 덧붙였다. '만약 우리가 유명한 건물을 파괴해야 하는지 아니면 우리 병사들을 희생시켜야 하는지를 놓고 양자택일의 처지에 몰린다면 한없이 귀한 우리 병사의 생명을 위해 그 건물을 없애야 한다.'[5] 이렇게 덧붙인 단서가 몬테카시노의 운명을 결정했다.

1943년 말이면 몬테카시노가 서 있는 산맥은 케셀링(Kesselring) 장군이 구축한 구스타프선의 핵심이었다. 구스타프선은 로마와 이탈리아의 북쪽 평원을 향한 연합군의 진격을 막기 위해 구축한 강력한 진지망이었다. 미국과 영국 병사들이 전투를

넉 달간 폭격을 당한 몬테카시노수도원. 이 정도의 참화에서 살아남을 책은 없었을 것이다.

벌이며 수도원에 다가갔을 때 그 지역 독일 지휘관은 수도원 보물들과 다른 수도원에서 맡긴 보물들을 로마의 바티칸으로 보내자고 대주교를 설득했다. 그곳이라면 로마의 여러 시설에 있을 수많은 다른 책과 필사본 들과 함께 책이 안전할 것이라고 설명했다. 대주교는 마지못해 승낙했고 7만 권이 차에 실려 수도원을 떠났다. 이어서 몇 달간 벌어진 맹렬한 전투 끝에 몬테카시노는 폐허가 되었다. 몬테카시노의 책을 구출한 것으로 두 집단이 선전상의 승리를 거두었다. 친절하게도 트럭을 제공해—독일은 이 인류애적 자선 행위를 꼼꼼히 카메라에 담았다—책을 안전한 곳으로 보낸 독일과 1945년이 다 가기도 전에 피난처를 제공했던 보물에 대해 대중 전시회를 개최한 바티칸이 그 승리의 당사자들이다. 제공된 카탈로그 중에는 심지어 영어판도 있었다. 세인트앤드루스대학교에 남아 있는 카탈로그 한 부를 보면 이 카탈로그가 외국 도서관에 선물로 널리 배포되었음을 짐작하게 한다.[6] 유대인 학살에 좀 더 열렬히 항의하지 않았다는 이유로 교황청이 심각한 비판에 직면했을 때 이 전시회는 이탈리아 문명의 수호자로서 바티칸의 더 긍정적인 면을 보여 주는 기회가 되었다.

전쟁이 끝난 후 행한 공식 조사에 따르면 이탈리아는 대략 200만 권을 잃었다는 결론이 났다. 이탈리아 영토에서 벌어진 전쟁의 강도와 기간에 비하면 놀라울 정도로 적은 피해였다. 이 중에서도 인큐내뷸라는 376권, 16세기 책이 2315권뿐이었다는 사실이 더욱 그 피해의 다행스러운 실상을 실감 나게 보여 주었다. 매우 쓰라린 손실 중 많은 경우는 독일군이 후퇴할 때 입었다. 이를테면 한 독일군 지휘관이 나폴리를 '잿더미'로 만들라는 히틀러의 지시를 말 그대로 따르는 바람에 나폴리의 도서관들은 20만 권을 잃었다. 아무리 주의 깊게 보존 절차를 지키더라도 후퇴하는 군대의 절박함과 복수심에서 우러나는 분노를 막을 수는 없었다. 폴란드인과 러시아인도 그런 비극을 겪게 된다.

이탈리아의 도서관이 취했던 조치들은 원칙적으로 생각하면 다른 교전국들이 모방했어야 할 것이었다. 다양한 이유로 실상은 거의 그러지 못했다. 프랑스의 경우 전국적인 대학도서관과 시립도서관망은 쇠퇴해 있었다. 프랑스혁명 동안 압수한 엄청난 양의 유산(프랑스혁명기에 수도원의 책은 압류되어 지자체 도서관에 통합되었다—옮긴이)에 짓눌린 시립도서관들은 아직 19세기의 긴 침체에서 헤어나지 못했다. 혁명이 진행되는 동안 교회의 도서관들을 폐쇄하면서 마을과 도시의 도서관들은 보기에도 찬란한 엄청난 양의 초기 인쇄본을 확보하게 되었다.

대개 이 책들은 산업화사회에서 수적으로 증가한 대중의 흥밋거리가 되지 못했고 신간을 갖추기 위해 필요한 예산은 배정되지 않았다. 지역의 대학도서관들도 별로 더 나은 상태가 아니었다. 양차세계대전 사이의 기간에 파리의 대학들에서 프랑스 전체 대학생의 50퍼센트가 수학했고 학위 취득자의 3분의 2가 나왔다.[7]

프랑스는 제1차세계대전에서 승리를 거뒀지만 경제적으로는 파산했다. 전쟁 사이의 기간이 도서관에게는 쇠퇴와 환멸의 시기였다. 공급의 모든 측면—열람실 크기, 신간 단행본과 과학 학술지—에서 봤을 때 프랑스는 이웃 나라들에 비해 뒤처졌다. 그렇지만 혁명기에 획득한 책들 덕분에 프랑스 도서관들은 여전히 보존할 가치가 있는 몹시 귀한 희귀본들을 엄청나게 보유하고 있었다. 프랑스가 벌인 전쟁의 불행한 역사는 독일군의 진격과 점령지 약탈의 속도에 비해서 프랑스의 보존 조치들이 불충분했음을 보여 주었다.

1938년 9월 28일, 183곳의 시립도서관장들에게 이탈리아의 모범을 따라 희귀본 피신 프로그램을 준비하라고 요청하는 회람 한 통이 돌았다. 파리의 정력적인 국립도서관장 줄리앙 캥(Julien Cain)은 도서관의 최고 보물들을 빈틈없이 도시 밖의 은신처로 옮겼다. 이 일을 위해 1차로 상자 2000개를 채워서 루아르계곡의 위세성(Château d'Ussé)으로 보내야 했다. 나중에 독일의 침공이 착착 진행되고 있을 때에야 남프랑스의 카스텔노성이 피신처로 또한 채택되었다.[8]

늘 그랬지만 시립도서관의 경우 악마는 디테일에 있었고 가장 귀한 필사본과 인쇄본 들은 한 권씩 따로 싸야 한다는 요구사항 때문에 많은 시간을 잡아먹었다. 도서관을 관리하는 시 당국자들은 문서 기록물에도 희귀본과 동일한 우선순위를 부여하려 해서 책을 위한 공간과 포장용 상자가 부족해졌다. 유일하게 그보다 더 포괄적인 도서 피신을 시도한 곳은 스트라스부르시 당국과 스트라스부르대학교(University of Strasbourg)였다. 스트라스부르는 1870년 독일의 폭격과 뒤이어서 독일제국에 합병당했던 상처에 여전히 시달리고 있었다. 1870년 독일 포대가 그 옛 도시를 불바다로 만들었을 때 스트라스부르의 주요 도서관 세 곳도 함께 사라졌다. 나중에 독일 당국이 대학도서관을 독일 책으로 재건했기에 베르사유조약의 일환으로 알자스-로렌(주도는 스트라스부르—옮긴이)을 반환했을 때 독일은 깊은 원한을 품었다. 스트라스부르의 프랑스 당국자들은 다시 독일이 점령하게 되면 좋을 일이 하나도 없을 거라는 사실을 잘 알고 있었기에 1939년 도서관 장서를 클레르몽페랑으로 대피시켰다.[9]

프랑스의 다른 지역에서는 수송 문제 때문에 이보다 소규모의 대피도 거의 불가능한 것으로 드러났다. 독일군이 프랑스 국경을 넘어 쏟아져 들어오고 나니 대피 작업을 완수하기란 더욱 어려워졌다. 프랑스 북부의 대규모 피난민 행렬이 도로를 막아 전선으로 향하는 군대의 이동을 결정적으로 저지하고 있는 상황에 더 이상의 도서관 희귀본을 도로 사정에 맡긴다는 것은 특히 독일의 폭격으로 철도망이 쓸모없어지면서 거의 상상할 수 없는 일이 되었다. 이미 폭격으로 잿더미가 된 캉과 투르 같은 꼴이 나지 않도록 파리는 무방비도시(군사상 방비가 없는 도시. 국제법상 전쟁 시에도 공격이 금지된다—옮긴이)로 선언되었다. 1940년 6월에 프랑스 지도자들이 독일에 화친을 제의했을 때 프랑스 북부의 도서관들(나중에는 비시 정부의 도서관들과 함께)은 사실상 점령군의 손아귀에 들어갔고 그 결과는 이어지는 장들에서 다룰 것이다.

전쟁 초기에 독일 도서관들은 책 보호를 시급한 우선순위에 놓지 않은 것으로 보인다. 전황이 독일에 대단히 유리하게 돌아가고 있었고 유력한 사서 중 많은 이가 점령국 도서관을 약탈하고 재편하는 데 동원되었다. 심지어 전쟁의 피해를 당할 위험이 더욱 명백해졌을 때에도 예컨대 1942년 3월 옛 한자동맹의 도시 뤼베크가 불타 버린 뒤에도 사서들이 책을 보호하기 위해 적절한 조치를 취하기란 쉽지 않았다. 베를린에는 폭탄 한 발도 허용하지 않겠다던 제국원수 괴링의 호언장담은 빈말로 드러났지만 너무 열심히 대피조치를 취하는 것은 패배주의로 보일 수도 있었기 때문이었다. 1942년 카를스루에주립도서관이 파괴적인 공격을 당했는데도 보도 통제는 유지되었다. 《젠트랄블라트 퓨어 비블리오텍스베젠(Zentralblatt für Bibliothekswesen, 도서관 공동체 전문 잡지)》 선임 편집자 게오르크 라이(Georg Leyh)는 넋이 나간 카를스루에도서관장에게 어쩔 도리 없이 '폭격으로 도서관이 입은 피해에 대해서는 어떤 것도 잡지에 싣지 않기로 되어 있다'라고 통고하는 수밖에 없었다.[10] 라이는 나치당에 입당하지 않았는데도 그 자리를 지킬 만큼 도서관 공동체에서 존중받던 원로였지만 그조차도 나치의 숨 막히는 통치가 행동의 자유에 그어 놓은 한계선을 넘을 수는 없었다.

그럼에도 이런 소식은 사람들의 입을 타고 퍼져나갔다. 사서들은 그들의 보물을 지키기 위해 조심스럽게 대피 계획을 짜기 시작했다. 함부르크도서관은 1939년 9월부터 일찍이 도서관에서 가장 귀중한 소장품들을 옮기기 시작했다. 여기에는 금전적 가치로는 가늠하기 어려운 초기 종교개혁기의 팸플릿 컬렉션이 포함되어 있었다. 책의 일부는 은행 금고와 함부르크 지하의 시공회당으로 옮겨졌다. 나머지는 함부르크 성미카엘교회 지하실에 은닉되었다. 하지만 이런 조치조차도 '대체할 수 없는 문화적 유산들'은 내화 시설을 갖춘 방공호로 옮겨야 한다는 최신 공식 지침에는 몹시 못 미치는 대책이었다.[11] 보다 대대적인 이전 작업은 전쟁 후반기에 이루어졌다. 다만 대개는 공습이 불러온 불이 폭풍처럼 번지며 귀한 책들이 많이 사라진 뒤였다. 독일 도서관이 내린 어떤 결정들은 오늘날의 관점으로는 터무니없어 보이는 것도 있다. 다름슈타트 소재 헤센주립도서관(Hessische Landesbibliothek)은 베토벤, 헨델(Handel), 모차르트(Mozart), 비발디(Vivaldi)의 친필 원고를 비롯해 세계 최고로 꼽히는 음악 자료들을 보유하고 있었다. 그런데도 사서들은 대표적인 해에 발행된 요리, 정원 가꾸기와 패션 잡지들을 안전한 저장실로 보내기로 결정했다. 1944년의 폭격으로 도서관이 불탔을 때 친필 악보들은 대부분 소실되었다.[12]

1944년부터 연합군 공습의 파괴력이 증대되는 것에 대한 대응으로 도서관들은 자료 전체를 폭격에 덜 취약한 곳으로 대피시키는 것도 고려해야 한다는 새로운 지침을 기회로 적극적으로 나섰다. 1943년의 공습이 대체로 서쪽에서 벌어졌기 때문에 책은 동쪽으로 보냈다. 함부르크는 도서관이 파괴되기 몇 주 전에 필사본 5000권과 종교개혁기 팸플릿 3500종 이상을 드레스덴 남쪽에 있는 라우엔슈타인성으로 보냈다. 1944년 4월 더 많은 책이 헤름스도르프와 바이시히(Weissig)의 성들로 보내졌다. 아무도 예기치 못했던 것은 전쟁이 끝나고 이 지역에 은닉된 책 다수가 소련 점령지역에 들어가며 결국 반환되지 못할 것이라는 사실이었다. 독일을 가로질러 운송하는 것이 너무 위험해져서 함부르크의 책들이 남쪽으로 200킬로미터 떨어진 헬름슈테트 근처 탄산칼륨 광산으로 보내지고 나서야 그곳으로부터 반환받을 수 있었다.

    1944년 튀빙겐대학교(Tübingen University)의 책들은 반환받기 좋도록 상대적으로 가까운 하일브론(Heilbronn) 인근 소금광산으로 대피시켰다. 베를린국립도서관의 책들은 좀 더 비극적인 운명을 맞았다. 책 수백만 권을 안전지대 약 스물아홉 곳으로 분산해 은닉했지만 대부분 남쪽과 동쪽이었다. 전후 중부유럽에 새로운 국경이 그어지자 열두 곳은 소련의 영역으로, 열한 곳은 폴란드의 영역으로 들어가 버렸다. 한 곳은 체코슬로바키아, 겨우 세 곳이 미국, 그리고 두 곳이 얼마 안 되는 프랑스 영역에 들어가 있었다. 이들 책 중 반환된 것은 극소수에 불과했다. 나머지 책의 운명은 책 반환을 다룰 17장에서 살펴보겠다.[13]

영국 도서관 공동체의 특수한 상황 때문에 도서관의 보물들에 대한 종합적인 피신 계획을 짜는 것은 쉽지 않았다. 대형 시립도서관 중 많은 곳이 상당히 빼어난 장서를 축적했지만 초기 인쇄본을 보유한 주요 도서관들은 세 곳에 집중해 있었다. 옥스퍼드, 케임브리지와 런던이었다. 수도는 명백히 폭격 1순위에 있었고 선전포고 한 시간 이내에 공습경보가 울렸다(허위 경보였다). 이어지는 여러 주 동안 정부는 런던 밖으로 어린아이들을 대규모로 대피시켰다. 하지만 첫 해 겨울 동안 걱정과는 달리 독일의 공습이 실제로 감행되지는 않자 어린아이들은 떠돌아다니다 돌아왔다. 전쟁을 집행하는 핵심 부처들도 런던 인근의 여러 주 주변의 더 작은 도시로 이전했다.

수도의 도서관들로 말하자면 책이 전쟁 수행에 중요한 역할을 할 가능성 때문에 이전할 수 있는 컬렉션의 규모는 제한적이었다. 단연 최대의 장서를 보유한 곳은 국립도서관이자 500만 권을 보유한 대영박물관이었다. 장서 관리자들은 가장 대체 불가능한 책들을 골라내 애버리스트위스에 있는 웨일스국립도서관(National Library of Wales)으로 옮기는 작업에 착수했다.[14] 이 작업은 감탄할 만큼 능률적으로 이루어졌다. 그리고 1939년 9월 5일 1만 권이 상자 197개에 담겨 웨일스로 급송되었다. 이 꾸러미에는 지도책 584권과 초기 신문 132권이 있었다. 그러나 이 정도는 박물관이 보유했던 초기 인쇄본 중 일부에 불과하며 전체 컬렉션으로 치면 0.2퍼센트에 불과했다. 1941년에 이루어진 공습은 거의 20만 권을 파괴하는 대재난을 불렀고 그 때문에 15세기와 16세기 책 5만 권을 추가로 급파해야 했다. 도서관이 소장한 초기 네덜란드와 이탈리아 도서들에 관한 카탈로그를 보면 이 공습에 파괴된 책들의 우울한 목록들이 나온다. 그중에는 성경과 기도서들, 피렌체의 선지자적 성직자 지롤라모 사보나롤라(Girolamo Savonarola)의 희귀한 책이 한 권 포함되어 있었다.[15]

초기 인쇄본에 관한 한 세계 최고의 장서를 보유했다는 사실의 엄중함을 고려해 볼 때 이런 태만함은 거의 범죄적 직무유기에 가까운 것으로 보일지도 모른다. 아마도 이런 매우 미흡한 대피 조치를 이해하는 핵심은 일을 주최하는 기관인 영국 박물관의 성격이 근본적으로 복합적이라는 사실일지도 모른다. 도서관은 영국 학계에는 중요했다. 그렇지만 영국 박물관의 명성은 문자 그대로 값으로 따질 수 없고 대체 불가능한 수많은 유물에 있었다. 박물관 신탁관리자들은 1918년 체펠린 비행선의 공습에 대응할 때도 박물관의 가장 중요한 유물 일부를 대피시켰고 1939년에도 저장소와 수송용 포장 상자에 들어가는 1순위는 또 유물들이었다. 이런 고대 유물들과 문화인류학적으로 경이로운 유산들의 대피는 너무나 성공적이어서 과업을 담당했던 역사가가 자랑스럽게 '건물은 큰 손상을 입었지만 어떤 중요한 유물도 (책들은 제외하고는) 잃어버린 것이 없다'라고 말했다.[16] 같은 논리로 노스웨일스의 소금광산에 은닉했던 내셔널갤러리(National Gallery)의 그림들도 책에 불과한 것보다 훨씬 더 귀한 대접을 받았다.

옥스퍼드와 케임브리지의 경우 이 두 유서 깊은 학문의 전당은 결코 심각한 폭격의 목표물이 될 가능성이 있다고 여겨지지는 않았다. 왜 그런지에 대해 많은 이유가 제시되었다. 그중 한 가지가 이를테면 암묵적 신사협정이라는 것인데 만약 하이델베르크나 튀빙겐을 폭격기가 방문하지 않는다면 옥스퍼드나 케임브리지도 폭격기의 출입이 없을 거라는 논리였다. 흥미를 끌었던 다른 주장은 히틀러가 영국을 정복하면 옥스퍼드를 수도로 삼을 생각이었기에 옥스퍼드는 손대지 말라고 직접 지시했다는 설이다. 히틀러는 아름다운 건축물을 몹시 우러러봤기 때문에 충분히 그럴 가능성이 있다. 이와는 대조적으로 브루탈리즘 양식(콘크리트나 철근 등 사용 재료를 과감히 드러내고 기하학적 형태를 추구한 건축 양식―옮긴이)을 적용한 현대적 건물인 런던대학교 본관은 게슈타포의 영국 본부로 쓰기로 지정되었다.

그럼에도 불구하고 옥스퍼드는 자기의 행운을 시험해 보듯 위험한 행보를 걸었다. 학부 재학생들이 군에 입대하면서 많은 대학이 전쟁 수행을 위해 징발되어 가령 영국 정보 부서 몇 곳의 요원들에게 숙소를 제공하거나 했다. 옥스퍼드는 카울리라는 지역에 모리스(Morris)의 거대한 자동차 공장이 있는 산업도시이기도 했다. 전쟁 동안 모리스는 회사를 정찰기를 생산하고 부서지거나 손상을 입은 비행기를 수리하는 작업장으로 대체했다. 보들리도서관에는 해군성 사진도서관과 왕립관측단을 비롯한 중요한 전쟁 수행 부서들이 많이 들어왔다. 수혈서비스부서도 뉴보들리도서관에 자리 잡았고 아직 다 차지 않은 도서관 서가는 노르망디상륙작전 대비용으로 비축하고 있었던 혈장을 보관할 안전한 장소가 되었다. 객관적으로 봤을 때 옥스퍼드가 심지어 보들리도서관만이라도 공습의 목표물이 되고도 남는다는 사실은 부인하기 어렵다. 그런 경우가 발생하더라도 옥스퍼드는 히틀러의 변덕스러운 자비심보다 뉴보들리도서관과 그곳의 여러 층에 거쳐 마련된 지하 서가들의 복원력을 더 신뢰했다. 도서관이 보유한 값으로 따질 수 없는 초기 인쇄본 소장선은 쏜살같이 구 도서관에서 이 깊은 곳에 마련된 저장소로 이전되었다. 이 장서들은 그곳에서 빅토리아앨버트박물관, 과학박물관, 상·하원의 도서관에서 온 책들, 옥스퍼드대학교 단과대학 열다섯 곳에서 온 보물들과 서로 만났다. 다 합해서 서로 다른 기관 여든일곱 곳이 자신들이 보유한 가장 귀한 책들을 지키기 위해 뉴보들리도서관 신세를 졌다.[17]

책들이 밖으로 더욱 멀리 떠나게 되었을 때 대피 과정에 그리고 그 후에 생길지도 모르는 손실은 소장품의 대피를 계획하는 모든 당사자에게 사소하게 넘길 수 없는 심각한 고려 사항이었다. 1940년 5월과 6월의 혼란 속에 탈출을 시도하다 프랑스국립도서관의 보물이 적어도 한 트럭분이나 사라졌다고 소문이 났다. 이탈리아 리보르노(Livorno)의 도서관은 대피소로 삼았던 칼치의 카르투시오회 수도원이 아르노강 지류의 범람으로 홍수 피해를 입으면서 상자 서른두 개 분량의 책을 잃고 말았다.[18] 또한 도서관은 대안으로 이용했던 공공시설이 책 보존에 적절치 못한 기후 조건을 갖고 있다는 단점을 확인하기도 했다. 요크셔 동쪽의 항구도시 헐은 늘 폭격의 위험에 시달렸다. 헐의 유니버시티칼리지(university college, 학위 수여 자격이 없는 대학—옮긴이)는 책을 도시 밖으로 대피시키려고 발 빠르게 움직였다. 많은 기관과 지역 성직자 들에게 도움을 요청했다. 한 교구 목사관에서 장서 5000권의 피난처를 제공했다. 결국 희귀한 책과 필사본 들을 목사관 다섯 곳으로 조금씩 나눠 보냈고 일반 도서들에서 추린 3만 2000권은 다른 기관 여덟 곳으로 분산 대피시켰다.[19] 1940년대에 성직자의 집은 희귀한 책을 보관할 정도로 난방이 잘 되지도 않았고 적절히 기온을 조절할 환경도 아니었다. 그래서 적어도 한 권이, 성삼위교구교회도서관(Holy Trinity Parish Library)의 필사본 카탈로그였는데 심각하게 훼손된 상태로 돌아왔다. 비록 이 도서관의 애그니스 커밍(Agnes

Cuming)이 밖으로 피신시킨 책을 관리하기 위해 애썼지만 책을 돌보러 외딴곳까지 도서관 직원을 보내는 것은 거의 가능하지 않았다. 그런 이유로 대영박물관이 애버리스트위스 국립도서관(National Library in Aberystwyth)의 도움에 그렇게 기뻐했던 것이다. 이제 다음 장에서 보겠지만 분산 수용된 책들은 다양한 상황에서 태만과 약탈과 기념품 사냥에 매우 취약하게 노출되어 있었다.

유럽의 도서관 공동체가 그들의 자원을 보호하기 위한 전쟁에서 겨우 체면이나 세우는 정도의 성과를 낼 뿐이었다면 전쟁의 주역 중 적어도 한 나라는 그런 실수를 하지 않으려고 단호히 대처했다. 미국이었다. 미국 대륙이 공습에 취약하지 않다는 사실을 고려하면 이미 안전지대인 미국 도서관 밖으로 도서관 보물들을 이전한다는 것은 이상하게 보일지도 모른다. 그렇지만 1941년이 되면 상황이 달라진다. 일본의 진주만공습은 유럽의 전쟁에도 크게 관심을 보이지 않던 미국 대중에게는 맑은 하늘에 날벼락 같은 충격이었다. 1942년 6월 미국 함대가 미드웨이해전에서 결정적 승리를 낚지 못했다면 무시무시한 일본 항공모함이 캘리포니아해안까지 순항해 오는 것이 현실이 될 뻔했다. 실제로 일본 병사들이 알래스카의 알류샨열도 중 아투섬과 키스카섬을 점령하면서 미국 영토에 상륙했다. 그리고 미군 병사 5000명을 희생하고서야 그들을 물리쳤다. 1942년 9월에 잠수함에서 발진한 비행기가 오리건주 상공으로 짧은 비행을 두 번 하면서 폭탄을 떨어뜨렸다. 사상자는 거의 없었다. 보도 통제를 통해 이 과감한 도발이 널리 알려지지 않도록 단단히 단속했다. 일본이 미국 본토로 날려 보낸 풍선폭탄으로 오리건주에서 민간인 여섯 명이 사망했다. 하지만 이것이 미국 본토에서 폭발물로 사상자가 초래된 유일한 사례였다.[20]

미국에서 도서 대피 작업은 대통령의 지시하에 설립되었고 동부해안의 중요한 공공기관 대표들로 구성된 위원회 덕분에 선전포고 전에 거의 준비되어 있었다. 이 위원회를 통해 만들어진 보존에 관한 보고서 편찬물은 「전쟁의 위험에 맞선 문화유산 보호(The Protection of Cultural Resources against the Hazards of War)」였다.[21] 의회도서관 대피 계획을 짠다는 것은 대피 시 우선순위를 파악하기 위해 60만 권 이상을 실제로 검토함을 뜻했다. 진주만기습 이후에 총 상자 4000개에 달하는 가장 귀한 책들을 옮기기 위해 여러 대학도서관의 저장 시설에서 가능한 공간을 확보했다. 한편 미국 독립선언서와 헌법 원본들은 켄터키주 포트녹스 금괴보관소(Bullion Depository)로 급송되었다. 뉴욕공공도서관은 희귀본들을 뉴욕의 지역 은행 금고에 넣었다. 휴스턴공공도서관은 보유하고 있는 지역신문들을 폭탄에도 끄떡없는 샌재신토기념비(San Jacinto Monument, 텍사스독립전쟁 전사자를 추모하기 위해 건립한 거대한 조형물—옮긴이)로 이전했다.

서부해안이 공격받을 가능성이 생겼더라도 동부해안에 있는 도서관들이 이런 예방조치를 취하는 것은 왠지 지나쳐 보인다. 전쟁 첫해에 국립보존기록관 직원이 남긴 기록에 따르면 화재감시를 하느라 극히 따분하게 2705시간을 보냈다고 하니 더욱 그렇다. 비록 한때나마 이탈리아 군대가 뉴욕 항구에 어뢰를 날릴 계획이 있다는 뜬소문이 돌았으나 그 정도 규모의 공격으로 도시에 상당한 피해를 줄 가능성은 없어 보였다. 유력한 문화기관들이 보인 이 정도의 경각심으로 말미암아 아마도 일반 시민들이 전시에 맞는 정신상태로 태세를 전환하는 데는 도움이 되었을 것이고 진주만기습에 대한 정보 실패 후에 국가 지도자들이 앞으로 닥칠 도전의 심각성을 인식했다는 것을 시민들이 확인하는 데도 도움을 주었을 거라고 말할 수는 있다.

제2차세계대전 동안 폭격에 맞서 책을 효과적으로 지키는 것을 방해하는 상황은 많았다. 그중에는 보존해야 할 책의 수가 너무 압도적이란 점도 있었고 가장 희귀하고 귀중한 책을 골라내야 할―모두가 초기 인쇄본은 아니었을 것이기에―직원의 부족도 있었다. 다름슈타트의 도서관이 내린 이상한 결정은 이런 어려움을 보여 주는 사례이다. 또한 많이 발행하는 책보다 고대 유물과 그림 따위의 대체 불가능한 것이 최우선이라는 문화기관 관계자들의 일반적 인식도 문제였다. 그런 사고방식이 종종 특정 인쇄본 중에 살아남은 것으로 알려진 몇 안 되는 오래되고 귀한 책들의 분실을 초래했다. 우리는 이런 책들을, 가령 발트해 연안의 다른 독일 도시들이나 쾨니히스베르크의 도서관들이 보유한 16세기에 나온 저지독일어(북부 및 서북부 독일에서 쓰는 독일어 방언―옮긴이) 출판물의 초창기 판과 같은 책들을 전쟁 전에 출간된 카탈로그로만 추적할 수 있을 뿐이다.[22] 비록 도서관이 폭격에 취약한 도심으로부터 위험을 무릅쓰고 책을 옮겼더라도 만약 책의 은닉처가 침공군의 공격을 받거나 전쟁이 끝날 무렵 '해방된다면' 책은 전혀 안전하지 못했다. 책을 약탈하거나 전쟁의 전리품으로 멋대로 처리해 버리는 행위는 폭격의 파괴로 생긴 손실을 더 악화시키곤 했다. 그런 약탈은 예기치 못한 것이고 많은 측면에서 더 고통스러운 기억이었기 때문이다.

14장
약탈

1942년 무렵이면 독일이 무력으로 점령한 지역의 규모는 나치 국수주의를 신봉하는 학계 지질학자와 지도제작자 들의 가장 터무니없는 몽상조차도 넘어서 버렸다. 이제 정복한 나라들의 부를 거둬들일 때가 왔다. 나치 정권은 다 알다시피 유대 문화와 폴란드 문화의 말살을 통해 유례를 찾을 수 없는 잔인함과 공포의 극단을 명백히 보여 주었다. 그렇지만 정복지의 보물들을 게걸스럽게 갈취하는 데 있어 그들은 아주 많은 역사적 모범을 따르고 있었다. 전쟁의 역사를 살펴보면 승리를 거둔 군대의 병사와 장군 들은 그들이 정복한 영토의 재산을 만만한 먹잇감으로 여겼다. 군대는 대부분 자급자족을 한답시고 그들이 지나가는 곳의 음식과 가축과 작물을 멋대로 **빼앗으며** 점령지를 수탈했다. 장군들은 좀 더 꼼꼼하게 궁궐과 성에 있는 재물들을 긁어모아 고향에 있는 자신의 저택을 치장할 생각을 했다. 적어도 이런 점에서 나치 노상강도 귀족(영지를 지나가는 사람들을 볼모로 금품을 **빼앗던** 중세시대 귀족—옮긴이)들은 역사적 전례를 충실히 따랐다. 그리고 20세기에 들어 침략군의 행동과 그들이 시민을 대하는 행태를 규제하려는 시도가 없었던 것

은 아니지만 독일을 점령한 연합국 군인들도 귀중한 재산을 많이 빼앗아 갔다.[1]

나치 최고사령부의 특별함은 군사적 승리의 특전을 전적으로 누리려 했다는 점이 아니라 그들이 그 특전을 추구하는 체계적 방식에 있었다. 인력과 물자를 동원해 열차들에 가득 보물을 실어 독일로 수송했다. 심지어 이 경우에도 특히 나폴레옹 보나파르트라는 인물로 역사적 모범을 찾을 수 있다. 19세기 전장의 가장 위대한 장군이자 샤를마뉴(Charlemagne) 대제 이래로 진심으로 유럽제국을 꿈꿨던 최초의 인물인 나폴레옹은 프랑스에 이익이 되도록 유럽 정부를 재건하려 하면서 그 기회를 틈타 프랑스의 미술관과 궁궐 들을 유럽 최고의 예술품으로 물갈이했다.

늘 그랬듯이 나폴레옹과 그만큼 혁명적 변화를 몰고 온 역사적 선배들은 그런 노략질을 공익이라는 언어로 치장했다. 약탈할 걸작을 선택하는 임무는 '과학과 예술 유산에 관한 연구 위원회(Commission for Research on Objects of Science and Art)'에 맡겨졌다. 노략질을 계몽시대의 유행어로 단장한 파렴치한 시도였다. 그 위원회는 조각가와 미술 전문가 들뿐 아니라 고분고분한 프랑스인 감식가, 학자, 식물학자, 과학자, 수학자 들로 구성되었다. 그러나 계획을 집행하는 것은 군인이었고 작품은 액자로부터 분리하고 프랑스로 운반해 오는 과정에 불가피하게 훼손되었다. 약탈품 규모는 종종 나폴레옹의 패배자들에게 강요된 평화협정에 명기되어 있었다. 가령 바티칸은 그림 100점을 넘겼다. 프랑스의 전리품 중 가장 두드러진 것으로 꼽히는 파올로 베로네세(Paolo Veronese)의 〈가나의 혼인 잔치(Wedding

Feast of Cana)〉는 베네치아 산조르조마조레섬의 성당에 있던 것을 뜯어왔다. 〈가나의 혼인 잔치〉는 루브르박물관의 같은 전시실에서 〈모나리자〉와 나란히 걸려 있다.² 때로는 개별 미술품의 운명으로 전쟁의 흐름을 추적하는 것도 가능하다. 이를테면 이탈리아 밖에 있는 미켈란젤로(Michelangelo)의 가장 탁월한 작품 〈브뤼헤의 성모자상(Madonna of Bruges)〉은 1794년에 파리로 약탈해 온 것이지만 나폴레옹이 패한 뒤 다시 브뤼헤로 돌아왔다가 1944년에 후퇴하던 독일군이 훔쳐갔다(결국 다시 돌아왔다—옮긴이).

무력을 써서 강탈하는 계획은 나폴레옹이 권력을 잡기 오래전부터 시행되었다. 그리고 프랑스혁명의 문화적 의제에 책은 또한 중요한 자리를 차지했다. 1792년에 이미 프랑스국립도서관에서 인쇄본 관리인은 자신의 요구사항을 제시했다.

> 장관님, 제가 장관님에게 상기시켜 드리고 싶은 것이 있습니다. 마인츠로 진군 중인 퀴스틴(Custine) 장군에게 그곳 대주교 관구의 성당참사회도서관(metropolitan chapter library)에 최초의 인쇄본 한 부가 있다고 전해 주시면 감사하겠습니다. 제목을 말씀드리면 『마인츠 시편(Psalter of Mainz)』이라고 합니다. 1457년에 나온 유명한 2절판 책입니다. 편리한 대로 구입하시든지 아니면 증정하게 만드시면 될 것입니다.³

혁명 위원들이 만약 체계적이지 않다면 혁명적이라 할 수 없다. 종종 그들은 자신의 문고를 과시하고 싶었던 소유주가 출판한 고서 인쇄본 카탈로그를 참고했다. 1794년 10월과 1795년 1월 사이에 가스파르 미셸(Gaspard Michel)은 지금의 베네룩스 지역과 북독일 지역의 도서관들을 광범위하게 훑으며 브뤼셀, 리에주, 아헨, 쾰른, 코블렌츠를 방문했다. 1796년에 이탈리아로 내려가서는 볼로냐와 밀라노에서 인큐내뷸라를 여러 상자 챙겼다. 이런 약탈은 전적으로 최초 인쇄본에만 국한된 것은 아니었다. 새로 설립한 공화국의 발전에 유용한 최신 과학 서적들도 우선순위가 높았다. 열성적인 안톤 켈(Anton Keil) 위원은 책이 많은 도시 트리어에서 일하면서 옛 도서들을 몰수하고 되팔아서 최근 판을 구입할 돈을 마련했다. 내무부 장관 피에르 베네제흐(Pierre Bénézech)는 이렇게 말했다.

> 그 프로젝트는 지금까지 어떤 정부도 경험해 본 적이 없는 유일무이한 상황을 이용해서 프랑스국립도서관 소장품을 가능하면 모든 분야와 모든 언어의 책으로 완벽하게 구비하는 것을, 또 동일한 책을 가능한 다양한 판본으로 수집하는 것을 목표로 했다.[4]

이 '유일무이한 상황'이란 로마제국의 전성기 이후로는 전례 없는 규모로 노략질을 저지를 기회를 말했다. 이 발언으로 베네제흐 장관은 훗날 자신의 발자국을 적극적으로 따라올 20세기 독재자들만큼 완곡어법의 달인임을 스스로 입증했다.

나폴레옹을 대신해 책 약탈에 앞장선 이들 중에는 소설가 스탕달도 있었다. 그는 젊은이로서 자신이 기꺼이 이루고 싶었던 임무를 부여받았다. 스탕달의 전리품 중에는 볼펜뷔텔

(Wolfenbüttel) 공작의 도서관에서 강탈했던 울리히 보너(Ulrich Boner)의 『우화(Fables)』 초기 밤페르크(Bamberg) 판본이 있었다. 이 책은 다시 제본되었고 상처를 입히고 모욕까지 주려는 듯 새로운 주인을 상징하는 프랑스제국의 독수리 인장을 표지에 찍었다. 나폴레옹의 패전에 이어 1814년과 1815년에 체결된 평화조약의 결과로 귀중한 약탈 도서들을 주인에게 반환하도록 강제되었을 때 이것은 예민한 문제가 되었다. 빼앗은 습득물에 너무나 많은 공을 들였던 프랑스국립도서관 사서들은 책의 원래 가치보다 다시 제본하는 데 더 많은 비용을 들였다고 불평하면서 최대한 비협조적인 태도를 취했다. 그런 투덜거림이 지난 15년 동안 정복자의 오만함을 겪었던 이들에게 통했을 리 없다.

20세기에도 나폴레옹은 역사상 가장 탁월한 전쟁터의 장군으로 존경받았지만 정복지 유럽의 통치자로서 그의 행동은 고약한 선례를 남겼다. 그러나 1940년대에 독일이 저지른 전방위적 약탈과 비교할 만한 것으로는 더 과거로 돌아가 30년전쟁(1618~1648)의 교전국들을 살펴보아야 한다. 바이에른의 대공이었던 막시밀리안 1세(Maximilian I)는 라인강 서쪽의 칼뱅파 신성로마제국의 선제후령을 정복한 뒤 유럽에서 가장 오래된 대학으로 꼽히는 하이델베르크대학교도서관의 장서를 교황에게 선사했다. 필사본과 초기 인쇄본 전부를 조심스럽게 상자에 넣어 노새에 실었고 중무장한 병사들이 노새 행렬을 호위해 알프스를 가로질러 바티칸도서관의 새집으로 보냈다(그중 많은 책이 여전히 그곳에 남아 있다).[5]

이런 약탈은 종교개혁의 결실로 유럽 전역에 설립된 새로운 프로테스탄트 대학들에 재앙이었다. 그렇지만 1620년대와

1630년대 사이 몇 년 동안 프로테스탄트들에게도 정복 장군이 나타나 책 전쟁이 재개되었다. 스웨덴 왕 구스타프 2세 아돌프(Gustav II Adolf)는 유럽 남쪽으로 전진하면서 발트해 연안에 안전한 회랑을 구축하는 것을 주요 목표로 삼았다. 오스트리아 합스부르크가를 상대로 스웨덴군이 거둔 뜻밖의 승리로 잠깐이지만 그는 유럽의 결정적 실력자로서 위세를 떨쳤다. 스웨덴 정복전쟁의 첫 단계에서 북유럽 연안을 따라 설립된 가톨릭 도서관들이 핵심 표적이 되었다. 리가, 브라니에보, 프롬보르크의 예수회 도서관들이 점령되고 약탈당했다. 책 목록을 작성한 다음 책을 짐으로 꾸려서 스웨덴으로 보냈다. 이곳에서 세심한 분류를 거쳐 최고로 선정된 책들은 왕립 소장선이나 웁살라대학교도서관의 몫이 되었다. 30년전쟁 막바지에 보헤미아와 모라비아의 전리품들이 여기에 추가되었다. 이 모든 사례에서 스웨덴은 만약 외국의 도서관을 통째로 빼앗았다면 그것들을 본국에서 안전하게 분류하고 분배해도 된다는 원칙하에서 일처리를 했다. 웁살라대학교도서관에서 가톨릭 도서는 다른 곳과 분리된 층에 보관돼 특별한 열쇠가 있어야만 접근할 수 있었다. 적의 사악한 원칙과 싸우려면 적을 알아야 한다. 그러나 불굴의 신념을 가진 자들만이 그런 원칙에 접근할 수 있다.[6]

앞으로 살펴보겠지만 비슷한 동기로 나치 정권의 약탈이 촉발되었다.

책과 지식은 나치의 핵심 관심사였다. 그러나 그때까지도 도서 약탈의 이런 사정은 독일이 훔쳐 간 그림과 그 밖의 유물 들에 쏟아진 주목에 비하면 오직 하찮은 관심만을 받았다. 히틀러

17. 제2차세계대전 출판계에서 압도적인 성공 사례인 미국 진중문고는 전 세계의 미군들에게 총 1322종 1억 2200만 부를 전했다. 출판업 자체로도 엄청나게 깊은 인상을 남긴 사업이었지만 그만큼 눈부신 물류 능력의 개가였다. 소설이 대다수를 차지했고 드문드문 논픽션도 있었다.

18. 최초의 영국 병사 신문 《오크니 블라스트》 제작진의 모습. 오크니에는 주로 스캐퍼플로 방어기지에 있는 영국 선단을 정비하고 지키기 위해 남녀 군인 6000명이 주둔하고 있었는데 이들은 기분 전환을 위한 것이라면 뭐든 기쁘게 수용했다.

19. 《타임》. 해외 주둔 미군을 위해 특별히 제작되어 인기를 얻었던 소형판(대략 14×20센티미터—옮긴이)의 모습이다. 군 당국은 진중문고에서 모든 군인이 소설만 읽기를 원하지는 않는다는 사실을 잘 알고 있었고 배포된 읽을거리 중에는 스포츠 잡지도 또한 많은 눈길을 끌었다.

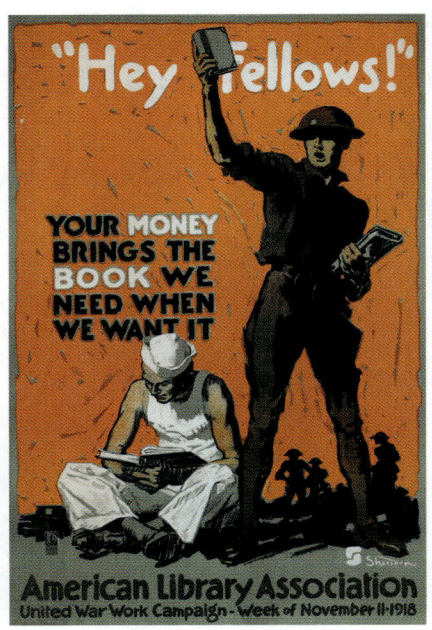

20. 독자이기도 한 군인. 1917년 미국에 의해 야전으로 투입된 시민 군대의 병사들은 교전국 대부분에서 징집된 군인들보다 훨씬 더 교육 수준이 높았다. 시민들이 기부한 300만 권을 기반으로 군은 군 병원을 비롯한 500곳에 도서관망을 구축했다.

21. 미국도서관협회는 교전행위를 멈추기 직전까지도 그리고 그 후에도 책 기부 캠페인을 계속했다. 나중에 기부된 책 중 많은 상당수가 파리에 미국도서관을 설립하는 데 들어갔고 전쟁으로 황폐화한 유럽에 미국 문명의 횃불을 전했다.

22. 포스터에서 제시된 것처럼 전선에서 잘 세탁된 제복을 입은 독일 병사가 가지런히 쌓인 책을 두고 독서를 즐기는 장면을 믿는 사람은 꽤 고지식하다고 봐야 할 것이다. 참호의 일상은 진지한 독서를 불가능하게 했다. 쥐가 버글거리고 진흙탕이며 늘 불편한 환경에서 책과 깨끗한 제복은 가당찮은 바람이었을지도 모른다.

23. '아는 것이 힘이고 공공도서관은 무료다'(1918). 병사든 시민이든 책으로 배움을 얻는 것은 돈벌이가 되는 일자리를 얻고 성공으로 가는 길을 열었다. 그런 공공도서관의 목적은 여전히 매우 생생히 살아 있었지만 사서들은 도서관 열람자 대다수가 가벼운 읽을거리와 기분 전환을 위한 독서를 위해 도서관에 온다는 사실을 잘 알고 있었다.

24. 에드워드 머로(Edward Murrow)와 윌리엄 샤이러. 둘의 라디오 방송은 미국의 청취자들에게 독일과 런던의 생생한 소식을 얼마간 전했고 샤이러에게는 그의 베스트셀러 『베를린 일기』에 소재를 제공해 주었다.

25. 아돌프 히틀러는 베스트셀러 작가이자 안목 있는 책 수집가였고 카를 마이(1842~1912)의 진부한 모험 소설의 애독자였다. 난처한 사실은 사서 대부분이 그런 소설을 서가에서 뿌리 뽑고자 애썼다는 것이다.

26. 『수지맞는 독서(Reading for Profit)』(1945)은 몽고메리 벨지언이 독일의 포로로 잡혀있는 동안 동료 장교들에게 했던 영국 문학에 관한 강의를 책으로 만든 것이다. 벨지언은 수강생들에게 강의가 벅찰지도 모른다고 경고했지만 벨지언과 그의 강의는 인기 만점이었다. 끝까지 꼼꼼하게도 그는 서문에서 '마지막으로 내 원고의 일부를 내가 타이핑할 수 있게 그리고 원고 전부를 고국으로 보내도록 허락해 준 독일군 당국자들의 호의'에 감사드린다는 말을 덧붙였다.

27. 몬테카시노의 성채 수도원은 애초에 다른 도서관 책을 위한 피난처로 여겨졌다. 하지만 전선이 더욱 가까워지자 대주교는 안전을 위해 귀한 책을 바티칸으로 보내자는 설득에 응했다. 이 책은 그 덕분에 살아남은 대체 불가능한 고대의 필사본 중 하나이다.

 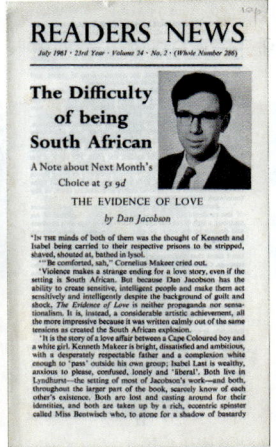

28. 남아프리카 공화국에서 벌어진 이 애끓는 인종 간의 사랑과 그 비극적 결말에 대한 이야기는 1960년 저자인 남아프리카공화국 작가 댄 제이컵슨(Dan Jacobson)이 자신의 작가적 경력을 추구했던 런던에서 출판되었다. 인종 간 결혼 금지가 완화되기까지는 25년의 세월이 더 흘러야 했고 그것은 아파르트헤이트 정책과 검열 정권의 붕괴를 향한 첫걸음으로 꼽히게 되었다.

29. 포로가 된 영국 병사에게 독일인 장교가 우쭐대며 '네 놈에게 전쟁은 끝났어(너는 이제 꼼짝없이 죽었어—옮긴이)'라는 말은 이제는 아이러니한 느낌이 있다. 왜냐면 전쟁만화 전문잡지 《코만도(Commando)》가 용감하고 창의적인 영국 병사들과 악랄하지만 쉽게 속고 마는 적들이라는 상투적 설정을 계속해서 써먹었기 때문이다. 《코만도》는 1960년대와 70년대에 학생들의 교실과 운동장 어디에서든 볼 수 있었고 아이들끼리 수집하고 교환하고 물물 거래했다.

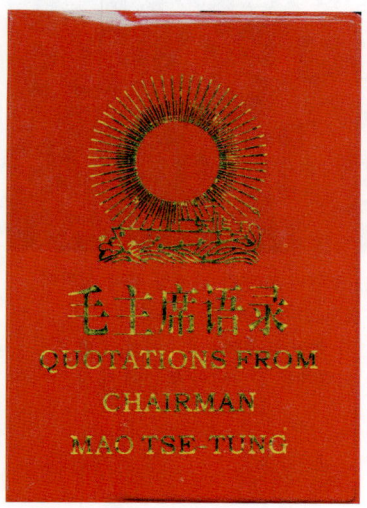

30. 세계적으로는 작은 빨간 책으로 알려진 이 마오 주석의 어록집은 20세기 출판의 경이로운 사건이었다. 1964년부터 1971년까지 10억 권 이상이 출판되었다. 외국으로 넉넉히 배포되었고 중국에서는 어디든 놓여 있었던 작은 빨간 책은 중국 문화 혁명기에 중요한 그리고 종종 억압적인 역할을 했다.

31. 시인 안나 아흐마토바(1889~1966)는 소련이 50년간 진행한 체제 실험의 희생양이었다. 처음에는 떠받들렸으나 어느 순간부터 공식적으로 격하되었고 크게 고통받았다. 그의 아들과 연인은 강제수용소에서 오랜 기간 수형생활을 했다. 하지만 아흐마토바는 어떻게든 살아남아 말년에 다시 존중을 누리며 살았다.

가 사익을 위해 약탈할 이유는 거의 없었다는 건 사실이다. 『나의 투쟁』 강매로 벌어들이는 저작권료가 어마어마했고 더욱 터무니없게도 독일 우표에 들어가는 그의 초상권 사용료까지 가세하면서 그를 부자로 만들었다. 약탈한 미술품 중에서 그가 관심을 가진 것은 초기 독일 회화 걸작들이었다. 고향 오스트리아 린츠에 1950년 개관 예정으로 계획 중이었던 총통미술관을 위해 미술품을 약탈했다. 괴벨스, 리벤트롭(Ribbentrop), 알베르트 슈페어도 꽤 많은 미술품을 끌어모았고 제국원수 헤르만 괴링은 그가 삶의 모든 측면에서 보였던 절제심을 내버리고 엄청난 규모를 수집했다.[7] 린츠에 자신의 이름으로 미술관을 계획했던 히틀러를 포함해 나치 권력의 중심에 있던 자들 모두는 제각각 제 입맛에 맞는 작품을 찾아 유럽 전역으로 전문가 집단을 풀었다. 괴링은 17세기 네덜란드 황금기의 미술을 대단히 흠모했는데 베를린 외곽 카린할(Carinhall)에 거만하게 서 있는 그의 시골 저택에 수집된 회화 2000점이 그런 그의 취향을 매우 진하게 보여 주었다.

　나치 수집가들은 파리와 스위스에 점령군 협력자로 구성된 상인집단 연락망을 꾸렸다. 예술계란 것은 좋은 시절에는 환한 미소 속에 치열한 경쟁을 벌이는 사업이지만 전쟁은 그전에 존경받던 많은 화상에게서 최악의 모습을 끌어냈다. 많은 전문가가 약탈이나 몰수로 나온 물품들의 거래를 터주는 것을 기꺼이 반긴다는 사실을 보여 주었다. 유럽 예술계의 수도 파리는 전시에도 거래가 크게 번창했다. 스위스의 화상들은 전시에 나치 지도부들과의 거래로 큰 수익을 올렸지만 1945년 약탈된 예술품의 제자리를 찾아 주려는 연합군의 노력에 협력하기는 (스위스 전문가 조직의 지시에 따라) 거부했다. 그들은 전쟁 후에도 이런 비협조적 자세를 유지하는 한편 약탈 예술품 거래에서 가장 악명높은 나치 화상들을 스위스에서 배제하면서 자기들을 위한 시장을 더 많이 확보했다. 이런 상도를 벗어난 협잡의 실체를 보여 줄지도 모를 스위스예술품거래협회(Swiss Art Trade Association)의 거래 기록에서 1945~1980년 사이의 기록은 이상하게도 사라졌다.[8]

책보다는 그림이 이런 수집에서 중심이 되었다. 그럼에도 둘의 관계는 떼려야 뗄 수 없을 정도로 긴밀했다. 주요 화상들 스스로가 참고도서를 위한 뛰어난 개인문고를 보유했기에 특히 더 그랬다. 진지한 수집가들 대부분은 그런 문고도 또한 탐을 냈다. 괴링은 파리 갤러리가린(Galerie Garin)의 관장 알렌 뢰블(Allen Loebl)의 유명한 참고도서 문고를 습득할 수 있었다. 이런 다소 복잡한 거래는 파리에서 괴링의 화상이었던 브루노 로제(Bruno Lohse)의 중개로 이루어졌다. 괴링은 유대인에게 부채감을 느끼고 싶지 않아서 책값을 현금으로 지불하지 않았다. 대신 다른 데서 약탈했던 위트릴로(Utrillo)의 그림과 교환했다(당시는 유대인과 거래 시에 실제 가치보다 훨씬 낮은 값을 치르는 것이 관행이어서 현금을 치르게 되면 느낄지도 모를 도덕적 부채감이 싫었다는 말—옮긴이). 두 번째로 큰 예술 수집물 집결지는 뮌헨의 퓌러바우(Führerbau, 총통의 건물—옮긴이)였는데 린츠의 미술관으로 가게 되어 있는 약탈 예술품들의 집하 정류장이기도 했다.

이런 식으로 나치 지도자들은 상당한 개인문고를 구축했

다. 부분적으로는 그들이 사회적 지위를 상징하는 것이라면 무엇이든 탐냈기 때문이고 또한 그중 일부는 정말 책벌레여서 그렇기도 했다. 사적으로 히틀러는 그가 못 본 체했던, 그 방종함에서 도를 넘는 강도 패거리 같은 부하들보다는 훨씬 더 검소하게 살았고 그의 도서관도 꼼꼼하게 고른 책으로 아담하게 꾸몄다. 베르히테스가덴에 있던 그 도서관의 규모는 대략 2000권 정도였고 히틀러가 정말 관심을 보였던 역사와 건축과 같은 주제를 중심으로 구성되어 있었다. 물론 선물로 받은 특별 제본된 책도 있는데 그중 일부는, 가령 가톨릭과 국가 사회주의가 서로 궁합이 잘 맞는다는 것을 보여 주기 위해 장황하게 논리를 전개한 알로이스 후달(Alois Hudal) 주교의 것과 같은 책들은, 16쪽 이상 읽은 흔적은 보이지 않는다.[9]

이런 수집 열기는 전쟁이 끝나 가던 마지막 여러 달 동안에도, 심지어 연합군이 전투를 치르며 독일 국경을 넘었는데도 계속되었고 나치 권력자들은 대부분 헛되이 자신들의 장서를 숨기고 폭탄도 피할 수 있는 곳을 찾아 헤맸다. 종전 무렵 나치 지도자들과 독일 여러 기관의 수중에 들어온 장서는 수백만 권에 달했다. 모두 외국으로 도피했던 유대인들과 강제수용소로 끌려가 죽음을 맞았던 유대인들에게 압류라는 형식으로 쓸어 담은 것이었다.

이 중에 상당 부분을 차지했던, 즉시 쓸모를 찾을 수 없었던 책들은 버려지거나 재생지 원료가 되었다. 이런 파괴의 과정은 책과 약탈한 미술품의 한 가지 중요한 차이를 확인하게 한다. 예술품이 한 점뿐이라서 개별적으로 더 중요하다면 강탈된 책들은 그중 많은 것이 되팔 가치가 별로 없는 흔해 빠진 것들이었고 기능적인 면에서도 같은 판본의 다른 책들과 구별되지도 않았다.

　매력이 떨어진다는 점과 함께 책의 이런 예사로운 점이 예술품에 쏟아진 학술적 관심에 비하면 왜 약탈당한 책이 그렇게 주목받지 못했으며 살아남은 책을 원래 주인에게 돌려주기 위한 노력이 상대적으로 왜 그렇게 미약했는지를 부분적으로 설명해 준다. 사라진 도서들에 대한 데이터베이스는 아예 존재한 적이 없다. 이에 비해 제2차세계대전 때 실종된 예술품들은 체계적으로 목록화되고 널리 알려졌다. 그래서 예술품 시장이나 좀 더 당혹스럽기로는 유명 미술관 소장품을 보관하는 지하 수장고에서 그것들이 놀라운 규모로 계속 나타나고 있는 것을 확인할 수 있다. 실로 그 규모와 야심에서 30년전쟁 때 스웨덴의 약탈조차도 시시해 보이게 하는 나치 도서관 건립 계획이 없었더라면 책은 문화적 약탈의 역사에서 어쩌면 주석 정도로만 취급될 운명이었을지도 모른다. 이런 점에 대해 우리는 광적인 과대망상가이며 나치의 핵심 이론가인 알프레트 로젠베르크에게 감사해야 한다.

　히틀러와 함께 권력의 핵심에 있었던 자들에게 천년제국은 공연한 수사적 허풍이 아니라 세심한 계획을 요구하는 과업이었다. 독일이 동과 서로 적을 평정했지만 패하고 굴욕을 당한 적들이 완전히 근절되지는 않을 일이었다. 그래서 이제 적의 허깨비들을 적어도 그들의 텍스트로나마 살려 둘 필요가 있었다. 유대주의, 사회주의, 볼셰비키의 위협과 국가사회주의에 대한 그 밖의 도전을 철저히 연구하고 언젠가 그것들이 다시 살아날 경우에 철저히 짓밟기 위함이었다. 독일 전역에 학술도서관 열 곳을 분산 설립하고 각 도서관에 최고 100만 권을 확보한다는, 전시에 구상된 최대의 도서관 건립 계획으로 꼽히는 로젠베르크의 거대한 계획의 기본에는 이런 생각이 깔려 있었다.

발트해 연안 출신의 지식인 로젠베르크는 나치 창단 멤버 사이에서 다소 아웃사이더였다. 그는 히틀러 패거리(그리고 암묵적으로 히틀러 본인까지)가 자신의 대작 『20세기의 신화』를 불가해한 장광설로 여긴다는 걸 너무 잘 알고 있었다. 1934년이 되어서야, 그것도 어렵사리 그는 나치 운동의 핵심 이론가로 공식 인증을 받았다. 전쟁이 시작되고 정복지의 재물들이 그의 처분하에 놓이게 되자 로젠베르크는 자신의 문화재 수집 특수부대인 아인자츠타프(Einsatzstab Reichsleiter Rosenberg, ERR)의 책임자로 지명되었다. 전쟁이 끝날 무렵까지 로젠베르크는 대륙 전역의 기록물과 예술품뿐만 아니라 도서관들로부터 약탈 도서 수백만 권을 처분하는 거대한 관료 체계의 절차를 구축했다. 일단 나치 실세들의 수집벽이 충족되자 값으로 따질 수 없는 예술품들이 다소 어지럽게 쌓여갔다. 전쟁이 끝나고 나서 미국군은 창고와 은닉처 약 1500곳에서 1070만 점에 달하는 유물을 찾아냈다고 밝혔다.[10] 반면에 도서관 파괴는 무심코 이루어진 적이 결코 없었다—정복 권력의 필요에 맞게 이용하기 위해서 아니면 정복한 나라의 문화를 멸절하기 위해서였다.

1939년에 패배를 당한 후 폴란드는 나치의 새로운 문화적 과업에 종속된 최초의 나라가 되었다. 당시 나치친위대 소속이던 전직 고고학과 교수 페터 파울센(Peter Paulsen)이 이끄는 존더코만도 파울센(Sonderkommando Paulsen)이라는 특수부대가

이 과제를 수행하는 임무를 맡았다. 파울센은 자신의 업무를 유대인 공공시설의 말살과 폴란드 도서관의 압류라는 두 가지 방향으로 나누어 진행했다. 일부 중요한 학술도서관만을 폴란드에 남길 생각이었는데 폴란드 거주 독일인들과 점령군의 이용을 위해서였다. 덕분에 적어도 유럽에서 가장 명성 높은 도서를 보유한 것으로 꼽히던 크라쿠프대학교도서관의 장서 일부는 간신히 살아남았다.[11] 다른 곳의 도서관들은 거의 전멸에 가까운 파괴를 겪었다. 이런 파괴의 마수는 심지어 학교 도서관들까지도 뻗쳤다. 포즈난의 성미카엘교회가 중앙 처리장이 되었다. 이곳에서 유용한 것으로 여겨지는 책들, 특히 과학 서적과 정기간행물 들은 독일로 운송되도록 따로 모아두고 나머지는 폐지 처리했다. 이런 식의 허무주의적 파괴는 전쟁이 끝날 때까지 계속되었고 바르샤바를 떠나던 마지막 독일군은 바르샤바공공도서관의 30만 권을 파괴했다. 다 합해서 폴란드는 학교와 공공도서관의 장서 90퍼센트, 개인문고와 전문가 장서 80퍼센트, 폴란드 과학 저술의 50퍼센트를 잃은 것으로 추정된다. 대략 1500만 권에 달한다.[12]

1940년 ERR 설립과 함께 도서관 약탈은 더욱 의도적이고 계획적으로 이루어졌다. 그러나 결국 로젠베르크가 계획했던 도서관 열 곳 중 딱 한 곳, 프랑크푸르트 유대문제연구소(Institute for Research on the Jewish Question)만 실현되었다. 히틀러는 로젠베르크에게 이 과업에 집중하고 새 국가사회주의대학교를 바이에른 킴제(Chiemsee)호 기슭에 세우라고 명했다. 건물을 세우는 것은 전쟁이 끝날 때까지도 보류되었지만 히틀러는 로젠베르크에게 인내심 있게 일을 밀어붙여서 '특히 연구와 도서관 설립은 계속하라'라고 간절히 부탁했다. 계획 중인 새 대학교에 감독자로 지명된, 프랑크푸르트 로스차일드 컬렉션의 전직 사서였던 이는 '목표는 최초로 거대한 과학적인 국가사회주의 도서관을 건립하는 것'이라고 했다.[13]

이들 두 도서관과 자신의 도서관 오스트뷰허라이(Ostbücherei, 동부도서관)을 채울 책을 구하기 위해 로젠베르크는 새로 정복된 서쪽 영토로 눈을 돌렸다. ERR 앞잡이들은 네덜란드에서 대부분의 유대인 거주지들을 대상으로 2만 9000번의 기습을 벌여 집안을 싹쓸이하면서 70만 권을 수확했다. 이렇게 모은 책을 일부는 네덜란드 학교들로 옮겼다. 핵심 표적은 가장 명망 높았던 암스테르담의 두 유대교 역사 도서관인 에츠하임 도서관(Ets Haim)과 로젠탈도서관(Bibliotheca Rosenthaliana)이었다. 두 곳 다 몰수해 프랑크푸르트 연구소로 실어날랐다. 네덜란드인 관장 헤르만 더라폰테인 페르베이(Herman de la Fontaine Verwey)가 로젠탈도서관의 가장 귀한 도서들을 구하기 위해 용감히 애를 썼으나 소용없었다.

ERR은 서쪽 본부들을 프랑스에 두었고 그곳에서 도서관 총 723곳을 압류해 총 170만 권을 모았다. 범이스라엘연합(Alliance Israélite Universelle)의 도서관과 투르게네프러시아도서관(Bibliothèque Russe Tourguéniev)뿐 아니라 파리의 우크라이나 및 폴란드 도서관(폴란드 도서관은 13만 6000권을 털렸다)도 포함되었다.[14] 1941년 러시아 침공으로 새로운 기회가 생겼다. ERR은 동쪽에서 공공시설 2265곳, 기록보관소 375곳, 도서관 957곳, 연구교육기관 531곳, 박물관 402곳을 털었다. 엄청난 수송 자원과 독일 공공기관으로부터 차출된 많은 사서와 기록물 보관 담당자들의 조언이 필요한 막대한 규모의 약탈이었다. 이런 계획적인 압수에다 독일군의 침공과 후퇴로 입은 피해까지 겹치면서 소련은 1억 권 이상을 잃은 것으로 추정된다.[15] 현재 리투아니아 수도인 빌니우스는 동유럽 지역 유대인의 수도로서 특히 집중 약탈의 표적이 되었다. 빌니우스에서 가장 중요한 두 도서관인 유대과학연구소(Yiddish Scientific Institute, YIVO)와 스트라슌도서관(Strashun Library)은 처참히 파괴되었다. 4만 권이 독일로 수송되었고 나머지는 폐품 처리되었다.

1943년이 되면 유럽에서 50만 권에 달하는 최고 수준의 유대인 소장 도서들이 프랑크푸르트 유대문제연구소 저장고에 쌓였다. 그러나 그때쯤 전황이 독일에 불리한 쪽으로 돌아가면서 도서관다운 도서관으로 만드는 작업은 거의 진척을 볼 수 없었다. 책 대부분은 상자에 든 채로 있었고 새로 습득한 2만 5000권만 겨우 카탈로그 작업을 마쳤을 뿐이었다. 동쪽에서 습득한 많은 책은 로젠베르크의 다른 기획인 오스트뷰허라이를 위해 챙겨두었다. 베를린에 설립할 계획인 이 새 도서관은 볼셰비즘과 동유럽과 관련된 모든 책을 수용할 작정이었다. 소련을 침공했던 해에 이 도서관은 스몰렌스크로부터 30만 권과 리가로부터 20만 권, 총 50만 권을 쓸어왔다.

이런 광기에 찬 노략질을 실질적으로 제어할 유일의 장치는 다른 나치 조직들과의 경쟁뿐이었다(그들은 늘 경쟁했다). 힘러의 국가보안본부(Reichssicherheitshauptamt, RSHA)는 베를린 아이제나허슈트라세(Eisenacherstrasse)에 위치한 옛 프리메이슨 건물에 거대한 도서관을 건립했다. 전쟁 동안 대략 300만 권이 베를린으로 들어왔고 전쟁이 끝날 무렵 50만 권이 아이제

동쪽에서의 책 약탈은 너무나 무분별하게 이루어져서 목록화 작업은 고사하고 어떻게든 책을 그 쓸모에 맞게 이용할 가능성이 거의 보이지 않았다. 라트비아 리가에 쌓아 놓은 책들은 아마도 결국 폐지가 될 처지에 놓였을 것이다.

나허슈트라세 보관소에 머물렀다. 힘러는 암스테르담의 유대 서적 소장 목록 중에 셋째로 꼽히는 아이작 레오 실리그만(Isaac Leo Seeligmann)의 개인문고도 약탈했다.[16] 게슈타포도 뮌헨에서 자체적으로 책을 수집했는데 본부가 베를린으로 옮겼을 시점에 20만 권을 보유했다. 몰수한 재산을 정리하는 과정에 게슈타포가 더 애쓴 결과로 보유 서적은 총 60만 부로 불어났다. 이따금 최고의 도서관을 선점하려다 볼썽사나운 다툼도 벌어졌다. 노동조합과 사회주의 정당에 관한 자료들의 보고인 암스테르담의 네덜란드국제사회연구소(Dutch International Institute of Social History, IISH)의 기록보관소를 놓고서 ERR, RSHA, 독일노동자전선, 네덜란드 점령지의 통치자인 아르투어 자이스인크바르트(Arthur Seyss-Inquart) 사이에 4파전이 벌어졌다. 최종

약탈

승자는 암스테르담의 IISH 본부 건물과 파리 지부 건물에 대한 실질적 점유권을 행사했던 ERR이었다.[17]

그렇게 어마어마한 양의 책이 독일로 들어오자 기존의 연구기관과 공공도서관 들에도 많은 책이 남겨졌다. 독일 사서들은 유럽 전역의 도서관 약탈에 중요하지만 수치스러운 역할을 맡았다. 1933년 나치 통치에 편안하게 적응했던 것과 마찬가지로 이제 사서들은 바람직한 책을 파악하고 점령지의 주요 도서관들을 관리하는 일에 서둘러 자신들의 전문지식을 제공했다. 크라쿠프에 새 독일 도서관을 설립한 것은 전직 베를린대학교 도서관장인 구스타프 압의 감독하에 이루어졌다.[18] 프랑스국립도서관의 유대인 관장을 해임한 후에 그의 후임은 독일인 감독자 세 명의 지도하에 일했다. 협력의 대가로 독일 사서들은 전리품에서 자신들의 몫도 챙겼다. 독일 영토에서 전략적으로 극동에 위치했던 쾨니히스베르크도서관(Königsberg Library)은 프워츠크의 가톨릭신학교 도서관을 압류해 강탈한 5만 권이 유입되면서 횡재를 했다. 그중에는 인큐내뷸라 400권과 필사본 100권이 있었다. 이 모든 것이 1945년 소련의 침공이 공세를 더해가면서 불에 타 사라졌다. 이때쯤 쾨니히스베르크도서관장은 징집당해 참호를 파는 일에 동원되었다. 그는 도서관 동료에게 놀라울 정도로 절제된 표현으로 자신의 심경을 피력했다. '연구가 불가능해졌네.'[19]

베를린의 주요 도서관들인 국립도서관과 공립도서관도 전문지식을 제공하면서 주역을 담당했고, 동쪽과 서쪽, 독일 내부의 유대인 문고에서 압류해 베를린으로 쇄도하는 수많은 책의 중앙 교환소로서 소임을 다했다. 베를린국립도서관은 독일 대학교 서른 곳 이상에 책을 나눠 주었다. 전쟁이 끝날 무렵이면 공공기관 대부분이 유대인 문고의 약탈물에서 이익을 취하면서 공범이 되었다.[20] 많은 유대인 문고는 그들의 다른 재물들과 함께 베를린의 전당업자에게 넘어갔고 도서관은 전당업자에게 책을 신청해서 폭격으로 본 손실을 메울 수 있었다. 1943년에 베를린공공도서관이 폭격 손실을 보충하려고 4만 권을 신청했을 때 그들이 지불한 비용은 '유대인 문제에 대한 최종해결책(나치의 유대인 절멸 계획—옮긴이)'을 위해 쓰이는 것이 명백했다. 사서들은 이것이 의미하는 바를 100퍼센트 확실히 알고 있었다. 그럼에도 책 구매는 계속되었다.[21]

이 지저분한 거래는 1933년 나치 집권 후에 독일 도서관 업계에서 그칠 줄 모르고 번성했고 은밀히 널리 퍼졌던 또 다른 종류의 약탈과 함께 들여다볼 수도 있다. 희귀한 책과 필사본 거래는 친밀한 관계인들의 거래였다. 희귀본 사서는 중개인을 잘 알고 있었고 오랜 세월의 거래를 통해 서로 신뢰를 쌓았다. 많은 고서상은 유대인이었다. 그들은 1933년부터 줄곧 점점 더 그들의 물건을 처분하고 해외로 이주하기를 열망했다. 사서들은 귀한 책과 필사본들을 실제 가치보다 터무니없이 낮은 가격에 구입할 수 있었다. 하지만 돈이 오간 것은 명백하니 이런 일방적인 거래를 통해 구입한 책들은 약탈물로 꼽히지 않았다.

특히 추잡했던 어떤 거래의 실상은 2004년 안나아말리아 도서관(Anna Amalia Library)에서 전기 결함으로 대형 화재가 나면서 세상에 알려지게 되었다. 소실된 책(5만 권)을 확인하기 위해 도서관 기록보관소를 재검토하자 불편한 사실이 드러났다. 1933~1945년 사이에 3만 5000권이 추가되었는데 그중 많은 책의 출처가 의심스러웠다. 특히 놀라운 한 습득물은 괴테·실러기록보관소(Goethe and Schiller Archives)에서 도서관으로 넘어온, 16~18세기에 발행된 2000권에 달하는 연감 소장선으로 그중에는 괴테가 직접 관여한 것이 한 권 들어 있었다. 이것은 아르투어 골트슈미트(Arthur Goldschmidt)라는 한 박식한 유대인 사업가의 문고에 들어 있었는데 그의 가족 회사가 압류당하면서 이를 팔아야 할 처지에 몰렸다. 골트슈미트는 소장선 전체에 대해 5만 라이히스마르크를 요구했으나 그의 곤경을 잘 알고 있었던 괴테기록보관소 책임자 한스 발(Hans Wahl)은 1권당 1라이히스마르크 이상은 곤란하다고 했다. 거래가 끝나고 한스 발은 소장품이 그렇게 적절한 곳에 처분되어 골트슈미트가 기뻐했을 거라고 기록했다. 2006년에야 안나아말리아도서관은 골트슈미트의 상속인에게 10만 유로를 건네고 수치스러운 합의를 봤다. 하지만 이것은 거의 유일한 경우이다. 독일 도서관들 대부분은 그들 도서관에서 약탈 도서 확인 작업을 직원 업무의 우선순위에 두고 있지 않다.

1990년에 과거 미육군 제87기갑보병대 소속이었던 조 메더(Joe Meador)는 완전히 고약한 이유로 뉴스에 올랐다.[22] 1945년 메더 중위는 하르츠산맥에 위치한 크베들린부르크성당(Quedlinburg Cathedral)의 귀중한 유물을 지키는 책임을 맡은 부대 소속이었다. 크베들린부르크는 오토(Otto) 대제가 세운 신성로마제국의 뿌리를 찾으려던 하인리히 힘러의 후원 때문에 얼마간 악명을 얻었고 성당의 보물은 가까운 광산의 지하갱에 은닉된 덕분에 전쟁 중에도 무사했다. 메더는 이 귀한 유물 중 보석으로 화려하게 장식된 9세기의 사무엘 복음서 필사본을 포함한 상당량을 훔치는 데 성공했다. 그리고 이 훔친 보물들을 고향으로 부쳤다. 노스텍사스주립대학교(North Texas State University)에서 미술을 전공한 메더는 감식안을 갖추고 있었다. 텍사스로 돌아와서 그는 자신의 장물을 팔지 않았다. 도난품은 메더가 죽고 나서 그의 형제와 누이가 복음서를 구매할 사람을 수소문했을 때 세상에 그 모습을 드러냈다. 이 빼어난 보물이 나타났다는 소식이 필사본 전문가들 사이에서 금방 퍼져 나갔지만 이름난 기관의 수집가 누구도 메더 형제자매에게 사겠다고 나서지는 않았다. 결국 한 독일 문화기관이 독일로의 반환을 보장받기 위해 책값으로 사실상 300만 달러를 지불했다.

    이것은 많은 미군 좀도둑보다 더 나은 성과를 낸 경우다. 다만 미국 연방 검사가 도난 물품을 거래했다는 이유로 메더 형제자매를 기소하는 바람에 오랜 소송에 시달려야 했다. 메더 사건이 신문에 크게 난 것은 도난 물품이 워낙 빼어난 유물이었기 때문이었다. 그런데 주목이 덜한 좀도둑질은 흔한 일이었다. 연합군 병사 중에 독일에서 구한 기념품 없이 고향으로 돌아간 이는 거의 없었다. 비록 연합군 최고사령부가 원칙적으로 그런 행위를 비난했지만 고위 장교를 포함해 계급에 관계 없이 각자 기념품을 챙겼다. 1945년 포츠담회담에서 영국의 육군 원수 앨런 브룩(Alan Brooke) 경, 공군 원수 찰스 포털(Charles Portal), 해군 원수 커닝햄(Cunningham) 경은 체칠리엔호프궁전의 왕립도서관 장서들을 둘러볼 시간이 있었는데 보도된 바로는 책 몇 권이 그들의 가방으로 들어갔다고 했다.[23] 아이젠하워는 비난하는 훈령을 내놨지만 싸움터에 있던 미국 장성들의 속내는 1945년

4월 제29보병사단 소속의 찰스 게르하르트(Charles Gerhardt)의 다음과 같은 간결한 보고서에 더 잘 예시되어 있다. '우리는 약탈이 허용된 만큼 전진 중이다.'[24] 물론 이런 행동들과 나치 정권의 체계적인 유럽 문화 강탈 사이의 도덕적 동등성을 제기하려는 것은 아니다. 소련 군대의 경우 자신들의 조국에 가해졌던 약탈에 대한 복수는 무자비하고 철저했다.[25] 서방 군대의 경우는 병역을 치르는 개개인이 자신에게 온 기회와 양심의 명령을 바탕으로 각자의 결론에 따랐다.

연합군 쪽에서는 약탈에 예의가 있었다. 다양한 전쟁 상황만큼 다양한 정도로 지켜졌지만 말이다. 진짜 범죄적 의도가 있는 군인이라면 이미 쑥대밭이 된 독일의 살림살이에서 짜내기보다 연합군의 비축품이나 의약용품을 위법하게 팔아서 더 많은 이익을 얻었다.[26] 소위 '자급자족'의 원칙을 핑계로 음식과 포도주와 온갖 술을 보이는 대로 앗아갔다. 많은 군인은 거주자를 강제로 내쫓고 징발한 시골 저택에서 호화롭게 살았다. 일부 거주자는 강제로 집을 차지한 군인의 하인 노릇을 하며 쫓겨난 집에 머물 기회를 얻기도 했다. 기념품이라고 챙겨 가면 아무도 막을 수 없었다. 모든 영국 병사는 독일 루거 권총과 라이카 카메라를 원했다. 소련군은 시계에 환장했다. 종종 시계를 네다섯 개씩 차고 다니는 자도 있었다.

나치의 약탈물 은닉처나 귀중품이 보관된 안전한 장소를 담당하는 부대들은 임무와 배치되는 유혹과 직면했다. 감금된 지 오래되지 않은 제국원수 괴링의 가방에서 많은 금시계가 나왔다. 처리 담당 장교 파울 쿠발라(Paul Kubala)는 그의 부하들에게 시계들을 분배해 주면서 그들을 자신의 좀 더 거창한 야심을 위한 공범으로 엮었다.[27] 상당량의 미술품이 사라졌다. 그랬지만 대부분은 짐꾸러미에 넣어 고향으로 보내는 것이 아니라 부도덕한 화상들의 판매망을 동원해 처리되었다(그중 상당량이 결국 거래를 통해 기관의 수집가들에게 들어갔다). 이런 점 때문에 눈치 빠른 기념품 사냥꾼에게는 그림보다 은닉과 휴대가 더 용이한 책이 선호되었다.

희귀본을 훔친 미국 병사는 조 메더만이 아니었다. 버드 버먼(Bud Berman) 중위는 초기 필사본 두 권을 골랐다. 그중 한 권은 현존 게르만어 서사시 중 가장 오래된 「힐데브란트의 노래(Hildebrandslied)」가 두 쪽에 실려 있었다. 이 독보적으로 귀한 종이 두 장은 30년전쟁 동안 카셀의 풀다수도원(Fulda)이 약탈당했을 때도 연합군의 폭격에도 살아남았지만 일상적으로 벌어지던 기념품 사냥의 희생양이 되었다. 버먼은 그 필사본들을 뉴욕에 첫 휴가를 나와 7000달러에 팔았다. 그보다는 더 가치 있는 필사본 두 권은 뉴욕에서 캘리포니아 석유 재벌 상속녀의 수집품으로 들어갔고 오랜 법적 절차를 거친 뒤 1972년에야 카셀로 되돌아갔다. 월터 E. 클라크(Walter E. Clark) 병장은 깜짝 놀란 시청 직원이 보는 앞에서 훔쳐 갔던 '자르브뤼켄의 골든북(Golden Book of Saarbrücken)'을 비슷하게 토해 내야 했다. 하지만 이번에도 미국 세관과 긴 줄다리기가 없었던 것은 아니었다.[28]

미국의 책 전문가 집단은 일반 군인들이 절취했던 휘귀본들을 도로 뺏기는 것에는 크게 신경 쓰지 않았지만 주요 연구 기관에게 1457년 『마인츠 시편(Psalter of Mainz)』 같은 어마어마한 책을 확보할 기회가 생겼을 때에는 다른 입장을 취한 사례들이 확인되었다. 이 책이 하버드대학교 호턴도서관(Houghton Library) 관리자인 윌리엄 A. 잭슨(William A. Jackson)의 손에 들어왔는데 그는 책의 진짜 주인이 드레스덴국립도서관(Dresden State Library)이라는 사실이 거의 분명한데도 몹시 그 책을 갖고 싶었다.²⁹ 잭슨은 자신과 미국의회도서관과 뉴욕 모건도서관의 대표들로 구성된 배심원단 세 명이 그 책의 운명을 결정하게 해 달라고 제안했다. 의회도서관이 독일에서 온 책 50만 권을 한 푼도 지불하지 않고 달게 삼켰다는 사실을 고려했을 때 잭슨은 이런 생각이 공감을 얻으리라 확신했다.

초기 활판인쇄본 중에 중요한 유산으로 꼽히고 구텐베르크 성경보다 네 배나 희귀한 『마인츠 시편』은 돌려주기 아까운 책이었다. 그것은 악보 인쇄와 2도 인쇄를 최초로 시도했던 책으로 꼽힐 뿐 아니라 출판인의 정체와 출판일을 확인할 수 있는 최초의 책이기도 했다. 이 책을 지키기 위해 보헤미아로 보냈는데 거기서 해방군 소련 병사의 손을 거쳐 다른 드레스덴의 보물들과 함께 모스크바로 보내졌다. 책이 프라하를 거쳐 뉴욕에 왔을 때 잭슨은 호턴도서관의 눈부신 장서와 함께 그 책이 안전해지기를 몹시 원했다. 슬프게도 미국 국무부의 생각은 달랐고 1950년에 책은 드레스덴으로 반환되었다.

좀 더 전형적인 미군 병사의 좀도둑질은 처칠 브레이즐턴(Churchill Brazelton)의 경우다. 그는 어머니의 주문에 따라 약탈했다. 어머니는 모피 양탄자, 고블랭직의 벽걸이 융단과 삽화가 든 스페인어로 된 책 몇 권과 다른 잡동사니들을 포함해 여러 잡다한 귀중품을 다음의 편지와 함께 받았다. '어머니께서 선반에 올려 둘 작은 조각상 두 점을 보내라 하셨잖아요. 그래서 내가 파괴된 집에서 두 개를 찾아서 챙겨 두었어요.'[30] 브레이즐턴은 미국 기자단 소속의 연락장교였고 기자들은 밤에 안락한 잠자리를 애걸했다. 우아한 '저택'이라면 더할 나위 없었다. 브레이즐턴은 좋은 숙소 마련에 최선을 다하면서 이런 기록을 남겼다.

> 지난번 거처는 매우 좋았는데 이따금 머물던 미국인들이 엉망으로 망가뜨렸다. 하지만 여기는 독일이고 우리 병사들은 독일이라면 이를 가니 독일인의 소유물에 무슨 일이 일어나든 아무도 상관하지 않는다. 그들이 세상에 불러왔던 공포와 파괴를 생각해 보면 무슨 짓을 당해도 싸고 동정받을 가치도 없다. 그들이 저지른 만행에 비하면 우리가 가하는 어떤 짓도 그들이 받아야 할 보복에 미치지는 못할 것이다.[31]

이것이 대체적인 여론이었다. 이런 여론과 동일한 취지는 집 한 채—집주인은 베른하르트 림부르거(Bernhard Limburger)라는 독일인 의사—를 징발했는데 귀한 도자기와 다른 귀중품으로 채워 놓은 그 집을 휘하의 병사들이 황폐하게 만들었을 때 아무런 제재도 가하지 않았던 한 장교가 다음과 같이 똑똑하게 밝힌 글에서도 읽을 수 있다.

> 내가 림부르거 씨와 꽤 친분이 생겼다고는 하지만 그는 단지 또 다른 온순하고 겁많고 경건하며 당파적이지 않은 친미 성향의 독일인 중 한 사람일 뿐이다. 그들 때문에 미국

남녀 1000만 명이 전쟁을 치르느라 인생의 4~5년을 헛되이 보내야 했고 그들 중 몇 명은 오늘 이 사람의 땅에 묻혔다. 그런데 이자는 우리가 자기 땅을 못 쓰게 만들었다고 나에게 불평했다.[32]

프랜시스 E. 유잉(Francis E. Ewing) 대위의 언급에서 보이는 이런 배려 부족은 많은 동료의 생명을 대가로 유럽을 해방시켰던 징집으로 군인이 된 대다수 병사의 심정을 대변했다. 하지만 계속 그런 태도를 유지하는 것은 한때 경멸했던 적이었으나 이제는 동맹이자 서유럽 민주주의의 보루로 변신한 독일과의 관계를 매우 복잡하게 만들었다.

15장
재생지와 잿더미

1939년 전면전의 현실을 경험한 최초의 나라는 폴란드였다. 1940년에는 네덜란드 로테르담 차례였고 같은 해 말엽과 그다음 해는 런던, 리버풀, 플리머스, 코번트리에 닥쳤다. 1941년부터는 소련 시민들이 독일군의 흉악한 침공에 시달렸다. 드디어 전황이 역전되고 그 후 3년은 독일 도시 거주자들에게 공포의 시절이었다. 이제 전쟁사에 새로운 장이 열렸다. 시민들은 침략군에 포위당하면 늘 고통을 겪었다. 그러나 전쟁의 역사 어느 때에도 지금처럼 변덕스러운 운명의 장난으로 전쟁터에서 아주 멀리 떨어진 곳으로도 직접 위험이 닥치고 표적이 아닌 곳에 폭탄이 떨어져 엉뚱한 집이 박살 나고 집주인의 재물이 묻히거나 타 버리거나 남편을 잃거나 부모를 잃거나 불구가 되는 일은 결코 없었다. 많은 이가 말없이 체념하면서 그 고통을 견뎠다. 그러나 어떤 이들은 편지와 일기로 그들의 심정을 전했다. 이런 기록을 통해서 어떤 식으로 보통 사람들이 전쟁을 겪었고 그 전쟁이 그들을 얼마나 변모시켰는지를 살펴보고자 한다.

 영국 시민들은 전쟁 1년 동안 몇 달간은 무기력으로, 그리고 나서 됭케르크에서 안도감으로 한숨을 돌린 후에는 그들의 용기와 복원력을 시험하는 새로운 도전에 직면했다. 일상기록화(MO) 프로젝트의 일기기록자들은 언제 폭탄이 떨어질지 모르는 상황에서의 삶과 그에 대한 동료 시민들의 대응에 대해 집단적으로 생생한 묘사를 남겼다. 우리는 곧 폭격이 도서관에 미친 영향을 보려고 한다. 기록자들은 문간에 닥친 혹은 굉음을 내며 지붕을 뚫고 들어오는 전쟁에 개인이 어떻게 대응했는지를 우리에게 알려 준다. 많은 이가 책 몇 권을 넣은 비상용 가방을 계단 옆에 준비해 두고는 언제 닥칠지 모르는 갑작스러운 대피와 방공호에서 보낼지도 모를 밤에 대비했다. 하지만 모든 기록은 런던대공습 시기에 독서량이 급격히 떨어졌음을 보여 준다. 폭격이 가장 심각한 국면에 들어섰을 때 일부는 아예 독서를 포기하기도 했다. 긴장 속에서 한없이 기다리며 시간을 보냈고 자면서도 자다깨다를 반복했고 방공호에서 불편한 밤을 지새느라 충격이 컸고 너무 정신없고 완전히 지쳐 버렸다. 비록 독일의 경우에는 전해지는 직접적인 증언은 훨씬 부족하지만 독일의 도시에 가해진 공격이 훨씬 더 오래 지속되었으니 적어도 그와 비슷한 충격은 받았으리라 짐작된다. 1945년 4월 25일 한스프리드리히 블룽크(Hans-Friedrich Blunck)는 비교적 안전한 곳인 홀슈타인(Holstein) 공작의 북쪽 영지에 숨어서 독서를 해 보려 앉았으나 몰두하지 못했다. '이런 시기에는 극히 상세한 묘사는 읽히지 않는다. 그리고 [슈티프터(Stifter)의 19세기 걸작 소설 『나크소머(Nachsommer, 늦여름)』에] 묘사된 멋진 빈을 생각하면 마음이 아파 견디기 어렵다.' 자신도 작가인 블룽크는 1933년에서 1935년에 제삼제국 문필국(Reich Chamber of

Literature)장을 역임했지만 심지어 그조차도 제국이 몰락해 갈 때 책에 몰입할 수 없었다.[1]

어쨌든 1944년 무렵이면 앞에서 살펴본 것처럼 독일의 경우 출판업자들이 상업적 이유로 군인을 위한 책 출판을 우선하면서 시민에 대한 책 공급은 거의 말라 버렸다.[2] 직원들이 전선으로 소집되면서 도서관도 거의 기능하지 못하게 되었고 심지어 문이라도 열어 둘 수 있는 도서관조차도 대중교통망이 붕괴되면서 시민들이 이용하기가 어렵게 되었다. 1944년은 또한 전시 경제의 암울한 상황 때문에 독일 여성들이 제국의 이상화된 주부이자 어머니로서 유별난 특권을 일정 정도 포기하게 된 해였다. 여성 수십만이 전시 산업에 일꾼으로 불려 나왔다. 독일 가정에서 가사노동을 제공하고 있던 외국인 노동자 약 40만 명을 공장 노동자로 재배치한 것은 마찬가지로 그런 중대한 변화를 반영한 것이다. 이런 상황은 독서 기회를 급격히 앗아갔다. 포탄이 퍼부어지고 군대가 쳐들어오는 상황에서 그들 주변의 정상적인 삶이 와해되고 있었다. 전쟁 끝나기 전 몇 년 동안 식량과 요리와 안전하고 마른 잠자리를 찾는 것이 독일인들에게 절대적인 과제가 되었다.

1940년과 1941년에 영국의 MO 일기에서 꾸준하게 거론되는 한 가지 다른 주제가 있었다. 이제 영국 여성들이 전선의 남성들만큼 동일한 위험에 처했으나 주눅 들지 않았다는 사실이었다. 런던경시청 서기보였던 스물일곱 살 올리비아 코켓은 런던 남부 엘섬의 본가와 멀지 않은 곳에서 런던대공습을 겪었다. '지난 8월 이후로 런던공습이 계속되고 있다. 그리고 우리는 여전히 모두—적어도 내가 아는 '모두'—는 살아 있다. 하지만 런던 사람 만 명이 죽었다. …… 집 수백 채가 문자 그대로 완전히 무너진 것을 보았고 아마도 수천 채는 거주 불능 상태일 것이다. 아프지만 죽을 정도는 아니다. 공습은 겪어 보고 나니 닥치기 전에 무서워했던 만큼 끔찍하지는 않다.' 그는 10월 6일에 이렇게 기록했다.[3]

그런 심정은 모두 비슷했던 것으로 보인다. 또 다른 런던 시민 필리스 워너(Phyllis Warner)도 이와 유사한 개인 일기를 남겼다. '내가 이전보다 겁이 덜 난다고 말할 수 있어서 기쁘다. …… 게다가 이번 주 들어 내가 훨씬 강해졌다고 느낀다.' 지난주에 필리스는 그저 전쟁 반대의 심정을 강하게 밝혔지만 이제는 그런 심정을 가라앉혔다.[4] 메이다베일 출신인 익명의 스물여덟 살 여성은 9월 공습으로 자신에게 일어난 근본적인 변화를 이렇게 기록했다.

> 나는 훨씬 더 확신에 차 있고 자부심이 넘친다. 내가 겁쟁이가 아니고 어려움을 '감수'하는 데 있어서 생각했던 것보다 내가 더 잘해 낸다는 걸 알고 나니 소심증과 열등감도 훨씬 줄어들었다. …… 그리고 어느 모로 보나—집안의 가장으로서 시민으로서 그리고 단순히 한 인간으로서—나에 대한 개인적 책임감이 크게 향상했다.[5]

많은 여성은 가사에 도움을 받고 그 덕분에 책을 들고 앉을 기회를 가지는 등 전쟁 전 삶의 여러 모습을 그리워했을지도 모른다. 그러나 당장 그런 삶으로 돌아갈 길이 없는 것도 사실이었다. 전쟁 중에 해내야 하는 일로 단련되고 공습하에서 용기를 발휘하면서, 그리고 가령 노동하고 음식 배급을 위해 줄을 서고 자원봉사 조직을 위해 나서고 텃밭을 가꾸는 등 새롭고 다양한 과제를 해내면서 여성들은 상당히 다른 사람이 되어 갔다. 그런 상황이라면 어떤 종류의 여가활동이라 하더라도 특별한 것으로 여겨졌을 것이다.

지금까지 제2차세계대전 동안 도서관의 파괴를 향한 관심이 대부분 폭격으로 주요 공공도서관 소장품이 입은 피해에 맞춰졌다는 사실은 충분히 납득이 간다. 이들 도서관은 공동체의 중심이었고 종종 그런 특수한 목적을 위해 건설된 위풍당당한 건물에 자리하고 있었다. 그런 도서관의 상실은 큰 상처를 주었고 피해자의 취약성을 드러내고 공동체의 사기에 상당한 충격을 주었다. 도서관 장서들은 여러 세기 동안 구축되고 관리된 것이었고 그 도시나 지역의 역사에 아로새겨진 고유한 장서들을 포함하고 있었다. 이런 측면에서 도서관 장서들은 또한 그 공동체의 집단적 기억 저장소였다.

독일 최대 도시의 도서관들은 종종 17세기와 18세기부터 구축된 군주의 수집품에 기반하고 있었다. 대학도서관들도 마찬가지였다. 그래서 유럽의 많은 지역에서 그런 대학도서관들은 지역 주민들을 위해 폭넓은 공공적 기능을 수행했다. 그리고 폭탄이 떨어지던 순간까지도 유럽 전역의 도서관들은 사람들이 바삐 돌아가며 북새통을 이루던 곳이었다. 그곳은 전시에 요구되던 정보와 조언과 수많은 서식의 원천이었다. 책을 빌릴 뿐만 아니라 사람을 만나고 자원봉사 조직에 가입하고 전시 저축에 기부하는 곳이었다. 이제 그것들이 사라져 버렸다. 공동체는 신

침착하게 별일 없다는 듯 버티기. 1940년 9월 공습으로 크게 파괴된 런던의 홀랜드하우스(Holland House)에서 담담하게 책을 찾고 있는 사람들을 담은 상징적인 (그리고 의심할 바 없이 연출된) 사진. 도서관의 귀한 책들은 기적적으로 무사했다. 18세기와 19세기에 휘그당 정치 귀족들의 유명한 회합 장소였던 홀랜드하우스는 전쟁이 끝나고도 재건되지 않았고 지금도 켄싱턴 지구의 홀랜드파크를 방문하면 그대로 보존된 상태로 볼 수 있다.

청 도서를 대출하기 위해 주례 방문을 못 하게 된 것보다 훨씬 더 큰 비탄에 빠졌다.

미국을 제외한 모든 교전국이 비통함을 동반하는 폭격으로 고통을 겪었다. 항복 전 5일간의 전쟁 동안 네덜란드 미델뷔르흐의 빼어난 도서관은 화염에 휩싸였고 책 15만 권이 사라졌다. 로테르담 도서관들은 도심 전체가 파괴되었는데도 기적적으로 화를 면했다. 벨기에 루뱅대학교는 제1차세계대전 때 그랬듯이 또 파괴되었다. 그리고 다시 한번 독일은 자신들의 소행이 아니라고 잡아뗐다. 두 번 모두 독일이 자신의 무고함을 항변하고 독일 학계가 열심히 편들었지만 국제사회에서 별 호응을 얻지는 못했다. 1940년에 독일이 도서관을 표적으로 삼은 것은 부분적으로는 제1차세계대전 후 파괴된 장서를 채우기 위해 기부를 강요당한 것에 분개심이 발동했기 때문인지도 모른다. 기부된 책 30만 권 하나하나마다 독일의 굴욕을 기념하는 장서표도 첨부되어 있었다. 어쩌면 이것이 루뱅대학교의 운명을 결정했을 것이다.[6]

프랑스는 두 번 고통을 당했다. 첫 번째는 1940년 독일 침공 때 투르와 캉의 도서관이 참화를 입었고 또 한 번은 1944년 연합군이 독일군의 움직임을 저지하기 위해 군수품 철도수송 종점에 폭격을 하면서 그랬다. 사르트르(Sartre)의 전설적인 소장품은 1940년에 안전한 곳으로 옮겼다가 1941년 도서관으로 돌아왔는데 1944년에 파괴되어 버렸다.[7] 우크라이나와 벨라루스의 도서관들은 거의 소멸되다시피 했다. 처음은 1941년 독일의 침공으로, 다음에는 큰 타격을 입은 독일군이 패퇴하여 독일로 퇴각 중에 벌였던 전투의 부수적 피해를 입으며 이런 결과를 낳았다.

런던대공습은 런던의 자치구 도서관 몇 곳을 파괴했다. 유니버시티칼리지런던(University College London, UCL)은 공습 단 한 번으로 10만 권을 잃었다. 리버풀, 플리머스, 코번트리도 불가피하게 중대한 손실을 봤다. 코번트리의 경우에는 지역 전쟁 산업체들에게 상당한 가치가 있는 중요한 과학기술서들이 포함되어 있었다. 이런 점이 공공도서관을 보호하는 일이 얼마나 어려운지를 입증한다. 도서관 장서들이 전쟁 수행에 매우 중요한 역할을 하기 때문에 책을 안전한 곳으로 치우는 것과 민간인에게 책과 다른 자료들을 제공하는 데 핵심적 역할을 하는 것은 양립 불가능한 목표였다.

폭격의 강도를 고려해 봤을 때 매우 많은 도심의 도서관들이 대체로 무사했다는 것은 놀라운 일이다. 그러나 전체적으로 유럽 여러 나라의 주요 도서관, 출판업자, 도매업자 들이 폭격으로 대략 5000만 권의 손실을 봤다(가장 파괴적이었던 단 한 번의 폭격은 1940년 12월 영국 출판산업의 본거지 파터노스터 로에 대한 공격이었고 비슷한 수준의 참화가 1943년 라이프치히에서 벌어졌다). 그러나 잿더미가 된 아름다운 소장품과 위엄을 자랑하는 건물들이 겪었던 '비아돌로로사(Via Dolorosa, 슬픔의 길, 예수가 수난을 받으며 간 길—옮긴이)'를 오랫동안 추적해 본들 전쟁 내내 유럽의 책에 가해진 손실에는 한참 못 미친다. 공공도서관의 파괴뿐만 아니라 공습과 포사격으로 개인 장서들에 가해진 손실과 독일 점령군에 의한 화염방사기와 다이너마이트를 동원한 파괴와 개인 병사들의 만행으로 저질러진 의도적인 파괴를 계산해야 한다. 많은 도서관이 단지 공격하거나 후퇴하는 병사들이 지나는 길에 있었다는 이유로 '죽었다'. 그런 식으로 헤아릴 수 없이 많은 책이 사라졌다. 그리고 책을 버리고 전장을 떠난 군인들과 전쟁을 피하려 고난에 찬 여정에 오른 민간인들, 전쟁이 끝날 무렵 고국을 차지한 새 주인에게 쫓겨난 민간인들의 경우처럼 책 소유주가 책을 버리는 경우에도 상당한 손실이 발생했다. 그리고 우리는 책 파괴의 모든 양상 중에서도 가장 이상한 것으로 꼽히는 애국적인 책 주인들이 폐품 이용과 재활용을 위해 자진해서 책과 잡지를 버린 경우를 빼놓을 수 없다. 결과적으로 전쟁으로 유럽의 책이 입은 손실의 규모는 아마도 폭격으로 파괴된 것보다 열 배는 될 것이라 여겨진다. 그리고 이것조차도 전쟁 수행을 돕기 위해 발행되었다가 곧장 버려진 출판물 수백만 권은 아직 계산에 넣지 않은 것이다.

디데이와 1945년 5월 독일 항복 사이에 미군은 포탄 2300만 발을 유럽 전장에 쏟아부었다. 그중 많은 것은 항복 명령을 거부하는 독일 도시와 마을을 표적으로 삼았다(대개 그곳에 주둔한 독일군이 항복을 허락하지 않았기 때문이었다). 종종 피해가 공습 때문인지 포격 때문인지 혹은 근거리에서 탱크가 발포한 포탄 때문인지를 구분하는 것은 불가능했다. 작지만 유서 깊은 도시 베젤은 라인강의 주요 도하지점 한 곳에 위태롭게 위치했는데 1945년 2월 16일, 17일과 19일에 폭격당했고 그 뒤 독일군이 그들 수중에 있었던 단 하나 남은 도하 수단인 다리를 파괴했다. 3월 23일 베젤은 대포 3000문에서 맹렬하게 뿜어내는 폭격의 제물이 되었다. 영국 공군의 공습도 가세했다. 포연이 걷혔을 때 베젤의 건물 97퍼센트가 파괴되었다. 전쟁 전 인구가 2만 5000명이었는데 전쟁이 끝나고 보니 1900명만 남아 있었다. 나머지는 도망가거나 폭격에 죽거나 했을 것이다.

베젤의 사례는 프랑스부터 리투아니아까지 유럽에서 전쟁으로 신음하던 도시와 마을에서 수천 번이고 되풀이될 수 있었다. 독일의 영국 폭격으로 사상자가 6만이 나왔고 민간인 거주지 200만 채가 파괴되었던 것으로 추정된다. 연합군의 공격으로는 독일 가옥이 대략 360만 채가 박살났다. 이런 파괴로 책이 얼마나 사라졌는지는 계산하기 어렵다. 1942년 일상기록화 조

1945년 베젤의 모습. 비록 많은 독일 도시 중 어느 곳이든 이런 폐허가 될 수 있었지만 베젤은 라인강의 전략적인 도하지점을 지키는 요충지였다는 점에서 불운했다. 전쟁이 이 시점에 이르면 연합군은 방해물이 있으면 기쁘게 포병과 공군에게 청소를 맡겼다. 누구도 결판난 전쟁의 마지막 희생자가 되기를 원하지 않았다.

사에 참여했던 영국의 많은 노동계층 가정은 집에 책이 거의 없다고 고백했다. 그들은 읽을거리를 빌려 보거나 신문이나 잡지를 탐독했다. 그런데도 많은 이는 잘 보이는 거실에 두지는 않았지만 여전히 요리책, 성경, 사전 혹은 백과사전을 갖고 있었다. 일부 노동계층 가정은 상당한 규모의 책을 보유했고 흔히 위층 침실에 보관했다. 전시 행동 요령을 알리기 위해 정부가 발행한 팸플릿들은 모든 가정에 어디에든 있었고 앞에서도 보았듯이 영국군의 무공을 기리기 위해 왕립인쇄국이 발행한 책은 엄청나게 팔렸다. 그래서 우리가 영국에서 파괴된 재산상 손실에 대해 한 가구당 책이 평균 열다섯 권이라고 추정하고 책벌레로 소문난 데다 『나의 투쟁』 같은 책에 대해 애국적 구매가 의무였던 독일을 스무 권으로 가정하면 전쟁 동안 영국과 독일 가정에서 파괴된 책이 1억 200만 권이 된다는 결론을 얻는다. 이와 같은 수치를 근거로 생각하면 4년이라는 고통의 세월 동안 싸웠던 소련의 책 손실을 1억 권으로 추정하는 것은, 비록 독일 학자들은 이에 반대하지만 과장으로 보이지 않는다.

    우리가 개인문고의 파괴를 부수적 손실이라 여기더라도 독일 도서관을 살찌우기 위해 혹은 로젠베르크의 광기에 찬 상상이 만든 기획을 위해 점령하의 나라들에서 벌인 의도적 약탈로 인한 파괴는 최초의 공격에서 본 손실을 훨씬 뛰어넘는다. 도서관은 독일군이 후퇴할 때 특히 위험해졌다. 그때가 되면 분노와 좌절과 공포로 인해 초토화 전술이라는 군사 전략이 득세했다. 프랑스 디에프시립도서관은 1944년 8월 후퇴하는 군대에 파괴당했다. 파리의 프랑스의회도서관도 마찬가지로 당했다. 1812년 전쟁 때 영국군이 워싱턴의 미국의회도서관을 파괴한 것에 비할 만한 경멸적인 의사 표현이었다.[8] 그리스를 포기하는 순간에 독일군은 대략 40만 권으로 추정되는 아테네 국립도서관 장서를 약탈하거나 태웠다. 나폴리국립도서관(National Library of Naples)은 전소되었는데 독일군은 그들이 도시에서 퇴각할 때 저격병이 쏜 총탄이 불을 냈다고 주장했다. 독일이 철수하기 전 마지막 날 화염방사기로 무장하고 서가로 투입된 병사들이 바르샤바공공도서관(Warsaw Public Library) 장서들을 불태웠고 그렇게 폴란드 도서관 문화의 파괴를 마무리 지었다.

    벨라루스는 1941년 독일의 침공 때 고통을 겪었고 1944년 후퇴 때도 그랬다. 그 와중에 벨라루스의 책 83퍼센트가 약탈·도난·파괴되었다고 추산된다. 살아남은 책 대부분은 전쟁이 끝난 후에 독일과 체코슬로바키아와 폴란드로부터 회수된 것이었다. 스몰렌스크에서 독일군은 도시를 떠나기 전에 모든 도서관과 학교 22곳을 태워 없앴고 책 64만 6000권이 사라졌다. 이 모든 상세한 정보의 많은 부분이 1946년 뉘른베르크재판 과정에서 나왔다는 사실은 중요하다. 나치친위대와 독일군이 저지른 반인륜적 범죄들에 야만과 집단학살이라는 언어도단의 만행뿐만 아니라 이런 문화적 범죄도 포함된다는 사실을 극명히 보여주기 때문이다.

이 모든 파괴 중에서 세 곳에서 저질러진 특이하게 야만적인 사례를 볼 수 있다. 폴란드, 보헤미아, 유대 도서관들이다. 모두 제각각 특별한 목적이 있었다. 보헤미아의 경우 체코 문화를 말살하여 온전히 독일을 위한 영토로 재탈환하기 위해서였다. 서고를 탐색해서 체코 작가의 작품들을 제거하고 체코의 지리와 역사를 다루는 책과 애국자의 전기물도 함께 치웠다. 제거할 텍스트를 파악하기 위해 독일은 체코 역사를 깊이 파고들었다. 15세기 종교개혁의 지도자 얀 후스(Jan Hus)와 역사소설가 알로이스 이라세크(Alois Jirásek)와 시인 빅토르 디크(Viktor Dyk)가 나란히 이 도서 제거에 포함되었다. 1942년에는 대학도서관들에 체코의 모든 초기 인쇄물을 제출하라는 포고령을 발표했다. 다 합해서 체코의 도서관들은 대략 200만 권을 잃었는데 전체 책의 4분의 1 정도였다. 전쟁이 끝난 그해 옛 국경이 회복되자 이제는 무방비 상태가 된 독일 소수자들에게 점령기 동안 그들이 한 짓에 대해 체코인들의 잔혹한 보복이 시작되었다.

1939년 9월 27일 폴란드 군대가 용감하게 싸우고 큰 희생을 치른 뒤 무기를 내려놓았을 때 폴란드 도서관들은 상대적으로 큰 탈 없이 유지되었다. 5년 반 뒤에 마지막 독일 병사들이 바르샤바에서 철수했을 때 폴란드의 책 전부는 황폐화되었다. 이것이 폴란드에 대한 독일의 계획이 어땠는지를 보여 준다. 폴란드 문명을 완전히 말살하려는 것이었다. 학교는 문을 닫게 하고 폴란드 어린이에게는 기초과정 4년만으로 노동에 유용한 정도의 지식만 주입할 생각이었다. 이런 사회는 소수의 공장노동 계층이 뒷받침하는 농민사회일 터였다. 지식인과 다른 사회 지도자 들은 줄줄 엮여서 많은 이가 수용소로 보내지거나 총살형을 당했다. 폴란드는 지도자도 빼앗겼고 책과 같은 문화적 도구도 약탈당했다.

폴란드는 국경 안에서 다양한 인종적 집단과 종교적 믿음을 허용하는 것이 낯설지 않은, 품위 있는 다언어 사회였다. 중세부터 있었던 크라쿠프의 대학도서관을 비롯해 폴란드 도서관들에는 독일에서 출판된 책이 많이 있었다. 이 책들은 압수되어 포즈난의 독일화된 대학도서관과 군대 행정을 돕도록 크라쿠프에 설립된 새 도서관으로 분배되었다.[9] 다른 책들은 브레슬라우와 쾨니히스베르크와 베를린에 있는 독일 대학으로 이전되었다. 그러나 이 컬렉션에서 폴란드어로 된 책 대부분은 재생지가 되었다. 학교 도서관의 책들과 더 작은 규모의 공공기관 도서를 처리하기 위해 포즈난의 성미카엘교회가 중앙 처리장 구실을 했는데 이곳에서 200만 권 이상이 정리되었다. 처리 안 된 것은 1944년 5월 폭격으로 소실되었다. 한편 출판사들은 그들의 인쇄기를 점령군이 쓰도록 양도해야 했다. 폴란드에서 출판은 독일어·폴란드어 사전, 포스터, 지역의 군사령관과 폴란드 총독 한스 프랑크(Hans Frank)의 지시 사항만 허용되었다. 서점은 폐점당했다. 서점 대다수는 팔 만한 책이 없어서 어쨌거나 문을 닫아야 할 처지였다.

폴란드는 또한 독일 정복자들에게 최초로 '유대인 문제'에 대한 극단적인 해결책을 시험할 기회를 제공했다. 폴란드에서는 유대 신앙과 문화적 풍습을 근절하는 것이 공공연한 구경거리가 되었다. 1933년 분서 사건 이래로 사라졌던 관행이었다. 모든 유대교 회당은 철폐되었고 도서관과 경전 들은 불쏘시개가 되었다. 특별소각부대(Brennkommando)가 회당과 회당의 책을 태우는 일을 담당했다. 루블린에서 나치는 탈무드도서관의 책 소각을 다음과 같이 축하했다. '탈무드연구소의 파괴는 우리에게 특별한 자부심을 느끼게 한다.'[10] 16세기 스페인 정복자들이 멕시코 원주민들에게 그들이 가진 책이 파괴되는 것을 목격하도록 강제했던 것처럼 루블린 유대인들도 강제 소집되어 그들의 보물이 타는 것을 보아야 했다. 루블린에서는 슬픔을 못 이긴 목격자들의 울부짖음을 독일 군악대의 연주가 잠재웠다.

폴란드 정복은 로젠베르크의 ERR(14장을 참고하라) 설립 전에 이루어졌다. ERR이 등장하고서 유대 문화가 낳은 문학적 유산의 처리에 관한 나치의 정책은 파괴에서 보존으로 돌변했다. 도서관 구축에 있어서 ERR과 다른 경쟁자들의 관심은 처음 프랑스와 네덜란드에서 손쉬운 횡재를 구하는 것에 집중되었다가 동쪽으로 방향을 틀었다. 힘러의 국가보안본부가 베를린에 있는 그들 도서관을 위해 끌어모았던 탁월한 유대교 텍스트 소장품은 1943년 11월의 폭격으로 파괴되었다. ERR 도서관은 대체로 손상 없이 살아남았으나 전쟁 후에 문화적 반환을 위한 노력의 초점이 거기에 맞춰졌다.

전황이 독일에 불리하게 돌아가면서 유대 문화를 말살하려는 노력도 더욱 격렬해졌다. 다음 사냥의 표적은 리투아니아의 도시, '북녘의 예루살렘' 빌니우스였다. 빌니우스의 유대인 서적의 운명은 새롭게 많은 주목을 끌게 되었다. 특히 다른 유대 기관들에서 약탈한 문헌을 더하면서 더욱 규모가 부풀어 오른 유대과학연구소(Yiddish Scientific Institute, YIVO)의 책을 분류하도록 배정된 유대인 작업자들의 영웅적 행위 때문에 더욱 그랬다. 프랑크푸르트 히브리어 학자 요하네스 폴(Johannes Pohl)의 감독하에 작업이 이루어지면서 가장 오래되거나 가장 가치가 있는 책들은 독일로 보내도록 따로 치워졌다. 나머지는 폐지 처리장으로 보내졌다.[11]

구할 수 있는 책을 빼돌리기 위해 분류자들은 용감히 목숨을 건 분투를 벌였고 이 이야기는 가장 용기를 북돋아 주는 전쟁 이야기로 꼽히게 된다.[12] 유대인 공동체에서 책이 얼마나 중요한 것이었는지는 빌니우스 게토의 공공도서관 사서가 남긴, 겉으로는 딱딱하지만 매우 감동적인 보고서로 또한 파악할 수 있다.[13] 장서 약 4만 5000권을 보유한 그 도서관은 점령군 독일 당국자들이 카드 목록을 제거해 버렸는데도 활발하게 이용되었다. 이디시어와 히브리어로 된 책들이 전체 장서에서 차지하는 비율은 놀랍게도 30퍼센트 정도로 낮았으며 대출되는 책을 기준으로 하면 더욱 낮았다. 계속되는 독일의 단속으로 인구는 줄어들었지만 도서관 대출은 하루 최고 400권꼴로 더욱 불이 붙었다. 대출자들은 교육용 서적보다 가벼운 소설과 탐정·추리소설을 좋아했다. 한 명에게 허용된 삶의 공간이 700평방센티미터로 제한된 상황에서도 즐길 수 있는 현실도피적 읽을거리를 원했던 것이다. YIVO 소장품에서 살아남은 것과 게토 도서관의 장서들은 둘 다 1943년 9월 게토를 없애면서 사라졌다. 파손되지 않고 남은 책들은 소련의 붉은 군대가 빌니우스를 점령했을 때 재생지 처리시설로 보내졌다. 냉전시대에 45년간 소련이 점령하는 동안 리투아니아 문화에 닥칠 운명이 어떤 것일지를 보여 주는 불길한 암시였다.

모든 책 파괴가 그렇게 극적이었던 것은 아니다. 어떤 책들은 순순히 책의 쓸모를 다할 때까지 무사했다. 포로수용소 도서관의 책이 그랬다. 죄수들이 수용소를 떠나자 세심하게 관리되었던 도서관 장서와 개별 수감자들이 수집해 서가에 꽂아 두었던 책은 그대로 남았다. 모두 합해 대략 400만 권 정도였다. 이것이 쓸모를 다할 때까지 무사했다가 버려졌던 책의 유일한 사례는 아니다. 독일의 프론트부크한델은 더 편안한 지역으로 여겨졌던 프랑스, 지금의 베네룩스 지역, 덴마크와 노르웨이 지역에 주둔했던 병사들에게 특히 인기가 있었다. 연합군이 노르망디와 프랑스 남부에 상륙한 뒤로 독서를 위한 시간은 거의 없었고 패주에 패주를 거듭하면서 많은 책이 다른 장비와 함께 버려졌다. 독일군에 지급된 책 1억 권 중에서 병사와 함께 고향으로 혹은 수백 만의 독일군이 수감될—동부전선에서 포로가 된 병사들의 경우 최고 10년 동안—포로수용소로 간 책은 거의 없었다. 미국 진중문고로 출간된 1억 2200만 권은 그 규모도 대단했지만 공동 소유였다. 대부분은 다 해질 때까지 반복적으로 읽혔다. 그중 많은 책은 태평양의 어느 섬이나 프랑스 아르덴의 격전지 참호에 버려졌다. 책 대부분은 전쟁 중에 사라졌고 그때쯤 그 쓸모를 다했다.

그런가 하면 악의적인 필요 때문에 버려지는 책도 있었다. 독일, 프랑스, 네덜란드에서 강제로 철거된 유대 도서관들과 유대인들이 강제수용소로 끌려가고 버려진 게토의 도서관들이 그랬다. 독일이 후퇴하자 필사적으로 소련군보다 앞서가려는 동프로이센, 포메라니아, 실레지아 독일인들의 탈주로 완전히 새로운 강제 이주의 물결이 일어났다. 발터 켐포브스키(Walter Kempowski)의 위대한 마지막 소설 『헛수고(Alles Umsonst)』 (2006)는 이 피난 상황을 한 동프로이센 출신 귀족 가문의 눈으로 제시한다. 마침내 피난민들과 길에서 합류하기 전까지는 철저히 전쟁을 외면했지만 이제 수레 가득 끌고 가던 짐들은 점점 줄어들었다.[14] 독일 해군은 발트해를 따라 피난민 200만 명을 서쪽 안전지대로 수송하면서 마지막으로 중요한 임수를 수행했다. 종전이 되자 체코인들이 독일인 압제자들을 공격해 수데텐란트를 수복하면서 또 다른 고통스러운 피난민 무리를 만들었다. 210만 명으로 추정되는 독일 민족이 추방당해 미국이나 소련으로 쫓겨갔다. 아무도 자기 재산을 처분할 기회를 얻지 못했고 직접 변변히 챙겨 가지도 못했다. 폴란드에 할양된 독일 영토로부터 700만 명이 더 피난하거나 추방되면서 독일 이주를 강요당했던 독일 민족의 총 인원은 간단히 1200만을 넘겼다.[15] 책은 챙겨야 할 물품의 우선순위에 거의 들지 않았다.

우리는 과거 독일 영토였던 실레지아와 포메라니아의 새 주인이 된 폴란드인들이 공공도서관 장서와 중요한 개인문고들에서 650만 권 이상을 약탈했고 그중 많은 책을 폐지로 처분했다는 사실을 알고 있다.[16] 전진해 오는 군대가 이 깔끔히 정돈된 독일인들의 재산을 약탈하고 황폐화하면서 더 많은 책이 함께 파괴되는 운명에 처했다. 단치히의 자택에서 쫓겨났다가 돌아왔던 한 가족은 걱정했던 대로 난장판이 된 현장과 대면했다.

> 우리는 완전히 어지럽혀졌고 다 부서진 현장을 보았습니다. 아예 부엌문을 열 수도 없었어요. 책은 표지를 뜯어내 찢어발겼고 그렇게 찢긴 종이가 온 사방에 널려 있었습니다. 식당도 똑같은 꼴이 나 있었습니다.[17]

만약 이런 처지를 겪은 집들이 독일 지배하의 세월 동안 다른 민족 집단이 똑같은 짓을 당했을 때 가만한 무관심으로 바라보고만 있지 않았더라면 동정을 받을 수도 있었을 것이다. 이것은 앙갚음이었다. 박살 난 가구와 다른 고의적 훼손의 현장으로 돌아온 집주인이 발견했던, 한 소련 장교가 파괴된 피아노 옆에 펜으로 꼼꼼히 써 놓은 쪽지는 바로 그런 점을 지적한 것이었다. '이렇게 파괴된 현장을 보고 소련인들이 악마적 심성을 가졌으며 문화란 것이 없는 민족이라고 결론 내리지 마시오. 여기서 벌어진 이 모든 짓은 복수를 위한 것이오.'[18]

이런 정도의 고의적인 파괴로 생긴 손실은 사실상 계산이 불가능하다. 그렇건만 대략 수백만 권이 훨씬 넘을 것임에는 틀림없다. 거기다 전쟁 수행을 위해 모든 교전국에서 쏟아 낸, 일회용으로 만들어져 그 목적을 완수하고 사라져 버린 그 수많은 포스터, 팸플릿, 전단도 손실 계산에 넣어야 한다. 이런 것도 '책'의 범주에 넣어야 하는가? 물론이다. 사실 사람들 대부분이 이런 읽을거리를 자기가 소장한 도서의 일부로 여기지는 않겠지만 팸플릿과 포스터와 전단은 전시에 가장 잘 읽힌 읽을거리 중에 얼마간의 비중을 차지한다. 만약 시시각각 변하는 배급 규정을 충실히 지키지 못하는 어떤 정육점 주인이나 식료품 잡화상이 이런 작지만 강력한 공고를 무시했다가는 사업권을 박탈당하거나 징역을 살아야 할지도 몰랐다. 포스터는 전쟁이 갈수록 길어지면서 점점 더 유지하기 어려워지는 충성심과 복종심을 일깨우고 양심의 가책을 느끼게 했다. 전단 수백만 장이 공중에서 살포되었다. 이따금 이 전단들은 거주자들에게 겨우 12시간 남은 임박한 공습을 경고하기도 했다. 그 전단을 주워서 읽는 것으로 당신의 생명을 구할 수도 있었다.

이따금 전단은 아무런 일이 벌어지지 않을 때 단지 당신에게 기운을 주는 유일한 수단이기도 했다. 그런 좋은 사례는 1944년 전반기 몬테카시노수도원 외곽의 교착상태에 빠진 전선에서 볼 수 있다. 방어 거점을 세우는 독일군의 수완과 험한 지형 덕분에 로마로 가는 도로 위에 구축한 가공할 방어망인 구스타프선은 독일 지휘관 케셀링 장군이 의도했던 대로 부수기 힘든 호두만큼이나 단단함을 입증했다. 연합군은 산꼭대기를 빼앗고 물살이 빠르고 깊은 강을 건너고 기관총 포좌를 제압하면서 조금씩 전진하느라 많은 사상자를 냈다. 독일 병사들은 갈증과 축축함과 이에 시달리면서 끊임없는 폭격에 납작 엎드려 몇 날씩 몇 주씩 놀라운 끈기를 발휘하며 그들의 위치를 방어했다. 이것은 교전 중인 양측의 사기가 승패를 결정하는 데 큰 역할을 하는 소모전이 되었다. 제1차세계대전 참호전과 가장 유사한 상황이 이 전투에서 벌어졌다.

끊임없는 폭격과 기관총 사격으로 이미 사기가 무너져 취약해진 병사들을 꼬드겨 보는 것은 틀림없이 시도해 볼 가치가 있어 보였다. 그런 시도는 양측의 상상력을 끌어내게 했다. 독일인들은 영국 병사들이 고국에서 잘생긴 미군 병사가 그들의 아내와 무슨 짓을 하고 있는지를 상상하도록 부추기면서 즐거워했고 뉴질랜드 병사들에게는 왜 그들이 제국주의 전쟁광을 위해 희생하는지를 캐물었다.[19] 독일군에서 외국어에 능통한 자들이 다국적 연합군을 대상으로 다양한 언어로 된 전단을 만들었지만 전선에서는 잦은 부대이동이 일어나는 까닭에 전단은 종종 엉뚱한 언어권의 군대로 전달되었다. 베즈앤드허츠대대(Beds and Herts Battalion)의 병사들은 아랍어 전단을 보고서 틀림없이 어리둥절했을 것이다. 그것은 험한 지형에서 효율적으로 전투력을 발휘해서 독일군을 벌벌 떨게 만들었던, 자유 프랑스 파견대 소속 모로코인 비정규군 구미에(Goumier)들을 대상으로 만든 것이었다. 연합군의 전단들은 딱 한 가지 명백한 주제를 집중적으로 반복했다. 왜 독일인들이 이미 실패한 대의를 위해 계속 목숨을 버리는가? 명백한 사실이어서 명분도 분명했다. 연합군도 독일 전선을 방비하는 다국적 파견대의 불안을 조장해 보려고 여러 나라 말로도 전단을 만들었지만 심지어 독일인들조차 놀랄 정도로 성과가 없었다.

전단들은 이동식 인쇄기로 찍었다. 거대한 수송 전차에 태워 미군과 함께 이동했다. 그것은 한 시간에 8000장을 찍어 냈다. 그러고 나서 연막탄에서 연막통을 제거하고 대신 전단을 말아 넣은 금속 용기로 대체한 뒤 포사격으로 배달했다. 한 발에 대략 750장이 배달되었다. 낮 시간 내내 엄폐물도 거의 없는 얕은 참호에서 꼼짝 않고 있는 병사에게 그것은 최소한이긴 하지만 얼마간 딴생각에 빠질 기회를 주었다. 연합군은 심지어 독일어 주간신문 《프론트포스트(Frontpost)》를 제작했다. 포로가 된 한 독일 병사는 자신의 취조관에게 '마치 자신이 정기구독자인 양' 《프론트포스트》 최신 호 한 부를 요청했다고 한다. 선전전이 너무나 치열하게 벌어져서 군대들은 전단에 관한 전단을 주고받기 시작했다. 연합군 전선으로 날려 보낸 이 독일 전단이 그런 예를 보여 준다.

> 너희 중에 몬테카시노의 이 불지옥을 운 좋게 벗어나는 자는 늘 무시무시하기 짝이 없는 독일의 낙하산 부대를 기억하게 될 것이다. 그냥 상상해 보라. 너희들 뒤에서 멀찍이 떨어져 안전한 곳에 앉은 어떤 매끈하게 머리를 빗은 뺀질이가 전단 따위로 우리의 사기를 꺾어서 백기 투항하게 만들어 보려 한다고. 이 녀석을 전선으로 끌어내 쓰레기 같은 말을 적어 놓은 그 종이가 뒤닦이로나 맞춤하다는 사실을 알려 주자. 아니, 꼭 그럴 건 없고 그 녀석이 그냥 헛짓을 계속하게 놔두자. 몬테카시노에 화장지가 점점 귀해지고 있으니 그게 좀 질기긴 하지만 독일 낙하산 부대원들도 풀로 뒤를 처리하는 것보다는 낫다고 생각하거든.[20]

이것은 이 잔인하고 비극적인 일화의 또 다른 측면을 포착한다.

전쟁을 벌이는 군대 사이에 의외로 강력한 상호 존중의 측면이 있었다는 사실이다. 전투 사이의 막간에는 양측이 일시적 휴전을 엄수했고 그동안에 양측은 자기편 부상자들을 구출했다. 연합군의 전단 문안 작성자는 일을 멈추지 않았고 이따금 성공하기도 했다. 1944년 히틀러 암살 시도가 있은 뒤 자발적으로 전쟁포로가 된 독일 군인들이 전선으로 되돌아가서 군대가 대대적인 반란이 있었다고 주장하는 전단을 게시했다. 그리고 전쟁 막바지에는 체코인 수백 명이 특히 체코슬로바키아 독립을 위한 대의에 동참하라고 자신들을 설득했던 전단을 소지하고서 독일군에서 도망해 왔다.[21]

투하되고 포탄에 실려 가고 직접 배달되었던 수많은 전단이나 삐라가 보존될 가능성은 거의 없었다. 독일군이 알려 줬듯이 그것들은 뒤닦이나 포장지로 꽤나 유용했다. 하지만 후방에서 가령 어떤 독일 도시에서 연합군이 뿌린 전단을 소지하고 있다 잡히면 반역자로 몰릴 수도 있었다. 그래서 심지어 전쟁 막바지에 종이 기근 사태가 왔을 때도 독일 민간인이 전단을 이용하는 경우는 많지 않았다.

의도적으로 혹은 우연히 자행되었던 파괴의 현장을 둘러보는 것을 마무리하기 위해 우리는 전시에 비상한 노력을 기울였던 폐품 수집 운동에 관한 이야기를 살펴보아야 한다. 가장 시급히 집중 수거했던 물품은 주전자, 냄비, 쇠와 알루미늄이었고 종이는 점진적으로 비중이 커졌다. 이것은 환경에 대한 근심 때문이 아니라 전시에 닥친 종이 공급 부족의 산물이었다. 폐지 재활용으로 얼마나 많은 탄피가 혹은 필수 산업 생산품이 제조될 수 있는지, 그리고 캐나다의 목재펄프를 운반해 오지 않아도 된다면 얼마나 많은 상선이 다른 중요한 물품을 공급할 수 있는지를 포스터를 통해 강조했다. 도시의 수집인들은 다 읽은 신문과 잡지를 수거했다(영국 가정에서는 흔히 잡지를 헷갈리기 좋게 '책'이라고 불렀다). 종이 재활용은 의무가 되었다. 1941년부터 신문으로 불을 붙이는 것은 불법이 되었다. 1942년부터는 쓰레기를 분리하지 않는 사람은 2년 징역형을 받을 수도 있었다.[22] 마을과 도시는 더 많은 폐지 수거를 독려하기 위해 지역별 목표량을 경쟁적으로 부추기는 전략을 구사했다. 글래스고는 100만 권을 약속했다. 작은 도시와 마을 들은 책을 깔아 1.6킬로미터를 갈 수 있을 만큼 모으는 것을 목표로 잡았다(대략 1만 권이다). 책을 검토하고 분류하는 일을 맡았던 사서들은 그 과정에서 영국 가정에 꽂혀 있던 너무나 많은 수준 낮은 읽을거리와 대면하고서 정신 차리는 교훈을 얻기도 했다.[23] 이런 각성 덕분에 사서들이 그들의 직무에서 좀 더 관대한 관점을 갖게 되고 많은 독서 대중이 공공도서관에 등을 돌리게 만들었던 사서들의 완고한—스릴러, 로맨스와 살인으로 시작되는 탐정·추리물을 싫어하는—편견을 결국 버리게 될 가능성이 열리게 되었다. 영국에서 1943년에서 1944년까지 일어났던 거대한 폐지 수집 운동은 다 해서 총 8700만 권을 모았고 그중 6000만 권은 재생지 원료가 되었다. 이 놀라운 숫자는 독일의 수집량을 웃돌았다. 독일은 각 구역 지도자들과 히틀러유겐트, 독일여성청년단 소속의 열광적인 10대들이 집집마다 훑어 나가면서 비협조적으로 보여서 좋을 게 없을 거라는 공포 분위기를 앞세워 애국적 대의를 위한 폐품 수집에 최대한 동참할 수밖에 없도록 만들었는데도 그랬다.

재생지와 잿더미. 이 전쟁에서 공습, 포사격, 집집마다 벌어진 근접전, 대피, 폐지 재활용과 파괴를 위한 파괴와 같은 사건들을 통해 대략 5억 권에 달하는 책이 없어지고 파괴되고 버려졌을 가능성이 농후하다. 그리고 적어도 2억 부에 달하는 전단, 팸플릿, 포스터가 전장에 흩어졌거나 폐지로 수거되었다. 이런 규모의 손실은 아시아뿐 아니라 유럽 전체의 독서 문화에 대한 경악스러운 공격이었다. 아시아에서도 중국, 말레이반도, 인도네시아와 일본에서의 파괴는 더욱 유독한 충격을 주었는데 이 지역이 대중의 문자해독률이 막 치솟아 오를 시점이었기 때문이다. 일본의 폭격으로 상하이의 주요 대학도서관들을 비롯해 많은 중국 도서관이 파괴되었다. 북경대학의 국립도서관은 20만 권의 손실을 봤다. 중국 공공도서관 책의 80퍼센트가 약탈 또는 파괴되어 1000만 권이 사라졌다.[24] 전쟁 말기 일본에 대한 연합군의 폭격은 그 나라의 전체 책 규모의 절반을 없애 버렸다.[25]

    이런 규모의 손실은 견디기 어려운 충격을 주었다. 그럼에도 유럽에서는 상대적으로 신속하게 복구가 이루어졌다. 물론 특히 더 크고 더 특별한 소장품이 파괴된 경우라면 그 손실은 결코 복구될 수 없었다. 동유럽의 유서 깊은 유대인 장서들과 폴란드와 그 동쪽의 다른 피압박 민족들의 유서 깊은 유산들의 경우에 특히 더 손실이 컸다. 하지만 단연 최대 규모의 읽을거리들은 상대적으로 쉽게 채워졌고 전단의 경우라면 애초에 보존을 목적으로 제작된 것이 아니었다. 유럽 전체가 전쟁으로 5억 권의 손실을 봤다는 사실과 독일 출판업자들이 1940년과 1941년 단 두 해 동안에만 5억 8400만 권을 출판했다는 통계를 비교해 보면 놀라지 않을 수 없다.[26] 영국에서는 출판업자들이 1940년 12월에 재고 물량 전체를 태워 없앴던 시절로부터 회복했을 뿐만 아니라 그 후 5년 동안 놀라울 정도로 창의적인 출판 시대를 구가했다. 일부 출판업자들의 경우 이런 손실에 대해 전쟁보험으로 보상을 받고는 지나치게 낙관적인 과거의 결정에 대한 물질적 유산, 즉 잘 안 팔려서 산더미처럼 쌓여 있던 재고로부터 자유로워졌기 때문에 얼마간 안도했을 것이다.

전쟁이 끝나고 종이 규제가 점차 완화되면서 출판산업은 새로운 황금시대를 열었다. 시장은 전 세계로 커졌고 페이퍼백 사업은 성장했으며 유럽 전역의 수많은 시민은 파괴된 집을, 상실과 이산을 겪은 가족을 고통스럽게 복원하면서도 그리웠던 독서의 즐거움에 굶주려 있었다. 그러나 그 전에 한 번 더 겪어야 할 상처가 있었다. 평화를 얻기 위해 얼마나 더 많은 책이 희생되어야 하는가라는 의문에 응답해야 했다. 전후 5년 동안 나치 정권의 괴이한 발흥에 이바지했던 이데올로기를 박멸하기 위해 수많은 책이 파괴될 운명에 처했다. 또 전쟁 동안의 약탈과 파괴에 대한 보상으로 다른 많은 책을 되빼앗아 갈 것이었다. 이 5년은 자유의 횃불로서 책을 예찬하면서 전쟁에 돌입했으나 이제 책의 파괴자로서 군림하게 된 점령군에게 불편한 시기였다.

6부
1945~1989년: 평화의 전쟁

16장
정화

제2차세계대전이 끝난 후의 세월은 대혼란이 예고되어 있었다. 전쟁의 도덕적 명료함은 곧 여러 가지 상황이 부른 곤경으로 와해되었다. 독일에서 점령군은 강제 추방자 수백만을 만났고 그들 프랑스인과 네덜란드인을 고향으로 돌려보냈다. 반면에 과거 소련 시민들은 스탈린의 지시에 따라 강제로 동쪽의 본국으로 송환당했고 그곳에서 많은 이는 사형되거나 투옥되었다.[1] 연합군이 뉘른베르크에서 나치 엘리트들에게 심판을 내렸을 때 연합군의 만행들에 대한 증거는 확실히 제외했다. 거의 2만 2000명에 달하는 폴란드 장교와 전쟁포로 들을 살해한 카틴학살을 저지른 소련은 재판관 두 명을 선임했다. 유대인 생존자들을 태워 팔레스타인으로 향하던 배들은 적어도 1948년 이스라엘이 건국하기 전까지는 영국 해군이 배를 돌리게 했다. 영국 수사관들은 영국 포로의 살인에 연루된 자라면 어떤 군인이라도 끝까지 추격하여 처형했다. 반면에 나치 고위인사들은 살아남아서 새로운 독일연방공화국의 대학가에서, 법조계와 재계에서 무난히 자리를 잡았다.[2]

굶주려 있고 고통으로 시달린 사람들을 대하면서 상처투성이 대륙의 얼키설키 얽힌 문제들을 해결하는 과정은 거칠고 즉흥적이기 쉬웠다. 미국의 여론은 점령군이 불가능한 과업을 대체로 최선을 다해 수행하고 있다고 받아들이는 분위기였다. 그러나 몇몇 지점에서 여론이 폭발 직전까지 이르는 순간들이 있었다. 특히 독일 도서관 체계를 정화하겠다고 미국이 나치 도서 수백만 권을 파괴할 준비를 했을 때였다. 1933년에 나치의 분서에 대한 항의의 표시로 18만 인파가 미국 도시들의 거리를 행진했던 적이 있었다. 루스벨트 대통령은 미국이 문명에 대한 비판적 상징물인 책을 굳건히 지켜야 한다고 선언하면서 그런 전국적인 규탄의 분위기를 주도했다. 이제 해방을 이뤄 내고서 자유의 이름으로 수백만 권을 더 희생시키겠다는 것이었다.

이런 역설적 상황에 대해 대중이 지나치다 싶을 정도로 죄의식을 표명하며 항의하는 바람에 그 덕을 본 것은 독일 학자와 사서 들이었다. 그런 항의는 분명 강제수용소가 발견된 후 점령군이 독일인들에게 보낸 따가운 비난의 화살을 딴 데로 돌리게 하는 기회를 제공했다. 독일 문화를 보존하자는 호소는 공허하게 메아리쳤다. 특히 그 문화란 것이 정녕 철저히 나치화된 것이고 종종 나치에 협력한 학자와 사서의 열렬한 지원을 받은 경우라면 더욱 그랬다.³ 연합군 병사들이 독일의 도시를 점령했을 때 직감적으로 내린 첫 번째 조치는 모든 학교와 도서관과 서점을 폐쇄하는 것이었다. 안전이 완전히 확보되었을 때에야 이들 기관을 다시 열었는데 그때쯤이면 서점에는 팔 책이 없었고 많은 교사가, 그 교사나 그가 담당한 학생들이 전선으로 소집되지 않았더라도 비(非)나치화 작업의 일환으로 직에서 쫓겨났을 터였다. 그러나 1945년 후반기와 뒤이어 잔인한 겨울이 왔을 때

도서관은 연합군의 최우선 순위가 아니었다. 한 영국 장교는 도서관 책꽂이를 땔감이나 건설 재료로 본다는 사실을 흔쾌히 인정했다. '공공도서관이라고요? 우리는 도서관의 나무 서가를 뜯어냈습니다. 1945년에 중요했던 것은 아기를 위해서는 우유가, 건설을 위해서는 나무가, 난방을 위해서는 석탄이 있어야 한다는 사실이었습니다.'[4] 온전한 도서관을 만드는 것은 점령군의 우선순위에서 한참 아래에 있었다.

이런 형편이 정녕 실제 상황이었다. 그러나 시간이 지나면서 다급한 과제를 해결하고 나서는 사서들에게도 나치 시대의 책들과 총체적으로 절연하는 것 이상의 기준을 설정해서 도서관 장서를 관리할 자유가 허용되었다. 원칙적으로 그런 책들을 제거하는 것은 민주적 가치에 부합하는 새로운 사회의 창조를 위해 절대적으로 필요했다. 그러나 실제 상황에서는 독일 문학의 주요 작품 목록을 꿰차고 있는 전문가의 면밀한 검토를 요구했고 전후 점령군에게 이런 자원들은 부족했다. 점령군이 공언한 정책이 무엇이든 간에 연합군 당국의 지역 담당자들은 그 정책을 수행하기 위해 지역 사서들의 전문지식과 양심에 기댈 수밖에 없었다.

물론 영국군 수뇌부가 독일 도서관의 근본적인 정화 작업에 진지한 관심이 있었더라면 시인 스티븐 스펜더에게 감독 업무를 맡기지는 않았을 것이다. 대체로 독일어 실력을 근거로 전후 독일 도서관들을 조사하는 과업을 수행할 책임을 지고 급파된 스펜더는 다소 게으른 조사관이었음이 드러났다. 그는 루르 지역 도서관들의 장서보다 그곳들을 돌아보도록 제공된 차량이 부실하다는 데 더 시급한 관심을 보였다. 그는 사서나 학자 들과 함께 차를 마시면서 쉽게 그들의 박식함에 매료되었으며 그들이 내미는 흠잡을 데 없는 반나치 증명서를 기꺼이 곧이곧대로 믿었다. 그리고 나서 심지어 이전 도서관 사서가 어떤 사서를 특정해서 그가 열렬한 나치였다고 경고했는데도 그 도서관으로 가서 더 많은 차를 마시고 그의 변명을 들어주고 호의적으로 수용했다.[5]

쾰른대학교의 크롤(Kroll) 교수는 나치 문학의 영향력이 그리 크지 않았다는 확신에 찬 의견을 표명했다. 적어도 그가 독자들의 대출 카드를 조사하고 받은 인상이 그렇다고 했다. 그는 스펜더에게 대출자들이 나치 관련 서적을 얼마나 안 빌려 갔는지를 보면 놀랄 것이라고 말해 주었다. 나치 문학은 너무 지루하고 재미가 없었기 때문이라고 했다. 그리고 나서 뒤셀도르프로 향했다. 로이터(Reuter) 박사가 따뜻이 영접했다. 그는 시립도서관과 주립도서관의 통합 사서였다. 폭격으로 중대한 도서 손실을 봤지만 그의 도서관에는 여전히 많은 나치 문헌이 있었다. 하지만 사서를 제외한 누구도 폐가식 서가에 접근할 수 없었기에 그는 그 책들이 거기서 안전하다고 생각했다. 스펜더가 동정적인 경청자였기에 로이터 박사는 전문적 정간물에서 나치의 흔적이 밴 것과 아닌 것을 구분하는 일의 어려움에 관한 대화로도 그를 이끌었다. 지난 10년 동안 나온 정간물들이 기이하게도 진짜 학문적인 논문과 무가치한 선전물을 뒤섞어 놓았기 때문이었다. 이런 대화에 대한 스펜더의 서술은 다양하게 늘어놓았던 그런 식의 변명에 대한 직접적인 설명을 제공한다. 독일 대학들은 이런 조사 과정을 무사하게 잘 벗어났다. 부분적으로는 영미와 프랑스 학자들이 전쟁 전부터 밀접하고 친근한 사이였던 학문적 동료들을 비난하기를 원치 않았기 때문이고 또한 좀 더 실용적인 이유로는 변호사, 사업가, 성직자 들처럼 학자들도 시민 사회를 재건하려는 희망을 살리기 위해 필수적인 자원이었기 때문이다. 나치 정권과 학계가 어느 정도로 공범 관계였는지에 대한 전모는 꼼꼼히 조사되지 않은 채 넘어갔다.[6]

뒤셀도르프공공도서관(Düsseldorf Public Library) 사서이자 나치당원(다만 그의 주장에 따르면 직을 유지하려면 그것이 전제조건이기 때문이라 했다)이었던 페터스(Peters) 박사는 스펜더를 엉뚱한 도덕적 미로의 길로 인도했다. 그가 이미 잠정적으로 유독하다고 파악한 부류의 책을 따로 분류해 두었는데도 그의 직원들이 이 정도의 문헌을 읽는 데 서너 달은 걸릴 것이었다. 그래서 영국의 정책은 히틀러 정권의 시기에도 아무도 읽지 않았던 나치 도서 수백 권을 많은 독일인이 읽도록 만드는 결과를 초래할 것이라는 주장이었다(사서들은 특히 이 마지막 부분을 특히 끈질기게 지적했던 것으로 보인다). 스펜더는 이미 자신이 이와 매우 비슷한 결론에 도달했기 때문에 자기 잇속만 차리는 이런 삼단논법을 비판하지 않았다. '누구든 독일에서 나치 서적을 습득하고자 한다면 쉽게 구할 수 있다. 그러니 나치 도서를 도서관에서 제거하는 것은 실속 없는 보여 주기에 불과해서 그저 나치가 했던 것과 동일한 방식으로 우리가 문학을 취급했다는 평판을 얻을 뿐일 것이다.' 이 우울한 예측이 먹혀들면서 스펜더는 아헨의 이 매력적인 여성 사서에게 속여 먹기 좋은 손쉬운 상대가 되었다.

스펜더 씨, 부디 공연한 수고를 하지 마세요. 우리는 당신이 정확히 뭘 원하는지를 압니다. 그리고 당신의 지시를 아무런 어려움 없이 따를 수 있답니다. 있잖아요. 나치 통치 내내 우리는 모든 유대인과 사회주의 작가 들이 쓴 책을 오로지 역사적이고 과학적인 관심만 가는 것으로 분류해 자물통과 열쇠로 채워 모두 특별한 저장고에 보관했습니다. 이제 우리가 하면 될 일은 그저 이 책들을 끄집어내고 그것들을 우리의 개가식 서가에 꽂아 두는 것입니다. 그와 동시에 모든 나치 도서에 자물쇠를 채워 버리는 것입니다. 이제는 그 책들이 역사적이고 과학적인 관심만 가질 뿐이기 때문입니다.[7]

그럼에도 책은 학교 교재와 공공도서관 유소년 장서에서 가장 다급하게 제거되었다. 연합군 병사들은 자신들과 싸우라고 보내진 어린 독일 병사들을 보고 경악했고 이들은 어쩔 도리 없이 사살하거나 사살당하는 경우가 허다했다. 이것이 드문 경우가 아니었던 이유는 이 어린 병사들이 전쟁 마지막 순간에 가장 맹렬히 제3제국 수호에 헌신했기 때문이었다. 1945년 플랑드르의 나치친위대 중위 반오테그햄(Van Ooteghem)은 어린 자원입대자 40명을 받았는데 '모두 15세에서 17세—대부분은 융커스 항공사에서 일하고 있었다—였는데 이 전쟁에서 자신들이 이길 거라고 확신하고 있었다'.[8] 이들 10대 신병 중 많은 이는 독일 패배 후 게릴라전투를 계속할 의도로 만들어진 베어볼프(Werewolf) 운동의 예비 단원으로 지목되었다.

열 살 때부터 독일 유소년들의 삶을 계속 총체적으로 관리하는 일은 특히 학교 교과과정에 큰 영향을 미쳤다. 이 호전적인 청춘들은 나치화 교육의 산물이었다. 만약 독일이 구원받으려면 학교 교재 전체를 들어내야 했다.[9] 역사책들이 명백한 사례였다. 지리책과 지도책도 그러했다. 프랑스는 자신들이 점령한 지역에서 베르사유조약 때 확립된 경계와 다르게 그려진 지도가 있는 책은 어떤 것이든 학교 도서관을 비롯해 모든 서점과 나머지 도서관에서 반드시 제거하도록 했다. 1945년 합의로 그어진 경계에 맞춰 독일 지도를 제작하는 과제는 새로 나오는 학교 지도책에 반영될 예정이었다.[10] 일반적으로 과학책들은 특히 나치를 찬양하는 서문을 삭제한다면 구조되었다. 수학책은 좀더 문제가 심각했다. 많은 연습문제가 야전 상황을 사례로 제시되었기 때문이다. 예를 들면,

> 독일군이 네덜란드[그 나라의 면적이 제시됨]를 정복하는 데 병사 5만 명으로 3일이 걸렸다면 영국[그 나라의 면적이 제시됨]을 정복하는 데는 병사 8만 명으로 며칠이 걸리는가?[11]

그런 책들을 제거하는 것은 필요하고 중요한 일이었다. 그런데도 스펜더가 임무를 맡았을 때쯤 점령군 4개국은 독일 책 정화 문제에 매우 다른 입장을 보였다. 소련의 경우 주코프 원수는 개인문고를 검열하는 것을 비롯해 훨씬 더 엄격한 정책을 선호했다. 러시아인들은 소련이 장악한 지역에서 526쪽이나 되는 금서 목록을 편찬했다. 프랑스는 소련의 조치에 동의했지만 영국과 미국은 그런 대대적인 제거 작업에는 반대했다. 미국인들

은 사서들이 그들의 장서에서 제거하면 좋을 책을 간단히 '실례를 통해 분명히 보여 주는' 28쪽짜리 목록을 회람시켰다. 가령 싸구려 전쟁소설과 인종적 우월감과 제국주의적 팽창주의에 관한 텍스트들을 목록에 넣었다. 그런가 하면 영국은 '진정 독일적'인 것과 동시에 '군국주의적이지도 나치적이지도 않은' 것을 정의하기가 어려울 것이라고 염려했다.[12]

그 악명 높았던 연합군 명령 제4호는 4개 점령국 사이의 공동 전선을 재건하면서 이런 문제도 해결하려는 의도로 1946년 5월에 발효되었으나 미국 언론의 반발이 폭풍처럼 몰아쳤다. 명령 제4호는 파시즘, 군국주의, 인종주의, 반민주적 사고를 부추기는 서적들을 금지했다. 그런 책들은 모두 도서관에서 제거되어야 했고 (여기에 문제가 있었는데) '점령지역 사령관들의 처분에 따라 파괴될 처지에 놓였다'. 미국 사령부의 언론 대표단은 이 마지막 조항에 주목했다. 기자들의 질문을 받은 한 하급 장교가 어리석게도 책 '수십억 권'이 압류될지도 모르며 이 명령과 나치의 분서 사이에 명백한 차이를 찾아내기가 어렵다고 과감히 대답했다.[13]

미국 본토는 즉각적으로 반발했다. 《뉴욕 타임스》의 머리기사 제목은 '모든 나치 찬양 도서를 쓸어버리려는 연합국'이었고 아래와 같은 통렬한 사설이 다음 날 이어졌다.

> 이런 조치는 히틀러가 권력을 잡은 후에 공표했던 최초의 명령 중 한 가지―민주주의적이고 평화주의적이며 '유대적인 책들'을 태우기―를 모방했을 뿐만 아니라 능가했다. …… 만약 독일의 나치즘을 뜯어고치려면 그것을 땅에 묻

히틀러는 독일 젊은이들의 삶을 지배해서 '그들이 결코 다시는 자유로워지지 못하도록' 만들겠다고 약속했다. 심지어 우표수집도 나치화 기도를 벗어나지 못했다. 1941년 발행된 이 영제국 우표 안내서는 독일의 어린 독자들에게 영국이 제국 건설을 위해 저지른 각종 범죄와 기만을 각 식민지의 우표들과 짝을 지어 보여 주었다. 그럼에도 히틀러는 영국의 식민지를 그렇게 선망했다.

어 버림에 의해서가 아니라 독일인에게 그것의 오류를 입증함으로써 가능할 것이다.[14]

사서와 학자 들도 거부의 목소리를 함께 내는 데 합세했고 결국 미국도서관협회가 공식 성명을 발표했다.

> 우리는 나치즘을 근절해야 할 명백한 명분에는 전적으로 찬성하지만 그 수단이 근시안적이며 불합리하고 민주적 원칙에 위배된다면 미국을 비롯한 전 세계의 지탄을 받을 것이라고 확신한다. 만약 그런 보도가 사실이라면 우리는 그 명령을 철회할 것을 촉구한다.[15]

미국 도서관 공동체가 특히 민감하게 반응했다. 1933년 나치의 분서에 대한 미국 내의 반발이 너무나 즉각적이고 강렬했기 때문이었다. 1943년에 사서 200명 이상이 특별 집회를 열어서 분서 만행 10주기를 기념했고 자유를 지키려는 취지에 책이 기여한 바를 찬양했다. 이런 환영받지 못하는 시선에 맞서서 명령 제4호를 집행하는 것은 점령군에게 반갑지 않은 추가적 부담만 될 뿐이라는 사실을 입증했다. 다만 관계자 모두에게 분명한 사실은 휘발유가 아니라 재생지로 처리하는 것이 더 선호되는 파괴 수단이라는 것이었다. 먹잇감을 노리는 언론에게 당혹스러운 사진을 제공하지도 않을 것이고.

    미국인들은 이제 금서가 된 책 중에 상당량을 자체적 목적을 위해 챙기는 방법으로 마침내 이 난제에 대처했다. 대략 200만 권을 미국의회도서관으로 보내서 미국 전역의 연구도서관으로 배포하도록 했다. 미국 도서관들은 양차세계대전 사이에 미국의 고립주의로 큰 대가를 치렀다. 1941년 미국의 군사·정치 지도자들은 적국인 독일과 일본의 정치적·산업적·심리적 측면을 파악하기 위한 자료가 부족하다는 것을 통렬하게 깨달았다. 그래서 시의성 있는 해외 문학과 지도 들을 내놓으라는 다소 당혹스러운 호소가 터져 나왔다.[16] 전 세계로부터 체계적인 텍스트 수집을 위해 계획을 수립했고 거기에 따라 미국의 주요 도서관들 각각에게 특정한 지리적 영역을 할당하고 그 영역에 대해서 구체적인 책임을 지웠다. 1945년 무렵이면 미국 외교정책 담당자들에게 새로이 세계를 경영해야 할 책임으로부터 미국이 발을 뺄 수 없다는 것이 분명해졌다. 특별히 꾸려진 팀을 급파해 책을 찾아, 특히 기록으로서 가치가 있는 문헌들을 찾아 일본, 이탈리아, 독일을 샅샅이 훑게 했다.

나치의 문학, 교재, 기술과학 문헌, 역사 저술을 파괴하지 않고 미국의회도서관으로 보낸 것은 이런 광범위한 노력의 일환이었지만 독일의 입장에서는 분명 약탈에 다름 아니었다. 의회도서관으로 보내진 책 대부분은 출판사 창고에 쌓여 있던 새 책이었다. 담당 관리들은 그들이 미국 도서관들에 보내고 싶은 것은 책이든 팸플릿이든 한 종당 150부를 빼냈고 나머지는 재생지로 처리했다. 그러나 도서관과 서점도 표적으로 삼았다. '해외 간행물 획득을 위한 부처간위원회(IDC)'가 CIA의 전신인 OSS의 연구·분석부 출장소로서 설립되었다. 출장소는 전쟁 동안 전쟁 수행에 도움이 되는 출판물을 찾아 활발히 움직였고 일부가 전직 사서였던 출장소 장교들은 전진하는 군대와 함께 독일로 진입했다. 그들은 많은 주요 도시가 완전히 황폐해진 것을 확인했다. 쾰른은 도심의 4분의 3이 파괴되었다. 그럼에도 그들은 '어마어마한 양의 문헌'을 거두어들였다. IDC는 민사 장교들이 재건 작업을 추진하기 위해 쾰른에 도착하기도 전에 이곳에 왔다. 그들이 솔직히 인정한 바에 따르면 '이 기간은 통제가 없었던 시기였고 무엇을 하든 상관이 없었다'. 그들은 서점과 도서관에서 무엇이든 내키는 대로 챙겼다. '그리고 가장 값진 획득물은 도서관 자체에서 건진 것들이었다.'[17]

돌이켜 보면 약탈에 가까운 수집은 불편하게도 로젠베르크 조직 ERR의 행태와 닮아 있었다. 이 수집단의 지휘관인 레너드 핸킨(Leonard Hankin)은 자신을 변호해야 할 필요를 느꼈다. 이런 수집물을 보내면서 그는 다소 둘러대듯 이런 기록을 남겼다. '우리는 단지 해운업자 역할을 할 뿐이야.' 그리고 어쨌거나 대학도서관의 열악한 환경이 책의 생존을 위태롭게 했다(그래서 구조임무라 불렀다). 핸킨은 본심은 쾌활한 약탈자였다. 핸킨의 팀이 본에 도착했을 때 군정이 자리를 잡은 상태여서 '쓸어 담을 기회는 끝났다'. 대학도서관을 약탈하기보다는 사서의 협력을 구했고 사서는 핸킨이 찾는 책 수집을 돕기로 약속했다. 서점도 쓸모 있고 귀한 정기간행물과 지도를 약속했지만 이곳에서도 이상한 눈으로 지켜보는 독일인들이 많아서 핸킨은 '그냥 원하는 것을 집어들고 성큼성큼 가 버리고 싶은 충동'을 억지로 눌러야 했다.[18]

책 수집자들은 T부대(T Force)로 알려진 훨씬 더 큰 조직의 일부였다. 이 부대는 연합군이 노르망디해안을 돌파할 준비가 되었을 때 결집했다. 대략 1800명으로 구성되었고 적의 핵심 인물과 문서 들을 파악할 임무를 띠었다. 파리에서만 독일 행정

당국이 버려 둔 문서 가운데서 참으로 귀한 문서들을 획득했다. 이 속에는 '지도, 서신, 물품 명세서, 병사 자료, 군사적·비군사적 비밀 명령서, 연감, 상공인 명부, 영상 기록물, 독일어·프랑스어·일본어·러시아어 등으로 된 최근 정기간행물들이 있었다'.[19] 그런데 이 정도는 독일에서 획득하게 될 것에 비하면 맛보기에 불과했다.

심지어 다른 연구도서관들뿐 아니라 정부 부처 사이와 군대 분과들 사이에 전리품을 분배한 후에도 미국의회도서관에는 여전히 책 50만 권이 남아 있었다. 오늘날 도서관 웹사이트는 그런 자료의 출처를 너무 상세하게 파고들지는 않으면서 다소 수줍은 듯이 '협력적 습득 프로젝트(Co-operative Acquisitions Project)'에서 온 것이라고 언급한다.[20] 이들 나치 시대의 장서에는 아돌프 히틀러의 개인문고에서 가져온 책 1200권이 포함되어 있는데 도서관 본관에서 떨어져 있는 은밀한 보관소에 자리를 마련했다. 습득한 지 50년이 지난 후에도 절반만이 목록 분류를 마쳤다. 브라운대학교는 다른 히틀러 문고 80권을 소장하고 있는데 히틀러가 마지막 몇 주 동안 머물렀던 총통의 벙커에 있었던 상대적으로 소박한 소장품이다. 그 책들은 벙커로 진입했던 최초의 미군 중 한 명이었던 앨버트 애런슨(Albert Aronson) 대령이 습득했는데 1986년 대령의 조카 한 명이 기부했다.[21] 미국의회도서관과 비교하면 런던의 영국국립도서관은 상대적으로 적은 대략 1만 1000권 정도에 달하는 나치 압류 도서 소장품을 보유하고 있다. 이 중 절반은 하노버의 전쟁대학(Kriegsakademie)에서 왔고 또 얼마는 다른 나치 기관들의 도서관에서 왔다. 또 일부는 유럽의 다양한 곳에 있던 나치 기관의 뒤처리를 하던 중에 챙긴 것이었다. 덴마크의 오르후스, 프라하 인근의 즈브라슬라프(독일명 쾨니그잘)과 리스본에서 압류한 책들은 나치가 잠깐 우세했던 기간에 유럽의 책들을 얼마나 광범위하게 장악했는지를 입증한다.[22]

소련의 경우를 대강 설명해 보면 늘 그랬듯이 그들은 적어도 일부 연합국 책 사냥꾼들을 괴롭혔던 일말의 도덕적 양심 따위는 조금도 보이지 않았다. 어쨌거나 스탈린의 군대는 독일 동쪽 지구의 파괴되고 황폐해진 도시들 너머로 제멋대로 해도 되는, 저 멀리 뻗은 훨씬 더 거대한 새 위성 영토들을 갖게 되었는데 충분한 인력과 극히 효율적으로 움직이는 전리품 여단을 동원해 거기 남은 산업시설물과 예술품 들을 싹쓸이했다.[23] 폴란드, 체코슬로바키아, 그 밖의 위성국들에서 스탈린은 일종의 자치정부를 승인해 주었는데 이들 나라의 권력자들도 국가가 소유한 책에 대해서 그들 나름의 정화 작업을 벌였다. 이 작업은 나치 통치기의 문헌뿐만 아니라 양차세계대전 사이의 짧은 기간 민주주의를 경험하면서 남아 있던 서적들에도 적용되었다.

소비에트 정권이 이렇게 강경한 조치를 취한 것은 부분적으로 사람을 계몽하는 힘이 책에 있다고 믿었기 때문이다. 볼셰비키혁명이 시작된 바로 그 순간부터 책과 문해력은 프롤레타리아를 일깨우기 위한 레닌의 계획에 결정적인 역할을 맡았다. 놀라울 정도로 빨랐던 문해력 향상과 러시아 공공도서관망의 확장은 그런 믿음의 결과물이었다. 비록 경제는 불안했지만 이런 실적은 소비에트 정부가 첫 수십 년 동안 거둔 위대한 성과였다. 이것은 그만큼 발빠른 출판산업의 성장을 요구했다. 그런 성장의 이면에는 읽을거리와 러시아 작가들의 행동에 대한 면밀한 통제가 함께했다. 글쓰기는 위험한 직업이었다. 특히 대(大)조국전쟁(제2차세계대전 중 나치 독일의 소련 침공에 맞서 싸운 전쟁―옮긴이) 전후의 피해망상적 공포에 시달리던 시절에는 더욱 그랬다. 작가들은 다른 전문직과 다름없이 변덕스럽게 돌변하는 이데올로기적 원칙을 거스르기 쉬웠고 누구든 경솔하게 굴었다가는 굴락에 갇혀 서서히 죽어야 할 운명에 처해졌다.

스탈린 치하 러시아에서 이런 덫의 미로를 피해 가는 것이 얼마나 어려운 과제인지는 시인 안나 아흐마토바(Anna Akhmatova)의 길고도 뚜렷했던 생애가 대표적으로 보여 준다.[24] 안나는 생존자였지만 개인적으로 엄청난 대가를 치러야 했다. 1889년에 태어나 러시아혁명기에 벌써 잘 팔리는 시인이었던 그는 그렇게 많은 지식인이 러시아를 떠났던 것과는 달리 자리를 지켰고 그 덕분에 처음에는 소비에트 정권의 총애를 받았다. 이런 호시절은 1921년 아흐마토바의 전남편 니콜라이 구밀료프(Nikolai Gumilev)가 재판을 받고 처형당하면서 갑자기 끝나 버렸다. 시인의 작품이 사실상 금서가 되면서 그의 독자들도 눈 녹듯 사라졌다. 그런가 하면 그의 아들과 새 연인은 걸핏하면 감옥을 드나들었다. 1939년 검인정된 그의 책이 순식간에 수거되어 폐기되었다. 그가 전시에 기울인 노고로 당의 총애를 되찾아 오는가 싶을 즈음에는 그의 아파트로 라트비아 태생의 영국 지식인 이사야 벌린(Isaiah Berlin)이 방문하면서 소비에트 작가동맹(Union of Soviet Writers)으로부터 추방당했다. 1953년 스탈린의 죽음으로 부분적 복권이 되었고 1965년과 1966년 연이어 노벨문학상 후보로 지명되었으나 그해에 사망했다.

스탈린이 병든 루스벨트와 실용적이고 내성적인 처칠과 힘겨루기에 성공해서 얻은 완충국가(buffer state)들에 대해 소련이 동일한 이데올로기적 순수성의 기준을 적용하려 들 것은 명백했다. 이런 승리로 얻은 나라 중에 폴란드와 체코슬로바키아는 나치 통치를 겪으면서 만신창이가 되었지만 고상한 독서 전통을 가진 나라였다. 그리고 폴란드는 이전에 독일 영역의 상당한 부분을 합병해야 했다. 나치의 동맹이자 위성국이었던 헝가리도 얼마간 거친 취급을 당할 것이 예견되었다. 폴란드의 경우 학교가 폐쇄되었을 뿐 아니라 공공도서관망이 거의 완전히 결딴났기에 이데올로기적 정화 작업은 이미 완수된 것으로 여겨졌을 수도 있었다. 그러나 소련이 물려받은 유산에는 크라쿠프에 설립된 독일 공공도서관과 많은 독일 도서관 장서를 포함했다. 특히 이제는 폴란드 영토의 일부로 병합된 실레지아의 동굴에 은닉된 베를린국립도서관으로부터 온 책도 있었다. 이 책들은 독일로 반환되지 않을 것이었다. 자국 도서관 파괴에 대한 배상의 일환으로 소련이 챙기거나 폴란드에 그냥 두는 양자택일만이 남아 있었다. 폴란드에 정식 공산당 통치가 자리 잡지 않았던 초기에 소련은 대체로 관대했다. 크라쿠프는 이런 많은 보물, 특히 많은 희귀한 초기 음악 출판물들과 필사본으로 남은 악보들과 같은 보물의 수혜자가 되었다.[25]

이런 관대함은 협력 관계를 구축하기 위한 좋은 시작이었다. 폴란드 당국자들은 실레지아와 포메라니아에서 파괴되지 않고 남아 있던 문화유산들을 제거하면서 그 과거 독일 영토를 잘 활용하기 위해 골몰했다. 독일이 서쪽으로 패퇴하면서 남긴 자산에 대해서도 국가가 소유권을 주장할 수 있었다. 브레슬라우에 소재한 주요 도서관 두 곳, 심하게 훼손된 대학도서관과 대체로 무사한 시립도서관은 통합되어 이제 브로츠와프로 개명한 폴란드 도시의 새 대학도서관이 되었다. 총 600만 권 이상이 과거 독일 영토에서 회수되었는데 이 중 4분의 1이 크라쿠프의 야기에우워대학교(Jagiellonian University) 도서관에 채워지게 되었다.[26] 새로 건립된 폴란드 국가도 공공도서관망을 재구축하는 데 도움이 될 경이로운 문헌들을 획득했다. 쫓겨간 독일이 남긴 도서관 426곳에서 훼손당하고도 남은 것으로부터 총 100만 권을 수거했는데 1949년 말이 되면 이 책들은 650만 권으로 불어나 아홉 배로 성장한 공공도서관망에 골고루 자리잡았다.[27]

그렇지만 폴란드의 교육과 문화적 우선순위들이 장기적으로는 사회주의적 원칙들에 밀려날 것이라는 사실이 곧 분명해진다. 실레지아로부터 수거해 온 책 대부분은 독일어로 되어 있었다. 정말 유용한 과학기술 서적들이 일부 있었지만 대부분은 폴란드 국가 소장품의 일환으로 보유하기 위해 교육부가 정한 엄격한 규정들에 미치지 못했다. 많은 독일어 서적들이 주요 도시들에 설립된 분류센터(종종 대학 건물들)에서 검열을 거쳤고 폐지공장으로 보내졌다. 폴란드가 새롭게 폴란드 영토가 된 곳에서 독일 유산을 배척하기를 원했다는 것은 이해가 가지만 대학도서관과 사서 들이 책을 폐지 처리시설로 보내는 책임을 맡게 된 것은 이 암울했던 시기에 또 하나의 유감스러운 일화다.

한편 언론·출판·공연통제국은 1945년 8월에 벌써 최초의 금서목록을 발행했고 1947년까지 총 일곱 번 금서목록을 내놓았다. 민족주의자, 파시스트, 반공주의자나 반소련적 인물의 작품은 전부 금지되었다. 1947년 선거에서 공산당이 승리하면서 올가미는 더욱 조여 왔다. 서방의 초기 공공도서관 역사에서 너무나 익숙했던 문화적으로 엄혹한 시기가 시작되었다. 1949년 야드비가 필립코프스카-솀플린스카(Jadwiga Filipkowska-Szemplińska)는 폴란드 사서 회의에서 '선정적인 책과 추리물과 감상적인 연애물'을 대출하지 말자고 동료들에게 촉구했다. 1890년대의 영국이나 미국의 어떤 사서들의 말과 흡사한 주장이었다.[28] 하지만 이것은 새 사회주의 도서관 문화의 언어였다. 필립코프스카-솀플린스카는 대중문학이 '부르주아 사상, 속물 근성과 아무짝에도 쓸모없는 게으른 자들에 대한 숭배로 만연'하다고 믿었다.[29] 사회주의 옷으로 갈아입은 새로운 청교도주의에 적응하지 못하는 사서들은 한동안 괴롭힘을 당하다가 조금씩 쫓겨났다.

체코슬로바키아도 최초의 전후 낙관주의로부터 점점 더 엄격한 통제로 향하는 비슷한 변화를 겪었다. 전쟁 전의 체코슬로바키아는 막강한 공공도서관망을 구축해 주변의 놀라움을 샀는데 나치 통치의 세월을 겪고도 대체로 무탈하게 살아남았다. 소련이 공공도서관망을 부활시켜 1967년까지 인구 100명당 47권을 제공할 수 있었던 반면에(1914년의 100명당 6권과 비교된다) 체코슬로바키아는 1937년에 이미 100명당 65권에 도달했다. 하지만 공산당이 정권을 잡은 해인 1948년 이후에 공공도서관 정화 작업으로 책 2750만 권을 공공도서관 서가에서 제거했고 독서 문화는 처참한 빈곤의 나락으로 떨어졌다. 출판사업의 국유화 또한 출판업자들의 책 85퍼센트를 파괴하는 결과를 초래했다.[30]

이런 결과가 보여 주는 아이러니는 체코의 유별나게 많은 작가가 공산당을 지지했고 서점과 도서관의 빈자리를 채우기 위한 기회를 잡기 위해 열성을 다했다는 사실이다. 1948년 이후로 책의 출간 종수는 급락했으나 인쇄 부수는 네 배로 증가했다. 만약 작품이 이데올로기적 승인을 얻는다면 베스트셀러를 쓰는 건 이보다 더 쉬울 수가 없었다. 그러나 당국과의 밀월은 오래가지 못했다. 작가적 창의성을 규제당하는 것에 대한 분노로 체코 작가들은 1968년 프라하의 봄(체코 민주자유화운동 — 옮긴이)의 열렬한 지지자가 되었다. 그러고 나서 1970년대 새로운 탄압의 시대에 유명한 지하출판물 사미즈다트(samizdat)의 옹호자가 되었다.

폴란드와 체코슬로바키아가 소련의 통제에 적응해 가는 과정에서 전쟁 전의 문화적 자유를 회복해 볼 수도 있겠다는 어떤 짧은 낙관주의도 순식간에 질식당했다. 독일에서 러시아가 점령했던 지역의 산산이 파괴된 잔해 속에서는 어떤 환상도 허용되지 않았다. 1945년 4개국이 분할한 지역 중에 소련은 대체로 프로이센 군국주의와 나치 강제력의 역사적 심장부로 여겨지는 지역을 배당받았다. 아무도 소련이 부드럽게 일 처리를 할 거라고 생각지 않았다.[31] 도서관의 비나치화는 서쪽 지구보다 동쪽에서 훨씬 더 철저하고도 무차별하게 이루어졌다.

이미 1946년에 120만 권이 동쪽으로 소련의 도서관과 저장소로 천천히 옮겨졌다.

이것은 앞으로의 진행 과정에서 첫 회분에 불과했다. 소련의 점령 동안 총 550만 권에서 1100만 권으로 추정되는 책이 독일민주공화국(동독)에서 치워졌다.[32] 일부는 도서관 서가까지가 보지도 못하고 읽히지도 못한 채 임시로 마련한 창고들 속에, 때로는 습기 차고 난방도 되지 않는 지금은 용도 폐기된 과거 동방정교회 건물 구내에 쌓여 있었다. 1950년대 동독 지방정부를 재편함에 따라 작은 조직들을 얼마간 없애면서 일부 공공도서관이 완전히 폐관되는 결과를 낳았는데 제목이 적절하지 못하다는 이유로 책 상당량이 솎아졌다. 때가 되어 소련의 복수에 대한 욕망이 채워지자 동독은 가공할 만한 공공도서관망을 구축했는데 부유한 이웃 서독보다 1인당 보유 도서 숫자가 더 많았을 정도였다.[33] 이후 1989년 또 한 번 혁명이 왔고 이렇게 구축한 책 대부분이 파괴되었다. 동독 주민들이 지난 45년 동안 그들에게 강요되었던 폐쇄적이며 이데올로기적으로 속박된 시장을 거부했기 때문이었다. 머지않아 공공도서관의 책들이 폐지공장으로 향했다. 격동의 세기를 겪은 유럽에서 마지막으로 벌어진 대규모 정화 작업이었다. 20세기가 시작된 이래로 출판 강국이었으며 문학적 천재의 주요 원천으로 꼽히던, 유럽에서 가장 책을 좋아하는 나라에서 벌어진 비극의 볼썽사나운 결말이었다. 20세기는 독일의 문학 문화에 친절하지 않았다.

17장

배상

리하르트 코브라크(Richard Kobrak)은 특별할 것 없는 삶을 누렸을 것이다. 제1차세계대전에 참전해 훈장까지 받았던 코브라크는 변호사 수업을 받고 베를린시청에 고용되어 편안한 삶에 안주했다. 결혼하고 가족을 이루고 책을 수집하고 깔끔하면서도 소박한 장서표를 책에 부착했다. 가족은 기독교인으로 여겨졌고 유대인이라는 출신 성분은 잘 감췄다. 그러나 히틀러가 권력을 장악하자 이런 노력도, 리하르트가 세웠던 전공도 가족을 지키기에는 부족한 것으로 드러났다. 애국심이 투철했던 독일인 코브라크는 자신의 집을 쫓기듯 떠나고 싶지 않아 버텼지만 1936년에 직장에서 쫓겨나고 1938년 '수정의 밤' 폭동을 겪고 나서야 가족이 위험하다는 사실을 인지했다. 개전 약 3개월 전에 자식 셋을 안전한 곳으로 보냈지만 부부가 탈출하기 위한 돈은 남아 있지 않았다. 1943년에 리하르트와 샤를로테 부부는 테레지엔슈타트로 강제 이송되고 그곳에서 아우슈비츠로 다시 이송되어 죽임을 당했다.

70년이 흐른 뒤 코브라크의 장서표가 붙은 책이 베를린중앙도서관에 있다는 사실이 밝혀졌다. 이 도시의 제일 중요한 공공도서관이었는데 제2차세계대전 때 파괴되었던 시립도서관(Stadtbibliothek) 부지 위에 건립되었다. 도서관에 있는 약탈 서적을 확인하는 임무를 맡은 소수로 구성된 팀의 일원이었던 제바스티안 핀스터발더(Sebastian Finsterwalder)에 따르면 그 책은 1950년쯤 돔브로스키(Dombrowski)라는 사내가 수집한 문고의 일부로서 처음 도서관으로 왔다고 했다. 책 자체는 별로 놀라울 것이 없었다. 양차세계대전 사이에 게오르크 폰헤르틀링(Georg von Hertling)이라는 한 보수 정치인이 쓴 『법, 국가, 사회(Recht, Staat und Gesellschaft)』라는 제목의 책이었다. 귀중한 책도 아니었고 금전적 측면에서도 베를린중앙도서관의 전체 장서를 샅샅이 살펴보며 책의 본래 주인의 상속인을 추적할 정도로 인력을 동원할 가치도 없었다. 그런데 도서관 약탈 서적 데이터베이스에 이 책을 올린 후 놀랍게도 핀스터발더는 지금은 영국에 살고 있는 코브라크의 한 손주의 지인으로부터 연락을 받았고 책은 적절한 과정을 거쳐 손주에게 돌아갔다. 이제 50대가 된 손녀는 독일어를 읽을 수 없었지만 그럼에도 책을 되찾은 것은 한량없이 뭉클한 느낌을 주었을 것이다. 그가 결코 본 적이 없는 독일인 조부모와 연결해 주는 유일한 가시적 증거니까.[1]

책 한 권에는 집으로부터 쫓겨나고 생계와 삶까지 박탈당했던 수백만에 달하는 사람들에게 가해졌던 끔찍한 폭력과 쓰라린 과거가 담겨 있었다. 그런 소유물은 아무리 많은 인력과 돈을 들여서라도 주인에게 돌려주는 것이 옳다는 생각은 이론의 여지가 없어 보인다. 정당한 소유자에게 반환하는 것은 어떤 다툼이 끝난 이후의 치유 과정에서 중요한 부분을 차지한다. 불법적으로 압류당했던 사람이나 그 후손에게 그 재산을 돌려주는 것은 최초의 약탈, 강탈, 범죄행위로 이익을 취했던 사람들이 할 수 있는 상징적 속죄 행위다. 하나 실제로 무엇이 누구에게 반환되어야 하는가에 대한 기준을 세우는 것은 믿을 수 없을 정도로 복잡하다. 특히 승리를 거둔 쪽에서도 많은 이가 끔찍한 상실의 고통을 겪고 있고 격한 감정이 여전히 이글대는 전쟁 직후에는 더욱 그러하다. 돌이켜 보면 독단적이며 불공정한 결정이 내려지기도 했다. 많은 도서관과 제자리를 찾지 못해 버려지다시피 한 수백만 권에 관한 문제는 도난당한 예술품을 추적하는 일에 보인 대중의 관심에 비하면 조금도 매력이 없는 일이었다. 전쟁 직후에 오로지 비싸고 유명한 소장품에 속한 책들만 토론과 논쟁의 대상이 되었다. 가능하면 많은 잔여 도서가, 그것에게 여전히 돌아갈 자리가 있다면, 제자리를 찾아가도록 애쓰는 일은 소규모의 헌신적인 사서들과 군무원에게 맡겨졌다.

1945년 전쟁이 끝날 때쯤 유럽 전역의 책 재고 현황은 가망 없을 정도로 뒤죽박죽 엉망이 되어 있었다. 수백만 권이 강탈되어 독일로 보내졌다. 독일 도서관 장서들은 뒤늦게 성이나 광산으로 대피시켰는데 새로 국경이 그어지면서 이제 독일 국경 밖에 속하게 돼 되돌아올 가능성도 사라졌다. 이 시기에 수백만을 훨씬 넘는 책들이 폭격과 이주로 인해 버려졌다. 기관이 보유한 소장품에 속한 책들은 연합군과 소련의 점령지역 사이에 어지럽게 흩어져 있어서 문제는 더욱 얽혔고 해법을 찾기도 힘들어졌다. 폭격으로 박살이 난 도서관들에 책을 채우기 위해 버려진 집에 있는 책을 일말의 소유자 확인 과정도 없이 수거해 왔다. 한편 점령국 병사들은 자기 마음에 드는 뭐든 챙겼다. 그중에는 이따금 책도 있었다. 우리는 앞에서 우발적인 기념품 사냥과 미국의 연구 소장품 서가를 채우기 위해 독일 도서관 정화의 명분을 앞세워 나치 시기의 출판물들을 좀 더 고의적으로 수집해 온 사례들을 모두 살펴봤다.[2] 미국의 사례에 이어 소련이 자신들의 점령지에서 벌인 어마어마한 규모의 약탈이 있었다. 이 책들이 원래 독일이 자신의 동쪽과 서쪽에 자리했던 다른 나라의 도서관들에서 약탈한 책들이었다는 점까지 고려하면 반환의 쟁점은 새삼 복잡한 문제가 되었다.

그렇다면 반환 문제는 산산이 부서진 유럽의 도서관을 재건하는 과제와 밀접한 관계를 맺는다. 이따금 소유권 문제보다 공적인 필요가 우선시되었다. 많은 집을 싹쓸이한 것을 뒤죽박죽 섞어 놓은 채 남아 있는 책들보다는 한 장소에 보관되다가 통째로 약탈당한 장서를 반환하는 작업이 훨씬 더 쉽다는 건 분명했다. 이따금 파괴된 도서관에 대한 보상으로 수백만 권을 몰수했을 때 반환(restitution)을 보복(retribution)과 구분하기란 쉽지 않다. 심지어 배상(reparation)과도 구분하기가 쉽지 않다. 반환의 역사가 복잡했던 동유럽과 러시아가 특히 이런 경우였다. 끝으로 우리는 홀로코스트에서 가족 전체가 몰살당하는 바람에 반환이 불가능할 때 그 책들을 어떻게 처리할 것인가 하는 문제에 봉착한다. 그것은 심지어 최선의 의도조차도 쓰라린 다툼과 불만족스러운 해결로 귀결되는 불가능한 난제이다.

독일의 탐욕스러운 유럽 도서관 약탈은 전쟁 막바지까지도 계속되었다. 베를린에서는 소수의 사서가 국립도서관의 폐허 속에서 그들 주변으로 건물이 무너져 내리는데도 여전히 책 분류

작업을 성실히 수행하고 있었다. 로젠베르크의 프랑크푸르트 유대문제연구소로부터 온 책들은 1943년 북쪽으로 50킬로미터 떨어진 훙겐(Hungen)으로 옮겼다. 그곳에서 도시 주변에 임시방편으로 마련한 저장소들에 보관되었다. 훙겐으로 길을 바꿔 배송되던 새 탁송화물들은 1945년 4월 미군이 도시를 점령하던 순간까지도 계속 도착했다. 그렇게 온 도서 중 많은 것은 상자를 뜯지도 않은 채 그냥 처박혀 있었다.

 암스테르담이나 파리의 도서관에서 온 책들 일부는 신속히 확인되었지만 이런 쉬운 성공은 엄청나게 복잡하면서도 거대한 과업의 시작이었을 뿐이라는 사실만 입증했다. 전쟁이 끝날 무렵 정복 지역 약탈물로부터 나치 정권이 세우려던 주요 도서관 어느 곳도 최초의 장소에 있지 않았다. ERR 동부도서관(Ostbücherei)은 베를린에 세울 계획이었지만 1942년 실레지아의 라티보르(Ratibor, 현재는 폴란드의 라치부시—옮긴이)로 옮겨졌다. 아직 어떤 도서관에도 할당되지 못했던 ERR 분류센터의 책들도 베를린에서 라티보르로 보내졌다. 동쪽으로부터 추가 배송물이 계속 도착하는 통에 1945년 1월 빠르게 전진하는 소련군을 피해 독일군이 달아났을 때 라티보르 주변에 흩어져 있는 장서는 대략 200만 권에 달했다. 베를린에서 힘러의 국가보안본부가 끌어모은 막대한 도서관 또한 폭격을 피해 대피시켰다. 일부는 테레지엔슈타트를 거쳐 수데텐란트의 성으로, 또 다른 일부는 라티보르로 보내졌다.[3] 새로운 나치 대학교인 호헤슐레(Hohe Schule, 최고 과정—옮긴이)를 위해 모았던 도서관 또한 1942년 베를린으로부터 주로 오스트리아 탄젠베르크로 대피시켰다. 히틀러의 고향 린츠에 세워질 계획이던 거대한 미술관의 도서관을 채울 책들은 1943년에 빌라카스티글리오네와 주변의 성들로 옮겼다.[4]

국가의 기간시설이 허물어지고 있을 때 벌어진 이 엄청난 수송 작전은 대략 1000만 권에 달하는 책의 피신처를 찾아 독일 전역을 어지럽게 이리저리 돌아다니는 것을 말했다. 라티보르의 책들은 버려졌는데 대체로는 바이에른 내에서 안전하다고 확인된 장소로 그 책들을 옮겨 줄 철도 차량이 없었기 때문이었다. 5대 컬렉션 중에서 프랑크푸르트 유대연구소만이 받을 책 중에 겨우 일부분만 받았을 뿐이지만 제구실에 가까운 도서관 서비스를 제공하고 있었다. 전선에서 사투를 벌이도록 사서들을 불러들이면서 도서관이 새로 습득한 책을 분류하는 것조차도 불가능한 업무가 되었다. 전체적으로 벌어지는 이런 모험적 움직임들이 쓸데없는 짓으로 귀결되고 마는 것은 전체주의 국가의 지독한 비효율성을 적절히 보여 준다.

일부 상자들은 동쪽을 향했고 일부는 서쪽을 향했다. 이들 장서는 유럽 전역에서 끌어모은 온갖 잡다한 책들이었다. 서쪽(프랑스, 벨기에, 네덜란드)으로부터 온 책들은 주로 개인문고들과 전문 기관들의 도서관에서 왔다. 공공도서관의 책들은 암스테르담대학교도서관에 비치된 얼마간 유명한 유대교 장서 같은 경우를 제외하면 비교적 무탈하게 남겨 두었다. 동쪽의 경우는 그와 반대되는 양상을 보였다. 개인문고는 이미 빈번히 국가 기관들에 통합된 상태였다. 나치가 볼셰비즘을 연구하기 위해 거대 도서관(그리고 문서기록실)에 손대기를 갈망했기 때문에 공공도서관의 내용물들은 그들의 임무에 매우 적합했다. 동쪽으로부터 온 책들 일부는 프랑크푸르트 유대연구소로 지정되었고 가령 파리의 우크라이나도서관, 폴란드도서관, 투르게네프 도서관처럼 프랑스와 암스테르담에서 온 책들은 베를린의 오스트뷔허라이로 보내졌고 그러고 나서 라티보르로 옮겨졌다. 개인문고에서 온 책들은 독일에서 저장소와 도서관 몇 곳으로 흩뿌려졌을 것이다.

일을 더욱 복잡하게 만든 것은 전쟁이 끝났을 때 점령군대 중 누가 그 땅을 차지하고 있는가에 장서 처분권이 달려 있었기 때문이었다. 훙엔으로 온 프랑크푸르트 유대문제연구소의 책들은 미군 영역에 있었고 오스트리아 탄젠베르크에 있는 호헤슐레를 위한 책들은 영국 점령지에 있었다. 최대의 몫을 챙긴 쪽은 소련이었다. 그들의 세력권은 라티보르뿐만 아니라 국가보안본부의 베를린 도서관 책이 은닉된 체코슬로바키아를 에워싸고 있었다. 전후 청산 과정에서 현재 폴란드와 체코슬로바키아에 할당된 영토에 속한 여러 성과 광산에 숨겨 놓은, 이미 많은 약탈 서적이 포함된 독일 공공도서관의 책들이 결코 반환되지 않을 것이라는 사실은 입증이 불필요할 정도로 분명했다.

미국 점령 지구에서 책 반환 책임자들은 일을 똑바로 처리하는 것이 결코 간단하지 않다는 사실을 알게 되었다. 1945년 4월 훙엔의 보관소가 미국군의 손에 들어왔을 때와 대략 비슷한 시기에 잡석더미가 된 프랑크푸르트 유대연구소 건물 아래 지하실에서 약탈된 독일어 서적 10만 권이 발견되었다. 이것들은 신속히 옮겨져야 했다. 그래서 미군은 임시 창고로 로스차일드 가문의 프랑크푸르트 분가가 시에 기부했던 도서관을 징발했다. 늘어만 가는 책 관리를 맡은 장교가 어쩌면 어리석게도

프랑크푸르트 연구소 지하실에서 약탈된 토라를 살펴보는 미 군종 목사 새뮤얼 블린더(Samuel Blinder). 물론 그 책들을 반환할 만한 유대교 회당이나 유대 공동체는 대부분 사라졌다. 이런 난처한 문제를 해결하는 것은 전후 반환 노력을 둘러싼 가장 열띤 논쟁의 일부를 초래했다.

군대 신문 《성조기》에 숨겨진 책에 대한 정보를 요구하는 광고를 실었다. 결국 프리메이슨주의에 관한 책 50만 권을 포함해 온갖 교회와 성에 은닉된 책들을 알리는 전화로 몸서리를 앓고야 말았다.[5] 새로운 분류 장소가 필요했다. 마인강을 사이에 두고 프랑크푸르트 맞은편에 있는 오펜바흐에 창고 하나를 징발해 거기서 다양한 장서를 모으고 분류했다.

    1946년 2월에야 이 작업이 완수되었는데 그때까지 거의 한 권도 주인에게 반환되지 못했다. 많은 상자에 유대연구소로부터 약탈한 것이라는 꼬리표가 분명히 붙어 있었지만 황급히 흥겐으로 옮기느라 많은 책이 어찌 해 볼 도리가 없을 정도로 뒤섞여 있었다. 오펜바흐 작업에는 숙련된 사서도 몹시 부족했다. '모뉴먼츠 맨(Monuments Men)'으로 널리 알려진, 해방된 나라들의 문화유산을 지키기 위해 1943년에 설립된 '기념물, 순수미술, 아카이브(Monuments, Fine Arts, and Archives, MFAA)' 프로그램은 주로 값비싼 예술품에 관심을 보였고 미국의회도서관의 임무는 전적으로 미국 연구 장서를 위한 자료를 얻는 것에 집중되어 있었기 때문이다. 이 정도로 빠르게 많은 책을 처리하는 체계를 만든 것은 시모어 팜렌즈(Seymour Pomrenze)와 아이작 벵코위츠(Isaac Bencowitz)라는 시카고대학교 졸업생 두 명의 공이었다.[6] 공공기관, 이를테면 암스테르담 로젠탈도서관과 헤이그 도무스스피노자나(Domus Spinozana, 스피노자의 집)에 속한 것으로 파악된 책들은 '국가의 방(national room)'에 분류되었고 네덜란드와 프랑스의 반환 담당자들이 되찾아 갔다. 벵코위츠는 지역의 독일인 노동자들이 장서표와 도서관 날인과 히브리어 표기를 인식할 수 있도록 가르쳐서 어느 도서관으로 그 책들을 반환할 것인지를 파악하도록 했다. 이런 교육 덕분에 도서관 표지 4000개와 개인문고 장서표 500가지를 확인할 수 있었다. 프랑크푸르트의 철도 대피선에서 발견된 베를린국립도서관의 책 70만 권과 (그때쯤 오펜바흐는 미군 점령지 전체의 책을 받고 있었는데) 베를린에 남겨졌던 국가보안본부 도서관 책 중 남은 42만 5000권을 비롯해 책은 계속 들어왔다. 1948년이 끝날 무렵 350만 권이 그 보관소를 거쳐갔고 36만 7000권을 제외한 모든 책이 집을 찾았다. 어려웠던 상황을 감안하면 놀라운 성공이었다.[7]

이 도서관 장서인은 책의 원래 소유주가 우크라이나 북부 볼히니아신학교 (Volhynia Theological Seminary)임을 확인해 준다. 오펜바흐 분류소는 탁월하게 과업을 수행했지만 약탈된 책이 너무나 뒤죽박죽이어서 종종 책들이 개인문고에 속한 것인지 아니면 기관의 공공기관 컬렉션인지를 구분하는 것도 불가능했다. 책이 반환되어야 할 도서관이 더 이상 존재하지 않는 경우도 많았다.

오펜바흐에서 수행된 임무가 특히 민감했던 것은 그중 많은 책이 로젠베르크의 프랑크푸르트 연구소를 건립하기 위해 유대인 기관들을 약탈한 것이기 때문이었다. 새 나치 대학으로 예정된 도서관은 이제는 오스트리아 중에서 영국의 점령지구에 속하게 되었는데 영국이 그 도서관을 위해 수집된 50만 권을 처리하는 일은 상대적으로 수월했다. 이 책들은 효과적으로 나라별로 분류되었고 책이 속한 본국으로 반환되었다. 총 상자 2517개가 프랑스로 돌아갔는데 그중에는 전쟁 전에 수상이었던 레옹 블룸(Léon Blum)과 로스차일드 가문 사람들, 그 밖의 많은 유대인의 개인문고가 있었다. 1946년 5월에는 상자 대략 659개에 든 책 5만 5000권이 모스크바로 급송되었고 한 해 뒤 추가로 상자 397개의 배송물이 레닌그라드로 보내졌다. 나중에 보낸 배송물에는 3년간의 엄청난 포위전 동안 독일군이 레닌그라드 주변의 황제 궁궐들에서 약탈한 책들이 포함되어 있었다.[8]

이런 연대의 손짓에 대해 소련의 화답은 없었다. 소련은 소연방의 도서관으로 편입된 서방의 장서들을 반환하기를 거부했는데 그런 결정은 21세기에 들어선 지금까지도 외교적 관계에 어두운 그림자를 드리우게 된다.

물론 소련이 반환 문제에 다른 입장을 취한 이유는 너무나 정당하다. 독일에 점령당해 유럽 전역이 엄청난 고초를 겪고 독일이 패퇴하기 전까지 연합군이 큰 희생을 치렀지만 소련은 재산상의 손실, 사상자 숫자와 도시와 문화유산의 파괴에 있어서 비교가 되지 않을 정도로 더 많이 고통받았다. 벨라루스에서 민스크 국립도서관(State Library of Minsk)은 전체 장서의 83퍼센트를 잃은 것으로 추산된다. 독일이 침공·점령·후퇴하면서 우크라이나 도서관에 가한 손상은 정말로 추산이 불가능하다(특히 소련이 퇴각하면서 공공건물들을 폭파하고 키이우를 재탈환하기 전에 가한 폭격도 그 손상에 기여했음을 인정하기를 꺼리기 때문에 그렇다).[9] 발트해 연안의 공화국들은 당초 러시아의 통치에서 해방된 것을 환영했지만 그들의 도서관도 독일 점령기 동안에 심각한 손실을 봤다. 만약 주요 나치 지도자들에 대한 뉘른베르크재판에서 증거로 제시된 그럴 듯한 선서 증언대로 소련이 1억 권을 잃었다면 어떤 종류의 배상도, 그 과정이 아무리 독단적이었다고 하더라도 결코 충분한 보상이 되지 못할 것이다.

    라티보르 안팎에 있던 저장소의 책들이 복잡하게 얽히고설켜 있었다는 사실 때문에 반환에 대한 소련의 입장을 최초로 경험하게 되었다. 몇 주 만에 100만 권 이상의 책을 실은 화물차 쉰네 대의 행렬이 민스크로 향했다. 그중 얼마쯤은 사실 벨라루스 도서관들로부터 마구잡이로 약탈한 것의 일부였다. 그러나 이 책들은 출처가 여러 소련 기관의 도서관인 경우와 프랑스, 벨기에, 네덜란드의 도서관인 경우가 뒤섞여 있었다. 100만 권 중 대략 절반의 출처가 이들 서방 국가들이었다. 모스크바와 레닌그라드로 한몫을 떼간 뒤 민스크에 남게 된 책을 처리하는 데 어떤 구분 작업도 없었다. 러시아 도서관들은 독일에서 쓸어온 기록보관소의 거의 모든 자료를 자기들 것이라 주장했다. 심지어 우크라이나, 벨라루스 혹은 발트해 연안국들에 속한 중요 문서들의 경우에도 그랬다. 그런 자료를 반환받는 것은 오랜 세월 이들 나라의 사서들이 골몰했던 문제였다. 러시아는 프랑스와 네덜란드에서 온 책들의 문화적 소유권 문제는 별 신경을 쓰지 않고 이제 그 책들을 자신들의 소장품에 넣을 것인지 말 것인지를 결정하기 위한 검토 작업에 들어갔다.

서방 도서관에서 온 어떤 책들이 민스크나 모스크바의 소장품에 흡수되기 전에 물론 먼저 적절성이 검토되어야 했다. 민스크 소재 소비에트 검열국의 임시 보고서는 마음을 안심시키는 동시에 조심스러운 내용이었다. 러시아 관료주의가 요구하는 위험 분산 처세술이다.

> 도서관 관리부는 임시로 검사를 마쳤습니다. 내가 살펴본 바로는 반소비에트 선전문구가 든 어떤 문헌도 발견하지 못했습니다. 하지만 틀림없이 처리하기 위해서는 전체 문헌에 대한 추가적인 '정화'가 요구될 것입니다. 문헌 속에 부르주아의 자기 변호적인 철학적·사회학적 출판물이 여기저기 흩어져 들어가 있을 것이기 때문입니다.[10]

50만 권이나 되는 장서에 흩어져 들어가 있는 그런 '부르주아의 자기 변호적' 출판물들을 실제로 어떻게 찾아낼 것인지에 대해서는 적당히 애매하게 처리했다. 그것이 스탈린 시대 러시아에서 살아남는 법이었다. 도서관은 서방에서 온 배송물 중 60퍼센트를 보유하기로 했다고 보고했다. 만약 이것이 사실이라면 파리나 암스테르담에서 반환받았더라면 고마워했을 약 20만 권이 재생지로 처리되었다는 말이다.

　이 한 번의 처리는 앞으로 있을 많은 처리 중 첫 번째 사례였다. 그러나 그 첫 번째가 독일 도서관에서 출발해서 폴란드와 체코슬로바키아 전역 이곳저곳의 저장소로 배송되었던 수많은 책을 동쪽으로 실어 간 것 때문에 제기된 많은 쟁점을 부각시켰다. 특히 전쟁 직후의 시기에 독일 점령군에 협조했던 사서들을 모조리 숙청했기 때문에 전쟁으로 황폐해진 소련 도서관들은 진지한 재분류 작업 수행에 필요한 것을 거의 갖추지 못한 상태였다는 사실을 염두에 두어야 한다. 건물 하나가 튼튼하게 건설되면 한동안은 빈 서가를 채워 줄 책이라면 무엇이든 환영받았다. 그래서 자신들의 핵심적 임무에 거의 중요해 보이지 않는데도 많은 프랑스와 네덜란드 책을 수용했다. 소련의 전리품 여단이 독일에서 쓸어온 수백만 권은 훨씬 더 그런 책일 가능성이 높았다.[11]

　독일의 침공으로 저질러진 손실을 보상받기 위한 스탈린의 계획에 나치가 은닉했던 약탈물은 손을 뻗으면 닿는 과일에 불과했다. 처음 소련 군대가 독일 영토에 진입했던 1945년 2월 스탈린은 5년의 전쟁을 겪었는데도 놀라울 정도로 부유해 보이는 독일 사회로부터 사정을 두지 말고 약탈하라는 악명 높은 명령을 내렸다. 점령 중인 독일 지역에서 공장 설비들을 통째로 해체해서 소련으로 실어 보냈다. 이따금 이런 작업이 너무나 미숙하게 처리되어 기계장치가 쓸모없는 지경으로 망가지기도 했다. 독일이 러시아의 문화유산을 파괴한 것도 보복을 불렀다. 전리품 여단은 예술품 90만 점을 쓸어가 버린 것으로 추정된다. 책도 그런 계획의 일부였다. 모스크바 레닌도서관(Lenin Library) 간부들이 1945년 6월에 베를린으로 와서 본국 도서관 소장품을 구축하기 위한 책을 탐색했다. 1순위는 전시에 독일이 출판한 과학기술서였지만 의학서적도 표적이 되었다. 탐색의 편의를 위해 소련 관리들은 동부의 주요 공공도서관들을 비롯한 도서관 스물다섯 곳의 책 전부를 베를린으로 보내게 했고 여기서 분류하고 빼돌리는 작업을 진행했다. 모두 130만 권이었다. 모든 이해 당사자가 전부 검토를 한 뒤에야 남은 책을 도서관으로 돌려보냈다. 소련 점령지인 독일 동쪽과 다른 저장소로부터 다 합해서 대략 1000만 권이 소련 도서관을 채우기 위해 제거되었다. 그중 절반은 가장 명망 높은 소련 도서관들의 본거지인 모스크바와 레닌그라드로 향했다.[12]

이런 약탈은 이미 폭격으로 난타당하고 이제는 공산주의 국가가 된 동독 도서관들을 완전히 헐벗게 했다. 베를린 도서관들을 재구축하는 과제를 수행하기 위해 중앙도서관은 일련의 수집 거점을 지정했고 폭격으로 폐허가 돼 지금은 임자가 없는 집들에서 발견된 책을 거기에 두게 했다. 괴벨스와 알베르트 슈페어 같은 나치 정권의 유력 인사들의 장서를 비롯한 개인문고나 나치 정부 부처들에서 나온 책들도 약탈당했다(소련은 완전히 망가진 폴란드 도서관들을 재건하기 위해 이와 유사한 몰수를 부추겼다). 이렇게 '구출된' 책들은 전당포 주인이 전해 준 책들과 합해졌다. 독일과 다른 유럽 점령지에서 유대인 가족들을 몰아낸 뒤에 집 뒤처리가 끝나고 전당포로 흘러들어 온 것들이었다.[13] 이런 사정은 로젠베르크의 프랑크푸르트 연구소의 도서관을 청산한 지 오랜 시간이 지난 후에도 유대인 가정에서 나온 무수한 양의 책이 독일 도서관들에 남아 있었다는 사실을 확인해 준다. 20세기가 끝날 무렵까지도 이런 책들의 주인을 확인하는 일은 거의 시도조차 되지 않았다.

700만에서 1000만 권에 달하는 책 손실은 독일 도서관 공동체에 잔혹한 타격(그런 의도가 있었다)을 주었다. 그러나 과학기술서를 제외하고는 훼손된 소련 도서관을 복구하는 데 거의 도움이 되지 않았다. 많은 약탈 서적이 독일어로 되어 있었는데 소련에 가장 시급히 필요했던 것은 러시아어와 소연방에 속하는 다른 민족들의 언어로 된 교육용 도서와 문학 서적이었다. 값비싼 전리품을 빼앗아 가려는 욕망을 발동하면서 화물열차에는 인쇄술이 발명된 지 100년도 안 된 시절의 책도 많이 실려 갔다. 이런 장서 중 수십만 권에 달하는 책이 레닌그라드와 모스크바 주요 도서관들의 지하창고로 사라졌고 그곳에서 그 후 40년을 미분류 상태로 내버려져서 독자들을 만나지 못했다. 어떤 책이 전쟁 통에 파괴되었는지 어떤 책이 소련으로 약탈당했는지 독일 사서들이 파악하기란 불가능했다. 오랫동안 베를린국립미술관의 많은 16세기 책 색인 카드에는 '어쩌면 전쟁 중에 분실(Kriegsverlust möglich)'이라는 구슬픈 문구가 기재되어 있었다.

1989년 베를린장벽이 허물어지고 뒤이어 소련에서 정치적

격변이 일어나면서 도서관 공동체 사이에 관계를 재설정할 길이 열렸다. 베를린국립도서관 색인 카드의 기재 사항들이 현재 그 책이 소재한 러시아나 폴란드의 도서관 위치를 밝히면서 조금씩 변하고 있다. 하지만 반환 문제를 두고는 여전히 심각한 의견 차이가 있다. 개방정책 추진으로 여러 가지 최초의 성과가 나왔고 그 덕분에 독일에서 소련과학원으로 보내졌던 250만 권이 실은 모스크바 외곽 우즈코예(Uzkoye) 지역의 한 교회 안에 그냥 쌓여 있다가 썩어 버릴 때까지 방치되었다는 사실이 드러났다. 그 책들은 1990년까지 여전히 그곳에 방치되었다가 이제는 문자 식별이 불가능한 폐지 덩어리가 되었다.[14] 이 소식은 도서관 공동체를 떠들썩하게 하면서 새로운 개방의 분위기를 타고 서방 도서관으로 책을 반환하는 문제를 놓고 대화해 볼 수도 있겠다는 희망을 주었다. 조용히 벨라루스국립도서관(National Library of Belarus) 출처 목록을 살펴본 바로는 프랑스의 개인문고로부터 온 책이 많았고 한 네덜란드 연구자는 네덜란드 소장품에서 온 책을 얼마간 확인했다. 한때 민스크에는 네덜란드 책이 대략 2만 권 있었다고 여겨지지만 일부는 1970년대에 모스크바로 옮겨진 것으로 보인다. 1994년 이들 책 중 일부, 즉 663권 중 608권은 모스크바국립도서관(Moscow State Library) 해외문학 서가에서 암스테르담으로 반환되었다.[15] 민스크도서관은 또한 오스트뷰허라이를 위해 나치에 압류당했다가 나중에 소련으로 옮겨진, 명성 높던 파리의 투르게네프도서관에서 온 10만 권의 운명에 대한 추가 단서들을 제공했다. 이 책들은 레닌이 투르게네프도서관에서 공부했기 때문에 높은 평가를 받았다. 그렇지만 그 도서관은 망명문학의 온상으로 의심을 사기도 했다.

2002년 러시아국립도서관(Russia State Library)은 그 도서관의 책 1만 권이 모스크바로 왔으며 그것을 제외한 나머지는 1951년에 파괴되었다는 사실을 인정했다.[16]

암스테르담으로 책이 반환되면서 결코 실현되지 못할 것 같던 희망이 생겼다. 러시아에서 보수주의와 민족주의 세력들이 이미 책 반환에 반대하기 위해 움직이고 있었다. 두마(Duma, 러시아 의회―옮긴이)의 한 의원은 그런 식의 반환을 '전쟁에서 죽은 2700만 소련 시민의 무덤에 침을 뱉는 짓'이라고 말했다.[17] 1998년 러시아 헌법재판소는 보리스 옐친(Boris Yeltsin) 대통령에게 더 이상의 반환을 금지하는 법안에 서명하도록 강제했다. 우리는 여전히 서방의 도서관에서 약탈돼 과거 소연방의 여러 나라에 남아 있는 책들의 그 전체 규모를 파악하는 수준에는 한참 못 미치고 있다.[18]

전쟁 동안에 유대인 문화 자산의 약탈, 분산과 파괴가 부른 비극은 주인이 나서지 않는 책을 어디로 보내야 할지를 놓고 볼썽사나운 다툼을 벌이면서 더욱 깊어졌다. 심지어 1945년에도 오펜바흐 센터는 여러 유대인 공동체를 대표하는 이들이 보낸 많은 파견단이나 직접 센터에서 텍스트를 살펴보기를 원하는 학자들을 접대했다. 이런 불청객들을 대접하는 책임은 연락장교 카플 핀슨(Koppel Pinson)에게 떨어졌는데 온갖 애를 먹으며 일하는 소수의 팀이 '모든 고된 일과 험한 일을 도맡아 하고 있는데 이 대단한 유대인 지도자들이 그들의 사무실에서 전보를 보내거나 아니면 3일에서 5일간 둘러보며 감독관 행세를 하는 꼴을 보고는' 핀슨은 누가 그의 입장이 되어도 납득할 만한 좌절을 느꼈다. 핀슨은 '우리가 처리하고 있는 것은 어떤 경우로 보더라도 도서관이 아니라 거대한 규모로 은닉된 약탈물'이라는 사실을 세상에 알리고 싶었다.[19] 임자 없는 책들은 크게 줄어들 수도 있었다. 그러나 그것들의 상징적 자본은 어마어마했고 특별히 신경 써 달라고 요구하는 강력한 이해단체들도 적지 않아서 최고위급 당국자들만이 결정할 수 있는 해결책을 요구했다.

핀슨의 외침은 과로에 시달리는 장교들의 좌절을 대변한 것일지도 모른다. 그럴망정 그것은 또한 미래를 어디에 의탁할 것인가를 놓고 국제 유대인 공동체 내부에서 벌어지던 진짜 분열을 드러냈다. 유럽 일부 지역들에서 전쟁 이전 유대인 인구의 90퍼센트에 해당하는 600만 명이 살해당했다. 전후 유럽에서 유대인의 미래를 상상하는 것이 가능하긴 할까? 많은 이는 부정적이었다. 그리고 유럽유대인재건위원회(Commission for European Jewish Reconstruction) 의장인 제롬 미카엘(Jerome Michael)의 말에 따르면 유대인 자산을 원래 있었던 곳으로 반환하는 것은 이제는 유대인이 사라진 '유령 공동체들'에 종교적·문화적으로 필요한 것보다 훨씬 많은 책을 그곳으로 보내는 것이라 했다. 미국 의회도서관장 루서 에번스의 관점에 따르면 이런 특별히 예외적인 경우에서는 '특정한 재산권의 관점이 아니라 유대인에게 그것이 갖는 문화적 가치라는 관점에서' 결정을 내릴 필요가 있다고 했다.[20] 그래서 뿔뿔이 흩어져 있는 폴란드와 소련의 유대인 공동체들과 프랑크푸르트대학교 같은 독일 공공기관으로 책을 보내면 안 된다는 것이다. 그러나 이제 어디가 유대민족의 영적 고향이란 말인가? 미국인가, 팔레스타인인가?

그 논쟁에서 미국 지식인들의 주도적 역할과 현장에 있

는 미국 점령군의 존재감 덕분에 미국에 유리한 쪽으로 저울추가 기우는가 했지만 팔레스타인을 지지하는 이들도 있었다. 논란이 있었지만 20세기 초 점점 많은 인구가 팔레스타인에 정착했고 상당한 문화기관들을 설립했으니 임자 없는 유대인의 자산을 품을 고향이 되지 말란 법도 없어 보였다.[21] 그러나 팔레스타인은 1948년까지도 여전히 영국 위임통치령의 일부였고 1949년 5월에야 유엔에 의해 이스라엘이라는 국가로 승인받고 나서야 확고한 법률적 근거를 마련하게 될 것이었다. 잠시 유네스코의 지지를 받으며 코펜하겐에 새 유대 도서관을 세우자는 제안이 등장해 코펜하겐을 학문과 기억에서 유럽의 유대 문화 중심지로 삼아 보려는 미약한 불길을 겨우 지피기는 했지만 어떤 유대 공동체도 지지를 보내지 않았다.

우리는 이 논쟁이 전개되는 과정을 루시 다비도비치[Lucy Dawidowicz, 폴란드 이름 니 실크렛(née Schildkret)]라는 한 놀라운 여성의 서신과 비망록에서 볼 수 있다. 다비도비치는 전쟁 전에 빌니우스의 유대과학연구소(YIVO)와 강한 유대관계를 맺었던 학자이자 기록물 보관 담당자였다. 그는 1946년 독일에 마련된 유대인 이산가족 수용소에서 보호 중인 25만 명을 지원하는 단체에서 일하기 위해 유럽으로 돌아왔다. 다비도비치는 수용소 도서관을 위해 미국 담당자가 약속했던 2만 5000권 중 마지막 분량을 고르기 위해 오펜바흐에 도착했다. 남은 책을 살펴보던 그는 반복해서 YIVO의 장서인과 빌니우스에서 두 번째로 중요한 유대 도서관인 스트라슌의 도서관 장서인과 마주쳤다. 다비도비치는 이 두 소장선을 현 시점에 YIVO 본부가 있는 뉴욕으로 보내야 한다고 확신했고 그 뜻을 관철했다. 그러나 다비도비치는 오펜바흐 센터의 미래에 대해서는 강경한 입장을 보였다. 그는 센터의 작업을 이제 그만 마무리해야 한다고 믿었다. 이 말은 죽었을지도 모르는 개인문고의 주인 찾기와 이미 크게 파괴된 기관을 확인하려는 노력을 그만두어야 한다는 걸 의미했다.[22]

다비도비치는 초기에 배송된 책이 잘 도착했는지 주인이 확인하지도 않고 이산가족 수용소로 배달해 버리는 식으로 일을 처리한 몇몇 동료들에 대한 경멸을 노골적으로 드러냈다. 다비도비치는 그 시점에 책임자였던 핀슨이 오펜바흐 저장소의 책으로 자기 개인문고를 만들고 있다고 의심했다. 오펜바흐 센터로부터 필사본 1100권이 포함된 다른 문헌 상자 다섯 개가 예루살렘으로 보내졌다. 나중에 오펜바흐에서 일했던 미군 장교 두 명이 이 도둑질을 도왔다고 인정했다. 예루살렘이 유대 문화유산의 고향이라는 주장은 1918년에 설립해 1925년에 공식적으로 개교했던 예루살렘히브리대학교(Hebrew University of Jerusalem, HUJI) 교수단이 강력하게 제기했다. 전쟁이 끝날 무렵 히브리대학교 대표단은 유럽을 순회하며 약탈된 도서들을 찾아다녔고 그 책들의 고향으로 예루살렘을 지지해 달라고 부탁했다. 예루살렘의 도서 목록은 1935년 독일 대규모 소매업계의 거물 살만 쇼컨(Salman Schocken)의 막대한 문고가 도착하면서 상당히 풍요로워졌다. 이 책들은 그 기원을 1892년까지 확인할 수 있는 연구 자료로서 국립도서관에서 연구하는 학자들을 위한 것이었다. 무엇보다도 예루살렘은 단순한 도덕적 깨끗함을 앞세울 수 있었다. 히브리대학교 총장 유다 마그네스(Judah Magnes)의 말에 따르면 '우리는 나치의 박해를 피해 탈출했던 유대인들을 받아들이는 데 가장 주도적인 나라였다. …… 마찬가지로 우리는 파괴된 독일의 유대민족이 남긴 이런 영적 자산들의 수탁인이 되어야 한다.'[23]

미국을 유대인 유산의 고향으로 삼아야 한다고 주장하는 사람들의 생각은 달랐다. 카플 핀슨은 다음과 같은 경고로 한마디 거들었다. '팔레스타인이 고향이 되어야 한다는 주장은 그곳이 이 자산들이 있었던 곳도 아니고 불행하게도 자산 반환에 대한 합법적인 당사자로도 인식되지 않기에 수용할 수 없다.' 미국 점령군을 대표하는 클레이(Clay) 장군도 동의 의사를 이렇게 밝혔다. '우리는 정부만 상대하며 멋대로 그런 원칙을 바꿀 수 있을 정도로 자유롭지도 않다.'[24] 또한 쫓겨난 팔레스타인 사람들과의 불가피한 싸움에서 이스라엘이 패했을 때 벌어질지도 모를 살육과 파괴에 대한 두려움도 있었다. 게다가 19세기에 자신들의 보물을 관리하는 책임에 태만했던 예루살렘의 위태로웠던 과거를 생각하면 신뢰가 가지 않았다. 그때 유럽 학자들은 멋대로 예루살렘의 도서관을 침입했고 둘도 없는 필사본 수천 권을 대영박물관도서관, 상트페테르부르크 제국도서관(Imperial Library), 베를린 프로이센국립도서관에 팔아 치웠다.[25] 결국 전후 전리품들은 미국과 이스라엘이 비슷한 정도로 양분했다. 각각은 임자 잃고 남은 책들을 대략 40퍼센트씩 차지했다. 최종적으로 나치가 약탈했던 유대인 도서 50만 권이 예루살렘의 국립도서관으로 향했다.

이제 그 책들은 1948년과 1967년의 6일 전쟁 후에 다시 한번 그들의 고향에서 쫓겨났던 팔레스타인 사람들이 '버린 책들'과 합해졌다. 국립도서관 사서 일부는 유럽에서 유대인 책을 구출하는 데 힘썼는데 이들은 이것은 약탈이라기보다 보존 행위라면서 이렇게 주장했다. '아랍 작가와 학자 들이 보유했던 문고 중 최고의 것들이 이제 안전한 장소를 찾은 것입니다.' 이 책들이 쫓겨났던 소유자들의 상속인에게 반환된 적은 결코 없다. 그러나 적어도 그 책들이 팔레스타인의 시인이자 교사였던 이샤프 나샤시비(Isaaf Nashashibi)의 문고가 처했던 운명을 피하기는 했다. 나샤시비는 1948년 전쟁 때 카이로로 도피하면서 자신의 책들을 두고 떠나야 했다. '나샤시비가 죽은 후 몇 달 동안 스피로 후리스(Spyro Houris)가 지었던 그의 집은 무차별적으로 약탈당했고 이웃의 식료품 장수는 나샤시비가 가장 귀하게 여기던 책을 설탕과 소금 덩이를 싸는 데 쓰다가 목격되기도 했다.'[26]

반환은 더러운 일이다. 뒤숭숭한 시대의 소란 속에서 흔히 도덕적으로 흠결 없고 분명한 해결책은 없다. 오늘날 베를린과 포츠담의 몇몇 도서관이 자신들의 장서 속에 있는 약탈 서적을 점검하기 시작했다. 죄책감을 덜어 보려는 이런 값비싸고 수고스러운 조사에 대해 1946년 재미 유대인 학자 루시 다비도비치는 그것이 무의미한 짓이라고 비난했다. 약탈했거나 부정하게 습득한 모든 문화유산은 반환되어야 하는가, 아니면 전문적으로 관리되면서 학자들이 쉽게 이용할 수 있는 현 장소에 그냥 두어야 하는가? 유럽의 중요한 역사적 수집품을 이용했던 모든 연구자는 무질서하게 산더미처럼 쌓여 있었던 책의 혜택을 보았다. 실은 그 책들은 원래 소유주들이 수많은 사소한 기만, 강요된 습득이나 압류 따위를 통해 수중에 넣었던 것이다. 오로지 너무 터무니없는 경우에나 널리 알려졌을 뿐이다. 하지만 사실

당혹감과 도덕적 위험에 유념하며 상세히 조사한다면 어떤 미술관이나 박물관, 도서관의 수집품들은 거의 살아남지 못할 것이다.

진실은 어떤 전후 청산에도 독단적 요소는 있다는 점이다. 승자와 패자가 있고 일부는 받아야 할 처벌을 피하고 일부는 마땅히 받아야 할 몫을 못 받기도 한다. 그런 사실은 다른 형태의 인적 자산만큼이나 도서관과 공동체와 개인의 책 자산에도 마찬가지로 적용되는 것으로 드러났다. 문제는 사면이 평화를 정착시키는 과정에서 상당히 잘 통하는 해결책이었지만 1945년에 끝난 제2차세계대전에는 도무지 통하지 않았다는 사실이다. 경악스러운 규모의 반인륜적 범죄가 저질러졌기 때문이었다. 나치 정권의 조직들이 정녕 어마어마한 규모로, 거의 미친 듯이 단호하게 저질렀던 고의적인 책 약탈 또한 이런 범죄였다. 리하르트 코브라크의 책을 반환한 것은 마음이 푸근해지는 이야기이다. 그러나 그것은 그의 문고 중 현재 추적이 가능한 딱 한 권이었다. 우리는 20세기 중반 유럽에서 저질러진 섬뜩한 범죄의 현장에서 멀리 떨어진 곳으로 문화유산을 숨길 만한 은신처를 찾기 위해 분투했던 사람들의 노력을 너무 쉽게 격하해서는 안 된다.

18장
민심 얻기

냉전이 시작된 시기를 돌이켜 볼 때 가장 놀라운 것은 승리의 환희는 사라지고 순식간에 새로운 갈등의 음울한 시대를 의식하는 쪽으로 옮겨 갔다는 점이다. 아마도 최근 역사가 주는 교훈은 현실에서 결코 참된 평화에 대한 희망을 품을 수 없다는 것일지도 모른다. 우리는 1918년 제1차세계대전 종전 후에 영국 군인들이 러시아내전에서 볼셰비키와 싸우는 러시아 군대를 돕기 위해 곧장 배에 실려 갔다는 사실을 잊는 경향이 있다. 오직 서부전선에서만 총과 대포 소리가 멎었다. 핀란드, 폴란드, 발트해 연안의 신생 공화국들, 우크라이나, 발칸반도 국가들에서 새로 확립된 국경을 지킨다는 명분으로 지독한 싸움이 벌어졌다. 1918년과 1921년 사이에 새로 태어난 폴란드는 거의 모든 이웃과 여섯 번 전쟁을 치렀다.[1] 1945년에 중부유럽으로 가차없이 밀고 들어오면서 연합국에게 또 한 번 걱정거리를 안겨 준 것은 러시아였다. 특히 우려스러웠던 것은 대표적으로 프랑스와 이탈리아처럼 파시즘에서 해방된 나라들이 (연합국의 관점으로는) 경악스러운 수준으로 공산주의를 지지하고 있었다는 점이었다.

나치의 공포스러운 통치에 기여한 자들을 추궁하고 처벌해야 한다는 당위는 소련의 힘을 막기 위해 독일을 서방 연합을 위한 동쪽의 주춧돌로 재건해야 한다는 긴급한 필요 때문에 무뎌졌다. 만약 대포왕 알프리트 크루프(Alfried Krupp)가 최초의 뉘른베르크재판에서 그의 아버지 자리를 대신했더라면 그 회사의 잔인했던 강제노동 체제에 희생된 75만 명에 달하는 피해자들은 그가 교수형을 당하는 것을 볼 수 있었을 것이다(최초 재판은 그의 아버지 구스타프 크루프가 받았으나 고령과 와병을 이유로 면소되면서 알프리트가 대신 재판을 받고 12년 금고형을 받았다—옮긴이). 그러나 그는 1951년에 풀려나 자신의 거대한 산업제국을 복구했고 유럽의 이상주의자로 변모했다. 곡물 상인 알프레트 퇴퍼(Alfred Toepfer)도 유럽 차원의 협의를 통해 많은 문화상 제정과 장학금 출연을 약속한 재단을 설립해 능숙한 솜씨로 재기에 성공했다.[2]

불편한 진실은 독일을 재건하려면 종종 열렬히 히틀러 제국에 이바지했거나 양심상 반대한다는 가시적 의사 표현이 없었던 변호사, 의사, 경제인, 교수 들의 도움이 필요하다는 현실이었다. 전쟁 수행을 축복했던 주교와 목사 들도 마찬가지였다. 비록 20세기 후반기에 신자들이 대거 교회를 외면하더라도 종전 직후에는 해방된 곳이든 패배한 곳이든 서유럽에서는 교회가 시민들의 유일한 공공시설로서 시민사회 재건에 중요한 역할을 맡을 것이었다. 재건된 정치체계에서 중도우파인 기독민주당이 여섯 나라 모두에서 주도권을 잡으면서 1951년에는 후일 유럽연합의 중심축이 될 힘을 구축했다. 1945년에는 안정적인 정치적 미래를 약속하는 것이 틀림없이 불가능한 꿈으로 보였을 것이다. 굶주림의 유령이 대륙의 많은 지역에 출몰했고 가는 곳마다 기본적인 기반시설이 붕괴하고 많은 주거지가 파괴돼 있었다. 이것은 주민들과 점령국이 똑같이 대처해야 하는 까다로운 환경이었다. 그래서 이데올로기적 통제와 부족함에 시달리지 않는 정상적 삶의 복원을 갈망하게 된 것이다.

미국 출판산업은 바로 이런 순간과 전 세계를 향한 새로운 시장을 뚫을 기회에 대비하고 있었다. 앞에서 살펴봤듯이 점령지의 연합군들은 도서관 장서의 비나치화를 최우선시했고 그것과 함께 폭격으로 인한 도서 파괴는 거대한 서가를 채워야 할 숙제를 남겼다. 나치 전쟁광들을 도왔던 독일 출판업자들에게 그 일을 믿고 맡길 수는 없는 노릇이었다. 그리고 5년간 나치 통치로부터 벗어나 새로운 읽을거리를 열망하는 갓 해방된 나라들이 있었다. 그러나 만약 미국 출판업자들이 새로운 시장에 눈독을 들이고 있었더라도(그리고 영국 업자들도 그들의 시장을 지키려는 모든 결의를 다지고 있었다) CIA 또한 그랬다. 언뜻 서방에서 가장 활발한 정보기관을 민간 출판시장의 중요한 경쟁자로 생각지는 못할 것이다. 그럴망정 냉전 초기라는 이상한 시대인 점을 감안하면 조금 이해가 간다. 심지어 독일의 상황이 진정되기도 전에 서방 강대국들에게 최대의 위험은 독일의 군국주의 이데올로기로부터가 아니라 계속되는 소련의 유혹으로부터 온다는 것이 분명해졌다.

1944년 6월 파리가 해방되었을 때 샤를 드골은 떠들썩한 환영을 받았지만 자신이 독립국 프랑스의 재건을 관장하는 것을 기정사실로 여긴 오만함에 대해 이의가 없었던 것은 아니다. 1945년

10월에 치른 전후 최초 선거의 결과는 암울했다. 공산당이 여론 조사에서 우세했고 사회당과 연합하면 압도적 다수를 차지할 수도 있었다. 비록 드골이 만장일치로 연립정부 수반으로 재선되었지만 공산주의자들을 중요한 장관직에 앉히기를 단호히 거부하다가 허약한 지지기반을 갉아먹었다. 1946년 1월 그는 사임했다. 드골은 시골로 자진 유배 생활에 들어가 12년 동안 정계로 돌아오지 않았다.

한편 전시의 원한을 갚는 일은 특히 지식인들 사이에서 지독하게 계속되었다. 1945년 10월 점령 기간에 설립되었던 프랑스국립작가위원회(French National Committee of Writers)는 나치에 협력했기 때문에 블랙리스트에 올라야 할 시인, 출판인, 작가 156명의 명단을 발표했다. 명단에 오른 이들은 황급히 실제건 상상일 뿐이건 자신들의 은밀한 저항운동 전력을 홍보하고 나섰다. 그중 대단히 긴밀하게 독일의 뜻에 협력했던 몇몇은 중형을 선고받아 투옥되었고 심지어 로베르 브라지야크는 처형당했다. 이제 드골이 없으니 공산주의자들은 전쟁 중에 의심의 여지 없이 자신들이 바친 희생을 기반으로 정부 요직을 당당히 차지했다고 주장할 수 있었다. 하지만 활력 넘치는 공산당 지도자 모리스 토레즈(Maurice Thorez)의 이야기는 매번 조금씩 부풀려졌다. 한 풍자적인 평자는 저항운동 전사자 2만 9000천 명 중에서 7만 5000명이 공산주의자라고 비꼬아 말했다.[3] 해방된 이탈리아 또한 1948년 선거에서 기독민주당의 승리를 위해 CIA의 야무진 충고와 넉넉한 달러 살포가 필요했다.

루스벨트가 대륙의 절반을 스탈린에게 할양하는 바람에 이런 상황이라면 순식간에 이들 나라의 독자적인 선택만으로도 그 공산주의 제국이 영국 해협까지 뻗쳐 올 기세였다. 그래서 마셜플랜이 가동되었다. 서유럽에서 굶주림이 현실화할지 모르는 상황을 호전시키고 재건 과정을 돕기 위한 유럽부흥계획이었다. 그러나 사람들의 인심을 얻으려면 좀 더 적극적으로 주도하는 문화정책이 필요했다. 유럽 시민들이 민주주의적 가치를 그들의 과거 동맹인 소련의 가치보다 선호하도록 설득하기 위해서였다.

원칙적으로 이 문화정책은 도서관 공동체와 출판산업이 잘 대비하던 것이었다. 유럽 도서관의 황폐화는 너무나 명백했다. 1941년에 이미 록펠러재단은 종전이 되면 도서관 장서를 재건하는 데 도움이 되도록 전쟁 동안에 발행되는 과학·의학 정간물을 일정 부수 비축하자면서 미국도서관협회(ALA)에 손을 뻗어 협력을 요청했다. 그 후 10년 동안 ALA는 잡지 6037종으로 9320세트를 만들어 프랑스에서 중국까지 33개국에 배포한다.[4] 소련의 영향권에 들어간 나라들, 특히 폴란드와 체코슬로바키아는 교류가 막히기 전까지 이 프로그램의 덕을 톡톡히 봤다. 책의 중요성은 유엔 폴란드 대표단 일원이었던 크사베리 프루진스키(Ksawery Pruszyński)가 미국에 전해 달라던 친구의 말을 다음과 같이 전하면서 명백히 드러났다. '폴란드는 빵과 옷만 필요한 것이 아니며 의료 지원과 도구와 불도저만 필요한 것이 아니고 정신적 허기를 달랠 음식도 필요합니다. 책, 책, 책 말입니다!'[5] '전쟁 폐허 복구를 위한 미국도서센터(American Book Center for War Devastation)'는 학술서도 수집해 배에 실어 보냈다. 1948년 6월까지 의학·과학·공학 분야로 구성된 400만 권이 배에 실려 45개국에 전해졌다.

대학 지원 문제의 정당성을 설득하는 일은 더없이 쉬웠다. 그러나 평화를 얻으려면 무너진 책 소매 시장도 복구할 필요가 있었다. 미국 전시정보국(Office of Wartime Information, OWI)은 런던에서 꼼꼼하게 책을 비축해 왔다. 그렇지만 미국 작가들로 구성된 영어 책만으로는 충분하지 않다는 점은 명백했다. 그래서 출판계에서 해외판(Overseas Editions)을 내자는 새로운 발상을 기획했다. 미국의 가치를 유럽의 시장에 가장 잘 대변할 수 있는 책을 번역해서 공급하자는 취지였다. 중점은 논픽션에 두었다. 마침내 대략 41종이 선정되었고 한 종당 5만 부를 찍어서 출판할 예정이었다.[6]

이 계획을 지지하는 사람들은 대성공을 거두었던 진중문고 같은 값싼 페이퍼백을 염두에 두었겠지만 이 새 사업은 처음부터 여러 문제에 시달렸다. 저작권 확보에 시간이 걸렸고 번역에서도 유럽의 난민 작가들이 유용한 자원임을 입증하며 도움을 주었지만 시간이 걸리는 건 마찬가지였다. 이윽고 그 시리즈물은 프랑스어로 22종, 독일어로 23종, 이탈리아어로 다섯 종이 나왔다. 더 큰 문제는 돈이었다. 놀라울 것은 없지만 의회의 일부 의원들은 미군 병사들을 위한 책은 몰라도 유럽인을 위한 값싼 책을 공급하자는 데 별 열성을 보이지 않았다. 이런 장애물에 맞서서 위원회는 초대서양판(Transatlantic Editions)이라는 병행 사업을 세웠다. 런던에서 프랑스어와 네덜란드어로 만든 책을 더 적은 부수로 발행했다. 두 시리즈 모두 많은 책이 출간되었다. 루스벨트가 내건 뉴딜정책의 대표적 프로젝트인 테네시강유역개발공사(Tennessee Valley Authority, TVA)에 관한 책 두 권을 포함해 칼 밴도런(Carl van Doren)의 벤저민 프랭클린 전기, 월터 리프먼의 책 두 권을 합본한 『미국 외교정책(U.S. Foreign Policy)과 미국의 전쟁 목표(U.S. War Aims)』, 스티븐 베네(Stephen Benét)의 『아메리카(America)』, 조지프 그루(Joseph Grew)의 『일본에서의 임무(Mission to Tokyo)』가 그렇게 나왔다. 시리즈의 전체적 분위기는 진지하고 근엄했다. 하지만 1945년 7월 프랑스에서는 판매대에 오르기도 전에 해외판이 즉시 매진되었다. 결과적으로 프랑스어, 이탈리아어, 영어, 독일어 책 41종이 72판을 찍었고 총 360만 부를 팔았다.

흔히 그랬듯이 연합국은 예컨대 조지 오웰의 『동물농장』과 『1984』 같은, 그들이 대가를 치르지도 않았던 책으로부터 최고 선전물의 가치를 획득했다. 1948년 일본에서 출판사 46곳이 『동물농장』 번역본 판권 입찰에 응했다(이것은 또한 일본 출판사들이 전쟁 시기를 얼마나 잘 견뎌 냈는지를 보여 준다).[7] 냉전 시기의 싸움 중 특히 중요했던 것은 비록 지금은 훨씬 덜 알려졌지만 빅토르 크라브첸코(Victor Kravchenko)의 『나는 자유를 선택했다(I Chose Freedom)』였다. 1946년에 처음 출간돼 연이어 22개 언어로 번역되었다. 소비에트러시아에 대한 크라브첸코의 생생한 목격담은 폭력적인 강제 집단농장화 정책과 우크라이나대기근(홀로도모르, Holodomor)에 대해 대중들에게 널리 접한 최초의 증언이었다. 프랑스어 번역본의 출판은 1947년까지 지연되었다. 공산당의 보복이 두려워 모든 대형 출판사가 출판을 꺼렸기 때문이다. 그럼에도 여전히 40만 부가 팔렸다. 스탈린 좌파들의 전방위적인 비판이 날아들었다. 심지어 크라브첸코의 책을 미국 정보요원이 쓴 것이라고 매도하기도 했다. 크라브첸코는 명예훼손 소송을 벌였고 재판은 그의 의도

대로 스탈린주의와 소연방에 대한 심판이 되었다. 석 달 동안 고문에 가까운 증언을 바탕으로 크라브첸코가 승소했고 그 덕분에 프랑스에서 소련 공산주의의 위신은 크게 깎였다. 그럴망정 장폴 사르트르와 시몬 드 보부아르(Simone de Beauvoir) 같은 유력한 지식인들은 미동도 없이 소연방에 대한 신뢰를 이어갔다.

1950년대 무렵 전선이 그어졌다. 마셜플랜으로 생활 여건이 나아졌고 베를린공수작전(스탈린의 베를린을 봉쇄하자 서방이 생필품 공수로 대응 ― 옮긴이)에서 서방이 단호한 결의를 보이면서 공산주의는 매력을 크게 잃었다. 동유럽에서 폴란드와 체코슬로바키아의 민주주의를 억누르면서 러시아의 장악력은 공고해졌다. 1950년 한국전쟁은 이후 40년 동안 유럽 정치를 지배할 이데올로기적 갈등에 대한 새로운 전선을 열었다. 양측은 오랫동안 이런 상태에 적응하고 익숙해졌다. 이제 맞수가 된 두 회의로 상징되는 문화투쟁이 새로운 국면으로 접어들었다. 1949년 다소 어울리지 않게도 뉴욕의 호화로운 월도프애스토리아호텔(Waldorf Astoria Hotel)에서 열린 마르크스주의자 지식인들의 회합과 1950년 베를린에서 개최한 '문화적 자유를 위한 회의(Congress for Cultural Freedom)'의 출범이었다.

월도프애스토리아 기획은 미국에서 그랬던 것처럼 유럽에서도 문단 좌파들의 분열상만 드러내면서 대실패로 끝났다. 한쪽은 파시즘을 몰아내기 위해 연합국의 일원으로 역할을 담당했던 러시아를 계속 존중하고자 했고 다른 한쪽은 히틀러와 불가침조약을 맺었고 강제수용소를 만든 스탈린을 용납할 수 없었다. 그런 상반된 입장의 결과는 월도프에서 생생하게 드러났다. 릴리언 헬먼(Lillian Hellman), 대실 해밋, 아서 밀

제2차세계대전이 끝날 무렵 5년이 못 되는 기간에 소련은 감탄스러운 동맹에서 혐오스러운 적으로 탈바꿈했다. 이 출판물들은 전시에 영국이 러시아의 모든 것에 매료되었음을 입증한다. 드미트리 쇼스타코비치(Dmitri Shostakovich)가 작곡한 노래 한 곡이 포함된 이 반가운 노래 책자는 〈맥주 통을 굴려라(Roll Out the Barrel)〉와 〈꼭 다시 만나자(We'll Meet Again)〉에 덧붙일 만한 더 다채로운 레퍼토리를 선사해 주었고 사람들은 환영했다.

러(Arthur Miller)가 회의에 참석했다. 반면에 한 층 위 스위트룸에 자리잡은 메리 맥카시(Mary McCarthy), 시인 로버트 로웰(Robert Lowell)과 아내 엘리자베스 하드윅(Elizabeth Hardwick), 아서 슐레진저(Arthur Schlesinger)와 《파르티잔 리뷰(Partisan Review)》 편집자들이 엄청난 보도자료와 전단을 쏟아내 놓고 아래층에서 진행 중인 행사에 야유를 보냈다. 회의에 참석했던 명성 높은 작곡가 쇼스타코비치가 찌무룩한 태도로 그의 KGB 경호원이 말 좀 하라고 재촉하지 않으면 내내 입을 다물고 있었

민심 얻기 547

던 것도 소비에트 체제를 최대한 선전하려는 의도에 찬물을 끼얹었다. 살짝 안도감을 들게 했던 장면은 젊은 노먼 메일러가 미국과 소련을 싸잡아 비난해 양쪽 모두로부터 호되게 야유를 받았을 때였다.

　베를린 회의도 또한 문학계 거물로 진용을 갖춘 스타 군단을 끌어들였다. 아서 쾨슬러, 테네시 윌리엄스(Tennessee Williams), 니콜라스 나보코프(Nicolas Nabokov), 앙드레 말로(André Malraux)와 월도프에서 방금 돌아온 아서 슐레진저가 선두에 섰다. 이 회의도 특히 철학자 A. J. 아이어(A. J. Ayer)와 역사학자 휴 트레버-로퍼를 비롯한 영국 대표들이 회의의 호전적인 분위기에 불쾌함을 드러내면서 흥미진진했다. 이런 사소한 불화가 있기는 했지만 회의가 끝날 즈음 '친구들! 자유가 공세를 잡았습니다'라는 선동적 문구로 아서 쾨슬러가 문화전쟁을 선포하는 것을 막을 정도는 아니었다.[8] 월도프애스토리아는 다시 열리지 않게 되지만 '문화적 자유를 위한 회의'는 그 후로도 20년간 계속 개최되면서 유럽 대륙에 서방의 가치를 퍼뜨렸다. 그런데 그 회의의 넉넉한 후원자는 CIA였다.

　1967년에 '문화적 자유를 위한 회의'에 CIA가 후원했다는 사실이 드러나자 그 단체의 운영과 관련된 사람들 대부분은 경악하며 고통스러운 시늉을 했다. 그러나 사실 최소한의 호기심이 있거나 출판 경험이 있는 사람이라면 출판으로 얻는 수익으로는 그 단체에 드는 비용—파리 본부 직원들의 봉급, 후원을 받아 여는 회의들, 단체에서 내는 잡지들의 기고자에게 주는 넉넉한 고료와 사치스러운 여행 예산—중에서 극히 일부밖에 감당할 수 없을 것이란 사실을 알아챘을 것이다. 그 출판물 중에서 가장 성공한 것은 《인카운터(Encounter)》였다. 월간이었고 당대의 정치·문화·사상을 다루는 만듦새가 좋은 진지한 저널이었다. 그 잡지는 곧 영국 문화생활의 지적 범주에서 굳건히 자리 잡았다. 이 잡지의 성공은 얼핏 잘 안 어울려 보이는 두 편집자에게 크게 힘입었다. 한 사람은 1958년 멜빈 래스키(Melvin Lasky)의 후임으로 들어온 의욕 넘치고 성마른 어빙 크리스톨(Irving Kristol)이었고 또 한 사람은 문학계의 거장 스티븐 스펜더였다.[9]

전후 독일 전역을 차를 몰고 돌아다니며 사서들을 인터뷰하는 것이 마지막으로 확인되었던, 인내심 있고 느긋한 스펜더는 좌파 문학 서열의 계단을 오르기 시작하더니 스스로 매우 존경받는 문화 비평가로 확고한 자리를 잡았다. 시인으로서 그의 영감이 말라 버리기는 했지만 말이다. 결국 그 자신의 이야기보다는 문학적 냉전에서 거의 모든 결정적인 순간에 사람들의 이야기에서 그가 빠지지 않는다는 사실이 훨씬 사람들의 흥미를 유발했다. 그는 영국 보안국(MI5)과 FBI에게 동시에 감시를 받았는가 하면 CIA와 영국 외무성의 보살핌도 받았다는 점에서 대단히 두드러졌다(그가 《인카운터》에서 받아야 할 월급을 외무성이 주었다).[10]

발행된 것은 《프뢰브(Preuves)》였다. 프랑스에서 곤궁한 처지에 있던 반공산주의 지식인들을 위한 매체이자 사르트르, 드 보부아르, 모리스 메를로-퐁티(Maurice Merleau-Ponty)가 창간했던 《레탕 모데른(Les Temps Modernes)》에 대한 공개 도전장이었다. 《프뢰브》 다음으로 《인카운터》(1953), 스페인은 《쿠아데르노스(Cuadernos)》(1953), 이탈리아는 《템포 프레센테(Tempo Presente)》(1956)였다. 독일은《데어 모나트(Der Monat)》였는데 1948년 베를린공수작전 때 최초 발행돼 1971년까지 나왔다. 유럽 너머로 의회는 인도의《퀘스트(Quest)》(1955), 호주의《쿼드런트(Quadrant)》(1956), 우간다의《트랜지션(Transition)》(1961)을 후원했다. 이들 잡지 모두는 광범위한 정치적 범주에 속한 지식인 문필가들에게 반가운 수입의 원천이 되어 주었다.《인카운터》의 경우 좌파 성향의 기고가들은 이 잡지가 CIA의 뒷배를 받고 있다는 사실을 차단하는 가장 효과적인 수단이 되었다. 1964년 노동당이 정권을 되찾았을 때 해럴드 윌슨(Harold Wilson) 내각에서 정확히 3분의 1이《인카운터》에 기고했던 적이 있었다. 잡지에 대한 CIA의 후원이 드러났을 때 이런 고결한 정치인들의 당혹감은 고결한 만큼 컸지만《인카운터》의 은근하지만 미심쩍은 제안에 걸려들지 않았던 사람들로부터 신랄한 비판을 무더기로 유발했다. 영국계 미국인 지식인 17명이《파르티잔 리뷰》에 CIA 저널들을 비난하는 사설을 실었을 때 그들은《파르티잔 리뷰》조차 CIA 위장사업체로부터 기금 지원을 받았다는 사실까지는 몰랐다.[11]

잡지에 엄청난 투자를 했다고 해서 CIA가 책 시장을 무시했다는 말은 아니다. 1977년《뉴욕 타임스》는 CIA가 책 1000권 이상에 자금을 지원했다고 주장했다. 이 사업에는 분명 T. S. 엘리엇의『황무지』와『네 개의 사중주(Four Quartets)』, 러시아 문학 선집, 파스테르나크의『닥터 지바고』, 그리고 충분히 수긍이 가는 마키아벨리의『군주론』이 들어 있었다. 이런 예산에서 큰 부분은 서방 문학을 소련과 동유럽의 소련 위성국들로 잠입하게 하는 데 지출되었다. 이런 투자에는 1954년 철의장막 너머로 성경을 매단 풍선 1만 개를 날려 보낸 돈키호테 식의 성경 풍선 프로젝트도 있었다. 그러나 이것은 정확한 무기와 너무 거리가 멀었다. 심지어 신념이 가장 확고한 냉전 전사라 하더라도 체코의 시골 마을 이곳저곳에 성경을 흩뜨리는 것이 도무지 소용없다는 걸 알 수 있었고 그 프로젝트는 곧 폐기되었다. 사업의 초점은 이데올로기적 선전으로부터 더 다양한 경제학, 사회학 및 사회과학 저술 쪽으로 넘어갔다. 이런 변화는 대학에서 환영받았지만 서방 서적을 수입할 수 있는 귀중한 기회는 대체로 자연과학 도서에 국한되어 허락되었다. 1970년에 체코 당국자들은 나라 안의 학술도서관에 부르주아 이데올로기를 서서히 침투시킨다는 이유로 그런 책들이 선전용 책보다 훨씬 더 위험하다는 경고를 보냈다. 사서와의 직접적 소통이 여의찮으면 자유유럽방송(Radio Free Europe) 기획은 방문 온 스포츠팀이나 무역 대표단과 같은 동구권 방문객들에게 몰래 접근하기 위해 최선을 다했다. 또한 이따금 서방 항구에 어획물을 부리러 온 어부들도 잘 설득해서 돌아갈 때 책과 팸플릿을 가져가도록 만들었다. 결국 자유유럽 프로그램 기획은 50만 권이 넘는 책, 정간물, 팸플릿을 출판했다. 그 투자로 얻은 성과가 컸는지는 몹시 의심스럽다.[12]

최선의 선전물은 선전을 의도하지 않은 것이다. 이런 진실은 '맹렬한' 다툼이 벌어지는 모든 시기에서처럼 냉전에서도 사실이었다. 냉전 시기 정보전은 좋은 지위에 있는 과학자들로부터 꾸준히 핵 관련 정보를 제공받은 소련의 일방적 승리였다. 케임브리지대학교 간첩단을 적발한 사건은 영국과 미국의 정보 조직 간에 위험한 불신의 씨앗을 뿌렸다. 그러나 설사 정보전에서는 굴욕을 당했더라도 소설로 벌인 첩보전에서는 서방이 압도적인 승리를 거뒀다. 그레이엄 그린의 작품들과 존 르카레의 『추운 나라에서 온 스파이(The Spy Who Came in from the Cold)』는 모두 KGB 내부의 필독서였고 그런 이유로 두 작가 모두를 CIA는 경멸했다. 그런데도 소련을 가장 화나게 했던 주인공은, 전직 영국군 정보장교였던 이언 플레밍이 창조한 제임스 본드였다. 우리는 앞에서 제2차세계대전 해군 정보부의 수장 고드프리 제독의 조수로서 처음 플레밍을 만났다. 플레밍은 훌륭히 직무를 수행했으나 그 자리는 전장을 갈망하던 그의 바람을 충족시켜 주지는 못했다.[13] 그는 전쟁이 벌어지고 있는데도 책상을 떠나지 못하는 장교로서 놓쳤던 삶을 자신이 창조한 강인하고 태평하면서도 매력적인 요원 007을 통해 대리만족을 느꼈다. 그리고 그의 작품은 공산주의 권력자들에게서 꽤 놀라운 반응을 받았다.

1953년에 출간된 『카지노 로얄(Casino Royale)』은 좋은 평가를 받았지만 많이 팔리지는 않았다. 그래도 플레밍은 본드 시리즈를 매년 한 권씩 그가 사망했던 1964년까지 꾸준히 써 냈다. 1962년 첫 영화 〈007 살인번호(Dr. No)〉가 개봉되고 나서야 본드 시리즈는 세계적 베스트셀러가 되었다. 소련인들도 어찌어찌 영화에 대한 풍문을 들었다. 최초의 비평이 영화 개봉 석 달 전 소련의 유력지 《이즈베스티아(Izvestia)》에 실렸다. '사랑과 공포'라는 제목을 단 그 기사는 영화를 인정사정없이 공격했다. '영국 해적—2류 작가가 된 은퇴한 스파이—의 도움에 의존해야 할 필요가 생긴 걸 보면 분명 미국 선동꾼들의 상태가 안 좋은 것이 틀림없다.' 플레밍은 쾌재를 불렀다. 소련의 비평

1963년 첫 출판 이후부터 날개 돋친 듯 팔려 나간 베스트셀러 『추운 나라에서 온 스파이』는 8개월 만에 13쇄를 찍었다. 철의장막 안의 독자들에게 그 책이 인기를 끈 것을 서방 정보기관들은 달가워하지 않았다. 정보기관의 일을 낭만은 제거한 채 사실적으로 묘사하는 것이 자신들의 업무를 너무 많이 노출한다는 우려 때문이었다.

에 대해 작가의 간결한 언급—아이 아파! I. F.(이언 플레밍)—을 추가해 곧 출간된 본드 시리즈 『여왕 폐하를 위한 비밀 봉사(On Her Majesty's Secret Service)』의 표지에 쓰기로 잔머리를 굴렸다.[14] 교정쇄에 쓰도록 100장 남짓한 표지를 선보였다. 그러자 사려 깊은 법률 고문단이 개입했다. 지금이 어떤 때인가. 쿠바미사일위기가 터졌던 해가 아닌가. 소련 권력 집단을 자극하는 것은 공연한 위험을 초래할 수도 있다. 실망한 저자에게 나쁜 소식을 전하는 일은 출판사 케이프(Cape)의 마이클 하워드(Michael Howard) 상무이사에게 맡겨졌다.

이것은 철의장막 뒤에서 본드를 모욕하기 위해 일치단결해 일제 사격을 뿜어댄 겨우 최초의 사례일 뿐이었다. 1965년 9월 플레밍이 죽은 지 1년 뒤 《프라우다》는 본드가 베트남, 콩고, 도미니크공화국, 그 밖의 너무나 많은 나라에서 살인을 위해 급파된 자들을 조련해야 했기 때문에 그는 죽는 것도 허락되지 않았을 것라는 의견을 내놓았다. 동독의 《노이에스 도이칠란드(Neues Deutschland)》는 본드 영화와 책들을 모든 명백하고 터무니없는 쓰레기 같은 반동적 교리를 위한 선전물로 보았다.[15] 1967년 불가리아 작가 안드레이 굴리야시키(Andrei Gulyashki)는 본드를 혼성모방한 작품인 『아바쿰 자코프 대 007(Avakoum Zakhov versus oo7)』을 쓰도록 꾐을 당했다. 그 책에서 본드는 불가리아의 영웅에게 패한다(007이 플레밍의 재산권 상표였기 때문에 영어판에서 맨 앞의 0은 제거되었다). 1970년대에 동독 인구 절반은 자리에 앉으면 TV를 통해 〈보이지 않는 총구(Invisible Gunsight)〉를 보았다. 미남이자 무산계급 출신의 동독 비밀경찰(슈타지) 요원 알렉산더가 서방의 적들을 재빨리 처치했다. 알렉산더는 마티니가 아니라 우체부 친구와 선술집에서 그냥 맥주를 들이켰다. 그리고 1976년과 1989년 사이에 폴란드 TV는 스와보미르 보레비츠(Sławomir Borewicz)라는 민병대 중위를 주인공으로 〈07 컴인(o7 Come In)〉을 방영했다.

아마도 제임스 본드를 거의 열받게 하는 데 성공한 경우는 소련 문학잡지 《노비 미르(Novy Mir, 새 세상)》에 본드 현상에 대한 사려 깊은 분석 글을 기고했던, 존경을 한 몸에 받던 작가이자 비평가 마야 투롭스카야(Maya Turovskaya)였을 것이다. 투롭스카야는 본드를 자신의 문제에 대면할 용기를 내지 못하고 몰락 중인 나라를 위해 내놓은 달콤한 음식 같은 것이라고 해석했다. '본드 신화는 영국이 "성난 젊은이들(Angry Young Men, 1950년대 영국 기성 체제에 반발했던 전후세대 젊은 작가들—옮긴이)"의 문제에 대한 대중의 거부감을 보여 준다.'[16] 이런 평가는 일리가 있었다. 플레밍이 본드 시리즈를 시작했을 때 영국은 침체기에 들어서 있었다. 『카지노 로얄』을 시작하기 1년 전 플레밍은 어떤 만찬에 참석했다. 손님 한 사람이 오지 않아서 음식이 지연되고 있었다. 다른 초대 손님인 미술사가 앤서니 블런트(Anthony Blunt)가 불참자가 아마도 오지 못할 사정이 있는 것 같다고 말해 주고 나서야 주최자는 결국 기다리지 않기로 마음을 바꿨다. 사실 블런트는 이 사실을 알고 있었다. 길을 잘못 든 불참자 가이 버지스(Guy Burgess)는 그날 소련으로 망명했고 친구인 블런트가 그날 오후에 그의 아파트에 들러 명예를 손상할 만한 것들을 남기지는 않았는지 확인했기 때문이다. 플레밍은 이런 사람들과 사회적 관계를 맺고 어울렸다. 그는 케임브리지 간첩단의 반역에 개인적으로 충격을 받았다. 제임스 본드는 돈이나 벌자고 만든 경박한 짓만은 아니었다. 그것은 또한 동전의 또 다른 면, 파시즘을 패배시켰던 플레밍과 같은 진정한 애국자를 제시하고 있었다. 제임스 본드는 허약한 처지가 되어 궁지에 몰린 기성 체제에 대한 플레밍의 변호였다.

서방에서 냉전은 일련의 무시무시한 사건의 연속으로 경험되었다. 베를린공수작전, 한국전쟁, 매카시즘, 쿠바미사일위기, 베트남전쟁. 그런 대사건들 사이에서도 삶은 평상시와 다름없이 흘러갔다. 소비에트권의 많은 이에게 이 시기는 차라리 마흔네 번의 긴 겨울 같았을 것이다. 주거시설은 열악하고 거주이전의 자유는 제한되고 소비재는 부족하고 늘 감시당하는 삶. 우리는 그곳을 탈출한 사람들의 생생한 증언으로 이런 사실을 알 수 있었다. 그들은 종종 몹시 사랑하던 가족을 남겨 둔 채 도망쳤지만 그들과 접촉할 기회는 거의 허용되지 않았다. 독일계 미국인 작가 니나 윌너(Nina Willner)의 어머니 해나의 경우가 그런 비극적인 사례에 속했다. 해나는 1948년 부모, 조부모와 여덟 형제자매를 남겨두고 동독을 탈출했다. 그들은 베를린장벽이 무너지고서야 재회할 수 있었다. 그렇건만 그의 망명은 가족들의 삶과 경력에 지속적인 그늘을 드리웠다.[17]

해나의 아버지는 마그데부르크의 남쪽 슈바네베르크(Schwaneberg)의 작은 마을에서 선생으로 지냈다. 지식인이었고 무척 존경받는 공동체의 일원이었다. 처음에 그는 나치 통치를 대신해 소련이 들어선 것을 환영했고 부지런히 마르크스주의를 학습했다. 자식 중 셋이 선생이 되었다. 다른 자식 한 명은 동독 엘리트 체육 프로그램의 혜택을 받았다. 그는 규모 있고 품위 있는 문고를 갖고 있었다. 그 책들은 자식들에게 파리의 루브르, 마드리드의 프라도를 비롯한 바깥 세상을 향해 난 창이었다. 공산 정권에 대한 그의 열정이 식어 버렸을 때(그는 지식인을 비난하는 팸플릿 배포에 반대했다) 이 나라의 다른 많은 이처럼 그의 문고는 피난처가 되었다. 어느 날 정부 관리들이 도착해 책을 가득 실어 갔다. 고통스러운 처벌을 주려 잔꾀를 부린 것이었고 경고였다. 그가 마침내 더 이상 참지 못하고 이웃들에게 정권을 비판했을 때 그는 교직에서 쫓겨났고 80킬로미터 떨어진 마을의 작은 집으로 추방되었다. 책은 4분의 1만 가져갈 수 있었다. 나머지 책은 이제는 자기 자리를 찾아 잘 살고 있는 자녀들에게 분배되었다.

우리는 이런 개인적 비극들이 1956년 혁명 후에 헝가리를, 1968년 프라하의 봄 이후에 체코슬로바키아를, 베를린장벽이 막아서기 전에 독일을 떠났던 많은 사람의 이야기와 같은 울림을 주는 것을 확인한다. 그러나 대부분은 원했든 원하지 않았든 떠나지 못했다. 이런 탈출들은 한 역사학자가 '참여적 독재[participatory dictatorship, 참여(선거)는 있는데 선택이 자유롭지 않은 독재—옮긴이]'의 일종이라고 불렀던 또 다른 해석을 요구했다.[18] 이런 상황에서 시민들은 자신을 통치자와 일치시키는 처세술을 동원했다. 시민들은 언제 어떤 식으로 항의하는지 알고 있었고 정권은 경청했다. 시민들은 실업의 부재, 더 많은 고등교육을 받을 기회, 직장에서 여성의 역할 증대와 엘리트 스포츠 프로그램, 쉬워진 이혼 조정과 원하지 않는 임신의 중절을 환영했다. 1989년 이후 일부는 자신들이 잃어버린 것에 대한 향수에 젖어 과거를 돌이켜 보기도 했다. 교직에 있던 니나 윌너의 숙부들이 그런 경우인데 세 명 모두 통일이 되고 직에서 해고되었다. 심지어 공산당 가입을 거부했던 숙부도 구제되지 못했다.

이들 사회에서 활력 넘치는 문화 프로그램은 사회주의 사회의 미래상에서 핵심이었기에 책은 넉넉할 뿐만 아니라 모든 소비층의 취향에 부응하도록 애썼다. 이런 책 문화의 풍요로움은 파울 렌드바이(Paul Lendvai)의 자서전에서도 드러난다. 그는 열아홉 살에 헝가리의 유력 공산당 신문 《서버드 네프(Szabad Nép, 자유로운 국민)》의 직원이 되었지만 공산당이 사회민주주의자였던 자들에 대한 숙청 바람을 몰아갈 때 그의 명예도 곧

두박질쳤다. 그와 그의 부모님 아파트를 수색당했고 외국어 책 129권과 외국어 정간물 120권, 노트 110권과 그의 부모님 집에서 나온 많은 책과 정간물을 압수당했다.[19]

동독에서 정부는 공공도서관망을 재건했고 공장마다 노동자들에게 도서관을 공급할 것을 요구했다. 1981년 동독 지도자 에리히 호네커는 자랑스럽게 자기 '나라의 독서가'들과 서독의 '베스트셀러 소비자'들을 비교했다. 1970년대에 시민 중에 겨우 35퍼센트만이 '진지한 문학'을 읽는다는 설문조사 결과에 동독 정부가 염려스러워했다는 사실을 생각하면 이런 자부심에는 좀 기묘한 느낌이 있다. 오늘날과 비교하면 그 수치는 상상할 수 없을 정도로 진지한 독서율이다. 베를린장벽이 무너진 뒤 수행된 국제 문해력 연구에 의하면 동독 출신 8학년생의 독해력이 같은 학년의 서독 학생들보다 훨씬 높다는 결과가 나왔다. 성인 중에도 많은 사람이 글쓰기 동아리와 시 동호회 활동을 했고 그 중 다수는 직장을 중심으로 조직되었다. 심지어 그 무시무시한 비밀경찰 슈타지도 조직 내에 시 동호회가 있었다.[20]

덫에 걸린 소련 위성국들의 이런 상반된 두 가지 모습을 이해하기 위해서 우리는 1945년과 1989년 사이에 많은 것이 변했다는 사실을 인식해야 한다. 1989년은 미하일 고르바초프(Mikhail Gorbachev)가 이들 소련의 볼모였던 나라들이 마침내 저마다의 길을 가도록 해방한 날이다. 1989년까지 늙은 간부들이 불구가 된 경제를 관리했고 많은 시민의 인내심은 바닥이 났다. 동독인들은 소위 'TV를 통한 망명(defection by television)'이란 것을 했다. 심지어 서독 TV 프로그램의 광고조차도 소비자 선택이란 측면에서 동독인들의 일상적 빈곤을 상기시켜 주었다. 그렇지만 1989년의 거대한 변환은 학자들이나 전문가 계층이 주도한 반란이 아니었다. 폴란드에서 그것은 노동자 운동이었고 이에 반해 동독의 시위는 프로테스탄트 교회가 주도했다. 헝가리는 얼마 동안 자기들만의 부드러운 공산주의를 실천하고 있었기에 그런 변혁을 위한 준비가 되어 있었다. 오직 체코슬로바키아만이 1968년 프라하의 봄에서 했던 것처럼 극작가 바츨라프 하벨(Václav Havel)과 함께 그 덫을 부쉈다.

1945년에는 그와 양상이 매우 달랐다. 그때는 전쟁에서 살아남은 많은 이가 그들의 해방자 소련을 환영할 준비가 되어 있었다. 폴란드는 서쪽, 즉 국제사회의 외톨이가 된 독일 쪽으로 국경을 옮기는 과정에서 거의 엉망이 되었다(소련이 전후 보상으로 폴란드 동쪽 땅을 삼킨 만큼 폴란드에는 폴란드 서쪽이자 독일 동쪽 땅으로 그만큼을 보상하면서 폴란드 전체를 서쪽으로 300킬로미터쯤 옮겼다—옮긴이). 전쟁 중에 헝가리와 루마니아를 이끌고 재앙으로 몰고 간 자들은 보수 정당들에게 희망을 주기에 너무 타협적이었다. 이전의 정권들이 철저히 신뢰를 상실하면서 많은 이가 새롭게 시작되는 좌파 정치를 받아들일 마음의 준비가 되어 있었고, 그렇지 않은 이들에게는 소련군의 탱크 부대가 설득력을 발휘했다. 파울 렌드바이의 부모의 문고에서 압수당하지 않고 남은 것은 1956년 부다페스트혁명 때 탱크 포탄에 날아갔다. 그런 암울한 비극을 조롱하려는 듯 마르크스와 레닌의 저작들만 살아남았다. 책들을 감히 버리지는 못하고 빨래감 두는 곳에 처박아 두었는데 우연히도 안전한 장소가 되어 폭발과 화염 속에서도 재앙을 피한 것이다. 하지만 전후 처음 10년 동안 헝가리인들은 적어도 지적 호기심을 가지고 새로운 질서를 수용했다. 헝가리어로 번역된 스탈린의 『속성 소비에트연방공산당 역사』는 대형 판본으로 56만 부가 나왔다.[21]

전쟁 동안에 스탈린은 심지어 서방에서도 많은 숭배자를 거느렸다. 그는 1939년과 1942년 두 차례나 《타임(TIME)》에서 '올해의 인물(Man of the Year)'로 선정됐다. 그러나 소련 학계와 지식인들에게는 어떤 평화배당도 거의 돌아오지 않았다. 그들은 혁명가 중에서도 가장 책을 좋아했지만 정신적으로는 점점 더 완고해지는 스탈린의 주요 희생자가 될 예정이었다. 게다가 그 늙어가는 지도자는 여전히 마지막 전쟁을 치르고 있었다. 1948년에 그는 1939년 나치 독일과 맺은 불가침협정을 정당화하는 책을 출판하는 데 끊임없이 신경을 곤두세우고 있었다. 스탈린을 대신해 많은 역사가의 협업으로 만든 책이었다. 영어를 비롯한 여러 언어로 번역해 해외 대사관에서 배포하도록 200만 부를 찍었다.[22]

그렇더라도 새로운 위성 정권들은 처음이니까 자기 나라의 지식인들을 조심스럽게 대했다. 그들은 무산계급 출신에게 대학 문호를 개방해야 할 이데올로기적 필요가 있으며 지금이 그 기회임을 인식했다. 이것이 진짜 혁명이었다. 반면에 전쟁으로 망가진 사회를 재건하기 위해서 변호사, 의사, 과학자, 학자 들의 협조를 구해야 할 필요도 있었다. 그들 중 많은 이는 조금의 거리낌도 없이 나치 정권에 협력했던 자들이었지만 적어도 그들을 대신할 새로운 세대를 육성하기 전까지는 그들의 능력이 필요했다. 재건된 대학의 일상에는 이런 긴장이 도사리고 있었다.

권위주의 정권들은 대학에 통제를 가하기 위해 그들이 휘두를 수 있는 다양한 수단들을 갖고 있었다. 첫 번째 도구는 학생 선발이나 교수 임용을 위한 정치적 기준을 적용하는 것인데 거의 불가피하게 기존 학생과 교수진의 숙청을 동반했다. 동구권 대부분에서 이런 조치는 노동계층 자식들에게 대학 특례 입학의 기회로 이어졌고 동시에 동독과 체코슬로바키아에서 부르주아로 지목된 가정의 자녀들에게는 입학이 제한되었다. 이런 이유로 베를린장벽이 서기 전까지 그렇게 많은 전문가 집단의 구성원들이 서방으로 망명한 것이다.[23]

교수진 숙청과 전쟁 전에는 허용되었던 대학 관리의 자율성을 제한한 것이 늘 유감스러운 문제는 아니었다. 헝가리에서는 양차세계대전 사이의 기간에 대학의 자율성 덕분에 많은 대단찮은 교수들이 자리를 지킨 것으로 인식되었다. 체코슬로바키아에서는 지식인 중 압도적 다수가 소련 해방자들을 환영했고 많은 이가 공산당원이 되었다. 그랬지만 이들은 프라하의 봄을 지지했다. 1956년 헝가리혁명으로 입증된 것은 노동자 출신의 자식들을 대거 대학에 입학시켰지만 그들이 충성으로 보답하지는 않았다는 사실이다. 폴란드는 남아서 확고하게 교수직을 유지하고 있던 사람들의 형편이 다소 괜찮았던 곳이었다. 전시 저항운동에서 폴란드 지식인들이 제 역할을 했기 때문에 살아남은 자들은 동유럽 다른 곳의 지식인은 얻지 못했던 신망을 누렸다. 그러나 여기에서도 다른 곳과 마찬가지로 연구 문화는 새로운 정권의 입맛에 맞춰 개조되었다. 자연과학을 쪼개서 여러 학문으로 분리하는 소련의 방식을 채택하면서 폴란드 대학들은 신학을 비롯해 의학부와 수의학을 없애 버렸다. 철학 수업도 대부분 그만두었다.

『고우무카 계획(Gomułka Plan)』(1964). 소련이 평화라는 단어를 선점한 것만큼 서방 강대국들을 분하게 한 것은 없었다. 이 계획을 통해 중부유럽을 비핵지대로 만들자는 폴란드 지도자 고우무카의 제안은 군대와 탱크에서 압도적인 우위에 있는 소련의 존재를 고려해 볼 때 실현 가능성이 거의 없었다.

황폐화된 대학에서 살아남은 학자들은 과중한 수업 부담을 호소했고 행정 업무과 정치 집회에 뺏기는 시간에 불만을 토로했다. 그중 가장 심각한 것은 더 넓은 바깥 학계와 절연된 것이었다. 국제회의 참석차 여행을 할 수 없게 되었고 심지어 가장 엄혹한 시절에는 서방의 동료들과 정기간행물과 논문을 돌려볼 수 없을 때도 있었다. 그럼에도 동료 시민들과 비교하면 교수들은 특권적 삶을 구가했다. 1952년 동독에서 교수의 최고 임금은 노동자 평균의 열 배에 달하기도 했다. 이런 상위계층은 거의 독점적으로 연구 과학자들의 차지였다. 그런데 그들이 누렸던

특혜성 임금도 베를린장벽의 건설로 서방으로의 탈출이 저지되자 급격히 하락했다.[24]

당의 노선에 발맞췄던 작가와 예술가도 꾐을 받았다. 베르톨트 브레히트(Bertolt Brecht)는 동독과 신의를 지키겠다고 결정한 대가로 소득세 감면, 넉넉한 연금, 정권의 유력 간부들에게만 허용된 특별한 가게들에 출입할 자격을 얻었다. 작가와 정부의 관계는 복잡미묘했다. 그들이 공개적으로 비판하지만 않는다면 작가들에게 약간의 창조적 분노는 허용되었다. 그런 대가로 그들의 신간에는 더 큰 판으로 출판할 수 있을 정도의 종이가 할당되었다. 당은 책 홍보를 위한 여행에 협조했고 심지어 서방에 그들 작품의 출판을 허용하기도 했다. 책은 계획경제에 중요한 부분을 차지했다. 그래서 거대하고 번잡한 관료주의적 절차를 마련해 책을 기획 단계부터 출판, 국영 서점에서의 판매까지 지도했다.

베를린장벽이 허물어지고 나고 이 모든 체제가 붕괴된 후 동독의 책 검열관은 그들이 잃어버린 세상을 그리워하며 돌아보았다. 그들은 자신들이 선한 권력이란 사실을 믿어 의심하지 않았다. 그들은 독자 대부분의 기호에 맞도록 범죄, 로맨스, 전쟁물, 서부극, 과학소설로 구색을 맞춰 세심하게 기획했고 1989년에는 검인정을 마친 625종의 책 1150만 부를 출시할 출판 프로그램을 마련했다. 그들은 자신들이 검열보다 문학을 장려하는 역할을 한다고 여겼다. 미궁처럼 꼬여서 복잡하게 늘어선 승인의 단계를 통과하도록 이끌어 마침내 책이 인쇄공에게 보내지게 만드는 안내자라고 여겼다. 그들에게 제출된 책이 거부되는 경우는 거의 없었다. 작가들은 무엇이 수용되며 무엇이 거부될지를 알고 있었다. 혹시 작가가 선을 넘으면 동독 출판사 78곳 중 한 곳의 편집자가 그런 부분을 손봤다.[25]

이런 해석은 검열관(좀 더 정확하게는 '책 출판과 판매를 위한 수석 행정청'의 피고용인)의 삶을 지나치게 건전한 것으로 미화했다는 눈총을 받을 수도 있다. 그러나 이런 검열은 그 시절의 관행이었고 루마니아에서건 미국에서건 그런 적절성 여부를 판가름하는 일을 맡은 사람들은 자신들이 옳은 일을 한다고 믿었다. 미국에서 언론의 자유는 헌법으로 보장했다(동독도 그랬다). 그러나 헌법이 매카시즘, 할리우드 블랙리스트, 적색공포가 횡행하던 시절에 어떤 책이 맹비난받는 것을 막아 주지는 못했다. 도서관 직원들은 텍사스의 교과서 작가들이 그랬던 것처럼 충성선서에 서명하도록 강요되었다. 심지어 매카시의 영향력이 기울었던 1955년에도 한 예일대 교수가 공동 저자였던 『미국 역사 탐구(Exploring American History)』(1955)라는 교재의 젊은 독자들은 다음과 같은 주의 사항을 읽어야 했다. 'FBI는 동료 미국인 중에서 공산당 활동과 관련된 의심이 드는 사례가 있다면 FBI 사무실로 즉시 신고해 주길 촉구합니다.'[26]

제2차세계대전 때 미국 전시정보국에서 일했던 소설가 하워드 패스트는 특히 극도의 기피대상이었다. 충성 청문회에 오른 공무원들에게는 '하워드 패스트의 책을 읽었습니까?'라는 질문이 던져지기도 했다. 아는 사람 중에 공산당원의 이름을 대라는 요청을 거부했다고 감옥형을 받은 그는 감옥생활 3개월 동안 그의 걸작이 된, 로마제국의 유명한 노예 반란에 관한 이야기 『스파르타쿠스(Spartacus)』의 줄거리를 구상했다. 어떤 출판사도 나서지 않아서 자비출판을 했고 얼마간 성공을 거두었다. 소련에서는 그런 문제에 부닥치지 않아서 책은 250만 부가 팔렸고 20개 언어로 번역되었다.[27] 최악은 국무부가 관리하는 해외의 미국 도서관들의 책 정화 작업이었다. 3만 권이 제거되었는데 그중에는 대실 해밋의 소설 중 샘 스페이드(Sam Spade)가 주인공인 책들이 있었다. 대실 해밋은 그의 작품으로 만든 NBC 연속극에서도 이름이 사라졌다. 연속극이 아무리 인기가 있더라도 국무부는 공산당원인 작가를 홍보하는 꼴을 보고 있을 수 없었고 TV 방송국들도 기꺼이 애국적 취지에 따랐다.

심지어 하찮은 만화책조차도 신청교도주의를 피할 수 없었다. 1952년 만화책들은 미 태평양함대(U.S. Pacific Fleet)의 선내 서점에서 퇴출되었다. 해병대와 해군이 보기에는 너무 난폭하고 선정적이라는 이유였다. 1955년이 되면 많은 미국 주 정부가 만화책을 규제하는 법안을 제정했다. 뉴욕까지 규제 바람에 합류한 것은 가장 치명적이었다. 만화책 제목에 '범죄' '공포' '전율' '섹스' 같은 단어를 못 쓰게 하면서 만화 약 80종이 불법이 되었다. 18세 이하라면 누구에게도 만화를 판매하지 못하게 한 것은 또 다른 결정타였다. 일부 출판인들은 그들이 출판했던 만화책을 모두 포기했고 일부는 완전히 문을 닫았다.[28]

검열은 정치적·종교적·인종적 혹은 취향에 대한 판단과 같은 다양한 이유로 이루어졌다. 1937년과 1961년 사이에 퀘벡의 프랑스계 캐나다인 지역에 소재한 몬트리올대학교(University of Montreal) 도서관학과 학생들은 검열과 금서목록 수업을 필히 수강해야 했다. 강의는 모두 성직자들이 맡았다. 이 기간에 가톨릭교회는 그 지역에서 많은 사회·교육기관을 통제했다. 그리고 공공도서관 대신에 작은 교구 도서관망을 조직하고 후원했다. 교회가 이런 조치를 취한 것은 1901년 앤드루 카네기가 새로운 공공도서관 운동에 대한 지지를 요청했을 때 그런 도서관이 '가장 해로운 천연두 바이러스보다 더욱 위험하다'[29]라는 이유로 거부했던 대주교 추기경의 정신에 충실하고자 한 것이었다. 남아프리카공화국의 아파르트헤이트 정책이 조심스럽게 출판산업을 통제하려 한 것은 조금도 놀랍지 않다. 하지만 여기서도 동독에서처럼 심사관들은, 그중 많은 이가 작가나 학자였는데 스스로 검열관이라기보다 비평가로 여겼다. 그들은 문학을 세상과 분리된 특별한 영역으로 취급하면서 이런 가치에 맞춰 살았다. J. M. 쿳시(J. M. Coetzee)와 마피카 괄라(Mafika Gwala) 같은 작가들에게 허용되는 것이 일반 대중을 대상으로 글을 쓰는 자들에게는 허용되어서는 안 된다고 생각했다.[30] 냉전 시기에 놀라울 정도로 청교도적인 문화를 고수했던 아일랜드공화국의 사례나 호주에 책을 수출하면서 영국 출판업자들이 겪었던 곤란을 알고 나면 다소 놀라게 된다.

현실을 통제하려는 시도가 늘 성공하는 것은 아니지만 소련 과학계에서 리센코의 대실패는 잡음을 일으키면서도 계속되었다.[31] 그가 『유전과 유전의 변이성(Heredity and Its Variability)』(1943)을 출판했을 때 영미의 과학 학술지들에 그 책에 대해 비판적인 논문들이 얼마쯤 나왔다. 1946년에는 영어 번역본이 나왔는데 저자 리센코뿐만 아니라 소련 과학 전반에 대해 오직 완전한 굴욕을 감수하고 낸 아주 드문 학술 번역서에 속했다.[32] 그러나 스탈린은 개의치 않았다. 1948년에는 유력한 유전학자들의 저작들이 도서관에서 치워졌고 1951년에는 소련지리학회 도서관에서 유명 유전학자들의 이름이 잉크로 지워졌다. 소련 과학은 점점 더 국제적인 흐름에서 벗어났다. 1947년 과학원은 논문 초록의 영어 번역을 멈췄다. 과학원보에 단골로 등장하던 '해외 과학 출판물에 따르면'이라는 문구도 더 이상 볼 수 없게 되었다.[33]

소련 과학이 핵물리학과 우주 탐험처럼 국제적 협력이 국제적 경쟁으로 바뀐 분야에서 주로 번창한 것은 전연 놀랍지 않다. 1949년 소련은 핵폭탄 보유국이 되었다. 서방으로서는 불가피한 사태의 진전이라고 보았지만 소련을 방문한 서방의 동료 과학자들이 핵심적인 관련 정보를 준 것이 핵 개발을 앞당긴 측면은 있었다. 훨씬 더 놀라운 사실은 1957년 최초의 인공위성 스푸트니크 발사였고 1961년 최초의 유인 우주비행으로 그 놀라움은 더욱 가중되었다. 유리 가가린(Yuri Gagarin)은 지구에서 가장 유명한 사람으로 꼽히게 되었고 미국 정치인들은 핵무기 개발에서 소련이 앞섰을 수도 있다는 불길한 예언을 늘어놓았다. 소련은 이제 주류 대학들과는 대체로 연을 끊어 버리고 연구를 학회와 연구소에 집중해 얻은 이점을 수확하고 있었다.

베트남전쟁이 막바지였을 때 더글러스 키나드(Douglas Kinnard) 장군은 본인도 참전했던 베트남에서 지휘관을 역임했던 장군 173명에게 자신의 연구를 위한 설문조사에 응해 달라고 부탁했다. 응답자 대략 3분의 2에 해당하는 70퍼센트가 전쟁의 총체적 목표를 모르겠다고 답했다. 그것도 지휘관들이 말이다.[34] 전쟁의 첫째 목표가 목숨을 거는 사람들이 전쟁의 취지에 헌신하게 만드는 것이라면 베트남은 대실패였다. 그것은 미국이 공세적 선전의 중요함을 인식하지 못했다는 말이 아니다. 그것이 엉뚱한 곳을 향했다는 말이다. 존슨 행정부는 유럽의 동맹국들을 참전시키려고 엄청난 노력을 기울였다. 그랬건만 영국 노동당 정부의 수상 해럴드 윌슨은 심지어 존슨 대통령이 상징적 지지의 표현으로 구르카 용병 몇 명이라도, 아니면 백파이프를 부는 병사 한 소대만이라도 지원해 달라고 필사적으로 요청했으나 거부했다.[35] 베트남의 인심을 얻으려는 전쟁도 주로 남베트남 정권을 지탱하기 위해 달러를 펑펑 쓰는 방향으로 흘렀으나 그 달러 중 대부분은 만연한 부패로 사라졌고 그런 타락으로 인해 남베트남 백성 다수는 베트콩에게 더 호감을 느끼게 되었다.

미국 정부가 점수를 땄던 곳은 비공개 브리핑이었다. 그 덕분에 신문, 주간지와 가장 핵심인 TV가 우리가 기억하는 것보다 훨씬 더 오래 정부의 정책과 같은 편이 되었다. 오늘의 관점으로 보면 베트남전은 완전 바보짓으로 보인다. 이길 수 없었지만 멈출 수도 없었던 전쟁. 그래서 그 전쟁이 당시에는 여론의 압도적 지지를 받고 있었다는 사실을 먼저 상기하는 것이 중요하다. 심지어 닉슨이 미국인들에게 '명예로운 평화(1968년 대선에서 승리한 닉슨이 내건 공약, 즉 치욕적이지 않은 철군—옮긴이)'를 약속했던 1970년에 오하이오주 켄트주립대학교(Kent State University)에서 반전시위 중에 학생 넷이 죽었을 때 현장으로 급히 간 기자들은 그들이 인터뷰했던 지역민들의 반응에 충격을 받았다. 일부 주민이 주 방위군이 더 많은 시위자를 죽였기를 원한다고 응답했기 때문이었다. 1972년 닉슨이 재선을 위해 출마했을 때 여전히 전쟁은 한창이었는데도 그는 미국 신문 93퍼센트로부터 지지를 받았고[일간지 753곳에서 닉슨을 지지했고 경쟁 후보인 민주당의 조지 맥거번(George McGovern)은 56개 신문이 지지했다] 49개 주에서 이기며 압도적으로 승리했다.[36]

반전운동이 무시해도 될 정도로 미미했을 리는 없었다. 단지 미국 중산층에게 와닿지 않았을 뿐이다. 1967년에 작가와 편집자 500명 이상이 베트남전을 위한 부가세를 내지 않겠다고 공개선언 했다. 서명에 이름을 올린 이들은 베티 프리던(Betty Friedan), 글로리아 스타이넘(Gloria Steinem), 수전 손태그(Susan Sontag), 필립 K. 딕(Philip K. Dick), 앨런 긴즈버그(Allen Ginsberg), 토머스 핀천(Thomas Pynchon), 노먼 메일러, 벤저민 스포크(Benjamin Spock), 헌터 S. 톰슨(Hunter S. Thompson), 커트 보니것(Kurt Vonnegut Jr.)이었다. 이 명단 중에서 메일러는 매우 중요한 인물이다. 제2차세계대전 당시 필리핀 참전 경험을 바탕으로 쓴 『벌거벗은 자와 죽은 자』는 1948년 출판계에 센세이션을 불렀고 전쟁소설을 새롭게 정의했다는 합당한 평가에 더해 62주 연속으로 《뉴욕 타임스》 베스트셀러 자리를 지켰다. 하지만 그가 베트남에 대해서 쓴 어떤 책도 이와 같은 관심을 끌지는 못했다. 『왜 우리는 베트남에 있는가?(Why Are We in Vietnam?)』(1967)은 완전히 우화적 소설의 모습으로 나타났고 알래스카 사냥 여행 이야기 속에서 오직 에둘러서 베트남이 언급될 뿐이다. 그가 쓴 논픽션 소설 『밤의 군대(Army of the Night)』는 1967년 펜타곤을 향했던 반베트남전 행진에서 자신이 한 역할을 3인칭 시각으로 담아 설명했다. 이 책은 널리 찬사를 받았고 전미도서상과 퓰리처상까지 수상했으나 보다 광범위한 대중과 공명하지는 못했다.[37]

미국은 두 패로 쪼개졌고 대화 없이 자기주장만 늘어놓았다. TV 방송국과 신문 들은 처음에는 존슨을, 다음에는 닉슨의 순서로 충실하게 행정부를 응원했다. '전쟁세 항의' 조직자들은 매체에 광고를 실어보려 했으나 《뉴욕 타임스》《뉴욕 리뷰 오브 북스》《람파츠》등 세 군데만이 받아 주었다. 《람파츠》는 《인카운터》와 함께 CIA가 자유유럽방송에 관여했다는 기사를 최초로 보도한 진보 잡지였다. 동남아시아에서 저질러진 끔찍한 일에 대한 목격담이 전해지고 있었으나 전쟁 지역에 파견된 기자들은 공연히 벌집을 들쑤실 생각이 없었다. 마이클 헤어(Michael Herr)의 『특보(Dispatches)』와 같은 베트남에 대한 가장 강력한 언론 보도는 전쟁이 불만족스럽고 굴욕적으로 끝난 뒤에야 나타났다. 그때는 아무튼 여론이 마침내 반전으로 돌아선 뒤였다. 결국 제1차세계대전을 소환하면서 나온 베트남전쟁에 대한 가장 중요한 문학적 유산이라 할 만한 일련의 소설들도 전쟁이 끝나고서야 출간된 것들이다.[38] 그러나 우리는 또한 1965년에 출판되어—국무성과 미육군의 폭넓은 협력을 받고 존 웨인(John Wayne)이 주연을 맡아—영화화된, 베트남전에 관한 공전의 베스트셀러 로빈 무어(Robin Moore)의 『그린베레(The Green Berets)』를 상기할 필요가 있다. 북베트남의 구정대공세가 있었던 1968년에 개봉된 그 영화는 비평가들의 혹평에도 상업적 성공을 거뒀다. 관객들은 미국이 겪었던 끔찍한 해에 대해 얼마간 애국적인 위로를 받고자 했다.

정부가 TV에 관심을 기울인 것은 시민들이 뉴스를 구하는 통로가 변했다는 것과 3개 방송사가 여전히 독점하고 있는 강력한 여론 형성력을 기민하게 인식했기 때문이었다. 1964년 미국인 63퍼센트가 여론 조사원에게 베트남전쟁에 거의 또는 아예 신경을 쓰지 않는다고 대답했다.³⁹ 이런 여론은 존슨 행정부에게 베트남전과 관련해 까다로운 선전상의 과제를 던졌다. 전쟁 지지를 홍보하더라도 전쟁에 너무 많은 신경을 쓰도록 요구하지는 말아야 했다. 최고 3000명에 달하는 정보 연락 요원들이 조심스럽게 신문기자와 TV 관계자 들의 베트남 안내를 담당했다. 기자들은 안전과 이동 문제를 전적으로 군에 의존해야 하고 그들이 함께했던 군인들이 점점 더 신경과민이 되어 갔기 때문에 전쟁을 비난하거나 민간인을 함부로 대하는 것을 보도할 뚜렷한 의욕이 없었다. 대부분 선거 연령(그 당시 21세)도 안 되는 나이에 억지로 징집된 미군 병사들은 자신들이 보호하고자 했던 민간인과 베트콩을 구분하기가 어렵다는 사실을 알게 되었고 점점 그런 구분을 할 의욕을 내지 않았다. 1968년 3월 미라이 마을에서 여성과 어린이를 포함해 최고 500명에 달하는 사람을 학살한 참극은 전 세계적인 공분을 불러일으키게 되겠지만 학살 뒤 20개월이 지난 후에야 군 당국이 뒤늦게 개입하면서 공론화되었다. 학살은 기자와 사진기자가 모두 있는 상황에서 벌어졌지만 군대가 학살에 주목하도록 이끈 것은 그 참사에 몸서리를 치는 군인들에게 맡겨졌다. 오직 한 사람 윌리엄 캘리(William Calley) 중위만이 저질러진 학살에 대해 유죄 선고를 받았다.⁴⁰

미국에서 TV 방송사는 죽거나 부상당한 미국인 사진을 보여 주지 않기로 합의했고 '우리의 아이들'을 강력히 지지하는 논조를 취했다. 시위를 보도할 때 TV 카메라는 켄트주립대에서 죽었던 단정하게 차려입은 학생들보다 난잡하게 차려입은 히피들에 더 초점을 맞췄다. 반전론자들이 최고로 꼽을 만한 발언을 많이 내놓았다. 가령 흑인 운동가 스토클리 카마이클(Stokely Carmichael)은 베트남전을 '백인이 홍인(아메리카 원주민—옮긴이)에게 훔친 땅을 지키기 위해 흑인을 보내 황인과 전쟁하게 만들었다'라는 말을 남겼다. 그러나 1967년 미국인 83퍼센트는 TV를 보고 나면 더 전쟁 찬성론자가 되는 것 같다고 보고했다.[41]

이 시기는 서방의 도덕적 우위를 변호하기 어려운 시절이었다. CIA가 '문화적 자유를 위한 회의'와 《인카운터》에서 중요한 역할을 했다는 폭로는 개발도상국에서 추진 중이던 문화 프로그램들에 심각하게 해로운 영향을 끼쳤다. 레바논의 《후아(Huar)》는 1967년에 폐간되었고 1968년에는 우간다의 《트랜지션》이 습격을 당했고 편집자는 투옥되었다. 인도의 《퀘스트》도 폭로로 인해 매체 신뢰도가 급격히 무너지면서 1970년대에 망했다. 일본의 《지유(Jiyu)》도 동일한 신뢰도 폭락을 겪었다.[42] 미국은 더 이상 세상의 도덕적 판관 노릇을 자처할 수 없게 되었다. 1956년 가말 압델 나세르(Gamal Abdel Nasser) 대통령의 수에즈운하 국유화에 대한 영국과 프랑스의 경솔했던 대응 또한 그런 결과를 초래해서 휘청대던 유럽 강대국들의 위엄에 치명타를 가했다.

프랑스와 영국에게 탈식민지화는 시급한 과제였고 국내적으로 분열을 초래하는 정치적 쟁점이었다. 식민 강대국들은 처음에는 민족주의자의 해방운동을 전통적 무기, 팸플릿과 전단을 돌리는 것으로 대응을 시도했다. 이런 수단들은 양차세계대전에서도 그랬던 것처럼 별 효과가 없었을 뿐만 아니라 흔히 비극을 부추겼다. 베트남에서 참극을 벌이기 전에 미라이 지역에 민간인 대피를 권고하는 전단이 뿌려지긴 했지만 반응은 예상대로 미온적이었다. 종종 이런 선전물을 공중 살포하는 것은 역효과를 내는 것으로 입증되기도 했다. 외교관인 크리스토퍼 맬러비(Christopher Mallaby)는 1945년 일본군을 무장해제하고 인도네시아 통치권을 네덜란드에 되돌려주기 위해 자바로 파견되었던 자기 아버지에 대해 이야기했다. 이런 계획이 일본의 항복에 맞춰 인도네시아의 독립을 선언했던 그 나라 민족주의자들의 호된 저항에 부딪힌 것은 조금도 놀랍지 않다. 맬러비 준장은 현지 민족주의 지도자와 휴전 협상에 성공했지만 영국 비행기 한 대가 도시 전역에 무기를 소지하는 자는 사형에 처한다는 포고문을 날리면서 협상의 효력을 약화시켰다. 사흘 뒤 맬러비는 일본 소총을 든 열다섯 살 소년에게 살해당했다. 그로부터 4년 뒤 네덜란드는 인도네시아의 독립을 인정했다.[43]

케냐의 마우마우반란(1952~1960) 동안 영국 또한 폭도들에게 전단을 공중살포를 했다. 설득을 위한 다른 인쇄물들은 나무에 부착했다. 민족주의자들이 세력을 키우려 애썼지만 영국이 인쇄기를 거의 독점하는 바람에 파급력은 제한적일 수밖에 없었다. 게다가 식민 정부의 선전 활동도 민족주의 운동이 케냐 사회의 다른 집단 혹은 국제사회로부터 광범위한 지지를 얻는 것을 저지하는 효과를 냈다. 인쇄물은 지역의 백인 정착자들에게 그들을 저버리지 않을 것이며 그들에게 불가피한 변화에 준비 태세를 갖추라는 암시를 주는 데도 쓰였다. 정착민들도 신문과 저널을 이용해 그들의 분노와 근심을 스스로 해소할 창구로 삼았다.⁴⁴ 1948~1960년 사이 영국은 말라야봉기에 대처하기 위해 서방에 어느 정도의 국제적 연대를 구할 수 있었다. 특히 말라야민족해방군(Malayan National Liberation Army, MLNA)이 명백하고도 변명의 여지 없이 공산당과 연대하고 있다는 사실 때문에 더욱 그랬다. 말레이반도상의 여러 주와 싱가포르로 구성된 영국령 말라야에서 영국의 전략은 압도적인 말레이 인구에 눌려 정치적·경제적으로 종속된 것에 당연히 화난 화교들이 민족해방군 게릴라를 전적으로 지지하지 못하도록 단속하는 한편 게릴라 저지에 치중했다. 그래서 특히 새 정착지에서는 시골 주민들이 게릴라에 협력하지 못하도록 한곳에 모여 살게 했고 군사작전은 선전과 교육의 강화와 함께 행해졌다. 1952년 무렵이면 새 정착 마을들의 절반가량에 개선된 의료 지원과 함께 학교가 섰다. 식민 당국은 타밀어와 말레이어로 신문을 격주간으로 발행하는 신문사들도 설립하고 중국어로 신문 몇 종을 창간했는데 그중에서 가장 널리 배포되었던 것은 《농민 뉴스(Farmers' News)》였다. 1951년이면 이런 식으로 후원받던 읽을거리는 주간지와 월간지를 합해서 총 500만 부에 달했다. 그런 매체들의 영향력은 커피점 문화와 큰 소리로 낭독하는 중국과 말레이의 전통 덕분에 더욱 증폭되었다.⁴⁵ 결국 MNLA는 더 광범위한 대중으로부터 거의 지지를 얻지 못했고 1955년에 휴전협정을 수락했다.

알제리에서 프랑스 정부는 인쇄매체를 통제했다. 그러나 라디오가 널리 보급되고 카이로에 근거지를 둔 방송 '아랍의 소리(Voice of the Arabs)'가 인기를 끌면서 별 소용이 없었다. 1956년이면 민족해방전선(National Liberation Front, FLN)도 자체 라디오 방송국을 설립한다. 프랑스 식민 당국은 스스로 불러온 수사적 모순에 처하게 되었다. 검열과 처형과 고문을 비롯해 어떤 수단을 동원해서라도 반란을 진압하겠다는 그들의 결의는 알제리에 자유주의적 가치들, 즉 근대성과 다양성을 제공하겠다는 주장과 배치되고 있었다. 이에 반해 FLN은 선전전에서 영리하게 굴었다.[46] FLN 기관지인 《엘 무자히드(El-moudjahid)》는 그들의 싸움을 적대적인 종교 문화들끼리의 충돌이 아니라 민족투쟁이라는 대의를 위한 것이라고 내세웠다. 프랑스 군대가 알제리 통제권을 회복했을 때 반란군들은 그들의 전략을 세계의 여론을 움직이는 쪽으로 선회했다. 소위 '뉴욕전투'에서 유엔의 지지를 얻기 위해 양측은 아낌없는 인쇄물 선전 공세를 펼쳤다. 프랑스는 팸플릿 한 종을 영어, 독어, 스페인어로 16만 6000부를 찍어 배포했고 출혈을 감수하면서까지 45만 달러를 들여 미국 신문 31종에 광고를 실었다. 그렇지만 해가 갈수록 프랑스가 내세운 '문명화' 임무의 모순은 점점 더 명백해졌다. 드골 장군은 알제리 위기가 절정에 달했을 때 프랑스 정부의 수반으로 복귀했고 곧 그 전쟁에서 이길 수 없다는 결론을 내렸다. 1961년 드골이 어설프게 시작된 알제리군사반란을 제압한 후 알제리의 독립은 승인되었다.

냉전이 지루하게 지속되면서 이집트의 나세르가 모범적으로 제공한, 해방에 대한 대안적 역할모델의 등장과 공산주의의 활발한 대표 주자로서 소련보다는 중국에 기대는 경향이 제3세계 해방운동의 두드러진 특징으로 나타났다. 이 거대하고도 놀라운 역학관계의 변화에 관한 이야기를 전하기 위해 우리는 1936년으로 눈을 돌려 동굴 속에서 벌어지는 두 사람의 대화를 엿들어 봐야 한다. 초대자 마오쩌둥은 우리가 이 책 초반부에서 불만에 찬 보조 사서로 만난 이래로 대단한 출세 가도를 달렸다. 이제 그는 중국 공산당의 영도자가 되었다. 반면에 그와 적대관계에 있는 민족주의 지도자 장제스(蔣介石)는 서방 동맹들에게 자신이 약속했던 국공내전에서 최종 승리를 위한 전쟁을 준비하고 있었다. 그러나 늘 그랬듯이 마오는 승부를 장기적으로 몰고 갔다. 그래서 에드거 스노라는 미국 기자를 따뜻하게 환영했다. 스노가 공산당 은신처에서 보낸 석 달은 두 당사자 모두에게 큰 대가를 안겼다. 그가 나눴던 대화를 기록한 『중국의 붉은 별(Red Star over China)』이 세계적 베스트셀러가 되었기 때문이다. 그 책은 특히 경직된 소련의 공산주의와는 대조적인 중국 공산당의 매력에 전 세계의 좌파들이 주목하도록 만드는 데 큰 역할을 했다.

출간 후 20년 동안 『중국의 붉은 별』이 처음에는 중국이, 다음에는 세계가 마오쩌둥의 뜻을 알게 된 가장 중요한 수단이었다는 사실은 분명하다. 1940년대 말 말레이반도에서 텅 빈 반군의 근거지를 샅샅이 수색하던 영국 병사들은 그 책 수십 권을 발견했다. 제2차세계대전 동안 그 책은 필리핀의 후크 게릴라 조직과 나치와 싸우던 소련 유격대에까지 도달했다. 에드가 스노는 1943년 그가 소련에서 10대 여성 유격대원 세 명을 만나서 그들에게 어떻게 싸우는 방법을 배웠느냐는 질문을 던졌을 때 특히 기쁜 경험을 했다. '우리는 『중국의 붉은 별』이라는 책을 샀고 우리 대원 모두가 그 책을 읽었다'라는 흡족한 답변이 돌아왔기 때문이었다. 넬슨 만델라(Nelson Mandela)도 1961년 무장 투쟁을 벌일 준비를 하면서 스노의 '탁월한' 책에 수많은 메모를 달았다. 그가 들었던 소리는 스노가 아닌 마오쩌둥의 음성이었다.[47]

중국에서 1937년 말 『중국의 붉은 별』의 출간은 역사적인 순간이었다. 상하이의 주도권을 놓고서 민족주의 세력과 일본이 맹렬한 전투를 벌이고 있던 바로 그곳에서 5만 부가 인쇄되었다. 점령된 도시의 애국 청년들에게 스노의 책은 나라를 재건할 수 있는 길을 약속했다. 학생 조직들은 재빨리 그 책을 그들의 선언문으로 채택했다. 해적판이 중국 전역으로 마오쩌둥의 명성을 퍼뜨리는 동안 점점 더 많은 젊은이가 마오의 군대가 있는 옌안으로 몰려들었다. 1949년 패배한 국민당 군대의 잔당들은 타이완으로 패주했다. 이제 중국은 공산주의 국가가 되었다.

정권을 잡은 지 처음 10년 동안 마오는 조심스럽게 지식 계급을 대했다. 중국은 지식인을 존경하는 전통이 있었고 마오는 새로운 국가 과제를 성공적으로 이루기 위해 대학을 평화롭게 장악하는 것이 중요하다는 사실을 인식하고 있었다. 소련의 모범을 따라 대대적인 재편과 갱신 프로그램을 가동해 대학을 혁신했다. 학자들은 생각을 감추고 말조심하며 지내다가 1956~1957년에 마음껏 비판하라고 촉구하는 백화제방운동에 그만 용기를 냈다. 순진한 생각이었다. 많은 지식인이 수백만의 '우익분자'와 함께 노동을 통해 자기 교정을 하도록 시골 마을로 하방(下放)되었다.[48]

선배 공산국가에 대한 존중의 시기도 저물어 가고 있었다. 1960년 소련 수상 니키타 흐루쇼프(Nikita Khrushchyov)가 평화로운 공존을 추구하는 정책을 내놓고 미국과 놀아나자 마오는 다른 길을 택했다. 수많은 문건을 쏟아 내고 널리 배포하면서 '아시아, 아프리카, 라틴아메리카에서 미제국주의자들'에 맞서 전 세계적인 계급투쟁을 벌이기 위한 중국의 대안을 제시했다. 전 세계적인 반식민지 운동에 대한 연대의 메시지는 열렬한 호응을 얻었다. 소련은 이런 중상모략에 반박하는 팸플릿으로 대응했는데 35개 언어로 320만 부를 배포했음에도 그만한 호응은 얻지 못했다. 중국은 원조 예산을 극적으로 늘리고 이들 대륙 전역을 뒤덮어 버릴 기세로 인쇄와 방송 선전 공세를 펼치며 이런 뜻에 동조하는 운동을 지원했다. 한때 중국은 국내에 기근이 만연한 상태에서도 알바니아에 전체 필요 곡물의 20퍼센트를 지원한 적도 있었다. 전 세계로 혁명을 수출하기 위해 난징에 설립된 중국 육군사관학교에 입교한 혁명가 중에는 페루 출신의 철학 교수 아비마엘 구즈만(Abimael Guzmán)도 있었다. 그는 페루 정부에 맞서 격렬한 전투를 벌였던 마오주의 무장 게릴라단체 '빛나는 길(Shining Path)'의 배후 지휘자였다. 마오주의자를 자처하는 유럽 과격단체에 출판물 및 재정 지원을 아끼지 않자 네덜란드 보안부대는 중국에 대한 정보를 수집하고자 그런 단체를 하나 설립했다.[49] 이때쯤 그 운동은 혼란스럽고 목적에 있어서도 시작 단계에 있었을 뿐이지만 적어도 그 정체성을 상징하는 작고 값싼, 비닐 표지를 입힌 책 한 권을 갖게 되었다. 1964년에 『마오쩌둥 어록 200선(200 Quotations from Chairman Mao)』이라는 제목으로 출간된 책인데 곧 전 세계적으로 '마오의 작은 빨간 책'으로 알려지게 된다.

《인민해방군보(PLA Daily)》에 마오 주석의 말씀을 하루에 하나씩 실어 보자는 오랜 혁명 동지 린뱌오(林彪)의 발상으로 시작된 『마오쩌둥 어록』은 원래 인민해방군(People's Liberation Army, PLA)에게만 배포할 생각이었다. 최종적으로는 마오 주석의 글과 연설에서 발췌한 33가지 주제로 분류된 인용구 427개로 구성되었다. 1966년에 이르러 군대뿐만 아니라 시민에게도 체계적으로 배포되기 시작했다. 곧 비공식 재판본으로 누구의 지시도 없이 퍼져 나가더니 1970년까지 적어도 500쇄를 찍어 냈고 많은 언어로 번역되었다. 1966년 10월과 1967년 5월 사이에 중국 국제서점은 전 세계 100개국 이상으로 책을 급송했는데 때마침 1968년 학생혁명이 터졌다. 『마오쩌둥 어록』은 젊은 혁명가들의 상징이 되었다. 영국에서는 중국 대사관에 정중한 편지 한 장만 보내면 '작은 빨간 책'을 무료로 얻을 수 있었다.[50]

중국은 인용과 경구에 있어 오랜 전통이 있는 나라다. 우리가 이 책 초반부에 만났던 『손자병법』은 그와 비슷한 간결한 경구를 집대성한 것이다. 이런 모음집은 일련의 탈맥락화된 인용문인데 암기와 집단 낭송을 수월하게 해 주었고 거의 무한한 재구성과 탐구의 여지를 열어 놓았다. 마오의 경구들도 유선 방송망을 통해 길과 학교, 열차, 버스정류장, 공장, 심지어 개인의 집에도 달려 있는 대략 1억 4000만 개로 추정되는 확성기를 타고 퍼져 나갔다. 확성기에는 점멸 스위치가 없기 때문에 마오의 말씀을 되새겨 보는 일은 정말로 피할 길이 없었다. 특히 곡이 붙은 경우라면 더욱 그랬다. 전통가요 곡조에 인용구를 붙인 노래는 1966년과 1969년 사이에 주목할 만한 현상이 되었다. 우리가 「문학과 예술이 적을 박멸하는 강력한 무기로서 작동하게 만들도록 애쓰자」라는 제목의 노래를 들어 보면 말의 힘에 대한 마오의 신조를 분명 깔끔히 요약했다는 소감이 있지만 번역을 하면 좀 맛이 떨어질 거라는 짐작이 든다. 마오의 아내 장칭(江靑)이 1969년 중국공산당 제9차 전국대표대회에서 인용구 노래를 비난한 걸 보면 적어도 그는 그것에 깊은 인상을 받지 못한 것이 분명해 보인다.[51]

장칭이 비난 발언을 했을 때 『마오쩌둥 어록』의 영향력은 그 정점에 있었다. 비록 어록이 해외에서는 가령 인도의 낙살라이트(Naxalite, 인도 공산당의 준군사 조직이며 반정부 단체—옮긴이) 운동에서처럼 계속 강력한 영향력을 발휘했지만 중국에서는 그 책이 거의 숭배되다시피 하는 통에 공산당 권력 집단은 책의 영향력에 제동을 걸기로 결정했다. 1971년이면 사실상 절판되고 1979년이면 공식적으로 배포를 멈춘다. 이제 마오가 사망하자 창고에 쌓여 있던 1억 부 이상은 파기되었다. 불명예스러운 종말을 맞았지만 이 책은 의심의 여지 없이 20세기에 가장 성공을 거둔 책이었다. 전 세계로 10억 부 이상이 배포되었다. 『마오쩌둥 어록』은 다양한 변신을 거듭하면서 구호, 논란거리, 노래로서 반복적으로 주장되고 읽히고 불리거나 라디오를 통해 울려 퍼지면서 지구상에서 문맹률이 높았던 지역의 마음을 움직이며 혁명을 위한 완벽한 도구가 되었다.

마지막 장
역사의 종언과 계속되는 전쟁

1989년이 시작되었을 때 프랜시스 후쿠야마(Francis Fukuyama)는 미국 국무부에서 능력은 인정받았지만 특별히 눈에 띄는 공무원은 아니었다. 3년 뒤 그는 냉전 직후의 시대에 공론장에서 가장 널리 언급되는 사상가로 꼽히게 되었다. 이런 큰 변화는 「역사의 종언(The End of History)」이라 불리는 짧고 도전적인 에세이(베를린장벽이 무너지기 전에 출판되었다)가 몰고 왔다. 이 눈길을 끌었던 시론은 나중에 더 다듬어져서 1992년에 『역사의 종언과 최후의 인간(The End of History and the Last Man)』이라는 책으로 출간되어 영향력을 떨쳤다.

후쿠야마의 논지는 소비에트권 붕괴와 함께 역사적 갈등의 근본적인 쟁점들이 해결되었다는 것이다.

> 우리가 목격하고 있는 장면은 단지 냉전의 종식이나 전후 역사의 특정한 기간이 지나가고 있다는 정도가 아니라 엄밀한 의미로서 역사의 종언이다. 즉 인류의 이데올로기적 진화의 종착지이며 인간이 세운 정치 체제의 마지막 형태로서 서구 자유민주주의의 보편화로 마무리되는 종언이다.[1]

자본주의는 승리했다. 동시에 서구의 경제와 민주주의와 대의 정치의 토대를 이루고 있는 정치체제가 승리했다. 후쿠야마는 지금 전 세계적으로 점점 긴밀하게 연결되는 경제 속에서 소비자 대축제에 참여하기를 원하는 다른 나라들이 동구권의 사례를 좇아 서구의 성공적 가치를 도입할 것이라고 내다봤다.

후쿠야마는 그의 유명세 덕분에 점점 더 유명한 연구소로 옮아가면서 이후 30년가량을 자신의 주장이 사실 그보다 꽤 더 복잡하다고 설명하는 데 보냈다. 더 길어진 해석만큼이나 사실 대중의 상상력에 불을 붙인 것은 '역사의 종언'이라는 제목이었다. 소비에트 체제가 무너지는 것을 놀란 눈으로 보고 있는 대중에게 정치학자 한 사람이 등장해 그들이 안도의 한숨을 돌리게 하고 자족감에 젖어 자축하도록 도와준 것이다.

폴란드, 헝가리, 체코슬로바키아와 새롭게 자유를 얻은 발트해 연안국들 같은 자랑스러운 나라들이 자유선거를 실시하고 궁극적으로 나토와 유럽연합에 가입할 기회를 잡았던 과정에는 진정 대단히 감동적인 구석이 있었다. 발트해 연안 제국의 도서관 재탄생을 기념하는 불후의 건물인 라트비아국립도서관(National Library of Latvia)은 라트비아 수도 리가의 중심부에서 2008년에서 2014년 사이에 지어진 놀라운 현대 건축물이다. 구 도서관으로부터 새 도서관으로 책을 옮기는 작업은 두 건물 사이를 상징적인 인간 사슬로 이은 다음 손에서 손으로 책을 옮기는 극적인 모습으로 나타났다. 수많은 리가의 시민들이 이 재탄생 의식에 참여하기 위해 1월의 추위를 무릅쓰고 나타났다.

소련의 위성국에서 민주주의 국가로의 변신은 몹시 흐뭇하기도 가혹하기도 했다. 뚜껑이 열리고 보니 특히 책 관련 일에 생계가 걸려 있는 사람들에게 그랬다. 이 시기와 관련해 내게 개인적으로 가장 생생한 기억은 베를린장벽이 붕괴된 지 18개월 후 과거 공산주의 동독의 땅이었던 루터슈타트-비텐베르크의 거리를 걷고 있었을 때 공공도서관에서 나온 많은 책이 손수레에 실려 있는 것을 본 장면이었다. 어떤 책이든 50페니히(pfennig, 2001년까지 사용된 가장 낮은 독일 화폐 단위—옮긴이)라는 헐값에 살 수 있었다. 학교와 대학도 비슷한 정화 작업을 겪었다. 기존의 책은 치워지고 인문학과 교수 대부분은 해고되고 많은 고등학교 교사도 쫓겨났다. 베를린장벽 붕괴는 그만큼의 인적 희생을 요구했다. 서방의 현대소설로 몰리는 현상과 함께 심지어 영어 고전들도 희생되었다. 지역에서 출판된 디킨스와 셰익스피어는 더 이상 신뢰를 얻지 못했고 축출된 지도자들의 연설집과 함께 일단 거르고 보는 책으로 꼽혔다.

너무 빠르고 예기치 않게 찾아온 변화는 필연적으로 얼마간의 유감스러운 과잉 보상과 부당한 조치를 낳았다. 만약 이것이 소련제국의 몰락 후 우리가 상상했던 조화로운 새 세상으로 가는 길에 나타나는 과도기적 현상이었다면, 시간이 흐르며 빠르게 치유되었어야 했다. 그러나 웬걸, 이것은 역사의 종언도 아니었고 전쟁의 종식도 아니었다. 그로부터 20년간 우리가 목도한 것은 서구 가치의 보편화가 아니었다. 다양한 기준에서 볼 때 합당하고, 궁극적으로 타당한 유일한 정치 체제로 여겨지던 민주주의에 대한 확신은 퇴보했다. 전쟁의 관점에서 냉전 후 처음 10년간의 평화배당으로 우리가 목격한 것은 일련의 일련의 피비린내 나는 비극들이었다. 이라크침공을 시작으로 쿠웨이트 해방을 위한 제1차걸프전쟁(1990~1991)과, 르완다(1990~1994),

크로아티아(1991~1995), 시에라리온(1991~2002), 소말리아(1991~), 보스니아(1992~1995), 체첸공화국(1994~1996), 코소보(1998~1999)에서 전쟁이 벌어졌다. '역사의 종언'은 민족 분쟁의 소용돌이로 빨려 들어갔고 도덕적 딜레마에 갇힌 국제기구들과 서방의 관계자들은 즉각적인 해답을 구하지 못해 쩔쩔매는 처지에 빠졌다.

이 모든 사태가 서방 강대국들에게 어려운 과제를 제기하고 일관성 없는 지도력과 처참하게 분열된 공론장을 초래했다. 외국의 전쟁들에 대해 우리가 신경 쓰는 정도는 대체로 신문에서 다루는 것과 TV 화면이 전하는 것으로 결정된다. 한편으로 생각하면 우리가 아무런 직접적·전략적 이해가 없는 사람들의 운명에 대해 걱정하는 것은 갸륵한 일이다. 우리가 지구상의 모든 인간에 대해 그들의 인권을 지킬 의무가 있다는 생각은 역사에서 비교적 최근에 생긴 현상이다. 그럴망정 마이클 이그나티에프(Michael Ignatieff)가 다음과 같이 깔끔하게 요약한 비판을 부인할 도리는 없다. '멀리 떨어진 곳을 향한 우리의 도덕적 관심도는 악랄할 정도로 선택적이고 편파적이다. 우리는 우리와 다르게 생긴 사람보다 비슷하게 생긴 사람을 더 많이 돕는다. 우리가 이해하기 힘든 상황에 시달리는 사람보다 이해되는 곤경에 처한 사람을 더 많이 돕는다.'[2]

그래서 냉전 후 벌어진 분쟁들을 정책입안자들과 매체들은 매우 다르게 취급했다. 우선 부트로스 부트로스-갈리(Boutros Boutros-Ghali) UN 사무총장이 '고아가 된 분쟁(orphaned conflict)'이라고 부른, 서방이 참견하지 않기로 한 다툼들이 있다. 그리고 적지만 강대국들이 전략적 이해를 주장하는 다툼들, 가령 두 번의 걸프전과 러시아의 포기로 구소련에서 새로 독립한 중앙아시아의 여러 공화국에서 벌어진 민족 간의 갈등이 있다. 한번 개입하기로 작정하면 TV는 관여의 수준을 계속 설정한다. TV는 '현대 세계에서 그것을 통해서만 낯선 사람과의 도덕적 관계가 중계되는 특별한 매체'[3]가 되었다. 그러나 TV의 주의력은 짧기만 하고 그것만의 방식이 있다. 흔히 3자간의 지저분한 분쟁에서 결백한 피해자를 찾는 것은 소용없는 짓이다. 여론의 지지를 얻기 위해서 서방의 군사개입은 주로 위험도 적고 이익도 많지 않은 제한적인 전략을 구사해서 일단 이런 작은 목표라도 달성하면 재빨리 철수했다. 시민사회의 체계가 붕괴해 버린 나라들에서 냉전 후에 정착된 이런 식의 즉각 개입과 신속한 철수 전략은 궁극적으로 실패가 예정된 방식이었다.

서방이 깊이 관여한 전쟁들에서조차도 심각한 도덕적 모호함에 빠졌다. 제2차걸프전에서 포병의 포탄이 타격하고 있는 바그다드로 가는 도중에 한 해병대 소위는 어떤 상병 계급장을 단 병사의 군가 개사곡을 들었다. '하나, 둘, 셋, 넷, 씨발 우린 도대체 왜 싸우고 있는 거야?' 소위는 즉시 상병의 정신적 군기를 잡기 위해 대화를 하기로 했다.

해병대 소위: '그런 의문에 대한 답변은 스스로 찾을 수밖에 없어.'

'근데 말입니다, 저는 값싼 기름을 위해, 우리 빌딩을 폭파시킨 터번 두른 놈들을 없애 버리기 위해 싸운다고 생각하지 말입니다.'

'자네가 그런 이상주의자란 건 처음 알았군.'

'지금 당장은 제겐 그런 세상이 이상적이지 말입니다.'[4]

그렇게 대화는 끝났는데 사람들은 병사의 생각이 잘못된 것이 아니라고 생각할 것이다. 한 가지 점에서 그는 이상주의자이다. 미국 정부는 이라크가 9.11에 연루되었다는 사실을 미국 시민들에게 설득하기 위해 상당히 애썼고 결국 성공했다. 2003년 3월의 여론조사는 미국 시민 53~70퍼센트가 사담 후세인이 쌍둥이 빌딩 공격과 연관이 있다고 믿는다는 결과를 보여 주었다. 해병대 소위 피크(Fick)에게 투덜거리는 대답을 늘어놓았던 부하 사병은 미국 시민과 그의 동료 병사들의 여론을 대변했다. 한 여론조사에 따르면 병사 85퍼센트가 사담 후세인(Saddam Hussein)이 9.11에 연루된 것을 응징하기 위해서 그들이 이라크에 온 것이라고 생각했다.[5]

2001년 미국과 영국 병사들이 아프가니스탄에서 지하드 전사의 훈련장을 덮쳤을 때 그들은 학생들이 버려 놓은 수많은 공책에서 AK-47 소총 사용법을 배운 기록을 발견했다. 이것은 보통 1주 차 훈련에서 다루는 내용이었다. 출판된 교범이 없으니 단계별 훈련에 대해 손으로 직접 꼼꼼히 기록했던 것이다. 그 노트는 심지어 이런 디지털 매체의 시대에도 모든 것이 첨단으로 이루어지는 건 아니라는 사실을 보여 준다. 여전히 지난 2000년 동안 전쟁의 기술을 만들고 그것을 기록하는 데 전통적 기술들이 쓰일 여지는 많았다. 2011년 이집트혁명에서 서방 언론이 이 투쟁을 계속 '페이스북 혁명'이라고 묘사한 것은 이집트인들을 상당히 분개하게 했다. 사실 그 투쟁은 자유를 향한 오랜 문학적 전통에 의해 무르익은 혁명이었다. '사람들은 이 정권을 무너뜨리기를 원한다'라는 구호도 1950년대에 상징적 인물이 되었던 튀니지 출신의 시인 아불 카셈 에체비(Aboul-Qacem Echebbi)가 1933년에 쓴 「살려는 의지(The Will to Live)」라는 시에서 빌려 온 구절이었다. 호스니 무바라크(Hosni Mubarak) 대통령하에서 군부의 통치와 압제의 세월 동안 작가와 예술가들의 활동은 대체로 기자들을 질식시켰던 국가 검열의 틀 밖에 머물러 있었다. '자발적이고 뜻밖이었으며 갑자기 번진' 혁명이라는 상투적 비유와 소셜미디어 덕분에 무기력했다가 갑자기 적극적 행동으로 돌변했다는 인상을 주려 했던 것은 이런 역사적 유산을 아무것도 아닌 것으로 격하하고 아랍인들의 능동적 참여보다 서방 기술을 강조하는 우를 범했다.[6]

결국 아랍의 봄은 좌절로 끝나고 말았지만 오랜 문학적 유산이 한 역할 덕분에 전쟁 수행과 정보 수집에 있어서 새로운 기술이 아무리 지배적이더라도 책이 전하는 축적된 지적 자본은 계속해서 우리의 삶과 투쟁에 일익을 담당할 것임을 상기시켜 주었다. 21세기 최초 여러 해 동안의 어떤 시점에서 미군 병사 40만이 해외에 주둔했고 그들을 위한 읽을거리를 마련하는 문제는 현대 군대의 모든 다른 공급품과 함께 처리되었다. 이들은 직업 군인으로 구성된 고도의 훈련을 받은 전문 군대였고 제2차세계대전의 진중문고를 되살릴 어떤 공식적 시도는 없었다. 이런 사정은 어떤 공백을 만들었고 전시 야전 우편물을 수집하는 '유산 프로젝트(Legacy Project)'와 시 읽기 부활을 위한 기획의 공동 창립자 앤드루 캐럴(Andrew Carroll)이 그 공백을 채우려 나섰다.[7] 미국 출판인들의 도움을 받아 캐럴은 책 7종을 골라 200만 부를 배포했다. 모두 과거 진중문고의 특징이었던 가로가 긴 직사각형 판형으로 나왔다. 전시에 배포되었던 것과 달리 이 책들은 병사들이 기분전환을 위해 고를 것 같지는 않다. 4종은 전쟁을 주제로 삼았다. 셰익스피어의「헨리 5세(Henry V)」,『손자병법』, 남북전쟁 이후 미국 영웅들의 인물 단평을 늘어놓은 앨런 미카엘리언(Allen Mikaelian)의『명예훈장(Medal of Honor)』, 미국 남북전쟁에서 사막의 폭풍 작전까지 캐롤 자신이 수집한 서신 모음집의 축약판이 그것들이었다.

아프가니스탄과 이라크에서 옛날보다는 더 잘 숨어 다니는 적들과 싸워야 했던 병사와 장교 들이『손자병법』의 저자나 아르플뢰르(Harfleur) 성문에 선 헨리왕의 처지에 공감할 수 있었을지를 알아보는 일은 흥미로울 것이다. 웨스트포인트에서 평생 영문학을 가르쳤던 엘리자베스 사멧(Elizabeth Samet)은 자신의 경험으로는 그들이 그런 과거 인물의 생각을 꽤 선뜻 수용했을 거라고 말했다. 사멧은 사관생도들이 독서에 열심이었으며 자신이 맡은 바 책임을 다하는 데 도움이 될 교훈을 찾아 탐구했다는 기록을 남겼다. 1996년 웨스트포인트에서 시를 낭송하던 시인 조리 그레이엄(Jorie Graham)은 생도들이 '점점 더 복잡해지는 상황에도 올바른 도덕적 판단을 내리기 위해 셰익스피어에서 현대 시인에 이르기까지 문학을 통해 도움을 구하려던' 그 모습에 깊이 감동했다고 밝혔다.[8] 그러나 역사와 문학은 짐 덩어리가 될 수도 있다. 제2차세계대전은 미국이 유럽을 구원했던 '정의로운 전쟁'이라는 믿음을 미국 대중문화가 갖게 되자 오늘날처럼 이해가 뒤죽박죽 엉킨 전쟁들에 대해 도달 불가능한 기준이 만들어졌다. 과거의 전쟁들을 과장하고 오점을 세탁해 버리며 얻는 세계관은 살아 돌아와 전쟁의 공포를 육체적으로 증거하는 부상병들을 돌보기보다 모든 죽은 자에게 애국

2012년 아프가니스탄. 쿠나르주의 병사들을 시찰하기 위해 헬기에 오른 한 영국 장교가 가벼운 읽을거리를 즐기고 있다.

적 희생의 광휘를 부여하며 죽음을 신성시하는 군사 문화로 이어지기 딱 좋다. 전쟁터에서의 수술이 정말 놀라울 정도로 성큼성큼 발전하는 상황에서 이런 세계관을 점검하는 것은 특히 시급한 과제이다. 베트남에서 부상병 사망률은 여전히 24퍼센트나 되었는데 아프가니스탄과 이라크에서는 10퍼센트였다.[9]

주요 사관학교들에서는 장교들이 전 세계에서 전투 지역이나 평화유지 임무에서 만나게 될 다문화적 현실에 대처할 수 있도록 만들기 위해 온갖 애를 쓰고 있다. 이런 측면에서 직업군인윤리센터(Center for the Professional Military Ethic)를 통해 미 육군 전체를 위한 프로그램을 만들고 있는 웨스트포인트는 도덕적·윤리적 상황을 다루는 데 선두 주자이다. 네덜란드 사관생도들은 전쟁범죄를 필수과목으로 신청해야 하고 만약 이수에 실패하면 더 이상 교육받을 수 없다. 심지어 고대사도 지속적인 시의성을 누리고 있다. 9.11 이래로 아테네의 역사가 투키디데스에 대한 관심이 되살아났다. 제국이 갖는 위험과 민주주의가 져야 하는 책임에 대해 그가 던진 경고가 특별한 의미로 다가오기 때문이다. 르네상스로부터 20세기 초반까지 서양 교과과정의 독서에서 그리고 사관학교에서 고대 그리스와 로마를 배우는 것이 신성한 자리를 차지하고 있다는 사실을 우리는 기억한다. 고대의 전략적 개념들이 오늘날에도 매력이 있다는 것은 흥미롭다.

도서관들은 그들에게 활기를 주었다는 점에서 사관학교 생도와 참모대학 장교를 위해서도, 9.11의 여파로 설립된 쿠바 관타나모만 수용소에 억류된 죄수 779명을 위해서도 중요한 역할을 했다. 시작은 더뎠지만 수용소 도서관은 장서가 1만 8000권으로 늘어났고 아라비아어 책과 최근의 베스트셀러는 따로 구분했다. 2010년 도서관 대출 기록은 열다섯 살에 아프가니스탄에서 체포된 오마르 카드르(Omar Khadr)의 양형심리에서 증거 능력을 보여 줄 정도로 중요하게 취급되었다. 법정에서 카드르가 긴 시간 쿠란을 읽으며 지냈던 구제 불능의 지하디스트(이슬람 성전주의자—옮긴이)라는 증언이 있은 후 카드르의 변호인은 그가 쿠란만이 아니라 넬슨 만델라의 『자유를 향한 머나먼 길(Long Road to Freedom)』, 버락 오바마(Barack Obama)의 『내 아버지로부터의 꿈(Dreams from My Father)』, 스테파니 메이어(Stephenie Meyer)의 『트와일라잇(Twilight)』 시리즈, 존 그리샴(John Grisham)과 대니엘 스틸(Danielle Steel)의 소설들도 대출했다는 것을 입증할 수 있었다. 이스마엘 베아(Ishmael Beah, 탈출에 성공했던 시에라리온의 소년병—옮긴이)의 『집으로 가는 길(A Long Way Gone: Memoirs of a Boy Soldier)』은 카드르의 독서목록에서 가장 가슴 저미게 하는 책이었다.

군사훈련은 특히 장교들에게 확신과 정신적 유연함 사이에서 균형 잡힌 판단을 요구한다. 그러나 정당하다고 믿었던 뜻의 기반이 되는 확신이 흔들리기 시작하면 사기가 허물어지기 쉽다. 2022년 2월 러시아 병사들이 우크라이나를 침공했을 때 그중 많은 병사가 단순한 훈련이라고 들었다고 했다. 그러나 그들은 기대와 달리 저항하기로 단단히 마음먹은 사람들과 맞닥뜨렸다. 군의 사기에 미친 영향은 예상대로 무시무시했다. 특히 강대국끼리 '본격적 전쟁'을 재점화한다는 것은 상상할 수 없다고 여겼기 때문에 서방의 반응은 혼란스럽고 모순적이었다. 미국 정치 칼럼니스트 로버트 라이시(Robert Reich)는 《가디언》에 실은 강력한 칼럼에서 솔직한 심정을 토로했다. 라이시는 20세기 마지막 10년 동안 빌 클린턴(Bill Clinton) 행정부의 핵심 인물이었고 지금은 캘리포니아주립대학교 버클리(University of California at Berkeley)의 공공정책 분야 교수다. 칼럼에서 그는 21세기에 대한 자신의 근본적 가정이 국내에서는 포퓰리즘에 파괴되었고 약한 이웃에 대한 강대국의 공격으로 만신창이가 되었음을 숨김없이 인정했다.

라이시 교수는 민족주의가 퇴장할 것이라 추정했다. '세계화(globalization)는 국경을 지우고 나라와 지역 간에 경제적 의존도를 높이고 전 세계적으로 현대적 소비자는 늘어나고 문화예술은 그 영향력이 확장될 것이다.' 러시아의 우크라이나 침공이 국가 통제를 받는 매체들의 열광적인 박수를 받고 여러모로 러시아 백성 절대 다수의 지지를 받았다는 사실은 그런 추정이 틀렸음을 입증했다. 라이시 교수는 국가가 더 이상 시민의 알 권리를 통제할 수 없을 것이라 생각했다. '인터넷을 비롯해 디지털 기술이 부상하면서 정보와 지식의 전 세계적 흐름을 통제하는 것은 불가능할 것이다.' 그런 희망은 특히 중국 정부가 거대 디지털 매체들을 정부의 뜻대로 따르도록 무릎 꿇리는 데 성공하면서 정녕 큰 타격을 받았다. 그는 선진국들이 더 이상 지리적 영토를 놓고 전쟁을 벌이지 않을 것이며 주요 핵 강대국들이 상호 절멸이 확실히 보이는 상황에서 서로를 향해 결코 전쟁을 벌이지 못할 것이며 사이버전쟁과 정밀 무기 같은 선진화한 전쟁은 시민의 희생을 최소화할 것이라 생각했다. 그런 생각 또한 순진한 것으로 드러났다. 21세기 전쟁은 실제로는 정규군 병사보다 훨씬 많은 민간 사상자를 낳았고 병사 중에서도 전투병보다 평화유지를 위해 고용된 이들이 더 자주 희생당했다.

무엇보다도 라이시는 민주주의가 불가피하다고—후쿠야마의 착각이 정치적 영역에 얼마나 폭넓게 퍼져 있었는가를 보여 주는 징후다—믿었다.

> 나는 1990년 초에 소련이 붕괴하고 중국이 여전히 가난했을 때 이런 신념을 갖게 되었다. 새로운 기술이 이끄는 세계화된 세상에서 전체주의 정권은 가능성이 없는 것으로 보였다. 물론 시시한 독재정권들이 몇몇 곳에서 세상에 뒤처진 채 남아 있기는 할 것이다. 그러나 근대는 민주주의와 함께 왔고 민주주의는 근대와 함께 왔다.[10]

라이시가 그렇게 세세하게 자신을 책망하며 진솔히 고백한 것은 칭송받을 만하다. 그리고 많은 이가 새천년이 오는 것을 반기던 시절에 이런 희망을 공유했다. 세계화와 소비자 안락을 위한 거의 무한한 욕구는 예기치 못했던 결과를 불렀다. 러시아가 우크라이나를 공격한 뒤 두 달 동안 서방은 우크라이나인의 영웅적 투쟁을 열렬히 응원하고 러시아의 공격을 비난했다. 그리고 같은 기간에 독일을 비롯해 유럽연합 27개국은 그들이 비난했던 침략자 러시아에게 석유와 천연가스에 대한 대가로 430억 유로에 달하는 엄청난 돈을 보냈다.

    우리 앞에 펼쳐진 우크라이나의 비극은 많은 것을 가르쳐주었다. 특히 독립을 위해 분투 중인 우크라이나 같은 나라들에게 세력권이라는 19세기가 낳은 구식 개념이 여전히 유독한 결과를 미친다고 말이다. 우리는 기후위기가 미래의 군사 충돌에 늘 중요한 요소가 될 것이며 모든 반란자나 테러리스트나 자유의 투사에게 가장 강력한 무기는 대의를 위해 기꺼이 죽겠다는 마음이라는 사실을 되새기게 되었다. 러시아가 빠르게 승리할 것이라는 널리 퍼져 있던 예측은 압도적 군사력을 근거로 내려진 단정이었지만 우크라이나인들이 조국을 지키고 자기 나라가 자유국가임을 입증하기 위해 굳은 결심을 했다는 사실을 감안하지 못한 판단이었다.

    우크라이나전쟁은 우리에게 감동적 이미지를 많이 남겼다. 특히 한 아파트의 사진이 그랬다. 사진에는 한 주민이 폭발로부터 창문을 보호하기 위해 귀중한 개인문고를 사용하고 있었다. 이 책에서 책은 많은 기능을 수행한다는 사실을 보았다. 책은 위안, 가르침, 유해한 이데올로기의 매개체, 필수 과학기술의 원천, 혹은 1945년 유럽에서 미군 장병들에게 배포되던 『프랑스에 대한 불평 112가지(112 Gripes about the French)』 같은 낯선 사람들의 이상한 관습에 대한 안내서로서도 기능했다.[11] 프랑스혁명전쟁에서 탄피를 만들기 위해 책이 찢기고 포탄 속에 넣은 선전용 전단이 발사되어 조금 그을리고 손상된 채 적진 너머로 도달하는 것을 본 적은 있으나 이때까지 책을 모래 부대로 여기지는 않았다.

냉전 종식 이후 35년 동안 세계질서의 혼란상은 '역사의 종언'의 그릇된 예측과 '평화배당'이라는 오만을 뛰어넘었다. 그것은 후쿠야마와 그 밖의 서방 정책입안자들이 근대화 과정을 근본적으로 잘못 해석했다는 사실을 암시한다. 이 대목에서 전쟁의 변화에 너무나 중요한 역할을 했던 정보 소통의 역사는 유용한 교훈을 얼마간 제공한다. 책의 역사는 성공적인 근대화의 주목할 만한 모범이다. 그것은 오랜 세월 동안 누적되는 발전의 유기적 과정이다. 그것은 새로운 시장을 열고 새 상품(소설, 페이퍼백)을 도입하면서도 텍스트를 모아서 가볍고 휴대하기에 좋고 악천후에도 견디도록 제본하는 종합적 과정으로 얻은 책의 명백한 이점을 잘 지켜 왔다. 심지어 인쇄에 활자 도입 같은 더욱 폭발적인 성장의 순간에도 가령 노래, 대화, 필사본 같은 기존 소통 방식을 수용하기 위한 여지를 두었다. 같은 방식으로 우리는 인쇄문화를 최초로 일궈 냈던 중심지 밖의 나라들이 서방의 정치체계나 사회적 관행을 반드시 채택하지 않으면서도 서방 기술에서 그들이 느끼기에 문화적으로 적절하다고 판단하는 것만을 선택적으로 수용할 수도 있다는 사실은 인식하지 못했다.

이 책은 인쇄물 이전의 시대에 등장한 군사교범에서 시작해 곡을 붙인 마오쩌둥의 말씀에 관한 이야기로 끝맺었다. 이것은 새로운 매체의 등장이 반드시 이전의 소통 수단을 불필요한 것으로 만들지 않는다는 사실을 보여 주는 완벽한 증거다. 의사소통의 역사는 순차적이 아니라 축적적이다. 인간은 언어를 만들었다. 그러나 인간은 쓰기를 시작했다고 말하기를 멈추지는 않았다. 인쇄술을 발명했다고 쓰기를 그만두지도 않았다. 인터넷이 생겼다고 인쇄를 멈추지도 않았다. 그것이 전시와 평화시를 막론하고 내려온 인간 소통의 역사다. 이런 특징이 '책 사망'의 전조로서 반복적으로 예측된 새로운 기술(마이크로필름, 시디롬, 전자책 단말기)이 대개는 왔다가 사라지거나 아니면 그냥 라디오, TV, 아이폰처럼 소통의 생태계에서 책과 함께 자기 자리를 지키는 이유다. 반면 문화혁명기에 마오쩌둥의 경구를 토해 냈던 확성기와 같이 새로운 소통 기술을 대규모로 채택해 억지로 현대화를 추진했다가는 대개 소기의 목적을 이루지 못했다.

이런 굴곡을 거친 의사소통의 발달사는 인쇄물과 전쟁 사이의 관계와도 매우 연관이 깊다. 이 책에서 우리는 책을 훈련 교범으로, 영적 감흥을 고취하는 것으로, 오락과 현실도피를 위한 것으로 경험했다. 우리는 종교개혁에서 베를린장벽 붕괴, 그 너머에 이르기까지 책이 흔히 다툼의 희생양이 되는 것을, 그것이 담아내는 지적 가치 때문에 표적이 되는 것을 보았다. 우리는 그 표현 방식에 따라 온갖 다양한 인쇄물—전단, 포스터, 팸플릿, 신문, 잡지, 페이퍼백, 양장본—이 대중에게 정보를 제공하기 위해, 여론을 바꾸기 위해, 젊은이의 생각에 영향을 미치기 위해 배포되는 현장을 보았다. 그렇지만 중요한 것은 책과 도서관에 대한 전쟁이 아무리 가차 없었다 할지라도 인쇄 기술 발달로 역사의 매 순간 책은 파괴되는 양보다 훨씬 더 큰 규모로 출판되었다는 사실이다.

이것은 전쟁의 경제에서 유래가 없는 일이다. 모든 전후 청산 작업에서 잘 알려진 것처럼 건물과 기간시설 파괴 비용은 재건 비용보다 훨씬 저렴하다. 인쇄기가 없는 곳이 없고 책을 만드는 데 드는 단위비용이 낮다는 사실은 전쟁에 시달리는 책의 최대 방어 수단이다. 박물관의 유물이나 미술품은 대체 불가능한 것일 수도 있다. 하지만 사라진 책은 다른 도서관이 보유한 수많은 장서로 대체할 수 있다. 더 수많은 개인문고가 대신할 수도 있다. 책과 책이 영원성을 부여한, 책 속에 든 생각은 우리보다 오래 살 것이다. 최초로 인쇄된 책들이 최초의 자랑스러운 소유자가 죽은 이래로 스무 세대가 왔다가 사라졌음에도 여전히 남아 있는 것처럼.

인쇄물은 그것이 가진 풍부하고 다채로운 모습으로 전 세계로 인간의 의사소통에서 자신의 역할을 계속할 것이다. 전시가 되었든 평화시가 되었든 온 세상의 책 저장고에서 대충 수천 혹은 수십만 권이 남아 있을 정도로 방대하게 축적된 책들을 생각하면 더욱 그렇다. 우리를 괴롭히는 문제의 원인을 찾아 또는 영감을 찾아 우리가 계속 책을 찾아갈 때면 더 나은 세상, 전쟁의 종식, 조화로운 사회적 관계의 구축에 대한 우리의 희망이 역사 내내 함께 공유돼 온 가치임을 알게 된다. 책은 전쟁터로 끌려 나가더라도 책이 남긴 가치들은 남아서 더 나은 시절, 다툼이 완전히 박멸되지는 않았더라도 우리 의식의 저 구석으로 저만치 사라졌던 그 시절을 상기시킨다.

감사의 말

책에 관한 책을 쓰기 위해서는 책에 접근해야 한다. 그럼에도 그것은 코로나19의 세계적 대유행으로 더욱 까다로워졌다. 세인트앤드루스대학교 도서관이 만든 매끄럽고 효율적인 클릭앤드콜렉트(click and collect, 온라인으로 대출을 신청하고 도서관이 정한 장소에서 비대면으로 도서를 가져가는 방식—옮긴이) 서비스에 감사드린다. 수백만 권을 개가식으로 개방한 런던도서관에도 신세를 졌다. 내 연구의 결정적 시기에 임페리얼전쟁박물관 연구실은 그들의 귀한 공간을 나에게 나눠주었다. 세인트앤드루스대학교 문서보관 담당자 레이철 하트(Rachel Hart)는 나에게 대학이 소장 중인 《룰레벤 캠프 매거진(Ruhleben Camp Magazine)》 1916~1917년 판을 주목하라고 조언했다. 해외여행을 할 시기도 아니어서 나는 30년을 도서관 떠돌이로 지내면서 벽장마다 모아 놓은 자료들을 참고했고 물론 내 개인문고도 활용했다. 그렇지만 전 세계 온라인 서점은 중요한 자료창고였다. 나는 서적상들과 매일 내 집 문 앞까지 책을 배달해 준 택배 노동자들에게 더할 나위 없이 감사드린다. 이제 나는 아담한 전시 출판물 관련 컬렉션을 갖게 되었다. 이 책을 탐색하는 과정에서 탁월한 여러 해설서뿐만 아니라 전시에 쓰인 많은 일기와 전기를 읽었다. 일상기록화 기록보관소 사용법을 안내해 준 서식스대학교의 특별 컬렉션에, 전시에 쓰인 그렇게 많은 일기장을 더 많은 대중에게 전한 것에 대해 퍼트리샤 맬컴슨(Patricia Malcolmson)과 로버트 맬컴슨(Robert Malcolmson) 부부에게 감사드린다.

늘 그렇지만 개인적으로 빚을 진 사람들이 많다. 가장 큰 빚을 진 사람은 아르트휘르 데르베듀언(Arthur der Weduwen)이다. 우리는 공저자로서 책 네 권을 함께 저술했다. 아르트휘르는 오래 공들이고 있는 획기적인 논문을 쓰느라 함께할 수 없었다. 그러나 그는 이 책의 매 장이 완성될 때마다 최초의 독자가 돼 주었고 그의 꼼꼼한 눈에 큰 덕을 봤다. 우리는 한창 논의 중인 두어 프로젝터를 위해 다시 힘을 합칠 계획이다. 배질 보들러(Basil Bowdle), 제이컵 백스터(Jacob Baxter), 제시카 달턴(Jessica Dalton), 피터 트루스데일(Peter Truesdale)은 또 다른 독자들이었다. 휴 스트라찬(Hew Strachan) 교수는 이 책의 초반부 작업 중에 나에게 몇 가지 유용한 방향을 제시해 주었고 나중에는 샌드허스트육군사관학교의 사이먼 트루(Simon Trew) 박사를 소개해 주었다. 박사와 나는 몇 번에 걸쳐서 안목이 트이는 멋진 대화를 나눴다. 나는 제작과 디자인에 있어 프로파일 출판사의 빼어난 팀—앤드루 프랭클린(Andrew Franklin), 니엄 머리(Niamh Murray), 애너-머리 피츠제럴드(Anna-Marie Fitzgerald)—그리고 그들의 다른 동료들과 다시 일하게 되어 특히 기뻤다. 세실리 게이포드(Cecily Gayford)는 모든 작가가 원하는 편집자다. 마찬가지로 로버트 데이비스(Robert Davies)는 그의 예민하고 엄격한 교열 작업으로 최종판의 모습을 상당히 개선해 주었다. 또한 삽화를 구하는 데 도움을 준 존 페트리(Jon Petre)에게도 감사한다. 나의 출판 대행인 캐서린 클라크(Catherine Clarke)에게 내가 탁월한 출판인과 함께 이 협업이 가능하도록 조율해 준 데 사의를 표한다.

아내 제인, 딸 메건(Megan)과 소피(Sophie)는 팬데믹 기간에 나와 함께 지냈다. 한번은 식당 탁자에서 셋이 함께 각자의 노트북 키보드를 두드리는 장면을 만들기도 했다. 딸들은 이제 자신들의 직업을 찾아서 살아가고 있지만 아버지의 일에 지속적인 관심을 보여 주어서 고마운 마음이 더욱 크다. 전쟁이 벌어지는 중에 전쟁과 책에 관한 책을 쓰게 된 것은 예기치 못했던 운명의 장난이었다. 그래서 우리 가족 간의 사랑에 어느 때보다 더욱 감사하면서도 전쟁으로 헤어지고 가슴 아프고 혈육을 빼앗긴 모든 가족에게 마음이 쓰인다. 21세기의 세 번째 10년을 맞았는데도 전쟁이 사라지지 않고 오늘 뉴스의 한 곳을 차지한다는 것은 비극이다.

세인트앤드루스에서
2023년 3월

옮긴이의 말

책이란 존재

이야기 하나. 카뮈의 소설 『이방인』에는 주인공 뫼르소가 한 아랍인을 죽인 죄로 감옥살이를 하는 중에 감방에서 따분한 시간을 죽이는 법에 대해 장황히 설명하는 장면이 있다. 그는 감방 침상과 깔개 사이에 끼어 있는 신문 조각을 발견하고 기사를 하나 읽는다. 25년 전에 고향을 떠났던 사내가 성공하고 결혼도 해서 아내와 함께 고향으로 돌아왔는데 어머니와 누이가 여관을 하며 근근이 먹고 살고 있는 걸 확인하고는 좀 놀라게 할 요량으로 아내는 다른 곳에 머물게 하고 자신은 정체를 숨기고 혼자 여관 투숙객이 되어 어머니와 누이에게 접근해 얘기를 나누다 은근히 돈 자랑을 했는데 그날 밤 그 어머니와 누이가 돈 자랑한 손님(실은 아들)을 죽이고 강물에 던져 버렸다. 다음 날 죽은 사내의 아내가 여관을 찾아와 투숙객의 정체를 알려줬더니 어머니는 목을 맸고 누이는 우물에 몸을 던졌다는 이야기. 뫼르소는 그 '이야기를 족히 수천 번은 읽'었다.

이야기 둘. 미국이 이라크를 침공했을 때 이라크군의 포로가 된 미국 병사가 있었다. 그는 수감생활 중에 심하게 앓았다.

물자가 부족해 공식 경로로는 약이 지급되지 않았는데 수용소 간수가 그를 딱하게 여겨 사적으로 약을 구해 주었다. 고맙게 약을 받은 병사가 갑자기 눈물을 터뜨렸다. 약에 첨부된 영어로 쓰인 복용법에 눈이 가는 순간 그만 눈물이 터진 것이다. 그는 복용법 용지를 잘 숨겨 두었다가 시간이 날 때마다 몰래 읽었다고 나중에 고백했다.

이 두 사례는 특별한 이야기가 아니다. 당사자가 처한 상황이 특별할 뿐이지 그들이 문자에 보인 극한의 관심—수천 번 읽다, 돌연 터진 눈물—에 공감하지 않을 사람은 드물 것이다.

'사람들이 책을 안 읽는다'라는 얘기를 많이 한다. 그런데 고립된 공간에 홀로 기약 없이 지내야 하는 순간이 오면 책은 대단한 위력을 발휘한다. 위에서 든 두 사례는 책이라고 하기에는 너무 보잘것없는 읽을거리다. 신문 조각과 약 복용법이 쓰인 용지. 그런데도 수천 번을 읽었다. 문자는, 책은 정말 특별한 물건이다.

이 책은?

지은이는 런던의 임페리얼전쟁박물관을 방문했을 때 이 책을 구상했다. 전쟁 때 책은 어디서 뭘 하고 있었을까? 어떤 취급을 받았을까?

이 책은 그 의문을 찾아가면서 전쟁과 책, 전쟁을 겪은 책의 팔자에 관해, 그런 전쟁을 부르는 인간이 만든 체계와 그런 체계를 확립하는 데 원천 정보가 된 책에 관해, 결국 그런 책을 만든 인간에 대해 이야기한다.

전쟁의 상황에서 책의 상반된 모습

책은 극단적인 이데올로기를 유포하여 죄의식 없는 폭력을 정당화하는 도구인가 하면 전쟁을 맞아 더 이상 일상으로의 복귀를 기약할 수 없는 절망 속에서 감감한 옛 일상의 모습을 상기시켜 주며 막막한 현재를 위로한다.

전쟁 상황에서 폭발적인 책 수요

책은 전통적인 정보전의 모습을 바꾸었다. 술집에서 술을 홀짝이며 상대를 염탐하거나 남의 집 열쇠 구멍으로 엿보거나 엿듣는 일의 효용은 떨어졌고 적국에서 발행된 잡지를 수집·분석하는 것이 훨씬 더 중요한 업무가 되었다. 낯선 곳에서 치르는 전쟁을 위해 지도와 지도책의 수요가 폭발했다. 후방의 시민들도 서점의 지도책 서가를 비워 버렸다. 전선의 병사들에게 책을 공급하는 일이 극히 중요한 업무가 되었다. 전선 병사들에 배포된 작은 성경은 담배 말이에 적격이었다. 어떤 군종 목사는 '종이를 먼저 읽은 다음 담배를 말아야 한다'라고 병사들에게 호통쳤다. 포로수용소는 책의 인기가 특별한 곳이었고 가장 알뜰히 이용되는 곳이었다. 책을 문자 그대로 해지도록 읽었다. 일본이 운영하는 수용소는 대체로 책이 귀해서 책 한 권을 여러 권으로 쪼개 돌려봤다. '포로수용소보다 책이 더 귀한 대접을 받는 곳은 없었다.'

    제2차세계대전 노르망디상륙작전은 연합군 군대가 지형적 불리함과 수적 열세를 감수하고 벌인 전투였다. 많은 병사가 죽거나 다쳤다. 부상당한 병사 중에는 절벽에 기대어 책(!)을 읽고 있는 병사도 있었다. 독일군의 기습을 피해 참호 속으로 뛰어든 지휘관은 총알이 핑핑 지나가는 데서 문득 읽고 있던 소설책을 펴 들고 싶다는 생각도 한다. 물론 객관적으로 전쟁은 독서에 우호적인 분위기는 아니었다. 그러나 부상으로 병상에 누워 있는 병사에게는 책이 구원인 경우가 많았다.

전선의 병사들에게 책은 아니더라도 참호신문은 최고의 인기를 구가했다. 병사들의 사소한 이야기, 요구사항, 불만 등을 여과없이 전달하는 그 신문을 많은 부대가 돌려보기도 하고 서로 크게 읽어 주기도 했다. 병사들은 맹목적 애국주의를 설교하고 패배한 싸움은 가급적 보도를 피하고 병사들의 모습을 상투적으로 보도하는 고국의 신문을 경멸했다.

전쟁과 언론

언론은 전쟁의 실상보다는 언론 또는 정부가 보여 주고 싶은 것을 보도하는 경우가 많았다. 가령 독일 언론에서 '전선을 곧게 만들기'라고 하면 실은 전투에서 졌고 후방으로 후퇴해 새 전선을 형성했다는 말이었다. 닉슨은 1968년 대선 공약으로 베트남전에서 '명예로운 평화'를 이루겠다고 했다. 실은 '수치스럽지 않은 철수'라고 하는 게 정확했다.

1970년 미국 오하이오주 켄트주립대에서 반전시위 중인 학생들을 향해 주방위군이 발포해서 학생 네 명이 죽는 참극이 벌어졌다. 시민들을 취재한 기자들은 경악했다. 많은 시민이 학생들을 더 죽였으면 했다고 대답했다. 그때 언론은 반전시위를 비출 때 단정한 모습의 학생들은 피하고 난잡하게 입은 히피를 집중적으로 비추는 암묵적 관행을 지켰다. 베트남에서 죽거나 다친 병사들을 보여 주지 않았다. 진실에 눈과 귀가 가려진 미국 시민들은 왜 양차세계대전 승리를 견인해 유럽 문명을 구한 미국이 가냘프고 가난하고 작은 아시아의 나라에서 그렇게 오래 전쟁을 끌고 있는지 이해할 수 없었다. 1968년 비평가의 혹평에도 존 웨인 주연의 반공영화 〈그린베레〉는 흥행에 성공했다. 진실을 얻을 수 없었던 시민은 싸구려 영화에서 애국적 위로를 구했다. 그런 비속한 무지가 반전시위를 벌인 학생들을 더 많이 죽였으면 하는 비열하고 잔인한 마음을 부른 것이다. 전쟁이 끝나고서야 언론과 책은 진실을 조망했다.

오늘날 미국이 벌인 베트남전은 다들 바보짓이라고 생각한다. 그러나 전쟁 당시 미국인들은 압도적으로 전쟁을 지지했다. 전쟁이 장기화되면서 전쟁 피로감이 쌓였을 때에야 닉슨의 '명예로운 평화'가 나왔다. 그러나 공약을 전혀 못 지키고도 닉슨은 1972년 대선에서 압도적 승리로 재선에 성공한다. 국가 지도자들은 늘 전쟁 유혹을 받는다. 언론은 전쟁이 터지면 국익을 내세워 진실을 호도한다. 이 지긋지긋한 바보짓의 악순환.

전쟁이 벌어지면…… '먹을 것만 찾는데도 짐승 같지 않고 도둑질을 하는데도 도둑놈 같지 않고 사람을 죽여도 살인자 같지 않'다(박경리, 『시장과 전장』). 검열은 기본이고 거기에 파괴와 약탈까지 더한 야만의 3중주가 울려 퍼진다. 전시에 예술품과 책에 대한 약탈과 파괴는 유서가 깊으나 양차세계대전 중에서도 특히 제2차세계대전 때 나치는 유례없이 무자비하게 특히 유대인의 도서에 대한 약탈과 파괴를 자행했다. 전황이 뒤집혀 패주하면서도 나치 독일은 패전에 대한 보복성 파괴를 저지른다. 나치를 무찌른 해방군들도 지위고하를 막론하고 사사로이 크고 작은 약탈을 저질렀다. 장군은 고향의 저택을 채울 물건을, 병졸은 어머니 드릴 모피 양탄자를 약탈했다. 물론 더욱 간 큰 도둑들도 있었다.

전쟁, 진실의 무덤, 지식과 지식인의 무덤, 자유의 박탈, 비겁의 온상

전쟁이 시작되면 '진실이 첫 번째 희생자가 된다'. 언론은 침묵하고 지식인들은 전쟁이 요구하는 언어로 빠르게 재무장한다. 좌우의 구분이 무색할 정도다. 자유는 박탈된다. 자유를 위한 전쟁이라는 구호가 우스꽝스러운 것은 전쟁 자체가 지닌 억압적 속성 때문이다. 세금을 멋대로 올려 월급이 반토막이 나도 할 말이 없다. 종이를 함부로 버렸다가는 2년 징역을 살 수도 있다. 전단지를 읽지 않아서 변경된 배급 규정을 어겨 음식을 팔다 걸리면 영업정지를 당하거나 징역을 살 수도 있었다. 심지어 배급된 초콜릿바 하나를 대여섯 조각으로 나눠 조금씩 아껴 먹으라는 설교를 듣게 된다.

덤으로 전쟁은 온갖 인간의 비겁을 전시한다. 독일의 패전이 확실해진 후 어른들이 다 도망가 버린 포병 진지를 끝까지 지킨 병사는 열두 살짜리 소년들이었다. 미국은 투표권도 없는 많은 젊은이를 베트남전으로 보냈다. 그리고 베트남의 작은 마을 미라이에서 양민 학살이 있었다. 학살의 현장에는 사진기자와 방송사 카메라까지 있었기에 더욱 충격적인 일이었다. 언론이 아니라 명예를 존중하는 한 군인이 불이익을 무릅쓰고 진실을 드러냈다.

『함락된 도시의 여자: 1945년 봄의 기록』에는 소련군이 점령지 독일 여성을 끌고 가려 하고 여성은 반항하는 내용이 나오는데 그와 함께 있던 이웃 남성은 "제발 빨리 따라가요. 당신이 모두를 위험하게 만들잖아요!"라고 말한다.

박명림의 저서 『한국 1950: 전쟁과 평화(The Requiem for Peace, a Critical: Constructive Reflection on the Korean War)』의 다음 대목은 전쟁의 비겁한 속성을 증언한다. '한국전쟁 내내 정부와 관료들은 그들이 급하게 도망치느라 몇 번이고 버려두고 떠났던 바로 그 시민들에게 늘 보호받았다. …… 하지만 바로 그 도망꾼 관료들이 반역 행위 또는 공산주의에 찬성한 행위 혹은 북에 부역했다는 죄를 물어 이들 존경스러운 시민들을 박해했다.'(번역은 인용자)

박완서 작가는 『그 많던 싱아는 누가 다 먹었을까』에는 '가만있어라' 하고 도망갔던 자들을 이렇게 서술했다. '자랑스러운 반공주의자 내에서도 도강파라는 특권계급이 생겨났다. 시민들은 안심하고 생업에 종사하라고 꾀어 놓고 떠난 사람들 같지 않게 안하무인이었다.'

그래서 『희생의 시스템, 후쿠시마 오키나와』에서 전쟁을 '국가 권력자들이 자기 이익을 위해 국민을 희생'시키는 것이라 여겼던 덴마크의 육군대장 프리츠 홀름(Frits Holm)은 전쟁을 없애기 위해 '전쟁 절멸 보장 법안'을 제안하고 그 내용을 다음과 같이 예시했다. '전쟁이 터지면 10시간 안에 다음 순번에 따라 최전선에 일개 병사로 파견된다. 첫째로 국가원수, 둘째로 그의 친족. 셋째는 총리, 국무위원, 각 부처 차관. 넷째는 국회의원. 다만 전쟁에 반대한 의원은 제외. 다섯째는 전쟁에 반대하지 않은 종교계 지도자들.'

책의 책 '바이블(바이블의 라틴어 어원인 비블리오의 뜻은 책이다)'을 경전으로 모시는 성직자들은 신의 이름으로 전쟁 때 자국 병사를 보호하고 적국 병사를 죽여달라고 기도했다. 교황청은 나치에 적극적인 반대 의사를 표현하지 않았다.

책은 분명 문명의 등불이다. 출판 강국이 문명국인 것도 당연시된다. 그래서 20세기 초 압도적인 출판 강국으로 부상했지만 양차세계대전 모두에서 전범국가가 된 독일의 경우를 보고 많은 지식인은 할 말을 잃었다(물론 독일은 큰 전쟁을 벌여 통일 독일을 건국한 나라여서 다른 나라보다는 특별히 군대를 존중하는 전통이 있기는 했다).

불가피한 전쟁은 없다. 전쟁은 인간이 만든 문명의 가장 추악한 종말이다. 모든 나라의 입법부가 '전쟁 절멸 보장 법안'을 제정하기를 촉구한다.

불가피한 전쟁이 있더라도 전쟁의 야만에 재갈을 물리는 노력이 있어야 한다. 네덜란드 사관학교는 '전쟁범죄'가 필수과목이다. 그렇다면 전 세계의 경찰과 군인에게 어떤 필수과목을 만들어야 할지는 자명하다(과거사 문제를 아직도 붙들고 있는 한국은 더욱 예외가 아니다).

옮긴이 배동근

* 책 표지에는 저자와 번역자의 이름만 보이지만 많은 사람이 힘을 보탰습니다. 편집부의 장미희, 김지영 두 선생님과 이 책을 저만큼 열심히 읽고 저의 부족한 부분을 끝까지 채우려 애쓴 최윤지 님, 디자인에 전용완 님, 교정에 김지운 님께 깊이 감사드립니다.

주

서문—책: 사상(思想) 전쟁의 무기

1. 다음 책이 가장 최근의 사례이다. Caroline Shenton, *National Treasures: Saving the Nation's Art in World War II* (London: John Murray, 2021).
2. 14장과 17장을 참고하라.
3. 『함락된 도시의 여자: 1945년 봄의 기록(A Woman in Berlin)』(London: Virago, 2011), p. 37.
4. Patricia and Robert Malcolmson, *Dorset in Wartime: The Diary of Phyllis Walther 1941–1942* (Dorchester: Dorset Record Society, 2009), p. 111.
5. Richard Broad and Suzie Fleming, *Nella Last's War: A Mother's Diary, 1939–1945* (Bristol: Falling Wall, 1981); 다음 책으로 재판되었다. *Nella Last's War: The Second World War Diaries of a Housewife, 49* (London: Profile, 2006). 또한 다음을 참고하라. Patricia and Robert Malcolmson, *The Diaries of Nella Last: Writing in War and Peace* (London: Profile, 2012).
6. Duncan White, *Cold Warriors: Writers who Waged the Literary Cold War* (New York: HarperCollins, 2019), pp. 212–14, 216.
7. Timothy W. Ryback, *Hitler's Private Library: The Books that Shaped His Life* (London: Vintage, 2010).
8. Geoffrey Roberts, *Stalin's Library: A Dictator and His Books* (New Haven, CT: Yale University Press, 2022).
9. Julian Jackson, *A Certain Idea of France: The Life of Charles de Gaulle* (London: Allen Lane, 2019), pp. 72–4.
10. Philip Short, *Mao: A Life* (London: Hodder and Stoughton, 1999), p. 83.
11. Roberts, *Stalin's Library*, p. 11.

12. Philip Oltermann, *The Stasi Poetry Circle* (London: Faber, 2022), p. 39.
13. 1942년 4월 23일, 미국서적상협회(American Booksellers Association, ABA)로 보낸 메시지.

1장. 무기를 들라

1. Gustavs Strenga and Andris Levans (eds), *Catalogue of the Riga Jesuit Book Collection (1583–1621): History and Reconstruction of the Collection* (Riga: National Library of Latvia, 2021).
2. Archibald MacLeish, 'The Library and the Nation', in Pierce Butler (ed.), *Books and Libraries in Warfare* (Chicago: University of Chicago Press, 1945), pp. 141–54, at pp. 143–4.
3. Catherine Merridale, *Lenin on the Train* (London: Allen Lane, 2016), pp. 72–3.
4. Geoffrey Roberts, *Stalin's Library: A Dictator and His Books* (New Haven, CT: Yale University Press, 2022), pp. 13–14.
5. Peter Englund, *The Beauty and the Sorrow* (London: Profile, 2011), p. 28; Geert Buelens, *Everything to Nothing: The Poetry of the Great War, Revolution and the Transformation of Europe* (London: Verso, 2015), p. 49.
6. Robert D. Kaplan, *Balkan Ghosts: A Journey through History* (New York: St Martin's Press, 1993).
7. Buelens, *Everything to Nothing*, pp. 19, 21, 25.
8. Simon Sebag Montefiore, *Young Stalin* (London: Weidenfeld & Nicolson, 2007), p. 65.
9. Roberts, *Stalin's Library*, p. 178.
10. Valerie Holman, 'Air-Borne Culture: Propaganda Leaflets over Occupied France in the Second World War', in James Raven (ed.), *Free Print and Non-Commercial Publishing since 1700* (Aldershot: Ashgate, 2000), pp. 194–221, at p. 207.
11. Philip Oltermann, *The Stasi Poetry Circle* (London: Faber, 2022), p. 31.
12. Barbara Diefendorf, *Beneath the Cross: Catholics and Huguenots in Sixteenth-Century Paris* (New York: Oxford University Press, 1991).
13. Luc Racault, 'Nicolas Chesneau, Catholic Printer in Paris during the French Wars of Religion', *Historical Journal*, 52 (2009), pp. 23–41.
14. William Beveridge, *Social Insurance and Allied Services* (London: HMSO, 1942).
15. Jose Harris, *William Beveridge*, 2nd ed. (Oxford: Oxford University Press, 1997), p. 415.

16. Donald V. Coers, *John Steinbeck Goes to War: The Moon is Down as Propaganda* (Tuscaloosa: University of Alabama Press, 1991).
17. James Fleming, *Bond: Behind the Iron Curtain* (Cheltenham: The Book Collector, 2021).
18. Oltermann, *Stasi Poetry Circle*, p. 87.
19. Adam Sisman, *John Le Carré* (London: Bloomsbury, 2015), p. 32.
20. Andreas Kramer and Ritchie Robertson (eds), *Pacifist and Anti-Militarist Writing in German, 1889–1926* (London: University of London Press, 2018).
21. Peter Brock, *Pacifism in Europe to 1914* (Princeton, NJ: Princeton University Press, 1972), pp. 407–41.
22. Martin Ceadel, *Pacifism in Britain, 1914–1945: The Defining of a Faith* (Oxford: Oxford University Press, 1980), pp. 44–5; Miranda Seymour, *Ottoline Morrell: Life on the Grand Scale* (London: Hodder & Stoughton, 1992).
23. Mrs Henry Hobhouse, *I Appeal unto Caesar: The Case of the Conscientious Objector* (London: George Allen and Unwin, 1917).
24. Stanley Unwin, *The Truth about a Publisher* (London: George Allen & Unwin, 1960), pp. 154–5; Adam Hochschild, *To End All Wars: How the First World War Divided Britain* (London: Macmillan, 2011), pp. 269–73.
25. Beverley Nicolas, *Cry Havoc!* (London: Jonathan Cape, 1933); Storm Jameson, *No Time Like the Present* (London: Cassell, 1933); A. A. Milne, *Peace with Honour: An Inquiry into the War Convention* (London: Methuen, 1934).
26. Mark Gilbert, 'Pacifist Attitudes to Nazi Germany, 1936–5', *Journal of Contemporary History*, 27 (1992), pp. 493–511.
27. Storm Jameson, *The End of this War* (London: George Allen & Unwin, 1941).
28. Frances Partridge, *A Pacifist's Diary* (London: Hogarth Press, 1978).
29. Ceadel, *Pacifism*, p. 301.
30. Patricia and Robert Malcolmson, *A Soldier in Bedfordshire, 1941–1942* (Woodford: Boydell, for the Bedfordshire Historical Record Society, 2009).

2장. 전술

1. 클라우제비츠에 관한 방대한 저술에 접근하고 싶다면 다음을 참고하라. Hew Strachan, *Carl von Clausewitz's On War: A Biography* (London: Atlantic Books, 2007). 그리고 이것도 참고하라. Peter Paret, *Clausewitz and the State* (Oxford: Oxford University Press, 1976).

2. 클라우제비츠 문고 카탈로그 발견에 관한 기사는 다음을 참고하라. https://thestrategybridge.org/the-bridge/2018/8/6/clausewitzs-librarystrategy-politics-and-poetry. 문고의 목록은 다음 사이트를 참고하라. https://static1.squarespace.com/static/549733 1ae4b0148a6141bd47/t/5b60bd05562fa7ec2eba3f0d/1533066502259/Clausewitz_Book_List_31Jul18.pdf.
3. Paret, *Clausewitz and the State*, p. 308.
4. Antoine Henri Jomini, *The Art of War*, tr. G. H. Mendel and W. P. Craighill (Rockville, MD: Arc Manor, 2006).
5. Sun Tzu, *The Art of War* (London: Collins, 2013).
6. John A. Wood, *Perspectives on War in the Bible* (Macon, GA: Mercer University Press, 1998).
7. 시편 149장 4절, 6~9절 [새국제성경(New International Version, NIV)].
8. 국제약식서명목록[Universal Short Title Catalogue (ustc.ac.uk)]에는 1450년에서 1650년 사이에 거의 2000권에 달하는 군사 텍스트와 편람의 목록이 올라 있다.
9. Nina Lamal, 'Publishing Military Books in the Low Countries and in Italy in the Early Seventeenth Century', in Sophie Mullins and Richard Kirwan (eds), *Specialist Markets in the Early Modern Book World* (Leiden: Brill, 2015), pp. 222–39.
10. Gabriel Naudé, *Syntagma de Studio Militari* (Rome: Giacomo Facciotti, 1637). USTC는 살아남은 24부를 목록으로 올렸다. (USTC 4014234).
11. USTC 목록에 따르면 베게티우스는 30가지 판본으로 기록되었다.
12. Ian C. Hope, *A Scientific Way of War: Antebellum Military Science, West Point and the Origins of American Military Thought* (Lincoln: University of Nebraska Press, 2015); Stephen Ambrose, *Duty, Honor, Country: A History of West Point* (Baltimore, MD: Johns Hopkins University Press, 1966).
13. 세이어가 프랑스에서 구해 온 자료들은 1822년에 처음 발행된 도서관 보유자료 목록에 두드러지게 명시되었다. https://catalog.hathitrust.org/Record/009018731.
14. Marvin J. Anderson, 'The Architectural Education of Nineteenth-Century Engineers: Dennis Hart Mayan at West Point', *Journal of the Society of Architectural Historians*, 67 (2008), pp. 222–47.
15. *Catalogue of the Library of the US Military Academy, West Point NY* (New York: John F. Trow, 1853). 1873년이 되면 다음 사이트에 공개된 1876년 카탈로그에서 보여주듯 목록은 1만 3765권으로 늘어난다. https://babel.hathitrust.org/cgi/pt?id=nyp.33433069262743&view=1up&seq=7.
16. James Robertson, *Stonewall Jackson: The Man, the Soldier, the Legend* (New York: Macmillan, 1997).

17. William B. Skelton, *West Point: Two Centuries and Beyond* (Abilene, TX: McWhiney Foundations, 2004), pp. 29–30.
18. Trevor N. Dupuy, *A Genius for War: The German Army and General Staff, 1807–1945* (London: MacDonald and Jane's, 1977), p. 17.
19. Christopher Bassford, *Clausewitz in English: The Reception of Clausewitz in Britain and America, 1815–1945* (New York: Oxford University Press, 1994).
20. 4장을 참고하라.
21. Helen Roche, *Sparta's German Children* (Swansea: Classical Press of Wales, 2013).
22. Hugh Thomas, *The Story of Sandhurst* (London: Hutchinson, 1961), p. 68.
23. Roche, *Sparta's German Children*, p. 63.
24. Helen Roche, *The Third Reich's Elite Schools: A History of the Napolas* (Oxford: Oxford University Press, 2021).
25. Robert M. Citino, *The German Way of War* (Lawrence: University Press of Kansas, 2005), pp. 142–90.
26. Citino, *The German Way of War*, p. 150.
27. Isabel V. Hull, *Absolute Destruction: Military Culture and the Practices of War in Imperial Germany* (Ithaca, NY: Cornell University Press, 2005), p. 116.
28. Bryce Sait, *The Indoctrination of the Wehrmacht: Nazi Ideology and the War Crimes of the German Military* (New York: Berghahn, 2019).
29. Hull, *Absolute Destruction*, p. 121.
30. Thomas, Sandhurst; John Smyth, *Sandhurst: The History of the Royal Military Academy, Woolwich, the Royal Military College, Sandhurst and the Royal Military Academy, Sandhurst, 1741–1961* (London: Weidenfeld & Nicolson, 1961).
31. Winston S. Churchill, *My Early Life: A Roving Commission* (London: Macmillan, 1941), p. 57.
32. Paul H. Vickers, *A Gift So Graciously Bestowed: The History of the Prince Consort's Library, Aldershot* (Aldershot: Friends of Aldershot Military Museum, 2010), p. 36.
33. Brian Bond, *The Victorian Army and the Staff College, 1854–1914* (London: Eyre Methuen, 1972).
34. Alfred Reade Godwin-Austen, *The Staff and the Staff College* (London: Constable, 1927), p. 133; Adam Dighton, 'Jomini versus Clausewitz: Hamley's *Operations of War* and Military Thought in the British Army, 1866–1933', *War in History*, 27 (2020), pp. 179–201.
35. Churchill, *Early Life*, p. 106.
36. Thomas, *Sandhurst*, p. 80.

37. Thomas, *Sandhurst*, p. 32.
38. Sharon Murphy, 'Imperial Reading? The East India Company's Lending Libraries for Soldiers, c. 1819–1834', *Book History*, 12 (2009), pp. 74–99, at p. 77. Cf. Sharon Murphy, *The British Soldier and His Libraries, c. 1822–1901* (London: Palgrave Macmillan, 2016).
39. Vickers, *Gift so Graciously Bestowed*, pp. 10–12.
40. Michael D. Calabria, 'Florence Nightingale and the Libraries of the British Army', *Libraries and Culture*, 29 (1994), pp. 367–88.
41. Vickers, *Gift so Graciously Bestowed*, p. 73.
42. 르프로이의 보고서는 다음과 같은 제목으로 출판되었다. *Report on the Regimental and Garrison Schools of the Army and on Military Libraries and Reading Rooms* (London: Eyre and Spottiswoode, 1859).
43. John Lewis-Stempel, *Six Weeks: The Short and Gallant Life of the British Officer in the First World War* (London: Weidenfeld & Nicolson, 2010), pp. 98–101.
44. 10장, 아래를 참고하라.
45. Bond, *Victorian Army*, pp. 299–301.
46. Carl von Clausewitz, *On War*, ed. Michael Howard and Peter Paret (Princeton, NJ: Princeton University Press, 1984), p. 101 ('On Military Genius').

3장. 『톰 아저씨의 오두막』부터 스탈린그라드까지: 왜 인간은 싸우나

1. Claire Parfait, *The Publishing History of Uncle's Tom's Cabin, 1852–2002* (Aldershot: Ashgate, 2007).
2. Harry Stone, 'Charles Dickens and Harriet Beecher Stowe', *Nineteenth-Century Fiction*, 12 (1957), pp. 188–202.
3. Frederick Douglass, *The Life and Times of Frederick Douglass* (1881; repr. Mineola, NY: Dover, 2003), p. 202.
4. Parfait, *Publishing History*, pp. 33–4.
5. Olivier Rolin, *Stalin's Meteorologist*, tr. Ros Schwartz (London: Harvill Secker, 2017), p. 94.
6. Daniel R. Vollaro, 'Lincoln, Stowe and the "Little Woman/Great War" Story: The Making and Breaking of a Great American Anecdote', *Journal of the Abraham Lincoln Association*, 30 (2009), pp. 18–34.
7. James M. McPherson, *For Cause and Comrades: Why Men Fought in the Civil War* (New York: Oxford University Press, 1997), p. 117.

8. Reid Mitchell, *Civil War Soldiers* (New York: Viking Penguin, 1988), p. 12.
9. Parfait, *Publishing History*, pp. 96, 98.
10. Richard N. Price, 'Society, Status and Jingoism: The Social Roots of Lower Middle-Class Patriotism, 1870–1900', in Geoffrey Crossick (ed.), *The Lower Middle Class in Britain, 1870–1914* (London: Croom Helm, 1977), pp. 89–112; Glenn R. Wilkinson, *Depictions and Images of War in Edwardian Newspapers, 1899–1914* (Basingstoke: Palgrave Macmillan, 2003).
11. Thomas Pakenham, *The Boer War* (London: Macdonald, 1979).
12. James Percy FitzPatrick, *The Transvaal from Within* (London: Heinemann, 1899).
13. *The Story of the Malakand Field Force* (London: Longman, 1898); *The River War* (London: Longman, 1899).
14. Winston S. Churchill, *My Early Life: A Roving Commission* (London: Macmillan, 1941), p. 347.
15. Richard Symonds, *Oxford and Empire: The Last Lost Cause?* (London: Macmillan, 1986), pp. 62–79.
16. John Buchan, *The African Colony: Studies in the Reconstruction* (Edinburgh and London: Blackwood, 1903).
17. Ursula Buchan, *Beyond the Thirty-Nine Steps: A Life of John Buchan* (London: Bloomsbury, 2019).
18. I. F. Clarke, *Voices Prophesying War: Future Wars, 1763–3749* (Oxford: Oxford University Press, 1992; rev. ed., 1996).
19. Andrew Boyle, *The Riddle of Erskine Childers* (London: Hutchinson, 1977), p. 111.
20. N. St. Barbe Sladen, *The Real Le Queux: The Official Biography of William Le Queux* (London: Nicholson & Watson, 1938).
21. John Ramsden, *Don't Mention the War: The British and the Germans since 1890* (London: Little, Brown, 2006), pp. 57–9.
22. E. S. Turner, *Boys Will Be Boys*, 3rd ed. (London: Michael Joseph, 1975), pp. 14, 191–5.
23. Turner, *Boys Will Be Boys*, p. 126.
24. *Boy's Own Paper*, March 1905; Jack Cox, *Take a Cold Tub, Sir! The Story of the Boy's Own Paper* (Guildford: Lutterworth, 1982), p. 73.
25. 그런 근사한 조언 모음집을 읽고 싶다면 다음 책을 참고하라. Karl Sabbagh, *Your Case is Hopeless: Bracing Advice from the Boy's Own Paper* (London: John Murray, 2007). Kelly Boyd, *Manliness and the Boys' Story Paper in Britain: A Cultural*

History, 1855–1940 (Basingstoke: Palgrave Macmillan, 2003); Ted Beardow, 'The Empire Hero', *Studies in Popular Culture*, 41 (2018), pp. 66–93.

26. Cox, *Take a Cold Tub*, p. 60.
27. Cox, *Take a Cold Tub*, p. 46.
28. Cox, *Take a Cold Tub*, p. 92.
29. Karel C. Berkhoff, *Motherland in Danger: Soviet Propaganda during World War II* (Cambridge, MA: Harvard University Press, 2012); Roger R. Reese, *Why Stalin's Soldiers Fought: The Red Army's Military Effectiveness in World War II* (Lawrence: University of Kansas Press, 2011).
30. Daniel J. Hughes and Richard L. Dinardo, *Imperial Germany and War, 1871–1918* (Lawrence: University of Kansas Press, 2018).
31. Wolfgang J. Mommsen, 'The Topos of Inevitable War in Germany in the Decades before 1914', in Volker R. Berghahn and Martin Kitchen (eds), *Germany in the Age of Total War* (London: Croom Helm, 1981), pp. 23–45.
32. Azar Gat, *The Development of Military Thought: The Nineteenth Century* (Oxford: Oxford University Press, 1992), pp. 59–60.
33. A. Michael Malin, '"The Hun is at the Gate!": Historicising Kipling's Militaristic Rhetoric from the Imperial Periphery to the National Center: Part Two: The French, Russian and German Threats to Great Britain', *Studies in the Novel*, 31 (1999), pp. 432–70; Clara Claiborne Park, 'Artist of Empire: Kipling and Kim', *Hudson Review*, 55 (2003), pp. 537–61.
34. John Philip Short, 'Everyman's Colonial Library: Imperialism and Working-Class Readers in Leipzig, 1890–1914', *German History*, 21 (2003), pp. 445–75.
35. Ian McDonald, *The Boer War in Postcards* (Stroud: Alan Sutton, 1990).
36. Mommsen, 'Topos of Inevitable War', p. 34.
37. Michael Grütter, 'German Universities under the Swastika', in John Connelly and Michael Grüttner (eds), *Universities under Dictatorship* (University Park, PA: Penn University State Press, 2005), pp. 75–112.
38. Helen Roche, *The Third Reich's Elite Schools: A History of the Napolas* (Oxford: Oxford University Press, 2021), p. 6.
39. Roche, *The Third Reich's Elite Schools*, p. 162.
40. Omer Bartov, *Hitler's Army. Soldiers, Nazis and War in the Third Reich* (New York: Oxford University Press, 1991), p. 150.
41. Robert M. Citino, *The German Way of War: From the Thirty Years' War to the Third Reich* (Lawrence: University of Kansas Press, 2005), p. 299.

42. Ursula Lange, *East Germany: What Happened to the Silesians in 1945?* (Lewes: Book Guild, 2000), p. 145.
43. H. W. Koch, *The Hitler Youth: Origins and Development, 1922–1945* (New York: Cooper Square, 2000), pp. 137–61.
44. Desmond Young, *Rommel* (London: Collins, 1950), p. 37.
45. Roche, *The Third Reich's Elite Schools*; Helen Roche, *Sparta's German Children* (Swansea: Classical Press of Wales, 2013).
46. Berkhoff, *Motherland*, p. 18.
47. Berkhoff, *Motherland*, p. 21.
48. Berkhoff, *Motherland*, pp. 276–7.
49. Alexander Solzhenitsyn, *The Gulag Archipelago* (London: Collins, 1975), vol. II, pp. 25–167. For the library, Rolin, *Stalin's Meteorologist*, pp. 72, 78.
50. Reese, *Why Stalin's Soldiers Fought*, p. 96.
51. Reese, *Why Stalin's Soldiers Fought*, p. 106.
52. McPherson, *For Cause and Comrades*; Reese, *Why Stalin's Soldiers Fought*, p. 20.
53. Reese, *Why Stalin's Soldiers Fought*, p. 22.
54. Thomas Kühne, *The Rise and Fall of Comradeship: Hitler's Soldiers, Male Bonding and Mass Violence in the Twentieth Century* (Cambridge: Cambridge University Press, 2017).
55. Guy Sajer, *The Forgotten Soldier: War on the Russian Front: A True Story*, tr. Lily Emmet (London: Weidenfeld & Nicolson, 1971).
56. Koch, *Hitler Youth*, p. 249.

4장. 과학전

1. James Hinton, 'Ernest van Someren', in *Nine Wartime Lives: Mass Observation and the Making of the Modern Self* (Oxford: Oxford University Press, 2010), pp. 137–53. 일기의 발췌 부분을 보고 싶다면 다음을 참고하라. Simon Garfield, *Private Battles: How the War Almost Defeated Us* (London: Ebury, 2006).
2. Ernest H. S. van Someren, *Spectrochemical Abstracts* (London: Hilger, 1938–41).
3. Garfield, *Private Battles*, pp. 27–8, 70–91; William Manchester, *The Arms of Krupp* (New York: Little, Brown, 1964), p. 389.
4. Garfield, *Private Battles*, p. 308.
5. Garfield, *Private Battles*, p. 353.
6. 5장을 참고하라. R. V. Jones, *Most Secret War* (London: Hamish Hamilton, 1978), p. 121.

7. C. J. Chivers, *The Gun. The Story of the AK-47* (New York: Simon & Schuster, 2010).
8. Pamela Spence Richards, *Scientific Information in Wartime: The Allied–German Rivalry, 1939–1945* (Westport, CT: Greenwood, 1994), p. 6.
9. Isabel V. Hull, *Absolute Destruction: Military Culture and the Practices of War in Imperial Germany* (Ithaca, NY: Cornell University Press, 2005), p. 214.
10. Manchester, *Arms of Krupp*, pp. 258–9, 363–4.
11. Stephen Budiansky, *Blackett's War: The Men who Defeated the Nazi U-Boats and Brought Science to the Art of Warfare* (New York: Vintage, 2013), p. 108.
12. E. M. R. Ditmas, 'Special Libraries', *Royal Society Empire Scientific Conference 1946* (2 vols, London: Royal Society, 1948), vol. I, pp. 703–17, at p. 707.
13. Heinz Gomoll, 'Die Werkbücherei der Fried. Krupp AG in Essen', *Zentralbibliothek für Bibliothekswesen*, 54 (1937).
14. Richards, Scientific Information, pp. 23–6.
15. Pamela Spence Richards, 'German Libraries and Scientific and Technical Information in Nazi Germany', *Library Quarterly: Information, Community, Policy*, 55 (1985), pp. 151–73.
16. Alan D. Beyerchen, *Scientists under Hitler: Politics and the Physics Community in the Third Reich* (New Haven, CT: Yale University Press, 1977), pp. 33, 36.
17. Richards, *Scientific Information*, p. 60.
18. Steven P. Remy, *The Heidelberg Myth: The Nazification and Denazification of a German University* (Cambridge, MA: Harvard University Press, 2002), p. 86.
19. Michael B. Petersen, *Missiles for the Fatherland: Pennemünde, National Socialism and the V-2 Missile* (Cambridge: Cambridge University Press, 2009).
20. Richards, Scientific Information, p. 14; Simon Ings, *Stalin and the Scientists: A History of Triumph and Tragedy, 1905–1953* (New York: Atlantic Monthly, 2016), p. 329.
21. Richards, *Scientific Information*, p. 1.
22. Richards, *Scientific Information*, pp. 89–90.
23. Beyerchen, *Scientists under Hitler*, p. 43.
24. Richards, *Scientific Information*, p. 83; Joseph Borkin, The Crime and Punishment of IG Farben (London: Andre Deutsch, 1979).
25. Pamela Spence Richards, 'Scientific Information in Occupied France, 1940–1944', *Library Quarterly: Information, Community, Policy*, 62 (1992), pp. 295–305.

26. 더 많은 정보를 보려면 14장을 참고하라.
27. R. V. Jones, *Reflections on Intelligence* (London: Heinemann, 1989), pp. 174, 182-3.
28. Margaret Gowing, *Britain and Atomic Energy 1939-1945* (New York: St Martin's Press, 1964); Pamela Spence Richards, 'Aslib at War: The Brief but Intrepid Career of a Library Organization as a Hub of Allied Scientific Intelligence 1942-1945', *Journal of Education for Library and Information Science*, 29 (1989), pp. 279-96.
29. Pamela Spence Richards, 'Gathering Enemy Scientific Information in Wartime: The OSS and the Periodical Republication Programme', *Journal of Library History*, 16 (1981), pp. 253-64, at 256-7.
30. Olivier Rolin, *Stalin's Meteorologist* (London: Harvill Secker, 2017), pp. 44-5.
31. Ings, *Stalin and the Scientists*, pp. 247-50, 254.
32. Ings, *Stalin and the Scientists*, p. 56.
33. Ings, *Stalin and the Scientists*, p. 382.
34. Richards, *Scientific Information*, p. 125. Luther H. Evans, 'Research Libraries in the War Period, 1939-45', *Library Quarterly: Information, Community, Policy*, 17 (1947), pp. 241-62.
35. Richards, *Scientific Information*, p. 106.
36. 그리고 페테그리 집안도 내 아버지가 일본 본토 공략을 준비하기 위해 인도로 전출되었기 때문에 정말 그랬다.

5장. 학계의 스파이들

1. Robin W. Winks, *Cloak and Gown: Scholars in the Secret War, 1939-1961*, 2nd ed. (New Haven, CT: Yale University Press, 1996), pp. 116-51. 윙크스 교수는 정보전에 뛰어든 교수들의 재미있는 이야기를 전한다. 하지만 본인이 예일대 졸업생이어서인지 예일대 교수들의 공헌에 특별히 공을 들인다.
2. *Henry V*, Act 2, Scene 2.
3. Christopher Andrew, *Secret Service: The Making of the British Intelligence Community* (London: Heinemann, 1985), p. 1.
4. David Kahn, *The Codebreakers: The Story of Secret Writing* (London: Weidenfeld and Nicolson, 1966).
5. John Keegan, *Intelligence in War: Knowledge of the Enemy from Napoleon to al-Qaeda* (New York: Knopf, 2003), p. 18.
6. Mark Urban, *The Man Who Broke Napoleon's Codes: The Story of George Scovell* (London: Faber & Faber, 2001).

7. Hector C. Bywater and H. C. Ferraby, *Strange Intelligence: Memoirs of Naval Secret Service* (London: Frank Cass, 1998).
8. Sir Reginald Hall, *A Clear Case of Genius: Room 40's Code-Breaking Pioneer* (Stroud: History Press, 2017).
9. Christian Jennings, *The Third Reich Is Listening: Inside German Codebreaking, 1939–45* (Oxford: Osprey, 2018), pp. 23–5.
10. Winks, *Cloak and Gown*, p. 107.
11. Winks, *Cloak and Gown*, p. 79.
12. Barry M. Katz, *Foreign Intelligence: Research and Analysis in the Office of Strategic Services, 1942–1945* (Cambridge, MA: Harvard University Press, 1989), pp. 16–17, 50.
13. Katz, *Foreign Intelligence*, p. 27.
14. Adam Sissman, *Hugh Trevor-Roper* (London: Weidenfeld & Nicolson, 2010), p. 96.
15. Christopher Andrew, *Secret Service: The Making of the British Intelligence Community* (London: Heinemann, 1985), p. 459.
16. Max Hastings, *The Secret War: Spies, Codes and Guerillas, 1939–1945* (London: William Collins, 2015), p. 302.
17. Sönke Neitzel and Harald Welzer, *Soldaten: The Secret WWII Transcripts of German POWs* (New York: Knopf, 2012); Helen Fry, *The Walls Have Ears* (London: Yale University Press, 2019).
18. Jennings, *Third Reich Is Listening*, pp. 70–1.
19. Walter Schellenberg, *The Schellenberg Memoirs*, ed. Louis Hagen (London: Andre Deutsch, 1956), p. 119; Jennings, *Third Reich Is Listening*, p. 121.
20. Jennings, *Third Reich Is Listening*, pp. 60, 131, 165.
21. Richard Bassett, *Hitler's Spy Chief: The Wilhelm Canaris Mystery* (London: Cassell, 2005), p. 94.
22. Schellenberg, *Memoirs*, pp. 62, 120.
23. Bassett, *Hitler's Spy Chief*, p. 95.
24. Noël Coward, *Future Indefinite* (1954; repr. London: Bloomsbury, 2014), p. 92.
25. 16장을 참고하라. 제국전쟁박물관에 있는 원본에 기초한 다음과 같은 최신 번역본이 있다. John Erickson (ed.), *Invasion 1940: The Nazi Invasion Plan for Britain by SS General Walter Schellenberg* (London: St Ermin's Press, 2000).
26. Schellenberg, *Memoirs*, pp. 241, 318.
27. 16장을 참고하라.

28. Andrews Hodges, *Alan Turing: The Enigma* (London: Vintage, 2014).
29. Michael Smith, *The Secrets of Station X: How Bletchley Park Helped Win the War* (London: Biteback, 2011), pp. 34–5.
30. Asa Briggs, *Secret Days: Code-Breaking in Bletchley House* (London: Frontline, 2011), pp. 7, 120.
31. 박사학위를 소지한 조안 서스크는 이 책 저자의 감독자였다. 조안은 한번도 전시에 자신이 했던 일에 대해서 언급한 적이 없다. James Thirsk, *Bletchley Park: An Inmate's Story* (Bromley: Galago, 2008).
32. Smith, *Secrets of Station X*, p. 35.
33. Erickson, *Invasion 1940*, p. xxvi; Colin B. Burke, *Information and Intrigue: From Index Cards to Dewey Decimals to Alger Hiss* (Cambridge, MA: MIT Press, 2014).
34. Alex Wright, *Cataloging the World: Paul Otlet and the Birth of the Information Age* (Oxford: Oxford University Press, 2014).
35. Stephen Budiansky, *Blackett's War: The Men Who Defeated the Nazi U-Boats and Brought Science to the Art of Warfare* (New York: Knopf Doubleday, 2013).
36. Edwin Black, *IBM and the Holocaust: The Strategic Alliance between Nazi Germany and America's Most Powerful Corporation*, 2nd paperback ed. (Washington, DC: Dialog Press, 2009). 블랙(Black)의 책에 대한 더 비판적인 관점을 원한다면 다음을 참고하라. Michael Allen, 'Stranger than Science Fiction: Edwin Black, IBM and the Holocaust', *Technology and Culture*, 43 (2002), pp. 150–4.
37. Edward P. F. Rose, Jonathan C. Clatworthy and C. Paul Nathanail, 'Specialist Maps Preparedby British Military Geologists for the D-Day Landings and Operations in Normandy, 1944', *Cartographical Journal*, 43 (2006), pp. 117–43.
38. Hodges, *Turing*, p. 308. 독일의 정보 실패들에 대한 목록을 원한다면 다음을 참고하라. Jonathan Trigg, *To VEDay through German Eyes* (Stroud: Amberley, 2020), p. 192.
39. Briggs, *Secret Days*, p. 127.
40. Hodges, *Turing*, p. 362.

6장. 지도가 말해 주는 것

1. John Tebbel, *A History of Book Publishing in the United States. IV: The Great Change, 1940–1980* (New York: Bowker, 1981), pp. 1, 15, 19.
2. *Bookseller*, no. 1836 (13 February 1941), pp. 108, 110, 130.
3. Simon Garfield, *We Are at War* (London: Ebury Press, 2005), p. 99.

4. *Library Association Record*, 42 (1940), pp. 231, 260. Bookseller, no. 1831 (9 January 1941), p. 26.
5. *Library Association Record*, 45 (1943), p. 3.
6. Edward Stebbing, *Diary of a Decade, 1939–1950* (Lewes: Book Guild, 1998), p. 176.
7. Peter Caddick-Adams, *Monte Cassino: Ten Armies in Hell* (London: Arrow, 2013), p. 137.
8. 다음의 책에서 인용했다. Riaz Dean, *Mapping the Great Game: Explorers, Spies and Maps in 19th century Asia* (Oxford: Casemate, 2019), p. 249.
9. David Buisseret (ed.), *Monarchs, Ministers and Maps: The Emergence of Cartography as a Tool of Government in Early Modern Europe* (Chicago: University of Chicago Press, 1992).
10. Helmer Helmers, 'Cartography, War Correspondence and News Publishing: The Early Career of Nicolaes van Geelkercken, 1610–1630', in Joad Raymond and Noah Moxham (eds), *News Networks in Early Modern Europe* (Leiden: Brill, 2016), pp. 350–74, at p. 359.
11. Dean, *Mapping the Great Game*.
12. Dean, *Mapping the Great Game*, p. 133.
13. Ian Cameron, *To the Farthest Ends of the Earth: The History of the Royal Geographical Society, 1830–1980* (London: Macdonald and Jane's, 1980), p. 206.
14. Hugh Robert Mill, *Catalogue of the Library of the Royal Geographical Society* (London: Royal Geographical Society/John Murray, 1895).
15. Earle B. McElfresh, *Maps and Mapmakers of the Civil War* (New York: Abrams, 1999).
16. James I. Robertson, *Stonewall Jackson: The Man, the Soldier, the Legend* (New York: Macmillan, 1997); John Keegan, *Intelligence in War: Knowledge of the Enemy from Napoleon to Al-Qaeda* (London: Pimlico, 2004), Chapter 3.
17. McElfresh, *Maps and Mapmakers*, p. 30.
18. McElfresh, *Maps and Mapmakers*, p. 27.
19. Peter Chasseaud, *Rats' Alley: British Trench Names of the Western Front, 1914–1918* (Stroud: History Press, 2017). 이런 예들은 제국전쟁박물관 소장품에서 얻은 것이다. https://www.iwm.org.uk/collections.
20. Michael Heffernan, 'Geography, Cartography and Military Intelligence: The Royal Geographical Society and the First World War', *Transactions of the Institute of British Geographers*, 21 (1996), pp. 504–33.

21. Hugh Clout and Cyril Gosme, 'The Naval Intelligence Handbooks: A Monument in Geographical Writing', *Progress in Human Geography*, 27 (2003), pp. 153–73, at pp. 154–5.
22. Heffernan, 'Geography', p. 520.
23. Guntram Henrik Herb, *Under the Map of Germany: Nationalism and Propaganda, 1918–1945* (London: Routledge, 1997), p. 16.
24. Herb, *Under the Map of Germany*, p. 79.
25. Herb, *Under the Map of Germany*, pp. 111, 133.
26. Herb, *Under the Map of Germany*, pp. 136, 138, 156.
27. Matthew D. Mingus, *Remapping Modern Germany after National Socialism, 1945–1961* (Syracuse, NY: Syracuse University Press, 2017).
28. Alice Hudson, 'The New York Public Library's Map Division Goes to War', *Bulletin, Special Libraries Association, Geography and Map Division*, 182 (1996), pp. 2–25.
29. Leonard S. Wilson, 'Lessons from the Experience of the Map Information Section, OSS', *Geographical Review*, 39 (1949), pp. 298–301.
30. Trevor J. Barnes, 'Geographical Intelligence: American Geographers and Research and Analysis in the Office of Strategic Services, 1941–1945', *Journal of Historical Geography*, 32 (2006), pp. 149–68.
31. Hudson, 'New York Public Library', p. 2
32. Wilson, 'Lessons', p. 306.
33. 16장, 아래를 참고하라.
34. Mary E. DeLong, 'Trailblazing and Pioneering Mapmakers: A Case Study of Women Cartographers and Geographers during World War II' (master's thesis, Harvard University, 2013).
35. Mary Murphy, 'History of the Army Map Service Collection', in Richard W. Stephenson (ed.), *Federal Government Map Collecting: A Brief History* (Washington, DC: Special Libraries Association, 1969).
36. Murphy, 'History of the Army Map Service Collection', pp. 165, 169.
37. Hugh Clout and Cyril Gosme, 'The Naval Intelligence Handbooks: A Monument in Geographical Writing', *Progress in Human Geography*, 27 (2003), pp. 153–73; W. G. V. Balchin, 'United Kingdom Geographers in the Second World War: A Report', *Geographical Journal*, 153 (1987), pp. 170–1.
38. Edward P. F. Rose, Jonathan C. Clatworthy and C. Paul Nathanail, 'Specialist Maps

Prepared by British Military Geologists for the D-Day Landings and Operations in Normandy', *Cartographical Journal*, 43 (2006), pp. 117–43.
39. Barbara A. Bond, *Great Escapes: The Story of MI9's Second World War Escape and Evasion Maps* (Glasgow: HarperCollins, 2015)
40. Walter Kempowski, *Swansong: A Collective Diary of the Last Days of the Third Reich* (New York: Norton, 2015), p. 158.

7장. 승리의 견인차, 출판

1. Winston Churchill, 'The Defence of Freedom and Peace' (speech, 1938), https://winstonchurchill.org/resources/speeches/1930-1938-the-wilderness/the-defence-offreedom-and-peace/.
2. Robert O. Ballou, *A History of the Council on Books in Wartime* (New York: Country Life, 1946).
3. Jan-Pieter Barbian, *The Politics of Literature in Nazi Germany* (New York: Bloomsbury, 2013), p. 352.
4. 11장을 참고하라. M. L. Sanders 'Wellington House and British Propaganda during the First World War', *Historical Journal*, 18 (1975), pp. 119–46.
5. Georg Jäger and Minka Esterman, 'Geschichtliche Grundlagen und Entwicklung des Buchhandels im Deutschen Reich bis 1871', in Georg Jäer (ed.), *Geschichte des deutschen Buchhandels im 19. und 20. Jahrhundert: Das Kaiserreich 1871–1918* (Frankfurt: Buchhändler Vereinigung, 2001), I, 1:18; Reinhard Wittman, *Geschichte des deutschen Buchhandels: Ein Überblick* (Munich: Beck, 1991), p. 271.
6. Roger Chickering, *The Great War and Urban Life in Germany: Freiburg, 1914–1918* (Cambridge: Cambridge University Press, 2007).
7. Mary Hammond and Shafquat Towheed (eds), *Publishing in the First World War: Essays in Book History* (Basingstoke: Palgrave Macmillan, 2007), p. 4.
8. Stanley Unwin, *The Truth about a Publisher* (London: George Allen and Unwin, 1960), pp. 131, 143–4; Jane Potter, 'For Country, Conscience and Commerce: Publishers and Publishing, 1914-8', in Hammond and Towheed, *Publishing in the First World War*, pp. 11–26.
9. Potter, 'For Country, Conscience and Commerce', p. 16; Unwin, *Truth*, 141.
10. Chickering, *Great War and Urban Life*, pp. 423, 435.
11. Chickering, *Great War and Urban Life*, pp. 384–8.
12. Unwin, *Truth*, pp. 154–5.

13. Chickering, *Great War and Urban Life*, pp. 98–110; Chris Williams, 'Wonders of Science! The German Air Campaign against Britain, 1915–1918', unpublished paper.
14. Peter Englund, *The Beauty and the Sorrow* (London: Profile, 2011), p. 485; Geert Buelens, *Everything to Nothing: The Poetry of the Great War, Revolution and the Transformation of Europe* (London: Verso, 2015), p. 298.
15. Stephen Colclough, '"No Such Bookselling Has Ever before Taken Place in this Country": Propaganda and the Wartime Distribution practices of W. H. Smith & Son', in Hammond and Towheed, *Publishing in the First World War*, pp. 27–45, at p. 42.
16. Colclough, '"No Such Bookselling"', p. 38.
17. Potter, 'For Country, Conscience and Commerce', p. 22.
18. John Tebbel, *A History of Book Publishing in the United States. II: The Expansion of an Industry, 1865–1919* (New York: Bowker, 1975), pp. 83–4.
19. Michael Korda, *Making the List: A Cultural History of the American Bestseller, 1900–1999* (New York: Barnes & Noble, 2001), pp. 33–53.
20. Andrew Pettegree and Arthur der Weduwen, *The Library: A Fragile History* (London: Profile, 2021), Chapter 17.
21. John Tebbel, *A History of Book Publishing in the United States. III: The Golden Age between Two Wars, 1920–1940* (New York: Bowker, 1978), pp. 43, 435–8.
22. Janice A. Radway, *A Feeling for Books: The Book-of the-Month Club, Literary Taste and Middle-Class Desire* (Chapel Hill: University of North Carolina Press, 1997); James D. Hart, *The Popular Book: A History of America's Literary Taste* (New York: Oxford University Press, 1950), p. 273.
23. Barbian, *Politics of Literature*, p. 25.
24. Barbian, *Politics of Literature*, pp. 33–9.
25. Hans-Eugen Bühler with Edelgard Bühler, *Der Frontbuchhandel, 1939–1945* (Frankfurt am Main: De Gruyter Aaur, 2002). 10장 참고.
26. Barbian, *Politics of Literature*, pp. 333, 376.
27. Barbian, *Politics of Literature*, p. 259.
28. Barbian, *Politics of Literature*, pp. 294–5.
29. Anonymous [Marta Hillers], *A Woman in Berlin* (London: Virago, 2011), p. 153.
30. Henry Irving, '"Propaganda Bestsellers": British Official War Books, 1941–946', in Cynthia Johnston (ed.), *The Concept of the Book: The Production, Progression and*

Dissemination of Information (London: Institute of English Studies, 2019), pp. 125–46.
31. Valerie Holman, *Book Publishing in England, 1939–1945* (London: British Library, 2008).
32. Jeremy Lewis, *Penguin Special: The Life and Times of Allen Lane* (London: Viking, 2005), p. 155.
33. E. Haldeman-Julius, *he First Hundred Million* (New York: Simon & Schuster, 1928); Tebbel, Golden Age, pp. 203–9.
34. Kenneth C. Davis, *Two-Bit Culture: The Paperbacking of America* (Boston: Houghton Mifflin, 1984), pp. 21–5; Alistair McCleery, 'Tauchnitz and Albatross: A "Community of Interests" in English-Language Paperback Publishing, 1934–51', *The Library*, 7th ser., 7 (2006), pp. 297–316.
35. Lewis, *Penguin Special*, p. 97.
36. J. P. Morpurgo, *Allen Lane: King Penguin* (London: Hutchinson, 1979), p. 131.
37. 10장을 참고하라.
38. Frederick Grisewood, *The Kitchen Front: 122 Wartime Recipes Specially Selected by the Ministry of Food* (London: Nicholson and Watson, 1942).
39. Christian Lamb, *Beyond the Sea: A Wren at War* (London: Mardle, 2021), p. 214.
40. Jessamyn Neuhaus, *Manly Meals and Mom's Home Cooking: Cookbooks and Gender in Modern America* (Baltimore, MD: Johns Hopkins University Press, 2003), p. 142.
41. Karina Urbach, *Alice's Book: How the Nazis Stole My Grandmother's Cookbook* (London: MacLehose Press, 2022), pp. 150–72.

8장. 전쟁 중의 독서

1. Richard Broad and Suzie Fleming, *Nella Last's War: A Mother's Diary, 1939–1945* (Bristol: Falling Wall, 1981); reprinted as *Nella Last's War: The Second World War Diaries of a Housewife, 49* (London: Profile, 2006). Patricia and Robert Malcolmson, *The Diaries of Nella Last. Writing in War and Peace* (London: Profile, 2012).
2. 병사들을 위한 책에 대해서는 10장을 참고할 것. 또한 다음을 참고하라. Wayne A. Wiegand, *An Active Instrument for Propaganda: The American Public Library during World War I* (New York: Greenwood, 1989).
3. Dee Garrison, *Apostles of Culture: The Public Librarian and American Society, 1876–1920* (London: Free Press, 1979).

4. Alistair Black, *The Public Library in Britain, 1914–2000* (London: British Library, 2000), p. 29.
5. Black, *Public Library*, p. 24.
6. 그 약속 서신은 《도서관협회보》 1939년 9월 호에 실렸다.
7. Dale C. Russell, '"Our Special Providence": Providing a Library Service for London's Public Shelters, 1940–1942', *Library History*, 13 (1997), pp. 3–15; *Library Association Record*, February 1941, pp. 1–2.
8. *Library Association Record*, November 1941, p. 200, November 1943, p. 219.
9. University of Sussex, Mass Observation Archive (MOA), 'Books and the Public', June 1942. MOA FR 1332.
10. 상점 주인들이 받은 시달림에 대한 생생한 증언을 읽고 싶다면 다음을 참고하라. Patricia and Robert Malcolmson, *The View from the Corner Shop: The Diary of a Wartime Shop Assistant* (New York: Simon & Schuster, 2016).
11. Robert James, '"Read for Victory": Public Libraries and Book Reading in a British Naval Port City during the Second World War', *Cultural and Social History*, 15 (2018), pp. 233–53, at p. 242.
12. MOA FR 1332, p. 156.
13. Robert James, '"Literature Acknowledges no Boundaries": Book Reading and Social Class in Britain, c. 1930–c. 1945', *Social History*, 51 (2017), pp. 80–100.
14. James, '"Read for Victory"', p. 345.
15. Patricia and Robert Malcolmson, *A Parson in Wartime: The Boston Diary of the Reverend Arthur Hopkins, 1942–1945* (Lincoln: Lincoln Record Society, 2017).
16. Patricia and Robert Malcolmson, *A Free-Spirited Woman: The London Diaries of Gladys Langford, 1936–1940* (London: London Record Society, 2014).
17. Robin Woolven (ed.), *The London Diary of Anthony Heap, 1931–1945* (London: London Record Society, 2017), pp. 190, 191, 193, 415.
18. Sandra Koa Wing (ed.), *Our Longest Day: A People's History of the Second World War* (London: Profile, 2008), pp. 133, 267.
19. Patricia and Robert Malcolmson, *Dorset in Wartime: The Diary of Phyllis Walther 1941–1942* (Dorset Record Society, 2009), p. 111.
20. Broad and Fleming, *Nella Last's War*, p. 103.
21. *Library Association Record*, 41 (1939), p. 37.
22. Patricia and Robert Malcolmson, *A Soldier in Bedfordshire 1941–1942: The Diary of Private Denis Argent, Royal Engineers* (Bedford: Bedfordshire Historical Record Society, 2009), p. 69.

23. *Bookseller*, no. 1783 (1 February 1940), p. 96.
24. Malcolmson, *View from the Corner Shop*, pp. 39, 54, 78.
25. Malcolmson, *A Parson in Wartime* p. 70.
26. Henry Irving, '"Propaganda Bestsellers"'.
27. 이와 같은 정보들과 다른 새로운 책들은 1939~1942년 사이에 나온 《북셀러》에서 얻은 것이다. 《북셀러》에는 가격과 인쇄 부수에 관한 매우 유용한 정보들도 있다.
28. *Bookseller*, no. 1808 (25 July 1940), p. 142. 판지로 받치고 걸도록 줄이 달린 포스터의 가격은 1실링이었다.
29. Patrick Bishop, *Air Force Blue: The RAF in World War Two* (London: William Collins, 2017); Patrick Bishop, *Fighter Boys: Saving Britain 1940* (London: HarperCollins, 2003).
30. Charles de Gaulle, *The Army of the Future* (London: Hutchinson, 1940).
31. *Bookseller*, no. 1821 (24 October 1940), pp. 412, 414.
32. Robert Scott Kellner (ed.), *My Opposition: The Diary of Friedrich Kellner* (Cambridge: Cambridge University Press, 2018), pp. 221-2.
33. Margaret F. Stieg, *Public Libraries in Nazi Germany* (Tuscaloosa: University of Alabama Press, 1992). Gertrud E. Kallmann, 'German Public Libraries and Their Principles of Book Selection', *Library Association Record*, 36 (1934), pp. 169-72.
34. Muriel Green, 'Two Months in a German Library', *Library Association Record*, 38 (1936), pp. 614-15.
35. Robert F. Ashby, 'The German Public Library', *Library Association Record*, 39 (1937), pp. 379-84.
36. Margaret F. Stieg, 'The Second World War and the Public Libraries of Nazi Germany', *Journal of Contemporary History*, 27 (1992), pp. 23-40.
37. Stieg, 'Second World War', pp. 36-7.
38. Douglas Botting, *In the Ruins of the Reich* (London: George Allen and Unwin, 1985), pp. 15-20.
39. Michael Korda, *Making the List: A Cultural History of the American Bestseller, 1900-1999* (New York: Barnes and Noble, 2001).
40. James D. Hart, *The Popular Book: A History of America's Literary Taste* (New York: Oxford University Press, 1950), pp. 273-6.
41. Hart, *The Popular Book*, pp. 273, 276.

9장. 블랙리스트와 검열

1. Molly Guptill Manning, *When Books Went to War: The Stories that Helped Us Win World War II* (New York: Houghton Mifflin Harcourt, 2014), p. 48.
2. Erik Kirschbaum, *Burning Beethoven: The Eradication of German Culture in the United States during World War I* (New York: Berlinica, 2015).
3. Wayne Wiegand, *'An Active Instrument for Propaganda': The American Public Library during World War I* (New York: Greenwood Press, 1989), pp. 7, 106.
4. Wiegand, *'An Active Instrument'*, p. 58.
5. Wiegand, *'An Active Instrument'*, pp. 107-8.
6. Wiegand, *'An Active Instrument'*, p. 111.
7. Stanley Unwin, *The Truth about a Publisher* (London: George Allen & Unwin, 1960), pp. 140-1.
8. Leonidas E. Hill, 'The Nazi Attack on "Un-German" Literature, 1933-945', in Jonathan Rose (ed.), *The Holocaust and the Book* (Amherst: University of Massachusetts Press, 2001), pp. 9-46.
9. Jan-Pieter Barbian, *The Politics of Literature in Nazi Germany* (New York: Bloomsbury, 2013), p. 25.
10. Barbian, *Politics of Literature*, pp. 336-52.
11. 코블렌츠연방기록물보관소(Bundesarchiv Koblenz)에 있는 타자기로 친 문서 자료다. 이 문서는 다음 책을 재쇄한 것이다. Gerhard Sauder, *Die Bücherverbrennung: Zum 10. Mai 1933* (Munich: Hanser, 1983).
12. Barbian, *Politics of Literature*, pp. 193-7.
13. Barbian, *Politics of Literature*, pp. 236-7.
14. Jenny Williams, *More Lives than One: A Biography of Hans Fallada* (London: Libris, 1998).
15. Unwin, *Truth about a Publisher*, pp. 260-1.
16. Ruth Dudley Edwards, *Victor Gollancz: A Biography* (London: Victor Gollancz, 1987), pp. 246-8.
17. Valerie Holman, *Print for Victory: Book Publishing in England, 1939-1945* (London: British Library, 2008), p. 243.
18. Peter Berresford Ellis and Piers Williams, *By Jove, Biggles! The Life of Captain W. E. Johns* (London: W. H. Allen, 1981), pp. 144-73.
19. Richard Griffiths, 'The Reception of Bryant's Unfinished Victory: Insights into British Public Opinion in Early 1940', *Patterns of Prejudice*, 38 (2004), pp. 18-36;

Pamela Street, *Arthur Bryant: Portrait of a Historian* (London: HarperCollins, 1979), pp. 104-11. 파멜라 스트릿(Pamela Street)의 책은 좀 더 동정적인 관점에서 이 사안을 바라보려 했다(스트릿은 브라이언트의 개인 비서였던 적이 있다). 훨씬 더 비판적인 관점은 다음을 참고하라. Andrew Roberts, *Eminent Churchillians* (London: Simon & Schuster, 1994), pp. 287-322.

20. Adam Sissman, *Hugh Trevor-Roper* (London: Weidenfeld & Nicolson, 2010), p. 79.
21. *Diary of a Staff Officer* (6th ed., May 1941), pp. 29, 45.
22. Patricia and Robert Malcolmson, *A Soldier in Bedfordshire 1941-1942: The Diary of Private Denis Argent, Royal Engineers* (Bedford: Bedfordshire Historical Record Society, 2009), p. 3.
23. Simon Garfield, *We Are at War* (London: Ebury Press, 2005), p. 170.
24. *Library Association Record*, 42 (1940), pp. 180, 270.
25. Patricia and Robert Malcolmson, *The View from the Corner Shop: The Diary of a Wartime Shop Assistant* (New York: Simon & Schuster, 2016), pp. 42, 54 (16 August, 10 September 1941).
26. Robert McCrum, *Wodehouse: A Life* (London: Viking, 2004), pp. 267-358.
27. A selection is printed in Iain Sproat, *Wodehouse at War* (London: Milner, 1981), pp. 15-25.
28. William Neil Connor, *Cassandra at His Finest and Funniest* (London: Daily Mirror, 1967); Sproat, *Wodehouse at War*, pp. 13-15; McCrum, Wodehouse, pp. 318-19.
29. *Library Association Record*, 43 (1941), pp. 170, 186-7; 44 (1942), p. 5; 45 (1943), p. 191.
30. *Bookseller*, no. 1861 (7 August 1941), p. 172.
31. Patricia and Robert Malcolmson, *A Woman in Wartime London: The Diary of Kathleen Tipper 1941-1945* (London: London Record Society, 2006), p. 81 (1 February 1944).
32. *Library Association Record*, 44 (1942), p. 83.
33. Holman, *Print for Victory*, pp. 216-19.
34. Malcolmson, *Soldier in Bedfordshire*, pp. 142, 149.
35. James J. and Patience P. Barnes, *Hitler's Mein Kampf in Britain and America: A Publishing History, 1930-1939* (Cambridge: Cambridge University Press, 1980), p. 64.
36. *Library Association Record*, 41 (1939), p. 596; Holman, Print for Victory, p. 254.
37. Chris McCooey (ed.), *Despatches from the Home Front: The War Diaries of Joan Strange, 1939-1945* (Tunbridge Wells: JAK, 1994), p. 1.

38. A story told with customary panache in Owen Dudley Edwards, *British Children's Fiction in the Second World War* (Edinburgh: Edinburgh University Press, 2007), pp. 94–5. 또한 다음을 참고하라. Stephanie Spencer, 'No "Fear of Flying"? Worrals of the WAAF, Fiction, and Girls' Informal Wartime Education', *Paedagogica Historica*, 52 (2016), pp. 137–53.
39. *Bookseller*, no. 1776 (14 December 1939), p. 865; no. 1816 (19 September 1940), p. 329; no. 1821 (24 October 1940), p. 417; no. 1829 (19 December 1940), p. 636.

10장. 군대

1. Molly Guptill Manning, *When Books Went to War: The Stories that Helped Us Win World War II* (New York: Houghton Mifflin Harcourt, 2014), p. 102; Christopher P. Loss, 'Reading between Enemy Lines: Armed Services Editions and World War II', *Journal of Military History*, 67 (2003), pp. 811–34.
2. John Tebbel, *A History of Book Publishing in the United States. IV: The Great Change, 1940–1980* (New York: Bowker, 1981), p. 32.
3. Tebbel, *History of Book Publishing*, p. 32.
4. Patricia and Robert Malcolmson, *A Soldier in Bedfordshire 1941–1942: The Diary of Private Denis Argent, Royal Engineers* (Bedford: Bedfordshire Historical Record Society, 2009).
5. Arthur P. Young, *Books for Sammies: The American Library Association and World War I* (Pittsburgh, PA: Beta Phi Mu, 1981).
6. Wayne A. Wiegand, *'An Active Instrument for Propaganda': The American Public Library during World War I* (New York: Greenwood, 1989), p. 64. 7 Wiegand, 'An Active Instrument', p. 45.
8. Alistair Black, *The Public Library in Britain, 1914–2000* (London: British Library, 2000), pp. 13–48.
9. Mary Burgoyne, '"Writing Man to Fighting Man": Conrad Republished for the Armed Services during the World Wars', The Conradian, 38 (2013), pp. 99–127.
10. John Lewis-Stempel, *Six Weeks: The Short and Gallant Life of the British Officer in the First World War* (London: Weidenfeld & Nicolson, 2010).
11. J. G. Fuller, *Troop Morale and Popular Culture in the British and Dominion Armies, 1914–1918* (Oxford: Clarendon Press, 1990), p. 149.
12. 1940년대에 일상기록화 프로젝트가 시작되었을 때에도 이것은 여전히 사실이다.
13. Lewis-Stempel, *Six Weeks*, pp. 98–101.

14. Malcolm Brown and Ian Hislop (eds), *The Wipers Times: The Complete Series of the Famous Wartime Trench Newspaper* (London: Little Books, 2013).
15. Fuller, *Troop Morale*, pp. 13–14. 탈 없이 남은 병사 신문에 대한 연구가 궁금하다면 다음을 참고하라. John Pegum, 'British Trench Journals and a Geography of Identity', in Mary Hammond and Shafquat Towheed (eds), *Publishing in the First World War: Essays in Book History* (Basingstoke: Palgrave Macmillan, 2007), pp. 129–47.
16. *Library Association Record*, 42 (1940), pp. 94 (Derbyshire), 273 (Herts), 43 (1941), 39 (Liverpool), 44 (1942), 192 (Kent).
17. *Library Association Record*, 42 (1940), p. 154.
18. *Library Association Record*, 45 (1943), pp. 329–31.
19. *Library Association Record*, 45 (1943), p. 189; 47 (1945), pp. 24–30.
20. John Jamieson, *Books for the Army* (New York: Columbia University Press, 1950).
21. Quoted in Guptill Manning, *When Books Went to War*, p. 31.
22. Quoted in Guptill Manning, *When Books Went to War*, p. 53.
23. Jeremy Lewis, *Penguin Special: The Life and Times of Allen Lane* (London: Viking, 2005), pp. 164–5.
24. Lewis, *Penguin Special*, p. 162.
25. *Library Association Record*, 44 (1942), p. 89; 46 (1944), pp. 175–7.
26. Robert O. Ballou and Irene Rakosky, *History of the Council on Books in Wartime* (New York: Country Life Press, 1946).
27. Guptill Manning, *When Books Went to War*, pp. 88–9.
28. Guptill Manning, *When Books Went to War*, p. xi.
29. David Hajdu, *The Ten-Cent Plague: The Great Comic-Book Scare and How It Changed America* (New York: Farrar, Straus and Giroux, 2008), pp. 55, 70; Manning, *When Books Went to War*, pp. 55–7; Christopher Murray, *Champion of the Oppressed: Superhero Comics, Popular Culture and Propaganda in America during World War II* (Cresskill, NJ: Hampton Press, 2011).
30. Patrick Bishop, *Air Force Blue. The RAF in World War Two* (London: William Collins, 2017).
31. S. P. MacKenzie, 'Vox Populi: British Army Newspapers in the Second World War', *Journal of Contemporary History*, 24 (1989), pp. 665–81, at p. 666; Michael Anglo, *Service Newspapers of the Second World War* (London: Jupiter, 1977).
32. Egbert White, 'A Free Press in a Citizen's Army', *Journal of Educational Sociology*, 19 (1945), pp. 236–48, at p. 246.

33. Barrett McGurn, *Yank, the Army Weekly: Reporting the Greatest Generation* (Golden, CO: Fulcrum Publishing, 2004). 《앵크》에 실렸던 기사는 다음의 기사 모음집을 이용하라. Steve Kluger, *Yank, the Army Weekly: World War II from the Guys Who Brought You Victory* (London: Arms and Armour, 1991).
34. Jan-Pieter Barbian, *The Politics of Literature in Nazi Germany* (New York: Bloomsbury, 2013), pp. 121, 281.
35. Barbian, *Politics of Literature*, pp. 144, 283.
36. Barbian, *Politics of Literature*, p. 375, citing Elke Fröhlich (ed.), *Die Tagebücher von Joseph Goebbels*, 29 vols (Munich: Saur, 1993–2008), III, 382 (27 February 1942).
37. *Tagebücher von Joseph Goebbels*, VI, 332 (25 November 1942).
38. Barbian, *Politics of Literature*, pp. 281–4.
39. Barbian, *Politics of Literature*, p. 285.

11장. 전쟁의 작가들

1. Peter Buitenhuis, *The Great War of Words: Literature as Propaganda 1914–1918 and After* (London: Batsford, 1989).
2. Wayne A. Wiegand, 'British Propaganda in American Public Libraries, 1914–917', *Journal of Library History*, 18 (1983), pp. 237–54.
3. Buitenhuis, *Great War of Words*, p. 24.
4. Jessica Meyer, 'The Tuition of Manhood: "Sapper's" War Stories and the Literature of War', in Mary Hammond and Shafquat Towheed (eds), *Publishing in the First World War: Essays in Book History* (Basingstoke: Palgrave Macmillan, 2007), pp. 113–28.
5. Ursula Buchan, *Beyond the Thirty-Nine Steps: A Life of John Buchan* (London: Bloomsbury, 2019), p. 180. By 1965, it had sold 1.5 million copies.
6. John Buchan, *The Battle of the Somme* (London: Nelson, 1916), p. 31; Hew Strachan, 'John Buchan and the First World War: Fact into Fiction', *War and History*, 16 (2009), pp. 298–324; Buitenhuis, *Great War of Words*, pp. 93–8.
7. 다음 책에서 인용했다. Buitenhuis, *Great War of Words*, p. 110.
8. Buitenhuis, *Great War of Words*, p. 171.
9. Robert Hewison, *Under Siege: Literary Life in London, 1939–1945* (New York: Oxford University Press, 1977).
10. Valerie Holman, *Print for Victory: Book Publishing in England, 1939–1945* (London: British Library, 2008), p. 57.
11. Holman, *Print for Victory*, p. 127; Henry Irving, '"Propaganda Bestsellers": British

Official War Books, 1941–1946', in Cynthia Johnston (ed.), *The Concept of the Book: The Production, Progression and Dissemination of Information* (London: Institute of English Studies, 2019), pp. 125–46.
12. Dorothy Sheridan, *Among You Taking Notes: The Wartime Diary of Naomi Mitchison, 1939–1945* (London: Gollancz, 1985).
13. Owen Dudley Edwards, *British Children's Fiction in the Second World War* (Edinburgh: Edinburgh University Press, 2007); Peter Berresford Ellis and Piers Williams, *By Jove, Biggles! The Life of Captain W. E. Johns* (London: W. H. Allen, 1981).
14. James Lansdale Hodson, *Through the Dark Night* (London: Victor Gollancz, 1941).
15. Holman, *Print for Victory*, p. 98.
16. Michael Strobel, 'Writings of History: Authenticity and Self-Censorship in William L. Shirer's *Berlin Diary*, *German Life and Letters*, 66 (2013), pp. 308–25.
17. Richard Hillary, *The Last Enemy* (London: Macmillan, 1942).
18. Sebastian Faulks, *The Fatal Englishman* (London: Hutchinson, 1996).
19. Michael Harrison, *Peter Cheyney: Prince of Hokum* (London: N. Spearman, 1954).
20. Constance Miles, *Mrs Miles's Diary: The Wartime Journal of a Housewife on the Home Front*, ed. S. V. Partington (New York: Simon & Schuster, 2013).
21. Steve Hare, *Penguin Portrait* (London: Penguin, 1995), pp. 89–90.
22. *The Life of Florence L. Barclay, by One of Her Daughters* (London: Putnam, 1921).
23. Hare, *Penguin Portrait*, p. 114.
24. Betty Smith, 'Who Died?', *New York Times Magazine*, 9 July 1944; Molly Guptill Manning, *When Books Went to War: The Stories that Helped Us Win World War II* (New York: Mariner, 2014), pp. 105–9.
25. Joseph Goebbels, *Die Tagebücher: Diktate 1941–1945. 9: Juli–September 1943* (Munich: Saur, 1987).
26. Selena Hastings, *Evelyn Waugh: A Biography* (London: Sinclair-Stevenson, 1994), pp. 451–2.
27. Hastings, *Evelyn Waugh*, pp. 456–62.
28. John Sutherland, *Reading the Decades: Fifty Years of the Nation's Bestselling Books* (London: BBC Worldwide, 2002).
29. 7장을 참고하라.
30. Jan-Pieter Barbian, *The Politics of Literature in Nazi Germany: Books in the Media Dictatorship* (New York: Bloomsbury, 2013), p. 15.
31. Barbian, *Politics of Literature*, pp. 73–9.

32. Joseph Goebbels, *Vom Kaiserhof zur Reichskanzlei: Eine historische Darstellung in Tagebuchblättern* (Munich: Eher, 1934), 영어 번역서 제목은 『독일의 전쟁에서 내가 한 역할(My Part in Germany's Fight)』(London: Hurst & Blackett, 1935).
33. Anson Rabinbach, 'The Reader, the Popular Novel and the Imperative to Participate: Reflections on Public and Private Experience in the Third Reich', *History and Memory*, 3 (1991), pp. 5–44; George L. Mosse, 'What Germans Really Read', in his *Mass and Man: Nationalist and Fascist Perceptions of Reality* (New York: Howard Fertig, 1980). 일본어 해적판도 20만 부가 팔렸다. 그것에 대해 마거릿 미첼은 저작권료를 단 한 푼도 받지 못했지만 인형 선물은 받았다.
34. Albert Speer, *Spandau: The Secret Diaries* (London: Macmillan, 1976), p. 347; Barbian, *Politics of Literature*, pp. 341, 365–6.
35. Gisèle Shapiro, *The French Writers' War, 1940–1953* (Durham, NC: Duke University Press, 1994); Philip Short, *Mitterrand: A Study in Ambiguity* (London: Bodley Head, 2013), pp. 61–111.
36. Julian Jackson, *A Certain Idea of France: The Life of Charles de Gaulle* (London: Allen Lane, 2019), p. 757; Alice Kaplan, *The Collaborator: The Trial and Execution of Robert Brasillach* (Chicago: University of Chicago Press, 2001).
37. André Gide, *Journals 1889–1949*, ed. Justin O'Brien (London: Penguin, 1978), pp. 646, 649.
38. 폴란드에 1200종, 프랑스 800종, 덴마크 800종, 노르웨이 800종, 네덜란드 1200종, 벨기에가 500종이었다. Halik Kochanski, *Resistance: The Underground War in Europe, 1939–1945* (London: Allen Lane, 2022), p. 40.
39. Harry Stone, *Writing in the Shadows: Resistance Publications in Occupied Europe* (London: Frank Cass, 1996), pp. 50, 56.
40. Jeroen Dewulf, *Spirit of Resistance: Dutch Clandestine Literature during the Nazi Occupation* (Rochester, NY: Camden House, 2010), pp. 47, 49.
41. Dewulf, *Spirit of Resistance*, p. 6.
42. Anne Frank, *The Diary of a Young Girl, Anne Frank*, ed. Otto Frank and Mirjam Pressler, tr. Susan Massotty (London: Viking, 1997). 최초 영어 번역본은 1952년에 출간되었다.
43. Carol Ann Lee, *The Hidden Life of Otto Frank* (London: Viking, 2002), pp. 169, 172–3; Dewulf, *Spirit of Resistance*, p. 192. 사적인 기록에 관한 최고 수준의 연구는 다음을 참고하라. Dirk de Jong, *Het Vrije Boek in onvrije tijd. Bibliografie van illegale en clandestiene Bellettrie* (Leiden: Sijthoff, 1958).

12장. 위대한 탈출

1. Imperial War Museum 88/20/1.
2. Robert Kee, *A Crowd Is not Company*, 2nd ed. (London: Jonathan Cape, 1982), p. 115.
3. R. P. L. Mogg, *For this Alone* (Oxford: Blackwell, 1943); Rita Ricketts, *Scholars, Poets and Radicals: Discovering Forgotten Lives in the Blackwell Collection* (Oxford: Bodleian Library, 2015), p. 218.
4. Francis Stewart, diary entry, 10 March 1945, Imperial War Museum 88/20/1. Quoted in Clare Makepeace, *Captives of War: British Prisoners of War in Europe in the Second World War* (Cambridge: Cambridge University Press, 2017), p. 70.
5. Midge Gillies, *The Barbed-Wire University: The Real Lives of Allied Prisoners of War in the Second World War* (London: Aurum, 2011), p. 260.
6. Letter printed in *The Prisoner of War*, 3, 31 (November 1944), p. 5.
7. Rainer Pöppinghege, 'The Battle of the Books: Supplying Prisoners of War', in Mary Hammond and Shafquat Towheed (eds), *Publishing in the First World War: Essays in Book History* (Basingstoke: Palgrave Macmillan, 2007), pp. 78–92, at p. 78.
8. Pöppinghege, 'Battle of the Books', p. 79. 제2차세계대전 때의 도서관 상황을 알고 싶다면 다음을 참고할 것. Simon Parkin, *The Island of Extraordinary Captives* (London: Sceptre, 2022).
9. Michael Foley, *Prisoners of the British: Internees and Prisoners of War during the First World War* (Stroud: Fonthill, 2015), p. 40; Robert Jackson, *The Prisoners, 1914–18* (London: Routledge, 1989).
10. Pöppinghege, 'Battle of the Books', pp. 78–9.
11. Edmund G. C. King, '"Books Are More to Me Than Food": British Prisoners of War as Readers, 1914–1918', *Book History*, 16 (2013), pp. 246–71; Oliver Wilkinson, *British Prisoners of War in First World War Germany* (Cambridge: Cambridge University Press, 2019).
12. King, '"Books Are More to Me Than Food"', pp. 251–252.
13. Alfred T. Davies, *Student Captives: An Account of the Work of the British Prisoner of Work Book Scheme (Educational)* (Leicester: Stevens, 1917), p. 17, 인용은 다음의 책을 참고했다. King, '"Books Are More to Me Than Food"', p. 253.
14. King, '"Books Are More to Me Than Food"', p. 256.
15. *Ruhleben Camp Magazine*, 1916–17. 세인트앤드루스대학교 특별 소장품을 참고했다. St Andrews University Special Collections: rD627.G3A15.

16. P. G. Cambray and G. C. B. Briggs, *Red Cross & St John: The Official Record of Humanitarians Services of the War Organisation of the British Red Cross and Order of St John of Jerusalem, 1939–1947* (London: Aurum, 1949).
17. Patricia and Robert Malcolmson, *A Parson in Wartime: The Boston Diary of the Reverend Arthur Hopkins, 1942–1945* (Lincoln: Lincoln Record Society, 2017), p. 52.
18. Gillies, *Barbed-Wire University*, p. 229.
19. Steve Hare, *Penguin Portrait: Allen Lane and the Penguin Editors, 1935–1970* (London: Penguin, 1995), p. 116.
20. Hare, *Penguin Portrait*, p. 117.
21. Adrian Gilbert, POW. *Allies Prisoners in Europe, 1939–1945* (London: John Murray, 2006), pp. 184–5.
22. Valerie Holman, 'Captive Readers in the Second World War', *Publishing History*, 52 (2002), pp. 83–94 at p. 93 n. 16.
23. David Shavit, '"The Greatest Morale Factor next to the Red Army": Books and Libraries in American and British Prisoner of War Camps in Germany during World War II', *Libraries & Culture*, 34 (1999), pp. 113–34.
24. Gillies, *Barbed-Wire University*, pp. 275–80; David Rolf, 'The Education of British Prisoners of War in German Captivity, 1939–1945', *History of Education*, 18 (1989), pp. 257–65.
25. Cambray and Briggs, *Red Cross & St John*.
26. Bruce R. Johnson, 'The Efforts of C. S. Lewis to Aid British prisoners of War during World War II', C. S. *Lewis Journal*, 12 (2018), pp. 41–76.
27. Montgomery Belgion, Reading for Profit (Harmondsworth: Penguin, 1945).
28. Robert Holland, *Adversis Major: A Short History of the Educational Books Scheme of the Prisoners of War Department of the British Red Cross Society and Order of St John of Jerusalem* (London: Staples, 1949).
29. Gillies, *Barbed-Wire University*, pp. 277, 279.
30. David J. Carter, *POW behind Canadian Barbed Wire: Alien, Refugee and Prisoner of War Camps in Canada, 1914–1946* (Elkwater, Alberta: Eagle Butt Press, 1998).
31. Matthew Barry Sullivan, *Thresholds of Peace: German Prisoners and the People of Britain, 1944–1948* (London: Hamish Hamilton, 1979).
32. Ron Robin, *The Barbed-Wire College: Re-Educating German POWs in the United States during World War II* (Princeton, NJ: Princeton University Press, 1995).

미국에서 수용소 생활을 했던 추축국 포로들에 대해서라면 다음도 참고하라. Arnold Kramer, *Nazi Prisoners of War in America* (Lanham, MD: Scarborough House, 1996); David Fieldler, *The Enemy among Us: POWs in Missouri during World War II* (St Louis: Missouri Historical Society Press, 2003); Louis E. Keefer, *Italian Prisoners of War in America, 1942–1946* (New York: Praeger, 1992).

33. Bob Moore and Kent Fedorowich, *The British Empire and Its Italian Prisoners of War, 1940–1947* (Basingstoke: Palgrave, 2002).
34. Sullivan, *Thresholds of Peace*, p. 209.
35. Valerie Campbell, *Camp 165 Watten* (Dunbeath: Whittles, 2008). 다음도 참고하라. the same author's *Camp 21 Combrie: POWs and Post-War Stories from Cultybraggan* (Dunbeath: Whittles, 2017).
36. Basil Liddell-Hart, *The Other Side of the Hill* (London: Cassell, 1948), 미국에서는 번안을 거쳐 다음 제목으로 출판되었다. *The Generals Talk* (New York: Morrow, 1948).
37. Russell Braddon, *The Naked Island* (London: Bodley Head, 1952)은 호주 군인의 관점으로 전쟁포로로서 겪은 공포에 대해 적나라하게 묘사했다. 다음도 참고하라. Eric Lomax, *The Railway Man* (London: Jonathan Cape, 1995).
38. Gillies, *Barbed-Wire University*, pp. 204–5.
39. Hare, *Penguin Portrait*, pp. 118–19.
40. Kee, *A Crowd Is not Company*, pp. 193–206.

13장. 성소

1. Thomas Cairns Livingstone, *Tommy's War: A First World War Diary*, ed. Ronnie Scott (London: Harper Press, 2008), p. 138.
2. John H. Morrow, *The Great War in the Air: Military Aviation from 1909 to 1921* (Washington, DC: Smithsonian Institution, 1993); Christopher Cole and E. F. Cheesman, *The Air Defence of Great Britain 1914–1918* (London: Putnam, 1984); Raymond H. Fredette, *The Sky on Fire: The First Battle of Britain 1917–1918* (New York: Harvest, 1976).
3. Peter Englund, *The Beauty and the Sorrow* (London: Profile, 2011), p. 440; Susan R. Grayzel, '"The Souls of Soldiers": Civilians under Fire in First World War France', *Journal of Modern History*, 78 (2006), pp. 588–622.
4. Flavia Bruni, 'All Is not Lost: Italian Archives and Libraries in the Second World War', in Flavia Bruni and Andrew Pettegree (eds), *Lost Books: Reconstructing the Print World of Pre-Industrial Europe* (Leiden: Brill, 2016), pp. 469–87.

5. 다음에서 인용되었다. Matthew Parker, *Monte Cassino* (London: Headline, 2003), p. 170.
6. *Libraries Guests of the Vaticana during the Second World War* (Rome: Apostolic Vatican Library, 1945).
7. G. K. Barker, *The History of Public Libraries in France from Revolution to 1939* (Ann Arbor, MI: UMI, 1977); G. K. Barker, 'La léhargie des bibliothèues municipales', in Martine Poulain (ed.), *Histoire des bibliothèques françaises: Les bibliothèques aux xxe siècle, 1914–1990* (Lyon: Promodis, 1992), pp. 65–103.
8. Marie Kühlmann, 'Les bibliothèues dans la tourmente', in Poulain (ed.), *Histoire des bibliothèques*, pp. 298–9.
9. Kühlmann, 'Les bibliothèues dans la tourmente', p. 153.
10. Marta L. Dosa, *Libraries in the Political Scene* (Westport, CT: Greenwood, 1974), p. 94.
11. Jan L. Alessandrini, 'Lost Books of "Operation Gomorrah": Rescue, Reconstruction and Restitution at Hamburg's Library in the Second World War', in Bruni and Pettegree (eds), *Lost Books*, pp. 441–61.
12. Nicola Schneider, 'The Loss of the Music Collection of the Hessiche Landesbibliothek in Darmstadt in 1944', in Anna-Silvia Goeing, Anthony T. Grafton and Paul Michel (eds), *Collectors' Knowledge: What Is Kept, What Is Discarded* (Leiden: Brill, 2013), pp. 381–412.
13. Dosa, *Libraries in the Political Scene*, pp. 100–3; Werner Schochow, *Bücherschicksale: Die Verlagerungsgeschichte der Preussischen Staastbibliothek; Auslagerung, Zerstörung, Rückführung* (Berlin: De Gruyter, 2003).
14. P. R. Harris, 'Acquisitions in the Department of Printed Books, 1935–0, and the Effects of the War', in his *History of the British Museum Library 1753–1973* (London: British Library, 1998), pp. 119–44.
15. *Short Title Catalogue of Books Printed in the Netherlands and Belgium from 1470 to 1600 now in the British Museum* (London: British Museum, 1965), pp. 215–18; *Short-Title Catalogue of Books Printed in Italy and of Italian Books Printed in Other Countries from 1465 to 1600 now in the British Museum* (London: British Museum, 1958), pp. 746–52.
16. M. L. Caygill, 'The Protection of National Treasures at the British Museum During the First and Second World Wars', *MRS Online Proceedings Library*, 267 (1992), pp. 29–99.

17. Caroline Shenton, *National Treasures: Saving the Nation's Art in World War II* (London: John Murray, 2021), p. 180.
18. Bruni, 'All Is not Lost', p. 476.
19. Brian Dyson, 'In the Line of Fire: The Library of University College Hull during World War II', *Library History*, 15 (1999), pp. 113–24.
20. Robert C. Mikesh, *Japan's World War II Bomb Attacks on North America* (Washington, DC: Smithsonian Institution, 1973), p. 67.
21. Brett Spencer, 'Preparing for an Air Attack: Libraries and American Air Raid Defence during World War II', *Libraries and the Cultural Record*, 43 (2008), pp. 125–47.
22. 예컨대 다음을 참고하라. Conrad Borchling and Bruno Claussen, *Niederdeutsche Bibliographie: Gesamtverzeichnis der niederdeutschen Drucke bis zum Jahre 1800*, 2 vols (Neumünster: Karl Wachholtz, 1931–6).

14장. 약탈

1. Seth A. Givens, 'Liberating the Germans: The US Army and Looting in Germany during the Second World War', *War in History*, 21 (2014), pp. 33–54.
2. Cynthia Saltzman, *Napoleon's Plunder and the Theft of Veronese's Feast* (London: Thames & Hudson, 2021).
3. Kristian Jensen, *Revolution and the Antiquarian Book: Reshaping the Past, 1780–1815* (Cambridge: Cambridge University Press, 2011), p. 8.
4. Jensen, *Revolution and the Antiquarian Book*, p. 10.
5. J. Bepler, '*Vicissitudo Temporum*: Some Sidelights on Book Collecting in the Thirty Years' War', *Sixteenth Century Journal*, 32 (2001), pp. 953–68.
6. Emma Hagström Molin, 'To Place in a Chest: On the Cultural Looting of Gustavus Adolphus and the Creation of Uppsala University Library in the Seventeenth Century', *Barok*, 44 (2016), pp. 135–48; Emma Hagström Molin, 'Spoils of Knowledge: Looted Books in Uppsala University Library in the Seventeenth Century', in Gerhild Williams et al. (eds), *Rethinking Europe: War and Peace in the Early Modern German Lands* (Leiden: Brill, 2019).
7. Jonathan Petropoulos, *Göring's Man in Paris: The Story of a Nazi Art Plunderer and His World* (London: Yale University Press, 2021).
8. Petropoulos, *Göring's Man in Paris*, p. 166.
9. Timothy W. Ryback, *Hitler's Private Library: The Books that Shaped His Life* (London: Bodley Head, 2009), pp. 142–62.

10. Petropoulos, *Göring's Man in Paris*, p. 128.
11. Jacqueline Borin, 'Embers of the Soul: The Destruction of Jewish Books and Libraries during World War II', *Libraries and Culture*, 28 (1993), pp. 445–60; Marek Sroka, 'The Destruction of Jewish Libraries and Archives in Cracow during World War II', *Libraries and Culture*, 38 (2003), pp. 147–65. Marek Sroka, 'The University of Cracow Library under Nazi Occupation: 1939–1945', *Libraries and Culture*, 34 (1999), pp. 1–16.
12. Rebecca Knuth, *Libricide: The Regime-Sponsored Destruction of Books and Libraries in the Twentieth Century* (Westport, CT: Praeger, 2003), pp. 98–9.
13. Anders Rydell, *The Book Thieves: The Nazi Looting of Europe's Libraries and the Race to Return a Literary Inheritance* (New York: Viking, 2015), p. 96.
14. Patricia Kennedy Grimsted, *The Odyssey of the Turgenev Library from Paris, 1940–2002: Books as Victims and Trophies of War* (Amsterdam: IISH, 2003).
15. Nancy Sinkoff, 'From the Archives: Lucy S. Dawidowicz and the Restitution of Jewish Cultural Property', *American Jewish History*, 100 (2016), pp. 95–126, at p. 102; Patricia Kennedy Grimsted, 'Roads to Ratibor: Library and Archival Plunder by the Einsatzstab Reichsleiter Rosenberg', *Holocaust Genocide Studies*, 19 (2005), pp. 390–458.
16. Rudolf Sment, 'Isaac Leo Seeligmann: Fascinated by the Septuagint', *Studia Rosenthaliana*, 38/9 (2005/6), pp. 100–6.
17. Rydell, *Book Thieves*, p. 108.
18. Sroka, 'University of Cracow Library'.
19. Dosa, *Libraries in the Political Scene*, pp. 87, 101.
20. Cornelia Briel, *Beschlagnahmt, Erpresst, Erebeutet: NS-Raubgut, Reichstauschstelle und Preussische Staatsbibliothek zwischen 1933 und 1945* (Berlin: Akademie Verlag, 2013).
21. Rydell, *Book Thieves*, p. 287.
22. *New York Times*, 14 June 1990. https://www.nytimes.com/1990/06/14/arts/atrove-ofmedieval-art-turns-up-in-texas.html.
23. Douglas Botting, *In the Ruins of the Reich* (London: George Allen & Unwin, 1985), p. 283.
24. Jonathan Trigg, *To VE-Day through German Eyes* (Stroud: Amberley, 2020), p. 240.
25. Konstantin Akinska, 'Stalin's Decrees and Soviet Trophy Brigades: Restitution in Kind or Trophies of War?', *International Journal of Cultural Property*, 17 (2010), pp. 195–216; Norman M. Naimark, *The Russians in Germany: A History of the*

Soviet Zone of Occupation, 1945–1949 (Cambridge, MA: Harvard University Press, 1995).
26. Botting, *Ruins of the Reich*, pp. 280–314; Patricia Meehan, *A Strange Enemy People: Germans under the British, 1945–1950* (London: Peter Owen, 2001), pp. 113–32.
27. Kenneth Alford, *Allied Looting in World War II: Thefts of Art, Manuscripts, Stamps and Jewellery in Europe* (Jefferson, NC: McFarland, 2011), p. 49.
28. Alford, *Allied Looting*, pp. 81–101, 162–5.
29. Alford, *Allied Looting*, pp. 166–9.
30. Alford, *Allied Looting*, p. 127.
31. Alford, *Allied Looting*, pp. 126–7.
32. Alford, *Allied Looting*, p. 145.

15장. 재생지와 잿더미
1. Walter Kempowski, *Swansong: A Collective Diary of the Last Days of the Third Reich* (New York: W. W. Norton, 2015), p. 138.
2. 위 10장을 참고하라.
3. Robert Malcolmson, *Love and War in London: The Mass Observation Wartime Diary of Olivia Crockett* (Stroud: History Press, 2008), p. 174.
4. Manuscript diary, Imperial War Museum, London, 93/14/1.
5. Malcolmson, *Love and War in London*, p. 175.
6. Hilda Urén Stubbings, *Blitzkrieg and Books: British and European Libraries as Casualties of World War II* (Bloomington, IN: Rubena Press, 1993), pp. 146–55; Richard Ovenden, *Burning the Books: A History of Knowledge under Attack* (London: John Murray, 2020), pp. 107–17.
7. Marie Kühlmann, 'Les bibliothèues dans la tourmente', in Martine Poulain (ed.), *Histoire des bibliothèques*, p. 316.
8. Rebecca Knuth, *Libricide: The Regime-Sponsored Destruction of Books and Libraries in the Twentieth Century* (Westport, CT: Praeger, 2003), p. 98. 미국의회도서관에 대해서라면 다음을 참고하라. Ovenden, *Burning the Books*, pp. 79–90.
9. Marek Sroka, 'The University of Cracow Library under Nazi Occupation: 1939–945', *Libraries and Culture*, 34 (1999), pp. 1–16.
10. Jacqueline Borin, 'Embers of the Soul: The Destruction of Jewish Books and Libraries in Poland during World War II', *Libraries and Culture*, 28 (1993), pp. 445–60, at pp. 447–8.

11. Joshua Starr, 'Jewish Cultural Property under Nazi Control', *Jewish Social Studies*, 12 (1950), pp. 27–48.
12. David E. Fishman, *The Book Smugglers: Partisans, Poets and the Race to Save Jewish treasures from the Nazis* (Lebanon, NH: University Press of New England, 2017).
13. Herman Kruk, 'Library and Reading Room in the Vilna Ghetto, Strashun Street 6', in Jonathan Rose (ed.), *The Holocaust and the Book* (Amherst: University of Massachusetts Press, 2001), pp. 171–200.
14. Walter Kempowski, *All for Nothing* (London: Granta, 2015).
15. R. M. Douglas, *Orderly and Humane: The Expulsion of the Germans after the Second World War* (New Haven, CT: Yale University Press, 2012).
16. Marek Sroka, '"Forsaken and Abandoned": The Nationalization and Salvage of Deserted, Displaced, and Private Library Collections in Poland, 1945–1948', *Library and Information Studies*, 28 (2012), pp. 272–88.
17. Kempowski, *Swansong*, p. 104.
18. Jonathan Trigg, *To VE-Day through German Eyes* (Stroud: Amberley, 2020), p. 187.
19. 뉴질랜드 웰링턴의 알렉산더턴불도서관(Alexander Turnbull Library)의 실례들을 보고 싶다면 Matthew Parker, *Monte Cassino* (London: Headline, 2003), and at pp. 273–7. 도판 부분을 참고하라.
20. London, National Archives, WO 204/986. Cited in Parker, *Monte Cassino*, p. 276.
21. 총통의 벙커 진입 작전에는 '사워크라우트 작전'이라는 흥미로운 이름이 붙었다. Elizabeth P. McIntosh, *Sisterhood of Spies: The Women of the OSS* (Annapolis, MD: Naval Institute Press, 1998), pp. 60–71.
22. Henry Irving, 'Paper Salvage in Britain during the Second World War', *Historical Research*, 89 (2016), pp. 373–93.
23. *Library Association Record*, May 1943, p. 87; June 1943, p. 93.
24. Hans van der Hoeven and Joan van Albada, *Memory of the World: Lost Memory. Libraries and Archives Destroyed in the Twentieth Century* (Paris: UNESCO, 1996), p. 8.
25. Theodore F. Welch, *Libraries and Librarianship in Japan* (Westport, CT: Greenwood, 1997), p. 17.
26. Jan-Pieter Barbian, *The Politics of Literature in Nazi Germany* (New York: Bloomsbury, 2013), p. 333.

16장. 정화

1. Ben Shephard, *The Long Road Home: The Aftermath of the Second World War* (London: Bodley Head, 2010).
2. Frederick Taylor, *Exorcising Hitler: The Occupation and Denazification of Germany* (London: Bloomsbury, 2011); James F. Tent, *Mission on the Rhine: Re-Education and Denazification in American-Occupied Germany* (Chicago: University of Chicago Press, 1982).
3. Stephen Remy, *The Heidelberg Myth: The Nazification and Denazification of a German University* (Cambridge, MA: Harvard University Press, 2002), Chapters 1–3.
4. Margaret F. Stieg, 'The Postwar Purge of German Public Libraries, Democracy and the American Reaction', *Libraries and Culture*, 28 (1993), pp. 143–64, at p. 147.
5. Stephen Spender, *European Witness* (London: Hamish Hamilton, 1946).
6. Remy, *Heidelberg Myth*; Dominik Rigoll, 'From Denazification to Renazification? West German Government Officials after 1945', in Camilo Erlichman and Christopher Knowles (eds), *Transforming Occupation in Western Zones of Germany* (London: Bloomsbury, 2018), pp. 251–69.
7. Spender, *European Witness*, p. 153.
8. Jonathan Trigg, *To VE-Day through German Eyes* (Stroud: Amberley, 2020), pp. 225–6, 243.
9. Urvashi Goutam, 'Pedagogical Nazi Propaganda, (1939–945)', *Proceedings of the Indian History Congress*, 75 (2014), pp. 1018–26.
10. Stieg, 'Postwar Purge', p. 147; Matthew D. Mingus, *Remapping Modern Germany after National Socialism, 1945–1961* (Syracuse, NY: Syracuse University Press, 2017).
11. Edith Davies, 'British Policy and the Schools', in Arthur Hearnden (ed.), *The British in Germany: Educational Reconstruction after 1945* (London: Hamish Hamilton, 1978); Mingus, *Remapping*, p. 81.
12. Kathy Peiss, *Information Hunters: When Librarians, Soldiers and Spies Banded Together in World War II Europe* (Oxford: Oxford University Press, 2020), p. 156.
13. Peiss, *Information Hunters*, p. 147.
14. Stieg, 'Postwar Purge', p. 154.
15. 'On censoring German Books', *ALA Bulletin*, 40 (June 1946), p. 218.
16. 5장과 6장을 참고하라.
17. Peiss, *Information Hunters*, p. 85.

18. Peiss, *Information Hunters*, p. 86.
19. Peiss, *Information Hunters*, p. 77.
20. https://www.loc.gov/rr/european/coll/germ.html (accessed 20 January 2023).
21. Timothy W. Ryback, *Hitler's Private Library: The Books that Shaped His Life* (London: Bodley Head, 2009), pp. xv–xvi; https://library.brown.edu/collatoz/info.php?id=145 (accessed 20 January 2023).
22. A. D. Harvey, 'Confiscated Nazi Books in the British Library', *Electronic British Library Journal* (2003), pp. 1–13.
23. 17장을 참고하라.
24. Elaine Feinstein, *Anna of all the Russias: A Life of Anna Akhmatova* (London: Weidenfeld & Nicolson, 2005).
25. P. J. P. Whitehead, 'The Lost Berlin Manuscripts', *Notes*, 33 (1976), pp. 7–15; Aleksandra Patalas, *Catalogue of Early Music Prints from the Collections of the Former Preußische Staatsbibliothek in Berlin, Kept at the Jagiellonian Library in Cracow* (Kraków: Musica Iagellonica, 1999); Jane Perlez, 'A Clash over a Trove of Original Scores', *New York Times*, 25 April 1995.
26. Marek Sroka, '"Forsaken and Abandoned": The Nationalization and Salvage of Deserted, Displaced, and Private Library Collections in Poland, 1945–1948', *Library and Information Studies*, 28 (2012), pp. 272–88.
27. Marek Sroka, '"Soldiers of the Cultural Revolution": The Stalinization of Libraries and Librarianship in Poland, 1945–1953', *Library History*, 16 (2000), pp. 105–25.
28. Andrew Pettegree and Arthur der Weduwen, *The Library: A Fragile History* (London: Profile, 2021), Chapter 15.
29. Sroka, '"Soldiers of the Cultural Revolution"', p. 117.
30. Jiřina Šmejkalova, *Cold War Books in the 'Other Europe' and What Came After* (Leiden: Brill, 2011), pp. 117, 151.
31. Norman M. Naimark, *The Russians in Germany: A History of the Soviet Zone of Occupation, 1945–1949* (Cambridge, MA: Harvard University Press, 1995); Filip Slavenski, *The Soviet Occupation of Germany: Hunger, Mass Violence and the Struggle for Peace, 1945–1947* (Cambridge: Cambridge University Press, 2013).
32. Jan L. Alessandrini, 'Bombs on Books: Allied Destruction of German Libraries during World War II', in Mel Collier (ed.), *What Do We Lose When We Lose a Library?* (Leuven: Leuven University Library, 2016), pp. 45–54, at p. 49.
33. Kathleen A. Smith, 'Collection Development in Public and University Libraries of

the former Democratic Republic since German Unification', *Libraries and Culture*, 36 (2001), pp. 413-31.

17장. 배상

1. 이 이야기는 다음의 책에서 아름답게 묘사되었다. Anders Rydell, *The Book Thieves: The Nazi Looting of Europe's Libraries and the Race to Return a Literary Inheritance* (New York: Viking, 2017), pp. 16, 292-6, 306-12.
2. Above, Chapter 16; John Cole, 'The Library of Congress Becomes a World Library, 1815- 2005', *Libraries and Culture*, 40 (2005), pp. 385-98.
3. Patricia Kennedy Grimsted, 'Sudeten Crossroads for Europe's Displaced Books: The Mysterious twilight of the RSHA Amt VII Library and the Fate of a Million Victims of War', in Mecislav Borak (ed.), *Restitution of Confiscated Art Works: Wish or Reality?* (Prague: Tilia, 2008).
4. Patricia Kennedy Grimsted, 'Roads to Ratibor: Library and Archival Plunder by the Einsatzstab Reichsleiter Rosenberg', *Holocaust Genocide Studies*, 19 (2005), pp. 390-458.
5. Kathy Peiss, *Information Hunters: When Librarians, Soldiers and Spies Banded Together in World War II Europe* (Oxford: Oxford University Press, 2020), p. 177; Robert G. Waite, 'Returning Jewish Cultural Property: The Handling of Books Looted by the Nazis in the American Zone of Occupation, 1945 to 1952', *Libraries and Culture*, 37 (2002), pp. 213-28.
6. S. J. Pomrenze, 'Offenbach Reminiscences and the Restitution to the Netherlands', in F. J. Hoogewoud et al., *The Return of Looted Collections (1946-1996)* (Amsterdam, 1997), pp. 10-18.
7. Peiss, *Information Hunters*, pp. 191, 194.
8. Patricia Kennedy Grimsted, 'The Road to Minsk for Western "Trophy" Books: Twice Plundered but not yet "Home from the War"', *Libraries and Culture*, 39 (2004), pp. 351-404; Patricia Kennedy Grimsted, 'The Fate of Ukrainian Cultural Treasures During World War II: The Plunder of Archives, Libraries, and Museums under the Third Reich', *Jahrbücher für Geschichte Osteuropas*, 39 (1991), pp. 53-80, at p. 372.
9. Patricia Kennedy Grimsted, *Trophies of War and Empire: The Archival Heritage of Ukraine, World War II, and the International Politics of Restitution* (Cambridge, MA: Harvard University Press, 2001).

10. Grimsted, 'Road to Minsk', p. 360.
11. Konstantin Akinska, 'Stalin's Decrees and Soviet Trophy Brigades: Restitution in Kind or Trophies of War?', *International Journal of Cultural Property*, 17 (2010), pp. 195–216.
12. Norman M. Naimark, *The Russians in Germany: A History of the Soviet Zone of Occupation, 1945–1949* (Cambridge, MA: Harvard University Press, 1995), pp. 175–6; Grimsted, *Trophies of War*, p. 259.
13. Rydell, *Book Thieves*, pp. 19–22.
14. Grimsted, *Trophies of War*, p. 257.
15. Grimsted, 'Road to Minsk', pp. 355, 365.
16. Grimsted, 'Road to Minsk', pp. 381–; Patricia Kennedy Grimsted, *The Odyssey of the Turgenev Library from Paris, 1940–2002: Books as Victims and Trophies of War* (Amsterdam: IISH, 2003).
17. Rydell, *Book Thieves*, p. 299.
18. Patricia Kennedy Grimsted, *Returned from Russia: Nazi Archival Plunder in Western Europe and Recent Restitution Issues* (Builth Wells: Institute of Art and Law, 2013); Patricia Kennedy Grimsted, 'Tracing Trophy Books in Russia', *Solanus*, 19 (2005), pp. 131–45.
19. Peiss, *Information Hunters*, p. 194.
20. Peiss, *Information Hunters*, p. 195.
21. Merav Mack and Benjamin Balint, *Jerusalem: City of the Book* (New Haven, CT: Yale University Press, 2019).
22. Nancy Sinkoff, 'From the Archives: Lucy S. Dawidowicz and the Restitution of Jewish Cultural Property', *American Jewish History*, 100 (2016), pp. 95–126.
23. Mack and Balint, *Jerusalem*, p. 169.
24. Mack and Balint, *Jerusalem*, p. 170; Peiss, *Information Hunters*, p. 196.
25. Mack and Balint, *Jerusalem*, pp. 113–32.
26. Mack and Balint, *Jerusalem*, pp. 185–91.

18장. 민심 얻기

1. Geert Buelens, *Everything to Nothing: The Poetry of the Great War, Revolution and the Transformation of Europe* (London: Verso, 2015), pp. 304, 310.
2. 저자는 1982년과 1984년 사이에 함부르크에서 그런 장학금을 받은 적이 있다. 후한 접대를 받았고 그 인도주의자의 전시 전력은 한 번도 언급되지 않았다.

3. Anthony Beevor and Artemis Cooper, *Paris after the Liberation: 1944–1949* (London: Hamish Hamilton, 1994), p. 255.
4. Marek Sroka, '"A Book Never Dies": The American Library Association and the Cultural Reconstruction of Czechoslovak and Polish Libraries, 1945–1948', *Library and Information History*, 33 (2017), pp. 19–34; Marek Sroka, 'The American Library Association and the Post-World War II Rebuilding of Eastern European Libraries', *International Federation of Library Associations and Institutions*, 45 (2019), pp. 26–33.
5. Sroka, '"A Book Never Dies"', p. 22.
6. John B. Hench, *Books as Weapons: Propaganda, Publishing and the Battle for Global Markets in the Era of World War II* (Ithaca, NY: Cornell University Press, 2010), p. 94.
7. Hench, *Books as Weapons*, p. 245.
8. Frances Stonor Saunders, *Who Paid the Piper? The CIA and the Cultural Cold War* (London: Granta, 1999), pp. 45–56 (New York), 73–84 (Berlin).
9. Peter Coleman, *The Liberal Conspiracy: The Congress for Cultural Freedom and the Struggle for the Mind of Post-War Europe* (New York: Free Press, 1989).
10. Stonor Saunders, *Who Paid the Piper?*, pp. 176–7.
11. Stonor Saunders, *Who Paid the Piper?*, pp. 215–17, 331, 411–12.
12. Alfred A. Reich, *Hot Books in the Cold War. The CIA-Funded Secret Western Book Distribution Program Behind the Iron Curtain* (Budapest: Central European University Press, 2013).
13. Andrew Lycell, *Ian Fleming* (London: Weidenfeld and Nicolson, 1995); John Pearson, *The Life of Ian Fleming* (London: Jonathan Cape, 1966).
14. James Fleming, *Bond behind the Iron Curtain* (Cheltenham: Book Collector, 2021), p. 29.
15. Fleming, *Bond behind the Iron Curtain*, p. 46.
16. Fleming, *Bond behind the Iron Curtain*, pp. 58–90, at p. 78.
17. Nina Willner, *Forty Autumns* (London: Little, Brown, 2016).
18. Mary Fulbrook, *The People's State: East German Society from Hitler to Honecker* (New Haven, CT: Yale University Press, 2005).
19. Paul Lendvai, *Blacklisted: A Journalist's Life in Central Europe* (London: I. B. Tauris, 1998).
20. Philip Oltermann, *The Stasi Poetry Circle* (London: Faber, 2022).
21. Lendvai, *Blacklisted*, pp. 60, 131.

22. Geoffrey Roberts, *Stalin's Library: A Dictator and his Books* (New Haven, CT: Yale University Press, 2022), p. 202; *Falsifiers of History* (Historical Survey) (Moscow: Foreign Languages Publishing House, 1948).
23. John Connelly, *Captive University: The Sovietization of East German, Czech and Polish Higher Education, 1945–1956* (Chapel Hill: University of North Carolina Press, 2000); John Connelly and Michael Grüttner (eds), *Universities under Dictatorship* (University Park: Pennsylvania State University Press, 2005).
24. Connelly, *Captive University*, p. 292.
25. Robert Darnton, *Censors at Work* (London: British Library, 2014).
26. Stephen J. Whitfield, *The Culture of the Cold War*, 2nd ed. (Baltimore, MD: Johns Hopkins University Press, 1996), p. 102.
27. Duncan White, *Cold Warriors: Writers Who Waged the Literary Cold War* (New York: HarperCollins, 2019), p. 391.
28. Elizabeth D. Samet, *Looking for the Good War: American Amnesia and the Violent Pursuit of Happiness* (New York: Farrar, Straus and Giroux, 2021), p. 213; David Hajdu, *The Ten-Cent Plague: The Comic Book Scare and How It changed America* (New York: Farrar, Straus and Giroux, 2008), pp. 311–12.
29. Geoffrey Little, 'Teaching Librarians to Be Censors: Library Education for Francophones in Quebec, 1937–61', in Nicole Moore (ed.), *Censorship and the Limits of the Literary: A Global View* (London: Bloomsbury, 2015), pp. 93–103.
30. Peter D. McDonald, *The Literature Police: Apartheid Censorship and Its Cultural Consequences* (Oxford: Oxford University Press, 2009).
31. On Lysenko. 4장도 참고.
32. Simon Ings, *Stalin and the Scientists: A History of Triumph and Tragedy, 1905–1953* (New York: Atlantic Monthly, 2016), p. 343.
33. Ings, *Stalin and the Scientists*, pp. 350, 368–9.
34. Susan A. Brewer, *Why America Fights: Patriotism and War Propaganda from the Philippines to Iraq* (New York: Oxford University Press, 2009), p. 182; Douglas Kinnard, *The War Managers* (Hanover, NH: University Press of New England, 1977).
35. John Dumbrell, 'The Johnson Administration and the British Labour Government: Vietnam, the Pound and East of Suez', *Journal of American Studies*, 30 (1996), pp. 211–31; Caroline Page, *US Official Propaganda during the Vietnam War, 1965–1973* (London: Leicester University Press, 1996).
36. Rich Perlstein, *Nixonland* (New York: Scribner, 2008), pp. 488–9. 다음도 참고.

https://electionstudies.org/wpcontent/uploads/2018/03/anes_timeseries_1972_newspaper_endorsements.pdf (accessed 23 January 2023).
37. J. Michael Lennon, *Norman Mailer: A Double Life* (New York: Simon & Schuster, 2013).
38. Michael Herr, *Dispatches* (New York: Knopf, 1977); Donald Ringnalda, 'Fighting and Writing: America's Vietnam War Literature', *Journal of American Studies*, 22 (1988), pp. 25–42.
39. Brewer, *Why America Fights*, p. 189.
40. Kendrick Oliver, *The My Lai Massacre in American History and Memory* (Manchester: Manchester Unversity Press, 2005); James Olson and Randy Roberts, *My Lai: A Brief History With Documents* (Boston: Bedford Books, 1998).
41. Brewer, *Why America Fights*, pp. 197, 202–3.
42. Duncan White, *Cold Warriors. Writers who Waged the Literary Cold War* (New York: Harper Collins, 2019), p. 532.
43. Christopher Mallaby, *Living the Cold War: Memoirs of a British Diplomat* (Stroud: Amberley, 2017), pp. 20–2.
44. Joanna Lewis, 'Mau Mau's War of Words: The Battle of the Pamphlets', in James Raven (ed.), *Free Print and Non-Commercial Publishing since 1700* (Aldershot: Ashgate, 2000), pp. 222–46.
45. Richard Stubbs, *Hearts and Minds in Guerrilla Warfare: The Malayan Emergency, 1948–1960* (Singapore: Oxford University Press, 1989), pp. 170, 181–2.
46. Matthew Connelly, *A Diplomatic Revolution: Algeria's Fight for Independence and the Origins of the Post-War Era* (Oxford: Oxford University Press, 2002); Daniel Lerner, *The Passing of Traditional Society: Modernizing the Middle East* (London: Collier-Macmillan, 1958).
47. Julia Lovell, *Maoism: A Global History* (London: Bodley Head, 2019), pp. 60–2, 83–4.
48. Douglas Stiffler, 'Resistance to the Sovietization of Higher Education in China', in Connelly and Grüttner (ed), *Universities under Dictatorship*, pp. 213–43.
49. Lovell, *Maoism*, pp. 147–8.
50. 1960년대 말엽의 기숙학교 생활에 대한 작가 자신의 회상이다. 또한 다음을 참고하라. Alexander C. Cook (ed.), *Mao's Little Red Book: A Global History* (Cambridge: Cambridge University Press, 2014), pp. 37–8, 45, 76.
51. Andrew F. Jones, 'Quotation Songs: Portable Media and the Maoist Pop Song', in Cook (ed.), *Mao's Little Red Book*, pp. 43–60.

마지막 장—역사의 종언과 끝나지 않는 전쟁

1. Francis Fukuyama, 'The End of History?', *National Interest*, 16 (1989), pp. 3–18, at p. 4.
2. Michael Ignatieff, *The Warrior's Honor: Ethnic War and the Modern Conscience* (London: Chatto & Windus, 1998), p. 97.
3. Ignatieff, *The Warrior's Honor*, pp. 10, 75.
4. Nathaniel Fick, *One Bullet Away: The Making of a Marine Officer* (Boston: Houghton Mifflin, 2005), p. 251.
5. Susan A. Brewer, *Why America Fights: Patriotism and War Propaganda from the Philippines to Iraq* (New York: Oxford University Press, 2009), pp. 245, 265.
6. Jumana Bayeh, 'Egypt's Facebook Revolution: Arab Diaspora Literature and Censorship in the Homeland', in Nicole Moore (ed.), *Censorship and the Limits of the Literary: A Global View* (London: Bloomsbury, 2015), pp. 219–31.
7. The Legacy Project is now the Center for American War Letters at Chapman University: https://www.chapman.edu/research/institutes-and-centers/cawl/index.aspx (accessed 23 January 2023).
8. Elizabeth D. Samet, *Soldier's Heart: Reading Literature through Peace and War at West Point* (New York: Farrar, Straus and Giroux, 2007), pp. 18, 70, 128.
9. Elizabeth D. Samet, *Looking for the Good War: American Amnesia and the Violent Pursuit of Happiness* (New York: Farrar, Straus and Giroux, 2021); Samet, *Soldier's Heart*, pp. 239, 241; Elizabeth D. Samet, *No Man's Land: Preparing for War and Peace in post-9/11 America* (New York: Farrar, Straus and Giroux, 2007).
10. Robert Reich, 'Putin and Trump Have Convinced Me: I Was Wrong about the 21st Century', *Guardian*, 13 March 2022, https://www.theguardian.com/commentisfree/2022/mar/13/putintrump-ukraine-russia-invasion-war-21stcentury (accessed 23 January 2023).
11. *112 Gripes about the French* (Paris: Information & Education Division of the US Occupation Forces, 1945). 2013년에 옥스퍼드 보들리도서관에서 복제판으로 출판했다.

도판 목록

흑백 도판

10쪽. 웨스턴도서관 외관. 사진 출처: CC BY-SA 4.0 John Cairns (출처: 위키미디어 커먼스)
13쪽. 한 병사가 카툰을 그리고 있는 모습. (사진 출처: Orkney Library & Archive)
19쪽. 이브게니 코발렌코 기록보관소에서 신문을 읽고 있는 이오시프 스탈린. (사진 출처: 위키미디어 커먼스)
28쪽. 1938년 11월 9일과 10일, 크리스탈나흐트, 유대교 서적을 불태우다. (사진 출처: 위키미디어 커먼스)
52쪽. 『바가바드 기타의 전쟁 철학』. (사진 출처: 위키미디어 커먼스)
56쪽. 카를 폰클라우제비츠. (사진 출처: © The Picture Art Collection/Alamy Stock Photo)
65쪽. 웨스트포인트 1914년 졸업반 동기생들. 미국 사관학교 앨범, 1911, 97쪽. (사진 출처: 위키미디어 커먼스)
93쪽. 보어전쟁에서 영국 지휘관들 중 육군 원수 로버츠 경. (사진 출처: 저자)
99쪽. 윌리엄 르퀵스 《북맨(Bookman)》(c.1897). (사진 출처: 위키미디어 커먼스)
109쪽. 치유자가 된 독일 황제. (사진 출처: 저자)
139쪽. 『전쟁에 미치는 과학의 역할』. (사진 출처: 저자)
141쪽. 『소련의 과학』. (사진 출처: 저자)
144쪽. 트로핌 리센코. (사진 출처: 위키미디어 커먼스)
156쪽. 치머만 전보. (사진 출처: 미국 국립문서기록관리청(National Archives and Records Administration, NARA)/위키미디어 커먼스)

167쪽. 발터 셸렌베르크. (사진 출처: © Sueddeutsche Zeitung Photo/Alamy Stock Photo)
172쪽. 『참모장교의 일기』. (사진 출처: 저자)
184쪽. 『무장 중인 세계』, 전쟁 지도, 일본. (사진 출처: 저자)
191쪽. '페르시아, 아프가니스탄과 발루치스탄'(1904), 아메리카나컴퍼니. 워싱턴 미국 의회 도서관 지리와 지도 서가. (사진 출처: 미국 의회 도서관)
196쪽. 제1차세계대전 참호망. (사진 출처: ccablog.blogspot.com)
200쪽. 〈암울한 오점(Black Stain)〉, 알버트 베테이너(1887). (사진 출처: © bpk/Deutsches Historisches Museum/Arne Psille)
233쪽. 앨런 레인의 모습. (사진 출처: © Pictorial Press Ltd/Alamy Stock Photo)
238쪽. 길드북스. (사진 출처: 저자)
241쪽. 마스 초콜릿바를 더 오래 가게 만들자. (사진 출처: 저자)
244쪽. 넬라 라스트. (사진 출처: Mass Observation Archive, University of Sussex)
252쪽. 뉴질랜드의 배급통장. (사진 출처: CC BY-SA 2.0 Archives New Zealand/Wikimedia Commons)
253쪽. 전쟁보험. (사진 출처: 저자)
271쪽. 옥스퍼드팸플릿. (사진 출처: 저자)
294쪽. 1933년 나치의 분서 만행. (사진 출처: © World History Archive/Alamy Stock Photo)
306쪽. 《소비에트 전쟁 뉴스》. (사진 출처: 저자)
325쪽. 프랑스 보베에 설립된 YMCA 열람실. (사진 출처: National Library NZ/위키미디어 커먼스)
344쪽. 《인디언 뉴스 리뷰》. (사진 출처: 저자)
347쪽. 《크루세이더》. (사진 출처: 저자)
355쪽. 『데어 라흐테 홀란드(Der Lachende Roland)』. (사진 출처: 저자)
356쪽. 독일 병사들에게 책을 공급한 보트. '북유럽, '떠다니는 전선 서점'', Willy Rehor, 1943년. (사진 출처: © Bundesarchiv Bild 101I-114-0069-20)
364쪽. 존 버컨. (사진 출처: © Pictorial Press Ltd/Alamy Stock Photo)
374쪽. 피터 체이니. (사진 출처: © Pictorial Press Ltd/Alamy Stock Photo)
388쪽. 《사보퇴렌》, 노르웨이 저항신문. (사진 출처: Bergen University Library Special Collections)
408쪽. 잡지 《전쟁포로》. (사진 출처: 저자)
410쪽. 『그리스도교와 사회질서』, 윌리엄 템플. (사진 출처: 저자)
412쪽. 펭귄 만년필 광고. (사진 출처: 저자)

417쪽. '영국의 독일 전쟁포로들: 독일 포로수용소의 일상, 영국, 1945년', 영국 정보부. (사진 출처: © IWM D 26716)
428쪽. 몬테카시노수도원. (사진 출처: Sueddeutsche Zeitung Photo/Alamy Stock Photo)
457쪽. 라트비아의 리가에 쌓아 놓은 약탈 도서들, 1943년 11월. (사진 출처: © Bundesarchiv Bild 146-1977-031-03)
472쪽. '심하게 화재를 당한 홀랜드하우스,' 폭스포토사(Fox Photos Ltd)의 해리슨, 1940년 10월 18일. (사진 출처: 위키미디어 커먼스)
476쪽. '1945년 3월 22~23일 라인강 도하를 준비하기 위한 연합국의 폭격으로 폐허가 된 베젤'. 미국 국립문서기록관리청 NAID 535793. (사진 출처: 국립문서기록관리청/위키미디어 커먼스)
503쪽. 영제국 우표, 1941. (사진 출처: 저자)
522쪽. 1945년 7월 6일 독일 프랑크푸르트 인종연구소 지하실에서 미 군종목사 새뮤얼 블린더가 유럽의 모든 점령국에서 약탈된 책 그리고 수백 권의 토라 중에서 하나를 살펴보고 있다. (사진 출처: National Archives Catalogue 531306)
524쪽. '오펜바흐 분류소에서 책의 출처가 우크라이나 볼히니아신학교임을 보여 주는 장서인', American Jewish Historical Society (P-933). (사진 출처: Center for Jewish History NYC/위키미디어 커먼스)
547쪽. 『소비에트 인기곡』과 『러시아의 전투 1941~1943』. (사진 출처: 저자)
553쪽. 『추운 나라에서 온 스파이』. (사진 출처: 저자)
562쪽. 『고우무카 계획』(1964). (사진 출처: 저자)
589쪽. 2012년 아프가니스탄. 'A British General checks American troops', U.S. Department of Defence VIRIN ID 120821-A-GH 622-004. (사진 출처: Christopher Bonebrake/위키미디어 커먼스)

컬러 도판

섹션 1

1. '책은 사상의 전쟁을 위한 무기다', S. Broder, 미국정부간행물인쇄국(GPO), 1942년. (사진 출처: Washington State University)
2. 병사 교육. (사진 출처: 저자)
3. 《보이즈 오운 페이퍼》 (사진 출처: 저자)
4. 『키치너와 함께 하르툼으로』. (사진 출처: 저자)
5. 알렉세이 반젠하임의 '강제수용소 일기'에 그려진 그림, 1937년.
6. 블라외 세계지도, 1635년. (사진 출처: © Classic Image/Alamy Stock Photo)
7. 범게르만주의, 1894년. (사진 출처: history_docu_photo/Alamy Stock Photo)
8. '승리를 위한 요리'. (사진 출처: 저자)
9. 우리가 야만인이라고? 'Wir Barbaren! [Us Barbarians!]', Louis Oppenheim (Dr Selle and Co, A-G, Berlin, 1915). (사진 출처: © IWM Art.IWM PST 6921)
10. 런던의 전시 서점 풍경. '런던은 잘 견디고 있다: 전시의 쇼핑 장면, 1942년', 정보부. (사진 출처: © IWM Art.IWM PST 6921)
11. 공습경보 실용 지침서. (사진 출처: 저자)
12. 비시 정부의 굴욕. (사진 출처: 저자)
13. 영국의 독일 기자. (사진 출처: 저자)
14. 영국 본토 항공전: 영국왕립인쇄국 번역. (사진 출처: 저자)
15. 출판업자를 자처한 정부. (사진 출처: 저자)
16. '1918년 반독일 시위에서 배러부 고등학교에서 내놓은 독일 교과서 더미가 거리에서 불타고 있다'. 미국 의회 도서관 PR 06 CN 464. (사진 출처: 미국 의회 도서관/위키미디어 커먼스)

섹션 2

17. 미국 진중문고. (사진 출처: 저자)
18. 《오크니 블라스트》 제작진. (사진 출처: Orkney Library & Archive)
19. 해외 주둔 병사용 《타임》. (사진 출처: 저자)
20. 제1차세계대전 미국 병사용 책. '이 봐요! 당신의 돈이 우리가 원할 때 우리가 읽고 싶은 책을 가져다 줍니다'. 1918년 존 E. 셰리던(John E. Sheridan)이 만들고 미국도서관협회가 출판하다. (사진 출처: 미국 의회도서관)
21. '영내 도서관은 우리의 것—읽어서 이기자'. C. B. 폴스 제작, 미국도서관협회 출판. (사진 출처: 미국 의회도서관)

22. 참호에 있는 독일 병사들에게 책을 보내기 위한 기금 모집. '병사에게 보낼 읽을거리 구입을 위해 시민에게 호소하다'. 포스터 제작사: Max Antlers (Plakatkunstanstalt Dinse und Eckert, Berlin SO16). (사진 출처: © IWM Art. IWM PST 0433)
23. '아는 것이 힘이고 공공도서관은 무료다', 1918년 댄 스미스가 만들고 미국도서관협회가 출판하다. (사진 출처: University of North Texas Digital Library)
24. 에드워드 머로와 윌리엄 샤이러. (사진 출처: © Everett Collection Historical/Alamy Stock Photo)
25. 독서 중인 히틀러. (사진 출처: © Chronicle/Alamy Stock Photo)
26. 포로수용소 강연. (사진 출처: 저자)
27. 몬테카시노 수도원 도서관의 필사본에 있는 누르시아의 베네딕트(Benedict of Nursia)를 그린 세밀화. (사진 출처: © INTER FOTO/Alamy Stock Photo)
28. 인종 간 사람을 묘사한 아파르트헤이트 문학. (사진 출처: 저자)
29. 《코만도》 잡지. (사진 출처: 저자)
30. 『마오쩌둥 어록』, 작은 빨간 책. (사진 출처: 저자)
31. 안나 아흐마토바 초상화, 쿠즈마 페트로프-보드킨(Kuzma Petrov-Vodkin)(1922). 국립 러시아박물관(The State Russian Museum). (사진 출처: 위키미디어 커먼스)

찾아보기

ㄱ

가가린, 유리(Gagarin, Yuri) 567
가나안 153
《가디언(Guardian)》(《맨체스터 가디언(Manchester Guardian)》) 337, 591
가짜전쟁 266
간디, 마하트마(Gandhi, Mahatma) 50, 52
갈리폴리전투 197
《걸스 오운 페이퍼(Girl's Own Paper)》 103
게르하르트, 찰스(Gerhardt, Charles) 462
게슈타포 133, 168, 273, 297, 437, 457
겨울 전쟁 164
고드프리, 존 헨리(Godfrey, John Henry) 178, 206, 552
고르바초프, 미하일(Gorbachev, Mikhail) 558
골란츠, 빅터(Gollancz, Victor) 269, 300~301, 369
골즈워디, 존(Galsworthy, John) 309, 359, 365, 405
골트슈미트, 아르투르(Goldschmidt, Arthur) 460
공산주의(공산주의자) 21, 42, 117, 148, 152, 295, 300, 304, 380, 386, 528, 539, 542~543, 546, 549, 552, 559, 575~577, 583
『과달카날 일기(Guadalcanal Diary)』 280
관타나모만 590
광산 249, 426, 434, 460, 517, 521
괴링, 헤르만(Goering, Hermann) 351, 370, 432, 449~450, 462
괴벨스, 요제프(Goebbels, Joseph) 11, 178, 228, 296~298, 353, 377, 381, 449, 528
괴테, 요한 볼프강 폰(Goethe, Johann Wolfgang von) 460
괴팅겐 133, 402
교육 9, 18, 29~30, 39, 40~41, 55, 57~58, 63~66, 68~72, 75~84, 103,

106, 110, 112~116, 119, 123, 127, 129~130, 133~135, 137~138, 141, 161, 194, 197, 199, 201, 203, 205, 217, 274, 290~291, 283, 326, 405, 453~455, 459, 479, 496, 500~501, 565, 567, 578~579, 583, 589~590
구르카 용병 568
구미에 486
구밀료프, 니콜라이(Gumilev, Nikolai) 357
구스타프 2세(Gustav II Adolf) 448
구정대공세 570
구즈만, 아비마엘(Guzmán, Abimael) 578
구텐베르크 성경 464
국방여성회 245
국제서지목록 174
굴리야시키, 안드레이(Gulyashki, Andrei) 554
규슈 419
그랜트, 던컨(Grant, Duncan) 30
그레이, 제인(Grey, Zane) 339
그레이브스, 로버트(Graves, Robert) 50
그레이엄, 셜리(Graham, Shirley) 340
그레이엄, 조리(Graham, Jorie) 588
그레이트게임 188~190
그루, 조지프(Grew, Joseph) 545
그리샴, 존(Grisham, John) 590
그리스 477
  고대 그리스 27, 590
그리스우드, 프레더릭(Grisewood, Frederick) 239

그리즈데일 417
그린, 그레이엄(Greene, Graham) 151, 552
그린, 뮤리얼(Green, Muriel) 275
그린, 에드먼드(Green, Edmund) 172~173
글래스고 423, 489
글로벌사우스 37, 54
기번, 에드워드(Gibbon, Edward) 72
기빙스, 로버트(Gibbings, Robert) 338
긴즈버그, 앨런(Ginsberg, Allen) 569
길드북스(Guild Books) 337

ㄴ

나르비크 181
나보코프, 니콜라스(Nabokov, Nicolas) 548
나샤시비, 이샤프(Nashashibi, Isaaf) 536
나세르, 가말 압델(Nasser, Gamal Abdel) 572, 575
『나의 투쟁(Mein Kampf)』 17, 89, 214, 229, 293, 295, 304, 312~313, 381~382, 395, 407, 418, 476
나이팅게일, 플로렌스(Nightingale, Florence) 81~82
나치독일 국가보안본부 168
나폴레옹(Napoleon) 57, 63, 68, 75~76, 84, 111~112, 154, 183, 444~447
나폴리 113~114, 119, 185, 349, 429
나폴리국립도서관(National Library of Naples) 477

남아프리카 94~96, 222, 343, 566
너니턴 259
네덜란드 61, 72, 138, 166, 186, 221, 228, 356, 385~393, 435, 449, 455, 457, 467, 472, 480, 483, 495, 501, 520, 523, 526~527, 530, 544, 573, 578, 589, 610
네덜란드독립전쟁 61, 390
네서, 앨버트(Nesor, Albert) 265
넬슨클래식 총서 255, 337
노데, 가브리엘(Naudé, Gabriel) 62
노르망디 119, 177~178, 185, 194, 207, 319, 321, 342, 407, 437, 506
노르웨이 32, 158, 163, 165, 203, 206, 228, 354, 356, 372, 391, 482
노벨상 17, 129, 136, 216, 510
노섭, 솔로몬(Northup, Solomon) 86
노스클리프 경, 알프레드 함스워스 (Northcliffe, Alfred Harmsworth, Lord) 100~102, 363
노이만, 프란츠(Neumann, Franz) 159
뉘른베르크 495
뉘른베르크 재판 137, 478, 540
《뉴 스테이츠먼(New Stateman)》 257~258
뉴먼, 버나드(Newman, Bernard) 265
뉴멕시코 156
《뉴스위크(Newsweek)》 342
뉴욕 64, 137, 159, 204, 225, 285, 289, 292, 341, 348, 377, 440, 463~464, 546, 565
뉴욕공공도서관(New York Public Library) 159, 203~204, 290, 440

모건도서관(Morgan Library) 464
월도프애스토리아호텔 546
뉴저지 282
뉴질랜드 252, 325, 343, 486
뉴캐슬 250
니묄러, 마르틴(Niemöller, Martin) 416
니컬스, 베벌리(Nichols, Beverley) 50, 53
닉슨, 리처드(Nixon, Richard) 568

ㄷ
다름슈타트 433, 441
다비도비치, 루시(Dawidowicz, Lucy) 533, 536
다우닝, 루퍼트(Downing, Rupert) 268
다하우 175, 277
단눈치오, 가브리엘레(D'Annunzio, Gabriele) 40
단치히 484
담배 마는 종이가 된 성경 406
대공포(Great Terror) 115
대서양방벽 176
대서양전투 179
더글러스, 로이드 C.(Douglas, Lloyd C.) 281, 342
더글러스, 프레더릭(Douglass, Frederick) 86, 340
더비셔 331
데이비스, 조지프 E.(Davies, Joseph E.) 279
《데일리 메일(Daily Mail)》 100, 269, 351, 361

찾아보기 661

《데일리 미러(Daily Mirror)》 307, 346
《데일리 워커(Daily Worker)》 304~305
덴마크 64, 163, 387, 391~392, 482, 508
덴버 159
덴트, J. M.(Dent, J. M.) 223
델, 에설(Dell, Ethel) 404
도너번, 윌리엄 '와일드 빌'(Donovan, William 'Wild Bill') 158
도란, 제니(Doran, Jennie) 291
도런, 칼 밴(Doren, Carl von) 544
도서관
    공공도서관 9, 16~17, 27, 30, 34, 36, 89, 100, 103, 115, 137, 140, 168, 182, 203~204, 237~238, 246~249, 251, 253~255, 257~260, 262, 274~278, 282, 287, 289~291, 295~296, 304, 308, 312, 320~321, 330~332, 337, 360, 363, 370, 380, 382~383, 389, 403, 423, 440, 454, 458~459, 471, 473~474, 477, 481, 483, 489~490, 497, 499~500, 508, 510~514, 520~521, 528, 558, 566, 583
    대학도서관 9, 28, 33~34, 134, 149, 159, 161, 293, 429~432, 440, 471, 478~479, 490, 506, 511
    도서관협회 149, 247~248, 290, 308~309, 321, 323, 330, 332~333, 337, 410, 504, 543
    분관 247
《도서관협회보(Library Association Record)》 249~250, 259, 274, 304, 312
도스토옙스키, 표도르(Dostoevsky, Fyodor) 295
도슨, 제프리(Dawson, Geoffrey) 326
도쿄 162, 545
『도킹전투(Battle of Dorking)』 97
독가스 128~129, 271
독일군 32, 47, 67, 72~73, 84, 100, 111, 116~119, 126, 128~129, 131, 150, 161, 164, 170, 176, 178, 202, 209, 228, 299, 320, 328, 346, 351, 356~357, 387, 390, 399, 402, 411, 413, 417~418, 427~431, 445, 454, 456, 467, 473, 475, 477~478, 482, 485~486, 488, 501, 519, 524
    독일 공군 160, 228, 245, 275~276, 351, 370, 406
동독 22, 42, 46, 395, 514, 528, 554, 556, 558~559, 561~566, 583
『동물농장(Animal Farm)』 45, 301, 545
동인도회사 80~81, 186
동프로이센 483
되니츠, 카를(Dönitz, Karl) 171
됭케르크 467
    됭케르크철수작전 53, 266~267, 311, 370, 407
뒤셀도르프 498

뒤아멜, 조르주(Duhamel, Georges) 268
뒤피, 어니스트(Dupuy, Ernest)　184
듀 모리에, 대프니(Du Maurier, Daphne)　371
드골, 샤를(De Gaulle, Charles)　19, 268, 384, 387, 541, 575
드레스덴국립도서관(Dresden State Library)　464
드발, 요하네스 반(Dewall, Johannes van)　71
디데이　176, 179, 346, 416, 475
디츠, 데이비드(Dietz, David)　340
디크, 빅토르(Dyk, Victor)　478
디킨스, 찰스(Dickens, Charles)　85, 89, 296, 326, 339
딕, 필립 K.(Dick, Philip K.)　569
딕슨, 헨리(Dickson, Henry)　197

ㄹ

라누, 프랑수와 드(La Noue, François de)　61
라디오　32, 114, 176, 204, 224, 261, 307, 333, 370, 574~575, 580, 595
라스트, 넬라(Last, Nella)　14, 243~245, 251, 259
라우바흐　273
라우셴플라트, 헬무트 폰 (Rauschenplat, Hellmut von)　265
라우엔슈타인성　433
라이, 게오르크(Leyh, Georg)　432
라이더 해거드, 헨리(Rider Haggard, Henry)　366

라이메이커스, 루이(Raemaekers, Louis)　221
라이스, 틸리(Rice, Tilly)　304
라이시, 로버트(Reich, Robert) 591~593
《라이프(Life)》　13, 342
라이프치히　71, 90, 152, 160, 192, 280, 331
라일, 길버트(Ryle, Gilbert)　161
라트비아　38, 457, 509, 582
　　라트비아국립도서관　582
라티보르(라치부시)　519~521, 525
랄랑드, 제롬 드(Lalande, Jérôme de) 66
래스키, 멜빈(Lasky, Melvin)　549
랜디드노　249
랜즈버리, 조지(Lansbury, George)　53
랭커셔　308
랭퍼드, 글래디스(Langford, Gladys) 256
러셀, 버트런드(Russell, Bertrand)　50
러시아['소비에트연방' 항목 참고] 18~19, 36, 38, 44, 46, 48, 87, 98, 101, 105, 111~112, 114~119, 126, 134, 137, 140, 143, 150, 157, 160, 162, 165, 168, 188~189, 191, 199, 215, 269, 295~296, 402, 429, 455, 501, 507~509, 513, 518, 525~531, 539, 546, 584, 591~593
런던
　　런던대학교　12, 196, 206, 257, 409, 437
　　런던 과학박물관　139, 437

런던 내셔널갤러리 436
런던 왕립지리학회 9, 190~191, 196~197
런던 임페리얼전쟁박물관 7, 168
런던 지하철 8, 222, 237, 250
런던 홀랜드하우스 472
영국 박물관 436
런던대공습 249, 251, 278, 369, 468~469, 473
레닌, 블라디미르(Lendvai, Paul) 35~36, 87, 140, 142~143, 214, 508, 530, 559
레닌그라드 117, 143, 524, 528~529
레닌그라드공방전 117
레딩대학교 197
레마르크, 에리히 마리아(Remarque, Erich Maria) 224, 226, 361
레벤스라움(Lebensraum) 39
레웰린, 리처드(Llewellyn, Richard) 279, 339
레이디스미스 94
레인, 앨런(Lane, Allen) 232~237, 335~336, 376, 406
레프트북클럽 257~258, 300
렌드바이, 파울(Lendvai, Paul) 557, 559
로더미어, 해럴드 함스워스 경 (Rothermere, Harold Harmsworth, Lord) 363
로마 27, 29, 354, 427, 485
　고대 로마 60, 62~63, 446, 590
　바티칸 426, 428
로메인, 얀(Romein, Jan) 393

로버츠, 프레더릭 경(Roberts, Frederick Lord) 100
로볼트, 에른스트(Rowohlt, Ernst) 298~299
로스앤젤레스 333
로웰, 로버트(Rowell, Robert) 547
로이드 조지, 데이비드(Lloyd George, David) 363, 365~366
로이터 267
로이터 교수(Reuter, Professor) 498
로제, 브루노(Lohse, Bruno) 450
로젠베르크, 알프레트(Rosenberg, Alfred) 294, 352, 381, 452, 540
로즈, W. J.(Rose, W. J.) 236
로캉쿠르, 쟝-토마스(Rocquancourt, Jean-Thomas) 65
로테르담 467
록펠러재단 543
롤리, 월터 경(Raleigh, Sir Walter) 326
롤링스, 찰스(Rawlings, Charles) 341
롬멜, 에르빈(Rommel, Erwin) 113, 177
롱펠로, 헨리 워즈워스(Longfellow, Henry Wadsworth) 339
뢰블, 알렌(Loebl, Allen) 450
루덴도르프, 에리히(Ludendorff, Erich) 106, 221
루마니아 164, 181, 564
루뱅대학교 220, 323
루블린 480
　루블린 탈무드도서관 480
루소(Rousseau) 21

루스벨트, 엘리너(Roosevelt, Eleanor) 285
루스벨트, 프랭클린 델러노(Roosevelt, Franklin Delano) 22~23, 32, 115, 158, 214, 281, 285~286, 350, 370, 377, 496, 510, 542, 544
루이 14세(Louis XIV) 61, 63
루이스, 싱클레어(Lewis, Sinclair) 224, 339, 410
루이스, C. S.(Lewis, C. S.) 285
룬트슈테트, 게르트 폰(Rundstedt, Gerd von) 418
룬트슈테트, 한스 게르트 폰 (Rundstedt, Hans Gerd von) 417~418
룰레벤 405
뤼겐 119
르머천트, 존(Le Marchant, John) 76, 80
르블롱, 오귀스트-사비니엥(Le Blond, Auguste-Savinien) 66
르비우 354
르완다 583
르장드르, 아드리앵-마리(Legendre, Adrien-Marie) 42
르카레, 존(Le Carré, John) 46, 151
르쾨스, 윌리엄(Le Queux, William) 98~100
르투케(Le Touquet) 305
르프로이, 존(Lefroy, John) 82
리, 제니(Lee, Jennie) 269
리가 354, 448, 456~457
《리더스 다이제스트(Reader's Digest)》 13, 257

리더스유니온북클럽 257~258
리델하트, 바실(Liddell-Hart, Basil) 418
리드, 더글러스(Reed, Douglas) 312~313
리버풀 331, 467, 473
리벤트롭, 요아힘 폰(Ribbentrop, Joachim von) 449
리비어, 폴(Revere, Paul) 342
리비우스 60
리빙스턴, 토머스(Livingstone, Thomas) 423
리센코, 트로핌(Lysenko, Trofim) 143~145, 566
리센코학설 145
리스본 508
리옹 387
리즈 208, 246, 250~251
리텐, 이름가르트(Litten, Irmgard) 265
리투아니아 456, 475, 481~482
리프먼, 월터(Lippmann, Walter) 281, 545
린드버그, 찰스(Lindbergh, Charles) 175
린뱌오(林彪) 578
린츠 449~450, 520
《릴리풋(Lilliput)》 345
림부르거, 베른하르트(Limburger, Bernhard) 465
링컨, 에이브러햄(Lincoln, Abraham) 85~88
링클레이터, 에릭(Linklater, Eric) 343

ㅁ

마그네스, 유다(Magnes, Judah) 534
마그데부르크 556
마드리드 153~154, 556
마르크스, 카를(Marx, Karl) 559
마리네티, 필리포 토마소(Marinetti, Filippo Tommaso) 40
마사리크, 토마시(Mazaryk, Tomáš) 199
마셜, 헨리에타(Marshall, Henrietta) 46
마셜플랜 543, 546
마야제국 27
마야코프스키, 블라디미르(Mayakovsky, Vladimir) 42
마오쩌둥(毛澤東) 20, 41~42, 340, 395, 576~580, 595
마우마우반란 573
마운트배튼, 루이스(Mountbatten, Louis) 346
마이, 카를(May, Karl) 275, 352, 382
마이크로필름 137, 139~140, 595
마인츠 445
『마인츠 시편(Psalter of Mainz)』 463~464
마지노선 165
마키아벨리, 니콜로(Machiavelli, Niccolo) 62~63, 550
마페킹 94, 104
막시밀리안 1세(Maximilian I) 447
만, 토마스(Mann, Thomas) 380, 414
만, 하인리히(Mann, Heinrich) 226
만델라, 넬슨(Mandela, Nelson) 576, 590
만화책 342~343, 565
말레이반도 490, 574, 576
말로, 앙드레(Malraux, André) 548
말로, 제임스(Marlow, James) 268
매스터먼, 찰스(Masterman, Charles) 359
매스터먼, J. C.(Masterman, J. C.) 161
매지, 찰스(Madge, Charles) 243
매카시즘 555, 564
매콜리, 로즈(Macaulay, Rose) 53, 168
매클리시, 아치볼드(MacLeish, Archibald) 31~32, 145
맥거번, 조지(McGovern, George) 569
맥닐, 허먼 시릴(McNeile, Herman Cyril) 361
맥밀런 270, 314
맥밀런, 해럴드(Macmillan, Harold) 302, 346
맥카시, 메리(McCarthy, Mary) 547
맥카시, 조지프(McCarthy, Joseph) 396
맥팔랜드, 래닝 '패키'(Macfarland, Lanning 'Packy') 150
맨섬(Isle of man) 399
맨체스터 104, 250
맨해튼 프로젝트 136
맬러비, 크리스토퍼(Mallaby, Christopher) 573
머피, J. T.(Murphy, J. T.) 269
머핸, 데니스(Mahan, Dennis) 65
멀러, 프레데릭(Muller, Frederick) 264
메노파교도 48

메더, 조(Meador, Joe) 460~464
메를로-퐁티, 모리스(Merleau-Ponty, Maurice) 549
메수엔 314
메스 64, 165
메이넨, 에밀(Meynen, Emil) 202
메이다베일 470
메이어, 스테파니(Meyer, Stephenie) 590
메일러, 노먼(Mailer, Norman) 283, 548, 569
멕시코 66, 156, 480
멜빌, 세실 F.(Melville, Cecil F.) 268
멧캐프, 허버트 J.(Metcalf, Herbert J.) 291
모그, R. P. L.(Mogg, R. P. L.) 397
모라비아 448
모렐, 오톨린(Morrell, Ottoline) 49
모렐, 필립(Morrell, Philip) 49
모로코 160, 486
모루아, 앙드레(Maurois, André) 224, 261, 269
모리아크, 프랑수아(Mauriac, François) 390
모벌리 비축분 309~310
모세 153
모스크바 87, 111, 144, 165, 524, 526, 529~531
　레닌도서관 528
　모스크바국립도서관 530
모슬리, 오즈월드(Mosley, Oswald) 373
모즐리, H. G. J.(Moseley, H. G. J.) 138
모차르트, 볼프강 아마데우스(Mozart, Wolfgang Amadeus) 433
몬테카시노 427~428, 485, 487
몰로토프, 뱌체슬라프(Molotov, Vyacheslav) 36~37
몰트케 백작, 헬무트 폰(Moltke, Helmuth Graf von) 67~68, 72~73
몸, 서머셋(Maugham, Somerset) 343, 339
몽고메리, 버나드(Montgomery, Bernard) 346
몽뤽, 블레즈 드(Monluc, Blaise de) 61
몽스의 천사(Angel of Mons) 328
몽테스키외, 샤를 루이 드(Montesquieu, Charles Louis de) 21
무디도서대여점 256
무바라크, 호스니(Mubarak, Hosni) 587
무솔리니, 베니토(Mussolini, Benito) 214
무어, 로빈(Moore, Robin) 570
문화적 자유를 위한 회의(Congress for Cultural Freedom) 546, 548
뮌스터 402
뮌헨 8, 36, 217, 301, 450, 457
미국(미합중국)['미국 남북전쟁' 항목 참고] 15~16, 18, 22, 30~32, 35, 45~46, 48, 50~51, 58, 63, 64, 66~67, 76, 78, 80, 85~86, 89, 114, 118, 125, 129, 134~137, 139~140, 150, 156~158, 160, 162, 169, 175, 178~179, 181, 188, 191~192, 194,

198, 203~205, 208, 214~216, 220, 223~225, 227, 230, 232~234, 240, 246, 252, 275, 278~288, 290~292, 294, 296, 298, 307~308, 319, 321~323, 330, 333~335, 338, 340, 343, 346, 348~349, 354, 356, 360~361, 364~365, 367, 369~370, 372~373, 377, 380, 382, 406~407, 414~416, 419, 427, 434, 439~440, 461~466, 472, 482~483, 496, 501~505, 512, 518, 521, 523, 532~533, 535, 541, 543~546, 548, 550~552, 556, 564~565, 567~572, 575~577, 581, 586~588, 591
미국 남북전쟁 30, 66~67, 76, 78, 87, 89, 118, 188, 191, 588
미국 중앙정보부(CIA) 31, 140, 150
미국도서관협회(American Library Association) 149, 290, 322, 333, 504, 543
미국지리학회(American Geographical Society) 203, 205
미니버 부인(Mrs. Miniver) 377
미델뷔르흐 472
미드웨이 해전 439
미라이 573
미셸, 가스파르(Michel, Gaspard) 446
미첼, 마거렛(Mitchell, Margaret) 372
미치슨, 나오미(Mitchison, Naomi) 369
미카엘, 제롬(Michael, Jerome) 532
미카엘리언, 앨런(Mikaelian, Allen) 588
미켈란젤로(Michelangelo) 445

미테랑, 프랑수아(Mitterrand, François) 383
민스크 8, 525~526, 530
밀너, 앨프리드(Milner, Alfred) 92, 94~96
밀라노 426~427, 446
밀러, 더글러스(Miller, Douglas) 279
밀러, 아서(Miller, Arthur) 547
밀른, A. A.(Milne, A. A.) 50, 53

ㅂ
『바가바드 기타(Bhagavad-Gita)』 51~52
바그다드 585
『바람과 함께 사라지다(Gone with the Wind)』 372, 382, 419
바르바로사작전 164~165, 168
바르샤바공공도서관(Warsaw Public Library) 454, 477
바빌로프, 니콜라이(Vavilov, Nikolai) 143~144
바솔로뮤(Bartholomew) 181~182, 208
바이마르공화국 109, 226, 295, 298, 367
바이시히 434
바이에른 197, 410, 447, 454, 520
바인덴펠트, 조지(Weidenfeld, George) 227
바클리, 플로렌스(Barclay, Florence) 376
바티칸 426~428, 444, 447
반겐하임, 알렉세이 페오도시에비치(Wangenheim, Alexey Feodosievich) 87

반도전쟁 76
반미활동조사위원회 280, 340
발, 한스(Wahl, Hans) 460
발레리, 폴(Váléry, Paul) 384
발트삼국 117
밤페르크 447
배로인퍼니스(Barrow-in-Furness) 14, 243
배리, 제임스(Barrie, James) 359
배질블랙웰(Basil Blackwell) 397
백악관 85~86
버널, J. D.(Bernal, J. D.) 128
버먼, 버드(Berman, Bud) 463
버밍엄 131, 222, 246
버지니아군사대학 66
버지스, 가이(Burgess, Guy) 555
버컨, 윌리엄(Buchan, William) 266
버컨, 존(Buchan, John) 12, 96, 98, 155, 165, 328, 362~365, 407
버클리 159
벌레라, 에이먼 데(Valera, Eamon de) 314
벌린, 이사야(Berlin, Isaiah) 509
베네, 스티븐 베드포드(Benét, Stephen Bedford) 545
베네제흐, 피에르(Bénézech, Pierre) 446
베네치아 445
베넷, 아널드(Bennett, Arnold) 359, 362~363, 365
베데커 32, 185, 203
베로네세, 파올로(Veronese, Paolo) 444

베롤츠하이머, 루스(Berolzheimer, Ruth) 240
베르사유 71, 109, 111, 113, 125, 129, 163, 199~200, 431, 501
베르히테스가덴 18, 451
베른하르디, 프리드리히 폰(Bernhardi, Friedrich von) 108
베를린 8, 11, 67, 70, 106, 109, 119, 132, 146, 164, 209, 217, 226, 275, 277, 297, 307, 370, 404, 432, 449, 456~457, 458~459, 479, 515, 518~519, 521, 528, 536, 546, 548
베를린공과대학교(Berlin Technical University) 9, 134
베를린공수작전 546, 550, 555
베를린국립도서관(Berlin State Library) 34, 132, 434, 458, 510, 523, 530
베를린대학도서관(University Library of Berlin) 241, 293, 458
베를린장벽 373, 390, 392, 394, 396, 409~410, 419
베를린중앙도서관(Berlin Central Library) 515~516
오스트뷔허라이(Ostbücherei, 동부도서관) 455~456, 530
베름케, 에른스트(Wermke, Ernst) 137
베버리지 보고서 44~45, 272
베버리지, 윌리엄(Beveridge, William) 44
베아, 이스마엘(Beah, Ishmael) 590

베어볼프 운동 500
베어트, 알렉산드라(Werth, Alexander) 268
베이든 파월, 로버트(Baden-Powell, Robert) 104
베이징 21
베이커, 조지(Baker, George) 351
베젤 475~476
베토벤, 루트비히 판(Beethoven, Ludwig van) 290, 433
베트남 554~555, 567~572, 589
베트콩 568, 571
벤슨, A. C.(Benson, A. C.) 359
벤틀리, 필리스(Bentley, Phyllis) 368
벨, 조지 주교(Bell, Bishop George) 413
벨기에 75, 155, 174, 196, 215, 307, 323, 351, 356, 360, 385, 389, 402, 413, 424, 472, 520, 526
벨로루시(벨라루스) 117, 195, 473, 477, 525~526
　벨라루스국립도서관 530
벨로브, 게오르크 폰(Below, Georg von) 220
벨젠 277, 393
벨지언, 몽고메리(Belgion, Montgomery) 411
벵골 80
벵코위츠, 아이작(Bencowitz, Isaac) 523
보너, 울리히(Boner, Ulrich) 447
보니것, 커트(Vonnegut, Kur) 569
보동쿠르, 기욤 드(Vaudoncourt, Guillaume de) 65~66
보로네시 134
보방, 세바스티앵 르 프르스트르 드 (Vauban, Sébastien Le Prestre de) 61, 65, 76
보부아르, 시몬 드(Beauvoir, Simone de) 546
보스니아 584
보스니아헤르체고비나국립대학 도서관(National and University Library of Bosnia-Herzegovina) 28~29
보어, 닐스(Bohr, Niels) 137
보어전쟁 17, 79, 91~93, 95~96, 100, 108, 362
《보이즈 오운 페이퍼(Boy's Own Paper)》 102~103
보헤미아 199, 448, 464, 478
본드, 제임스(Bond, James) 45, 151, 552~555
볼로냐 426, 446
볼셰비키(볼셰비즘) 36, 110, 452, 539
볼테르(Voltaire) 339
볼펜뷔텔 446~447
볼프, 프리드리히(Wolf, Friedrich) 21
볼히니아 524
부다페스트 559
부츠애서가도서대여점(Boots Book-Lovers' Library) 255
부트로스-갈리, 부트로스(Boutros-Ghali, Boutros) 584
부하린, 니콜라이(Bukharin, Nikolai) 36
부헨발트 175, 277
브라니에보 448

브라운대학교　507
브라이스, 제임스 경(Bryce, James Lord)　361
브라이어, 데이비드(Breyer, David)　350~351
브라이언트, 아서(Bryant, Arthur)　302~303
브라이튼　243
브라지야크, 로베르(Brasillach, Robert)　384, 542
브러시허버트(Brush, Herbert)　256
브레슬라우(브로츠와프)　137, 479, 511
브레이즐턴, 처칠(Brazelton, Churchill)　464~465
브레히트, 베르톨트(Brecht, Bertolt)　563
브룩, 루퍼트(Brooke, Rupert)　41, 239, 361
브룩, 앨런(Brooke, Alan)　322
브뤼셀　153, 161, 446
브뤼헤　445
브륄, 마리 폰(Brühl, Marie von)　55~56
브륄레르, 장(Bruller, Jean)　390
브리스틀　250
브리지스, 로버트(Bridges, Robert)　359
브릭스, 아사(Briggs, Asa)　173
브린마칼리지(Bryn Mawr College)　205
브와, 엘리 J.(Bois, Elie J.)　268
블라외, 빌렘(Blaeu, Willem)　187
블라이턴, 이니드(Blyton, Enid)　369
블래키, 월터(Blackie, Walter)　223
블런트, 앤서니(Blunt, Anthony)　555
블레츨리파크　126, 157, 169
블룸, 레옹(Blum, Léon)　524
블룸즈버리그룹　49
블룽크, 한스프리드리히(Blunck, Hans-Friedrich)　468
비글스　46, 104, 301, 369
비니, 엘리엇(Viney, Elliott)　407, 411
비발디, 안토니오(Vivaldi, Antonio)　433
비스마르크, 오토 폰(Bismarck, Otto von)　69, 216
비스만, 헤르만(Wissmann, Hermann)　107
비시　20, 150, 383~384, 432
비텐베르크　209, 583
빅토리아앨버트박물관　140, 437
빈　153, 222, 382, 468
빌니우스　456, 481~482, 533
빌헬름 2세, 카이저(Wilhelm II, Kaiser)　107~108, 129, 221, 290
빌헬미나, 네덜란드 여왕(Wilhelmina, Queen of the Netherland)　386
빛나는 길　578

ㅅ

사라예보　28
사르트르, 장폴(Sartre, Jean-Paul)　546, 549
사멧, 엘리자베스(Samet, Elizabet)　588

사미즈다트 513
사보나롤라, 지롤라모(Savonarola, Girolamo) 435
사우스포트 308
사우스햄튼 206, 255
사이먼앤드슈스터 224, 236
사회주의 380, 452
살라망카 전투 76
상트페테르부르크 제국도서관 (Imperial Library) 35
상하이 490, 577
샤덴프로이데 108
새커리, 윌리엄 메이크피스(Thackeray, William Makepeace) 339
새크라멘토 289
샌드허스트 70, 77, 83, 130, 600
샌재신토기념비 440
생나제르 207
생시르사관학교 64
샤르트르 473
샤를마뉴 대제(Charlemagne) 444
샤이러, 윌리엄(Shirer, William) 279, 310, 370
샵웰스 415
서스크, 조안(Thirsk, Joan) 173, 623
서스크, 지미(Thirsk, Jimmy) 126, 173
선전 10, 12, 37, 42~45, 47, 113~115, 118, 144, 201, 216, 222, 250, 266, 297, 352, 363, 365, 401, 406, 428, 487, 498, 526, 545, 551, 554, 568, 571, 573~575, 594
성 바르톨로메오 축일의 학살 43
성 요한기사단 405

《성조기(Stars and Stripes)》 346, 348~350, 522
세이어, 실바누스(Thayer, Sylvanus) 64
세이어스, 도로시 L.(Sayers, Dorothy L.) 151, 307
세인트 조지 손더스, 힐러리(St George Saunders, Hilary) 263, 368
세인트앤드루스대학교 130, 428
세커앤드워버그 300~301
셰넌도어계곡 183, 195
셰누, 니콜라(Chesneau, Nicolas) 43
셰르부르 176
셰익스피어, 윌리엄(Shakespeare, William) 152, 326, 397, 403, 583, 588
셰필드 146, 337
셸렌베르크, 발터(Schellenberg, Walter) 166~167, 174
셸리, 퍼시 비시(Shelley, Percy Bysshe) 339
소로, 헨리 데이비드(Thoreau, Henry David) 339
소말리아 584
소메란, 어니스트 반(Someren, Ernest van) 123~126
《소비에트 전쟁 뉴스(Soviet War News)》 305~306, 337
소비에트연방['러시아' 항목 참고] 15~16, 18, 38, 45~47, 87, 105, 110~111, 114~118, 137, 140~145, 147, 151~152, 160, 162, 164, 169, 178~179, 203, 250, 301, 305~306,

372, 386, 420, 434, 456, 458,
462~464, 467, 477, 482~484, 495,
501, 508~510, 512~514, 517~519,
521, 525~532, 540~541, 543,
545~548, 550~562, 565~567,
575~576, 578, 581~584
소설(픽션) 48, 77, 81, 88~89, 97~101,
103, 107, 113, 128, 151, 220, 227,
230, 232, 134~237, 252, 254, 259,
265, 268~269, 274~276, 281~283,
295~296, 308~309, 322, 324, 328,
331, 334~340, 352, 354~355,
364~382, 397, 481, 502, 552,
563~565, 569, 583, 590, 594
손무(Sun Tzu) 59, 579, 588
손태그, 수전(Sontag, Susan) 569
솔로몬제도 181
솔로베츠키군도 87, 116, 142
솜전투 362~363
쇼, 어윈(Shaw, Irwin) 283
쇼, 조지 버나드(Shaw, George Bernard) 224, 235, 397
쇼니 291
쇼스타코비치, 드미트리(Shostakovich, Dmitri) 547
쇼컨, 살만(Schocken, Salman) 534
수에즈운하 572
술라 29
슈바네베르크 556
슈스터, 빌헬름(Schuster, Wilhelm) 293~294
슈타지 43, 554, 558
슈투트가르트 423

슈트, 네빌(Shute, Nevil) 268, 373
슈페어, 알베르트(Speer, Albert) 382, 449, 528
슐레진저, 아서(Schlesinger, Arthur) 547
슐리펜계획 75, 195, 222
스노, 에드거(Snow, Edgar) 340, 576
스리랑카(실론) 203, 345
스마일리, R. M.(Smyllie, R, M.) 314~315
스몰렌스크 456, 478
스뮈츠, 얀(Smuts, Jan) 222
스미스, 릴리언(Smith, Lillian) 282
스미스, 베티(Smith, Betty) 319, 341, 376
스미스, 애덤(Smith, Adam) 21
스미스, W. H.(Smith, W. H.) 222, 257~258, 311
스위스 150, 163, 449~450
스미스대학 205
스칸디나비아 32, 203, 386~388
스캐퍼플로 165, 343
스코벨, 조지(Scovell, George) 154~155
스타이넘, 글로리아(Steinem, Gloria) 569
스타인벡, 존(Steinbeck, Joh) 45, 238, 279, 283, 339, 372, 391
스탈린, 이오시프(Stalin, Joseph) 18~19, 21, 41, 45, 115~118, 142, 144~145, 147, 169, 280, 494, 508~510, 527, 542, 545~546, 560, 566

스탕달, 마리앙리 벨(Stendhal, Marie-Henri Beyle) 29, 446
스탠리, 헨리 모턴(Stanley, Henry Morton) 107
스탠퍼드대학교 159, 168
스턴, 로렌스(Sterne, Laurence) 339
스테빙, 에드워드(Stebbing, Edward) 183
스토, 해리엇 비처(Stowe, Harriet Beecher) 85~88
스토커, 브램(Stoker, Bram) 339
스튜어트, 찰스(Stuart, Charles) 161
스튜어트, 프랜시스(Stewart, Francis) 396~397
스트라서, 셉(Strasser, Sep) 313
스트라 도서관(Strashun Library) 456, 533
스트러더, 데이비드 헌터(Struther, David Hunter) 193
스트러더, 잰(Struther, Jan) 377
스트레이치, 리턴(Strachey, Lytton) 49
스트레인지, 조앤(Strange, Joan) 313
스틸, 대니엘(Steel, Danielle) 590
스틸, 앨런(Steele, Alan) 419~420
스팀슨, 헨리 L.(Stimson, Henry L.) 158
스페인 27, 38~39, 186, 269, 279, 300, 367, 390, 464, 480, 549, 575
스페인내전 279, 300, 367, 372, 424
스펜더, 마이클(Spender, Michael) 207
스펜더, 스티븐(Spender, Stephen) 168, 497~501, 549

스포크, 벤저민(Spock, Benjamin) 569
시 37~43, 326, 361, 497, 509, 588
시궁창 출판사(gutter press) 102
시디롬 595
시몬, 앙드레(Simone, André) 269
시애틀 289
시에라리온 583
시적 허용 146
시카고대학교 205, 523
실러, 프리드리히(Schiller, Friedrich) 460
실레시아 112, 483, 510~511, 519
실론['스리랑카' 참고] 203
실리그만, 아이작 레오(Seeligmann, Isaac Leo) 457
심프킨앤드마셜 230~231, 311
싱가포르 418, 574
싱글레어 경, 휴(Sinclair, Sir Hugh) 169

ㅇ
아널드, 에드워드(Arnold, Edward) 223
아누이, 장(Anouilh, Jean) 384
아라공, 루이(Aragon, Louis) 390
아르덴 482
아르플뢰르 588
아리스토텔레스(Aristotélēs) 29
아리안화 241
아브로스 182
아스팔트문학 295
아시아 186, 203, 490, 578
아우슈비츠 175, 515
아이스너, 윌(Eisner, Will) 350

아이어, A. J.(Ayer, A. J.) 548
아이오와 291
아이젠하워, 드와이트 D.(Eisenhower, Dwight D.) 427, 461
아일랜드 313~314, 349, 403, 566
아전트, 데니스(Argent, Denis) 53, 261, 303, 312, 321
아즈텍 27
아테네 477, 590
아파르트헤이트 566
아프가니스탄 79, 190, 193, 586, 588~590
아프리카 79, 186, 196, 198, 578
아헨 446, 499
아흐마토바, 안나(Akhmatova, Anna) 509
안나아말리아도서관(Anna Amelia Library) 459~460
안치오 181, 341
알래스카 348, 350, 439, 569
알렉산더, 스티븐(Alexander, Stephen) 419
알렉산드리아도서관(Great Library of Alexandria) 174
알류샨열도 350, 439
알바니아 82, 207, 578
알바트로스북스(Albatross books) 234
알자스 38
알자스-로렌 431
알제 349
알제리 160, 207, 346, 574~575
암스테르담 186~187, 455, 457~458, 519, 521, 527, 530~531
　도무스스피노자나(Domus Spinozana, 스피노자의 집) 523
　로젠탈도서관(Bibliotheca Rosenthaliana) 455, 523
　암스테르담 국제사회연구소 (IISH) 319, 457~458
　암스테르담대학교 520
　에츠하임도서관(Ets Haim) 455
압, 구스타프(Abb, Gustav) 214, 293, 458
애들러, 모티머(Adler, Mortimer) 279
애런슨, 앨버트(Aronson, Albert) 507
애리조나 156
애스퀴스, H. H.(Asquith, H.H.) 94
애틀리, 클레멘트(Attlee, Clement) 379
앤더슨, E. H.(Anderson, E. H.) 290
야기에우워대학교 511
야스페르트, 빌헬름(Jaspert, Wilhelm) 297
양심적병역거부자 48~50, 53, 220, 312, 321
《앵크(Yank)》 340, 348, 350
언윈, 스탠리(Unwin, Stanley) 49~50, 218~220, 231, 292, 300
에니그마(Enigma) 162, 171~172, 178, 302~303
에버리스트위스 435, 439
에번스, 루서(Evans, Luther) 145, 532
에번스, 이보르(Evans, Ifor) 338
에번스, A. J.(Evans, A. J.) 406
에브리맨스라이브러리(Everyman's Library) 232, 255
에스페란토 402

에어, 프란츠(Eher, Franz) 227
에이컨, 프랭크(Aiken, Frank) 314
에체비, 아불 카셈(Echebbi, Aboul-Qacem) 586~587
엘도라 291
엘뤼아르, 폴(Éluard, Paul) 42
엘리슨, 허버트(Ellison, Herbert) 264
엘리엇, T. S.(Eliot, T. S.) 301, 416, 550
엘섬 469
엠버리, 존 F.(Embree, John F.) 340
엠피, 아서 가이(Empey, Arthur Guy) 289
역기능가족 18
영국 본토 항공전 230, 266~267, 280, 370
영국특수도서관정보국협회(ASLIB) 132, 138
예나·아우어슈테트전투 69
예루살렘 187, 534~535
　예루살렘국립도서관 535
　예루살렘히브리대학교 534
예이츠, 돔퍼드(Yates, Domford) 46
예일대학교 149, 159, 161, 564, 621
오든, W. H.(Auden, W. H.) 367~368
오르치, 바로네스 에무스카(Orczy, Baroness Emma) 404
오르후스 508
오리건주 439~440
오바마, 버락(Obama, Barack) 590
오버로드작전 166, 175
오베런, 멀(Oberon, Merle) 371
오스트리아 48, 67, 202, 217, 240, 287, 449
오스트리아·헝가리 38, 198
오스틴, 제인(Austen, Jane) 173, 326
오슬로 246
오언, 윌프레드(Owen, Wilfred) 41, 361
오언, 프랭크(Owen, Frank) 346
오웰, 조지(Orwell, George) 7, 27, 208, 216, 254, 383
오크니 165, 351
오테그헴, 오스발트 반(Ooteghem, Oswald van) 500
오틀레, 폴(Otlet, Paul) 174
오펜바흐 522~524, 533~534
오펜하이머, 로버트(Oppenheimer, Robert) 51
오하이오 290~291, 568
옥스퍼드대학교 8~9, 93~95, 139, 161, 173, 177, 203, 206~207, 255, 302, 326, 360, 371, 379, 436~367
　보들리도서관 411
　옥스퍼드유니언 94
올더숏 77, 82
올든, 루돌프(Olden, Rudolf) 264
《와이퍼스 타임스(Wipers Times)》 329
와일더, 손튼(Wilder, Thornton) 224, 397
왓슨, 토머스(Watson, Thomas) 175
요리책 238~242
우간다 530, 572
우드하우스, P. G.(Wodehouse, P. G.) 305, 307~308
우르바흐, 알리스(Urbach, Alice) 240
우스터 312

우즈코예 530
우크라이나 38, 117, 228, 473, 524~526, 539, 545, 591~593
울만, 스테판 데(Ullmann, Stephen de) 264
울버햄프턴 246
울브리히트, 발터(Ulbricht, Walter) 22
울워스 234, 237, 261
울턴 경(Woolton, Lord) 239
울프, 레너드(Woolf, Leonard) 53
울프, 버지니아(Woolf, Virginia) 53, 168
웁살라 29, 448
워, 에벌린(Waugh, Evelyn) 368, 378~380
워너, 필리스(Warner, Phyllis) 470
워런, 알시아(Warren, Althea) 333
워싱턴 D. C. 64, 85, 477
워터필드, 고든(Waterfield, Gordon) 267
워튼, 이디스(Wharton, Edith) 224, 360
원자폭탄 51, 135, 147
원탁의 기사단 95
월서, 필리스(Walther, Phyllis) 12
웨딩턴스 208
웨스트, 리베카(West, Rebecca) 168
웨스트먼, 퍼시 F.(Westerman, Percy F.) 46
웨스트포인트 64~67, 194, 588
웰링턴 공작(Wellington, Duke of) 76, 80, 154, 183
웰링턴하우스, 런던 216, 360~362
웰스, H. G.(Wells, H. G.) 128, 168, 224, 359
웰즐리대학 205
위세 430
위셀, 폴(Wessel, Paul) 241
위트릴로, 모리스(Utrillo, Maurice) 450
윈저, 캐슬린(Winsor, Kathleen) 282
윌너, 니나(Willner, Nina) 556
윌리엄스, 빌(Williams, Bill) 336
윌리엄스, 테네시(Williams, Tennessee) 548
윌리엄스, W. W.(Williams, W. W.) 207
윌슨, 우드로(Wilson, Woodrow) 157, 198, 213
윌슨, 해럴드(Wilson, Harold) 550, 568
윌슨 경, 헨리(Wilson, Sir Henry) 292
윌슨, 휴버트(Wilson, Hubert) 270
윌키, 웬델(Willkie, Wendell) 281, 414
윔지 경, 피터(Wimsey, Lord Peter) 151
유고슬라비아 39, 207
유대인 11, 15, 28, 51, 133, 136, 227, 240~241, 295, 380, 391~392, 413, 429, 450~451, 455~459, 480~481, 490, 495, 500, 515, 524, 529, 531~536
유대인 거주지(게토) 455
유대인 도서관들 8

유대교 회당 28, 480, 522
토라 522
유대과학연구소(YIVO) 456, 481~482, 533
유엔(국제연합) 533, 543, 575
유잉, 프랜시스 E.(Ewing, Francis E.) 466
육해군지형측량부 9, 206
의회도서관(Library of Congress) 18, 31, 145, 159, 203, 204, 323, 440, 464, 477, 505, 507, 523, 532
이그나티에프, 마이클(Ignatieff, Michael) 584
이달의 책 클럽(Book of the Month Club) 225
이라세크, 알로이스(Jirásek, Alois) 478
이라크 583, 586, 588~589
이셔우드, 크리스토퍼(Isherwood, Christopher) 367~368
이스라엘 59, 533, 535
이오지마섬 181, 195
이즐링턴 247
이탈리아 38, 40, 61~62, 113, 196, 222, 283, 341, 343, 346, 361, 391, 406, 409, 416, 425~430, 435, 438, 440, 445~446, 505, 542, 544~545, 549
이퍼르 128
인도네시아 389, 573
《인디언 뉴스 리뷰(Indian News Review)》 345
《인카운터(Encounter)》 549~550, 570, 572

일본 32, 58, 140, 152, 162, 178, 203, 278, 280, 291, 333, 335, 418~420, 439, 490, 505, 545, 572~573, 577
일상기록화 프로젝트(MO) 12, 123, 125, 243, 475
잉글랜드 9, 38, 176, 188, 282

ㅈ
자르브뤼켄 463
자바 419, 573
자유 유럽 방송 570
자이스인크바르트, 아르투어(Seyss-Inquart, Arthur) 457
자코바이트 188
자프나 28
잠수함(잠수정) 105, 128, 156, 165, 171, 177, 230, 353, 403, 413, 416, 439
잡지 11~13, 17, 42, 45, 90, 96, 101~102, 110, 113, 117, 182, 204, 221, 224~225, 254, 258~259, 292, 301, 324, 331, 334, 340, 343, 348~349, 362, 369, 374, 405, 416, 432~433, 474, 476, 489, 510, 543, 548~550, 554, 570, 596
장제스(蔣介石) 576
장칭(江靑) 580
잭슨, 윌리엄 A.(Jackson, William A.) 464
잭슨, 토머스 '스톤월'(Jackson, Thomas 'Stonewall') 66, 183, 192~194
저항신문 385~387
적국자산관리국 140

적십자 245, 312, 324, 327, 376, 401, 405~406, 416, 419
전단(삐라) 11, 13, 44, 90, 176, 221~222, 485~488, 490, 547, 572~573, 594, 596
《전쟁 포로(Prisoner of War)》 406
제네바 405, 411
제네바협약 414, 418
제노바 426
제닝스, 험프리(Jennings, Humphrey) 243
제라르, 장(Gérard, Jean) 137
제임스, 헨리(James, Henry) 360
제임슨, 스톰(Jameson, Storm) 50, 53, 367
조르게, 리하르트(Sorge, Richard) 162
조미니, 앙투안앙리 남작(Jomini, Antoine Henri, Baron de) 57, 63, 66, 68
조이스, 윌리엄(Joyce, William) 266
존스, R. V.(Jones, R. V.) 126
존스, W. E.(Johns, W.E.) 104, 301, 303, 313, 315, 369
존스턴, 해리(Johnston, Harry) 198
존슨, 린든 B.(Johnson, Lyndon B.) 568, 570~571
존슨, 오사(Johnson, Osa) 278
종교개혁 43, 217, 433, 447, 478, 595
종교소책자협회 102, 104
종이
 부족 16, 34, 45, 219, 228~231, 236, 262, 264, 276, 283, 298, 310~311, 336, 354, 356, 369, 386, 488~489
폐지 113, 290, 331~332, 481, 484, 488~490
주데텐란트 483, 519
주커먼, 솔리(Zuckerman, Solly) 139
주코프, 게오르기(Zhukov, Georgy) 37, 501
중국 42, 59, 395, 490, 543, 574~580, 592
즈브라슬라프 508
지노비예프, 그리고리(Zinoviev, Grigory) 36
지도 8~9, 22, 29, 32, 34, 39, 47~48, 64, 172, 181~210, 213~214, 332, 425, 435, 443, 501, 505~507
지도책 35, 47~78, 172, 181, 184, 200~201, 435, 501
지드, 앙드레(Gide, André) 384, 390
지중해 349
진주만 32, 178, 181, 278, 343, 439~441
진중문고 17, 237, 319, 337~338, 340~342, 354, 356, 482, 544, 587

ㅊ

찰튼, 워윅(Charlton, Warwick) 345
처칠, 윈스턴(Churchill, Winston) 17, 32, 47, 76, 79, 95~96, 98, 115, 131, 139, 213, 224, 279, 310, 346, 377, 384, 407, 418, 464, 510
철의 장막 31
체니, O. H.(Cheney, O. H.) 225
체스니, 조지 톰킨스(Chesney, George Tomkyns) 97

체이니, 피터(Cheyney, Peter)
　　373~374
체임벌린, 네빌(Chamberlain, Neville)
　　301
체임벌린, 조지프(Chamberlain, Joseph)
　　91~92
체첸공화국　584
체칠리엔호프　461
체코슬로바키아　137, 199, 201, 301,
　　434, 478, 488, 510, 512~513, 521,
　　527, 543, 546, 557, 559, 561, 582
체펠린 비행선　221, 230, 424, 436
체펠린, 페르디난트 폰(Zeppelin,
　　Ferdinand vo)　221
첼트넘여자대학교　196~197
춘화처리　144~145
취리히　36
치머만 전보　155~157
칠더스, 어스킨(Childers, Erskine)
　　97~98

ㅋ
카나리스, 빌헬름(Canaris, Wilhelm)
　　166
카네기, 앤드루(Carnegie, Andrew)
　　246, 566
카네기재단　323
카드르, 오마르(Khadr, Oman)　590
카르도소, 해럴드(Cardozo, Harold)
　　269
카르타고식 평화　109
카리브해 지역　186
카린할　449
카메네프, 레프(Kamenev, Lev)　36

카뮈, 알베르(Camus, Albert)　384
카사블랑카　349
카셀　8, 314, 337, 463
카스텔노　430
카워드, 노엘(Coward, Noël)　168
카이로　205, 344, 536, 574
카이베르고개　189
카이사르, 율리우스(Caesar, Julius)
　　63, 76
카이텔 빌헬름(Keitel, Wilhelm)
　　209~210
카틴학살　495
칼라일, 토머스(Carlyle, Thomas)
　　178~179
칼레　176~177
캄퍼트, 얀(Campert, Jan)　390
캉　431, 473
캐나다　96, 204, 230, 343, 413, 415,
　　489, 565
캐롤, 앤드루(Carroll, Andrew)　587
캐번디시연구소(Cavendish Laboratory)
　　124
캘리, 윌리엄(Calley, William)　571
캠로즈 경(Camrose, Lord)　301
캥, 줄리앙(Cain, Julien)　430
커닝햄, 앤드루(Cunningham, Andrew)
　　461
커들립, 휴(Cudlipp, Hugh)　346
커밍, 애그니스(Cuming, Agnes)
　　438~439
커즌, 조지(Curzon, George)　94, 185
커콜디　331
커티스, 조지프 토이(Curtiss, Joseph
　　Toy)　149~150

컨스터블 314
컬럼비아대학교 159
컴브리아주 415
컴포트, 앨릭스(Comfort, Alex) 312
케냐 573
케셀링, 알베르트(Kesselring, Albert) 427, 185
케이스먼트, 로저(Casement, Roger) 402
케이프, 조너선(Cape, Jonathan) 234, 301
켄터키 440
켄트주립대학교 568, 571
켈, 안톤(Keil, Anton) 446
켈너, 프리드리히(Kellner, Friedrich) 273
켐포브스키, 발터(Kempowski, Walter) 483
켐프, 마델라이네(Kemp, Madeleine) 265
코너, 윌리엄(Connor, William) 307
코넌 도일, 아서(Conan Doyle, Arthur) 103, 359, 362, 404
코번트리 246, 467, 473
코브라크, 리하르트(Kobrak, Richard) 515~516, 537
코블렌츠 446
코소보 584
코켓, 올리비아(Cockett, Olivia) 256, 469
코펜하겐 72, 533
콕토, 장(Cocteau, Jean) 384
콘래드, 조지프(Conrad, Joseph) 339, 414

콜른 308
콜린스 314, 331
쾨니히그레츠 전투 67
쾨니히스베르크 441, 458, 479
쾨슬러, 아서(Koestler, Arthur) 45, 548
쾨트겐, 율리우스(Koettgen, Julius) 288
쾰른 217, 446, 506
쿠르츠말러, 헤드비히(Courths-Mahler, Hedwig) 274
쿠바미사일위기 553, 555
쿠발라, 폴(Kubala, Paul) 462
쿨라크 143, 145
퀘벡 38, 565
크라브첸코, 빅토르(Kravchenko, Victor) 545~546
크라쿠프 36, 458, 479, 510
크랭, 앨리사(Crang, Alica) 376
크로닌, A. J.(Cronin, A. J.) 279, 339, 371
크로아티아 583
크로제, 클로드(Crozet, Claude) 65
크롤 교수(Kroll, Professor) 498
《크루세이더(Crusader)》 345~346
크루프, 구스타프(Krupp, Gustav) 129
크루프, 알프리트(Krupp, Alfried) 540
크뤼거, 폴(Kruger, Paul) 94
크리스탈나흐트(Kristallnacht, 수정의 밤) 28, 51
크리스톨, 어빙(Kristol, Irving) 549
크림전쟁 76, 82
크베들린부르크 460

찾아보기 681

클라우제비츠, 카를 폰(Clausewitz,
  Carl von)   10, 55~57, 63, 66, 68,
  77, 83~84, 400
클라크, 월터 E.(Clark, Walter E.)
  463
클루게, 귄터 폰(Kluge, Gunther von)
  112
키, 로버트(Kee, Robert)   396~397, 420
키나드, 더글러스(Kinnard, Douglas)
  567
키스카   439
키이우   525
키플링, 러디어드(Kipling, Rudyard)
  41, 51, 107, 165, 359, 363, 366
킬대학교   416

ㅌ
타미시아, 휴(Tamisiea, Hugh)   291
타이완   577
《타임(Time)》   342, 561
《타임스(Times)》   128, 130, 256, 258,
  267, 307, 312, 325, 337, 377, 402
탄젠베르크   519~521
태평양   31, 188, 280, 321, 335, 341,
  349~350, 376, 482
터커, 프랜시스(Tuker, Francis)   184
테스투도 대형   63
텍사스   156, 461, 564
텔, 롤프(Tell, Rolf)   265
템플 대주교, 윌리엄(Temple,
  Archbishop William)   410
토라   522
토레즈, 모리스(Thorez, Maurice)   542
토리노   426

톨스토이, 레프(Tolstoy, Leo)   295,
  326, 339
톨킨, J. R. R.(Tolkien, J. R. R)   410
『톰 아저씨의 오두막(Uncle Tom's
  Cabin)』   85~89, 142
톰슨, 헌터 S.(Thompson, Hunter S.)
  569
퇴퍼, 알프레트(Toepfer, Alfred)   540
투롭스카야, 마야(Turovskaya, Maya)
  554
투르   431, 473
투키디데스(Thucydides)   326, 590
투페니도서대여점   254~255, 258
투페니블러드   232
튀니스   349
튀니지   160, 586
튀르키스탄   189, 191
튀빙겐(Tübingen)   434, 436
튜링, 앨런(Turing, Alan)   170
트라우트먼, 레이먼드(Trautman,
  Raymond)   339
트라이치케, 하인리히 폰(Treitschke,
  Heinrich von)   106, 219
트란스발   92~94
트레가스키스, 리처드(Tregaskis,
  Richard)   280
트레버-로퍼, 휴(Trevor-Roper,
  Hugh)   161~162, 302,416, 548
트롤럽, 앤서니(Trollope, Anthony)
  173
트리어   446
트웨인, 마크(Twain, Mark)   339
티르피츠, 알프레트 폰(Tirpitz, Alfred
  von)   129

티에보, 폴(Thiébault, Paul) 65
티에슬러, 발터(Tiessler, Walter) 353
티퍼, 캐슬린(Tipper, Kathleen) 309

ㅍ

《파르티잔 리뷰(Partisan Review)》 547, 550
파리
  루브르박물관 445
  미국도서관(American Library) 323
  투르게네프러시아도서관(Bibliotheque Russe Tourguenev) 455
  폴란드도서관(Bibliotheque Polonaise) 293, 454~455
  프랑스국립도서관(Bibliotheque Nationale) 438, 446~447
  프랑스의회도서관(French National Assembly Library) 477
파스테르나크, 보리스(Pasternak, Boris) 550
파울센, 페터(Paulsen, Peter) 453
파월, 알렉산더(Powell, Alexander) 219
파일, 어니(Pyle, Ernie) 280
파커, 길버트(Parker, Gilbert) 360
파커, 도로시(Parker, Dorothy) 224, 339
파커, 이디스 퍼트넘(Parker, Edith Putnam) 205
파키스탄 189
판버러 130
팔라다, 한스(Fallada, Hans) 298~299
팔레르모 349
팔레스타인 59, 495, 511, 530, 532~533, 535~536
팔레즈 185
팜렌즈, 시모어(Pomrenze, Seymour) 523
패러스, 버나드(Pares, Bernard) 261, 305
패스트, 하워드(Fast, Howard) 16, 340, 564
패트리지, 랠프(Partridge, Ralph) 53
패트리지, 프랜시스(Partridge, Frances) 53
패튼, 조지 S.(Patton, George S.) 176
퍼매너 314
퍼트넘, 허버트(Putnam, Herbert) 323
페니드레드풀 102
페스퍼, 빌(Vesper, Will) 113
페이버앤드페이버(Faber and Faber) 301
페이퍼백 232~234, 236~238, 259~262, 272, 278, 281, 319, 335, 337~339, 341, 406, 411, 414, 420, 491, 544, 596
페탱, 필리프 원수(Pétain, Marshall Philippe) 383, 385
페터스 박사(Peters, Dr) 499
펜타곤 569
펠리페 2세, 스페인 왕(Philip II, King of Spain) 105
펫, 노먼(Pett, Norman) 351
펭귄북스 232, 235~236, 241, 335, 337, 375, 414

평화배당 54, 560, 583, 594
평화서약연합 50~51, 313
평화주의 48~50, 53~54, 123, 220, 304, 312, 502
폐품수집['종이' 항목 참고]
포드, 매덕스 포드(Ford, Ford Madox) 365
포레스터, C. S.(Forester, C. S.) 104, 255, 340
포렐, 비르게르(Forell, Birger) 413
포르투갈 137, 186
포메라니아 483, 510
포브스, 에스터(Forbes, Esther) 342
『포사이트가의 이야기(Forsyte Saga)』 309, 359, 398
포스터, E. M.(Forster, E. M.) 168
포즈난 454, 479
포츠담 209, 461, 536
포츠머스 255
포켓북스 236, 335
포트녹스 440
폰테인 페르베이, 헤르만 더 라 (Fontaine Verwey, Herman de la) 455
폴, 요하네스(Pohl, Johannes) 481
폴란드 8, 28, 38, 137, 168, 201, 236, 292~293, 351, 386, 392, 410, 429, 434, 443, 453~454, 467, 477~480, 483, 490, 495, 508, 510~513, 521, 527~528, 530~533, 539, 543, 546, 559, 561, 582
푸셰, 막스폴(Fouchet, Max-Pol) 42
풀다 463
풋, 마이클(Foot, Michael) 311

프라도 556
《프라우다(Pravda)》 145, 554
프라이부르크 44, 219~221, 423
프라하 464, 508, 513, 557, 559, 561
프랑스종교전쟁 61
프랑크, 안네(Frank, Anne) 392
프랑크, 오토(Frank, Otto) 392~393
프랑크, 한스(Frank, Hans) 479
프랑크푸르트 217, 275, 423, 454~455, 481, 521~523
프레시필드, 더글러스(Freshfield, Douglas) 198
프로스트, 로버트(Frost, Robert) 339
프로스트, 유니스(Frost, Eunice) 375
프로이센 48, 56~57, 67~69, 72~74, 76, 79, 113, 217, 226, 380, 409, 483, 513, 535
프론트부크한델(Frontbuchhandel) 228, 482
프롬보르크 448
프루진스키, 크사베리(Pruszyński, Ksawery) 543
프리던, 베티(Friedan, Betty) 569
프리드리히 2세(Frederick the Great) 64, 69
프리스틀리, J. B. 168, 339
프리츠, 하버(Haber, Fritz) 128
프린스턴대학교 159
프워츠크 458
플랑크, 막스(Planck, Max) 136
플레밍, 이언(Fleming, Ian) 46, 151, 373, 378, 552~555
플레이페어, 라이언 경(Playfair, Lyon Lord) 130

플로이에슈티 164
플료로프, 게오르기(Flyorov,
  Georgy) 134
플루거, 베노(Pfluger, Benno) 289
플루타르코스(Plutarchus) 60
플리머스 255, 304, 397, 467, 473
플리싱겐 207
피셔, 고트프리트 베르만(Fischer,
  Gottfried Bermann) 414
피츠제럴드, 스콧(Fitzgerald, Scott)
  224, 342~343
피츠제럴드, 퍼시(Fitzgerald, Percy)
  92
핀스터발더, 제바스티안(Finsterwalder,
  Sebastian) 516
핀슨, 카플(Pinson, Koppel) 531, 535
핀천, 토머스(Pynchon, Thomas) 569
필립, 퍼시(Philip, Percy) 187
필립스, G. P. A.(Phillips, G. P. A.)
  219
필립코프스카-셈플린스카, 야드비가
  (Filipkowska-Szemplińska,
  Jadwiga) 512

ㅎ
하그로브, 매리언(Hargrove, Marion)
  280
하드리아누스 성벽 416
하드윅, 엘리자베스(Hardwick,
  Elizabeth) 547
하디, 토머스(Hardy, Thomas) 359,
  397
하버드대학교 205, 464
하벨, 바츨라프(Havel, Václav) 559

하와이 333
하워드, 마이클(Howard, Michael)
  553
하이네만, 윌리엄(Heinemann,
  William) 219, 223, 314, 337
하이델베르크 134, 447
하일브론 434
하임, 게오르크(Heym, Georg) 40
하츠혼, 리처드(Hartshorne, Richard)
  204
한, 오토(Hahn, Otto) 135
한국전쟁 546, 555
함부르크 217, 276, 433~434
해니, 리처드(Hannay, Richard) 96,
  155, 362, 364~365
해리슨, 오스틴(Harrison, Austin) 219
해리슨, 톰(Harrisson, Tom) 258
해믈리, 에드워드(Hamley, Edward)
  76, 78
해밋, 대실(Hammett, Dashiell) 16,
  547, 565
해외 간행물 획득을 위한 부처간
  위원회(Interdepartmental
  Committee for the Acquisition of
  Foreign Publications, IDC) 140,
  505
핸킨, 레너드(Hankin, Leonard) 506
햄프든 잭슨, 존(Hampden Jackson,
  John) 264
햄프셔, 스튜어트(Hampshire,
  Stuart) 161
허드먼, 에설(Herdman, Ethel) 411
허드슨, 앨리스(Hudson, Alice) 203
허시, 존(Hersey, John) 283

찾아보기 685

허친슨(Hutchinson) 269~270, 312, 338
헉슬리, 올더스(Huxley, Aldous) 168
헐 438
헝가리 38, 557, 559~561, 582
헤로도토스 338
헤르만, 볼프강(Herrmann, Wolfgang) 293, 295
헤르틀링, 게오르크 폰(Hertling, Georg von) 516
헤름스도르프 434
헤밍웨이, 어니스트(Hemingway, Ernest) 224, 260~261, 279, 300, 339, 361, 367, 372, 377, 414
헤어, 마이클(Herr, Michael) 570
헤이, 캐슬린(Hey, Kathleen) 261, 305
헤이그협약 400, 405
헤일, 캐슬린(Hale, Kathleen) 375
헨델, 게오르크 프리드리히(Handel, George Frideric) 433
헨티, G. A.(Henty, G. A.) 46
헬먼, 릴리언(Hellman, Lilian) 547
헵워스, P.(Hepworth, P.) 337
호네커, 에리히(Honecker, Erich) 395, 558
호드슨, 제임스 랜스데일(Hodson, James Lansdale) 369
호주 12, 157, 230, 252, 257, 312~313, 340~341, 343, 413, 550, 566
호치키스, 제드(Hotchkiss, Jed) 193~194
호턴도서관(Houghton Library) 464
호프, 앤서니(Hope, Anthony) 359
홀데인, J. B. S.(Haldane, J. B. S.) 260

홀드먼-줄리어스, 이매뉴얼(Haldeman-Julius, Emanuel) 232
홀로도모르(우크라이나대기근) 545
홀로코스트 175, 393, 518
홀슈타인 468
홀트휘슬 416
홉킨스, 아서(Hopkins, Arthur) 255, 262~263
홉킨슨, 버트럼(Hopkinson, Bertram) 138
홉하우스 여사, 헨리(Hobhouse, Mrs. Henry) 49
홉하우스, 스티븐(Hobhouse, Stephen) 49
화이트, 딕(White, Dick) 161
화이트, 에그버트(White, Egbert) 348~349
후달, 알로이스(Hudal, Alois) 451
후리스, 스피로(Houris, Spyro) 536
후스(胡適) 21
후스, 얀(Hus, Jan) 478
후쿠야마, 프랜시스(Fukuyama, Francis) 581~582, 592, 594
후쿠오카 419~420
홍엔 521
휘틀리, 데니스(Wheatley, Dennis) 255, 260, 265, 373
휠록, 메리(Wheelock, Mary) 291
휴스턴 440
흐루쇼프, 니키타(Khrushchev, Nikita) 577
히말라야산맥 189
히스, 미프(Gies, Miep) 392
히스, 앰브로즈(Heath, Ambrose) 240

히틀러, 아돌프(Hitler, Adolf) 10~11,
　17, 35, 45, 51, 112, 115, 119,
　135~136, 165~166, 168, 175,
　177~178, 209, 214, 265, 273, 275,
　277, 302, 305, 343, 352, 370,
　381~382, 389, 395, 407, 416, 429,
　436~437, 448~449, 451~454, 488,
　499, 502, 507, 515, 520, 540, 546
히틀러유겐트 110, 112~113, 119, 163,
　489
힌덴부르크, 파울 폰(Hindenburg, Paul
　von) 106, 221
힐러리, 리처드(Hillary, Richard)
　370~371, 378

힐튼홀 418
힘러, 하인리히(Himmler, Heinrich)
　166, 456~457, 460, 480, 519
힙, 앤서니(Heap, Anthony) 256

기타
30년전쟁 29, 61, 447~448, 452, 463
『39계단(Thirty-Nine Steps)』 12, 96,
　328, 362, 407
IBM 174~175
YMCA(기독교청년회) 324~325, 406,
　416

Philos 42

전쟁과 책

1판 1쇄 인쇄 2025년 10월 29일   1판 1쇄 발행 2025년 11월 17일

지은이 앤드루 페테그리
옮긴이 배동근
펴낸이 김영곤
펴낸곳 (주)북이십일 아르테

책임편집 최윤지 김지운
기획편집 장미희 김지영
디자인 전용완
영업 정지은 한충희 장철용 강경남 황성진 김도연 이민재
해외기획 최연순 소은선 홍희정
제작 이영민 권경민

출판등록 2000년 5월 6일 제406-2003-061호
주소 (10881) 경기도 파주시 회동길 201(문발동)
대표전화 031-955-2100 팩스 031-955-2151 이메일 book21@book21.co.kr

ISBN 979-11-7357-581-5 (03900)

(주)북이십일 경계를 허무는 콘텐츠 리더
북이십일 채널에서 도서 정보와 다양한 영상 자료, 이벤트를 만나세요!

인스타그램   유튜브
instagram.com/21_arte   www.youtube.com/@sgmk
instagram.com/jiinpill21   www.youtube.com/@book21pub

페이스북   포스트   홈페이지
facebook.com/21arte   post.naver.com/staubin   arte.book21.com
facebook.com/jiinpill21 post.naver.com/21c_editors book21.com

· 책값은 뒤표지에 있습니다.
· 이 책 내용의 일부 또는 전부를 재사용하려면 반드시 (주)북이십일의
  동의를 얻어야 합니다.
· 잘못 만들어진 책은 구입하신 서점에서 교환해 드립니다.

정치인, 선동가, 군인, 군인 가족, 부상자, 포로, 독재자, 약탈자, 점령군, 저항군, 작가, 편집자, 출판업자, 독자 들이 전시에 책의 힘을 이용하거나 파괴하려 애쓴 방대한 기록을 살피다 끝내 경탄한다. 책의 힘은 얼마나 강하고 다채로운가. 때로 총과 책은 서로 싸우지 않으며, 아군의 총과 책이 적군의 그것들과 싸운다. 모든 총에 반대하는 책, 총상을 치유하는 책도 있지만 총을 조종하거나 권하는 책, 총의 앞잡이가 되는 책도 있다. 어쩌면 책의 힘을 가장 잘 아는 것은 총이다.
— 장강명, 소설가, 『먼저 온 미래』 저자

흔히 책의 역사에서 전쟁은 책을 불사르는 악마이자 도서관의 파괴자로 묘사된다. 아무런 죄도 없는 책들이 겪는 수난사는 인간의 야만성과 전쟁의 잔혹함을 알리는 중요 상징이었다. 그러나 『전쟁과 책』에서 페테그리는 오랜 연구와 수많은 자료를 집약해 책을 순진한 희생자로만 묘사하는 익숙한 전쟁 서사를 거부한다. 책과 독서의 역사 분야의 세계적 대가다운 솜씨다.
그에 따르면, 도서관은 전쟁 수행에 필수적인 요소이자 능동적인 행위자였다. 책은 병사들을 위안해 사기를 불어넣고 적에 대한 증오를 부추기는 이념의 무기였고, 군사 작전에 필요한 전쟁 기술이나 전략적인 지침, 지도나 군사 정보 등을 담은 전략 자원이었다. 20세기에 들어 전쟁 양상이 과학전, 전술전, 정보전으로 바뀌면서 이런 흐름은 극적으로 심화했다.
— 장은수, 출판평론가, 『읽다, 일하다, 사랑하다』 저자

현대전에서 책은 뼈아픈 증언이자 엄중한 선전물이다. 군인이 쓰고, 민간인이 읽으며, 때로는 불속에 던져지기도 하는 전쟁의 무기. 페테그리는 말이 어떻게 피를 얼어붙게 하고, 글이 어떻게 피로 얼룩질 수 있는지 보여 준다. 전쟁과 평화의 페이지를 넘기기 위해 반드시 읽어야 할 책.
— 피터 프리체(Peter Fritzsche), 일리노이대학교 사학과 교수, 『히틀러의 첫 100일(Hitler's First Hundred Days)』 저자

어떤 상황에서도 책을 삶의 근본이자 영원한 동반자로 여기는 이들에게 깊은 울림을 줄 책.
— 데이비드 키너스턴(David Kynaston), 역사학자, 『시티 오브 런던(The City of London)』 저자

통념에 따르면 책은 창조하고 전쟁은 파괴한다. 그러나 『전쟁과 책』은 이 둘이 언제나 불가분하게 얽혀 있었음을 드러낸다.
— 주디스 플랜더스(Judith Flanders), 역사학자, 『모든 것을 위한 장소(A Place For Everything)』 저자

우리가 당연시해 온 책의 기능을 새롭게 드러내려는 시도.
— 《보스턴 글로브(Boston Globe)》

폭넓은 지식, 섬세한 서술, 설득력 있는 논증. 페테그리의 저작은 늘 매혹적이다.
— 《워싱턴 포스트(Washington Post)》

거장다운 작품.
— 《선데이 타임스(Sunday Times)》

문장은 명쾌하고 학문적 토대는 탄탄하다. 양차세계대전을 이해하는 새로운 방법을 열어 주는 흡입력 있는 연구서.
— 《라이브러리 저널(Library Journal)》

풍성한 디테일로 빛나는 문화사.
— 《커커스(Kirkus)》

폭넓은 자료를 토대로 독자를 힘 있게 이끈다.
— 《타임스 리터러리 서플먼트(Times Literary Supplement)》

현대전에서 책과 문학이 수행한 실용적이고 상징적인 역할을 흥미롭게 추적한다. 방대한 주제를 매혹적인 여정으로 펼쳐 낸다.
— 《리터러리 리뷰(Literary Review)》

끝없이 매혹적이다.
— 《아이리시 타임스(Irish Times)》

광범위한 내용을 다루면서도 이야기와 인물을 긴밀하고 명료하게 담아낸다. 책에 관한 책은 자칫 복잡해지기 쉽지만, 페테그리는 서사를 끝까지 흔들림 없이 이끌어 간다.
— 《셸프 어웨어니스(Shelf Awareness)》

매혹적인 텍스트 곳곳에 놀라운 디테일들이 살아 있다.
— 《북리스트(Booklist)》

광대하고 경이로운 연구.
— 《로스앤젤레스 리뷰 오브 북스(Los Angeles Review of Books)》